KB168923

항균잉크란?

코로나19 바이러스
"친환경 99.9% 항균잉크 인쇄"
전격 도입

언제 끝날지 모를 코로나19 바이러스
99.9% 항균잉크(V−CLEAN99)를 도입하여 「안심도서」로
독자분들의 건강과 안전을 위해 노력하겠습니다.

시대교육그룹

Clean Zone

본 도서는 항균잉크로 인쇄하였습니다.

항균+
99.9%
안심도서

항균잉크(V-CLEAN99)의 특징

- 바이러스, 박테리아, 곰팡이 등에 항균효과가 있는 산화아연을 적용

- 산화아연은 한국의 식약처와 미국의 FDA에서 식품첨가물로 인증받아 **강력한 항균력**을 구현하는 소재

- 황색포도상구균과 대장균에 대한 테스트를 완료하여 **99.9%의 강력한 항균효과** 확인

- 잉크 내 중금속, 잔류성 오염물질 등 **유해 물질 저감**

TEST REPORT

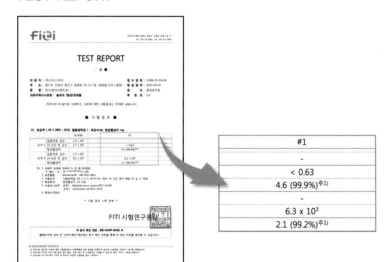

#1
-
< 0.63
4.6 (99.9%)주1)
-
6.3 x 10³
2.1 (99.2%)주1)

Clean Zone

시대교왕그룹

시 대 에 듀

독학사
4단계

—— 경영학과 ——

재무관리
마케팅관리

머리말

학위를 얻는 데 시간과 장소는 더 이상 제약이 되지 않는다. 대입 전형을 거치지 않아도 '학점은행제'를 통해 학사학위를 취득할 수 있기 때문이다. 그중 독학학위제도는 고등학교 졸업자이거나 이와 동등 이상의 학력을 가지고 있는 사람들에게 효율적인 학점인정 및 학사학위취득의 기회를 준다.

본 교재는 독학사 과목 중 경영학과 학위를 목표로 하는 분들을 위하여 집필된 도서로 경영학과 4단계 학위취득 종합시험 과정을 다루고 있다. 경영학과 2단계에서 경영정보론, 마케팅원론, 마케팅조사, 원가관리회계, 인적자원관리, 조직행동론, 회계원리 등을, 3단계에서 소비자행동론, 경영전략, 경영분석, 노사관계론, 재무관리론, 재무회계 등을 공부하신 독자분들은 4단계를 준비하기 위해 회계학, 인사조직론, 마케팅관리, 재무관리를 학습하게 될 것이다.

이 교재는 경영학과 4단계 시험에 응시하는 수험생들이 단기간에 효과적인 학습을 할 수 있도록 다음과 같이 구성하였다.

> **》 핵심이론**
> 독학학위제 주관처인 국가평생교육진흥원의 평가영역과 관련 내용을 Big data에 기반하여 면밀히 분석하여 시험에 꼭 나오는 '최신 핵심이론'을 구성하였다. 이론 내용에서 중요 내용은 다시 한번 굵은 글씨로 강조하여 학습하는데 핵심을 놓치지 않도록 하였다.

> **》 OX 문제 및 실전예상문제**
> 핵심이론의 내용을 OX문제로 다시 한번 체크하고, '실전예상문제'를 통해 핵심이론의 내용을 문제로 풀어보면서 4단계 객관식과 주관식 문제를 충분히 연습할 수 있게 구성하였다. 특히, 한 문제당 배점이 10점에 달하는 '주관식 문제'는 실제 시험 경향에 맞춰 부분배점과 약술형 문제 등으로 구현하여 4단계 합격의 분수령인 주관식 문제에 대비할 수 있도록 하였다.

> **》 최종모의고사**
> 마지막으로 실력 점검을 할 수 있도록 실제 시험과 같은 문제 수와 기출동형 문제로 '최종모의고사(총 2회분)'를 수록하였다. 실제 시험을 보듯이 시간을 재면서 OCR 답안지로 풀어보고, 정답 및 해설을 통해 오답 내용과 본인의 약점을 파악하여 실제 시험장에서는 실수하지 않도록 구성하였다.

시간 대비 학습의 효율성을 높이기 위해 이론 부분을 최대한 압축하려고 노력하였다. 예상문제들이 실제 기출 유형에 맞지 않아 시험 대비에 만족하지 못하는 수험생들이 많은데 이 책은 그러한 문제점을 보완하여 수험생들에게 시험에 대한 확신을 주고, 수험생들이 단기간에 고득점을 획득할 수 있도록 하였다.

끝으로 이 책으로 독학학위취득의 꿈을 이루고자 하는 수험생들이 합격하기를 바란다.

편저자 씀

독학학위제 소개

독학학위제란?

「독학에 의한 학위취득에 관한 법률」에 의거하여 국가에서 시행하는 시험에 합격한 사람에게 학사학위를 수여하는 제도

- ✓ 고등학교 졸업 이상의 학력을 가진 사람이면 누구나 응시 가능
- ✓ 대학교를 다니지 않아도 스스로 공부해서 학위취득 가능
- ✓ 일과 학습의 병행이 가능하여 시간과 비용 최소화
- ✓ 언제, 어디서나 학습이 가능한 평생학습시대의 자아실현을 위한 제도
- ✓ 학위취득시험은 4개의 과정(교양, 전공기초, 전공심화, 학위취득 종합시험)으로 이루어져 있으며 각 과정별 시험을 모두 거쳐 학위취득 종합시험에 합격하면 학사학위취득

독학학위제 전공 분야 (11개 전공)

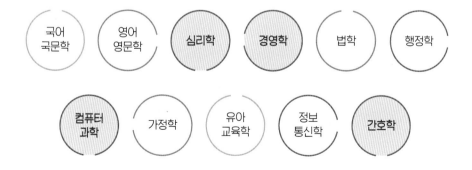

국어국문학　영어영문학　심리학　경영학　법학　행정학

컴퓨터과학　가정학　유아교육학　정보통신학　간호학

※ 유아교육학 및 정보통신학 전공 : 3, 4과정만 개설
※ 간호학 전공 : 4과정만 개설
※ 중어중문학, 수학, 농학 전공 : 폐지 전공으로 기존에 해당 전공 학적 보유자에 한하여 응시 가능

※ 시대에듀는 현재 4개 학과(심리학, 경영학, 컴퓨터과학, 간호학과) 개설 중

독학학위제 시험안내

과정별 응시자격

단계	과정	응시자격	과정(과목) 시험 면제 요건
1	교양	고등학교 졸업 이상 학력 소지자	• 대학(교)에서 각 학년 수료 및 일정 학점 취득 • 학점은행제 일정 학점 인정 • 국가기술자격법에 따른 자격 취득 • 교육부령에 따른 각종 시험 합격 • 면제지정기관 이수 등
2	전공기초		
3	전공심화		

4	학위취득	• 1~3과정 합격 및 면제
		• 대학에서 동일 전공으로 3년 이상 수료
		  (3년제의 경우 졸업) 또는 105학점 이상 취득
		• 학점은행제 동일 전공 105학점 이상 인정
		  (전공 16학점 포함)
		• 외국에서 15년 이상의 학교교육과정 수료
			없음(반드시 응시)

응시 방법 및 응시료

- 접수 방법: 온라인으로만 가능
- 제출 서류: 응시자격 증빙 서류 등 자세한 내용은 홈페이지 참조
- 응시료: 20,200원

독학학위제 시험 범위

- 시험과목별 평가 영역 범위에서 대학 전공자에게 요구되는 수준으로 출제
- 시험 범위 및 예시문항은 독학학위제 홈페이지(bdes.nile.or.kr) – 학습정보–과목별 평가영역에서 확인

문항 수 및 배점

과정	일반 과목			예외 과목		
	객관식	주관식	합계	객관식	주관식	합계
교양, 전공기초 (1~2과정)	40문항×2.5점 =100점	–	40문항 100점	25문항×4점 =100점	–	25문항 100점
전공심화, 학위취득 (3~4과정)	24문항×2.5점 =60점	4문항×10점 =40점	28문항 100점	15문항×4점 =60점	5문항×8점 =40점	20문항 100점

※ 2017년도부터 교양과정 인정시험 및 전공기초과정 인정시험은 객관식 문항으로만 출제

합격 기준

• 1~3과정(교양, 전공기초, 전공심화) 시험

단계	과정	합격 기준	유의 사항
1	교양	매 과목 60점 이상 득점을 합격으로 하고, 과목 합격 인정(합격 여부만 결정)	5과목 합격
2	전공기초		6과목 이상 합격
3	전공심화		

• 4과정(학위취득) 시험 : 총점 합격제 또는 과목별 합격제 선택

구분	합격 기준	유의 사항
총점 합격제	• 총점(600점)의 60% 이상 득점(360점) • 과목 낙제 없음	• 6과목 모두 신규 응시 • 기존 합격 과목 불인정
과목별 합격제	• 매 과목 100점 만점으로 하여 전 과목(교양 2, 전공 4) 60점 이상 득점	• 기존 합격 과목 재응시 불가 • 기존 합격 과목 포함하여 총 6과목 초과하여 선택할 수 없음 • 1과목이라도 60점 미만 득점하면 불합격

시험 일정 및 경영학과 4단계 시험 시간표

※ 시험 일정 및 시험 시간표는 반드시 독학학위제 홈페이지(bdes.nile.or.kr)를 통해 확인하시기 바랍니다.

• 경영학과 4단계 시험 과목 및 시험 시간표

구분(교시별)	시간	시험 과목명
1교시	09:00 ~ 10:40 (100분)	국어, 국사, 외국어 중 2과목 선택 (외국어를 선택할 경우 실용영어, 실용독일어, 실용프랑스어, 실용중국어, 실용일본어 중 1과목 선택)
2교시	11:10 ~ 12:50 (100분)	• 재무관리 • 마케팅관리
중식	12:50 ~ 13:40 (50분)	
3교시	14:00 ~ 15:40 (100분)	• 회계학 • 인사조직론

※ 입실시간 : 08:30까지 완료, 합격기준 : 6과목 이상 합격(교양 2과목, 전공 4과목)
※ 시대에듀에서 개설된 과목은 빨간색으로 표시

독학학위제 과정

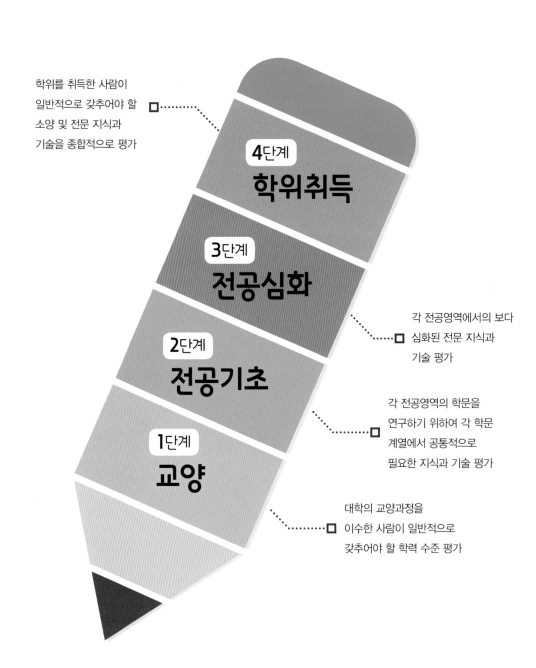

학위를 취득한 사람이
일반적으로 갖추어야 할
소양 및 전문 지식과
기술을 종합적으로 평가

4단계
학위취득

3단계
전공심화

각 전공영역에서의 보다
심화된 전문 지식과
기술 평가

2단계
전공기초

각 전공영역의 학문을
연구하기 위하여 각 학문
계열에서 공통적으로
필요한 지식과 기술 평가

1단계
교양

대학의 교양과정을
이수한 사람이 일반적으로
갖추어야 할 학력 수준 평가

독학학위제
출제방향

국가평생교육진흥원에서 고시한 과목별 평가영역에 준거하여 출제하되, 특정한 영역이나 분야가 지나치게 중시되거나 경시되지 않도록 한다.

교양과정 인정시험 및 전공기초과정 인정시험의 시험방법은 객관식(4지택1형)으로 한다.

단편적 지식의 암기로 풀 수 있는 문항의 출제는 지양하고, 이해력·적용력·분석력 등 폭넓고 고차원 적인 능력을 측정하는 문항을 위주로 한다.

독학자들의 취업 비율이 높은 점을 감안하여, 과목의 특성상 가능한 경우에는 학문적이고 이론적 인 문항뿐만 아니라 실무적인 문항도 출제한다.

교양과정 인정시험(1과정)은 대학 교양교재에서 공통적으로 다루고 있는 기본적이고 핵심적인 내 용을 출제하되, 교양과정 범위를 넘는 전문적이거나 지엽적인 내용의 출제는 지양한다.

이설(異說)이 많은 내용의 출제는 지양하고 보편적이고 정설화된 내용에 근거하여 출제하며, 그럴 수 없는 경우에는 해당 학자의 성명이나 학파를 명시한다.

전공기초과정 인정시험(2과정)은 각 전공영역의 학문을 연구하기 위하여 각 학문 계열에서 공통적 으로 필요한 지식과 기술을 평가한다.

전공심화과정 인정시험(3과정)은 각 전공영역에 관하여 보다 심화된 전문적인 지식과 기술을 평가 한다.

학위취득 종합시험(4과정)은 시험의 최종 과정으로서 학위를 취득한 자가 일반적으로 갖추어야 할 소양 및 전문지식과 기술을 종합적으로 평가한다

전공심화과정 인정시험 및 학위취득 종합시험의 시험방법은 객관식(4지택1형)과 주관식(80자 내 외의 서술형)으로 하되, 과목의 특성에 따라 다소 융통성 있게 출제한다.

독학학위제
단계별 학습법

1 단계 평가영역에 기반을 둔 이론 공부

독학학위제에서 발표한 평가영역에 기반을 두어 효율적으로 이론 공부를 해야 한다. 각 장별로 정리된 '핵심이론'을 통해 핵심적인 개념을 파악할 수 있다. 모든 내용을 다 암기하는 것이 아니라, 포괄적으로 이해한 후 핵심 내용을 파악하여 이 부분을 확실히 알고 넘어가야 한다.

2 단계 시험 경향 및 문제 유형 파악

독학사 시험 문제는 지금까지 출제된 유형에서 크게 벗어나지 않는 범위에서 비슷한 유형으로 줄곧 출제되고 있다. 본서에 수록된 이론을 충실히 학습한 후 단원별 예상문제를 풀어 보면서 문제의 유형과 출제의도를 파악하는 데에 집중하도록 한다. 교재에 수록된 문제는 시험 평가영역의 가장 핵심적인 부분을 반영하여 만든 문항이므로 실제 시험에서 어떠한 유형이 출제되는지에 대한 감을 잡을 수 있을 것이다.

3 단계 OX문제와 실전예상문제를 통한 단원정리

각 단원 말미에 있는 OX문제를 통해 해당 단원에서 가장 중점적인 학습포인트를 확인하고 실전예상문제를 통해 다시 한 번 출제유형을 정리한다. 이 부분은 향후 복습 시에도 우선적으로 살펴보고 2회독, 3회독 시 중점적으로 보아야 하는 부분을 파악하여 보다 효율적인 학습활동을 하도록 한다.

4 단계 최종모의고사를 통한 마무리

독학사 시험은 절대평가로, 해당 학과의 학습영역에 대한 기본적인 소양을 갖추고 있는지를 테스트하는 시험이다. 실제 시험 전 실력점검을 위해 최종모의고사를 풀어보며 부족한 부분을 파악해 보도록 한다.

독학학위제 합격수기

> 저는 학사편입 제도를 이용하기 위해 2~4단계를 순차로 응시했고 한 번에 합격했습니다.
> 아슬아슬한 점수라서 부끄럽지만 독학사는 자료가 부족해서 부족하나마 후기를 쓰는 것이 도움이 될까 하여
> 제 합격전략을 정리하여 알려 드립니다.

#1. 교재와 전공서적을 가까이에!

학사학위취득은 본래 4년을 기본으로 합니다. 독학사는 이를 1년으로 단축하는 것을 목표로 하는 시험이라 실제 시험도 변별력을 높이는 몇 문제를 제외한다면 경영학의 기본이 되는 중요한 이론 위주로 출제됩니다. 시대고시기획의 독학사 시리즈 역시 이에 맞추어 중요한 내용이 일목요연하게 압축·정리되어 있습니다. 빠르게 훑어보기 좋지만 내가 목표로 한 전공에 대해 자세히 알고 싶다면 전공서적과 함께 공부하는 것이 좋습니다. 교재와 전공서적을 함께 보면서 교재에 전공서적 내용을 정리하여 단권화하면 시험이 임박했을 때 교재 한 권으로도 자신 있게 시험을 치를 수 있습니다.

#2. 아리송한 용어들에 주의!

강화계획은 강화스케줄이라고도 합니다. 강화계획은 가변비율계획(또는 변동비율계획), 고정비율계획, 가변간격계획(또는 변동간격계획), 고정간격계획으로 나눌 수 있습니다. 또 다른 예를 들어볼까요? 도식은 스키마, 쉐마라고 부르기도 합니다. 공부를 하다보면 이렇게 같은 의미를 가진 여러 용어들을 볼 수 있습니다. 내용을 알더라도 용어 때문에 정답을 찾지 못할 수 있으니 주의하면서 공부하시기 바랍니다.

#3. 시간확인은 필수!

쉬운 문제는 금방 넘어가지만 지문이 길거나 어렵고 헷갈리는 문제도 있고, OMR 카드에 마킹도 해야 하니 실제로 주어진 시간은 더 짧습니다. 1번에 어려운 문제가 있다고 해서 1번에서 5분을 허비하면 쉽게 풀 수 있는 마지막 문제들을 놓칠 수 있습니다. 문제 푸는 속도도 느려지니 집중력도 떨어집니다. 그래서 어차피 배점은 같으니 아는 문제를 최대한 많이 맞히는 것을 목표로 했습니다.
① 어려운 문제는 빠르게 넘기면서 문제를 끝까지 다 풀고 ② 확실한 답부터 우선 마킹하고 ③ 다시 시험지로 돌아가 건너뛴 문제들을 다시 풀었습니다. 확실히 시간을 재고 문제를 많이 풀어봐야 실전에 도움이 되는 것 같습니다.

#4. 문제풀이의 반복!

어떠한 시험도 그렇듯이 문제는 많이 풀어볼수록 좋습니다. 이론을 공부한 후 실전예상문제를 풀다보니 부족한 부분이 어딘지 확인할 수 있었고, 공부한 이론이 시험에 어떤 식으로 출제될 지 예상할 수 있었습니다. 그렇게 부족한 부분을 보충해가며 문제유형을 파악하면 이론을 복습할 때도 어떤 부분을 중점적으로 암기해야 할 지 알 수 있습니다. 이론 공부가 어느 정도 마무리되었을 때 시계를 준비하고 최종모의고사를 풀었습니다. 실제 시험시간을 생각하면서 예행연습을 하니 시험 당일에는 덜 긴장할 수 있었습니다.

학위취득을 위해 오늘도 열심히 학습하시는 동지 여러분에게도 합격의 영광이 있으시길 기원하면서 이만 줄입니다.

이 책의
구성과 특징

제1장 재무관리의 개요

제1절 재무관리의 의의와 영역

1 재무관리의 의의

시장경제체제에 따라 경제운용에 가장 중요한 문제로 대두되는 것이 자본이다. 이는 적절한 자본축적과 흐름 없이는 기업을 영위하는 데 있어 모든 생활활동이 가능하지 않기 때문이다. 이러한 측면에서 저축을 유도하여 기업들에게 필요한 자본을 조달하게 할 뿐만 아니라 일반 소비자들에게 부의 증진 기회를 만들어주는 장이 금융시장인 것이다. 따라서 이와 같이 금융시장에서 기업 내부의 자금의 유동성과 연관된 모든 의사결정을 보다 효율적으로 관리하기 위한 이론과 기업으로 발전된 것이 재무관리(financial management)이다. 즉, 기업과 주주의 부 또는 기대가치를 극대화하는 과정에서 모든 재무의사결정을 합리적으로 결정하기 위한 방법과 연구가 바로 재무관리라고 정의할 수 있다.

일반적으로 재무의사결정을 함에 있어서 재무관리에서 연구되는 가장 중요한 변수가 시간과 이에 따른 불확실성이다. 따라서 현대재무관리는 시간과 불확실성에 대한 연구 및 분석을 바탕으로 합리적인 재무의사결정 방법을 도출하는 데 중점을 두고 있다. 실제로 기업경영 및 경제전체 운용에 있어서 가장 도출하기 힘든 변수로 다루어진 것이 불확실성이다. 이러한 불확실성을 효과적으로 대처하고 위험에 따른 부담을 감소시킨다는 것은 안정적 경제운용 및 성장이라는 측면에서 매우 값진 일이며, 이 점에서 관리의 기능을 바탕으로 재무관리의 의의가 중요하게 인식된다. 기업의 재무의사결정 범위는 매우 광범위하나 크게 세 가지로 분류된다. ① 기업 가치를 극대화시키기 위하여 자원을 어떻게 효과적으로 배분할 것인가에 대한 투자결정, ② 결정된 부가를 실행하기 위하여 어떻게 자금을 공급하는가에 대한 자금조달결정, ③ 생산활동에 따른 결과물, 즉 이득을 어떻

1/ 두꺼운 기본서는 NO!
핵심이론

평가영역을 바탕으로 꼼꼼하게 정리된
'핵심이론'을 통해 꼭 알아야 하는 이론을
명확히 이해할 수 있어요.

제1장
OX로 점검하자

※ 다음 지문의 내용이 맞으면 O, 틀리면 ×를 체크하시오. [1~14]

01 시장경제체제에 따라 경제운용이 가장 중요한 문제로 대두되는 것이 자산이다. ( )

02 금융시장에서 기업 내부의 자금의 유동성과 연관된 모든 의사결정을 보다 효율적으로 관리하기 위한 이론과 기업으로 발전된 것이 재무관리이다. ( )

03 현대재무관리는 시간의 확실성에 대한 연구 및 분석을 바탕으로 합리적인 재무의사결정방법을 도출하는 데 중점을 두고 있다. ( )

04 금융시장 자체가 기업의 자금조달에 대한 자금원으로, 그리고 주주와 투자자들에 대한 부의 증진과 소득배분의 경로로서뿐만 아니라 기업가치를 평가하는 가치산정도구로서 그 기능을 발휘한다. ( )

05 회계적 이익은 각각의 기간별로 보고되는 기간이익개념으로서, 이 중 어느 시점의 기간의 위험을 최소화할 것인가의 중요한 문제점이 발생한다. ( )

06 주식의 가격은 경쟁적인 주식시장에서 이러한 보상 및 이익에 근거하여 해당 주식이 어느 정도의 가치를 지니고 있는지의 투자자들의 평가를 반영하여 결정되기 때문에 주가는 기업의 실질적 성과에 대해 시장에서 평가받는 척도라고 할 수 있다. ( )

07 극대화의 목표가 되는 주가는 기업에 대한 소유지분의 가격으로서 모든 현재소득의 몫에 대한 권리를 포함하고 있다. ( )

08 주가 극대화의 목표는 어떠한 현금흐름을 극대화할 것인가를 정의해 줄 뿐 아니라 다른 기간들의 현금흐름과 비교하여 특정기간의 현금흐름이 어떻게 평가되고 정의되고 있는가를 말해 준다. ( )

2/ 핵심이론을 OX문제로 check!
OX문제로 점검하자

핵심이론을 학습한 후 중요 내용을 OX문제로
꼭 점검해보세요.
실전예상문제를 풀어보기 전에 OX문제로
핵심 지문을 복습한다면 효율적으로 학습하는
데 도움이 될 것입니다.

3 / 객관식 문제와 주관식 문제 OK!

실전예상문제

독학사 4단계 시험에서는 어떤 문제가 나올까?
'핵심이론'에서 공부한 내용을 기억하며
'실전예상문제'를 풀어보면서 4단계 시험을
위한 문제를 연습해보세요. 특히, 3단계부터는
배점이 40점이나 부여된 주관식 문제(4문제)가
출제되므로 주관식 문제에 대한 감을 잡아보세요.

4 / 최종모의고사로 실전 감각 UP!

최종모의고사

'핵심이론'을 공부하고, 'OX문제'&'실전예상
문제'를 풀어보았다면 이제 남은 것은 실전
감각 기르기와 최종 점검입니다. '최종모의고사
(총 2회분)'를 실제 시험처럼 시간을 두고 OCR
답안지를 이용해서 풀어보고, 정답과 해설을
통해 복습한다면 좋은 결과가 있을 것입니다.

Contents

목 차

제 **1** 과목

재무관리

시대에듀

독학사

경영학과 4단계

제 **1** 장

재무관리의 개요

재무관리의 개요

제 1 장

제 1 절 재무관리의 의의와 영역

1 재무관리의 의의 중요도 상중하

시장경제체제에 따라 경제운용에 가장 중요한 문제로 대두되는 것이 자본이다. 이는 적절한 자본축적과 흐름 없이는 기업을 영위하는 데 있어 모든 경제활동이 가능하지 않기 때문이다. 이러한 측면에서 저축을 유도하여 기업들에게 필요한 자본을 조달하게 할 뿐만 아니라 일반 소비자들에게 부의 증진 기회를 만들어주는 장이 금융시장인 것이다. 따라서 이와 같이 **금융시장에서 기업 내부의 자금의 유동성과 연관된 모든 의사결정을 보다 효율적으로 관리하기 위한 이론과 기법으로 발전된 것이 재무관리(financial management)이다**. 즉, 기업과 주주의 부 혹은 내재가치를 극대화하는 과정에서 모든 재무의사결정을 합리적으로 결정하기 위한 방법과 연구가 바로 재무관리라고 정의할 수 있다.

일반적으로 재무의사결정을 함에 있어서 재무관리에서 연구되는 가장 중요한 변수가 시간과 이에 따른 불확실성이다. 따라서 현대재무관리는 시간과 불확실성에 대한 연구 및 분석을 바탕으로 합리적인 재무의사결정 방법을 도출하는 데 중점을 두고 있다. 실제로 기업경영 및 경제전체 운용에 있어서 가장 도출하기 힘든 변수로 다뤄진 것이 불확실성이다. 이러한 불확실성을 효과적으로 대처하고 위험에 따른 부담을 감소시킨다는 것은 안정적 경제운용 및 성장이라는 측면에서 매우 값진 일이며, 이 점에서 관리적 기능을 바탕으로 재무관리의 의의가 중요하게 인식된다. 기업의 재무의사결정 범위는 매우 광범위하나 크게 세 가지로 분류된다. ① 기업가치를 극대화시키기 위하여 자원을 어떻게 효과적으로 배분할 것인가에 대한 투자결정, ② 결정된 투자를 실행하기 위하여 어떻게 자금을 공급하는가에 대한 자금조달결정, ③ 생산활동에 따른 결과물, 즉 이득을 어떻게 배분해야 하는가에 대한 소득분배결정에 따른 세 가지 범주로 분류된다.

상기와 같은 의사결정을 함에 있어 금융시장이 가장 중요한 역할을 하는데, 이는 금융시장자체가 기업의 자금조달에 대한 자금원으로, 그리고 주주와 투자자들에 대한 부의 증진과 소득배분의 경로로서뿐만 아니라 기업가치를 평가하는 가치산정도구로서 그 기능을 발휘하기 때문이다. 기업이 자금을 조달하는 과정에서 주식, 채권 등 여러 가지 유가증권을 발행하게 되는데, 금융시장은 투자자와 소비자들에게 이와 같은 주식, 채권 및 은행예금 발행을 통해 저축을 유도하고 기업들에게는 필요자금을 공급하게 된다. 이 과정에서 투자자들은 시장에서 형성되는 수익률에 따라 보상을 받게 되는데, 이 때 유가증권의 수익률은 기업의 수익성이나 장래성에 의해 결정되어 기업가치를 평가하는 척도가 된다. 앞으로 수익성이 높고 미래 지향적인 기업은 발행증권에 대한 수요가 증가하여 증권가격이 높게 형성되고 이는 자본조달비용을 감소시키게 하지만 반대의 결과를 형성한 기업은 자본비용이 높게 된다. 따라서 재무의사결정은 기업의 존폐와 관련된 중요한 문제이며 합리적인 재무관리의 중요성이 커지고 있다.

제 2 절　기업의 목표

여러 기업의 관리자는 그 관리자가 지향해야 할 명확한 목표를 갖고 운영하며, 기업의 의사결정을 함에 있어서 지향하고 있는 목표를 생각해 두고 결정하는 것이 대부분이다. 따라서 기업 내의 재무관리자의 경우 기업의 전체적인 목표에서 크게 벗어나는 행동을 할 수 없다는 점에서 재무관리의 목표와 기업의 목표는 서로 연관성이 있다.

그렇다면 기업의 1차 목표는 무엇인가? 이에 따라 여러 가지 목표가 제시되고 있는 가운데 이윤극대화, 기업가치의 극대화, 기업규모의 극대화, 일정수준의 이익이 확보되는 상황 하에서의 매출극대화, 경영자의 효용극대화기준, 만족화기준 등 기업의 목표에 관하여 여러 가지이론이 제시되고 있다. 하지만 이 장에서는 기업가치의 극대화가 모든 재무적 의사결정의 기준이 되는 재무관리의 목표가 될 수 있음을 살펴보고, 전통적인 회계적 이익은 기업이 추구해야 할 목표로서 부적합함을 살펴보고자 한다.

1　이익의 극대화　중요도 상중하

일반적으로 기업은 주주들의 이익을 위하여 운영한다고 볼 경우, 기업의 **목표로서 회계적 이익의 극대화**가 기업의 목표로 관연 바람직한 것인가? 이 장에서는 회계적 이익법의 정의와, 어떠한 의미를 갖고 있는가를 살펴봄으로써 그에 따른 타당성이 논의 될 수 있을 것이다.

회계적 이익은 손익계산서상에 보고되는 이익으로서, 회계적 기업의 목표로 이익의 극대화를 결정하는 데 있어 몇 가지 문제점이 존재한다.

첫 번째로 회계적 이익은 기업이 선택 가능한 다수의 회계원칙들을 적용시킨 결과에 불과하며, 그 결과로 보고되고 있는 이익이 항상 경제적으로 의미를 갖는 기업의 성과를 반영한다고 볼 수는 없다. 예를 들어 모든 조건이 동일한 두 기업이 존재한다고 할 경우, 단순히 회계처리기준만을 상이하게 적용시킴에 따라 완전히 다른 회계적 이익이 보고되어 질 수 있다. 따라서 회계적 이익의 극대화를 기업의 목표로 삼는다면, 기업들로 하여금 가장 큰 회계적 이익을 얻을 수 있는 회계처리기준을 선택하는 위험이 따를 수 있다.

두 번째로 회계적 이익은 각각의 기간별로 보고되는 기간이익개념으로서, 이 중 어느 시점의 기간의 이익을 극대화할 것인가의 중요한 문제점이 발생한다. 만일 현재기간의 이익을 극대화시키기 위해 기업을 운영한다면, 이는 차기 기간에 있어서의 이익이 상대적으로 감소할 수 있다는 것을 의미할 수 있기 때문이다. 이처럼 단기적인 이익극대화는 기업으로 하여금 미래의 성장에 필요한 투자를 하지 않게 할 수 있다는 점에서 기업의 행동목표로서는 적합하지가 않다.

세 번째 문제로 기업이 회계적 이익만을 극대화한다는 것을 목표로 할 경우, 위험을 전혀 고려하지 않게 된다는 점이다. 이는 기업들이 높은 수준의 기대이익을 결정하는 전략을 선택할 경우에는 그 결정에 따른 위험 또한 높은 것이 일반적 경향임에도 불구하고, 단순히 회계적 이익의 극대화만을 추구하다 보면 불필요한 위험전략을 선택하게 되는 실수를 범할 수가 있기 때문이다.

2 주주들의 부의 극대화 중요도 상중하

기업의 목표로서 위에서 언급한 이익의 극대화가 지니고 있는 문제점들은 주식가격의 극대화, 즉 주주들의 부가 극대화되도록 운영함으로써 해결될 수 있다. 대부분의 기업들의 주주들은 기업의 주식을 소유함으로써 얻게 되는 금전적 보상 및 이익에 관심을 갖게 된다. 그리고 주식의 가격은 경쟁적인 주식시장에서 이러한 보상 및 이익에 근거하여 해당 주식이 어느 정도의 가치를 지니고 있는지의 투자자들의 평가를 반영하여 결정되기 때문에 주가야말로 기업의 실질적 성과에 대해 시장에서 평가받는 정확한 척도라고 할 수 있다. 따라서 경쟁의 의해서 결정되어지는 주가는 기업의 진정한 가치를 반영시켜 주는 좋은 성과지표라고 할 수 있다. 앞서 이익극대화목표와 비교해 볼 때 주가의 극대화, 즉 주주들의 부의 극대화목표가 기업의 진정한 가치를 정확히 반영시켜 준다는 점에서 기업 또는 재무관리의 목표로서 보다 합리적으로 받아들여지고 있다.

한편, 극대화의 목표가 되는 주가는 기업에 대한 소유지분의 가격으로서 모든 미래소득의 몫에 대한 권리를 포함하고 있다. 따라서 주가는 각 기간에 걸쳐 벌어들이게 될 이익의 상대적 가치를 반영해 준다. 그러나 회계적 이익은 이익계산서상에 보고되는 이익개념으로서, 이러한 이익은 기업의 현금으로 사용하는데 있어 가능하지 않은 경우가 보통이다. 이 때문에 회계적인 이익과 현금흐름 사이에 갭이 발생하게 되며, 현금흐름은 현금의 실질적인 수령이나 지급을 의미하는 개념으로 사용된다. 재무관리자들은 현금에 의해서만 주주들에 대한 배당이나 종업원에 대한 임금의 지급, 원재료의 구입 등이 가능하기 때문에 이익보다는 이러한 현금흐름에 실질적으로 더 많은 관심을 갖는다. 또한 현금흐름을 판단하는 경우에 있어서도 현재의 1원의 가치와 미래의 1원의 가치는 같을 수가 없기 때문에, 이를 어떻게 평가해 줄 것인가도 중요한 화두이다.

그러나 이익극대화와는 달리 주가의 극대화를 기업의 목표로 우선순위를 둔다면, 이러한 문제점이 해결될 수 있다. 즉, 주가라는 것은 기업현금흐름의 일정소유지분에 대한 권리의 가격이므로, 기업으로부터 들어오는 현금흐름의 가치를 평가해 준다. 따라서 주가를 극대화하면 주가에 가장 큰 영향을 주게 될 기간들에 있어서의 현금흐름을 극대화하는 것이 될 것이다. 결국 주가 극대화의 목표는 어떠한 현금흐름을 극대화할 것인가를 정의해 줄 뿐 아니라 다른 기간들의 현금흐름과 비교하여 특정기간의 현금흐름이 어떻게 평가되고 정의되고 있는가를 말해 준다. 또한 주가에 정(+)의 영향을 주는 정도에 따라 모든 기간에 있어서의 현금흐름에 대한 평가가 이루어지게 된다. 그리고 주가극대화의 목표는 위험을 고려하고 있기 때문에 기업이 위험한 전략을 결정하면, 주식시장은 이러한 전략에 대한 평가를 정확하게 평가해주게 된다. 만일 기업이 선택한 전략으로부터 기대되는 수익에 비해 위험수준이 높다고 투자자들이 평가하고 있다면, 주가는 하락할 것이다. 반면 위험수준에 비해 충분한 보상이 주어지고 있다고 평가된다면, 주가는 상승할 것이다.

기업의 소유자들이 재무적 보상에만 관심을 갖는다고 가정하면, ① 기업의 타당한 목표는 주주들의 부의 극대화에 있으며, ② 주주들의 부의 극대화는 곧 주가의 극대화와 동일한 개념이며, ③ 주주들의 부의 극대화 목표는 특정 한 기간에 있어서의 현금흐름이 다른 기간의 현금흐름과 비교하여 어떻게 평가되어야 하는가를 나타내 주고 있으며, ④ 주주들의 부의 극대화목표는 수익에 대한 위험수준의·정도가 주가에 영향을 주기 때문에 위험수준에 대한 영향력을 정확히 평가하여 준다. 그러므로 기업소유자인 주주들은 재무적 보상에만 관심을 갖는다고 가정하고, 주주 부의 극대화 또는 주가의 극대화를 기업(재무관리)의 목표로 삼는다.

제 3 절 재무관리 환경

금융시스템 내의 경제주체는 개인과 기업, 정부로 나누어 볼 수 있다. 개인은 소비의 시간선호를 충족시켜서 효용을 극대화하고자 하며, 그 과정에서 위험을 줄이고 부(wealth)를 극대화하기를 원한다. 기업은 효율적인 자금조달을 통해 이익을 극대화하기를 원하며 정부는 자금 조달 및 공급, 재정정책 및 금융정책을 수행하기 위한 각종 규제와 조세를 통해 사회경제를 증대시키길 원한다.

금융시장은 금융자산이 거래되는 시장으로 자금 수요자와 공급자간의 거래를 통해 시장참가자들의 욕구를 충족시키는 기능을 한다. 시장참가자들은 각자의 욕구를 충족시키기 위해 대출 및 차입, 투자, 투기 등의 활동을 한다. 금융시장이 수행하는 본질적 역할로는 소비의 시간배분, 위험의 분산, 소유권의 분리 등이 있다.

1 금융시장과 자본시장 중요도 ▶ 상 중 하

(1) 의의

금융시장은 화폐의 대차거래가 이루어지는 시장을 말하며 화폐시장이라고도 한다. 이것이 일반상품시장과 다른 점은 ① 그 곳에서 거래되는 대상이 질적으로 무차별한 화폐이며 ② 그 화폐는 기한부로 매매되며 이자를 낳는 대부자본이라는 것 등이다. 금융시장에서 화폐의 수급량에 따라 자본으로서의 그것의 가격 즉, 이자가 결정된다. 그러나 구체적인 거래에서는 그 매매조건이 각양각색이며, 대부기간·이자 및 상환·보증 등에 있어서 각각 상이하다. 금융시장을 대부기간에 따라 단기금융시장과 장기금융시장으로 나누어, 전자를 화폐시장, 후자를 자본시장이라고 하기도 한다.

(2) 기능

금융시장은 자금공급자와 자금수요자간에 금융거래가 조직적으로 이루어지는 장소를 말한다. 여기서 장소란 재화시장처럼 특정한 지역이나 건물 등의 구체적 공간뿐 아니라 자금의 수요와 공급이 유기적으로 이루어지는 추상적인 공간을 포함한다. 금융거래가 이뤄지기 위해서는 이를 매개하는 수단이 필요한데 이러한 금융수단을 금융자산 또는 금융상품이라고 한다. 금융자산은 현재 또는 미래의 현금흐름에 대한 청구권을 나타내는 증서로 예금증서나 어음, 채권 등이 그 예이다.

금융거래는 자금이 이동하는 형태에 따라 **직접금융거래**와 **간접금융거래**로 나눌 수 있다. 직접금융거래는 자금수요자가 자기명의로 발행한 증권을 자금공급자에게 교부하고 자금을 직접 조달하는 거래로 주식이나 채권 등이 대표적이다. 간접금융거래는 은행 등과 같은 금융 중개기관을 통해 자금공급자에게서 자금수요자로 자금이 이전되는 거래로 예금, 대출 등이 있다.

국민경제 전체적으로 보면 가계부문은 소득이 지출보다 많아 흑자주체가 되지만 기업부문은 소득을 웃도는 투자활동을 하므로 적자주체가 된다. 금융시장은 가계부문에 여유자금을 운용할 수 있는 수단(금융자산)을 제공하고 흡수한 자금을 투자수익성이 높은 기업을 중심으로 기업부문에 이전시킴으로써 국민경제의 생산력을 향상시키는데 이로써 금융시장의 자원배분기능을 한다. 또한 금융시장은 소비주체인 가계부문에 적절한 자산운용과 차입기회를 제공해 가계가 자신의 시간선호에 맞게 소비시기를 선택할 수 있게 함으로써 소비자 효용을 증진시키는 기능을 한다.

이외에도 위험분산의 기능이 있다. 금융시장은 다양한 금융상품을 제공함으로써 투자자가 분산투자를 통해 투자위험을 줄일 수 있도록 한다. 또한 파생금융상품과 같은 위험 헤지수단을 제공해 투자자의 투자 위험이 위험선호도가 높은 다른 시장참가자에게 전가될 수 있도록 해준다. 이 결과 투자자의 시장참여가 확대되면서 금융시장의 자금중개규모가 확대되는 것이다.

금융시장은 또 금융자산을 보유한 투자자에게 높은 유동성(금융자산의 환금성)을 제공한다. 투자자는 환금성이 떨어지는 금융자산을 매입할 경우에는 동 자산을 현금으로 전환하는 데 따른 손실을 예상해 일정한 보상, 즉 유동성 프리미엄을 요구하게 된다. 금융시장이 발달하면 금융자산의 환금성이 높아지고 유동성 프리미엄이 낮아짐으로써 자금수요자의 차입비용이 줄어들게 된다.

또한 금융시장은 금융거래에 필요한 정보를 수집하는 데 드는 비용과 시간을 줄여준다. 투자자가 여유자금을 운용하기 위해 차입자의 채무상환능력 등에 관한 정보를 직접 취득하려 한다면 비용과 시간이 많이 들 뿐 아니라 때로는 불가능할 수도 있다. 그러나 금융시장이 존재할 경우 차입자의 신용에 관한 정보가 차입자가 발행한 주식의 가격이나 회사채의 금리 등에 반영되어 유통되므로 투자자가 투자정보를 취득하는 데 따른 비용과 시간이 크게 절감될 수 있다. 따라서 금융시장의 정보생산 기능이 활발하면 투자자의 의사결정이 촉진될 뿐 아니라 차입자도 정당한 평가를 통해 소요자금을 원활히 조달할 수 있게 된다. 금융시장이 발달할수록 금융자산 가격에 반영되는 정보의 범위가 확대되고 정보의 전파속도도 빨라지는 것이 일반적인 현상이다.

마지막으로 시장규율 기능이 있다. 시장규율이란 시장참가자가 차입자가 발행한 주식 또는 채권 가격 등의 시장신호를 활용해 당해 차입자의 건전성에 대한 감시기능을 수행하는 것을 말한다. 예를 들면 어떤 기업이 신규 사업을 영위하기 위해 인수·합병 계획을 발표했는데 시장참가자들이 그러한 계획이 당해 기업의 재무건전성을 악화시킬 것으로 본다면 금융시장에서 거래되는 동 기업의 주식이나 회사채 가격이 즉각 하락하게 된다. 즉, 시장참가자들이 인수·합병 계획에 대한 부정적인 시각을 가격에 반영한 것이다. 이렇게 되면 그 기업의 자금조달 비용이 높아져 인수·합병을 통한 무리한 사업 확장에 제동이 걸릴 수가 있다.

(3) 구조

금융시장은 자금매개 방법에 따라 간접금융시장과 직접금융시장으로 구분되고, 자금공급 기간에 따라 단기금융시장과 장기금융시장으로 구분된다.

• 자금매개 방법에 따라

• 자금공급 기간에 따라

① 간접금융시장

간접금융시장은 자금의 수요자와 공급자 사이에 금융기관이 개입하여 자금의 수급이 이루어지는 시장을 말한다. 간접금융시장에서 금융기관은 자기위험과 책임하에 적자부문인 기업에 대해서는 장기자금을 비롯한 다양한 욕구를 충족시켜주고 흑자부문인 가계에 대해서는 안정성과 유동성을 제공한다. 금융기관은 자산변환과 위험관리를 통해 기본적인 역할을 수행한다. 자산변환은 예금 및 대출의 기관과 규모 면에서 여러 가지 경우로 나누어 볼 수 있다. 먼저 양의 자산변환은 단기예금을 받아서 장기대출을 하는 경우에 발생한다. 이때 금융기관은 자금의 유동성을 증가시킨다. 음의 자산변환은 장기예금을 받아서 단기대출을 하는 경우에 발생한다. 이때 은행은 자금의 유동성을 감소시키는 기능을 수행한다. 금융기관은 또한 자금규모를 변환시키기도 하는데, 소액자금을 대규모 자금으로 변환시키는 것이 그 예이다.

금융기관의 위험관리의 기본원리는 풀링과 분산이다. 풀링이란 유사자산을 모아놓음으로써 대수의 법칙에 의해 개별자산의 위험가능성에 대한 예측이 가능해지도록 하는 기법이다. 예를 들어, 대출 포트폴리오를 풀링하면 대수의 법칙에 의해 실제 부실채권율이 예상 부식채권율에 접근함으로써 부실대출위험의 관리가 가능해진다. 풀링은 대수의 법칙에 의한 위험관리 수단이지만 그 자체가 특정 산업 및 기업 특성에 따른 위험을 감소시키지는 못한다. 이에 대해 분산은 다양한 산업과 기업에 대하여 대출을 함으로써 특정 산업 및 기업의 위험을 감소시키는 효과가 있다.

② **직접금융시장**

직접금융시장이란 자금의 공급자와 최종수요자 간에 주식, 채권 등의 직접증권의 거래를 통해 자금의 수급이 이루어지는 시장이다. 이에는 단기자금을 다루는 화폐시장과 장기자금을 다루는 자본시장이 있다.

화폐시장은 만기가 1년 이하인 금융상품들이 거래되는 시장이다. 금융상품의 예로는 단기국공채, CP(기업어음), CD(양도성예금증서), 콜자금, RP(환매조건부채권), MMF(화폐시장 상호기금) 등이 있다. 이에 대해 자본시장은 장기성 유가증권이 거래되는 시장이다. 자본시장에서 거래되는 상품의 예로는 주식, 채권, 시장성 저당증권 등이 있다.

한편, 자본시장은 발행시장과 유통시장으로 구성된다. 발행시장은 증권을 매출하여 신규자금을 조달하는 시장이며, 발행의 방법에는 사모와 공모가 있다. 공모 방법에는 기업이 중개기관의 개입 없이 투자자에 대해 직접 발행하는 직접발행 방식과 중개기관이 개입되는 간접발행방식이 있다. 간접발행 방법에는 총액인수, 잔액인수, 모집주선이 있다. 발행시장을 통해 이미 발행된 증권을 매매하는 시장을 유통시장이라고 한다. 유통시장에는 신규자금 조달은 없다. 유통시장은 거래소시장과 장외시장(OTC)으로 나누어진다.

유통시장이 활성화되어야 발행시장이 활성화되어 양질의 자금 조달이 원활하게 이루어지게 된다는 측면에서 유통시장의 중요성이 특히 강조된다. 유통시장은 ⊙ 가격발견기능을 가지고 있는데, 이는 모든 정보가 즉각적으로 완전하게 반영되어서 증권의 진정한 가치가 형성되도록 하는 기능을 말한다. ⓒ 유통시장은 유동성제공 기능을 가지고 있다. ⓒ 유통시장은 유동성으로 확보로 인한 담보력 제공 기능을 가지고 있다. 따라서 유통시장은 자금 차입의 용이성을 제공해 준다. ㉣ 유통시장은 신규증권 가격의 기준을 제공해 준다. 유통시장은 추가로 발행되는 증권가격의 기준을 제공함으로써 증권 발행자와 탐색비용을 절감시켜 준다. ⓜ 유통시장은 위험관리 기능을 제공해 준다. 유통시장에서 분산투자 내지는 포트폴리오 관리를 함으로써 위험관리를 할 수 있는 기회를 제공해준다. 마지막으로 유통시장은 성과 측정의 기준을 제공해 준다. 즉, 경영자, 펀드매니저, 개인의 성과측정 기준을 제공해 준다. 이상과 같이 유통시장은 단지 가격변동을 이용한 이익추구의 장으로서 뿐만 아니라 경제 전체에 대한 파급효과가 매우 큰 여러 가지 중요한 기능들을 가지고 있다.

③ **장기금융시장**

장기금융시장에서는 기업의 설비자금 등 자본형성을 위하여 자금이 조달되기 때문에 자본시장이라고 한다. 넓은 의미의 자본시장에서는 증권시장 외에 은행, 보험회사, 등의 장기대부시장도 포함되지만, 일반적으로 대표적인 장기자본 증권인 주식과 채권이 거래되는 증권시장을 자본시장이라고 한다. 장기자본시장은 증권시장을 중심으로 형성된다.

④ **단기금융시장**

단기금융시장은 통화의 대체성이 높은 만기 1년 이내의 단기금융자산이 거래되는 시장으로서 기업, 금융기관, 정부 등의 경제주체들이 일시적인 현금과부족을 조절하는 시장이다. 단기금융시장에서는 결제수단으로서 화폐가 대차되기 때문에 화폐시장이라고 한다. 단기금융시장은 개별 경제주체들이 단기금융자산의 매매를 통하여 일시적인 현금과부족을 조절하는 수단을 제공함으로써 전체 금융시장의 효율성을 증대시킨다. 단기금융시장에서는 콜자금, 재정증권, 통화안정증권, 기업어음, 환매조건부채권, 양도성예금증서 등이 거래된다.

더 알아두기 Q

한국의 재무관리 발전단계

한국에서의 재무관리에 대한 학문적 기초는 1960년대 중반 경영학이라는 학문이 국내 대학에 개설된 이후부터라고 할 수 있다. 즉, 재무관리라는 학문이 독립된 학문으로 소개되기 시작한 것은 1970년대 후반으로 역사가 매우 짧다고 할 수 있으며, 그나마 내용상 회계학의 일부분의 성격이 강했다고 할 수 있다. 주로 재무제표를 분석한다거나 자본조달을 위한 자금원 분석방법 및 절차 등 주로 서술적 내용들을 중심으로 한 학문이었다.

이와 같이 한국에서 독립된 학문으로 재무관리 연구가 부진한 배경에는 재무관리가 경영학의 일부분으로서의 실천적 성격과 기업환경으로서의 시대적 상황을 고려할 때 다음과 같은 몇 가지 이유가 있다. 첫째, 한국 자본시장의 상대적인 원시성이다. 한국의 증권시장이 처음 개장된 날짜는 1956년 3월 3일이었다. 우리나라의 자본시장, 즉 주식시장은 1970대 후반에 접어들어 투자인구 등이 늘어나면서 양적으로 팽창하기는 하였으나 아직도 일부 거액 투자자에 의한 투기성 투자가 성행할 만큼 상대적으로 영세성을 면치 못하고 있었다. 아울러 투자를 위한 각종 투자 정보의 이용 가능성도 보편화되지 못했기 때문에 투자대상 기업에 대한 투자자들의 평가가 자본시장에 합리적으로 반영되지 못한 측면도 있다.

둘째, 금리의 시장 기능이 상대적으로 무시된 점을 들 수 있다. 1960년대에 접어들면서 정부 주도하의 경제개발계획의 추진은 기업들로 하여금 새로운 이윤창출의 기회를 마련하게 해주었다. 그러나 이러한 기회를 살리기 위한 기업들의 규모 확대를 위한 소요자금은 대부분 자기자본이 아닌 금융기관을 통한 차입이나 저금리 차관 등 타인자본을 활용하는 것이 대부분이었다. 특히 이들 기업이 차입한 공금리의 수준은 시장금리보다도 훨씬 저렴한 수준의 금리로 시혜성에 가까운 자금이 분배됨으로써 자본시장이 왜곡되고, 기업은 투자의 효율성보다는 일단 가져다 쓰고 보자는 식의 자금관을 형성시켜 근본적으로 시장금리가 왜곡되는 현상이 나타나게 된 것이다.

셋째, 기업 경영이 가족경영형태로 출발하여 권한이 중앙집권적이고 대외적 폐쇄성이 강해 투명한 재무관리가 발전할 수 있는 토대가 마련되지 못했다는 것이다. 즉, 학자들이 재무관리를 연구하기 위한 기업의 재무제표 등 필요한 자료의 이용이 극히 제한적일 뿐만 아니라 조직의 폐쇄성에 따른 분식회계 등 정보의 신빙성에 의문이 들기 때문에 재무관리가 학문으로 발전하는데 있어 지연이 되었던 것이다.

OX로 점검하자

※ 다음 지문의 내용이 맞으면 O, 틀리면 ×를 체크하시오. [1~14]

01 시장경제체제에 따라 경제운용에 가장 중요한 문제로 대두되는 것이 자산이다. ( )

02 금융시장에서 기업 내부의 자금의 유동성과 연관된 모든 의사결정을 보다 효율적으로 관리하기 위한 이론과 기법으로 발전된 것이 재무관리이다. ( )

03 현대재무관리는 시간의 확실성에 대한 연구 및 분석을 바탕으로 합리적인 재무의사결정방법을 도출하는 데 중점을 두고 있다. ( )

04 금융시장 자체가 기업의 자금조달에 대한 자금원으로, 그리고 주주와 투자자들에 대한 부의 증진과 소득배분의 경로로서뿐만 아니라 기업가치를 평가하는 가치산정도구로서 그 기능을 발휘한다.
( )

05 회계적 이익은 각각의 기간별로 보고되는 기간이익개념으로서, 이 중 어느 시점의 기간의 위험을 최소화할 것인가의 중요한 문제점이 발생한다. ( )

06 주식의 가격은 경쟁적인 주식시장에서 이러한 보상 및 이익에 근거하여 해당 주식이 어느 정도의 가치를 지니고 있는지의 투자자들의 평가를 반영하여 결정되기 때문에 주가야말로 기업의 실질적 성과에 대해 시장에서 평가받는 정확한 척도라고 할 수 있다. ( )

07 극대화의 목표가 되는 주가는 기업에 대한 소유지분의 가격으로서 모든 현재소득의 몫에 대한 권리를 포함하고 있다. ( )

08 주가 극대화의 목표는 어떠한 현금흐름을 극대화할 것인가를 정의해 줄 뿐 아니라 다른 기간들의 현금흐름과 비교하여 특정기간의 현금흐름이 어떻게 평가되고 정의되고 있는가를 말해 준다.
( )

정답과 해설 01 × 02 O 03 × 04 O 05 × 06 O 07 × 08 O

01 자산이 아닌 자본이다.
03 현대재무관리는 시간과 불확실성에 대한 연구 및 분석을 바탕으로 합리적인 재무의사결정방법을 도출하는 데 중점을 두고 있다.
05 회계적 이익은 각각의 기간별로 보고되는 기간이익개념으로서, 이 중 어느 시점의 기간의 이익을 극대화할 것인가의 중요한 문제점이 발생한다.
07 극대화의 목표가 되는 주가는 기업에 대한 소유지분의 가격으로서 모든 미래소득의 몫에 대한 권리를 포함하고 있다.

09 개인은 소비의 시간선호를 충족시켜서 효용을 극대화하고자 하며, 그 과정에서 위험을 늘리고 부(wealth)를 극대화하기를 원한다. (　　)

10 금융시장은 화폐의 대차거래가 이루어지는 시장을 말하며 화폐시장이라고도 한다. (　　)

11 금융거래가 이뤄지기 위해서는 이를 매개하는 수단이 필요한데 이러한 금융수단을 금융자산 또는 금융상품이라고 한다. (　　)

12 금융시장은 다양한 금융상품을 제공함으로써 투자자가 분산투자를 통해 투자위험을 줄일 수 있도록 한다. (　　)

13 직접금융시장은 자금의 수요자와 공급자 사이에 금융기관이 개입하여 자금의 수급이 이루어지는 시장을 말한다. (　　)

14 장기금융시장은 통화의 대체성이 높은 만기 1년 이내의 단기금융자산이 거래되는 시장으로서 기업, 금융기관, 정부 등의 경제주체들이 일시적인 현금과부족을 조절하는 시장이다. (　　)

정답과 해설　09 ✕　10 ○　11 ○　12 ○　13 ✕　14 ✕

09 개인은 소비의 시간선호를 충족시켜서 효용을 극대화하고자 하며, 그 과정에서 위험을 줄이고 부(wealth)를 극대화하기를 원한다.
13 직접금융시장이 아닌 간접시장에 관한 설명이다.
14 장기금융시장이 아닌 단기금융시장에 관한 설명이다.

실전예상문제

01 다음 중 재무관리의 의의에 관한 설명 중 옳지 <u>않은</u> 것은?

① 재무관리에 있어 시장경제체제에 따라 경제운용에 가장 중요한 문제로 대두되는 것이 자본이다.

② 금융시장에서 기업 내부의 자금의 유동성과 연관된 모든 의사결정을 보다 효율적으로 관리하기 위한 이론과 기법으로 발전된 것이 재무관리이다.

③ 재무의사결정을 함에 있어서 재무관리에서 연구되는 가장 중요한 변수가 시간과 이에 따른 확실성이다.

④ 현대재무관리는 시간과 불확실성을 연구 및 분석을 바탕으로 합리적인 재무의사결정방법을 도출하는데 중점을 두고 있다.

01 재무의사결정을 함에 있어서 재무관리에서 연구되는 가장 중요한 변수가 시간과 이에 따른 불확실성이다.

02 다음 중 재무관리에 따라 기업이 목표로 하는 것 중 옳지 <u>않은</u> 것은?

① 이익의 극대화
② 기업가치(주주들의 부)의 극대화
③ 기업 규모의 극대화
④ 제품 판매의 극대화

02 제품 판매의 극대화는 큰 의미에서 이익의 극대화에 포함되어 있기 때문에 큰 의미에서의 기업의 목표로서는 적합하지 않다.

03 다음 재무관리 목표 중 이익의 극대화에 관한 설명으로 옳은 것은?

① 회계적 이익은 재무상태표상에 보고되는 이익이다.

② 회계적 이익은 기업이 선택 가능한 하나의 회계원칙들을 적용시킨 결과에 불과하다.

③ 회계적 이익은 각각의 기간별로 보고되는 기간이익개념으로서, 이 중 어느 시점의 기간의 이익을 극대화할 것인가의 중요한 문제점이 발생한다.

④ 기업이 회계적 이익만을 극대화한다는 것을 목표로 할 경우, 위험을 고려하여 결정한다.

03 ① 회계적 이익은 손익계산서상에 보고되는 이익이다.
② 회계적 이익은 기업이 선택 가능한 다수의 회계원칙들을 적용시킨 결과에 불과하다.
④ 회계적 이익만을 극대화한다는 것을 목표로 할 경우, 위험을 전혀 고려하지 않게 된다.

정답 01③ 02④ 03③

안심Touch

04 극대화의 목표가 되는 주가는 기업에 대한 소유지분의 가격으로서 모든 미래소득의 몫에 대한 권리를 포함하고 있다.

05 ① 금융시스템 내의 경제주체는 개인과 기업, 정부로 나누어 볼 수 있다.
② 개인은 소비의 시간선호를 충족시켜서 효용을 극대화하고자 하며, 그 과정에서 위험을 줄이고 부(wealth)를 극대화하기를 원한다.
④ 금융시장은 금융자산이 거래되는 시장으로 자금 수요자와 공급자 간의 거래를 통해 시장참가자들의 욕구를 충족시키는 기능을 한다.

04 다음 중 주주들의 부의 극대화에 관한 설명 중 옳지 <u>않은</u> 것은?

① 대부분의 기업들의 주주들은 기업의 주식을 소유함으로써 얻게 되는 금전적 보상 및 이익에 관심을 갖게 된다.
② 극대화의 목표가 되는 주가는 기업에 대한 소유지분의 가격으로서 모든 현재소득의 몫에 대한 권리를 포함하고 있다.
③ 주가는 각 기간에 걸쳐 벌어들이게 될 이익의 상대적 가치를 반영해 준다.
④ 주가 극대화의 목표는 어떠한 현금흐름을 극대화할 것인가를 정의해 줄 뿐 아니라 다른 기간들의 현금흐름과 비교하여 특정기간의 현금흐름이 어떻게 평가되고 정의되고 있는가를 말해 준다.

05 다음 중 재무관리 환경에 관한 설명 중 옳은 것은?

① 금융시스템 내의 경제주체는 개인과 기업 둘로 나누어 볼 수 있다.
② 개인은 소비의 시간선호를 충족시켜서 효용을 극대화하고자 하며, 그 과정에서 위험을 줄이고 부(wealth)를 최소화하기를 원한다.
③ 기업은 효율적인 자금조달을 통해 이익을 극대화하기를 원하며 정부는 자금 조달 및 공급, 재정정책 및 금융정책을 수행하기 위한 각종 규제와 조세를 통해 사회경제를 증대시키길 원한다.
④ 금융시장은 금융자산이 거래되는 시장으로 자금 수요자와 판매자 간의 거래를 통해 시장참가자들의 욕구를 충족시키는 기능을 한다.

정답 04 ② 05 ③

06 다음 중 금융시장과 자본시장에 관한 설명 중 옳지 <u>않은</u> 것은?

① 금융시장은 화폐의 대차거래가 이루어지는 시장을 말하며 자본시장이라고도 한다.

② 금융시장은 자금공급자와 자금수요자간에 금융거래가 조직적으로 이루어지는 장소를 말한다.

③ 금융거래가 이뤄지기 위해서는 이를 매개하는 수단이 필요한데 이러한 금융수단을 금융자산 또는 금융상품이라고 한다.

④ 금융거래는 자금이 이동하는 형태에 따라 직접금융거래와 간접금융거래로 나눌 수 있다.

06 금융시장은 화폐의 대차거래가 이루어지는 시장을 말하며 화폐시장이라고도 한다.

주관식 문제

01 빈칸에 공통으로 들어갈 단어를 쓰시오.

( )은 자금의 수요자와 공급자 사이에 금융기관이 개입하여 자금의 수급이 이루어지는 시장을 말한다. ( )에서 금융기관은 자기위험과 책임하에 적자부문인 기업에 대해서는 장기자금을 비롯한 다양한 욕구를 충족시켜주고 흑자부문인 가계에 대해서는 안정성과 유동성을 제공한다.

01
정답 간접금융시장

정답 06 ①

안심Touch

02

정답 A: 직접금융시장, B: 화폐시장,
C: 자본시장

02 각각의 빈칸에 들어갈 단어를 쓰시오.

(A)이란 자금의 공급자와 최종수요자 간에 주식, 채권, 등의
직접증권의 거래를 통해 자금의 수급이 이루어지는 시장이다.
이에는 단기자금을 다루는 (B)과 장기자금을 다루는 (C)이
있다.

03

정답 장기금융시장에서는 기업의 설비자
금 등 자본형성을 위하여 자금이 조
달되기 때문에 자본시장이라고 한다.

03 장기금융시장에 관해서 기술하시오.

04

정답 단기금융시장은 통화의 대체성이 높
은 만기 1년 이내의 단기금융자산이
거래되는 시장으로서 기업, 금융기
관, 정부 등의 경제주체들이 일시적
인 현금과부족을 조절하는 시장이다.

04 단기금융시장에 관해서 기술하시오.

고득점으로 대비하는 가장 똑똑한 수험서!

제 2 장

재무제표의 이해

합격의 공식 **시대에듀**

잠깐!

혼자 공부하기 힘드시다면 방법이 있습니다.
시대에듀의 동영상강의를 이용하시면 됩니다.
www.sdedu.co.kr → 회원가입(로그인) → 강의 살펴보기

제2장 재무제표의 이해

제 1 절 　재무상태표의 이해

1 　재무상태표의 구성 　중요도 ▶ 상 중 하

재무상태표 또는 대차대조표는 일정시점에서 기업의 재무상태표를 나타내는 보고서이다. 기업의 재무상태라함은 자산과 부채, 자본의 구성을 말한다. 재무상태표의 왼쪽(차변)은 자산의 구성상태를 나타내며, 오른쪽(대변)은 부채, 자본의 구성상태를 나타낸다. 자산은 기업이 소유하고 있는 자원을 나타내며, 부채, 자본은 기업이 필요한 자금을 외부채권자로부터 조달한 자금(부채 또는 타인자본)과 기업의 소유주인 주주로부터 조달한 자금을 나타낸다.

재무상태표에서 자산과 부채, 자본간에는 다음과 같은 균형이 항상 발생한다.

> 자산 = 부채 + 자본(자기자본)

2 　자산

일반적으로 재산과 같은 뜻으로 쓰이며, 유형·무형의 물품·재화나 권리와 같은 가치의 구체적인 실체를 말한다. 기업회계상의 자산은 자본의 구체적인 존재형태를 말하는 것으로, 이연자산까지도 포함하고 있는 점에서 일반적인 재산개념보다도 넓다. 경제학에서 말하는 자본재는 거의 자산과 동일하다.

자산은 여러 기준에 따라서 분류가 가능하나 회계상으로는 유동자산·고정자산·이연자산으로 나누어진다. 유동자산은 기업과 시장 사이를 교류하며 1년 이내에 현금화되는 회전속도가 빠른 자산인데, 다시 당좌자산과 재고자산으로 나누어진다. 당좌자산은 바로 현금화할 수 있는 자산으로 현금·예금·받을어음·외상매출금, 일시적 소유를 목적으로 한 유가증권 등으로 이루어진다. 재고자산은 제조·판매 등의 과정을 거쳐 현금화할 수 있는 것으로, 상품·원재료·재공품·반제품 등으로 구성된다. 고정자산은 기업 내부에서 장기간 사용하며 원칙적으로 1년 이내에는 현금화되지 않는 회전속도가 느린 자산을 말한다. 이것은 다시 구체적인 형태의 유무에 따라 유형고정자산과 무형고정자산으로 나누어진다.

안심Touch

유형고정자산은 토지·건물·기계장치·선박 등으로 이루어지며, 무형고정자산은 영업권·특허권·지상권·상표권·실용신안권)·의장권·광업권 등을 가리킨다. 이들 이외에, 출자금·투자유가증권·정기대부금 등을 포함하는 투자자산까지도 고정자산에 포함시켜야 한다는 견해가 유력하다.

고정자산의 회계처리에 있어서는 토지와 같은 예외를 제외하고, 감가상각을 통하여 그 가치의 일부분씩을 생산물에 이전하여 내용기간 중에 전가치를 회수하는 방법이 취해진다. 상법은 고정자산의 평가에 있어서 원가주의를 채용하여 결산기마다 상당한 상각을 하도록 규정하고 있다.

자산에 관해서 중요한 점은 자산구성과 자산평가이다. 자산구성 중에서도 유동자산과 고정자산의 비율, 총자산에 대한 유동자산(또는 고정자산)의 비율이 적정하지 않으면 수익성이나 유동성이 악화된다.

3 부채와 자기자본 (중요도 상중하)

기업에 투입된 총자본은 그 원천에 따라 타인자본인 부채와 자기자본으로 나뉜다. 부채란 과거의 거래나 사건의 결과로 다른 실체에게 미래에 자산이나 용역을 제공해야 하는 특정 실체의 의무를 말하며 유동부채, 고정부채, 이연부채로 분류된다. 자본은 주주지분 또는 소유주지분이라 불리는 것으로 기업의 총자산에서 총부채를 차감하고 남은 잔여분을 말하며 자본금, 자본잉여금, 이익잉여금으로 구성된다. 자본금은 주주들이 직접 출자한 주식의 액면총액이며 자본잉여금은 주주들이 액면가액 이상으로 납입하거나 자본거래에서 발생한 잉여금이고, 이익잉여금은 손익거래에서 창출된 이익 중 유보된 금액을 말한다.

4 재무상태표 분석 (중요도 상중하)

(1) 순운전자본

유동자산에서 유동부채를 차감한 잔액으로 정의되는데 일상적인 영업활동에 필요한 자금으로서 단기부채를 지급하는 데 사용할 단기자산이며 단기 채권자를 보호하기 위한 자금이라고 할 수 있다. 따라서 장기목적으로 투자되는 자산인 투자자산은 순운전자본에 속하지 않는다. 순운전자본이 중요한 자금개념으로 여겨지는 원인은 다음과 같다. ① 기업의 단기 지급능력을 표시하는 자금 개념이다. ② 기업의 영업활동을 표시하는 자금 개념이다. ③ 총재무자원에 의한 자금개념은 비운전자본 거래가 없을 경우 순운전 자본과 일치한다.

(2) 부채비율

부채비율은 기업이 갖고 있는 자산 중 부채가 얼마 정도 차지하고 있는가를 나타내는 비율로, 기업의 재무구조 특히 타인자본의존도를 나타내는 대표적인 경영지표다. 부채비율은 부채총액을 자기자본으로 나눈 뒤 100을 곱해 산출한다. 상환해야 할 타인자본(부채총계)에 대해 자기자본이 어느 정도 준비돼 있는가를 나타내는 부채비율은 기업의 건전성을 평가하는 중요한 지표가 된다. 이처럼 부채와 자본의 구성비율을 나타내기 때문에 '재무구조' 또는 '안전성비율' 이라고도 한다.

예컨대 어느 기업의 부채비율이 200%라면 빚이 자사가 보유한 자본보다 두 배 많다는 것을 뜻한다. 일반적으로 100% 이하를 표준비율로 보고 있는데, 선진국에서는 200% 이하 업체를 재무구조가 우량한 업체로 간주한다.

(3) 유동비율

(유동자산÷유동부채)×100(%)의 계산식으로 산출된다. 유동비율은 기업이 보유하는 지급능력, 또는 그 신용능력을 판단하기 위하여 쓰이는 것으로 신용분석적 관점에서는 가장 중요하다. 이 비율이 클수록 그만큼 기업의 재무유동성은 크다. 200% 이상으로 유지되는 것이 이상적이며, 2 대 1의 원칙(two to one rule)이라고 한다.

이 비율은 은행이 기업에 대한 신용수여의 관점에서 중요시하기 때문에 은행가비율(banker's ratio)이라고도 한다. 기업의 경영자로서도 재무유동성의 확보는 매우 중요하므로 이 비율에 언제나 주목하여 그 지급능력을 유지할 필요가 있다. 따라서 기업의 입장에서는 기업자본의 수익성을 저하시키지 않는 한도 내에서 유동비율이 커지도록 배려해야 한다.

제 2 절 포괄손익계산서의 이해

1 손익계산서의 구성 중요도 상중하

손익계산서 또는 포괄손익계산서는 일정기간 동안의 기업의 경영성과를 나타내는 보고서로서, 그 기간 동안에 실현된 수익과 발생한 비용을 기록하고 이로부터 해당 기간의 이익을 계산한 표이다. 수익과 비용, 그리고 이익 사이에는 다음과 같은 등식이 성립한다.

수익 − 비용 = 이익

2 손익계산서의 구성

일정기간 동안 기업이 달성한 경영성과를 보여주기 위해 한국채택국제회계기준(이하 'K-IFRS')에서 요구하는 재무제표로, 총포괄손익인 당기손익과 기타포괄손익 정보를 제공한다. 기업의 손익은 당기 실현 여부에 따라 당기손익과 기타포괄손익으로 구분되는데, K-IFRS가 도입되기 전 회계기준인 일반기업회계기준(이하 'K-GAAP')에서는 당기손익 정보만 표시하는 손익계산서를 작성하도록 요구하였으나, K-IFRS에서는 당기손익정보와 기타포괄손익 모두를 포함하는 포괄손익계산서를 작성할 것을 요구한다. 손익계산서는 일정기간 동안 발생한 기업의 수익과 비용 정보를 제공하고, 수익에서 비용을 차감한 순손익을 통해 기업의 경영성과를 보여주는데, 포괄손익계산서는 이러한 기업의 경영성과를 당기손익 관점에서 그치지 않고 총포괄손익 관점에서 보여준다.

K-IFRS에 따르면, 기업은 포괄손익을 표시함에 있어 당기손익과 기타포괄손익을 함께 표시하여 단일보고서로 작성하거나 당기손익과 기타포괄손익을 구분하여 두 개의 보고서로 작성할 수 있다. 또한, 기업의 손익은 성격별 또는 기능별로 분석하여 작성할 수 있는데 기능별 분석에 따라 작성할 경우, 주석을 통해 비용의 성격별 분석 정보를 제공해야 한다.

당기손익 정보는 영업수익부터 당기순손익까지이며, 단일보고서가 아닌 두 개의 보고서로 구분하여 작성할 경우에는, 당기순손익까지 표시한 손익계산서(Ⅰ~ⅩⅡ)와 당기순손익으로 시작해 총세후기타포괄손익을 가감하여 총포괄손익을 보여주는 포괄손익계산서(ⅩⅡ~ⅩⅣ)로 구성된다.

성격별 분석은 비용의 성격, 즉 인건비, 감가상각비 등 비용이 발생하게 된 일차적인 원인을 기준으로 비용을 정리하는 반면 기능별 분석은 각각의 비용이 기업의 영업활동과 관련하여 어떤 기능을 하였는지에 초점을 맞춰 매출원가, 판매비·관리비 등으로 구분하여 정리한다. 예를 들어, 제조회사의 종업원 급여에는 제품의 제조 업무를 담당한 직원에 대한 급여와 인사 업무와 같이 제조는 아니지만 기업의 전반적인 영업활동을 위해 필요한 업무를 담당하는 직원에 대한 급여가 존재한다. 이때, 성격별 분석에서는 이러한 구분을 하지 않고 종업원의 급여는 모두 인건비로 표시하며, 기능별 분석은 제조업무를 담당한 직원에 대한 급여는 재고 원가에 포함시켜 매출원가로 구분하고, 인사 업무를 담당한 직원에 대한 급여는 판매비와관리비로 구분한다.

성격별 분석방법은 비용별 발생 비중과 추세 등을 분석하여 미래현금흐름을 예측하는 데 유용하지만, 기업의 원가율이나 운영능력 등을 평가하고 관리하는 데 있어서 적합한 정보를 제공하지 못한다. 반대로 기능별 분석 방법은 이러한 단점을 보완하여 사업 운영에 대한 유익한 정보를 제공하나, 비용을 기능별로 배부함에 있어 주관적 판단이 개입될 수가 있다.

포괄손익계산서는 재무제표 이용자가 기타포괄손익 정보를 포함하여 기업의 경영성과를 평가 및 예측하는 것을 도와준다. 다시 말해, 기타포괄손익에 포함되는 해외사업환산손익이나 매도가능금융자산평가손익, 유형자산재평가손익 등 비록 당기에 실현되지는 않지만 향후 기업의 경영성과에 영향을 끼칠 항목들을 보여줌으로써 재무제표이용자의 기업 손익에 대한 분석을 돕는다.

제 3 절 현금흐름의 이해

1 현금흐름표의 구성 중요도 상중하

현금흐름표는 일정한 기간 동안 기업의 현금이 어떻게 변동되었는가를 보여주는 보고서이다. 여기서 현금은 단순히 현금 그 자체만을 의미하는 것이 아니라, 예금은 물론 단기간의 자금운용을 위해 보유하고 있는 시장성 유가증권과 같은 현금성자산을 포함한다. 현금흐름표는 현금의 변동내역을 유입과 유출로 구분하여 보여주며, 유입의 경우는 조달된 현금의 운천별로, 유출의 경우는 사용된 현금의 용도별로 세분하여 나타낸다.

재무의사결정에 있어 가장 기초적인 작업 중의 하나는 현금흐름을 정확하게 파악하는 것이다. 투자의 결과로 나타나는 현금흐름의 규모나 시점을 파악하지 못하면 합리적인 의사결정을 할 수가 없다. 특정기간의 현금흐름은 해당 기간 동안 발생한 현금유입과 현금유출의 차이로 결정된다.

재무제표를 구성하는 다섯 가지 구성요소 중 하나로 일정 기간 동안 기업의 현금흐름을 나타내는 표이다. 기업이 현금을 어떻게 창출하였고 사용하였는지를 보여주는 역할을 한다. 주식회사의 외부감사에 관한 법률(시행령 제7조의2)에서 정한 회계처리기준인 한국채택국제회계기준(이하 'K-IFRS')에서는 재무제표 이용자의 경제적 의사결정에 유용한 현금흐름 정보의 제공을 위해 모든 기업이 현금흐름표를 작성 및 공시할 것을 요구하고 있다.

어떤 사업을 하든 기업은 영업활동을 위해, 채무상환을 위해, 투자자에게 수익을 분배하기 위해 현금이 필요하며, 이러한 현금의 변동내역은 기업은 물론 채권자나 투자자 모두에게 중요한 정보이다. 즉, 현금흐름표는 기업의 현금창출 능력에 관한 정보를 제공함으로써 재무제표의 이용자로 하여금 미래 현금흐름을 추정이 가능하게 하는 것은 물론, 기업의 부채 상환 및 배당금 지급 능력과 자금의 유동성을 평가하는 데 유용한 정보를 제공한다. 또한, 현금흐름 정보는 동일한 거래와 사건에 대하여 기업별로 서로 다른 회계처리를 적용함에 따라 발생하는 영향을 제거하기 때문에 영업성과에 대한 기업 간 비교를 용이하게 만든다.

K-IFRS 제1007호에 의하면 회계기간 중 현금흐름은 영업활동, 투자활동, 재무활동으로 분류하여 보고하도록 하고 있다. 이때, 영업활동은 기업의 주요 수익 창출과 관련한 활동 및 투자, 또는 재무활동이 아닌 기타활동을 말한다. 투자활동은 투자 목적으로 운영하는 자산 및 영업에 사용되는 유형자산 등의 증가 혹은 감소를 의미하며, 재무활동은 자금의 조달 및 상환과 관련한 활동이다.

현금흐름표상 현금은 현금성자산을 포함한다. 현금성자산이란, 투자나 다른 목적이 아닌 단기적으로 현금이 필요한 경우에 대비하여보유하는 것으로 큰 거래비용 없이 현금화할 수 있으며 가치변동의 위험이 매우 낮은 자산을 의미한다. 현금성자산의 예로는 가입 당시 만기가 3개월 이내인 예금 등이 있다.

현금흐름표를 작성하는 방법은 직접법과 간접법 두 가지가 있다. 직접법은 총 현금유입과 현금유출을 주요 항목별로 구분하여 표시하는 방법이고, 간접법은 당기순손익에서 감가상각비와 같은 현금을 수반하지 않는 거래 등을 조정하여 표시하는 방법이다.

2 현금흐름표 분석

현금흐름의 분석에서 가장 강조되는 것은 영업활동 현금흐름이다. 정상적인 영업활동에서 실현되는 현금흐름이 많을수록 기업의 부채상환능력이 개선되고 배당금지급능력이 커지기 때문이다. 따라서 현금흐름표를 분석할 때 강조되는 것은 영업활동 현금흐름이다. 기업의 유동부채나 총부채, 그리고 이자비용이나 배당금 등에 비하여 충분한지를 분석하는 것이다. 한편, 투자활동 현금흐름을 분석함으로써 기업의 신규투자 정도와 비유동자산의 처분에 관한 정보를 얻을 수 있으며, 재무활동 현금흐름을 분석함으로써 기업의 외부자금 조달내역에 대한 정보를 얻을 수 있다. 정상적인 경우 투자활동에서 순현금지출이 발생할 것이므로 투자활동에 필요한 자금을 영업활동과 재무활동에서의 현금흐름으로 조달하게 될 것이다. 또 재무활동 현금흐름의 분석을 통하여 부채와 자기자본의 조달비율의 적정하게 유지되는지, 부채상환과 신규조달이 균형 있게 이루어지는지를 파악할 수 있다. 정상적인 경우 신주발행과 부채차입을 통한 외부자금조달은 기업이 목표로 하는 자본구조에 맞추어 적정하게 유지될 것이며, 기존부채의 상환과 새로운 자금조달이 균형 있게 이루어질 것이다.

제 **4** 절 재무비율분석 중요도 ▶ 상 중 하

기업의 재무상태와 경영성과를 객관적으로 평가할 수 있는 가장 중요한 자료가 재무상태표와 손익계산서로 대표되는 재무제표이다. 모든 상장기업은 반드시 정기적으로 재무제표를 작성하고 회계감사를 받아 공개해야 하고, 만일 실수나 고의로 잘못된 회계정보를 제공할 경우에는 법적인 책임을 지게 된다. 이러한 재무제표를 일반인이 면밀하게 분석하는 것이 어렵기 때문에 중요한 정보만을 정리하여 간결한 수치로 나타내서 분석하는 것을 재무비율분석이라고 한다. 대표적인 재무비율 지표로는 레버리지비율, 유동성 비율, 활동성 비율, 수익성 비율 등을 들 수 있다.

특히, 과도하게 많은 부채는 기업의 파산 가능성을 높이게 되므로 부채비율이 과도하게 높은 주식은 투자를 피하는 것이 안전하다. 적정한 부채비율이 어느 정도이냐에 대해서는 업종의 특성과 재무전략적 측면에서 논란의 여지가 있지만, 외환위기 당시 부채비율이 높았던 기업들이 곤혹을 치른 경험에 비추어 제조업의 경우 대략 자기자본 대비 2배 이내의 부채를 가이드라인으로 간주하고 있다.

한편, 부채로부터 발생하는 이자비용을 같은 기간의 영업이익에 의해 얼마만큼 커버할 수 있는지를 살펴보는 지표로 이자보상비율이 사용되기도 한다. 이자보상비율이 높으면 이자비용을 커버하기에 충분한 영업이익이 있다는 의미이고, 만일 이자보상비율이 1보다 작다면 영업이익으로 이자비용도 감당하지 못한다는 의미로 기업이 심각한 재무적 곤경에 있다고 해석할 수 있다.

> 부채비율 = 총부채 / 총자산

유동성지표(liquidity measures)는 기업이 부담하고 있는 단기부채를 충분하게 상환할 수 있는 능력을 살펴보는 지표로서 1년 이내에 만기가 돌아오는 유동부채대비 현금성이 있는 유동자산의 비율로 측정한다. 다만, 유동자산에 포함되는 재고자산의 경우는 기업이 정상적인 영업 활동을 하기 위해 항상 필요한 자산이므로 이것을 제외한 나머지 유동자산, 즉 당좌자산만으로 유동성을 측정하는 당좌비율을 사용하기도 한다.

유동성지표가 높을수록 단기부채를 상환하기 위한 유동자산 또는 당좌자산이 충분한 것이나, 지나치게 높은 비율은 불필요하게 많은 자금을 수익성이 낮은 현금성 자산으로 운용하고 있다는 의미가 되기도 한다.

> 유동비율 = 유동자산 / 유동부채

활동성지표(activity measures)는 기업이 보유하고 있는 자산을 기업이 얼마나 잘 활용하고 있는가를 보기 위한 지표로서 주로 총자산 대비 매출액으로 측정한 자산회전율로 측정한다. 자산회전율이 낮다면 매출이 둔화되었거나 비효율적인 자산에 투자하여 자산의 활용도가 낮다는 의미가 된다. 다만, 철강, 자동차, 조선과 같이 자본집약적 산업의 경우는 자산회전율이 낮은 경향이 있기 때문에 산업별 특성을 고려하여 지표를 평가할 필요가 있다.

한편, 매출액 대비 외상매출금의 평균회수기간이나 재고자산 대비 매출액으로 측정한 재고자산회전율도 또다른 활동성지표로 활용된다. 평균회수기간이 길면 매출이 감소했거나 느슨한 신용정책으로 대금회수가 느리다는 의미이고, 재고자산회전율이 하락하고 있으면 매출이 둔화되고 있거나 재고가 누적되어 있다는 의미가 된다.

> 자산회전율 = 매출액 / 총자산
> 평균회수기간 = (매출채권 × 365) / 매출액
> 재고자산회전율 = 매출액 / 재고자산

기업의 경영성과를 나타내며 가장 중요한 재무비율지표로 평가되는 수익성지표(earnings measures)는 크게 매출액과 투자자본 대비 수익률로 측정한다. 먼저, 매출액 대비 수익률을 각각 당기순이익과 영업이익으로 측정한 매출액순이익률과 매출액영업이익률이 있는데, 당기순이익은 지분법 이익과 같이 기업 본연의 영업활동과 상관없이 발생한 영업외 수익과 이자비용과 같은 영업외 비용의 영향을 받기 때문에 영업이익만으로 측정한 매출액영업이익률이 더 많이 사용된다.

한편, 총자산 대비 당기순이익으로 측정한 총자산이익률(ROA : Return On Asset)은 기업이 자산을 활용하여 이익을 창출하는 능력을 나타내고, 자기자본이익률(ROE : Return On Equity)은 주주의 몫인 자기자본을 얼마나 효율적으로 활용하여 이익을 창출하였는지를 보여주는 지표로서 주주의 부를 극대화한다는 측면에서 주식시장에서 가장 중요한 재무비율 지표로 자주 인용된다.

> 매출액순이익률 = 순이익 / 매출액
> 총자산이익율(ROA) = 순이익 / 총자산
> 자기자본이익률(ROE) = 순이익 / 자기자본

이와 같이 재무제표 자료는 기업에 관한 가장 중요한 정보로서 널리 활용되지만, 재무제표에 나타난 장부가치(book value)는 미래의 경제적 이익을 반영하는 주식시장의 시장가치(market value)와 괴리될 수밖에 없다는 점을 인식해야 한다. 가장 근본적인 이유로 회계정보는 과거의 결과를 정리한 것이고 주가는 미래의 가능성을 반영하고 있기 때문이다.

또한, 재무제표에 표시된 값은 시가보다 보수적으로 평가되어 작성될 수밖에 없고, 특히 화폐단위로 표시할 수 없는 항목, 즉 경영자의 능력, 기술개발력, 브랜드 가치와 같은 질적 정보를 고려하지 못한다는 한계를 갖고 있기 때문이다. 한편, 재무비율의 경우도 손쉽게 계산할 수 있고 이해하기 쉽기 때문에 널리 사용되고 있으나, 여러 가지 한계가 있기 때문에 결과를 해석하고 활용하는 데 신중해야 한다. 우선 기업마다 회계처리방법이 달라서 재무비율의 단순 비교가 부적절한 경우가 많다. 그리고 비율분석의 기준이 되는 표준비율의 선정이 어렵다. 이를 극복하기 위해 산업평균을 비교 기준으로 삼고 있으나, 많은 기업들이 다각화된 제품구조를 가지고 있어 산업군을 구분하기 애매한 경우가 적지 않다. 결국 재무비율의 해석에는 분석자의 주관성이 크게 작용할 수밖에 없다.

제 5 절 레버리지분석

1 레버리지 비율 〔중요도〕 (상)(중)(하)

레버리지 비율은 기업이 어느 정도 타인자본에 의존하고 있는가를 측정하기 위한 비율이며 일명 부채성비율이라고도 한다. 일반적으로 레버리지는 기업의 부채의존도를 의미한다.

레버리지 비율은 타인자본의 의존도와 이자의 지급능력을 판단하는 비율이다. 경기불황에 따른 수익감소시 재무 레버리지(financial leverage), 곧 타인자본 의존에 따른 고정비 부담으로 인해 기업의 지급능력이 악화되고 지급불능의 위험이 높아지게 된다. 따라서 레버리지 비율은 기업의 재무구조를 나타내는 비율이고 수익의 변동에 대해 채권보유자가 부담하는 위험이 어느 정도 보호되는가를 평가하는 것으로 재무위험을 평가하는 가장 중요한 요소가 된다.

기업의 재무위험을 측정하는 데는 레버리지 비율 외에 유동성비율도 함께 이용된다. 일반적으로 유동성비율은 단기채권자의 재무위험을, 레버리지비율은 장기 채권자의 재무위험을 측정하는데 사용된다. 레버리지 비율은 크게 부채비율, 자기자본비율 그리고 이자보상비율로 나뉜다.

(1) 부채비율

부채비율은 기업이 갖고 있는 자산 중 부채가 얼마 정도 차지하고 있는가를 나타내는 비율로, 기업의 재무구조 특히 타인자본의존도를 나타내는 대표적인 경영지표다. 부채비율은 부채총액을 자기자본으로 나눈 뒤 100을 곱해 산출한다.

상환해야 할 타인자본(부채총계)에 대해 자기자본이 어느 정도 준비돼 있는가를 나타내는 부채비율은 기업의 건전성을 평가하는 중요한 지표가 된다. 이처럼 부채와 자본의 구성비율을 나타내기 때문에 '재무구조' 또는 '안전성비율' 이라고도 한다.

$$부채비율 = (부채 / 자기자본) \times 100$$

때로는 총자산에 대한 총부채의 비중을 측정하기 위해 부채구성비율(총부채/총자산)이라는 이율을 계산하기도 한다.

(2) 이자이익배수

이 비율은 기업의 이자지급능력을 측정하는 비율로서 이자지급의 안정성을 측정하는 것으로 채권자들이 많은 관심을 갖게 된다. 기업이 영업활동을 통하여 벌어들인 영업이익을 기초로 부채에 대한 이자를 지급하게 되므로 이자이익배수가 "1"이하인 기업의 경우에는 영업활동을 통해서 지급이자에도 못 미치는 이익을 벌어들인 셈이므로 기업경영이 매우 부실하게 이루어지는 경우라고 할 수 있다.

$$이자이익배수 = (법인세전이익 + 지급이자) / 지급이자$$

2 수익성비율 중요도 상중하

기업의 수익창출 능력을 나타내 주는 비율로서 영업성과에 미치는 종합적인 효과를 보여준다. 매출액과 관련된 수익성 비율은 이익계산서상의 각 항목들을 매출액에 대한 백분율로 표시함으로써 특정의 수익, 비용항목과 매출액 사이의 관계를 평가한다.

이 수익성비율과 관련된 비율로서는 매출액총이익률, 매출액순이익률, 총자산영업이익률, 자기자본순이익률 등이 있다.

(1) 매출액총이익률

매출액에서 매출원가를 뺀 것을 총이익이라고 한다. 이 총이익이 매출액의 몇 퍼센트에 해당하는가를 나타내는 것이 매출액총이익률이다. 제조업이라면 관리부문 등을 제외한 생산단계의 수익성을 보는 데 쓰인다. 즉, 공장으로부터 제품을 출하하는 단계에서의 이익률이다. 이 비율이 높을수록 매출에 대한 이익이 많음을 보여준다.

$$매출액총이익률 = (매출총이익 / 매출액) \times 100$$

(2) 매출액순이익률

매출액과 순이익과의 관계를 표시해 주는 비율로서 기업활동의 총체적인 능률을 판단하는 지표이며 기업의 최종 수익성을 판단하는 비율이다. 즉, 매출액 100에 대하여 순이익이 몇 %나 되는가를 나타내는 것으로 보통 비율이 높을수록 양호한 상태를 나타낸다.

$$매출액 순이익률 = (당기순이익 / 매출액) \times 100$$

(3) 총자산영업이익률(ROE)

기업이 자금을 투자해 한 해 동안 얼마만큼 순수하게 벌어들였는가를 나타내는 대표적인 수익성 지표로써 순이익을 자기자본으로 나눈 비율로 나타낸다. 예컨대, 자기자본이 100억 원이고 순이익이 20억 원이면 이 비율은 20%가 된다. 이 비율이 높을수록 경영을 알차게 했다고 볼 수 있으나 특별이익을 많이 내 이익이 늘어난 기업들을 구별해 내기 어렵다는 단점이 있다.

$$총자산영업이익률(ROE) = [영업이익 \times (1 - 법인세율) / 총자산액] \times 100$$

(4) 자기자본순이익률(ROA)

ROA는 기업의 총자산에서 당기순이익을 얼마나 올렸는지를 가늠하는 지표이다.

기업의 일정기간 순이익을 자산총액으로 나누어 계산한 수치로, 특정기업이 자산을 얼마나 효율적으로 운용했느냐를 나타낸다.

금융기관에 있어서는 특정 금융기관이 총자산을 얼마나 효율적으로 운용했느냐를 나타내는 지표를 말하며, 금융기관이 보유자산을 대출, 유가증권 등에 운용해 실질적으로 얼마만큼의 순익을 창출했는지를 가리킨다.

$$\text{자기자본순이익률(ROA)} = (\text{당기순이익} / \text{자기자본}) \times 100$$

또한 총자산영업이익률과 자기자본순이익률은 다음과 같은 관계를 갖는다.

$$\text{ROE} = \text{ROA} + (\text{부채/자기자본}) \times [\text{ROA} - (\text{지급이자} / \text{부채}) \times (1 - \text{법인세율})]$$

3 시장가치비율 중요도 상중하

이 비율은 주식가격과 관련된 비율로서 기업의 재무상태와 경영성과에 대한 시장의 평가를 나타낸다. 시장가치비율의 대표적 비율로는 주가수익비율(PER), 배당관련비율, 시장가치 대 장부가치비율 등이 있다.

(1) 주가수익비율(PER)

주가수익비율(Price earning ratio, 이하 PER)은 어떤 회사의 주식가치, 더 나아가 전체 주식시장의 가치가 고평가 됐는지 가늠할 수 있는 유용한 잣대다. PER은 현재 시장에서 매매되는 특정회사의 주식가격을 주당순이익으로 나눈 값을 말한다. 한 주에 만 원하는 회사주식이 1년에 주당 1000원의 순이익을 낸다면? PER은 10이 된다. 이 수치가 회사의 가치를 어떻게 반영한다는 얘기일까?

$$\text{주가수익비율(PER)} = \text{주당시장가격(주가)} / \text{주당이익}$$

(2) 배당관련비율

이는 배당과 관련된 비율로서 일반적으로 주주들의 주된 관심의 대상이 된다. 여기에 해당하는 것으로는 배당률, 배당수익률, 배당성향 등이 있고, 이를 식으로 나타내면 다음과 같다.

$$\text{배당률} = (\text{주당배당금} / \text{주식액면가}) \times 100$$
$$\text{배당수익률} = (\text{주당배당금} / \text{주식가격}) \times 100$$
$$\text{배당성향} = (\text{주당배당금} / \text{주당이익}) \times 100$$

배당률은 1주당 액면금액에 대해서 지급되는 배당금의 비율을 말한다. 배당에는 현금배당과 주식배당이 있는데 현금배당을 일반적인 배당으로 간주하고 있으므로 배당률 역시 현금배당률을 뜻하는 경우가 많다. 배당률은 정기주주총회에서 결정되며 당기순이익이 많으면 배당률이 높고 당기순이익이 적으면 배당률이 낮아지는 것이 보통이지만 회사의 대외적인 신용도 등을 고려하여 배당정책에 따라 적정선에서 조정되는 경우가 많다.

(3) 시장가치 대 장부가치 비율(PBR)

주가가 한 주당 몇 배로 매매되고 있는지를 보기 위한 주가기준의 하나로 장부가에 의한 한 주당 순자산(자본금과 자본잉여금, 이익잉여금의 합계)으로 나누어서 구한다. PBR이라고도 하며 PER(주가수익비율)과 함께 주식투자의 중요한 지표가 된다. 부도사태가 빈발하고 있는 현실에서 회사가 망하고 나면 회사는 총자산에서 부채를 우선 변제해야 한다. 그러고도 남는 자산이 순자산이란 것인데, 이것이 큰 회사는 그만큼 재무구조가 튼튼한 것이고 안정적이다.

주당 순자산은 '(총자산-총부채)÷발행주식수'가 된다. 그러므로 주당순자산비율(PBR)은 '주가÷주당순자산'이 되고 배수가 낮을수록 기업의 성장력, 수익력이 높다는 말이다. PER이 기업의 수익성과 주가를 평가하는 지표인 데 비해 PBR은 기업의 재무상태면에서 주가를 판단하는 지표다.

> 시장가치 대 장부가치 비율 = 주식가격 / 주당장부가치

이 비율이 1보다 적은 경우 주식의 시장가격이 장부가치보다 낮게 평가되어 있는 경우이다.

(4) 토빈의 Q비율

미국의 경제학자 제임스 토빈(James Tobin, 1918~2002)이 창안하여 토빈의 q라는 명칭이 붙었다. '토빈의 q = 기업의 시장가치/자본의 대체비용'의 계산식으로 산출된다. 이때, 기업의 시장가치란 주식시장에서 평가하는 기업의 부채 및 자본의 가치를 의미하고, 자본의 대체비용이란 기업이 보유한 실물자산의 대체비용(replacement cost; 현재의 기업과 동일한 기업을 설립하려 할 때 드는 총비용), 즉 순자산가치를 의미한다.

기업은 토빈의 q값을 투자에 대한 지표로, 주식시장은 기업의 자산가치평가에 대한 지표로 사용한다. 기업의 입장에서 q값이 1보다 크다면 이는 보유자산을 대체하는 데 드는 비용보다 시장가치가 더 크다는 의미이므로, 투자를 통해 기업의 가치를 더 높이려 한다. 한편 q값이 1보다 작다면 이는 자산의 시장가치가 대체비용보다 저렴하게 평가된다는 의미이므로, 기업들은 자본이 감소하더라도 투자를 하지 않게 된다.

한편 주식시장에서는 일반적으로 q값이 1보다 클 경우 기업의 자산가치가 과대평가되어 있고, q값이 1보다 작을 경우 자산가치가 과소평가되어 있다고 본다. 토빈의 q이론은 주식시장의 거품이 존재하는 상황에서는 설명력이 떨어진다는 비판을 받고 있다.

> Q비율 = 자산의 시장가격 / 자산의 추정대체원가

(5) PEG비율

PEG는 주가수익비율(PER)을 주당순이익(EPS) 증가율에서 %를 뗀 수치로 나눈 값을 말하는데, 주가이익증가비율이라고도 한다. PER이 작고 EPS 증가율이 클수록 PEG는 작아지기 때문에, PEG는 저평가됐으면서도 성장성은 높은 주식을 고르는 지표로 활용된다. 예를 들어 A라는 주식의 PER이 100배이고 투자 통념상 시장 PER이 10배라고 하면, 투자자들은 10배나 비싼 주식이므로 투자를 포기한다. 하지만 이 기업의 당기 순이익이 향후 3년간 매년 100%씩 증가한다고 가정할 경우, PER(100배)을 이익성장률(100%)로 나눈 PEG는 1배에 불과하므로, 현재 PER이 100배인 기업일지라도 3년 뒤에 PER이 10배가 되므로, 3년을 내다보는 투자라면 적극 투자를 해야 한다. 통상적으로 PEG가 0.5 이하이면 투자 유망주라고 평가하고, 저평가된 종목일수록 상승세가 더 가파를 수 있는 만큼, PEG는 대체로 성장주들이 주도하는 강세장에서 유용한 지표라고 평가 받는다.

> PEG = 주가수익비율 / 배당금, 기대성장률 = PER / g

제 6 절 비율분석의 한계 중요도 상중하

비율분석은 기업의 재무상태와 경영성과에 관한 매우 유용한 정보를 제공하고 그 분석에 따른 비용이 저렴하다는 장점이 있으나, 기업의 재무분석자체를 비율분석에만 의존하기에는 여러 가지 한계가 있다. 이러한 비율분석에 따른 한계점을 살펴보면 다음과 같다.

① 비율분석은 여러 가지 다양한 경영환경을 충분히 반영하지 못한다. 비율분석은 동일산업이라 하더라도 생산제품의 종류, 기업규모 등 기업환경이 서로 다른 점을 충분히 반영하지 못한다.

② 비율분석은 기업활동의 단기적 변동요소를 충분히 반영하지 못한다. 비율분석은 특정시점에서의 재무제표를 기준으로 하기 때문에 일정 회계기간 동안 자산, 자기자본, 부채의 일시적 변동, 계절적 변동 등 단기적인 기업환경요소를 반영하지 못하는 한계를 가지고 있다.

③ 비율분석은 기업마다 달라질 수 있는 회계처리방법을 충분히 고려하지 못한다. 예를 들어 재고자산회전율은 분석대상기업의 재고자산 회계처리 방식에 따라 달라질 수 있으나 비율분석은 이러한 요소를 반영하지 못하는 한계를 가지고 있다.

④ 비율분석에 사용되는 재무제표 등 각종 자료는 과거의 자료인 관계로 미래상황을 분석하는 경우 미래의 불확실성을 충분히 고려하지 못하는 한계를 갖는다.

⑤ 비율분석은 평가기준이 되는 표준비율의 설정에 어려움이 있다. 일반적으로 표준비율에 해당하는 것으로는 산업의 평균비율, 경쟁사의 비율, 또는 일정목표비율 등이 있는데, 이들 중 해당기업의 분석 취지에 맞는 평가기준을 선택하는데 어려움이 있을 수 있다.

※ 다음 지문의 내용이 맞으면 ○, 틀리면 ×를 체크하시오. [1~10]

01 재무상태표 또는 대차대조표는 일정시점에서 기업의 재무상태표를 나타내는 보고서이다.
( )

02 자본은 일반적으로 재산과 같은 뜻으로 쓰이며, 유형·무형의 물품·재화나 권리와 같은 가치의 구체적인 실체를 말한다. ( )

03 순운전자본은 유동자산에서 유동부채를 차감한 잔액으로 정의되는데 일상적인 영업활동에 필요한 자금으로서 단기부채를 지급하는 데 사용할 단기자산이다. ( )

04 부채비율은 기업이 갖고 있는 자산 중 부채가 얼마 정도 차지하고 있는가를 나타내는 비율로, 기업의 재무구조 특히 타인자본의존도를 나타내는 대표적인 경영지표다. ( )

05 손익계산서 또는 포괄손익계산서는 특정기간 동안의 기업의 경영성과를 나타내는 보고서로서, 그 기간 동안에 실현된 수익과 발생한 비용을 기록하고 이로부터 해당 기간의 이익을 계산한 표이다. ( )

06 현금흐름표는 일정한 기간 동안 기업의 현금이 어떻게 변동되었는가를 보여주는 보고서이다.
( )

07 기업의 재무상태와 경영성과를 객관적으로 평가할 수 있는 가장 중요한 자료가 재무상태표와 손익계산서로 대표되는 재무제표이다. ( )

08 레버리지 비율은 자기자본의 의존도와 이자의 지급능력을 판단하는 비율이다. ( )

09 수익성비율은 기업의 부채변제 능력을 나타내 주는 비율로서 영업성과에 미치는 종합적인 효과를 보여준다. ( )

10 토빈의 Q비율에서 q값이 1보다 작다면 이는 보유자산을 대체하는 데 드는 비용보다 시장가치가 더 크다는 의미이므로, 투자를 통해 기업의 가치를 더 높이려 한다. ( )

정답과 해설 01 ○ 02 × 03 ○ 04 ○ 05 × 06 ○ 07 ○ 08 × 09 × 10 ×

02 자본이 아닌 자산에 관한 설명이다.
05 특정기간이 아닌 일정기간 동안의 기업의 경영성과를 나타내는 보고서이다.
08 레버리지 비율은 타인자본의 의존도와 이자의 지급능력을 판단하는 비율이다.
09 기업의 수익창출 능력을 나타내 주는 비율로서 영업성과에 미치는 종합적인 효과를 보여준다.
10 q값이 1보다 크다면 이는 보유자산을 대체하는 데 드는 비용보다 시장가치가 더 크다는 의미이므로, 투자를 통해 기업의 가치를 더 높이려 한다.

안심Touch

01 재무상태표의 왼쪽(차변)은 자산의 구성상태를 나타내며, 오른쪽(대변)은 부채, 자본의 구성상태를 나타낸다.

01 다음 중 재무상태표에 관한 설명 중 옳지 <u>않은</u> 것은?

① 재무상태표 또는 대차대조표는 일정시점에서 기업의 재무상태표를 나타내는 보고서이다.

② 재무상태표의 왼쪽(차변)은 부채, 자본의 구성상태를 나타내며, 오른쪽(대변)은 자산의 구성상태를 나타낸다.

③ 자산은 여러 기준에 따라서 분류가 가능하나 회계상으로는 유동자산·고정자산·이연자산으로 나누어진다.

④ 부채란 과거의 거래나 사건의 결과로 다른 실체에게 미래에 자산이나 용역을 제공해야 하는 특정 실체의 의무를 말하며 유동부채, 고정부채, 이연부채로 분류된다.

02 부채비율은 부채총액을 자기자본으로 나눈 뒤 100을 곱해 산출한다.

02 다음 중 재무상태표에 관한 설명 중 옳지 <u>않은</u> 것은?

① 순운전자본은 유동자산에서 유동부채를 차감한 잔액으로 정의되는데 일상적인 영업활동에 필요한 자금으로서 단기부채를 지급하는 데 사용할 단기자산이다.

② 부채비율은 기업이 갖고 있는 자산 중 부채가 얼마 정도 차지하고 있는가를 나타내는 비율로, 기업의 재무구조 특히 타인자본의존도를 나타내는 대표적인 경영지표다.

③ 부채비율은 부채총액을 자산으로 나눈 뒤 100을 곱해 산출한다.

④ 유동비율은 (유동자산 ÷ 유동부채) × 100(%)의 계산식으로 산출된다.

정답 01 ② 02 ③

03 다음 중 포괄손익계산서에 관한 설명 중 옳은 것은?

① 손익계산서 또는 포괄손익계산서는 특정기간 동안의 기업의 경영성과를 나타내는 보고서이다.

② 손익계산서는 일정기간 동안 발생한 기업의 수익과 비용 정보를 제공하고, 수익에서 비용을 차감한 순손익을 통해 기업의 경영성과를 보여준다.

③ 포괄손익계산서는 이러한 기업의 경영성과를 영업이익 관점에서 그치지 않고 총포괄손익 관점에서 보여준다.

④ 손익계산서는 재무제표 이용자가 기타포괄손익 정보를 포함하여 기업의 경영성과를 평가 및 예측하는 것을 도와준다.

03 ① 손익계산서 또는 포괄손익계산서는 일정기간 동안의 기업의 경영성과를 나타내는 보고서이다.
③ 포괄손익계산서는 이러한 기업의 경영성과를 당기손익 관점에서 그치지 않고 총포괄손익 관점에서 보여준다.
④ 포괄손익계산서는 재무제표 이용자가 기타포괄손익 정보를 포함하여 기업의 경영성과를 평가 및 예측하는 것을 도와준다.

04 다음 중 현금흐름표에 관한 설명 중 옳지 <u>않은</u> 것은?

① 현금흐름표는 일정한 기간 동안 기업의 현금이 어떻게 변동되었는가를 보여주는 보고서이다.

② 현금흐름표는 기업의 현금창출 능력에 관한 정보를 제공함으로써 재무제표의 이용자로 하여금 미래 현금흐름을 추정이 가능하게 한다.

③ 직접법은 총 현금유입과 현금유출을 주요 항목별로 구분하여 표시하는 방법이다.

④ 간접법은 영업이익에서 감가상각비와 같은 현금을 수반하지 않는 거래 등을 조정하여 표시하는 방법이다.

04 간접법은 당기순이익에서 감가상각비와 같은 현금을 수반하지 않는 거래 등을 조정하여 표시하는 방법이다.

정답 03② 04④

checkpoint 해설&정답

05 부채비율 = 총부채/총자산이다.

05 다음 중 재무비율분석에 관한 설명 중 옳지 <u>않은</u> 것은?

① 부채비율 = 총부채/총자본이다.
② 유동비율 = 유동자산/유동부채
③ 총자산이익율(ROA) = 순이익/총자산
④ 자기자본이익률(ROE) = 순이익/자기자본

06 기업이 어느 정도 타인자본에 의존하고 있는가를 측정하기 위한 비율이다.

06 다음 중 레버리지 비율에 관한 설명 중 옳지 <u>않은</u> 것은?

① 기업이 어느 정도 자기자본에 의존하고 있는가를 측정하기 위한 비율이다.
② 타인자본의 의존도와 이자의 지급능력을 판단하는 비율이다.
③ 기업의 재무위험을 측정하는 데는 레버리지 비율은 외에 유동성비율도 함께 이용된다.
④ 유동성비율은 단기채권자의 재무위험을, 레버리지비율은 장기 채권자의 재무위험을 측정하는데 사용된다.

07 ① 기업이 갖고 있는 자산 중 부채가 얼마 정도 차지하고 있는가를 나타내는 비율이다.
② 기업의 재무구조 특히 타인자본 의존도를 나타내는 대표적인 경영지표다.
④ 자산과 자본의 구성비율을 나타내기 때문에 '재무구조' 또는 '안전성비율'이라고도 한다.

07 다음 중 부채비율에 관한 설명 중 옳은 것은?

① 기업이 갖고 있는 자산 중 자본이 얼마 정도 차지하고 있는가를 나타내는 비율이다.
② 기업의 재무구조 특히 자기자본의존도를 나타내는 대표적인 경영지표다.
③ 부채총액을 자기자본으로 나눈 뒤 100을 곱해 산출한다.
④ 자산과 자본의 구성비율을 나타내기 때문에 '재무구조' 또는 '안전성비율'이라고도 한다.

정답 05 ① 06 ① 07 ③

08 다음 중 이자이익배수와 수익성비율에 관한 설명 중 옳지 <u>않은</u> 것은?

① 이자이익배수는 기업의 이자지급능력을 측정하는 비율로서 이자지급의 안정성을 측정한다.

② 이자이익배수가 "1" 이하인 기업의 경우에는 영업활동을 통해서 지급이자에도 못 미치는 이익을 벌어들인 셈이므로 기업경영이 매우 부실하게 이루어지는 경우라고 할 수 있다.

③ 기업의 수익창출 능력을 나타내 주는 비율로서 영업성과에 미치는 종합적인 효과를 보여준다.

④ 수익성 비율은 이익계산서상의 각 항목들을 영업이익에 대한 백분율로 표시함으로써 특정의 수익, 비용항목과 매출액 사이의 관계를 평가한다.

08 수익성 비율은 이익계산서상의 각 항목들을 매출액에 대한 백분율로 표시함으로써 특정의 수익, 비용항목과 매출액 사이의 관계를 평가한다.

09 다음 중 자기자본이익률(ROE)와 총자산이익률(ROA)에 관한 설명 중 옳은 것은?

① ROE는 대표적인 수익성 지표로써 순이익을 자산으로 나눈 비율로 나타낸다.

② ROE의 비율이 높을수록 경영을 알차게 했다고 볼 수 있으나 특별이익을 많이 내 이익이 늘어난 기업들을 구별해 내기 어렵다는 단점이 있다.

③ ROA는 기업의 총자산에서 매출액을 얼마나 올렸는지를 가늠하는 지표이다.

④ ROA는 기업의 일정기간 순이익을 자본총액으로 나누어 계산한 수치로, 특정기업이 자산을 얼마나 효율적으로 운용했느냐를 나타낸다.

09 ① 대표적인 수익성 지표로써 순이익을 자기자본으로 나눈 비율로 나타낸다.
③ ROA는 기업의 총자산에서 당기순이익을 얼마나 올렸는지를 가늠하는 지표이다.
④ ROA는 기업의 일정기간 순이익을 자산총액으로 나누어 계산한 수치로, 특정기업이 자산을 얼마나 효율적으로 운용했느냐를 나타낸다.

정답 08 ④ 09 ②

안심Touch

10 주가가 한 주당 몇 배로 매매되고 있는지를 보기 위한 주가기준의 하나로 장부가에 의한 한 주당 순자산으로 나누어서 구한다.

01

[정답] '토빈의 q=기업의 시장가치/자본의 대체비용'의 계산식으로 산출된다. 이때, 기업의 시장가치란 주식시장에서 평가하는 기업의 부채 및 자본의 가치를 의미하고, 자본의 대체비용이란 기업이 보유한 실물자산의 대체비용(replacement cost; 현재의 기업과 동일한 기업을 설립하려 할 때 드는 총비용), 즉 순자산가치를 의미한다.

02

[정답] ① 비율분석은 여러 가지 다양한 경영환경을 충분히 반영하지 못한다.
② 비율분석은 기업활동의 단기적 변동요소를 충분히 반영하지 못한다.
③ 비율분석은 기업마다 달라질 수 있는 회계처리방법을 충분히 고려하지 못한다.
④ 비율분석에 사용되는 재무제표 등 각종 자료는 과거의 자료인 관계로 미래상황을 분석하는 경우 미래의 불확실성을 충분히 고려하지 못하는 한계를 갖는다.
⑤ 비율분석은 평가기준이 되는 표준비율의 설정에 어려움이 있다.

[정답] 10 ①

10 다음 중 시장가치 대 장부가치 비율(PBR)에 관한 설명 중 옳지 <u>않은</u> 것은?

① 주가가 한 주당 몇 배로 매매되고 있는지를 보기 위한 주가기준의 하나로 시장가에 의한 한 주당 순자산으로 나누어서 구한다.
② 주당순자산은 '(총자산－총부채)÷발행주식수'가 된다.
③ 주당순자산비율(PBR)은 '주가÷주당순자산'이 되고 배수가 낮을수록 기업의 성장력, 수익력이 높다는 말이다.
④ PBR은 기업의 재무상태면에서 주가를 판단하는 지표다.

주관식 문제

01 토빈의 Q에 관해서 간략하게 기술하시오.

02 비율분석에 대한 한계점 5가지를 설명하시오.

제 **3** 장

재무관리의 기초이론

제3장 재무관리의 기초이론

재무관리의 기초이론

제 1 절 ㅣ 화폐의 시간가치

1 ㅣ 현재가치와 할인 〔중요도〕상 중 하

미래가치가 현재의 일정금액을 미래시점의 가치로 환산한 것이라면, 현재가치 또는 현가는 미래에 발생하는 현금흐름을 현재시점의 가치로 환산한 금액을 말한다. 1년 후에 받게 될 100만원을 오늘의 가치로 환산하면 얼마가 될까? 경제학의 기본 가정하에서는 모든 사람이 내일의 1원보다 오늘의 1원을 더 선호할 것이다. 왜냐하면, 오늘 1원을 은행에 예금하거나 확실한 이익을 가져다줄 사업에 투자할 경우 내일에는 1원보다 더 큰 금액을 얻을 수 있기 때문이다. 따라서 내일의 1원보다 오늘의 1원이 더 큰 가치를 갖는데 이를 '재무관리의 제1원리'라고 한다.

(1) 현재가치

현가라고도 하며 미래의 특정 기간에 발생할 현금흐름을 현재 시점의 가치로 환산한 것을 현재가치(PV; Present Value)라고 한다. 이러한 계산법을 할인현금흐름모형이라고 한다. 예를 들어 1년 적금의 이자율이 10% 라고 가정하고 현재 10,000원을 적금으로 넣어둔다면 미래에는 11,000원을 얻을 수 있다. 이러한 현재가치는 11,000/(1+이자율)의 식으로 계산할 수 있다. 기간에 관계없이 이자율이 r로 일정하다고 가정하고, 시점 t에서 발생하는 현금흐름을 CF_t(t=1,2,...n)라고 할 때 현가모형은 다음과 같다.

$$PV(\text{현재가치}) = \frac{CF_1}{(1+r)} + \frac{CF_2}{(1+r)^2} + \cdots + \frac{CF_n}{(1+r)^n}$$

(2) 위험-수익의 상충관계

투자자들은 미래의 불확실한 1원보다는 현재의 확실한 1원을 더 선호한다. 위험회피형투자자들은 미래의 불확실성에 대한 위험부담을 요구하게 되는데 이를 위험프리미엄(risk premium)이라고 한다. 위험프리미엄은 위험이 클수록 또 위험회피성향이 강할수록 증가하게 되며 위험회피정도에 따라 위험프리미엄도 상이하다. 특히 금융자산으로부터의 기대수익률은 시장상황을 반영한 명목이자율과 위험프리미엄의 합으로 결정된다. 따라서 위험프리미엄이 다르기 때문에 금융자산들의 수익률도 서로 다른 것이다. 이를 식으로 나타내면 다음과 같다.

$$E(r_i) = r_f + \alpha_i \quad (\text{단, } \alpha_i > 0)$$

여기서 $E(r_i)$는 개별위험자산에 대한 기대수익률을, r_f는 무위험이자율을 나타낸다. α_i는 개별자산에 대한 위험프리미엄을 나타내며 위험이 커질수록 증가한다. 이러한 관계를 위험-수익의 상충관계라고 하며 위험을 높이면 수익률도 높게 요구할 수 있고 위험을 낮추면 그만큼 수익률도 낮게 요구한다.

(3) 순현가

투자안에 대한 의사결정을 내릴 때 투자안을 평가하는 여러 방법 중 가장 많이 쓰이는 것이 순현가법(NPV; Net Present Value rule)이다. **순현가법은 투자안의 순현가를 계산하여 양(+)일 경우 투자안을 채택하고, 음(-)일 경우에는 기각한다.** 순현가는 투자안으로부터 예상되는 미래현금흐름을 적정할인율로 할인하여 현재가치를 계산하고 투자비용을 차감하면서 정의된다.

$$\text{NPV(투자안)} = \text{PV(투자안)} - \text{투자비용}$$
$$= \frac{E(CF_1)}{(1+k)} + \frac{E(CF_2)}{(1+k)^2} + \cdots + \frac{E(CF_n)}{(1+k)^n} - \text{투자비용}$$

NPV가 양이냐 음이냐는 단순히 투자 결정 기준만을 의미하는 것이 아니다. 이것은 투자 결정 기준 뿐만 아니라 차익거래 기회가 존재하는지, 하지 않는지도 의미한다. 예를 들어 투자안 A와 동일한 현금흐름을 가지는 금융자산 포트폴리오를 구성할 수 있을 때, 포트폴리오를 구성하는데 드는 비용이 18.08억이라고 하자. 그리고 투자안 A의 투자비용이 15억 이라고 하면 투자안 A는 과소평가 된 것이다. 그리고 실제로 투자안 A의 NPV를 구해보면 18.08억-15억인 3.08이 나온다. 따라서 NPV는 차익거래의 기회가 존재하는지에 대한 유무를 나타낸다고 할 수 있다.

(4) 할인율

미래시점의 일정금액과 동일한 가치를 갖는 현재시점의 금액(현재가치)을 계산하기 위해 적용하는 비율을 의미한다. 일반적으로 인플레이션 및 리스크프리미엄(risk premium, 미래 수익의 불확실성 등)을 고려한 이자율 또는 자본비용을 이용하며, 할인율을 이용해 현재가치를 구하는 것을 '할인한다'라고 표현한다.

할인율과 현재가치는 서로 반비례 관계이기 때문에 할인율이 높아질수록 현재가치는 감소하게 되며, 반대로 낮아질수록 현재가치는 증가한다. 이러한 할인율과 현재가치의 상관관계는 이자율 변동에 따른 채권가격의 변동에서 확인할 수 있다. 채권은 매매시점의 현재가치로 채권가격이 결정되기 때문에 이자율이 하락하면 채권가격은 상승하고 반대로 이자율이 상승하면 채권가격은 하락하는 역의 관계를 갖는다. 할인율은 추정에 있어 주관적 판단이 포함된다는 한계점이 있지만 현재가치를 추정함에 있어 매우 중요한 변수로 실무에서 투자가치 평가나 공정가치 평가 등을 위해 널리 활용되는 개념이다. 특히, 중앙은행이 시중은행으로부터 어음을 매입할 때 적용하는 할인율은 정부의 통화공급정책 수단으로 이용되며, 이 경우 재할인율 또는 공정할인율로 구분하여 부른다.

(5) 내부수익률

내부수익률이란 어떤 사업에 대해 사업기간 동안의 현금수익 흐름을 현재가치로 환산하여 합한 값이 투자지출과 같아지도록 할인하는 이자율을 말한다. 내부수익률법이란 투자에 관한 의사결정에서 내부 수익률을 고려하는 방법이다. 내부수익률과 자본 비용을 비교하여 수익률이 높으면 투자로부터 수익을 얻을 수 있다. 여러 개의 투자안이 있을 때에는 수익률이 높은 쪽을 투자하는 것이 유리하다.

제 2 절 채권과 주식의 가격결정

1 채권의 가격결정 〔중요도〕 상 중 **하**

채권은 발행자가 일정기간 후에 약속한 금액(이자 또는 액면가)을 지급할 것을 약속한 증서이다. 채권은 발행자가 누구냐에 따라 국공채, 회사채, 그리고 특수채 등으로 구분된다. 국공채는 국가나 지방자치단체가 재정적자를 보전할 목적이나 특정사업에 필요한 자금조달을 위해 발행하는 채권이다. 우리나라에서 거래되는 국공채의 대표적인 것으로는 국공채, 지방채, 통안채 등이 있다. 회사채는 간단히 사채라고도 하며, 기업이 일반대중으로부터 자금조달을 위하여 발행한 채권을 말한다. 특수채는 특별한 법률에 의해 설립된 법인이 발행하는 채권을 말한다. 예를 들어 산업은행이 발행하는 산업금융채권이 이에 속한다. 재무관리에서 주된 관심의 대상이 되는 채권은 기업이 발행한 회사채이지만 가격을 결정하는 방법은 국공채나 회사채, 특수채 등에도 유사하게 적용된다.

2 채권의 종류 〔중요도〕 상 중 **하**

채권의 이자와 액면가를 마지막으로 지급하기로 한날을 만기일이라고 한다. 우리나라 정부가 발행하는 국채의 만기는 보통 1년에서 5년 정도였으나 최근 30년만기의 국채가 성공적으로 발행되었다. 외국에서는 만기가 30년이 넘는 채권도 발행되며, 경우에 따라서는 만기가 없이 무한히 이자만을 지급하는 채권도 있다. 예를 들면, 멕시코 정부는 2010년에 만기가 100년인 채권을 발행하기도 하였다.

만기일에 지급하기로 증서에 기재된 금액을 액면금액 또는 액면가라고 한다. 액면가는 앞으로 지급할 이자를 계산하는 기준이 된다. 채권증서에는 액면가뿐 아니라 만기일까지 매 기간 지급하기로 약속한 이자율이 표시되어 있다. 이 이자율을 표면이자율이라고 하고, 지불될 이자금액을 표면이자라고 한다. **표면이자는 액면가에 표면이자율을 곱해서 결정된다.** 표면이자는 채권에 따라 1년에 한번 지급되는 경우도 있고 두 번 지급되는 경우도 있으며 네 번 지급되는 경우도 있다.

채권은 이자지급 유무와 만기에 따라 다음의 세 종류로 구분된다. 첫째는 무이표채로 만기까지 이자지급이 전혀 없고 만기일에 액면가를 지급받는 채권이다. 무이표채는 순수할인채라고 불리기도 한다. 둘째는 이표채로 만기까지 매 기간 일정액의 이자를 지급받고 만기일에 마지막 기의 이자와 액면가를 받는 채권이다. 셋째는 영구채로 만기가 없이 영원히 이자만을 받는 채권이다.

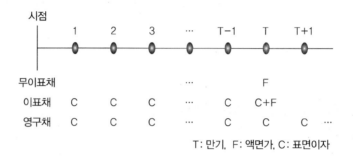

T : 만기, F : 액면가, C : 표면이자

3 채권의 가격결정요인 중요도 상 중 하

약속된 금액을 상환받기로 한 투자자는 보유하고 있는 채권의 가격에 대해서 궁금해 한다. 채권을 보유하면서 발생할 미래의 현금흐름을 현재가치로 평가하여 합한 값이 채권의 가격이 된다. 채권가격은 기본적으로 다음의 식의 의해 결정된다.

$$PV = \frac{CF_1}{(1+r_1)} + \frac{CF_2}{(1+r_2)^2} + \frac{CF_T}{(1+r_T)^T} = \sum_{T=1}^{T} \frac{CF_t}{(1+r_t)^t}$$

여기서 PV는 채권의 현재가치, CF_t(t=1,2, …, T)는 채권보유에서 얻는 시점 t의 현금흐름, r_t는 t기간 동안에 적용될 할인율, T는 채권의 만기를 나타낸다. 예들 들어 액면가가 1,000원이고, 표면이율은 연 8%이나 분기별로 이자가 지급되며 잔존만기가 2년인 채권이 있다. 현재 이 채권에 대한 시장이자율이 6%인 경우와 10%인 경우 각각 이 채권의 가격은 얼마가 되어야 하는가? 매 분기 이자지급액 c는 원금 1,000원의 연 8%인 80원을 4로 나눈 금액인 20원이 되고, 만기까지의 기간 2년은 총 8분기이므로 n=8이 된다.

① 이 채권에 대한 시장이자율이 연 6%라면, 분기로 나누어 계산한 할인율은 y=1.5%가 된다. 따라서 이 채권의 가격은 다음 공식에 의해 1,037원으로 계산되어 액면가인 1,000원보다 비싸게 거래된다.

② 이 채권에 대한 시장이자율이 연 10%라면, 분기로 나누어 계산한 할인율은 y=2.5%가 된다. 따라서 이 채권의 가격은 다음 공식에 의해 964원으로 계산되어 액면가인 1,000원보다 낮은 가격에 거래된다.

4 이자율의 기간구조 중요도 상중하

채권의 만기에 따라 이자율이 달라지는 구조인데 정기예금의 경우 A은행의 1년 이자율이 2%인데 비해 2년 이 자율은 2.5%인 경우가 좋은 예이다. 채권금리는 만기가 길수록 금리도 높아지는 우상향의 모양을 보인다. 기 간에 따라 달라질 수 있는 이자율 사이의 관계를 이자율의 기간구조라고 부르며 이자율과 장기이자율의 관 계를 나타낸다. 이자율의 기간구조는 흔히 수익률곡선(yield curve)로 나타내는데 동일한 위험구조를 가진 채권들의 만기별 수익률을 나타낸 그래프이다.

수익률곡선은 세 가지로 정의될 수 있는데 첫째, 장기이자율이 단기이자율보다 높으면 우상향곡선의 형태를 취하며, 둘째, 장기이자율이 단기이자율과 같다면 수평곡선, 셋째, 장기이자율이 단기이자율보다 낮다면 우 하향곡선의 형태를 취한다.

① 기대이론
  처음 두 가지 사실들을 설명하나 세 번째 사실은 설명하지 못한다.
② 분할시장이론
  세 번째 사실을 설명하나 처음 두 가지 사실들을 설명하지 못한다.
③ 유동성 프리미엄 이론
  세 가지 사실 모두를 설명하기 위해 두 가지 이론을 결합한 것이다.

5 만기수익률의 정의 중요도 상중하

만기수익률. 보유기간이 만료가 되는 경우의 채권수익률을 말하며 신문지상에 발표되는 발행수익률, 유통수 익률은 모두 만기수익률로 표시된다. 일반적으로 채권수익률은 만기수익률을 뜻한다. 또 만기수익률은 특정 채권의 유통금리, 시장이자율, 내부수익률 등으로 지칭되기도 한다. 이중 내부수익률로 정의하는 경우에는 미 래에 실현가능한 투자수익의 현재가치와 채권의 시장가치를 일치시켜 주는 할인율과 같은 개념이다. 내부수 익률은 순현가(NPV)를 0으로 만드는 할인율을 의미하며 순현가는 채권에서 발생하는 현금흐름의 현가에서 투자비용을 차감한 가격으로 순현가는 다음과 같은 식으로 표현된다.

$$NPV = PV(\text{채권의 현금흐름}) - \text{채권가격}$$
$$= \frac{C}{(1+y)} + \frac{C}{(1+y)^2} + \cdots + \frac{C+F}{(1+y)^T} - B_0$$

$$NPV(\text{투자안}) = PV(\text{투자안}) - \text{투자비용}$$
$$= \frac{E(CF_1)}{(1+k)} + \frac{E(CF_2)}{(1+k)^2} + \cdots + \frac{E(CF_n)}{(1+k)^n}$$

여기서 NPV를 0으로 놓으면 다음과 같다.

$$B_0 = \frac{C}{(1+y)} + \frac{C}{(1+y)^2} \cdots \frac{C+F}{(1+y)}$$

6 듀레이션의 정의 중요도 상 중 하

현재가치를 기준으로 채권에 투자한 원금을 회수하는 데 걸리는 시간을 의미하는 것으로, 채권의 실효만기를 의미한다. 채권에서 발생하는 현금흐름을 현재가치로 환산하여 산출한 만기이기 때문에 채권 현금흐름의 가중평균만기로 볼 수 있다. 1938년 캐나다 경제학자인 프레더릭 매콜리(Frederick Macaulay)가 쓴 《1859년 이후 미국 이자율, 채권 수익률, 주식가격의 움직임 The Movements of Interest Rates, Bond Yields and Stock Prices in the United States since 1865》에 의해 처음 알려졌으며, 이 사람의 이름을 따 '매콜리 듀레이션'이라 부르기도 한다.

채권의 일반적인 만기는 해당 채권이 얼마나 자주 이자를 지급하는지, 이자의 시간가치는 어떻게 되는지를 전혀 반영하고 있지 않으나, 듀레이션은 만기의 개념에 채권의 현금흐름까지 반영하고 있기 때문에 만기 이외에 다른 특성들을 종합하여 채권간 비교가 가능하다는 장점이 있다.

일반적으로 채권의 만기는 정해져 있으나, 만기가 되기 전까지 이자를 지급하기 때문에 투자원금을 회수하는 데 걸리는 시간인 듀레이션은 만기보다 짧게 나타난다. 단, 이자를 지급하지 않는 무이표채의 경우 듀레이션과 만기는 일치한다. 채권의 수익률이 높아 이자지급액이 많을수록 듀레이션은 짧아지는 특성이 있다.

$$D = \sum_{t=1}^{T} \left[\frac{PV(CF_t)}{P} \times t \right]$$

여기서 T는 이 채권의 만기이며, CF_t는 t기의 현금흐름을, $PV(CF_t)$는 t기 현금흐름의 현재가치를 나타낸다. P는 채권에서 발생하는 현금흐름의 현재가치 총합이다. 예를 들어, 채권가격 10,000원, 액면이자율 8%, 만기 3년인 A채권이 있으며 현재가치 계산을 위한 만기수익률은 10%이다. 채권을 구입하면 구입시점에는 10,000원, 1년 후에는 800원, 2년 후 800원, 3년 후 10,800원의 현금흐름이 발생한다. 이러한 현금흐름을 이용하여 듀레이션을 계산하면 다음과 같다.

$$D_A = \frac{\dfrac{800}{(1+0.1)} \times 1 + \dfrac{800}{(1+0.1)^2} \times 2 + \dfrac{10800}{(1+0.1)^3} \times 3}{\dfrac{800}{(1+0.1)} + \dfrac{800}{(1+0.1)^2} + \dfrac{10800}{(1+0.1)^3}} = 2.78$$

7 주식의 가격결정모형 중요도 상 중 하

주식은 채권과 더불어 시장에서 거래되는 가장 중요한 금융자산이다. 기업이 발행할 수 있는 주식의 종류는 이익배당과 잔여재산의 분배에 관한 권리의 순서에 따라 보통주, 우선주, 후배주, 혼합주로 구분이 된다. 보통주를 표준으로 할 때, 우선주는 이익배당이나 잔여재산분배에 관한 우선적 지위가 인정되는 주식이며, 후배주는 열등한 지위를 가지는 주식, 그리고 혼합주는 이익배당에는 우선하지만 잔여재산분배에 있어서는 열등한 주식을 말한다. 이 중 대표적인 것이 보통주이므로 여기에는 보통주를 중심으로 가치평가에 대해 설명한다.

(1) 배당평가모형

주식으로부터 발생하는 미래 수익을 할인율로 할인하는 것으로 채권가격을 결정하는 모형과 비슷하지만 주식가격을 평가하는 방법이 더 어렵다. 채권의 경우 일정 기간 동안 상환해야 할 원금과 이자가 정해져있어 현재가치로 환산했을 시 채권가격을 알 수 있지만 배당의 경우 기업의 상황과 주주총회결의로 인해 기간마다 배당이 정해져있지 않아 가치를 평가하기에 어려움을 겪는다. 또 다른 이유는 채권의 경우 시장에서 할인율을 쉽게 구할 수 있지만 주식의 경우에는 할인율을 쉽게 구하지 못한다. 하지만 재무관리에서는 주식을 소유했을 시 얻게 되는 배당과 할인율이 주어졌다고 판단하고 주식을 평가할 수 있는 배당평가모형에 대해서 살펴보자.

주식투자에서 발생하는 수익은 보유기간마다의 배당과 주식을 처분했을 시의 매각차익금이다. 투자자가 어느 특정 기업의 주식을 1년 정도 보유하다가 매각을 했을 시 주식의 가치 P_0는 다음과 같다.

$$P_0 = \frac{D_1 + P_1}{1+k}$$

D_1은 1년 후의 예상배당금, P_1은 1년 후의 예상주가, k는 할인율을 나타낸다. 할인율 k는 자기자본비용(cost of equity)이라고 부르며, 위험수준이 같은 다른 주식에 투자했을 때 얻을 수 있는 기대수익률을 의미한다. 할인율 K는 무위험이자율을 말한다.

미래 어느 시점의 배당흐름에 관한 가정은 3가지로 가정할 수 있는데 첫째, **성장이 없는 경우**, 둘째, **성장이 일정한 경우**, 셋째, **초과성장이 있는 경우**로, 배당흐름에 대한 몇 가지 가정을 주식가격결정에 이용한다.

① 성장이 없는 경우

매 기간 배당이 일정하다고 가정하고 1년 후 배당금 D_1이 계속 지급이 된다면 주식가격 P_0는 다음과 같이 구할 수 있다.

$$P_0 = \frac{D_1}{1+k} + \frac{D_1}{(1+k)^2} + \frac{D_1}{(1+k)^3} + \cdots + \frac{D_1}{(1+k)^\infty} = \frac{D_1}{K}$$

② 성장이 일정한 경우

일정 기간 동안 배당이 일정하게 지급이 된다면 주식가격 P_0는 다음과 같이 구할 수 있다.

$$P_0 = \frac{D_1}{1+k} + \frac{D_1(1+g)}{(1+k)^2} + \frac{D_1(1+g)^2}{(1+k)^3} + \cdots \frac{D_1}{K-g}$$

③ 초과성장이 있는 경우

빠르게 성장하고 있는 기업이 있다고 가정해보자. 이 기업의 배당성장률 g가 할인율보다 크거나 같아 질 수 있다. 하지만 성장이 항상 지속될 수는 없으며 미래의 어느 시점에는 성장이 떨어질 것이다. 그러나 어느 일정 시점에 초과성장이 있는 경우 주식을 평가하기에 항상 성장모형에만 의존할 수는 없지만 공식자체는 사용할 수 있다.

(2) 할인율과 성장률의 추정

배당평가모형을 적용하기 위해선 몇 가지 변수들이 필요한데 할인율, 배당성장율의 값, 향후 배당의 예측 값이 필요하다. 아래배당의 예측치와 현재의 주가가 주어졌을 시 3가지로 가정하고 할인율과 배당성장률을 구할 수 있다.

① 성장이 없는 경우

성장이 없는 경우 배당금은 주당순이익(EPS)와 같아지며 주가는 P_0=EPS/k가 된다. 결과적으로 할인율k를 놓고 계산식을 정리하면 다음과 같다.

$$k = \frac{EPS}{P_0} = \frac{1}{P_0/EPS} = \frac{1}{PER}$$

P_0=EPS을 주가수익배수 또는 주가수익비율(PER ; Price Earnings Ratio)이라고 한다. 주가수익비율은 주가를 주당순이익으로 나눈 값으로 기업이 벌어들인 수익만큼 주가가 얼마만큼 형성이 되었는지 나타내주는 식이다. 따라서 성장이 없는 경우 할인율은 PER의 역수로 계산되어 질 수 있다.

② 성장이 일정한 경우

배당의 성장이 일정한 경우 다음과 같은 식으로 정리할 수 있다.

$$k = \frac{D_1}{P_0} + g$$

여기서 D_1/P_0를 배당수익률(dividend yield)라고 하는데 1년 후의 배당 D_1은 예측이 가능하다. 하지만 배당성장률 g를 예측 한다는 것은 쉽지 않다. 하지만 가장 많이 쓰이는 방법이 있다.

기업은 일정 기간의 수익을 배당으로 지급하기도 하지만 다음 투자 및 미래의 불확실성을 위하여 유보금으로 쌓아놓게 된다. 기업이 벌어들인 수익 중 일부 유보금을 어느 특정 사업에 투자한다고 가정할 때 이익에 대한 유보율이 b로 일정하고 성장기회의 투자수익률도 일정하여 과거의 투자성과를 나타내는 자기자본이익률(ROE; Return On Equity)과 같다고 하자. 이때 시점 t에서의 주당배당금 Dt는 주당순이익(EPS)에 [1-유보율(b)]을 곱하여 다음과 같이 결정된다.

$$D_t = EPS \times (1-b)$$
$$(t = 1, 2, 3, \cdots)$$

여기서 (1-b)를 배당성향인데 유보율이 일정한 경우 배당성향도 일정하므로 배당성장률은 이익성장율과 같게 된다. 또한 배당성장률 혹은 이익성장률 g는 유보율(b)에 자기자본이익률(ROE)을 곱하여 계산할 수 있다.

$$g = b \times ROE$$

(3) PER을 이용한 주식평가

같은 산업의 유사기업의 주가를 사용하여 주식의 가치를 평가하는 것도 하나의 방법이다. 단 주가의 흐름은 비슷하겠지만 100% 똑같지는 않을 것이다. 여기서 자주 사용되는 방법이 유사기업의 주가수익비율을 적용하여 주식가치를 구해 내는 것이다. 항상 배당성장모형을 이용할 경우 유사기업의 주가는 $P_0 = D_1 / (k-g)$와 같이 결정된다. $D_1 = (1-b) \times EPS$을 여기에 대입하고 양변을 EPS로 나누면 다음의 식을 얻는다.

$$\frac{P_0}{EPS} = PER = \frac{1-b}{K-g}$$

8 수익과 수익률 중요도 상 중 하

금융자산이나 실물자산에 투자한 투자자들은 이러한 성과를 통해 수익을 극대화하길 원한다. 대표적인 수익이 금융자산의 투자로 인한 배당, 이자, 금융차익으로 인한 수익이고 투자에서 얻는 이러한 성과를 수익(return 또는 payoff)이라고 한다. 시장상황과 기업 고유의 상황으로 인해 수익이 될 수도 있지만 때로는 손실이 일어 날수도 있다. 수익은 투자자가 투입한 자금만큼 얼마나 성과를 일으켰는지의 지표로서 사용이 된다.

(1) 단일기간 수익률

단일기간 동안의 투자에서 얻는 수익률을 단일기간 수익률이라고 하며 가장 기본이 되는 수익률의 형태이다. 예를 들어 현재가격이 P0인 주식 1주를 구입하고 난후 1년 후 D1의 배당을 받고 P1의 가격으로 매각을 하였다면 다음과 같은 공식으로 수익률을 구할 수 있다.

$$주식수익률 = \frac{D_1 + P_1 - P_0}{P_0} = \frac{D_1}{P_0} + \frac{P_1 - P_0}{P_0}$$

여기서 주가의 변동분($P_1 - P_0$)가 양(+)인 경우를 자본이익이라고 하고 음(-)인 경우를 자본손실이라고 한다. 식 우변의 첫 번째 항은 예상되는 배당금과 현재 주가의 비율로서 배당수익률이라고 하고, 두 번째 항은 자본이익에 대한 현재 주가의 비율로서 자본이익률이라 한다.

(2) 보유기간 수익률

일정 시점에 여러 기간에 걸쳐 금융자산 및 실물자산에 투자하여 얻는 수익률을 보유기간 수익률이라고 하며 재투자가 가능하며 각 기간마다의 수익률은 다음과 같다.

r_1은 첫해 1년 동안의 수익률을 나타내고 r_2는 두 번째 수익률을 ... $_{n-1}r_n$은 n번째 수익률을 나타낸다. 현재 1원을 투자하면 1년 후 $(1+r_1)$의 이익을 얻을 수 있다. 이 금액을 두 번째 해에 투자하면 2년 말에는 $(1+r_1)(1+r_2)$원의 수익을 얻을 수 있다. 결과적으로 따라서 n년 동안의 투자에서 얻는 보유기간 수익률은 다음과 같다.

$$보유기간 수익률 = (1 - r_1)(1 + r_2) \dots (1 +{}_{n-1}r_n) - 1$$

(3) 연평균수익률

여러 기간에 걸쳐 투자가 이루어지는 경우 연평균수익률을 사용하여 투자성과를 계산한다. 연평균수익률은 계산방법에 따라 산술평균수익률, 기하평균수익률, 그리고 내부수익률 등이 있다.

① 산술평균수익률

산술평균수익률은 여러 기간에 걸쳐 투자 시, 각 기간의 수익률을 단순하게 산술평균한 것이다. 이를 식으로 표현하면 다음과 같다.

$$산술연평균수익률 = ({}_0R_1 +{}_1R_2 +{}_2R_3 +{}_3R_4 + \dots +{}_{n-1}R_n)/n$$

② 기하평균수익률

기하평균수익률은 연평균복리수익률이라고도 하며 매 기간 동안의 수익률이 주어지면, 보유기간 동안 총수익률을 계산하여 기하평균을 계산한 후 1을 뺀 값이다. 또한 기하평균수익률은 매기마다의 수익률로 재투자하여 투자가치가 증대되는 효과를 낸다. 산술평균수익률과 기하평균수익률은 매기의 수익률에 주어지는 가중치가 동일하기 때문에 두 연평균수익률 모두 시간가중수익률이라고 한다.

$$기하연평균수익률 = \left[(1 + {}_0R_1)(1 + {}_1R_2)...(1 + {}_{n-1}R_n)\right] - 1$$

③ **내부수익률**

내부수익률(IRR; Internal Rate of Return)은 향후 발생하는 투자수익의 현재가치와 투자비용의 현재가치를 일치시키는 할인율로, 금액가중수익률이라고도 불린다. 위에서 언급했듯이 어떤 새로운 투자안에서 발생하는 비용과 편익의 흐름이 있을 때 해당 투자안의 현재가치를 '0'으로 만드는 할인율이다.

9 위험 중요도 ▶ 상 중 하

투자결정에 있어서 위험은 여러 가지 형태로 설명될 수 있다. 은행이나 채권에 투자할 경우 상환날짜 및 상환금액이 정해져 있어 만기의 투자성과를 알 수 있다. 하지만 모든 금융자산이 미래에 얻게 될 투자수익을 정확하게 알 수 있는 건 아니다. 주식의 경우 현재시점에 투자한다면 미래에 정확하게 얼마의 차익을 얻을 수 있는지 불분명하다. 또한 은행이나 채권의 경우도 만기의 투자수익을 알 수는 있지만 기업의 부도 혹은 성과가 좋지 않아 약속된 금액을 상환하지 못 할 수도 있다. 이와 같이 **특정 투자로부터 미래에 얻을 수 있는 결과를 확실하게 알지 못하는 상황을 불확실성 또는 위험이 있는 상황**이라고 한다.

(1) 수익률의 확률분포

금융자산에 투자했을 시 얻게 되는 수익률은 이미 정해져있는 수익률이 있는 반면에 주식수익률처럼 정해져있지 않은 수익률이 있다. 그러면 주식수익률은 예측을 전혀 하지 못하는 것일까? 미래에 얻게 될 수익률은 여러 가지 변수들의 의해서 다양한 값을 가지게 된다. 이와 같이 미래의 상태에 따라 다양한 값을 갖는 것을 확률변수라고 하며 투자뿐만 아니라 일상생활에서 마주하는 수많은 불확실한 것들도 **확률변수**에 속한다. 따라서 정확한 결과 값을 알 수는 없지만 과거경험과 패턴에 의해 미래에 발생 가능한 결과 값을 추론하여 확률분포를 만들어 예상해 볼 수 있다. 확률변수가 나타내는 값을 표나 그림 또는 함수의 형태로 나타낼 수 있다.

(2) 기대수익률

확률분포가 나오면 기댓값을 계산할 수 있다. **확률변수 X의 기댓값(Expectation)은 E(X)로 표시**하며, 기댓값 E(X)은 여러 상태의 수익률을 그 확률로서 곱한 값이다. 즉 미래에 발생 가능한 여러 수준의 확률을 가중치로 사용하여 평균으로 나타낸 지표이다.

$$E(X) = P_1 \times X_1 + P_2 \times X_2 + ... + P_s \times X_s = \sum P_j \times X_j$$

보유한 자산 혹은 포트폴리오에서 발생할 수 있는 미래 수익률은 경기상황, 보유자산 혹은 포트폴리오의 특징 등에 따라 유동적이다. 때문에 미래에 발생할 수익률은 확정적인 하나의 숫자로 나타나는 것이 아니라, 각 상황이 발생할 확률에 따른 기대치로 나타난다.

예를 들어, 주식 A의 경우 경기가 호황일 때는 20%의 수익률, 경기가 보통일 때는 10%, 경기가 불황일 때는 −5%의 수익률이 기대되고, 미래의 경기가 호황일 확률은 20%, 보통일 확률은 60%, 불황일 확률이 20%라면 주식 A의 기대수익률은 다음과 같이 계산할 수 있다.

$$
\begin{aligned}
\text{주식 A의 기대수익률(\%)} &= \{0.2 \times 0.2 + 0.6 \times 0.1 + 0.2 \times (-0.05)\} \times 100 \\
&= \{0.04 + 0.06 - 0.01\} \times 100 \\
&= 9\%
\end{aligned}
$$

(3) 분산

분산은 변수의 흩어진 정도를 나타내는 지표이다. 어떤 변수 x에 대해서 평균값을 중심으로 얼마나 떨어져있는가를 판단한다. 확률변수 X의 분산(variance)은 σ_x^2 혹은 Var(X)로 표시하며 위험의 정도를 계산하기 위하여 사용되며 실현값이 기댓값으로부터 평균으로부터 많이 벗어나 있다는 것은 변동성이 크다는 것을 의미하며 이는 곧 위험이 크다는 것을 뜻한다.

분산은 실현되는 값과 기댓값의 차이(이를 편차라고 한다)를 제곱하여 이를 각 상태가 발생할 확률로 곱해서 모두 더한 값으로서 다음과 같이 정의된다.

$$
\begin{aligned}
\sigma_x^2 = Var(X) &= E[X - E(X)]^2 \\
&= p_1 \times [x_1 - E(X)]^2 + p_2[x_2 - E(X)]^2 + ... + p_s \times [x_s - E(X)]^2
\end{aligned}
$$

분산은 변량의 흩어진 정도를 쉽게 알 수 있지만 편차를 제곱하는 과정에서 흩어진 정도가 제곱이 되어 원래의 편차보다 매우 커진다는 단점이 있다. 이를 보완한 것이 분산에 근호(루트)를 씌운 표준편차이다. 또한 거의 대부분의 경우 분산의 값은 양수이지만 간혹 변량의 모든 값이 평균과 동일할 때 분산은 0이 된다.

(4) 표준편차

표준편차는 실현값이 평균으로부터 얼마나 벗어나 있는 정도를 나타내는 값으로 분산과 위험을 측정하는 지표로는 비슷하다. 하지만 분산의 경우 단위가 확률변수 자체의 단위와 맞지 않아 측정하기 어려움을 겪는 경우가 있다. 따라서 분산의 제곱을 하여 확률변수의 단위와 같도록 표준화한 값을 표준편차(standard deviation)라고 하며 다음과 같은 식으로 나타낼 수 있다.

$$
\sigma_x = \sqrt{Var(X)}
$$

표준편차는 자료의 값이 평균으로부터 얼마나 떨어져 있는지, 즉 흩어져 있는지를 나타내는 값이다. 자료의 값들의 평균을 알아도 얼마나 흩어져 분포되어 있는지에 따라 자료의 특징은 완전히 달라진다. 표준편차를 구하려면 먼저 각 자료값과 평균의 차이를 구하는데, 이를 '편차'라 한다. 편차는 (자료 값)-(평균)이다. 편차를 구하여 그 평균값을 표준편차라 하면 편리하겠지만, 편차의 합은 항상 0이기 때문에 불가능하다. 왜냐하면 평균 자체가 모든 자료값들의 평균값이기 때문이다.

편차의 합이 0이 되는 문제는 편차의 값 중 음수가 발생하기 때문인데, 편차는 음수이든 양수이든 자료 가 평균으로부터 얼마나 차이가 나는지 그 절대값을 알고자 구하는 값이므로 편차가 음수가 되지 않도 록 제곱하여 모두 양수가 되게 한다. 그리고 편차를 제곱한 값들의 평균을 내면 자료값들이 평균으로부 터 어느 정도 떨어져있는지를 알 수 있다.

(5) 공분산과 상관계수

분산 또는 표준편차와 같이 위험의 척도로 나타내는 통계치로 공분산(covariance)이 사용된다. 분산과 표준편차는 개별자산의 수익률의 위험정도를 나타내는 척도라면 공분산은 두 자산 사이의 수익률의 변 동성이 서로 얼마만큼 관련이 있는지의 척도로서 사용이 된다. 공분산은 σ_{xy} 또는 $C_{ov}(X, Y)$로 표시되 며, 두 확률변수의 확률분포가 주어지면 각 확률변수의 실현값과 기댓값의 차이인 편차의 곱을 발생확 률로 곱하여 모두 더함으로써 계산된다.

$$\sigma_{xy} = Cov(X, Y) = E[\{X - E(X)\}\{Y - E(Y)\}]$$
$$= p_1[x_1 - E(X)][y_1 - E(Y)] + ... + p_s[x_s - E(X)][y_s - E(Y)]$$

공분산은 두 변수가 얼마만큼 관련이 있는지의 측정값이 너무 광범위하게 퍼져있어 판단하기에 쉽지 않다. 따라서 공분산을 표준화한 값인 상관계수(correlation coefficient)를 사용한다. 상관계수는 공분 산을 표준편차로 나누어 두 확률변수가 얼마만큼 밀접하게 관련되어 움직이는지를 나타낸 것으로 −1에 서 +1 사이의 값을 갖는다. 상관계수가 +1인 경우 두 확률변수는 양(+)의 기울기를 갖는 직선관계로 나타낼 수 있고, 이 값이 −1인 경우에는 음(−)의 기울기를 갖는 직선관계로 나타낼 수 있다. 또 두 자산 의 수익률 간에 아무런 관련성이 없을 경우 0의 값을 갖는다. 두 확률변수 상관계수는 P_{xy}라고 나타내며 다음의 식으로 나타낼 수 있다.

$$P_{xy} = Corr(X, Y) = \frac{Cov(X, Y)}{\sigma_x \sigma_y}$$

제 3 절 포트폴리오 이론

1 기대효용가설 `중요도` 상 중 **하**

투자자의 궁극적인 목표는 무엇일까? 수익의 극대화이다. 예를 들어 주식투자자가 종목을 선정하려고 한다. 하지만 주식의 경우 미래의 수익이 불분명하고 불확실하지만 수익을 가장 많이 가져다 줄 것으로 예상되는 종목을 선택할 것이다. 이처럼 불확실한 상황에서 예상되는 결과치에 대해서 각자의 기대효용이 다르므로 합리적인 개인들은 기대효용을 극대화하기 위한 선택을 한다는 가설이다. 하지만 기대수익을 극대화함으로써 효용이 극대화되는 것은 아니다. 불확실한 상황 속에 투자자의 목적은 '효용의 극대화' 보다는 '기대효용의 극대화'에 더 가깝다.

2 평균-분산 모형 `중요도` 상 중 **하**

(1) 평균-분산 무차별곡선

앞에서 투자자들의 '기대효용 극대화'에 관한 내용을 짧게 언급했다. 투자자들이 투자결정을 하기 위해서는 기대효용을 계산할 수 있어야 하며 기대효용을 계산하기 위해서는 미래수익의 확률분포를 알아야 한다. 하지만 현실적으로 미래수익의 정확한 확률분포를 계산하기란 쉽지 않다. 따라서 **기대효용의 극대화**를 현실적으로 나타내기 위해서 기대효용의 계산을 간단히 할 수 있는 방법으로 미래수익의 평균과 분산(표준편차) 이 두 가지 통계함수를 이용하여 투자자의 기대효용을 계산할 수 있는 모형을 평균-분산 모형이라고 한다.

$$E[u(R)] = f(E(R), \ \sigma^2(R))$$

투자자의 효용함수가 수익대비 증가함수라면 기대효용은 평균(기대수익)이 커질수록 증가하고 분산(위험)이 커질수록 감소한다는 것을 알 수 있다. 즉 투자자는 기대효용의 극대화를 위해선 같은 값이라면 높은 기대수익(평균)을 선호하고, 낮은 분산(위험)을 선호하게 된다.

투자자의 개인적인 기대수익과 위험의 선호도를 효용함수 대신에 기대수익과 분산(표준편차)을 기준으로 하여 그림으로 나타낸 방법이 있다. 기대효용을 가져다주는 기대수익과 위험의 조합은 많다. 위험의 측정지로 표준편차를 사용했을 시 기대효용이 같은 평균-표준편차의 조합을 연결한 선을 평균-분산 무차별곡선이라고 한다.

3 지배원리 중요도 상 중 하

투자자가 투자 안을 선택 시 지배원리의 입각한 기준에서 투자 안을 선택할 수 있다. 앞에서 언급한 평균–분산 모형을 활용하여 투자안을 선택할 수 있다. 한 펀드매니저가 A 주식, B 주식, C 주식, D 주식 중 하나를 투자하려고 한다. 따라서 평균–분산 모형을 활용하여 네 주식의 기대수익(평균)과 위험(표준편차)를 계산한 후 다음을 표로 나타내었다.

주식	기대수익률(%)	표준편차(%)
A	11	11
B	11	13
C	13	15
D	14	15

네 가지 주식의 기대수익률과 위험을 살펴보면 A, B 주식의 경우 기대수익률은 같지만 표준편차(위험)이 B 주식보다는 A 주식이 작기 때문에 두 주식 중 A를 선택(지배)하게 된다. 또한 C 주식과 D 주식을 비교했을 경우 표준편차(위험)은 같지만 기대수익률이 D 주식이 C 보다 높기 때문에 D 주식을 선택(지배)하게 된다. 이처럼 두 주식 간에 기대수익률이 같다면 위험이 작은 주식을, 위험이 같다면 기대수익률이 높은 주식을 선택하게 되는데 이러한 투자안의 선택기준을 지배원리라고 한다.

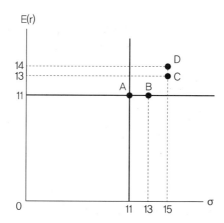

지배원리는 평균–분산 모형을 기준으로 위험회피형 투자자들의 선호도를 보여주는 투자안의 선택기준이라고 말할 수 있다. 하지만 A 주식과 D 주식 중 어느 주식이 더 좋다고 판단하기에는 투자자들의 위험선호도에 따라서 달라지게 된다. 위험을 선호하는 투자자들은 기대수익률이 높은 D 주식을 선택하게 될 것이며, 반대로 위험회피형 투자자들은 기대수익률이 낮더라도 안전한 A 주식을 선호하게 될 것이다.

4 포트폴리오의 기대수익률과 위험 [중요도] 상 중 하

금융권 투자자들을 비롯해 개인투자자들은 보통 여러 개의 자산을 구성하여 투자를 한다. 투자시장에는 주식뿐만 아니라 채권, 예금, 파생상품, 부동산 등 여러 투자대상이 있는데 투자자의 선호도에 따라서 투자대상을 보유하게 되고 이러한 투자대상의 집합을 포트폴리오(portfolio)라고 한다. 그 중 투자자들의 기대효용을 극대화시키기 위해서는 최적포트폴리오를 구성하면 된다. 포트폴리오 수익률의 확률분포로부터 기대수익률과 분산을 구한 다음 지배원리를 구성하여 선택할 수 있는 자산의 범위를 구성하고 무차별곡선을 이용하여 최적포트폴리오를 결정하게 된다. 따라서 최적포트폴리오를 구성하려면 첫 번째 포트폴리오의 기대수익률과 위험(분산)을 알아내야 한다.

(1) 포트폴리오의 기대수익률

포트폴리오를 구성하는 개별 자산들의 기대수익률 $E(r_i)$를 가중 평균한 값이 포트폴리오의 기대수익률이라는 것을 알 수 있다.

$$\text{포트폴리오의 기대수익률} = E(r_p) = E(w_1 r_1 + w_2 r_2) = w_1 E(r_1) + w_2 E(r_2)$$

(2) 포트폴리오의 분산

포트폴리오를 구성하는 개별자산의 분산 $\sigma_i^2 (i=1,2)$과 두 자산수익률간의 공분산 σ_1^2, 그리고 각 자산의 구성비율 w_i가 주어지면 포트폴리오 수익률의 분산은 다음과 같다.

$$
\begin{aligned}
\text{포트폴리오 수익률의 분산} = \sigma^2 p &= Var(r_p) \\
&= Var(w_1 r_1 + w_2 r_2) \\
&= w_1^2 \sigma_1^2 + w_2^2 \sigma_2^2 + 2w_1 w_2 \sigma_{12}
\end{aligned}
$$

(3) 상관계수

두 자산 간 수익률의 상관관계를 나타내는 척도로 공분산을 많이 사용하지만 공분산만으로는 수익률 사이의 관계를 구체적으로 나타낼 수 없어 이를 표준화한 척도가 상관계수이다. 두 자산 간 수익률의 상관계수는 ρ(rho)로 나타낸다.

$$\rho_{12} = \sigma_{12} / \sigma_1 \sigma_2$$

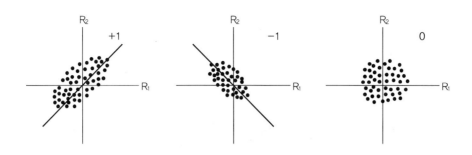

상관계수는 공분산을 각 투자자산의 표준편차로 나누어 수익률의 상관관계를 측정한 값으로 -1에서 1 사이의 값을 갖는다. 상관계수가 +1인 경우 두 투자자산의 수익률의 기울기가 양(+)인 직선관계로 나타낼 수 있고, -1인 경우 두 투자자산의 기울기가 음(-)인 직선관계로 나타낼 수 있다.

5 체계적 위험과 비체계적 위험 중요도 상 중 하

투자자가 포트폴리오를 구성할 때 다양한 자산을 편입시켜 위험을 상쇄한다. 즉 분산투자로 인해 A 자산에 손실이 나더라도 B 자산에서 수익이 남과 동시에 A 자산의 손실을 상쇄시켜준다. 이와 같이 2개 이상의 자산으로 포트폴리오를 구성했을 시 기대수익률은 유지하면서 위험만 줄일 수 있는데 이를 포트폴리오 효과 또는 분산효과라고 한다. 포트폴리오의 자산수가 늘어나면 늘어날수록 포트폴리오의 위험이 감소하는데 자산수를 무한대로 늘려도 줄어들지 않는 위험이 있다. 아무리 분산투자를 하여도 제거할 수 없는 위험을 체계적 위험, 시장위험, 분산불가능위험이라고 한다.

체계적 위험의 미치는 영향은 경기와 관련된 위험, 금리의 변동, 정치적 변화 등 기업차제가 제거할 수 없는 위험으로 구성되어 있다. 반대로 경영진의 변동, 파업, 법적소송, 신사업 성패 등 어느 특정 기업만이 가질 수 있는 사건이나 상황의 변동 등에서 발생되는 위험을 비체계적 위험 또는 기업고유의 위험이라고 한다. 이러한 위험은 분산투자를 통하여 제거할 수 있는 위험이다. 처음 포트폴리오 자산수가 증가함에 따라 포트폴리오의 위험이 급격히 감소하다가 점차 서서히 감소한다. 이는 무수한 분산투자로도 위험은 모두 사라지지 않으며 체계적 위험만 남는다.

제 **4** 절 ┃ CAPM(자본자산가격결정모형)

1 ┃ 자본자산가격결정모형(CAPM)의 기초 〔중요도〕〔상〕〔중〕〔하〕

자본자산가격결정모형(Capital Asset Pricing Model)은 흔히 CAPM으로 불리는데, 현대 금융경제학과 투자론의 핵심 이론이다. CAPM은 1952년 Harry Markowitz에 의해 포트폴리오 선택이론(portfolio selection theory)이 개발된 이후 12년이 지난 1964년부터 샤프(Sharpe), 린트너(Lintner), 그리고 모신(Mossin) 등에 의해 개발되었다. 이 모형은 주식이나 채권 등 자본자산들의 기대수익률과 위험과의 관계를 이론적으로 정립시킨 균형 모델로서 커다란 의미를 지니고 있다.

실제로 지난 30여 년 동안 현대 자본시장 이론과 실무기법의 발전에 자본자산가격결정모형(CAPM)만큼 커다란 공헌을 끼쳤던 이론은 없었다고 해도 과언이 아니다. CAPM은 자본시장이 균형(equilibrium)을 이루고 있는 상태에서 자본자산(capital asset)의 가격이 어떻게 결정되는가를 설명하는 이론적 모형이다. 따라서 CAPM을 보다 체계적으로 이해하기 위해서는 무엇보다도 '자본시장의 균형'과 '자본자산의 개념'을 알아야 한다.

자본자산(capital asset)이란 미래 이득에 대한 청구권을 갖는 자산을 의미한다. 현실의 자본시장에서 거래되는 대표적인 자본자산으로는 주식과 채권 등을 들 수 있다. 예를 들어 주식의 경우, 기업이 경영활동으로부터 창출하리라 예상되는 미래의 이익에 대한 청구권을 가지므로 자본자산으로 볼 수 있다. 그리고 자본자산의 균형이란 자본시장에서 거래되는 주식이나 채권 등의 모든 자본자산의 수요와 공급이 일치하도록 시장가격이 형성된 상태를 말한다. 이와 같이, 자본자산에 대한 수요와 공급이 일치하여 더 이상의 초과수요나 초과공급이 존재하지 않도록 자산가격이 형성되어 있을 때, 이를 균형가격이라고 한다.

CAPM에 의하면 자본시장이 균형을 이룰 때, 어떤 자산의 기대수익률은 그 자산의 체계적 위험을 나타내는 베타계수(β coefficient)와 선형적 증가함수의 관계를 갖는다. 여기서, 체계적 위험(systematic risk)이란 어떤 자산의 총위험 중에서 자본시장의 전반적인 변동 때문에 발생하는 위험의 부분을 의미한다. 이에 반해, 비체계적 위험(unsystematic risk)은 시장 전체의 변동과 무관하게 기업 고유의 요인 때문에 발생하는 위험을 뜻한다. 비체계적 위험이 발생하는 요인으로는 자본시장의 전반적인 경기변동과 무관한 특정 기업 고유의 노사문제, 매출액 변동, 소송, 대정부 관계, 기업 이미지 등에 기인하는 위험으로 투자자들이 여러 자산에 자금을 분산 투자할 경우 제거할 수 있는 위험이다.

따라서, 체계적 위험과는 달리 비체계적 위험은 여러 종류의 자산에 분산투자함으로써 감소될 수 있기 때문에 분산가능위험(diversifiable risk)이라고 한다. 이러한 체계적 위험과 비체계적 위험의 구체적인 추정 방법은 다음 장에서 설명하도록 한다. 그러므로 자본시장이 균형 상태를 이룰 때, 체계적 위험이 큰 자산은 보다 큰 기대수익률이 얻어지도록 가격이 결정되어야 한다는 것이 CAPM의 결론이다.

CAPM이 개발된 지 30여년이 지난 오늘날에 와서는 CAPM이 자본자산의 가격을 충분히 설명하지 못한다는 것을 여러 학자들의 실증연구에서 제시하고 있다. 그럼에도 불구하고, CAPM이 지금까지 가장 중요한 가격결정모형으로 인식되고 있는 것은 그 결론이 매우 단순하면서도 충분히 설득력을 갖는다는 점이다. 샤프(Sharpe)는 CAPM을 개발한 공로로 마코위츠와 함께 1990년에 노벨 경제학상을 수상하였다.

또한 자본자산가격결정모형(CAPM)은 자산의 위험에 따라 기대수익률이 어떻게 결정되는지를 보여주는 균형이론이다. 어떤 자산의 기대수익률이 어떻게 결정되는지를 밝히는 것은 해당 자산의 균형가격이 어떻게 결정되는지를 보이는 것과 같은 의미를 갖는다. 예를 들어 1년 후의 예상수익이 12,000원인 자산에 투자할 때 기대수익률이 1년에 20%라고 한다면 이 자산의 현재 균형가격은 10,000원이 된다.

CAPM은 균형가격의 결정과정을 밝히는 여러 자산가격결정모형 중 가장 널리 알려진 모형으로서 증권의 가격 결정, 자본예산, 투자성과평가 등 재무관리 분야 전반에 걸쳐 광범위하게 이용된다. 이 절에서는 CAPM을 도출하는데 필요한 가정을 알아보고, 자본시장에 참여하고 있는 수많은 투자자들이 평균−분산 모형의 선택원리에 따라 행동할 경우 시장이 어떻게 균형에 도달하는지를 살펴본다.

(1) CPAM의 가정

CAPM은 위험과 기대수익률 사이의 균형관계를 보여주는 가격결정이론으로서 마코위츠의 평균−분산 포트폴리오이론의 가정에 몇 가지 가정을 추가하여 전개되고 있다. 다음 그림에 그 내용을 정리하였다.

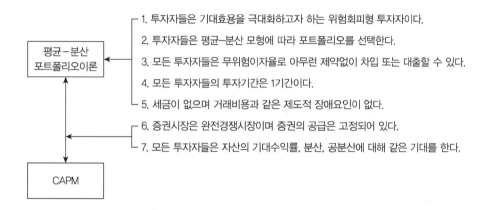

CAPM에 추가된 가정 가운데 하나인 완전경쟁가정은 증권시장 참여자 간의 경쟁이 치열하여 개인의 거래행위가 증권가격에 영향을 미치지 않는다는 것을 의미하며, 증권의 공급이 고정되어 있다는 가정은 증권가격이 증권을 발행하는 공급자보다는 증권의 수요자인 투자자의 의사에 따라 결정된다는 것이다. 마코위츠의 포트폴리오이론이 자본시장의 균형가격결정을 설명하는 CAPM으로 발전하는 데 중요한 역할을 한 것은 모든 투자자들이 증권의 미래수익률 분포에 대해 동질적 기대를 한다는 가정이라고 할수 있다. 이 가정의 도입으로 CAPM의 첫 단계라고 할 수 있는 자본시장선을 얻게 된다. 자본시장선을 소개하기 전에 시장균형의 의미를 살펴보자.

포트폴리오이론에서 투자자가 접점포트폴리오와 무위험자산을 적절히 결합하여 최적포트폴리오를 선택하는 것을 보았다. 이렇게 결정된 최적포트폴리오는 투자자 개인의 각 증권에 대한 수요를 나타내는 것이다. 이제 시장에서 개인의 각 증권에 대한 수요가 어떻게 취합되고 또 시장이 어떻게 균형에 도달하는지를 살펴보자.

우선 모든 투자자들이 자산의 기대수익률, 분산, 공분산에 대해 동질적 기대를 한다는 가정 하에서는 모든 투자자가 동일한 접점포트폴리오를 구성하게 된다. 즉, 위험자산에 관한 한 모든 투자자들은 똑같은 포트폴리오를 보유하게 된다는 것이다. 이는 모든 투자자들이 동일한 평균−표준편차 평면에서 의사결정을 하게 되어 동일한 포트폴리오 투자선(최소분산포트폴리오의 집합)을 도출하게 되고, 또 같은 무위험이자율을 적용하면 동일한 자본배분선을 얻게 되기 때문이다.

이제 모든 투자자가 보유한 접점포트폴리오, 즉 각 위험자산(증권)에 대한 수요를 취합할 때 시장이 균형에 도달하기 위한 조건을 살펴보자. 수요와 공급이 같아지는 점에서 균형이 결정된다는 경제학의 기본원리에 따라, 각 증권에 대한 수요의 합이 그 증권의 공급량과 같게 될 때 시장은 균형에 도달한다. 여기서 시장에 공급되는 각 증권의 물량은 고정되어 있다고 가정하였다. 따라서 균형에서 투자자들은 시장에서 거래되는 모든 증권을 보유하게 되며, 결과로 투자자들이 보유한 모든 증권(접점포트폴리오)을 취합한 것은 시장에서 거래되는 모든 증권을 보유하게 되며, 결과로 투자자들이 보유한 모든 증권(접점포트폴리오)을 취합한 것은 시장에서 거래되는 모든 증권을 합한 것과 같다.

시장에서 거래되는 모든 증권을 포함하는 포트폴리오 또는 이와 구성비율이 같은 포트폴리오를 시장포트폴리오라고 하며 흔히 m으로 표시한다. 그리고 균형에서 시장포트폴리오의 구성비율은 다음 식에서 보듯이 개별위험자산의 시가총액이 모든 위험자산의 시가총액에서 차지하는 상대적 비중에 의해 결정된다.

$$W_i^m = \frac{V_i}{V_m}$$

W_i^m : 시장 포트폴리오에서 자산 i가 차지하는 구성비율

V_i : 자산 i의 시가총액

V_m : 시장에서 거래되는 모든 자산의 시가총액

(2) 자본시장선

동질적 기대 하에서 각 투자자의 접점포트폴리오가 시장포트폴리오와 일치한다는 사실은 각 투자자가 접점포트폴리오 대신 시장포트폴리오를 무위험자산과 결합하여도 동일한 자본배분선을 얻게 된다는 것을 의미한다. 시장포트폴리오와 무위험자산을 결합하여 구성된 자본배분선을 자본시장선(CML ; Capital Market Line)이라고 부른다. 시장포트폴리오의 기대수익률을 $E(r_m)$이라 하고 표준편차를 σ_m이라 하면 자본시장선은 다음과 같이 나타낼 수 있다.

$$E(r_p) = r_f + \left[\frac{(E(r_m) - r_f)}{\sigma_m} \right] \times \sigma_p$$

자본시장선은 본질적으로 자본배분선과 같은 것으로 이 선상의 모든 포트폴리오는 지배원리를 만족시키는 효율적 포트폴리오이다. 자본시장선상의 포트폴리오 P의 기대수익률은 무위험수익률에 위험프리미엄을 더한 값으로 결정되며 위험프리미엄은 시장포트폴리오의 위험보상비율(또는 샤프비율)에 포트폴리오 P의 위험을 곱한 값으로 결정된다.

여기서 시장포트폴리오의 위험보상비율인 $(E(r_m) - r_f)/\sigma_m$을 위험의 시장가격(Market Price of Risk)이라 부르며, 이는 바로 자본시장선의 기울기를 나타낸다. 이러한 내용을 그림으로 나타내면 다음과 같다.

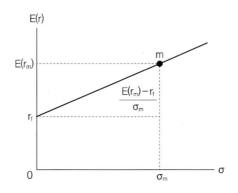

자본시장선과 관련하여 다음과 같은 사항들을 기억할 필요가 있다.

첫째, 투자자들은 무차별곡선의 형태와 관계없이 무위험자산과 시장포트폴리오 m만을 투자대상으로 선택한다. 위험포트폴리오 중에서는 오직 시장포트폴리오 m만이 투자대상이 될 뿐이며, 그 밖의 다른 위험포트폴리오는 투자대상에서 제외한다. 이런 의미에서 시장포트폴리오는 그 외의 모든 위험포트폴리오를 지배한다고 할 수 있다.

둘째, 모든 투자자는 자본시장선상의 특정 포트폴리오 P를 최적포트폴리오로 선택하게 되는데, 어떤 최적포트폴리오도 시장포트폴리오와 무위험자산으로 구성된 것이므로 시장포트폴리오와 완전한 양(+)의 상관관계를 갖는다.

셋째, 자본시장선은 위험과 기대수익률의 관계를 나타내는 식이지만 자산가격결정모형으로 이용되기에는 두 가지 부족함이 있다. 우선 이 관계식은 효율적 포트폴리오에만 적용될 따름이며, 비효율적 포트폴리오나 개별자산의 위험-수익률의 관계에 대해서는 아무런 설명을 하지 못한다. 비효율적 포트폴리오나 개별주식은 자본시장선 아래쪽에 위치하기 때문이다. 또, 이 관계식에서 나타나는 표준편차 위험은 일반적으로 체계적 위험뿐 아니라 비체계적 위험도 포함한다. 우리가 최종적으로 관심을 두고 있는 자산가격결정모형은 모든 개별자산과 모든 포트폴리오(효율적 또는 비효율적)에 대해서 체계적 위험과 기대수익률의 관계를 말해 줄 수 있어야한다.

(3) 증권시장선

증권시장선(SML ; security market line)은 개별자산 또는 포트폴리오의 기대수익률을 도출해내는 모형으로, 체계적 위험의 지표인 베타에 비례하는 위험프리미엄을 측정하여 기대수익률을 이끌어 낸다. 베타가 1일 때 기대수익률은 시장기대수익률과 동일하고, 베타가 0일 때 기대수익률은 무위험수익률과 동일하다. SML은 CML과 달리 위험프리미엄의 보상기준이 되는 위험이 총위험이 아닌 체계적 위험이며, 따라서 효율적 포트폴리오뿐만이 아닌 개별주식과 비효율적 포트폴리오의 기대수익률도 측정 가능하다는 차이가 있다.

완전시장 하에서 자본시장이 균형을 이루고 투자자들이 평균·분산기준에 의해 행동한다고 가정하면 어떤 주식 또는 포트폴리오의 기대수익과 체계적 위험 사이에는 다음과 같은 선형관계가 성립한다.

$$E(R_i) = R_f + \{E(R_m) - R_f\}\beta_i$$

$E(R_i)$: 주식 또는 포트폴리오 i의 기대수익률

$E(R_m)$: 시장포트폴리오 m의 기대수익률

R_f : 무위험이자율

R_i : 주식 또는 포트폴리오 i의 체계적 위험

이 식을 증권시장선이라 하며, $\{E(R_m) - R_f\}$는 시장포트폴리오의 기대수익률에서 무위험이자율을 초과하는 부분으로서 시장포트폴리오의 초과수익률 또는 시장의 위험프리미엄을 의미한다. 따라서 개별 주식의 체계적 위험을 알면 그 주식에 대한 기대수익률을 산출할 수 있다. 증권시장선의 논리는 다음과 같다. 한 자산에 대한 기대수익률은 그 자산의 체계적 위험에 비례한다. β가 큰 주식이 있다면 β가 작은 주식보다 보상이 커야 하기 때문에 β가 큰 주식에 대하여 더 큰 수익률을 보장하여야 한다.

2 체계적 위험 : 베타 중요도▶상중하

투자이론에서는 베타계수라고 하는데 증권시장 또는 증권가격 전반에 영향을 미치는 요인에 의하여 발생하는 투자위험을 말한다. 증권시장에 영향을 미치는 경제적, 정치적, 사회적 조건 등이 체계적 위험의 원천이 된다. 체계적 위험(베타계수)이 큰 종목은 시장의 움직임에 민감하게 움직인다. 체계적 위험은 증권시장 전반에 관한 위험이기 때문에 분산투자에 의해서도 감소시킬 수 없다하여 분산불능위험이라고도 한다.

체계적 위험은 앞에서 언급했듯이 비체계적 위험은 분산투자를 통해서 위험을 줄일 수 있지만 100%위험을 줄일 수는 없다. 이와 같이 경제상황, 시장상황, 금리변동 등 기업이 통제할 수 없는 위험만이 남게 되는데 이를 체계적 위험이라고 하며 체계적 위험의 측정치를 베타(β)라고 한다. 베타는 개별자산의 시장포트폴리오에 대한 기여도를 표준화 한 값으로 공분산을 사장포트폴리오의 위험으로 나눈 값이다.

$$베타(\beta_i) = \frac{\sigma_{im}}{\sigma_m^2} = \frac{\rho_{im}\sigma_i}{\sigma_m}$$

특정 자산의 베타는 자산의 시장포트폴리오 위험에 대한 기여도를 나타낸 값으로 시장포트폴리오 수익률 대비 자산의 수익률의 민감도를 나타내기도 한다. 쉽게 말해서 시장포트폴리오를 코스피지수라고 했을 때 특정 자산은 특정 주식이 되고 코스피지수를 1이라고 가정했을 시 특정 주식의 베타가 0.5가 나왔다면 코스피지수의 움직임에 비해 특정 주식의 움직임은 절반정도 밖에 움직이지 못했다는 결과이다.

반대로 특정 주식의 베타가 1.5가 나왔다면 코스피지수의 움직임에 비해 절반 이상 빠르게 움직인다는 의미이다. 보통 경제상황과 맞물려 가는 섹터(IT, 자동차, 건설 등)의 경우 시장상황의 변동에 따라서 코스피지수보다 더 민감하게 움직이는 경우가 많고 경제상황과 무관한(식음료, 의류 등)의 섹터는 코스피지수보다 덜 민감하게 움직이는 경우가 많다. 베타의 몇 가지 특성들을 살펴보면 다음과 같다.

① 시장포트폴리오의 베타는 1이다. 또한 시장에서 거래되는 모든 자산의 베타를 가중 평균한 값도 1이 된다. 앞에서 언급했듯이 베타가 1보다 커서 시장포트폴리오보다 민감한 움직임을 보이는 투자를 공격적 투자라고 하고, 1보다 작은 움직임을 보이는 투자를 방어적 투자라고 한다. 공격적 투자의 경우 시장상황이 좋으면 큰 수익률을 낼 수 있지만 시장상황이 좋지 않다면 큰 손실을 낼 수 있다. 반대로 방어적 투자는 시장상황에 관계없이 수익률은 작을지라도 위험도 작게 가져가는 투자이다.

② 음(−)의 값을 갖는 베타도 있다. 음의 베타 값을 갖는 자산의 경우 시장포트폴리오의 움직임과 반대 방향임을 의미한다. 즉 경제가 호황일 때 자산이 수익률이 낮고, 경제가 불황이라면 수익률이 좋다는 의미이다.

③ 공분산이 0일 경우 베타도 0이 된다. 즉 특정 자산이 시장포트폴리오와 무관하게 움직인다는 것을 의미한다.

3 자본자산가격결정모형(CAPM)의 도출 중요도 상 중 하

자본자산가격결정모형(CAPM)은 자본시장이 균형을 이룰 때 자본자산의 기대수익과 위험의 관계를 설명하는 모형이다. 증권시장이 경쟁적이라면 예상위험 프리미엄은 시장위험, 즉 베타계수에 따라 비례해서 변화한다고 설명한다. 즉 자본자산평가모델은 개별종목의 총위험을 시장에 연관되어 나타나는 위험(체계적 위험)과 시장과 상관없이 나타나는 위험(비체계적 위험)으로 분류하고 시장과 상관없이 나타나는 위험은 분산투자에 의해 제거할 수 있다고 본다. 따라서 체계적 위험에서 보상받을 수 있는 방법은 시장과 관련된 베타 계수뿐이다. 이런 의미에서 모든 투자자는 동시에 동일한 내용의 정보를 입수할 수 있다는 효율적 시장가설을 전제로 하고 있다.

CAPM은 균형상태에서 자산 i와 체계적 위험인 베타, 그리고 기대수익률과의 관계를 나타내는데 이를 그림으로 나타낸 것이 증권시장선(SML ; Security Market Line)이라고 한다. SML은 시장균형 하에서 자산 i에 대한 기대수익률은 무위험이자율에 자산 i에 대한 위험프리미엄을 더한 값으로 계산되며 자산 i의 위험프리미엄은 시장위험프리미엄에 체계적 위험의 측정치인 베타를 곱하여 계산된다는 것을 알 수 있다.

$$E(r_1) = r_f + [E(r_m) - r_f] \times \beta_i$$

r_f : 무위험이자율

$E(r_m) - r_f$: 시험위험프라임

β_i : 체계적 위험

○✕로 점검하자

※ 다음 지문의 내용이 맞으면 ○, 틀리면 ✕를 체크하시오. [1~12]

01 현재가치 또는 현가는 미래에 발생하는 현금흐름을 현재시점의 가치로 환산한 금액을 말한다.
( )

02 위험선호형 투자자들은 미래의 불확실성에 대한 위험부담을 요구하게 되는데 이를 위험프리미엄(risk premium)이라고 한다. ( )

03 순현가법은 투자안의 순현가를 계산하여 양(+)일 경우 투자안을 기각하고, 음(−)일 경우에는 채택한다. ( )

04 할인율은 미래시점의 일정금액과 동일한 가치를 갖는 현재시점의 금액(현재가치)을 계산하기 위해 적용하는 비율을 의미한다. ( )

05 채권의 이자와 액면가를 마지막으로 지급하기로 한 날을 만기일이라고 한다. ( )

06 듀레이션은 현재가치를 기준으로 주식에 투자한 원금을 회수하는데 걸리는 시간을 의미하는 것으로, 주식의 실효만기를 의미한다. ( )

07 여러 기간에 걸쳐 투자가 이루어지는 경우 연평균수익률을 사용하여 투자성과를 계산한다.
( )

08 분산은 변수의 흩어진 정도를 나타내는 지표이며, 어떤 변수 x에 대해서 평균값을 중심으로 얼마나 떨어져있는가를 판단한다. ( )

09 미래수익의 평균과 분산(표준편차) 이 두 가지 통계함수를 이용하여 투자자의 기대효용을 계산할 수 있는 모형을 평균−분산 모형이라고 한다. ( )

정답과 해설   01 ○   02 ✕   03 ✕   04 ○   05 ○   06 ✕   07 ○   08 ○   09 ○

02 위험회피형 투자자들은 미래의 불확실성에 대한 위험부담을 요구하게 되는데 이를 위험프리미엄(risk premium)이라고 한다.
03 순현가법은 투자안의 순현가를 계산하여 양(+)일 경우 투자안을 채택하고, 음(−)일 경우에는 기각한다.
06 듀레이션은 현재가치를 기준으로 채권에 투자한 원금을 회수하는 데 걸리는 시간을 의미하는 것으로, 채권의 실효만기를 의미한다.

10 두 주식 간에 기대수익률이 같다면 위험이 큰 주식을, 위험이 같다면 기대수익률이 낮은 주식을 선택하게 되는데 이러한 투자안의 선택기준을 지배원리라고 한다. (   )

11 자본자산가격결정모형(CAPM)은 주식이나 채권 등 자본자산들의 기대수익률과 위험과의 관계를 이론적으로 정립시킨 균형 모델로서 커다란 의미를 지니고 있다. (   )

12 증권시장선(SML ; Security Market Line)은 개별자산 또는 포트폴리오의 기대수익률을 도출해 내는 모형으로, 체계적 위험의 지표인 베타에 비례하는 위험프리미엄을 측정하여 기대수익률을 이끌어 낸다. (   )

정답과 해설   10 ×   11 ○   12 ○

10 두 주식 간에 기대수익률이 같다면 위험이 작은 주식을, 위험이 같다면 기대수익률이 높은 주식을 선택하게 되는데 이러한 투자안의 선택기준을 지배원리라고 한다.

01 순현가법은 투자안의 순현가를 계산하여 양(+)일 경우 투자안을 채택하고, 음(−)일 경우에는 기각한다.

01 다음 중 화폐의 시간가치에 관한 설명 중 옳지 <u>않은</u> 것은?

① 현재가치 또는 현가는 미래에 발생하는 현금흐름을 현재시점의 가치로 환산한 금액을 말한다.

② 위험회피형투자자들은 미래의 불확실성에 대한 위험부담을 요구하게 되는데 이를 위험프리미엄(risk premium)이라고 한다.

③ 순현가법은 투자안의 순현가를 계산하여 양(+)일 경우 투자안을 기각하고, 음(−)일 경우에는 채택한다.

④ 할인율은 미래시점의 일정금액과 동일한 가치를 갖는 현재시점의 금액(현재가치)을 계산하기 위해 적용하는 비율을 의미한다.

02 표면이자는 액면가에 표면이자율을 곱해서 결정된다.

02 다음 중 채권의 가격결정에 관한 설명 중 옳지 <u>않은</u> 것은?

① 채권은 발행자가 일정기간 후에 약속한 금액(이자 또는 액면가)을 지급할 것을 약속한 증서이다.

② 채권의 이자와 액면가를 마지막으로 지급하기로 한 날을 만기일이라고 한다.

③ 만기일에 지급하기로 증서에 기재된 금액을 액면금액 또는 액면가라고 한다.

④ 표면이자는 액면가에 표면이자율을 더해서 결정된다.

정답 01 ③ 02 ④

03 다음 중 만기수익률에 관한 설명 중 옳은 것은?

① 보유기간이 만료가 되는 경우의 주식수익률을 말한다.

② 만기수익률은 특정 채권의 유통금리, 시장이자율, 내부수익률 등으로 지칭되기도 한다.

③ 내부수익률로 정의하는 경우에는 미래에 실현가능한 투자수익의 미래가치와 채권의 시장가치를 일치시켜 주는 할인율과 같은 개념이다.

④ 내부수익률은 순현가(NPV)를 1로 만드는 할인율을 의미한다.

04 다음 중 듀레이션에 관한 설명 중 옳지 <u>않은</u> 것은?

① 현재가치를 기준으로 채권에 투자한 원금을 회수하는 데 걸리는 시간을 의미하는 것으로, 채권의 실효만기를 의미한다.

② 채권에서 발생하는 현금흐름을 현재가치로 환산하여 산출한 만기이기 때문에 채권 현금흐름의 가중평균만기로 볼 수 있다.

③ 듀레이션은 만기의 개념에 채권의 현금흐름까지 반영하고 있기 때문에 만기 이외에 다른 특성들을 종합하여 채권 간 비교가 가능하다는 장점이 있다.

④ 채권의 수익률이 높아 이자지급액이 적을수록 듀레이션은 짧아지는 특성이 있다.

03 ① 보유기간이 만료가 되는 경우의 채권수익률을 말한다.

③ 내부수익률로 정의하는 경우에는 미래에 실현가능한 투자수익의 현재가치와 채권의 시장가치를 일치시켜 주는 할인율과 같은 개념이다.

④ 내부수익률은 순현가(NPV)를 0으로 만드는 할인율을 의미한다.

04 채권의 수익률이 높아 이자지급액이 많을수록 듀레이션은 짧아지는 특성이 있다.

정답 03 ② 04 ④

안심Touch

05 요구수익률(k)
= 0.05+(0.1−0.05)(2.1) = 0.155
배당성장률(g) = 0.15 × 0.5 = 0.075
내재가치(V_0) = 2,000/(0.155−0.075)
= 25,000원

05 다음 A기업의 주식에 대한 자료를 근거로 내재가치를 일정성장 모형으로 산출한 경우 얼마인가?

> ROE : 15%
> 베타계수 : 2.1
> 내부보유율 : 50%
> 당기말의 예상주당배당 : 2,000원
> 무위험수익률 : 5%
> 시장포트폴리오의 기대수익률 : 10%

① 17,000원
② 20,000원
③ 25,000원
④ 32,000원

06 기대수익률
= (0.3)(0.10) + (0.5)(0.05)
= 0.055
표준편차
= $[(0.3)^2(0.4)^2 + (0.5)^2(0.5)^2$
$+ 2(0.3)(0.5)(0)]^{1/2}$ = 0.277

06 다음 주식 A, B의 기대수익률, 표준편차 및 공분산이 주어져 있다.

> 주식A = 기대수익률(0.10), 표준편차(0.4), 공분산(0)
> 주식B = 기대수익률(0.05), 표준편차(0.5), 공분산(0)

투자자가 주식A에 30%, B에 50% 투자하여 포트폴리오를 구성했을 시 기대수익률과 표준편차의 값으로 옳은 것은?

① 기대수익률 : 0.055, 표준편차 : 0.277
② 기대수익률 : 0.061, 표준편차 : 0.381
③ 기대수익률 : 0.072, 표준편차 : 0.411
④ 기대수익률 : 0.083, 표준편차 : 0.419

정답 05 ③ 06 ①

07 다음 포트폴리오 이론에 관한 설명 중 옳지 <u>않은</u> 것은?

① 기대효용가설은 불확실한 상황에서 예상되는 결과치에 대해서 각자의 기대효용이 다르므로 합리적인 개인들은 기대효용을 극대화하기 위한 선택을 한다는 가설이다.

② 미래수익의 평균과 분산(표준편차) 이 두 가지 통계함수를 이용하여 투자자의 기대효용을 계산할 수 있는 모형을 평균-분산 모형이라고 한다.

③ 두 주식 간에 기대수익률이 같다면 위험이 큰 주식을, 위험이 같다면 기대수익률이 낮은 주식을 선택하게 되는데 이러한 투자안의 선택기준을 지배원리라고 한다.

④ 투자자의 선호도에 따라서 투자대상을 보유하게 되고 이러한 투자대상의 집합을 포트폴리오(portfolio)라고 한다.

07 두 주식 간에 기대수익률이 같다면 위험이 작은 주식을, 위험이 같다면 기대수익률이 큰 주식을 선택하게 되는데 이러한 투자안의 선택기준을 지배원리라고 한다.

주관식 문제

01 체계적 위험에 관해서 간단하게 서술하시오.

01
정답 아무리 분산투자를 하여도 제거할 수 없는 위험을 체계적 위험, 시장위험, 분산불가능위험이라고 한다.

정답 07 ③

해설 & 정답

checkpoint

02

정답 $E(R_i) = R_f + \{E(R_m) - R_f\}\beta_i$
$= 0.05 + (0.08 - 0.05)0.6$
$= 0.068$
즉 6.8%

03

정답 투자이론에서는 베타계수라고 하는데 증권시장 또는 증권가격 전반에 영향을 미치는 요인에 의하여 발생하는 투자위험을 말한다. 증권시장에 영향을 미치는 경제적, 정치적, 사회적 조건 등이 체계적 위험의 원천이 된다. 체계적 위험(베타계수)이 큰 종목은 시장의 움직임에 민감하게 움직인다. 체계적 위험은 증권시장 전반에 관한 위험이기 때문에 분산투자에 의해서도 감소시킬 수 없다하여 분산불능위험이라고도 한다.

02 다음 자료에 근거하여 자본자산가격결정모형(CAPM)을 도출하시오.

무위험수익률 : 5%
베타 : 0.6
시장수익률 : 8%

03 베타에 관해서 간단히 서술하시오.

제 **4** 장

자본예산

제4장 자본예산

제1절 투자안의 현금흐름 분석

1 현금흐름의 개념 중요도 상 중 하

(1) 순현금흐름

투자에 의하여 들어오는 현금과 나가는 현금의 차이를 말하며, 현금유입에서 현금유출을 뺀 금액을 순현금흐름이라고 한다.

2 현금흐름과 회계이익 중요도 상 중 하

자본예산을 책정할 때 사용되는 것은 현금흐름이다. 하지만 재무제표상에 표기되는 회계이익과 현금흐름은 다소 상이하다. 최적의 투자결정을 위해서는 투자시점의 현금흐름을 분석하여 재무제표상의 표기되는 이익을 조정한 이후 투자에 소요되는 영업현금흐름을 계산하게 된다. 자본예산에 소요되는 현금흐름과 회계상의 이익을 비교해보자.

> 현금흐름 = 현금유입 − 현금유출
> 회계이익 = 수익 − 비용

여기서 알 수 있는 것은 회계상의 비용과 현금흐름에서의 현금유출 차이가 회계이익과 현금흐름의 차이를 만든다는 것을 알 수 있다. 기업이 기계, 설비 등 고정자산을 사들이기 위해 현금유출이 발생했을 경우 회계상으로는 자산의 취득원가로 표기가 되지만 이후 고정자산의 비용처리는 감가상각비로 계산이 된다. 따라서 투자시점에서 투자금액은 비용으로 처리되지는 않지만 현금흐름계산에서의 투자금액은 투자시점에서 현금지출로 처리되어진다. 투자기간 이후에도 감가상각비는 회계이익상 비용으로 처리되어지나 현금흐름계산에서는 현금지출로 처리되어지지 않는다. 따라서 회계이익과 영업현금흐름 간의 차이를 만드는 요소들을 살펴보자.

첫째, 감가상각비는 기계, 설비 등 고정자산의 노후화를 연수에 따라 비용으로 처리하는 과정이기 때문에 실제 현금유출이 나타나는 것은 아니다. 고정자산에 대한 현금유출은 투자시점에서 전액 현금유출이 되었기 때문에 사업연수에 따라서 감가상각비를 현금유출로 계산했을 시 이중계산 된다.

둘째, 감가상각비와는 달리 타인자본에 대한 이자비용은 실제 현금지출이 발생한다. 하지만 이자비용의 경우 할인율을 통하여 투자안에 반영이 되기 때문에 현금유출로 계산되지 않는다. 따라서 이자비용이 없다고 가정하고 현금흐름을 측정한다.

셋째, 법인세비용은 사업을 영위하는 데 있어서의 세금이기 때문에 현금유출이다. 하지만 영업현금흐름으로 표기했을 시 손익계산서상의 법인세비용이 아니라 영업이익에 법인세율을 곱해서 표기한다. 즉, 이자비용이 없다고 가정하고 법인세비용의 변동치를 책정하여 영업현금흐름을 계산해야 한다. 기업의 영업현금흐름을 정의하면 다음과 같다.

영업현금흐름 = 영업이익 × (1 − 법인세율) + 현금지출이 없는 비용 − 현금수입이 없는 비용

여기에서 현금수입이 없는 비용은 크기가 않으므로 무시하고 현금지출이 없는 비용은 고정자산과 관련된 비용으로 즉 감가상각비가 대표적이므로 이 식을 다르게 표기할 수 있다.

영업현금흐름 = 영업이익 × (1 − 법인세율) + 감가상각비

제 2 절 투자안의 경제성 평가방법 중요도 상 중 하

투자안의 경제성 분석방법에는 크게 네 가지 기법이 사용된다.
첫째, 회수기간법 (payback period method)
둘째, 회계적 이익률법 (accounting rate of return method)
셋째, 순현가법 (net present value method)
넷째, 내부수익률법 (internal rate of return method)

(1) 회수기간법

투자를 하였을 때, 그로 인해 발생하는 현금흐름으로부터 투자자금을 모두 회수하기까지 걸리는 기간을 말하며 그 기간이 짧을수록 비교 우위에 있는 투자안으로 평가한다. 만약 기업이 선택할 수 있는 투자안들이 서로 독립적이라면(동시에 투자가 가능한 경우) 회수기간법을 이용하여 투자 의사결정을 할 경우, 기업은 목표로 하는 투자 회수기간보다 짧거나 같은 투자안들을 복수로 선택할 수 있다. 그러나 예산이 제한적이거나 기타 제약으로 인해 한 가지 또는 일부만 선택해야 하는 경우 원금회수기간이 가장 짧은 안을 비교하여 선택하게 된다.

(2) 회계적 이익률법

자본예산편성과 관련하여 투자안의 가치를 평가하는 방법 중 하나이다. 평균투자액 또는 총 투자액 대비 연평균 순이익의 비율로 평균회계이익률법, 평균이익률법이라고도 한다. 회계적 이익률을 구하는 공식은 다음과 같다.

$$회계적\ 이익률 = \frac{연평균\ 순이익}{연평균\ 투자액}$$

이 평가방법에 따르면, 회계적 이익률이 목표이익률 또는 다른 투자안보다 높을수록 좋은 것으로 판단한다. 때문에 단일 투자안이거나 독립적인(동시투자가능) 복수의 투자안인 경우에는 회계적 이익률이 목표이익률보다 높은 투자안을 채택하며, 제한된 예산으로 인해 복수의 투자안 중 일부를 선택해야 하는 경우 회계적 이익률이 가장 높은 투자안을 선택한다.

회계장부상 자료를 그대로 이용하기 때문에 자료를 얻기 편리하고, 계산이 간편하며 이해가 쉽다는 장점이 있다. 그러나 회계적 이익은 감가상각비와 같이 현금흐름이 없는 손익도 포함되어 있기 때문에 미래의 실제현금흐름과 차이가 있으며 화폐의 시간가치를 고려하지 않는다는 한계가 있다.

(3) 순현가법

자본예산기법의 하나로 투자금액을 투자로부터 산출되는 순현금흐름의 현재가치로부터 차감한 것이 순현가이며 이 순현가가 0보다 크면 투자안을 선택하고 0보다 작으면 투자안을 기각하는 의사결정기준을 말한다. 이 방법은 기업의 할인율로 현금흐름을 할인한다는 점, 가치가산원칙에 부합된다는 점, 유일해(unique solution)가 존재한다는 점에서 다른 어떠한 자본예산기법보다 우월한 방법으로 평가되고 있다.

$$NPV(현금흐름) = \left[\frac{CF_1}{(1+r)^1} + \frac{CF_2}{(1+r)^2} + \cdots + \frac{CF_n}{(1+r)^n} \right] - I_0$$

$$= \sum_{T=1}^{n} \frac{CF_t}{(1+r)^t} - I_0$$

CF_t : t시점의 현금흐름
I_0 : 최초의 투자액
r : 할인율
n : 투자안의 내용연수

(4) 내부수익률법

어떤 사업에 대해 사업기간 동안의 현금수익 흐름을 현재가치로 환산하여 합한 값이 투자지출과 같아지도록 할인하는 이자율을 말한다. 내부수익률법이란 투자에 관한 의사결정에서 내부수익률을 고려하는 방법이다. 내부수익률과 자본 비용을 비교하여 수익률이 높으면 투자로부터 수익을 얻을 수 있다. 여러 개의 투자안이 있을 때에는 수익률이 높은 쪽을 투자하는 것이 유리하다.

(5) 수익성지수

투자한 금액 1원 당 회수하는 금액이 얼마인지를 나타내는 지수이며, 다음과 같이 계산한다.

> 수익성 지수(PI) = 미래에 회수할 수 있는 금액의 현재가치 / 초기 투자금액의 현재가치

수익성 지수는 여러 투자안이 있을 때 어느 투자안이 경제성이 있는지 판단하기 위해 쓰인다. 지수가 1보다 크면 경제성이 있으므로 투자할 가치가 있다고 보며, 1보다 작으면 경제성이 없어 투자할 가치가 없다고 본다. 투자자는 최소한의 금액을 이용해 최대한의 수익을 내려 하므로, 수익성 지수가 높은 투자안에 투자할 것이다.

수익성 지수는 투자기간 전체의 현금흐름을 고려하고 화폐의 현재가치를 반영하므로 투자의 효율성을 직관적으로 판단할 수 있다는 장점이 있다. 예를 들어, 어떤 투자안의 수익성 지수가 1보다 크면 1,000원을 투자하여 1,000원 보다 많은 돈을 벌 수 있다는 의미이므로 그 투자안은 경제성이 있다고 보는 식이다. 그러나 투자안에 대해 미래의 가치를 현재의 가치로 환산하는 할인율의 결정이 쉽지 않아 투자 및 회수금액의 현재가치를 산출할 때 어려움이 있을 수 있다.

제 3 절 　자본예산의 실제적용 　중요도 ▶ 상 중 하

1 매몰비용

다시 되돌릴 수 없는 비용. 즉 의사결정을 하고 실행을 한 이후에 발생하는 비용 중 회수할 수 없는 비용을 말하며 함몰비용이라고도 한다. 일단 지출하고 나면 회수할 수 없는 기업의 광고비용이나 R&D 비용 등이 이에 속한다.

2 기회비용

하나의 재화를 선택할 때, 그 선택으로 인해 포기한 다른 재화의 가치. 일정한 생산 요소를 가지고 두 종류의 생산 기회를 가질 때, 어느 한쪽을 포기함으로써 잃게 되는 이윤은 다른 한쪽의 생산물에 소요된 비용으로 간주할 수 있다. 이때의 비용을 기회비용이라 한다.

3 부수효과

부수효과란 어떤 투자안이 다른 투자안에 영향을 끼치는 것으로 투자안들 사이에서의 관계가 보완적이고 대체가 가능하다면 양(+)의 효과를 나타낼 수도 있고, 반대의 경우에는 음(−)의 효과를 나타낼 수도 있다. 여기서 양(+)의 효과는 현금유입으로 계산하고 반대로 음(−)는 현금유출로 계산한다.

제 4 절 위험과 자본예산 `중요도` 상중**하**

(1) 수익과 수익률

투자자들은 자신들이 투자한 금융자산 및 실물자산에서 기대수익률만큼 수익을 얻기를 원한다. 투자자가 얻는 수익의 형태는 금융자산의 이자 및 배당, 주식의 차익 등이 있다. 따라서 투자자가 투자로부터 얻는 성과를 수익이라고 하며 여러 가지 요인상 투자의 수익은 이익이 될 수도 있고 손실이 될 수도 있다. 수익률은 모든 수익을 투자금액으로 나누어 계산한 조수익률과 모든 수익에서 투자금액을 뺀 값을 투자금액으로 나누어 계산한 순수익률로 나누어진다.

$$조수익률 = \frac{총수익}{투자금액}$$

$$순이익률 = \frac{총수익 - 투자금액}{투자금액} = \frac{총수익}{투자금액} - 1$$

재무관리에서는 조수익률보다는 순수익률을 수익률의 개념으로 이용한다.

(2) 단일기간 투자의 수익률

단일기간의 투자와 여러 기간의 걸친 투자수익률은 상이하게 계산된다. 단일기간의 수익률 계산을 살펴보면 만약 A 투자자가 주식을 매수해 1년 후에 다시 매도하기로 할 때 A 투자자는 1년간 주식을 보유하는 과정에서 배당과 주식을 매각하고 나서의 차익을 얻을 수 있다. 따라서 현재 가격이 P_0인 주식 1주를 매입하고 이 주식의 배당이 D_1, 1년 후의 가격이 P_1인 경우 다음과 같이 주식의 수익률을 구할 수 있다.

$$수익률 = \frac{D_1 + P_1 + P_0}{P_0} = \frac{D_1}{P_0} + \frac{P_1 - P_0}{P_0}$$

다음 식에서 주식가격의 변동분$(P_1 - P_0)$을 자본이득 또는 자본손실이라고 한다. 오른쪽 첫 번째 항은 예상되는 배당금과 현재주가의 비율로서 배당수익률이라 하고 두 번째 항은 현재주가에 대한 비율로서 자본이득률이라 한다. 주식투자의 수익률은 배당과 자본이득에 의해 결정된다.

(3) 여러 기간 투자의 보유수익률

앞에서는 한 기간 동안만 주식을 보유하였을 때의 수익률을 살펴보았다. 이제 주식을 2년 이상 보유하였을 때 수익률이 어떤지 살펴보자. 또한 재투자가 가능하다고 가정해보자.

다음 그림을 보면 1년간의 수익률은 $_0r_1$, 두 번째 해의 수익률은 $_1r_2$, n번째 해의 수익률은 $_{n-1}r_n$ 이라고 하면 현재 100원을 투자 시 $(1+_0r_1)$원의 수익을 계산할 수 있고, 2번째 해에는 $(1+_0r_1)(1+_1r_2)$의 수익을 계산할 수 있다. 이렇게 여러 해의 걸쳐 n년 간 투자하였을 시 n년 말에는 $(1+_0r_1)(1+_1r_2) \dots (1+_{n-1}r_n)$ 원의 수익을 계산할 수 있다. 결론적으로 n년 간의 투자수익률, 즉 보유수익률(HPR ; Holding Period Return)의 계산식은 다음과 같다.

$$\frac{수익 - 투자금액}{투자금액} = \frac{(1+_0r_1)(1+_1r_2)\dots(1+_{n-1}r_n) - 1}{1}$$
$$= (1+_0r_1)(1+_1r_2)\dots(1+_{n-1}r_n) - 1 = HPR$$

(4) 여러 기간 투자의 연평균 수익률

여러 기간의 걸쳐 투자가 지속되는 경우에는 연평균 수익률을 계산해야 한다. 또한 연평균 수익률을 계산하기 위해서는 내부수익률, 산술평균수익률, 기하평균수익률을 사용하여 계산하여야 한다.

① 내부수익률

내부수익률(IRR; Internal Rate of Return)은 미래투자수익의 현재가치와 투자금액을 동일하게 만드는 할인율이다. 또한 서로 다른 시점에서 발생하는 현금흐름의 크기와 화폐의 시간가치를 고려한 개념으로 매 시기마다 발생하는 현금흐름을 투자기간의 말까지 계속 재투자한다는 가정으로 계산된다.

② 산술평균수익률

산술평균수익률은 여러 기간에 걸쳐 투자하였을 시 각 기간마다의 수익률을 단순하게 산술평균한 것이다. 산술평균수익률의 식은 다음과 같다.

$$\text{산술평균수익률} = \frac{{}_0r_1 + {}_1r_2 + \cdots + {}_{n-1}r_n}{n}$$

③ 기하평균수익률

기하평균수익률은 각 기간마다의 수익률을 계산하여 기하평균을 계산한 것이다. 기하평균수익률의 계산식은 다음과 같다.

$$\text{기하평균수익률} = \left[(1 + {}_0r_1)(1 + {}_1r_2)\ldots(1 + {}_{n-1}r_n) \right]^{\frac{1}{n}} - 1$$

OX로 점검하자

※ 다음 지문의 내용이 맞으면 O, 틀리면 ×를 체크하시오. [1~10]

01 투자에 의하여 들어오는 현금과 나가는 현금의 차이를 말하며, 현금유출에서 현금유입을 뺀 금액을 순현금흐름이라고 한다. (   )

02 감가상각비는 기계, 설비 등 고정자산의 노후화를 연수에 따라 비용으로 처리하는 과정이기 때문에 실제 현금유출이 나타나는 것은 아니다. (   )

03 감가상각비와는 달리 타인자본에 대한 이자비용은 실제 현금지출이 발생한다. (   )

04 법인세비용은 사업을 영위하는 데 있어서의 세금이기 때문에 현금유입이다. (   )

05 회수기간법은 투자를 하였을 때, 그로 인해 발생하는 현금흐름으로부터 투자자금을 모두 회수하기까지 걸리는 기간을 말하며 그 기간이 짧을수록 비교 우위에 있는 투자안으로 평가한다.
(   )

06 순현가법은 자본예산기법의 하나로 투자금액을 투자로부터 산출되는 순현금흐름의 현재가치로부터 차감한 것이 순현가이며 이 순현가가 1보다 크면 투자안을 선택하고 1보다 작으면 투자안을 기각하는 의사결정기준을 말한다. (   )

07 수익성 지수는 여러 투자안이 있을 때 어느 투자안이 경제성이 있는지 판단하기 위해 쓰인다.
(   )

08 증분현금흐름이란 기업의 투자활동으로 인하여 발생하는 현금의 유입 또는 유출의 순흐름을 말한다. (   )

09 부수효과란 어떤 투자안이 다른 투자안에 영향을 끼치는 것으로 투자안들 사이에서의 관계가 보완적이고 대체가 가능하다면 음(-)의 효과를 나타낼 수도 있고, 반대로 양(+)의 효과를 나타낼 수도 있다. (   )

10 내부수익률(IRR; Internal Rate of Return)은 미래투자수익의 현재가치와 투자금액을 동일하게 만드는 할인율이다. (   )

정답과 해설   01 ×   02 O   03 O   04 ×   05 O   06 ×   07 O   08 O   09 ×   10 O

01   현금유입에서 현금유출을 뺀 금액을 순현금흐름이라고 한다.
04   법인세비용은 사업을 영위하는데 있어서의 세금이기 때문에 현금유출이다.
06   순현가가 0보다 크면 투자안을 선택하고 0보다 작으면 투자안을 기각하는 의사결정기준을 말한다.
09   투자안들 사이에서의 관계가 보완적이고 대체가 가능하다면 양(+)의 효과를 나타낼 수도 있고, 반대인 경우에는 음(-)의 효과를 나타낼 수도 있다.

01 다음 중 현금흐름에 관한 설명 중 옳지 <u>않은</u> 것은?

① 순현금흐름은 투자에 의하여 들어오는 현금과 나가는 현금의 차이를 말하며, 현금유출에서 현금유입을 뺀 금액을 순현금흐름이라고 한다.

② 감가상각비는 기계, 설비 등 고정자산의 노후화를 연수에 따라 비용으로 처리하는 과정이기 때문에 실제 현금유출이 나타나는 것은 아니다.

③ 감가상각비와는 달리 타인자본에 대한 이자비용은 실제 현금지출이 발생한다.

④ 법인세비용은 사업을 영위하는 데 있어서의 세금이기 때문에 현금유출이다.

02 투자안의 경제성 평가방법에 관한 설명 중 옳은 것은?

① 회수기간법은 투자를 하였을 때, 그로 인해 발생하는 현금흐름으로부터 투자자금을 모두 회수하기까지 걸리는 기간을 말하며 그 기간이 길수록 비교 우위에 있는 투자안으로 평가한다.

② 평균투자액 또는 총 투자액 대비 연평균 매출액의 비율로 평균회계이익률법, 평균이익률법이라고도 한다.

③ 순현가법은 자본예산기법의 하나로 투자금액을 투자로부터 산출되는 순현금흐름의 현재가치로부터 차감한 것이 순현가이며 이 순현가가 0보다 크면 투자안을 선택하고 0보다 작으면 투자안을 기각하는 의사결정기준을 말한다.

④ 내부수익률법은 어떤 사업에 대해 사업기간 동안의 현금수익흐름을 미래가치로 환산하여 합한 값이 투자지출과 같아지도록 할인하는 이자율을 말한다.

03 매몰비용은 다시 되돌릴 수 없는 비용, 즉 의사결정을 하고 실행을 한 이후에 발생하는 비용 중 회수할 수 없는 비용을 말하며 함몰비용이라고도 한다.

03 다음 중 자본예산의 실제적용에 관한 설명 중 옳지 <u>않은</u> 것은?

① 증분현금흐름이란 기업의 투자활동으로 인하여 발생하는 현금의 유입 또는 유출의 순흐름을 말한다. 즉 투자안의 선택과 선택하지 않는 차이를 말한다.

② 매몰비용은 다시 되돌릴 수 있는 비용. 즉 의사결정을 하고 실행을 한 이후에 발생하는 비용 중 회수할 수 있는 비용을 말하며 함몰비용이라고도 한다.

③ 기회비용은 하나의 재화를 선택할 때, 그 선택으로 인해 포기한 다른 재화의 가치를 말한다.

④ 부수효과란 어떤 투자안이 다른 투자안에 영향을 끼치는 것으로 투자안들 사이에서의 관계가 보완적이고 대체가 가능하다면 양(+)의 효과를 나타낼 수도 있고, 반대인 경우에는 음(−)의 효과를 나타낼 수도 있다.

04 ① 수익은 이익이 될 수도 있고 손실이 될 수도 있다.
② 수익률은 모든 수익을 투자금액으로 나누어 계산한 조수익률과 모든 수익에서 투자금액을 뺀 값을 투자금액으로 나누어 계산한 순수익률로 나누어진다.
③ 재무관리에서는 조수익률보다는 순수익률을 수익의 개념으로 이용한다.

04 다음 중 위험과 자본예산에 관한 설명 중 옳은 것은?

① 투자자가 투자로부터 얻는 성과를 수익이라고 하며 여러 가지 요인상 투자의 수익은 이익만이 가능하다.

② 수익률은 모든 수익을 투자금액으로 나누어 계산한 순수익률과 모든 수익에서 투자금액을 뺀 값을 투자금액으로 나누어 계산한 조수익률로 나누어진다.

③ 재무관리에서는 순수익률보다는 조수익률을 수익률의 개념으로 이용한다.

④ 투자자가 얻는 수익의 형태는 금융자산의 이자 및 배당, 주식의 차익 등이 있다.

정답 03 ② 04 ④

05 다음 새로운 기계의 구입가격은 3,000원이고, 내용연수는 4년이다. 세후현금수익증가분과 감가상각비효과를 고려한 명목현금흐름은 각각 1년 후 1,640만원, 2년 후 1,750만원, 3년 후 3,100만원이라고 한다. 동업종의 인플레이션은 6%이지만 시장 전체의 인플레이션은 5%이고, 실질이자율은 10%일 때, 기계구입의 NPV는 얼마인가?

① 1,000

② 1,742

③ −1,742

④ −1,000

05 명목이자율은

$1.1 \times 1.05 - 1$

$= 0.155 - 3,000 + (1,640/1.155)$

$+ (1,750/1.155^2) + (3,100/1.155^3)$

$= 1,742$

주관식 문제

01 내부수익률에 관해서 간략히 서술하시오.

01

정답 내부수익률은 미래투자수익의 현재가치와 투자금액을 동일하게 만드는 할인율이다.

정답 05 ②

checkpoint 해설 & 정답

02

정답 여러 기간에 걸쳐 투자하였을 시 각 기간마다의 수익률을 단순하게 산술 평균한 것이다.

02 산술평균수익률에 관해서 간략히 서술하시오.

$$산술평균수익률 = \frac{_0r_1 + {_1}r_2 + \cdots + {_{n-1}}r_n}{n}$$

03

정답 기하평균수익률은 각 기간마다의 수익률을 계산하여 기하평균을 계산한 것이다.

03 기하평균수익률에 관해서 간략히 서술하시오.

$$기하평균수익률 = \left[(1+{_0}r_1)(1+{_1}r_2)...(1+{_{n-1}}r_n) \right]^{\frac{1}{n}} - 1$$

고득점으로 대비하는 가장 똑똑한 수험서!

제 **5** 장

자본구조이론

제5장 자본구조이론

제 1 절   자본비용

1   자본비용의 종류와 측정 중요도 상중하

기업이 자본을 조달하는 방법에는 은행 등 금융기관의 돈을 차입하거나 채권을 발행하여 자금을 조달하는 등의 타인자본을 이용하는 방법과 우선주, 보통주, 발행과 유보이익을 통해 자본을 조달하는 등의 자기자본을 이용하는 방법으로 나뉜다. 자본비용은 이들 중 어떤 방법을 택하느냐에 따라 달라지게 되는데, 일반적으로 자본비용의 크기는 기업에게 자금을 조달하는 자금제공자가 인식하는 위험의 정도에 따라 달라지게 된다. 다시 말하면, 자금제공자가 인식하는 위험이 크면 클수록 이들이 요구하는 자본제공에 따른 대가, 즉 자본비용의 크기는 커지게 된다.

자본비용은 기업이 특정한 형태의 자본을 조달하는 대가로 부담하게 되는 비용이다. 따라서 기본적으로 자본비용의 대가로 지불하는 현금흐름의 현재가치와 자본조달액을 같게 해주는 할인율이라야 한다.

기업이 주식이나 채권 등의 증권을 발행하는 경우 보통 이러한 증권들의 현재 가격으로 발행하게 된다. 따라서 이런 경우 위의 식에서 자본조달액은 발행증권의 현재가격이 된다. 은행차입금 등의 경우에는 물론 차입원금 자체가 자본조달액이 된다. 이제 자본조달방법에 따른 자본비용의 측정에 대하여 알아보자.

(1) 타인자본의 자본비용

타인자본비용은 기업의 타인자본, 즉 부채를 의미하는 것으로, 부채로 자본조달 시 정해진 기간에 따라 매년 이자를 지급하고 만기일에 원금을 지급하여야 한다. 부채의 이자는 정해진 기간에 따라 일정할 수도 있고 시장이자율의 변동에 따라 달라질 수도 있다. 기업의 입장에서 보면 타인자본의 조달시점에 따라서 이자율이 상이할 수 있으므로 타인자본비용은 계산의 기준시점에 따라 달라진다.

타인자본비용은 자기자본과 비교할 때 자금조달의 원천이 다르고 변제기한이 있으며, 배당이 아닌 이자가 지급된다는 점에서 차이가 있다. 또한 기업경영이 어려울 때도 원칙적으로 원리금 지급이 불가피해 기업의 안정성 면에서 타인자본은 될 수 있는 한 적은 것이 바람직하나 호황기에는 레버리지 효과가 크므로 이를 적절히 조절할 필요가 있다.

일반적으로 타인자본은 비교적 빨리 상환하지 않으면 안 되기 때문에 유동자산의 구매에 충당하는 것이 바람직하며, 자기자본은 기업을 해산할 때까지는 상환할 필요가 없으므로 고정자산의 구매에 충당하는 것이 바람직하다는 자본의 변형상의 원칙이 있기 때문이다.

선진국 기업들은 대체로 자기자본의 비율이 높고 개발도상국일수록 경제성장률이 높아 자기자본의 충실만으로는 도저히 감당할 수 없기 때문에, 은행에서의 차입금으로 자본을 조달하지 않을 수 없다는 사정이 있다. 또한 국민 전체의 소득수준이 낮기 때문에 민간에서의 주식이나 사채의 소화력이 약하여, 금융기관이 영세한 예금을 모아서 이를 기업에 융자하는 간접금융방식에 의존하고 있다.

그 결과, 첫째, 기업이 높은 이자를 금융기관에 지급하기 때문에 상품의 가격도 비싸지고, 국제경쟁력의 약화를 초래하며 둘째, 산업자본이 은행자본에 종속하는 형태가 되어 금융자본이 형성되기가 쉽다.

2 우선주의 자본비용

우선주 자본비용의 경우 배당에 따라 비용구조가 설립된다. 우선주 배당은 기업이 이익발생 시 보통주보다 먼저 배당을 지급하는 것이 원칙이다. 단점은 보통주는 의결권이 있지만 우선주는 의결권이 없는 것이 단점이다. 확정배당을 가지는 우선주의 경우 미래에 받게 될 확정배당액을 현재가치로 환산하면 다음과 같다.

$$P = \frac{D_p}{1+k_p} + \frac{D_p}{(1+k_p)^2} + \cdots + \frac{D_p}{(1+k_p)^\infty} = \frac{D_p}{K_p}$$

P_p : 우선주의 현재가격
D_p : 주당우선주의 확정배당액
Kp : 우선주의 자본비용

3 자기자본비용 중요도 상중하

자기자본비용은 기업이 조달한 자기자본의 가치를 유지하기 위해 최소한 벌어들여야 하는 수익률이다. 즉 이 비용 이상으로 수익을 올리지 못하면 자기자본의 가치는 감소하게 된다. 새로운 투자안의 선택에 있어서도 투자수익률이 자기자본비용을 넘어야만 한다. 따라서 새로운 투자안에 요구되는 최소한도의 보수율이라고 할 수 있다.

이 보수율의 계산에는 여러 가지 방법이 있으나 예상적인 시장수익률 비교법이 동태적이고 장기적 부의 변화를 고려한 합리적인 방법이다. 그러나 이 계산에도 예상이익의 산출에 있어서 주관적 판단이 개입된다고 하겠다. 기업이 주식발생을 통해 자금조달을 할 경우 자본이용의 대가로 얼마의 이용 지급료를 산정해야하는지는 명확하지가 않다. 또한 주주들이 주식투자의 의한 수익률은 기업의 경영성과에 따라 변동하기 때문에 이러한 미래의 불확실성을 부담하는 대가인 위험프리미엄이 포함하게 되며 위험프리미엄을 포함한 자기자본비용 계산 시 자본자산가격결정모형(CAPM)을 이용하는 것이 보통이다.

(1) CAPM을 이용한 자기자본비용 측정

자기자본비용을 계산하는 방식은 자본자산가격결정모형(CAPM)을 이용한 방법이 가장 널리 쓰이는 방식이다.

$$E(r_i) = r_f + [E(r_m) - r_f] \times \beta_i$$

r_f : 무위험이자율
$B(r_m) - r_f$: 시장위험프리미엄
β_i : 체계적 위험

자본비용을 측정하기 위해서 CAPM을 사용하는 경우 현실적으로 타당하다는 전제조건 하에 이루어진다. 또한 베타와 증권시장선을 계산해서 미래의 증권시장선으로 사용하였는데 이는 과거와 비슷한 현상이 미래에도 발생할 수 있다는 가정 하에서만 타당한 방법이다.

이 이론에 따르면 시장의 기대수익률은 무위험자산의 수익률과 시장포트폴리오에 투자하여 발생하는 위험프리미엄의 합으로 계산된다. 어떠한 투자자가 은행 예금, 국채 등과 같이 위험이 거의 없는 자산, 주식과 같은 위험자산으로 구성된 시장포트폴리오에 함께 투자할 때 포트폴리오의 기대수익률이 어떻게 결정되는지를 '자본시장선'이라는 개념을 통해 도출하였다. 이전에 위험이 내재되어 있는 자산만을 대상으로 한 마코위츠의 포트폴리오 이론에 무위험자산까지 고려하여 수익률을 계산하였다.

CAPM은 증권시장이 경쟁적이라면 예상위험 프리미엄은 시장위험, 즉 베타 계수에 따라 비례해서 변화한다고 설명한다. 즉 자본자산평가 모델은 개별종목의 총위험을 시장에 연관되어 나타나는 위험(체계적 위험)과 시장과 상관없이 나타나는 위험(비체계적 위험)으로 분류하고 시장과 상관없이 나타나는 위험은 분산투자에 의해 제거될 수 있다고 본다. 따라서 체계적 위험에서 보상받을 수 있는 방법은 시장과 관련된 베타 계수뿐이다. 이런 의미에서 모든 투자자는 동시에 동일한 내용의 정보를 입수할 수 있다는 효율적 시장가설을 전제로 하고 있으며 어떤 분석에 의해서도 증권시장을 상회하는 것보다 저가의 증권을 계속해서 찾아낸다는 것은 곤란하다고 한다.

(2) 배당평가모형을 이용한 자기자본비용의 계산

주식의 내재 가치를 영속적인 미래의 배당 흐름을 요구수익률로 할인하여 현재 가치로 나타낸 모형이다. 주식의 내재적 가치는 영속적인 배당 수입에 대한 현재 가치이므로 주식을 일시적으로 소유하든 계속 소유하든 보유 기간에 관계없이 이론적 가치는 동일하다.

투자자가 주식으로부터 기대하는 현금흐름을 적절한 할인율로 할인한 것이 현재주가이므로 기대현금흐름과 주가의 관계를 이용하여 자기자본의 기대수익률, 즉 자기자본비용을 찾아낼 수 있다.

따라서 적정주가가 평가되었다면 주주에게 미래현금흐름인 배당이 적절하게 할인된 현가가 현재주식가격이다. 또한 이때의 할인율이 자기자본비용이다.

배당평가모형의 식은 다음과 같다.

$$S_0 = \frac{D}{1+k_s} + \frac{D}{(1+k_s)^2} + \cdots + \frac{D}{(1+k_s)^\infty} = \frac{D}{K_s}$$

$$K_s = \frac{D}{S_0}$$

여기서 배당이 매년 g만큼의 비율로 성장하고, g가 자기자본비용 k_s보다 작다면 현재주가는 다음과 같은 식으로 성립된다.

$$S_0 = \frac{D_1}{K_s - g}$$

이러한 모형을 항상성장배당모형이라고 한다.

$$K_s = \frac{D_1}{S_0} + g$$

① **가중평균자본비용**

투자결정의 기준이 된다. 사채·차입금 등 타인자본 비용과 자기자본 비용을 산정한 후 자본구조의 선택에 의해서 가중평균자본비용을 산정하여 그것을 투자결정의 기준으로 삼는다. 따라서 자본구조가 달라짐에 따라 가중평균자본비용도 달라지는데, 그것은 다음과 같은 식에 의해 계산된다.

타인자본 비용은 경비로서 과세공제 되지만 자기자본 비용은 과세를 받게 되므로 자기자본 비용은 타인자본 비용을 상회하는 것이 상례이다. 그 때문에 부채비율을 높임으로써 가중평균자본비용은 점차 떨어지게 된다. 그러나 일정한 선을 넘어 부채비율이 상승하면 가중평균자본비용은 상승으로 전환하는 것으로 보고 있다.

그 이유는 지나친 부채비율에 의해서 자기자본의 위험이 증대하고, 불황기에는 재무상의 지레의 원리가 역작용하여 일거에 기업은 적자로 전락, 주가가 폭락하는 사태가 생기고 그 때문에 주가는 투자가의 신용을 잃게 하고 바닥을 헤매게 되며 자기자본 비용은 급상승하기 때문이다. 또 지나친 부채비율은 유동성을 저하시키기 때문에 타인자본 비용은 자기자본 비용을 포함하여 자본비용을 상승시킨다. 그러나 자본구조와 가중평균자본비용과의 관계에 대해서는 여러 가지 논의의 여지가 있다.

$$K_c = \frac{(K_b(B) + K_e(E))/(1-t)}{B+E}$$

K_c : 가중평균자본비용 K_b : 사채의 자본비용

B : 사채 K_e : 자기자본의 자본비용

E : 자기자본 t : 과세율

제 2 절 자본구조이론의 기초

1 자본구조의 의미 중요도 상 중 하

자본구조(capital structure), 자본구성이란 기업이 자본조달의 원천인 자기자본과 부채의 구성비율의 조합을 의미한다. 이러한 과정에서 자기자본의 기회비용과 부채의 기회비용은 서로 다르기 때문에 이러한 조달원천의 구성비율에 따라 기업의 가치를 측정하는 데 필요한 할인율인 가중평균자본비용에 변화를 가져올 수 있다. 기업가치는 다음과 같이 평가되기 때문에 이러한 할인율의 변화는 기업가치의 변화를 가져온다.

> 기업가치(V) = 미래현금흐름(Cash Flow) / 가중평균자본비용(WACC)

자본구조에 대한 이론은 크게 자본구조의 변화와 할인율의 변화가 없다고 보는, 즉 기업가치가 관련이 없다고 보는 무관련이론과 자본구조의 변화는 할인율에 영향을 미치며 따라서 최적자본구조가 존재한다고 보는 관련이론으로 나뉜다.

기업에서의 자본은 그 조달원으로 보아 자기자본과 타인자본으로 구별되며 이 양자의 비율을 기업의 자본구성이라 한다. 자기자본이란 자본금, 여러 종류의 준비금, 잉여금으로 이룩되는 소유자 자본이며 타인 자본이란 사채·은행차입금 등의 장기 및 단기의 차입자본이다. 기업이 생산을 확대하여 발전시키려면 아무래도 자기자본을 조달하는 것만으로는 부족하여 타인자본에 대한 요청이 필요해진다. 대한민국에서는 이 타인자본, 특히 은행 단기차입금에 대한 의존이 심하여 자본구성이 극도의 불균형을 이루고 있다.

2 MM의 자본구조이론 중요도 상 중 하

1958년 F. 모딜리아니와 M. H. 밀러에 의하여 발표된 기업금융에 관한 이론으로 기업이 투자계획을 함에 있어서 자기자본(주식)과 부채(사채·차입금) 등을 사용하여 외부에서 자금(자본)을 조달하게 되는데, 여기에는 각기 자본비용이 소요된다. 기업은 이 비용이 서로 상이한 조달방법을 적절히 조합시킴으로써 평균 자본비용을 최소가 되게 하는 최적의 자본구성을 달성할 수 있다는 것이 종래의 생각이었다. 이에 MM이론은 최적의 자본구성은 존재하지 않는 것으로 보고, 다음과 같은 3가지 기본적 명제를 내세우고 있다.

① 제1명제

기업이 기업의 가치가 극대화되도록 한다면, 영업이익(이자 지불 이전의 이익)에 관한 예상이 전적으로 같은 기업의 가치는 자본구성 여하에 관계없이 항상 같다.

② 제2명제

영업이익이 같은 경우, 타인자본을 이용하는 기업의 주식수익률의 기대치는 자본의 전부를 자기자본으로 조달하고 있는 기업의 주식수익률의 기대치에 차입에 따라 부가되는 위험률을 더한 것과 같다.

③ 제3명제

주주에게 유리한 최저 수익률을 자본 코스트라 하면, 자본 코스트는 자본구성에는 의존하지 않는다.

이상의 명제는 자본시장이 완전히 경쟁적이어서, 세금이나 거래비용이 존재하지 않는다는 조건을 전제로 도출된 결론이지만, 당시의 표준적 견해와는 전혀 다른 것이었기 때문에 그 후 전문가들 사이에 자본비용논쟁을 일으켰다.

(1) 제1명제

1958년 Modigliani와 Miller에 의해 발표된 것으로서 완전자본시장 하에서는 기업가치가 자본구조에 의해 영향을 받지 않는다는 '자본구조 무관련이론'이다.

$$VU = VL$$

VU는 차입이 없이 자기자본(equity)으로만 이루어진 회사의 가치이고 VL은 자기자본과 차입금으로 이루어진 회사의 가치인데 두 회사의 총자산이 같다면 두 회사의 가치는 자본구조와 관계없이(차입 여부와 관계없이) 동일해야한다.

만약 어떤 투자자가 위의 두 회사 중 하나를 매입하고자 가정한다면 차입금이 있는 회사(VL)를 매입하는 대신에 차입금이 없는 회사(VU)를 매입하고 '차입금 있는 회사'가 차입하고 있는 금액만큼을 투자자 자신이 직접 차입하여 충당한다면 투자자로 봐서는 어느 회사를 매입하든 동일한 수익률을 얻을 수 있으므로 VU = VL가 성립해야 한다(MM은 시장에 참여하는 모든 투자자들이 무위험이자율로 제한 없이 자금을 조달할 수 있는 완전자본시장을 가정하고 있다).

(2) 제2명제

MM의 제2명제는 기업이 부채를 사용할수록 자기자본비용(주주들의 요구수익률)이 증가한다는 것이다. 부채비율이 높을수록 주주들의 요구수익률인 자기자본비용은 높아지는 데 이는 차입이 주주들로 하여금 더 큰 위험을 부담하게 만들기 때문이다.

$$K_e = K_0 + \frac{D}{E}(K_0 - K_d)$$

K_e : 자기자본비용 K_0 : 무차입기업의 자본비용

K_d : 차입금의 자본비용 $\frac{D}{E}$: 부채비율

무차입기업의 K_0는 K_e와 같고, K_0는 무위험이자율에 리스크 프리미엄을 더한 것과 같다. 위 식 우변의 오른쪽 부분인 D / E(K_0-K_d)는 주주가 차입으로 인하여 부담하는 재무위험에 대한 추가적인 요구수익률이며 부채비율(=D / E)에 비례하여 증가한다.

(3) 제3명제

가중평균자본비용에 대한 명제로서, 새로운 투자안에 대한 거부율 즉, 최저필수수익률은 투자에 소요되는 자금을 어떠한 방법으로 조달하느냐와는 관계없이 결정된다. 새로운 투자안에 대한 거부율은 그 투자안으로 부터 벌어들여야 하는 최저필수수익률이며, 이는 곧 가중평균자본비용이다. 제1명제에 의하면 가중평균자본비용은 자본구조와 무관하게 결정되므로, 제3명제는 이로부터 쉽게 도출된다.

(4) 수정MM의 제1명제

차입을 하는 경우가 무차입의 경우에 비해 지급이자에 대한 세금 절감액만큼 유리하고, 차입금 사용액이 많을수록 절세혜택이 늘어나 기업가치가 증가하므로 기업은 부채를 최대화함으로서 기업가치를 극대화 시킬 수 있다는 것이다.

$$V_L = V_U + T_c D$$

V_L : 차입기업의 가치 $\qquad\qquad$ V_L : 무차입기업의 가치

$T_c D$: 영구적으로 발생하는 절세금액의 현가

(5) 수정MM의 제2명제

수정 MM의 제2명제는, 세금이 존재하는 경우, 자기자본의 요구수익률은 완전자본시장 가정 하에서의 MM의 제2명제에서 보듯이 차입금이 증가함에 따라 상승하게 되지만 세금효과인 (1-t)비율만큼 낮게 증가한다는 것이다.

MM의 수정 자본구조이론은, 기업이 차입금을 사용하면 절세효과만큼 기업가치가 증가하게 되므로 자본을 100% 차입하는 경우가 가중평균자본비용(WACC)을 최소화 하며 기업가치를 최대화하는 '최적자본구조'임을 보여주고 있다.

$$r_E = r_0 + \frac{D}{E}(r_0 - r_d)(1 - T_c)$$

r_E : 주주의 요구수익률 $\qquad\qquad$ r_0 : 무차입기업의 주주의 요구수익률

r_d : 차입금리 $\qquad\qquad\qquad\quad$ $\dfrac{D}{E}$: 부채비율

T_c : 세율

제 3 절 운전자본관리

1 매입채무 중요도 상 ⑧ 하

지급어음은 거래처와의 사이에 발생한 어음상의 채무이며 미리 정한 기일까지 지급할 것을 약속한 부채이다. 외상매입금도 거래처와의 거래에서 발생한 미불금이다. 이러한 구매행위에 대한 대금미지급의 부채를 매입채무라고 한다. 일반적으로 경기가 악화되거나 자금회전이 어려워지면 기업에서는 되도록 매입채무를 증가시킴으로써 곤란을 극복하려 한다. 이에 대하여 받을 어음과 외상매출금의 합계는 매출채권이라고 하며 매입채무와는 정반대가 된다.

(1) 매입채무의 비용

기업이 매입채무를 이용하여 상품이나 원자재를 구입할 경우 일반적으로 일정한 지불유예기간을 정하는데 때로는 지불을 촉진하기 위해 현금할인 조건이 제시되기도 한다.

(2) 금융기관으로부터의 단기자본조달

기업이 금융기관을 통한 단기자본조달은 크게 은행으로부터의 자금조달과 종합금융회사로부터의 자금조달로 나뉜다.

① 일반은행으로부터의 단기자본조달

기업의 단기자본조달은 일반은행을 통해서도 이루어지는데, 이들 중 대표적인 것으로는 어음대출, 상업어음할인, 당좌대월, 지급보증, 무역금융, 적금관련대출 등이 있다.

㉠ 어음대출

어음대출은 은행이 차주에게 차용증서 대신에 은행을 수취인으로 하는 약속어음을 발행하게 하고 그 어음을 담보로 대출을 해주는 것을 말한다. 형식상의 결과로만 본다면 어음할인과 유사하지만 실질적 측면에 서는 많은 차이가 있다. 어음할인은 실물적 유통에 의해이미 발행된 기존어음을 은행이 만기일까지의 이자를 공제하고 매입하는 것이며 원칙적으로 어음의 할인의뢰자와 지급인이 다른 경우가 대부분 이다. 이에 반해 어음대출은 차주가 새로 어음을 작성하여 어음상의 채무자가 되며 어음의 할인의뢰자와 지급인이 동일인이다. 어음할인은 실질적인 거래관계에 의해 뒷받침되는 데 반해 어음대출의 경우는 실질적인 상품거래의 유무와는 무관하며 이때 발행되는 약속어음은 일종의 융통어음이다.

㉡ 상업어음할인

당좌대출과 함께 기업의 단기운전자금을 공급하는 대표적인 대출 형태로서 상거래와 관련하여 발행된 어음을 금융기관이 만기일 전에 할인, 매입하고 이 대금을 어음할인 의뢰인에게 지급하는 제도다.

이와 같은 상업어음할인은자동결제성을 지니는 단기대출금으로서 상업금융의 전형적인 형태라 할 수 있다. 상업어음할인의 대상어음은 상거래에 수반하여 발행, 양도배서 또는 인수한 어음이면 모두 대상이 된다.

㉢ 지급보증

지급보증은 여러 가지 형태로 이루어진다. 금융기관으로부터 대출을 받고자 할 때 회사의 신용이나 담보가 부족하면 대부분 재무구조가 좋은 모기업이나 계열회사의 지급보증을 받아오도록 요구받는다. 또한 공사입찰이나 도급계약시에 이행보증을 요구하는 것이 보통이다. 금융기관의 경우에는 지급보증업무가 수수료 수입을 얻기 위한 영업활동의 일환으로 이루어진다.

이에 비하여 계열회사 간에 행해지는 대부분의 지급보증은 보증료 수입을 얻기 위함이 아니라 계열회사의 차입을 도와주거나 영업을 지원해주기 위해 대가없이 제공된다. 지급보증은 보증받은 회사가 자신의 채무를 차질 없이 이행하면 아무런 문제없이 소멸하지만 만약 보증받은 회사가 부도가 난다든지 공사이행이 어렵게 되면 보증해 준 회사의 주채무로 바뀐다. 이와 같이 보증채무는 비록 우발채무라 하더라도 상황에 따라서는 주채무로 바뀔 가능성이 있고 그렇게 되면 보증을 해준 회사는 큰 타격을 입게 된다.

ㄹ 당좌대출

은행과 당좌거래를 하고 있는 업체가 예금잔액을 초과해 일정 한도까지 어음이나 수표를 발행하는 것. 당좌대출을 약정한 기업은 자기의 당좌계정에 돈이 남아 있지 않더라도 어음이나 수표를 발행할 수 있고 은행은 이 어음이나 수표를 가진 사람에게 돈을 지급해 주는데 이는 거래업체의 신용을 믿고 돈을 내주는 것이기 때문에 대출을 해주는 결과가 된다. 따라서 기업은 발행한 어음이나 수표에 대한 이자를 내야 한다. 이를 당좌대출금리라고 하는데 은행들은 그동안 당좌수표나 어음이 교환에 돌아오지 않더라도 한 달에 한 번씩 당좌대출을 모두 갚도록 해왔다.

ㅁ 무역금융

일반적으로 한 나라와 한 나라 사이에 성립하는 수출입 거래와 이와 결부되어 있는 국내거래(내국신용장을 통한 거래) 및 해외 현지거래의 각종 단계에 필요한 자금을 시중은행률보다 저리로 융통하는 일을 말한다. 이 자금의 융통은 수출입거래에 직접 충당하는 경우뿐만 아니라 무역거래의 전후에 있어 무역 상품의 생산·가공·집하·판매 또는 구매를 위한 것까지 포함한다.

한국의 경우 외국의 무역업자들은 우선 한국업자들보다 규모나 자금면에서 크고 여력이 있으며 편리한 금융시장이 있어 은행금융을 받기도 쉬우며, 또한 어음할인시장이 있어 자금면에서는 한국업자들보다는 훨씬 유리한 입장에 있다. 한국업자들의 약점을 보완·지원해주기 위해서 제정된 것이 곧 무역금융이며, 이 저리의 금융지원을 통하여 무역업자들은 고율의 금리 부담을 면하여 원가절하를 통한 국제 경쟁력 강화를 이룩할 수 있게 된다.

무역금융은 크게 수출금융과 수입금융으로 나눌 수 있는데, 한국상품을 외국으로 수출할 때 수출업자가 원자재 발주에서 제품 판매대금 회수까지의 기간 중에 소요되는 제조자금·가공자금·집하자금·선적자금 등의 단기운전자금의 대출로부터 장기 연불방식에 의해 플랜트(plant)나 기자재 등을 수출할 때 지원하는 중·장기 금융 및 해외수출입업자에 대한 지원 금융 등을 총칭하여 수출금융이라 한다. 수입의 경우에도 신용장 개설 및 수입어음의 결제를 위해 자금이 필요하며, 물자가 도착되어 수요자에게 이를 판매하여 대금을 회수할 때까지 재고금융이 필요한데 이러한 자금융통은 모두 수입금융에 속한다.

② 종합금융회사로부터의 단기자본조달 **중요도** 상중**하**

종합금융회사는 일반적으로 기업에게 단기자금을 공급해 줌으로써 기업의 일시적인 자금부족 현상을 해소시키는 역할을 한다. 이들이 취급하는 단기금융의 방법을 살펴보면 다음과 같다.

ㄱ 어음의 할인

은행이 어음소지자의 의뢰에 의해 액면금액에서 만기일까지의 이자를 공제하고 매입함으로써 어음의 유통을 도모하는 것을 말하며, 경제적으로는 은행이 어음할인을 통해 신용을 제공하는 방법이기도 하다. 대상은 주로 상업어음이 되며, 화환어음·은행인수어음도 어음할인의 좋은 대상이 된다.

상업어음은 상품거래를 전제로 하고 있기 때문에 단기성·확실성·자동성·유동성 등에서 우수한 특징을 지니고 있는 어음이라 하겠으나, 일람출급어음의 경우는 할인의 대상이 되는 지급기간이 없기 때문에 제외된다. 어음할인시장이 발달되어 있는 영국·미국 등지에서는 은행의 어음할인이 원칙적으로 할인시장에서 중개업자를 통하여 간접적으로 이루어지고 있다. 즉, 어음의 할인업무는 은행·어음 브로커·할인상사 등에 의해 영위된다.

ⓒ 어음보증과 회사채 보증

어음·수표상의 채무를 담보하기 위해 동일한 어음상의 채무를 부담할 것을 목적으로 하는 부속적·종속적인 어음행위이다. 어음채무를 담보하기 위한 것이지만 물적 담보나 인적 담보에서와는 달리 오히려 어음의 불신용을 나타내는 결과가 되어 널리 이용되지 못한다. 실제에 있어서는 실질은 보증의 목적으로, 그리고 형식은 통상의 발행·배서·인수 등의 방법을 가지고 하는 일이 많다. 이것을 숨은 어음보증이라 한다. 또한 회사채 발행기업의 경우 종합금융회사로부터 채권 원금과 이표지급에 대해 지급보증을 받을 수 있다.

ⓒ 기업어음(CP)

신용상태가 양호한 기업이 상거래와 관계없이 단기자금을 조달하기 위하여 자기신용을 바탕으로 발행하는 만기가 1년 이내인 융통어음이다. 상거래에 수반하여 발행되고 융통되는 진성어음과는 달리, 단기자금을 조달할 목적으로 신용상태가 양호한 기업이 발행하는 약속어음으로, 기업과 어음상품투자자 사이의 자금수급관계에서 금리가 자율적으로 결정된다. 기업어음은 기업이 갖고 있는 신용에만 의지해 자금을 조달하는 것이 특징으로, 기업의 입장에서는 담보나 보증을 제공할 필요가 없다는 장점이 있다. 단, 담보나 보증이 필요 없기 때문에 신용상태가 양호한 기업들만이 발행할 수 있는데, 일반적으로 신용도가 B등급 이상이어야 한다(신용등급은 A1, A2, A3, B, C, D 순으로 분류되고 C등급 이하부터는 투기등급임).

2 리스 중요도 상 중 하

사법상의 임대차를 뜻하는 것으로 임대인이 설비자산 또는 현금이 아닌 자산을 임차인에게 임대료의 정기적 지급을 조건으로 빌려 주는 것을 말한다. 보통 3~5년의 장기적인 기간에 걸쳐 이뤄진다. 일반적으로 임대인은 설비의 제작회사나 금융기관 또는 독립된 리스회사들이며, 임차인은 주로 기업이다. 임대물은 카메라·타이프라이터·TV·컴퓨터에서 자전거·자동차·선박·비행기에 이르기까지 종류가 다양하다. 사용자는 일시에 다액의 구입자금을 요하지 않고 언제나 필요할 때 최신의 기계·설비를 이용할 수 있으며 신기술 도입을 촉진할 수 있는 장점이 있다.

리스계약에는 리스회사가 수리·유지 기타의 서비스를 제공하는 '메인티넌스 리스'와 금융기능에 중점을 두는 '파이낸스 리스'가 있다. 우리나라에서는 1970년대 초 본격적인 경제개발을 시작하면서 기업이 자금조달문제로 설비투자 부분이 원활하지 못하자, 정부에서는 리스를 국내에 처음으로 도입하게 되었다. 이후 1972년 처음으로 최초의 리스사가 설립되었고, 1973년 특별법인 시설대여산업육성법이 제정되면서 국내에서 본격적인 리스산업이 시작되게 되었다. 이에 대하여 임대기간이 비교적 짧고, 시·주·월 단위로 임대하는 방식을 렌털(rental)제도라고 한다.

(1) 금융리스

자본리스라고도 하는 것으로 임차인이 임차자산에 대한 유지·보수에 관한 책임을 지는 리스계약이며, 중도 해약이 불가능한 리스이다. 금융리스는 성격상 해당자산의 내용연수와 거의 일치하는 장기계약의 성격을 띠므로 임대인이 자기 책임 하에 자산구입에 소요되는 자본을 출자하고 이를 임대료의 형식으로 분할 회수 하게 된다. 임차료는 통상 선급되며, 계약기간 만료 시 해당자산의 반환여부 의사결정은 임차인이 하는 것이 보통이다.

(2) 운용리스

임차인이 필요한 기간 동안 자산을 빌려 이용하는 대가로 사용료를 지불하는 리스거래. 금융리스와 달리 자산의 소유에 따른 위험과 보상이 리스이용자인 임차인에게 이전되지 않는다.

임차인이 원하는 자산을 필요한 기간 동안 빌려서 사용하는 순수 임대차 성격의 리스로서, 리스자산의 소유에 따른 위험과 보상의 대부분이 임차인에게 이전되어 실질적으로 할부구매의 성격을 갖는 금융리스와 구분된다.

자산의 소유자인 리스제공자는 계약기간 동안 자산의 사용·수익권을 임차인에게 이전하고 그 대가로 사용료를 받는다. 계약이 종료되면 대상자산은 임대인에게 다시 반환된다. 계약기간이 비교적 짧은 경우가 많으며, 계약기간 만료 이전이라도 임차인의 요구에 따라 중도해약이 가능하다. 리스자산의 수선의무와 담보책임, 진부화의 위험 등 유지·보수에 대한 비용과 책임은 리스제공자인 임대인이 부담한다. 이에 따라 운용리스는 민법의 임대차 규정(민법 제618조)을 준수하며 금융리스는 상법의 금융리스업에 대한 규정(상법 제168조의2)을 적용하고 있다.

금융리스의 대상자산 대부분이 리스 이용자를 위해 특수 제작된 것인데 비해 운용리스의 대상자산은 컴퓨터, 사무용 기계, 자동차, 항공기 등 대체로 범용성이 높은 자산으로서 불특정 다수를 대상으로 임대가 이루어진다.

(3) 세일즈 앤 리스백

기업이 소유하던 자산을 리스회사에 매각하고 다시 리스계약을 맺어 이를 사용하는 형태를 말한다. 기업측에서는 자산의 소유권이 넘어가고 리스료를 계속 내야하는 대신 자산을 계속 사용하면서 목돈을 운용할 수 있다는 것이 장점이다. 부동산일 경우 계약과 동시에 매도자(기업)가 빌딩전체를 다시 임차해 매수자에게 일정한 임대료 수입을 보장해 주는 부동산 매각방식 중 하나이다.

매수자 입장에서는 초기 투자비용을 줄이고 적정 수익률을 보장받을 수 있는 장점이 있다. 또한 매도자(기업) 입장에서는 매각한 물건을 계속 사용할 수 있을 뿐만 아니라 관리까지 할 수 있고 후에 다시 매입할 수 있다는 장점이 있다.

(4) 프로젝트 리스

금융리스의 특수형태로 리스회사가 기업으로부터 특정설비 및 시설공사 등을 의뢰 받아 자체적으로 시공하고 이를 임차기업에 대여하는 리스방법을 말한다. 금융리스와 마찬가지로 리스대상자산에 대한 유지관리 및 수선, 애프터서비스에 대한 책임은 임대인이 부담하게 된다.

제 4 절 장기자본조달

1 보통주 중요도 상중하

소유한 주식 수에 따라 평등하게 대우받는다는 상법상에서의 주주평등의 원칙에 의거, 지분에 따라 평등하게 잔여이익의 배당과 잔여재산의 분배를 받을 수 있는 통상의 기준이 되는 주식을 말한다. 보통주는 주식 간 평등한 관계를 가지기 때문에 이익, 이자 배당 시 주식 종류에 따른 특별한 우선권이 없다. 따라서 우선주가 배당을 받은 다음 그 잔여이익에 대하여 배당에 참가한다. 또 회사가 해산한 때에는 우선주 잔여재산 분배가 이루어진 후 분배에 참가하며 회사손실에 대한 부담순위는 1순위이다. 다른 주식에 의결권이 없는 경우에는 회사경영에 대한 최대 지배권을 갖는다.

한편 주식은 일반적 형태의 보통주와 특별한 권리를 가지는 특별주로 나뉜다. 특별주에는 우선주(우선적 권리를 갖지만 의결권은 제한되는 주식), 후배주(후위적 지위를 가진 주식), 혼합주(우선주와 후배주의 혼합) 등이 있다. 통상적으로 주식이라 하면 보통주를 말하는 것이며 단일종류로 발행할 때에는 이 명칭을 사용하지 않는다.

2 배당금 중요도 상중하

기업이 이익을 발생시켜 회사 내에 누적하여 온 이익잉여금의 일부를 기업의 소유주에게 분배하는 것을 말한다. 배당금은 영업활동에서 발생하는 비용과 일맥상통하는 면이 있으나 배당금은 비용이 아니다. 배당금은 보통 현금으로 지급되지만 주식에 의한 경우와 어음에 의한 경우 등 여러 가지 형태가 있다.

3 우선주 중요도 상중하

'우선주'는 보통주에 대비되는 주식이다. 보통주란 말 그대로 보통 주식이다. 주식 소유자는 주주총회에 참석해 기업의 주요 경영 사항에 대해 의결권을 행사하고 배당을 받고, 발행되는 신주를 인수하는 등 주주로서의 권리를 행사한다. 반면 우선주는 보통주의 특징 중 일부를 빼고 다른 내용을 첨가했다. 이 때문에 주주 입장에서 보통주보다 나은 점도 있고, 못한 점도 있다. 우선주는 일반적으로 보통주보다 재산적 내용(이익, 이자배당, 잔여재산 분배 등)에 있어서 우선적 지위가 인정되는 주식이다. 그 대가로 우선주 소유자는 주주총회에서의 의결권을 포기해야 한다. 회사 경영에는 참여할 수 없다는 의미다. 이 때문에 우선주는 대개 회사의 경영 참가에는 관심이 없고, 배당 등 자산소득에 관심이 높은 투자자를 대상으로 발행된다. 투자자 입장에서는 많은 배당을 기대할 수 있고, 회사 입장에서는 경영권 위협 없이 자금을 조달할 수 있다.

4 채권 중요도 상중하

채권은 정부, 공공단체와 주식회사 등이 일반인으로부터 비교적 거액의 자금을 일시에 조달하기 위하여 발행하는 차용증서이며, 그에 따른 채권을 표창하는 유가증권이다.

채권은 상환기한이 정해져 있는 기한부 증권이며, 이자가 확정되어 있는 확정이자부 증권이라는 성질을 가진다. 그리고 채권은 대체로 정부 등이 발행하므로 안전성이 높고, 이율에 따른 이자소득과 시세차익에 따른 자본소득을 얻는 수익성이 있으며, 현금화할 수 있는 유동성이 크다. 이러한 특성에 의하여 채권은 만기와 수익률에 따라 주요한 투자자금의 운용수단으로 이용되기도 한다.

채권은 대규모 자금조달수단이라는 점에서 주식과 유사하기도 하다. 그러나 채권은 타인자본이며, 증권소유자가 채권자로서 이익이 발생하지 않아도 이자청구권을 갖고, 의결권의 행사에 의한 경영참가권이 없고, 상환이 예정된 일시적 증권인 반면 주식은 자기자본이며, 증권소유자가 주주로서 이익이 발생하여야 배당청구권을 갖고, 의결권의 행사에 의한 경영참가권이 있고, 장차 상환이 예정되지 않은 영구적 증권이라는 점에서 크게 다르다.

채권은 발행주체에 따라 국채·지방채·특수채·금융채·회사채, 이자지급방법에 따라 이표채·할인채·복리채, 상환기간에 따라 단기채·중기채·장기채, 모집방법에 따라 사모채·공모채, 보증유무에 따라 보증사채·무보증사채 등으로 분류된다.

채권과 관련하여 가장 중요한 요소는 채권수익률이다. 채권수익률이란 채권에 투자하여 얻을 수 있는 수익의 크기를 나타내는 척도이며 예금의 이자율에 상당하는 것으로서 발행수익률, 시장수익률, 실효수익률 등으로 구분된다. 그 가장 큰 변동요인은 채권의 수요와 공급인데, 주로 공급보다는 수요에 의하여 영향을 받는다. 그것은 채권의 공급은 일정한 계획에 의하여 이루어지는 반면에 채권의 수요는 채권의 가격에 탄력적이기 때문이다. 그리고 채권의 가격은 만기, 발행주체의 지급불능 위험과 같은 내부적 요인과 시중금리, 경제상황과 같은 외부적 요인 등에 의한 수요와 공급의 추이에 따라 결정되며 수시로 변한다.

5 주식과 채권의 비교 중요도 상중하

자금을 조달해야 하는 기업의 입장에서 채권은 주식과 전혀 다른 특성을 지닌다. 주식과 비교해 채권이 갖는 차이점은 이렇다.

① 채권은 기업의 소유권과는 무관하다. 채권은 단순히 기업이 갚아야 할 부채일 뿐으로 채권자는 투표권행사 등 경영에 참여할 수 있는 권리가 없다. 기존의 주주들은 채권발행으로 전혀 기득권을 잃지 않지만 신주발행으로 자본조달을 하는 경우 '물타는 효과'로 인해 기존 주주들의 기업지배권은 약해진다.

② 채권발행기업은 지급이자에 대해 법인세 공제의 혜택을 받는다. 즉 법인세 공제효과로 인한 저렴한 자본조달비용은 채권발행의 최대장점이라고 할 수 있다.

③ 채권발행은 기업도산의 큰 요인으로 작용한다. 채권발행기업이 채무불이행하는 경우 곧 기업부실화로 이어지게 된다. 이것은 채권발행의 가장 큰 단점으로 지적된다.

○✕로 점검하자

※ 다음 지문의 내용이 맞으면 ○, 틀리면 ✕를 체크하시오. [1~12]

01 기업이 자본을 조달하는 방법에는 은행 등 금융기관의 돈을 차입하거나 채권을 발행하여 자금을 조달하는 등의 타인자본을 이용하는 방법과 우선주, 보통주, 발행과 유보이익을 통해 자본을 조달하는 등의 자기자본을 이용하는 방법으로 나뉜다. (　　)

02 자기자본비용은 기업의 자기자본, 즉 부채를 의미하는 것으로, 부채로 자본조달 시 정해진 기간에 따라 매년 이자를 지급하고 만기일에 원금을 지급하여야 한다. (　　)

03 우선주 배당은 기업이 이익발생 시 보통주보다 먼저 배당을 지급하는 것이 원칙이다. (　　)

04 자기자본비용은 기업이 조달한 자기자본의 가치를 유지하기 위해 최대한 벌어들여야 하는 수익률이다. (　　)

05 자본자산가격결정모형(CAPM)의 따르면 시장의 기대수익률은 무위험자산의 수익률과 시장포트폴리오에 투자하여 발생하는 위험프리미엄의 합으로 계산된다. (　　)

06 가중평균자본비용은 투자결정의 기준이 된다. 사채·차입금 등 타인자본 비용과 자기자본 비용을 산정한 후 자본구조의 선택에 의해서 가중평균자본비용을 산정하여 그것을 투자결정의 기준으로 삼는다. (　　)

07 자본구조(capital structure), 자본구성이란 기업이 자본조달의 원천인 자기자본과 자산의 구성비율의 조합을 의미한다. (　　)

08 MM의 자본구조이론은 1958년 F. 모딜리아니와 M. H. 밀러에 의하여 발표된 기업금융에 관한 이론으로 기업이 투자계획을 함에 있어서 자기자본(주식)과 부채(사채·차입금) 등을 사용하여 외부에서 자금(자본)을 조달하게 되는데, 여기에는 각기 자본비용이 소요된다. (　　)

정답과 해설　01 ○　02 ✕　03 ○　04 ✕　05 ○　06 ○　07 ✕　08 ○

02　타인자본에 관한 설명이다.
04　자기자본비용은 기업이 조달한 자기자본의 가치를 유지하기 위해 최소한 벌어들여야 하는 수익률이다.
07　자본조달의 원천인 자기자본과 부채의 구성비율의 조합을 의미한다.

09 매입채무에서의 지급어음은 거래처와의 사이에 발생한 어음상의 채무이며 미리 정한 기일까지 지급할 것을 약속한 부채이다. (　　)

10 금융리스는 자본리스라고도 하는 것으로 임차인이 임차자산에 대한 유지·보수에 관한 책임을 지는 리스계약이며, 중도 해약이 가능한 리스이다. (　　)

11 보통주는 소유한 주식 수에 따라 평등하게 대우받는다는 상법상에서의 주주평등의 원칙에 의거, 지분에 따라 평등하게 잔여이익의 배당과 잔여재산의 분배를 받을 수 있는 통상의 기준이 되는 주식을 말한다. (　　)

12 채권은 정부, 공공단체와 주식회사 등이 일반인으로부터 비교적 거액의 자금을 일시에 조달하기 위하여 발행하는 차용증서이며, 그에 따른 채권을 표창하는 유가증권이다. (　　)

정답과 해설　　09 ○　10 ×　11 ○　12 ○

10　중도 해약이 불가능한 리스이다.

안심Touch

01 기업이 주식이나 채권 등의 증권을 발행하는 경우 보통 이러한 증권들의 현재가격으로 발행하게 된다.

01 다음 중 자본비용에 관한 설명 중 옳지 <u>않은</u> 것은?

① 기업이 자본을 조달하는 방법에는 은행 등 금융기관의 돈을 차입하거나 채권을 발행하여 자금을 조달하는 등의 타인자본을 이용하는 방법과 우선주, 보통주, 발행과 유보이익을 통해 자본을 조달하는 등의 자기자본을 이용하는 방법으로 나뉜다.

② 자본비용은 기업이 특정한 형태의 자본을 조달하는 대가로 부담하게 되는 비용이다.

③ 기업이 주식이나 채권 등의 증권을 발행하는 경우 보통 이러한 증권들의 미래가격으로 발행하게 된다.

④ 은행차입금 등의 경우에는 물론 차입원금 자체가 자본조달액이 된다.

02 자기자본이 아닌 타인자본에 관한 설명이다.

02 다음 중 자본비용에 관한 설명 중 옳지 <u>않은</u> 것은?

① 자기자본비용은 기업의 자기자본, 즉 부채를 의미하는 것으로, 부채로 자본조달 시 정해진 기간에 따라 매년 이자를 지급하고 만기일에 원금을 지급하여야 한다.

② 부채의 이자는 정해진 기간에 따라 일정할 수도 있고 시장이자율의 변동에 따라 달라질 수도 있다.

③ 타인자본비용은 자기자본과 비교할 때 자금조달의 원천이 다르고 변제기한이 있으며, 배당이 아닌 이자가 지급된다는 점에서 차이가 있다.

④ 기업경영이 어려울 때도 원칙적으로 원리금 지급이 불가피해 기업의 안정성 면에서 타인자본은 될 수 있는 한 적은 것이 바람직하나 호황기에는 레버리지 효과가 크므로 이를 적절히 조절할 필요가 있다.

정답 01 ③ 02 ①

03 다음 중 자기자본비용에 관한 설명 중 옳은 것은?

① 자기자본비용은 기업이 조달한 자기자본의 가치를 유지하기 위해 최대한 벌어들여야 하는 수익률이다.

② 자기자본비용을 계산하는 방식은 자본자산가격결정모형(CAPM)을 이용한 방법이 가장 널리 쓰이는 방식이다.

③ 배당평가모형은 주식의 내재 가치를 영속적인 현재의 배당 흐름을 요구수익률로 할인하여 미래가치로 나타낸 모형이다.

④ 가중평균자본비용은 사채·차입금 등 타인자본 비용을 산정한 후 자본구조의 선택에 의해서 가중평균자본비용을 산정하여 투자결정의 기준으로 삼는다.

04 다음 중 자본구조에 관한 설명 중 옳은 것은?

① 자본구조(capital structure), 자본구성이란 기업이 자본조달의 원천인 자산과 부채의 구성비율의 조합을 의미한다.

② 기업에서의 자본은 그 조달원으로 보아 자기자본과 자산으로 구별되며 이 양자의 비율을 기업의 자본구성이라 한다.

③ 자기자본이란 자본금, 여러 종류의 준비금, 잉여금으로 이룩되는 소유자 자본이며 타인자본이란 사채·은행차입금 등의 장기 및 단기의 차입자본이다.

④ 기업이 생산을 확대하여 발전시키려면 자기자본을 조달하는 것만으로도 충분하다.

해설 & 정답 checkpoint

03 ① 자기자본비용은 기업이 조달한 자기자본의 가치를 유지하기 위해 최소한 벌어들여야 하는 수익률이다.

③ 배당평가모형은 주식의 내재 가치를 영속적인 미래의 배당 흐름을 요구수익률로 할인하여 현재 가치로 나타낸 모형이다.

④ 가중평균자본비용은 사채·차입금 등 타인자본 비용과 자기자본 비용을 산정한 후 자본구조의 선택에 의해서 가중평균자본비용을 산정하여 투자결정의 기준으로 삼는다.

04 ① 자본구성이란 기업이 자본조달의 원천인 자기자본과 부채의 구성비율의 조합을 의미한다.

② 기업에서의 자본은 그 조달원으로 보아 자기자본과 타인자본으로 구별되며 이 양자의 비율을 기업의 자본구성이라 한다.

④ 기업이 생산을 확대하여 발전시키려면 자기자본을 조달하는 것만으로는 부족하여 타인자본에 대한 요청이 필요해진다.

 정답 03 ② 04 ③

안심Touch

05 주주에게 유리한 최저 수익률을 자본 코스트라 하면, 자본 코스트는 자본구성에는 의존하지 않는다.

05 다음 중 MM의 자본구조에 관한 설명 중 옳지 <u>않은</u> 것은?

① 1958년 F. 모딜리아니와 M. H. 밀러에 의하여 발표된 기업금융에 관한 이론이다.

② 제1명제는 기업이 기업의 가치가 극대화되도록 한다면, 영업이익(이자 지불 이전의 이익)에 관한 예상이 전적으로 같은 기업의 가치는 자본구성 여하에 관계없이 항상 같다.

③ 제2명제는 영업이익이 같은 경우, 타인자본을 이용하는 기업의 주식수익률의 기대치는 자본의 전부를 자기자본으로 조달하고 있는 기업의 주식수익률의 기대치에 차입에 따라 부가되는 위험률을 더한 것과 같다.

④ 주주에게 유리한 최고 수익률을 자본 코스트라 하면, 자본 코스트는 자본구성에는 의존하지 않는다.

06 기업이 금융기관을 통한 단기자본조달은 크게 은행으로부터의 자금조달과 종합금융회사로부터의 자금조달로 나뉜다.

06 다음 중 운전자본관리에 관한 설명 중 옳지 <u>않은</u> 것은?

① 매입채무에서의 지급어음은 거래처와의 사이에 발생한 어음상의 채무이며 미리 정한 기일까지 지급할 것을 약속한 부채이다.

② 기업이 매입채무를 이용하여 상품이나 원자재를 구입할 경우 일반적으로 일정한 지불유예기간을 정하는데 때로는 지불을 촉진하기 위해 현금할인 조건이 제시되기도 한다.

③ 기업이 금융기관을 통한 장기자본조달은 크게 은행으로부터의 자금조달과 종합금융회사로부터의 자금조달로 나뉜다.

④ 기업의 단기자본조달은 일반은행을 통해서도 이루어지는데, 이들 중 대표적인 것으로는 어음대출, 상업어음할인, 당좌대월, 지급보증, 무역금융, 적금관련대출 등이 있다.

정답 05 ④ 06 ③

주관식 문제

01 기업어음에 관해서 간략하게 서술하시오.

01

정답 신용상태가 양호한 기업이 상거래와 관계없이 단기자금을 조달하기 위하여 자기신용을 바탕으로 발행하는 만기가 1년 이내인 융통어음이다.

02 금융리스에 관해서 간략하게 서술하시오.

02

정답 자본리스라고도 하는 것으로 임차인이 임차자산에 대한 유지·보수에 관한 책임을 지는 리스계약이며, 중도해약이 불가능한 리스이다.

03 보통주에 관해서 간략하게 서술하시오.

03

정답 소유한 주식 수에 따라 평등하게 대우받는다는 상법상에서의 주주평등의 원칙에 의거, 지분에 따라 평등하게 잔여이익의 배당과 잔여재산의 분배를 받을 수 있는 통상의 기준이 되는 주식을 말한다.

04

정답 기업이 이익을 발생시켜 회사 내에 누적하여 온 이익잉여금의 일부를 기업의 소유주에게 분배하는 것을 말한다.

05

정답 채권은 정부, 공공단체와 주식회사 등이 일반인으로부터 비교적 거액의 자금을 일시에 조달하기 위하여 발행하는 차용증서이며, 그에 따른 채권을 표창하는 유가증권이다.

04 배당금에 관해서 간략하게 서술하시오.

05 채권에 관해서 간략하게 서술하시오.

제 **6** 장

배당정책

제6장 배당정책

제1절 배당의 종류 및 지급 절차

1. 배당의 정의 중요도 상중하

기업 즉, 회사는 영업활동을 통해 이익이 일어나고 그 이익을 주주에게 배분하는 게 원칙이다. 이것을 이윤배당이라고 한다. 이윤배당을 극대화하는 것이 주식회사의 목적이고, 이 배당에 참여할 수 있는 권리는 주주에게만 있다. 그러므로 이윤배당은 주주총회의 중요한 의결사항이다.

배당은 영업연도를 기준으로 한다. 다시 말하면, 회사는 결산을 할 때마다 영업보고서, 재무제표, 감사보고서 등을 정기 주주총회에서 승인받아야 한다. 배당금은 정기 주주총회나 이사회에서 지급시기를 따로 정한 경우를 제외하고는 주주총회 승인 뒤 1개월 안에 지급하여야 하며, 배당금에 대한 지급청구권의 소멸시효는 5년으로 정해져 있다.

2. 배당의 종류 중요도 상중하

(1) 현금배당

현금으로 배당이 이루어지는 것을 말한다. 현금배당은 운전자본의 직접적인 지출을 수반하므로, 배당액과 지급기일 등을 결정함에 있어서 보유현금잔액과 미래의 현금흐름 등을 신중히 고려하여야 한다.

(2) 주식배당

회사가 주주들에게 배당을 실시함에 있어서 현금 대신 주식을 나누어 주는 것을 말한다. 주주의 입장에서 본다면 주금의 납입없이 주식수가 증가하므로 무상증자와 유사하지만 무상증자가 자본준비금이나 이익준비금과 같은 법정준비금을 자본전입하는 것임에 비하여 주식배당은 배당가능성이익, 즉 미처분이익잉여금을 자본금으로 전환하는 방식이라는 점에서 차이가 있다. 따라서 이익잉여금은 감소하고 자본금은 증가하지만 자기자본에는 변동이 없게 된다.

주식배당은 회사자금을 사내에 유보하는 효과를 가져오고 장부상 이익은 발생하였지만 신규투자 등으로 현금이 부족한 경우에도 주주들에게 배당을 줄 수 있는 장점이 있다. 상법에서는 이익배당총액의 50%를 초과하지 않는 범위 내에서만 주식배당을 허용하고 있으나 상장법인은 자본시장 육성에 관한 법률에 의거하여 이익배당총액의 100%까지 주식배당이 가능하다.

우리나라는 배당률을 표기함에 있어서 주식의 시가가 아닌 액면가 기준을 적용하고 있는바, 현재 대부분의 주식들의 주식들이 액면가를 크게 상회하고 있기 때문에 비록 배당률이 같더라도 주식배당을 한 회사가 현금 배당만을 실시한 회사에 비하여 배당락의 폭이 크게 나타난다. 즉, 현금배당이 액면기준 배당임에 비하여 주식배당은 시가기준의 배당효과가 있는 것이다.

(3) 청산배당

이익잉여금(손익거래 또는 이익의 사내유보에서 발생하는 잉여금)을 초과한 배당을 뜻한다. 기업들이 자신들이 벌어들인 이익 이상으로 배당을 실시하면 이는 이익의 배당이 아니라 주주들이 투자한 투자자본에 대한 환급이 된다. 이는 주식의 청산으로 간주되어 청산배당이 되며, 이익잉여금 계정이 아니라 자본잉여금 계정에서 차기된다.

회사가 청산절차에 들어가면 보유한 자산을 모두 현금화하여 채무를 정리하는 절차를 거치게 된다. 이때 청산 배분되는 자산에 대한 우선순위는 채권자, 우선주 보유 주주, 보통주 보유 주주 순이며, 채권자들에게 진 채무를 모두 정리한 후에도 자산이 남아있으면 주주들에게 이를 배분한다. 이 경우 재무실적 악화, 사업 부진 등으로 이익이 거의 발생하지 않는 상황에서 주주들에게 배당이 이루어지기 때문에 투자자본에 대한 환급, 주식의 청산으로 볼 수 있으며 통상적으로 기업들이 청산절차에 들어가지 않는 이상 배당액이 이익잉여금을 초과하는 경우는 많지 않아 기업청산 시 주주들에게 돌아가는 배당을 의미하는 용어로 많이 쓰인다. 이익잉여금 내에서 이루어지는 현금배당 및 주식배당과 대비되는 개념이다.

3 특수형태 중요도 상 중 **하**

(1) 주식분할

자본의 증가 없이 발행 주식의 총수를 늘리고, 이를 주주들의 그 지주수에 따라 나누어주는 것을 말한다. 지나치게 오른 주가를 투자자가 매입하기 쉬운 수준으로까지 인하하여 개인 주주를 늘리는 것이 목적이다. 또 회사의 영업성적 향상으로 주가가 상승하였을 때 거래의 지장을 없애기 위하여 이를 분할, 적정한 가격으로 시장성을 높인다든가, 실질상으로는 배당을 증가시키면서 1주당 배당액을 저하시킨다든가, 혹은 합병의 경우에 합병 비율을 조절하는 데도 이 방법이 흔히 이용된다.

주식의 분할은 주주 평등의 원칙에서 주식 전부에 대하여 동일한 비율로 해야 한다. 그리고 그 비율은 정수배여야 하며, 단주가 발생하는 분할(2주를 3주로 분할)은 허용되지 않는다. 회사가 여러 종류의 주식을 발행하거나 특수한 주식을 발행하고 있는 경우에는, 분할에 의해 주주가 받게 되는 주식도 종전의 주식과 동일한 종류의 것이어야 한다. 주식 분할은 1주의 금액을 변경하는 결과가 되기 때문에 주주총회의 특별결의가 있어야 되며, 1주의 금액은 100원 이상으로 하여야 한다. 또 분할 전의 주식을 목적으로 하는 질권은 분할 후의 주식에 존재하며, 등록질권자는 회사에 대하여 주주가 받을 주권의 인도를 청구할 수 있다.

(2) 자사주매입

회사가 자기 회사의 주식을 주식시장 등에서 사들이는 것을 뜻한다. 자사주 매입은 주식 유통 물량을 줄여주기 때문에 주가 상승 요인이 되고 자사주 매입 후 소각을 하면 배당처럼 주주에게 이익을 환원해 주는 효과가 있다. 하지만 자사주 매입은 투자활동으로 성장해야 하는 기업이 자기주식을 사는데 돈을 쓰는 것은 성장할 만한 사업영역을 못찾고 있다는 의미로도 해석될 수 있기 때문에 주가에 대한 영향이 단기적이라는 시각도 있다.

자사주 매입은 적대적 인수·합병(M&A)에 대비해 경영권을 보호하는 수단으로 쓰이기도 한다. 자사주가 그 자체로 우호지분으로 쓸 수는 없지만 우호적인 기업과 서로 주식을 교환하는 방식으로 우호 지분을 확보할 수 있다. 종업원에게 주식을 지급하거나 회사 소유구조를 개편하기 위해 자사주 매입을 하기도 한다. 자사주를 사는 돈은 자기자금이어야 하고 자사주 취득한도는 자본총계에서 자본금과 자본준비금, 이익준비금을 제외하고 남은 금액인 '상법상 배당 가능한 이익'이어야 한다.

4 배당의 지급절차 중요도 상중하

우리나라 기업들의 배당 지급절차를 살펴보면 사업연도 결사 이후 주주총회의 의결을 거쳐 지급되는 것이 일반적이다. 하지만 이사회의 의결이 있는 경우 사업연도 도중에 중간배당 혹은 분기배당을 실시할 수 있다. 배당금의 지급은 주주총회의 의결이나 이사회의 의결이 결정난 후 1개월 내에 지급하도록 상법에서 규정하고 있다.

주주총회는 사업연도 경과 후 2~3개월 이후 열리기 때문에 배당을 받을 수 있는 주주의 자격을 결정하는 배당기준일과 실제로 배당금이 지급되는 배당지급일과는 시간적 차이가 있다.

(1) 배당기준일

기업에서 배당을 시행할 때 배당을 받는 주주들을 결정하기 위해 기준이 되는 날을 말한다. 기업들은 배당기준일에 자신들의 주식을 보유하고 있는 사람들을 대상으로 배당을 실시한다. 배당기준일은 결산 기준일 혹은 중간배당(결산 전, 영업 중에 실시하는 배당) 실시 여부에 따라 상이하며, 일반적으로는 매년 말이다.

주식을 구입한 후 해당 회사의 주주로 이름이 등재되는 데까지는 2일의 시간이 소요되기 때문에 배당을 받기 위해서는 영업일 기준으로 배당기준일 이틀 전에는 주식을 구입해야한다. 예를 들어, 중간배당의 배당기준일이 6월 30일일 경우 이틀 전인 6월 28일까지 해당 주식을 보유하고 있어야 배당을 받을 수 있다. 연말결산 시 배당기준일이 12월 31일인 주식의 경우, 통상적으로 한 해의 마지막 날에는 주식시장이 쉬기 때문에 주식 거래를 할 수 있는 마지막 날을 30일이므로 12월 28일에는 주식을 보유하고 있어야 배당을 받을 수 있다. 그런데 만약 12월 31일이 일요일이라면 주식시장의 실질적인 마지막 날은 12월 29일이 되고 이날은 휴장하여 12월 28일까지 주주가 되기 위해서는 최소한 12월 26일에는 해당 주식을 구입해야 하는 식이다.

(2) 배당락일

배당락(Ex-Dividend, 配當落)일은 배당기준일이 경과해 배당금을 받을 권리가 없어진 날을 말한다. 배당락일에는 주가가 떨어지는 게 일반적인 현상으로 알려져 있다. 전체 배당으로 나갈 현금이 배당 전 시가총액에서 미리 빠져나간 것으로 가정한 상태에서 주식이 거래되기 때문이다. 또한 배당을 노리고 주식을 단기간 보유했던 투자자들이 매도에 나서 지수 또한 하락한다. 국내에서는 주식을 산 후 3거래일에 대금결제가 이뤄지기 때문에 증시 폐장 3거래일 전까지 주식을 보유한 투자자에게만 배당을 받을 권리가 돌아간다.

(3) 배당공시일

기업의 배당지급에 대한 구체적인 내용이 증권시장에 공표되는 날이다. 배당공시는 회사에 따라 주주총회의 승인이 이루어진 주주총회일에 이루어질 수도 있고, 이사회의 결의일에 이루어질 수도 있어 회사에 따라 상이하다.

(4) 배당지급일

주주에게 배당금을 지급하는 날이다. 배당금의 지급은 주주총회에서 배당지급과 재무제표에 대한 승인이 난후 1개월 이내에 해야 하기 때문에 배당지급일은 배당공시일로부터 1개월 이내이다.

배당정책 및 기업가치

1 배당의 안정화정책 중요도 상중하

당기순이익의 격차가 크지 않을 시 주당배당액을 일정하게 유지하고, 기업의 당기순이익의 변화추세가 지속적일 것으로 예상되는 경우는 배당금을 변동시키는 정책이다.

2 배당결정 시 고려요인 중요도 상중하

법률상의 제한, 기업의 유동성, 당기순이익, 투자기회, 자금수요, 부채상환능력, 사채권자의 배당계약, 기업지배권의 변동 및 주주의 성격, 기업의 자금차입능력, 이익수준의 안정도 인플레이션 등이 있다.

3 배당정책과 기업가치와의 관계 중요도 상중하

기업이 배당정책을 함에 있어 기업가치와 주주의 부를 증가시킬 수 있는지의 여부는 많은 논란이 되어 왔다. 주주가 기업의 주인이기 때문에 수익을 사내에 유보하거나 주주의 손에 들어가도 차이가 없기 때문에 배당정책은 기업가치와 관계가 없다는 주장이다. 또한 세율에 따라서 주주의 매매차익에 따른 세율보다 배당소득에 대한 세율이 높기 때문에 배당을 받는 것이 불리하다는 입장이다.

O✕로 점검하자

※ 다음 지문의 내용이 맞으면 O, 틀리면 ✕를 체크하시오. [1~10]

01 이윤배당을 극대화하는 것이 주식회사의 목적이고, 이 배당에 참여할 수 있는 권리는 채권자에게만 있다. ( )

02 배당은 영업연도를 기준으로 한다. ( )

03 현금배당은 운전자본의 직접적인 지출을 수반하므로, 배당액과 지급기일 등을 결정함에 있어서 보유현금잔액과 미래의 현금흐름 등을 신중히 고려하여야 한다. ( )

04 현금배당은 회사가 주주들에게 배당을 실시함에 있어서 현금 대신 주식을 나누어 주는 것을 말한다. ( )

05 청산배당은 이익잉여금(손익거래 또는 이익의 사내유보에서 발생하는 잉여금)을 초과한 배당을 뜻한다. ( )

06 주식분할은 자본의 증가 없이 발행 주식의 총수를 줄이고, 이를 주주들의 그 지주수에 따라 나누어주는 것을 말한다. ( )

07 자사주 매입은 우호적 인수·합병(M&A)에 대비해 경영권을 보호하는 수단으로 쓰이기도 한다. ( )

08 배당금의 지급은 주주총회의 의결이나 이사회의 의결이 결정 난 후 1개월 내에 지급하도록 상법에서 규정하고 있다. ( )

09 배당락일은 배당기준일이 경과해 배당금을 받을 권리가 없어진 날을 말한다. ( )

10 배당공시는 회사에 따라 주주총회의 승인이 이루어진 주주총회일에 이루어질 수도 있고, 이사회의 결의일에 이루어질 수도 있어 회사에 따라 상이하다. ( )

정답과 해설   01 ✕   02 O   03 O   04 ✕   05 O   06 ✕   07 ✕   08 O   09 O   10 O

01 채권자가 아닌 주주에게 있다.
04 주식배당에 관한 설명이다.
06 자본의 증가 없이 발행 주식의 총수를 늘리고, 이를 주주들의 그 지주수에 따라 나누어주는 것을 말한다.
07 적대적 인수·합병(M&A)에 대비해 경영권을 보호하는 수단으로 쓰이기도 한다.

01 다음 중 배당에 관한 설명 중 옳지 <u>않은</u> 것은?

① 회사의 영업활동을 통해 이익이 일어나고 그 이익을 주주에게 배분하는 것을 이윤배당이라고 한다.

② 배당은 영업연도를 기준으로 한다.

③ 배당금은 정기 주주총회나 이사회에서 지급시기를 따로 정한 경우를 제외하고는 주주총회 승인 뒤 3개월 안에 지급하여야 한다.

④ 배당금에 대한 지급청구권의 소멸시효는 5년으로 정해져 있다.

02 다음 중 배당에 관한 설명 중 옳지 <u>않은</u> 것은?

① 현금배당은 현금으로 배당이 이루어지는 것을 말한다.

② 주식배당은 회사가 주주들에게 배당을 실시함에 있어서 현금 대신 주식을 나누어 주는 것을 말한다.

③ 청산배당은 이익잉여금(손익거래 또는 이익의 사내유보에서 발생하는 잉여금)을 초과한 배당을 뜻한다.

④ 상장법인은 자본시장 육성에 관한 법률에 의거하여 이익배당총액의 200%까지 주식배당이 가능하다.

정답 01 ③ 02 ④

안심Touch

해설 & 정답

03
① 주식병합이 아닌 주식분할의 관한 설명이다.
② 주식의 분할은 주주 평등의 원칙에서 주식 전부에 대하여 동일한 비율로 해야 한다.
④ 자사주 매입은 적대적 인수·합병(M&A)에 대비해 경영권을 보호하는 수단으로 쓰이기도 한다.

03 다음 중 배당의 특수형태에 관한 설명 중 옳은 것은?

① 주식병합은 자본의 증가 없이 발행 주식의 총수를 늘리고, 이를 주주들의 그 지주수에 따라 나누어주는 것을 말한다.
② 주식의 분할은 주주 평등의 원칙에서 주식 전부에 대하여 상이한 비율로 해야 한다.
③ 자사주매입은 회사가 자기 회사의 주식을 주식시장 등에서 사들이는 것을 뜻한다.
④ 자사주 매입은 우호적 인수·합병(M&A)에 대비해 경영권을 보호하는 수단으로 쓰이기도 한다.

04 주식을 구입한 후 해당 회사의 주주로 이름이 등재되는 데까지는 2일의 시간이 소요되기 때문에 배당을 받기 위해서는 영업일 기준으로 배당기준일 이틀 전에는 주식을 구입해야한다.

04 다음 중 배당의 지급절차 관한 설명 중 옳지 <u>않은</u> 것은?

① 우리나라 기업들의 배당 지급절차를 살펴보면 사업연도 결산 이후 주주총회의 의결을 거쳐 지급되는 것이 일반적이다.
② 이사회의 의결이 있는 경우 사업연도 도중에 중간배당 혹은 분기배당을 실시할 수 있다.
③ 배당기준일은 결산기준일 혹은 중간배당(결산 전, 영업 중에 실시하는 배당) 실시 여부에 따라 상이하며, 일반적으로는 매년 말이다.
④ 주식을 구입한 후 해당 회사의 주주로 이름이 등재되는 데까지는 7일의 시간이 소요되기 때문에 배당을 받기 위해서는 영업일 기준으로 배당기준일 일주일 전에는 주식을 구입해야한다.

정답 03 ③ 04 ④

주관식 문제

01 배당락일에 관해 간단히 서술하시오.

01

정답 배당락일은 배당기준일이 경과해 배당금을 받을 권리가 없어진 날을 말한다.

02 배당의 안정화 정책에 관해 간단히 서술하시오.

02

정답 당기순이익의 격차가 크지 않을 시 주당배당액을 일정하게 유지하고, 기업의 당기순이익의 변화추세가 지속적일 것으로 예상되는 경우는 배당금을 변동시키는 정책이다.

여기서 멈출 거예요? 고지가 바로 눈앞에 있어요.
마지막 한 걸음까지 시대에듀가 함께할게요!

제 **7** 장

재무관리의 특수주제

합격의 공식
시대에듀

잠깐!

혼자 공부하기 힘드시다면 방법이 있습니다.
시대에듀의 동영상강의를 이용하시면 됩니다.
www.sdedu.co.kr → 회원가입(로그인) → 강의 살펴보기

제 **7** 장 재무관리의 특수주제

제 **1** 절   기업의 지배구조

1   기업지배권시장 [중요도▶ 상 중 하]

M&A과정에서 필연적으로 나타나는 문제는 기업의 지배권문제이다. 과거 자본주의가 성숙하지 않는 단계에서 대부분의 기업경영자는 소유경영자이기 때문에 M&A에 따른 지배권문제가 중요하지 않았다. 그러나 소유와 경영이 분리된 기업이 증가하고 있는 오늘날의 자본주의체제 하에서는 M&A에 의해 기업의 지배권을 갖는 새로운 주주나 경영자가 나타날 수 있다. 앞서 말한 것과 같이 기업의 지배권이 다른 기업으로 이전되는 것을 기업의 인수라고 부른다. 어떤 한 기업이 다른 기업을 인수하게 되면 인수되는 회사의 지배권은 인수기업에 넘어가게 된다. 이때 대상기업의 경영자는 기업지배권을 전혀 가지지 못하거나 또는 일부 보류할 수 있다. 그러나 이것은 전적으로 인수회사의 결정에 달려 있다.

기업지배권을 기업의 자산운용을 결정할 수 있는 권한이라고 본다면 이는 결국 경영자에게 귀속되는 것이며, 따라서 기업지배권시장이란 여러 경영진이 서로 기업지배권을 확보하기 위하여 경쟁하는 시장이라고 할 수 있다. 즉, 기업지배권시장은 경영자들이 주주들로부터 기업의 지배권을 위임받기 위하여 서로 경쟁하는 일종의 노동시장이다. 기업의 지배권을 확보하기 위하여 이용되는 대표적 방법이 주식공개매수와 백지위임장투쟁 그리고 차입매수이다.

(1) 주식공개매수

매수기간·가격·수량 등을 공개하고 증권회사 창구에서 청약을 받아 여러 주주들로부터 주식을 장외매수하는 것으로, 대주주 쪽에서 경영권 위협에 대항하거나 상장폐지를 하려고 역공개매수를 신청하는 경우도 있다. 1976년부터 시행된 이 제도는 미국의 나이키(Nike)가 국내에서의 직판 체제 구축을 위해 합작법인이었던 삼나스포츠(주)에 대한 조건부 공개매수를 실시한 것을 시작으로 최근에는 적대적 M&A(merger and acquisition : 기업인수·합병)방법의 하나로 많이 이용되고 있다.

원래는 회사의 기존 경영권을 보호하기 위한 제도적 절차로 도입된 것이나 외국법과 달리 주식의 대량 소유를 제한하고 있는 한국에서는 증권거래법에 주식의 대량 소유제한의 예외규정으로 공개매수를 인정하고 있다. 증권거래법에서는 주식 등을 유가증권시장 및 협회중개시장 외에서 6개월 이내에 10명 이상으로부터 취득하여 5% 이상이 되는 경우에는 공개매수제도를 적용하도록 하고 있는데, 소각목적매수, 전환권 등 권리행사에 의한 취득, 특수관계인으로부터의 취득, 주식매수청구권 행사취득, 기타 공개매수에 의할 필요가 없다고 금융감독위원회가 정하는 경우에 한해서는 적용이 제외된다.

주식을 공개매수하려는 상장법인이나 협회등록법인은 공개매수신고서를 작성하여 증권거래위원회에 신고하여야 하며, 신고서를 제출하고 10일이 경과하면 공개매수를 할 수 있는데, 이는 대상 기업의 대주주나 경영진, 그리고 일반 주주들이 합리적인 판단을 할 수 있는 기회를 제공하기 위한 것이다. 또한 공개매수의 기간은 최단 20일에서 최장 60일로 규정하고 이 범위 내에서 공개매수자는 자유롭게 기간을 설정할 수 있다.

(2) 백지위임장투쟁

인수하고자 하는 기업에 대한 통제권을 장악하는 데 쓰이는 기술. 인수자는 자신에게 유리한 경영진 후보 편을 들어 피인수기업의 주주들로 하여금 현재의 경영진들을 축출하라고 설득한다. 만약 주주들이 동의하면 그들의 지분에 대한 의결권을 인수기업이 행사하는 것을 허락하는 위임장에 서명한다.

(3) 차입매수

타인자본, 즉 외부 차입금으로 조달된 자금으로 기업을 인수·합병하는 것. 자금 여력이 충분하지 않은 매수기업이 피매수기업의 자산 및 수익력을 바탕으로 은행이나 보험회사로부터 차입 등을 통해 기업을 매수할 수 있다. M&A를 성사시킨 후 매수한 기업의 이익금이나 자산 매각 대금으로 차입금을 상환하는 방식이다. LBO의 전형적인 형태는 모기업이 자기그룹에 소속된 부실계열기업을 매수하는 것으로 이 경우 매수완료 후 소유와 경영을 일체화할 수 있다는 장점이 있다.

(4) 경영자매수

기업이 계속해서 적자를 내거나 기업 경영에 한계가 드러나 이를 팔 경우, 해당 기업의 경영진이 기업의 전부 또는 일부 사업부나 계열사를 인수하는 기업 구조조정의 한 방법으로서, 영문 머리글자를 따서 'MBO'라고도 한다.

경영자매수는 자금조달이 쉽고 성공 확률이 높으며, 정리해고를 완전히 피할 수는 없다 하더라도 다른 방법보다는 해고의 비율이 적다는 이점 때문에 한국에서도 국제통화기금(IMF) 체제 이후 많은 관심을 모았다. 특히 기업 측면에서는 한계기업을 매각해 자본이 축소되고, 현금의 유입으로 인해 수익성과 기업 가치가 높아진다는 장점을 가지고 있을 뿐 아니라, 기업 구조조정과 고용조정, 고용안정 및 경영능력의 극대화를 동시에 이룰 수 있어 영국의 국영기업과 미국의 기업 등에서는 일찍부터 널리 활용되고 있는 방법이다. 매수 형태는, 적자기업이 소유권과 경영권을 가지고 책임경영을 하되, 기업인수는 투자은행이나 벤처 캐피털로부터 자금을 대출받아 한다. 이 경우 경영자도 지분참여를 하지만, 경영자가 투자하는 금액이 대출기관이 대출해 준 금액보다 훨씬 적기 때문에 기업의 부채비율은 높아지는 것이 보통이다. 그러나 기업의 가치를 제대로 평가하고, 협상을 통해 매수하며, 이에 따른 법적 문제와 세법상의 문제까지 처리하는 과정에서 정부의 지원 없이는 쉽지 않다는 것이 문제점으로 지적되기도 한다.

제 2 절   M&A

1   M&A의 의의와 동향 〈중요도〉 상중**하**

20세기 후반 이후 경영환경의 불확실성은 더욱 커지고 변화의 속도는 점점 빨라지고 있다. 이러한 상황에서 기업이 살아남기 위해서는 부단히 성장하여야 한다. 기업의 성장은 내적 성장과 외적 성장으로 나누어 볼 수 있다. 내적 성장은 신기술이나 신제품 개발에 필요한 투자결정과 자금조달결정 등을 보다 효율적으로 수행함으로써 기업규모가 커지는 것을 말한다. 외적 성장은 다른 기업을 인수하거나 합작하는 등의 방법으로 이미 잘 구축되어 있는 시장에 진입함으로써 기업규모를 키우는 것을 말한다. 성장전략의 측면에서 볼 때 이 장에서 다루는 합병과 취득은 외적 성장의 중요한 수단이다. 한편, M&A는 한 기업의 다른 기업에 대한 투자행위로 파악할 수 있다. 경영자는 기업가치를 높이기 위한 투자결정의 일환으로 다른 기업과의 M&A를 시도하며, 이 경우 M&A는 가치극대화를 목표로 하는 자본예산의 한 범주로 볼 수 있다는 것이다. 글로벌 시장에서 M&A는 1980년대 이후 그 거래 건수와 규모가 크게 증가하여 왔으며 세계 각국의 기업과 투자자들이 큰 관심을 갖는 투자대상이다.

2   M&A의 형태 〈중요도〉 **상**중하

(1) 합병

회사의 합병이란 두 개 이상의 회사가 「상법」의 규정에 따라 청산절차를 거치지 않고 하나의 회사가 되는 것을 말한다. 회사의 합병은 그 방법에 따라 합병 당사회사 가운데 하나의 회사가 나머지 회사를 청산하여 그 권리 의무와 사원을 수용하는 흡수합병과 합병 당사회사 모두가 소멸하고 이들에 의해 신설된 회사가 소멸회사의 권리의무와 사원을 수용하는 신설합병이 있다. 흡수합병이나 신설합병 어느 방법이든 소멸회사의 권리 의무와 사원의 수용이 포괄적으로 이루지는 점에서는 같다.

이에 따라 합병의 본질에 관해 통설은 합병에 의해 소멸회사가 그대로 존속회사 또는 신설회사에 포섭된다고 하는 인격의 합일화 내지는 인격의 계승으로 본다. 이 점에서 「상법」 제235조에서는 합병의 효과로 "합병 후 존속한 회사 또는 합병으로 인하여 설립된 회사는 합병으로 인하여 소멸된 회사의 권리의무를 승계한다"고 정하고 있다. 다만, 영업양도에서는 승계되는 범위가 당사자간의 양도계약에서 정하여지므로 영업의 동일성을 해치지 않는 한 일부 재산을 양도재산에서 제외시킬 수 있으나, 합병의 경우 권리의무가 포괄적으로 승계되어 어느 권리의무도 제외할 수 없다.

(2) 취득

취득은 한 기업이 다른 기업의 주식이나 자산을 매수하는 행위를 말한다. 취득과 단순한 재산의 부분적 매수와의 차이점은 취득의 목적이 다른 기업의 경영권을 획득하는데 있다는 것이다. 합병과 다른점은 취득 후에도 취득되는 기업이 개별기업으로 계속 존재한다는 점이다. 취득은 크게 자산취득과 주식취득으로 구분된다.

① **자산취득**

자산취득은 두 기업 간에 체결된 계약에 따라 한 기업이 다른 기업의 자산의 전부 또는 일부를 매수하는 것을 말한다. 자산취득은 자산의 법적 소유권이 취득한 기업으로 이전되므로 대상기업의 경영권을 흡수하는 효과를 가져온다. 자산취득은 경영진과의 합의를 통해서 이루어지므로 다음에 설명할 주식취득의 경우에서 나타나는 문제점이 발생하지 않는다.

② **주식취득**

기업의 인수합병거래를 거래형태에 의해서 분류하면 크게 합병(흡수합병, 신설합병), 인수(주식취득, 자산취득, 영업인수) 및 구조재편(자산매각, 분리설립, 분할설립, MBO 등)으로 분류할 수 있다. 따라서 **주식취득**은 인수합병거래의 한 방법으로서 인수기업이 피인수기업의 주식을 취득하지만 흡수합병하지는 않고 피인수기업을 지배하는 형태이다. 그러나 보다 넓은 의미의 주식취득은 궁극적으로 합병을 계획하면서도 우선 경영권 확보를 위해 주식을 취득하는 경우도 포함한다. 주식취득의 방법에는 대주주 주식지분의 취득, 주식시장에서의 취득 및 공개매수 등이 있다.

③ **인수**

회사(또는 개인)가 다른 회사의 주식과 경영권을 함께 사들이는 것을 의미한다. 한편, '합병(Mergers)'이란 두 회사가 하나로 합쳐지는 것을 말한다. 두 회사가 하나로 합쳐질 경우 여러 가지 형태가 있지만, 한 회사는 그대로 남아 있고 나머지 회사가 남아 있는 회사로 녹아 들어가는 형태가 가장 일반적이다. 이 경우 그대로 남아 있는 회사를 '존속회사'라 하고 존속회사로 녹아 들어가 사라져 버리는 회사를 '소멸회사'라고 한다.

3 적대적 M&A의 방어 중요도 상중하

(1) 독약조항

적대적 M&A나 경영권 침해 시도 등 특정 사건이 발생하였을 때 기존 주주들에게 회사 신주(新株)를 시가보다 훨씬 싼 가격으로 매입할 수 있는 콜옵션을 부여함으로써 적대적 M&A 시도자로 하여금 지분확보를 어렵게 하여 경영권을 방어할 수 있도록 하는 것이다. 미국과 일본, 프랑스 등지에서 시행하고 있으며, 미국과 일본에서는 이사회 의결만으로 도입할 수 있도록 허용하고 있다.

그 방식에는 적대적 M&A 시도자가 목표기업을 인수한 뒤 이를 합병하는 경우에 해당기업 주주들에게 합병 후 존속회사의 주식을 아주 낮은 가격으로 매수할 수 있는 콜옵션을 배당의 형태로 부여하는 '플립오버 필(flip-over pill)', 적대적 M&A 시도자가 목표기업의 주식을 일정비율 이상 취득하는 경우에 해당기업 주주들에게 주식을 낮은 가격으로 매수할 수 있는 콜옵션을 부여하는 '플립인 필(flip-in pill)'이 있다. 또 적대적 M&A 시도자가 목표기업 주식을 일정비율 이상 취득하면 해당기업 주주들이 보유주식을 우선주로 전환청구하거나 현금으로 상환 또는 교환해줄 것을 청구할 수 있게 하는 '백엔드 필(back-end fill)'도 '포이즌 필'의 한 방식이다.

이 제도는 경영자들이 경영권을 안정적으로 확보하여 외부 세력의 공격에 크게 신경을 쓰지 않고 기업 경영에 집중할 수 있다는 점이 장점으로 꼽는다. 적대적 M&A 시도나 경영권 침해에 대비하여 자사주 매입이나 우호지분 확보 등으로 소요되는 비용을 절감하고 이를 투자비용으로 전환할 수 있으며, 회사를 매각하더라도 적대적 M&A 시도자와 가격협상에서 우월한 지위를 확보할 수 있다.

반면에 기업의 경영권을 지나치게 보호하여 정상적 M&A까지 가로막음으로써 자본시장의 발전을 저해하고 경영의 비효율성을 높일 수 있다는 것이 단점이다. 경영권 강화로 인한 기업 소유주나 경영진 및 대주주의 모럴해저드, 외국인 투자 위축과 주가하락을 불러올 수 있는 점도 단점으로 꼽힌다. '독약 조항' 또는 '독소 조항'으로 번역되는 '포이즌 필'이라는 명칭이 붙여진 것은 이 때문이다.

(2) 황금낙하산

황금낙하산(golden parachute)이란 인수대상 기업의 이사가 임기 전에 물러나게 될 경우 일반적인 퇴직금 외에 거액의 특별 퇴직금이나 보너스, 스톡옵션 등을 주도록 하는 제도이다. 피인수 회사와의 우호적인 합의에 의해 진행되는 우호적 인수합병(M&A)이 아닌 적대적 인수합병(M&A)의 경우 기업 인수비용을 높게 함으로써 사실상 M&A를 어렵게 만들어 경영권을 지키기 위한 방어수단으로 도입됐다. 기업을 인수하려면 비싼 낙하산을 투입해야 한다는 뜻을 담고 있는 것이다. 경영자가 아닌 일반 직원에게 고액의 퇴직금을 주도록 한 것은 주석(朱錫) 낙하산 이라 한다. 황금낙하산은 국내에서는 생소한 제도였지만 최근에는 많은 상장 기업에서 시행되고 있다. 그러나 경영진의 소신 경영을 지원하기 위해 도입된 이 제도가 부실 경영으로 경영권이 넘어간 금융기관 CEO들에게 엄청난 돈을 안겨주거나 무능한 경영진을 보호해주는 수단으로 전락할 수 있다는 점은 부작용으로 지적되고 있다.

(3) 백기사

적대적 M&A(merger and acquisition:기업인수·합병)의 대상이 된 기업이 적당한 방어수단이 없을 경우 적대 세력을 피해 현 경영진에 우호적인 제3의 매수 희망자를 찾아 매수 결정에 필요한 각종 정보와 편의를 제공해 주고 경영권을 넘기게 되는데, 이때 매수대상기업의 경영자에게 우호적인 제3의 기업 인수자로서 매수대상기업을 인수하거나 적대 세력의 공격을 차단해 주는 역할을 한다.

(4) 자사주매입

자사주 매입은 적대적 인수·합병(M&A)에 대비해 경영권을 보호하는 수단으로 쓰이기도 한다. 자사주가 그 자체로 우호지분으로 쓸 수는 없지만 우호적인 기업과 서로 주식을 교환하는 방식으로 우호 지분을 확보할 수 있다. 종업원에게 주식을 지급하거나 회사 소유구조를 개편하기 위해 자사주 매입을 하기도 한다. 자사주를 사는 돈은 자기자금이어야 하고 자사주 취득한도는 자본총계에서 자본금과 자본준비금, 이익준비금을 제외하고 남은 금액인 '상법상 배당 가능한 이익'이어야 한다.

OX로 점검하자

※ 다음 지문의 내용이 맞으면 O, 틀리면 ×를 체크하시오. [1~10]

01 M&A과정에서 필연적으로 나타나는 문제는 기업의 지배권문제이다. (   )

02 주식공개매수는 매수기간·가격·수량 등을 공개하고 증권회사 창구에서 청약을 받아 여러 주주들로부터 주식을 장내매수하는 것으로, 대주주 쪽에서 경영권 위협에 대항하거나 상장폐지를 하려고 역공개매수를 신청하는 경우도 있다. (   )

03 백지위임장투쟁은 인수하고자 하는 기업에 대한 통제권을 장악하는 데 쓰이는 기술. 인수자는 자신에게 유리한 경영진 후보 편을 들어 피인수기업의 주주들로 하여금 현재의 경영진들을 축출하라고 설득한다. (   )

04 경영자매수는 기업이 계속해서 적자를 내거나 기업 경영에 한계가 드러나 이를 팔 경우, 해당 기업의 경영진이 기업의 전부 또는 일부 사업부나 계열사를 인수하는 기업 구조조정의 한 방법으로서, 영문 머리글자를 따서 'LBO'라고도 한다. (   )

05 회사의 합병이란 두 개 이상의 회사가 「상법」의 규정에 따라 청산절차를 거치지 않고 하나의 회사가 되는 것을 말한다. (   )

06 취득은 한 기업이 다른 기업의 주식이나 자산을 매수하는 행위를 말한다. 취득과 단순한 재산의 부분적 매수와의 차이점은 취득의 목적이 다른 기업의 경영권을 획득하는데 있다는 것이다.
(   )

07 자산취득은 두 기업 간에 체결된 계약에 따라 한 기업이 다른 기업의 자본의 전부 또는 일부를 매수하는 것을 말한다. (   )

08 인수는 회사(또는 개인)가 다른 회사의 주식과 경영권을 함께 사들이는 것을 의미한다. (   )

09 황금낙하산이란 인수대상 기업의 이사가 임기 전에 물러나게 될 경우 일반적인 퇴직금 외에 거액의 특별 퇴직금이나 보너스, 스톡옵션 등을 주도록 하는 제도이다. (   )

10 자사주 매입은 적대적 인수·합병(M&A)에 대비해 경영권을 보호하는 수단으로 쓰이기도 한다.
(   )

정답과 해설   01 O   02 ×   03 O   04 ×   05 O   06 O   07 ×   08 O   09 O   10 O

02 주식공개매수는 매수기간·가격·수량 등을 공개하고 증권회사 창구에서 청약을 받아 여러 주주들로부터 주식을 장외매수하는 것이다.
04 LBO가 아닌 MBO라고 한다.
07 자본이 아닌 자산의 전부 또는 일부를 매수하는 것을 말한다.

실전예상문제

01 다음 중 주식공개매수에 관한 설명 중 옳지 <u>않은</u> 것은?

① 매수기간·가격·수량 등을 공개하고 증권회사 창구에서 청약을 받아 여러 주주들로부터 주식을 장외매수하는 것이다.

② 대주주 쪽에서 경영권 위협에 대항하거나 상장폐지를 하려고 역공개매수를 신청하는 경우도 있다.

③ 우호적 M&A의 방법의 하나로 많이 이용되고 있다.

④ 주식을 공개매수하려는 상장법인이나 협회등록법인은 공개매수신고서를 작성하여 증권거래위원회에 신고하여야 한다.

01 적대적 M&A의 방법의 하나로 많이 이용되고 있다.

02 다음 설명 중 옳지 <u>않은</u> 것은?

① 백지위임장투쟁은 인수하고자 하는 기업에 대한 통제권을 장악하는 데 쓰이는 기술로 인수자는 자신에게 유리한 경영진 후보 편을 들어 피인수기업의 주주들로 하여금 현재의 경영진들을 축출하라고 설득한다.

② 차입매수는 M&A를 성사시킨 후 매수한 기업의 이익금이나 자산 매각 대금으로 차입금을 상환하는 방식이다.

③ 경영자매수는 해당 기업의 경영진이 기업의 전부 또는 일부 사업부나 계열사를 인수하는 기업 구조조정의 한 방법으로서, 영문 머리글자를 따서 'MBO'라고도 한다.

④ 경영자매수는 자금조달이 어렵고 성공 확률이 낮으며, 정리해고를 완전히 피할 수는 없는 단점이 있다.

02 경영자매수는 자금조달이 쉽고 성공 확률이 높으며, 정리해고를 완전히 피할 수는 없다 하더라도 다른 방법보다는 해고의 비율이 적다는 이점 때문에 한국에서도 국제통화기금(IMF)체제 이후 많은 관심을 모았다.

정답 01 ③   02 ④

안심Touch

03 ② 흡수합병에 관한 설명이다.
③ 신설합병에 관한 설명이다.
④ 흡수합병이나 신설합병 어느 방법이든 소멸회사의 권리 의무와 사원의 수용이 포괄적으로 이루지는 점에서는 같다.

03 다음 합병에 관한 설명 중 옳은 것은?

① 회사의 합병이란 두 개 이상의 회사가 「상법」의 규정에 따라 청산절차를 거치지 않고 하나의 회사가 되는 것을 말한다.
② 합병 당사회사 가운데 하나의 회사가 나머지 회사를 청산하여 그 권리 의무와 사원을 수용하는 신설합병이 있다.
③ 합병 당사회사 모두가 소멸하고 이들에 의해 신설된 회사가 소멸회사의 권리의무와 사원을 수용하는 흡수합병이 있다
④ 흡수합병이나 신설합병 어느 방법이든 소멸회사의 권리 의무와 사원의 수용이 개별적으로 이루지는 점에서는 차이점이 있다.

04 한 기업이 다른 기업의 자산의 전부 또는 일부를 매수하는 것을 말한다.

04 다음 취득에 관한 설명 중 옳지 <u>않은</u> 것은?

① 취득은 한 기업이 다른 기업의 주식이나 자산을 매수하는 행위를 말한다.
② 자산취득은 두 기업 간에 체결된 계약에 따라 한 기업이 다른 기업의 자산의 전부 또는 일부를 매도하는 것을 말한다.
③ 주식취득은 인수합병거래의 한 방법으로서 인수기업이 피인수기업의 주식을 취득하지만 흡수합병하지는 않고 피인수기업을 지배하는 형태이다.
④ 주식취득의 방법에는 대주주 주식지분의 취득, 주식시장에서의 취득 및 공개매수 등이 있다.

정답 03① 04②

주관식 문제

01 인수에 관해서 서술하시오.

02 독약조항에 관해 서술하시오.

03 황금낙하산에 관해서 서술하시오.

01

정답 회사(또는 개인)가 다른 회사의 주식과 경영권을 함께 사들이는 것을 의미한다.

02

정답 적대적 M&A나 경영권 침해 시도 등 특정 사건이 발생하였을 때 기존 주주들에게 회사 신주(新株)를 시가보다 훨씬 싼 가격으로 매입할 수 있는 콜옵션을 부여함으로써 적대적 M&A 시도자로 하여금 지분확보를 어렵게 하여 경영권을 방어할 수 있도록 하는 것이다.

03

정답 황금낙하산(golden parachute)이란 인수대상 기업의 이사가 임기 전에 물러나게 될 경우 일반적인 퇴직금 외에 거액의 특별 퇴직금이나 보너스, 스톡옵션 등을 주도록 하는 제도이다.

여기서 멈출 거예요? 고지가 바로 눈앞에 있어요.
마지막 한 걸음까지 시대에듀가 함께할게요!

제 **2** 과목

마케팅관리

고득점으로 대비하는 가장 똑똑한 수험서!

제 **1** 장

마케팅 컨셉

합격의 공식
시대에듀

잠깐!

혼자 공부하기 힘드시다면 방법이 있습니다.
시대에듀의 동영상강의를 이용하시면 됩니다.
www.sdedu.co.kr → 회원가입(로그인) → 강의 살펴보기

제 1 장 마케팅 컨셉

제 1 절 마케팅의 정의

1 마케팅의 정의 중요도 상중하

마케팅의 정의는 경제여건과 학자들의 견해에 따라 다양하므로 어느 정의가 가장 적절하다고 말하기는 곤란하다. 사실 마케팅에 관한 정의들은 마케팅에 관한 지식을 쌓아감에 따라 점차로 명확하게 이해될 것이므로 우선 여기서는 가장 보편적으로 수용되고 있는 세 가지의 정의를 살펴보기로 하자.

(1) 미국 마케팅학회의 1960년 정의

미국 마케팅학회(AMA, American Marketing Association)의 정의위원회는 마케팅을 "**상품과 서비스를 생산자로부터 소비자 또는 사용자에게 흐르도록 하는 기업 활동의 수행**"(Marketing is the performance of business activities that direct the flow of goods and services from the producer to consumer or user)이라고 정의한 바 있는데, 이러한 정의는 마케팅의 효용을 강조하는 것이었다.

기업은 사회구성원들에게 유용한 효용을 창출해야 하는 사회적 의무를 갖고 있으며, 그러한 의무를 제대로 이행하는 기업만이 비로소 번영할 수 있다. 따라서 기업은 사회구성원들이 원하는 상품을 생산하고 공급하는 활동을 통해 다양한 유형의 효용을 창출함으로써 그들을 만족시키게 되는데, 기본적인 효용의 형태는 형태효용, 장소효용, 시간효용, 소유효용 등 네 가지이다.

형태효용이란 적당한 공정을 통해 원재료를 상품으로 변환시킬 때 창출되는 부가가치로서 주로 생산활동의 산물이다. 이에 비해 나머지 세 가지 유형의 효용은 수송, 보관, 소유권이전 등을 통해 창출되는 부가가치로서 1960년대 AMA의 정의가 강조하는 효용들이다.

그러나 AMA의 이러한 정의는 이미 생산된 제품을 전제로 하는데, 사실 마케팅이란 앞에서 살펴본 바와 같이 생산에 앞서서 무엇을 만들 것인지를 결정하는 일부터 시작된다. 따라서 형태효용이 주로 생산활동의 산물이지만 마케팅은 그러한 활동의 방향성을 결정하는 데(고객이 원하는 바를 확인하여 생산할 상품을 결정하는 일)에 크게 기여하고 있으며, AMA의 정의는 마케팅활동이 창출하는 효용을 강조하되 형태효용을 제외시킴으로써 오늘날의 마케팅을 설명하기에는 미흡하다. 또한 1960년도 AMA의 정의는 마케팅의 대상을 상품과 서비스에 국한시켰고, 마케팅의 주체를 기업으로 제한하였다는 점에서 협소한 관점으로 평가할 수 있다.

(2) Philip Kotler의 정의

Kotler는 거래 쌍방의 만족을 극대화하려는 생산자와 구매자 사이의 '교환'을 강조하면서 마케팅을 "교환과정을 통해 욕구와 필요를 충족시키려는 인간활동"(Marketing is human activity directed at satisfying needs and wants through exchange process)이라고 정의하였다.

이러한 정의는 마케팅을 이해하기 위해 매우 중요한 개념들을 포함하고 있는데, 우선 욕구와 필요가 무엇인지 살펴보자. 욕구(needs)란 인간이 생리적 및 심리적으로 행복하기 위해 충족되어야 하는 기본적인 조건들이며, 그러한 조건이 제대로 충족되지 않은 상태는 긴장을 야기하고 그러한 긴장을 완화 또는 제거하려는 행동을 촉발한다.

이러한 기본적인 욕구는 타고나는 것으로 모든 사람들에게 공통적이며 특정한 자극을 받지 않을 때에는 활성화되지 않을 상태로 마음속에 내재되어 있다. 인간의 욕구에는 어떠한 것들이 있는지에 관해 많은 학자들이 연구해 왔는데, 그중 A. H. Maslow는 인간의 욕구를 크게 다섯 범주로 구분하고 저차의 욕구가 어느 정도 충족되어 감에 따라 보다 고차의 욕구가 활성화되어 행동을 지배한다고 제안하였다.

예를 들어, 식사한 지 많은 시간이 흘렀을지라도 내부적이든 외부적이든 어떠한 자극에 의해 식욕이 충족되지 않고 있음을 느끼기 전까지는 음식에 대한 욕구가 잠재해 있을 뿐이며 어떠한 행동도 유발시키지 않는다. 단지 그가 음식냄새라든가 혈당치 저하라는 자극을 받을 때 비로소 배고픔을 느끼고 식욕이 활성화될 것인데, 이러한 경우 그는 욕구수준을 낮춰 배고픔을 그대로 견뎌 내거나 식욕을 충족시킬 적절한 수단을 모색할 것이다. 이때 욕구를 충족시키기 위해 우리가 이용할 수 있는 모든 수단(need-satisfiers)을 흔히 '상품'이라고 부른다.

한편 배가 고픈 사람은 자신의 욕구충족 수단으로서 우리 밀 라면이나 맥도널드 햄버거를 열망할 수 있는데, 이와 같이 욕구를 충족시키기 위한 구체적인 수단에 대해 보이는 열망(desires for specific satisfiers of the deeper needs)을 필요(wants)라고 한다. 이러한 필요는 문화, 준거집단, 사회계층, 가정 등의 집단영향과 소득, 연령, 학력 등의 개인특성으로부터 영향을 받아 결정된다는 점에서 만인에게 공통적인 욕구와 다르다.

Kotler의 정의는 교환의 개념을 도입하여 광범위한 인간 활동을 포괄했으며, 마케팅의 주체도 기업에 국한시키지 않는다는 점이 특징이다. 또한 마케팅의 대상도 상품이나 서비스에 국한시키지 않고 욕구와 필요를 충족시키기 위한 모든 수단을 포괄하고 있다.

(3) 미국 마케팅학회의 1985년 정의

미국 마케팅학회는 경제 환경의 변화와 마케팅 이론의 발전에 따라 1960년의 정의가 부적합함을 인식하고 1985년 새로운 정의를 발표했는데, 마케팅을 "개인과 조직의 목표를 충족시킬 교환을 야기시키기 위해 아이디어 및 제품, 서비스의 개념화와 가격결정, 촉진, 유통을 계획하고 수행하는 과정"(Marketing is the process of planning and executing the conception, pricing, promotion, and distribution of ideas, goods, and services that create exchange that satisfy individual and organizational objectives)으로 정의했다.

즉 새로운 정의는 교환의 개념을 도입하였고, 마케팅의 주체와 대상을 모두 확대하였다. 또한 모든 마케팅 의사결정 분야(4P)를 명확하게 포괄하고 관리론적 입장을 취하고 있다.

2 마케팅에 대한 오해 〔중요도〕 상 중 **하**

(1) 마케팅은 모두 광고에 대한 것이다.

광고는 마케팅을 고객에게 의사소통하는 한 방법에 불과하다. 광고는 일반 대중에게 매우 잘 드러난다. 그래서 많은 사람들이 마케팅을 생각할 때 자연스럽게 광고를 떠올리게 된다. 다음과 같은 유명한 격언이 있다. "훌륭한 광고는 나쁜 제품을 더 빨리 실패하게 한다."

(2) 마케팅은 본질적으로 비윤리적이며 사회에 해롭다.

다른 비즈니스 기능이 본질적으로 비윤리적이지 않은 것처럼 마케팅도 비윤리적이지 않다. 2000년대 후반 큰 불황으로 이어졌던 기업의 극단적인 회계 부정은 진실을 보여준다. 마케팅의 일부 요소가 비윤리적(불법)이면 일반 대중이 쉽게 알게 되는 경향이 있다. 기껏해야 거짓 광고 주장, 강압적 판매 전술, 환경에 해로운 포장 정도가 쉽게 볼 수 있는 부정적 마케팅 사례이다.

(3) 마케팅은 모두 판매에 대한 것이다.

일반 대중은 판매를 많이 경험한다. 소매점에서 일상적인 판매가 많이 이루어진다. 판매, 더 정확하게 말해서 '인적판매'는 단순히 마케팅 커뮤니케이션의 한 방법이다. 마케터는 마케팅 커뮤니케이션 믹스를 결정해야 한다. 이 믹스는 광고와 인적판매뿐만 아니라 PR/홍보, 판매촉진, 직접 마케팅을 포함하고 있다. 다른 장에서는 메시지를 의사소통할 때 각 요소가 언제, 어떻게 가장 효과적인지 토의할 것이다.

(4) 마케팅 관리자만 마케팅을 한다.

누구나 마케팅을 한다. 모든 사람이 마케팅의 성공에 지분을 가지고 있다. 기업 내의 직위나 직함과 관계없이 훌륭한 마케팅 실행 방법을 배우는 것은 핵심적인 직업 자산이다. 강력한 마케팅 기술을 가진 사람들은 직장 안팎에서 큰 성공을 이룬다. 당신 자신을 효과적으로 커뮤니케이션하여 개인 브랜드로 만드는 상황을 고려해 본 적이 없다면 직장을 구하거나 승진을 위해 자신을 포지셔닝하려고 할 때 마케팅이 얼마나 유용할 수 있는지 생각해 보라.

(5) 마케팅은 모두 솜털 같고 내용이 없다.

맞는 말이다. 마케팅의 어떤 측면은 본질적으로 재미있고 화려하다. 케빈 듀란트를 유명인 모델로 고용하는 것은 나이키 팬에게 주는 즐거움과 재미는 말할 것도 없고 나이키의 모든 직원에게도 정말 스릴 있는 일이다. 그러나 마케팅에는 정교한 조사, 자세한 분석, 세심한 의사결정, 심사숙고한 전략과 계획의 개발과 같은 측면도 있다. 많은 조직에서 마케팅을 위해 주요 투자가 필요하므로 기업들은 자연스럽게 만족스러운 투자 회수에 대한 확신이 없으면 자원 투자를 꺼린다.

(6) 마케팅은 기업의 비용 센터 중에 하나다.

마케팅이 투자가 아니라 비용이라는 사고방식은 기업에게 치명적이다. 왜냐하면 본질적으로 비용은 줄이고 회피해야 하기 때문이다. 경영자가 마케팅은 수익을 창출한다는 관점을 갖지 않으면, 즉 마케팅은 장기적으로 투자를 회수한다고 보지 않으면 기업이 원가를 줄이는 것을 선호하여 브랜드와 제품 개발

투자를 피하기 때문에 결국에는 부분적인 성공만 달성하기 쉽다. 이것은 마케팅 투자가 장기적인 경쟁력을 보장하기는 하지만 성공적인 기업은 단기적인 재무성과를 달성하기 위해서 원가도 동시에 점검해야 한다는 고전적 논쟁이다.

제 **2** 절 **마케팅 핵심개념**

1 needs(1차적 욕구), wants and demand(2차적 욕구) 중요도 ⓢⓤⓗ

기본적으로 마케팅 관리자들은 1차적 욕구를 창조하지 못한다. 1차적 욕구는 전적으로 소비자가 원하는 것으로 마케팅 관리자가 만들어 내기 이전부터 존재하기 때문이다. 따라서 마케팅 관리자들은 사회에 존재하는 다른 영향력과 더불어 소비자들의 2차적 욕구에 영향을 끼치려고 노력한다. 즉 마케팅 관리자들은 벤츠가 인간의 사회적 지위에 대한 2차적 욕구를 충족시켜 준다고 소비자에게 제시하고 설득한다.

(1) 욕구(1차적 욕구)

진정한 마케팅 개념의 출발점은 인간의 욕구와 필요다. 욕구란 무엇을 원하는 것으로 인간이 추구하는 바람직한 상태와 실제 상태 사이의 차이를 말하는데, 그 둘 간의 차이가 크면 클수록 욕구의 강도는 커진다. 인간은 살기 위해서 음식, 공기, 물, 의복, 주거지를 필요로 한다. 이것 외에도 인간은 기분전환, 교육 등 기타 서비스에 대하여 강한 욕망을 가지고 있다. 예를 들어 인간은 배부른 상태를 원하는데, 실제 배가 고프다면 음식에 대한 욕구는 커지게 된다.

일단 욕구가 활성화되면 인간은 내적으로 긴장상태가 된다. 마케터는 소비자가 이러한 긴장을 줄일 수 있도록 그들이 원했던 편익을 제공하는 제품이나 서비스를 만들려고 한다. 즉 배고픔을 해소시킬 수 있는 빵을 만든다던가, 갈증해소와 저칼로리를 원하는 욕구를 충족시킬 수 있는 다이어트 콜라를 만든다.

(2) 필요(2차적 욕구)

필요는 보다 심오한, 즉 기본적 욕구를 특별하게 만족시키는 것에 대한 바람이다. 어떤 미국인의 기본적 욕구는 음식이지만, 필요는 햄버거이며, 1차적 욕구는 의복이지만 2차적 욕구는 아르마니이다. 또한 명성이나 지위가 1차적 욕구라면 2차적 욕구는 벤츠를 구입하는 것이다.

인간의 1차적 욕구는 하나일 수도 있으나, 그것을 만족시킬 수 있는 2차적 욕구의 수는 무한할 수 있다. 그러나 많은 사람들은 2차적 욕구를 다 충족시키지는 못할 것이다. 즉 특정 욕구는 사람에 따라 충족시킬 능력이 없을 수도 있다.

(3) 수요

수요란 특정 제품을 구입할 수 있는 능력과 의지에 의해서 뒷받침되는 2차적 욕구이다. 즉 2차적 욕구는 구매력이 뒷받침될 때 수요가 된다. 많은 사람들은 벤츠를 원한다. 그러나 단지 소수만이 그것을 살 수 있으며, 구매에 대한 의지가 있다. 그러므로 기업들은 얼마나 많은 사람들이 그것을 구입하고자 하며, 또한 얼마나 많은 사람들이 구입할 수 있는가를 측정해야 한다.

2 value & satisfaction(가치와 만족) 중요도 상 중 하

가치와 만족은 고객관계를 개발하고 유지하는 데 중요한 필요조건이다. 예를 들어 어떤 소비자가 자동차를 구매하려는데, 경차와 중형차, 그리고 새차와 중고차 사이에서 고민한다고 하자. 이때 소비자는 각 제품의 가치를 비교하고 구입할 것이다. 경차를 구매하는 비용보다 중형차를 구매하는 비용이 당연히 더 많이 들 것이다. 또한 중고차는 새 차보다 금전적 비용은 적게 들지만, 새 차보다 시간비용, 에너지비용, 심적비용은 더 많이 들 것이다.

(1) 가치

소비자가 특정 제품이나 브랜드를 선택하는 기준은 각 대안들이 제공하는 가치라 할 수 있다. 가치는 품질, 서비스 그리고 가격의 결합으로 볼 수 있다. 품질과 서비스가 증가하고 가격이 감소한다면 가치도 당연히 증가한다. 더 구체적으로 가치는 고객이 얻는 것과 주는 것 사이의 비율이라고 정의할 수 있다. 고객은 편익을 얻고 비용을 지불한다.

(2) 만족

만약 고객이 특정 제품을 구입해 놓은 가치를 얻었다면 만족감도 증가할 것이다. 즉 제품에 대한 고객만족은 제품의 성능이 고객의 기대에 얼마나 잘 부합했는가에 따라 달라진다. 고객 만족은 소비자의 향후 구매행동에 중요한 영향요소가 된다. 만족한 고객들은 제품을 재구매하고 자신의 좋은 경험에 대하여 타인에게 이야기를 하게 된다. 반면 만족하지 못한 고객들은 경쟁자의 제품을 구매하게 되고 타인에게 만족하지 못한 제품에 대해 비난하게 될 것이다.

3 교환 중요도 상 중 하

마케팅은 사람들이 자신의 욕구를 교환을 통해 충족시키고자 결정할 때 발생하는 것이다. 교환이란 타인에게 보상으로 어떤 것을 주고 그로부터 원하는 대상물을 획득하는 행위를 말한다. 교환이 일어나기 위해서는 세 가지 조건이 선행되어야 한다. 첫째, 서로에게 가치 있는 것을 가지고 있는 둘 이상의 상대가 있어야 한다. 둘째, 상대에게 그것을 전달하는 능력과 욕망이 있어야 한다. 셋째, 서로가 커뮤니케이션하는 방법이 있어야 한다.

즉 교환이 발생하기 위해서는 우선 기업은 소비자가 만족할 수 있을 만큼 욕구를 충족시킬 수 있는 제품을 만들어야 하고, 소비자는 그것을 구매할 수 있는 돈이 있어야 한다. 다음으로 각각의 당사자가 이러한 조건을 갖추었다고 하더라도 그것을 교환할 능력과 욕망이 있어야 한다. 아무리 부유층 소비자라 할지라도 전기 자동차를 구매하고 싶은 욕망이 없다면 테슬라와의 교환은 발생하지 않는다. 따라서 각 기업은 표적 소비자의 구매 욕망을 자극할 수 있는 촉진방법을 개발해야 한다. 마지막으로 두 당사자 간에는 정보를 전달할 수 있는 커뮤니케이션 수단이 있어야 한다. 기업이 아무리 고객의 욕구를 잘 충족시키는 제품을 만들었어도 소비자가 그 제품의 존재를 모른다면 교환은 이루어지지 않는다. 이때 광고는 소비자에게 기업의 제품이나 서비스에 대한 정보를 제공하고, 그들의 욕구를 만족시킬 능력이 있다는 것을 확신시킴으로써 교환과정에서 중요한 역할을 하는 수단이 된다.

4 마케팅 믹스 중요도 상중하

제품의 여러 가지 특성이 잠재고객의 욕구를 충족시키는 데 기여하며 형태효용을 구성하지만, 사실 욕구충족 수단으로서 효용의 다발은 마케터의 다른 의사결정으로부터도 많은 영향을 받는다. 예를 들어, 동일한 제품일지라도 가격이 지나치게 비싸다면 전체적인 효용은 감소할 것이 당연하다. 또한 편리한 유통경로를 통하여 원하는 시점에서 그러한 제품이 가용하다면 전체적인 효용은 커질 것이며, 여러 가지 촉진활동을 통하여 잠재고객들이 제품특성을 잘 이해하고 우호적인 태도를 형성해 갖고 있다면 역시 전체적인 효용이 커질 것이다. 따라서 효용의 다발은 통제가능한 여러 가지 변수들이 총합된 결과를 의미하며, Nein H. Borden은 이러한 변수들의 조합을 마케팅믹스라고 지칭하였다. 즉 마케팅믹스란 마케팅조직이 고객만족을 창출함으로써 조직의 목표를 효과적으로 달성하기 위하여 구사할 수 있는 통제가능한 변수들의 독특한 결합을 의미한다. 마케터는 소비자반응에 영향을 미칠 수 있는 통제가능한 모든 변수에 대하여 구체적인 내용을 결정해야 하므로 이들은 바로 마케팅믹스의 의사결정 변수가 되는 것이다.

물론 마케팅 의사결정의 유형은 대단히 많은 것이지만 대체로 제품분야, 가격분야, 유통분야, 촉진분야로 구분할 수 있기 때문에 E. J. McCarthy는 4P(product, price, place, promotion)로 요약하였다.

(1) 제품

제품에는 단지 제품 자체뿐만 아니라 디자인, 포장, 서비스 등과 같은 요소들도 포함되어 있다. 제품이 튼튼하고 소비자들이 원하는 편익을 제공한다고 해도 예쁘지 않다든지 포장이 엉성하다든지 기타 서비스가 없다면 많이 팔릴 수 없다. 제품전략에서는 이런 제품의 하위믹스까지도 함께 고려해야 한다.

(2) 가격

가격은 기업의 수익을 직접적으로 규정하는 요소이다. 가격은 소비자의 제품구매 결정에 커다란 영향을 미치므로 여러 가지 환경을 고려해야 하는데 이러한 가격전략은 마케팅믹스 속에서 종합적으로 판단되어야 하며 기업의 의사를 반영한 일관된 가격정책이 필요하다.

(3) 유통

필요한 시기와 장소에 제품을 공급하는 것이 유통이다. 유통의 마지막은 고객과 제품이 만나는 것이므로 구매의사가 있는 고객이 시간이나 공간의 제약으로 구매에 장애가 있어서는 안 된다. 즉 가장 적절한 유통경로를 통해 제품의 수요에 맞는 판매처를 선정하여 제품 공급을 계획적으로 수행해야만 효과적으로 판매할 수 있다. 유통은 마케팅믹스 중에서 가장 비탄력적이기 때문에 유통경로가 한번 결정되면 다시 바꾸는 데 많은 시간과 비용이 든다.

(4) 촉진

촉진은 제품에 대한 정보를 제공하고 고객의 구매의욕을 높여 제품을 구매하도록 만드는 것이다. 기업은 촉진 활동을 통하여 제품컨셉과 정보를 소비자에게 전달해서 자사제품이나 서비스를 알리는 수단이다. 비록 기업의 의도대로 통제되지는 않지만 매체에 대한 소비자의 신뢰가 크기 때문에 그 효과도 높고 별다른 비용이 들지 않는다. 판매촉진과 인적판매는 소비자의 직접적인 구매를 유도하는 수단으로 효과가 빨리 나타난다.

제 3 절 기업의 마케팅 컨셉 및 철학

마케팅 활동이 전개되어 오면서 역사적으로 기업이 마케팅 관리상에서 지향하여야 할 컨셉이 변화, 발전해 왔다. 이를 기업중심에서와 고객중심으로 분류하면 다음과 같다.

1 기업중심 철학 중요도 상중하

(1) 생산개념

생산개념은 소비자들이 제품을 구입할 여유가 있고 소비자의 관심은 제품의 유용성과 가격에 있다고 가정한다. 이 개념에 의해 수요가 공급에 비해 월등히 크며 기업은 생산효율을 개선하고 원가절감을 통한 생산성 향상에 노력한다.

(2) 제품개념

제품개념은 소비자들이 가격에 대하여 품질이 가장 좋은 제품을 선호하며, 소비자의 관심은 품질과 가격에 있다고 가정한다. 이 개념에 의하면 생산개념과 마찬가지로 시장에선 수요가 공급보다 크며 기업은 품질개선에 주력하고 마케팅의 근시안이 발생한다. 생산공정의 기계화와 과학화에 의한 대량생산체제의 확립과 품질관리에 기업경영의 초점이 두어져 있고, 실제 과소생산, 과잉수요라는 당시의 시장경제적 특성으로 기업의 모든 활동이 생산에 치중해 있었다.

(3) 판매개념

판매개념은 소비자들이 필수품이 아니면 구입하려 하지 않는 경향을 가지고 있으며, 기업은 소비자가 제품을 구입하도록 자극해야 한다고 가정한다. 1930년대를 전후하여 확립된 대량생산체제는 마침내 공급이 수요를 초과하게 되어 생산중심시대와는 정반대인 수급불균형 상태를 야기하게 되었다.

기업의 새로운 고민은 생산공정의 개선이나 품질관리가 아니라 대량으로 생산되어 누적된 상품재고를 어떻게 대량으로 판매하여 거액의 투자로 인해 발생한 자본비용의 압박에서 벗어날 수 있는가에 있었다. 그리하여 시장은 판매자 시장으로 특징지어지고 생산된 제품을 소비자가 원하든 원하지 않든 그냥 판매한다는 고압적 마케팅이나 강매방식이 주로 채택되었다.

시장수요보다 공급이 커지면서 소비자의 욕구충족보다는 판매량 증대라는 근시안적 목적이 우선시되어, 소비자들의 구매동기나 태도에 대한 체계적이고 과학적인 연구와 조사는 생각할 수조차 없었고, 기업은 단지 광고와 유통경로의 관리 강화, 광고예산 증대, 판매원 증강, 유통채널의 보강, 촉진활동의 강화 등으로 판매량 증대에만 노력하게 되었다.

참고로, 판매자 시장이란 판매자가 보다 많은 영향력을 가진 시장을 뜻하며 이 경우 구매자는 판매자보다 더욱 활발하게 마케팅을 하여야 한다. 반면에 구매자 시장에서는 구매자가 보다 많은 영향력을 가지게 되어 판매자는 더욱 활발한 마케팅을 하여야 한다. 마케팅이란 일반적으로 판매자가 구매자를 찾으려는 노력으로 인식되고 있으며, 이러한 맥락에서 마케팅을 구매자 시장의 관점에서 이해할 수 있다.

구분	출발	초점	수단	목적
판매자 시장	기업 또는 생산지향	제품	판매와 촉진	판매량 증대를 통한 이윤추구
구매자 시장	시장 또는 고객지향	고객의 욕구	통합마케팅	고객 만족을 통한 이윤추구

2 고객중심 철학 중요도 상중하

(1) 고객지향적 마케팅 개념

마케팅 개념은 소비자들이 생산자보다 자신들의 필요와 욕구를 더 잘 알고 있으므로 기업은 소비자의 욕구충족에 관심을 기울여야 한다고 가정한다. 이 개념은 1950년대 이후 판매중심시대에 대한 반성으로 등장하였는데, 이는 소비자지향 사상이 그 핵심을 이루고 있다.

그리하여 기업은 시장변화에 보다 민감하게 대처하게 되었고, '만든 제품을 판다.'는 고압적 마케팅에서 '소비자가 원하는 제품을 만들어 판다.'는 저압적 마케팅으로, 그리고 판매자 시장에서 구매자 시장으로 판매방식과 소비자에 대한 자세가 각각 바뀌게 되었다.

(2) 사회지향적 마케팅 개념

1970년대 이후 마케팅 개념에 대한 반성과 수정이 일부 학자들 간에 일어나기 시작하였는데, 그 결과 등장한 것이 사회적 마케팅 개념이다.

소비자의 한시적인 만족이라는 근시안적이고 피상적인 문제보다는 그들의 장기적 복리라는 근원적인 문제의 해결을 위해서는 단순히 마케팅 개념의 실현만으로는 부족하다는 것이다. 다시 말하면, 지금까지 소비자 욕구의 발견, 충족이 반드시 그들과 사회의 장기적 이익으로 이어지지는 않았다는 것이다. 따라서 사회적 마케팅 개념이란 기업의 마케팅 활동이 회사의 이익, 고객만족, 공공의 이익 모두를 충족 시켜야 하는 사회적 책임을 이행하는 방향으로 전개되어야 한다는 것이다.

그렇다고 해서, 사회적 마케팅 개념이 기업적 마케팅 내지 마케팅 개념을 배제하는 것은 아니며, 그것을 확대한 것이고, 이론적으로 그것을 연장시킨 것임을 잊어서는 안 된다.

더 알아두기 Q

제네럴 일렉트릭의 마케팅 컨셉

마케팅 개념에 비춰볼 때 마케팅 관리자는 생산 주기의 마지막이 아니라 시작 단계에 참여해야 한다. 비즈니스 각 단계와 마케팅을 통합해야 한다. 그러므로 기업은 마케팅 연구와 조사를 통해 엔지니어, 디자이너, 생산자를 위해 고객이 제품으로부터 원하는 것, 지불하고자 하는 가격, 구매하려는 장소와 시간을 이해하고 밝혀주어야 한다. 마케팅은 판매, 유통, 제품, 서비스뿐만 아니라 제품 기획, 생산 스케줄링, 재고관리까지 지휘 권한을 가질 것이다.

제4절 마케팅 관리 과업

1 마케팅 관리 `중요도` 상 중 하

경영관리란 대체로 P(plan, 계획), D(do, 실행), S(see, 통제)나 P(planning, 계획수립), O(organizing, 조직화), C(controlling, 통제)의 활동을 중심으로 하는 순환과정으로 설명할 수 있기 때문에 마케팅관리란 결국 마케팅을 PDS 또는 POC하는 일이다.

(1) 마케팅관리의 정의

마케팅을 실행하는 주체는 크게 세 가지 수준으로 나눌 수 있다. 즉 **개인**은 자신의 욕구나 필요를 충족시키기 위해 상품을 구매할 뿐 아니라 간혹 판매활동(중고제품의 판매나 서비스의 판매)을 수행하기도 한다. 예를 들어, 일정한 예산한도 범위 내에서 혼수감을 탐색하는 예비신부는 마케팅을 수행하는 것이다. 또한 **기업**을 포함하여 다양한 조직들은 시장으로부터 수요되고 있는 것을 생산하여 자신의 목표 달성에 필요한 자원과 교환한다. **국가**도 역시 국민이나 다른 국가와 교환관계를 계획하고 관리한다. 그러나 본 과정에서는 주로 기업의 마케팅활동에 관심을 두면서 마케팅의 원리와 이론을 살펴보기로 한다.

이러한 관점에서 본다면 마케팅관리는 적어도 교환의 한 당사자(마케터)가 상대방으로부터 바람직한 반응(구매 또는 추천)을 얻어내려는 목표와 이를 달성하기 위한 수단을 고려함으로써 나타난다. 즉 마케팅관리란 "조직의 목표(이윤, 매출액, 시장점유율 등)를 효과적으로 달성하기 위해 상대방(주고객시장의 구성원들)과의 호혜적인 교환관계를 개발하고 유지하기 위한 프로그램을 계획·실행·통제하는 경영 관리활동"이라고 정의할 수 있다.

(2) 마케팅관리의 목표

마케팅은 우리 일상생활에 많은 영향을 미치며, 그러한 영향을 받지 않는 사람은 거의 없을 정도이다. 또한 자신이 필요로 하는 것을 가장 효과적으로 획득할 수 있는 방법이 교환이며, 그러한 교환이 원활하게 일어나도록 하는 일이 마케팅이라고 할 때 우리는 누구나 마케팅을 관리하는 마케터인 셈이다.

비록 많은 논란은 있지만, 마케팅관리의 목표는 크게 세 가지로 나누어 생각해 볼 수 있다. 즉 가장 일반적인 관점에서 마케팅관리의 목표는 마케팅조직이 무엇을 생산하여 시장에 공급하든 간에 상대방 의 욕구와 필요를 충분히 고려하지 않은 채 일방적으로 수용(소비)을 극대화하는 것이다. 예를 들어, 일부 기업의 마케터들은 잠재고객들이 '원하는 바'에 관계없이 무엇이든 자신이 제공하려는 상품의 매출을 극대화하려고 노력한다. 즉 그들은 마케팅활동의 핵심적인 목표가 일방적인 매출극대화라고 생각하는데, 이러한 관점에서 보면 마케팅의 성공은 상대방이 원하는 바에 관계없이 보다 많은 상품을 판매하는 것이 된다.

이러한 일방적인 매출극대화보다 다소 발전된 목표는 고객만족을 통한 장기적 이윤의 극대화이다. 시장에서 교환이 반복적으로 원활하게 일어나도록 하기 위해서는 결국 상품구매의 결과가 고객에게 충분한 만족을 제공해야 하므로 마케팅관리의 목표는 단순히 일방적인 매출극대화가 아니라 고객만족의 결과로서 얻어지는 장기적 이윤의 극대화이다.

따라서 마케터는 고객이 '원하는 바'를 정확하게 파악하고 적절한 욕구충족 수단을 제공하여 고객만족을 창출함으로써 그 대가로 자신의 장기적 이윤을 극대화할 수 있는 것이다.

그러나 고객만족의 크기는 객관적으로 측정되기가 곤란하고 심리적 만족의 대부분이 상품의 희귀성과 관련되므로 개별적인 마케팅조직이 고객들에게 얼마나 많은 만족을 제공하는지는 평가하기가 어렵다. 더욱이 고객들의 욕구를 충족시키기 위해 생산된 상품(goods)은 간혹 환경파괴나 공해와 같은 해악(bads)을 부산물로 산출하기 때문에 단순히 고객만족을 통한 장기적 이윤추구도 마케팅관리의 이상적인 목표가 될 수 없다.

따라서 마케팅관리의 이상적인 목표는 **생활수준의 향상을 통한 장기적 이윤의 극대화**라고 말할 수 있는데, 여기서 생활수준이란 시장에 공급되고 있는 상품의 양과 그것이 갖는 욕구충족의 능력, 물리적 환경의 품질, 문화적 환경의 품질 등의 함수이다.

2 마케팅관리과업 중요도 상중하

기업은 자신의 제품공급능력(또는 바람직한 제품공급능력)을 고려하면서 매출액이나 시장점유율로 규정된 목표를 달성하기 위하여 바람직한 수요의 크기를 결정할 수 있다. 그러나 실제수요의 크기는 반드시 바람직한 수요의 크기와 일치하지는 않을 것이며, 적거나 많을 수도 있다. 즉 마케터는 바람직한 수요의 크기에 비하여 실제수요의 크기가 부족한 상태와 충분한 상태 및 지나치게 많은 상태에 당면할 수 있으며, 각 수요상태는 독특한 마케팅문제를 야기한다. 예를 들어, 수요가 부족한 상태에서와 수요가 지나치게 많은 상태에서 마케터가

해야 할 일은 당연히 다를 것이다.

물론 수요의 타이밍과 수요의 성격도 역시 독특한 마케팅문제를 야기시키는 요인이지만, 다음과 같은 여덟 가지의 수요상태는 근본적으로 바람직한 수요의 크기와 실제 수요의 크기 사이에서 야기되는 마케팅문제이며, 각각은 상이한 마케팅관리 과업을 필요로 한다.

이러한 모든 과업들은 모두 계획, 실행, 조직, 통제로 구성되는 관리론적 접근방법(managerial approach)을 필요로 하며, 마케팅전략을 개발하기 위한 두 가지의 기본적인 절차─표적시장의 선정과 마케팅믹스의 개발을 활용한다.

(1) 부정적 수요

대부분의 잠재고객들이 제품을 싫어하며 오히려 그 제품을 회피하기 위하여 기꺼이 돈을 지불하려는 상태이다. 부정적 수요의 상태에서 마케터는 실제수요를 (−)로부터 (+)로 전환시켜 바람직한 수요의 크기와 일치시켜야 하는데 이러한 마케팅 과업을 전환적 마케팅이라고 한다.

(2) 무수요

잠재고객들이 무관심하여 제품에 대해 어떠한 부정적 또는 긍정적 느낌도 갖고 있지 않은 상태이다. 이러한 수요의 상태에서 마케터는 제품에 대한 관심을 자극하여 무수요(0)를 (+)의 수요로 증대시키는 과업을 수행해야 하는데 이를 자극적 마케팅이라고 한다.

(3) 잠재적 수요

사람들이 제품에 대한 필요성을 공유하고 있으나 실제로는 그러한 제품이 가용하지 않은 상태를 잠재적 수요라고 한다. 이때 마케터는 잠재고객들이 공통적으로 '원하는 바'를 충족시키기 위한 신제품을 개발하는 과업을 수행해야 하는데, 이를 개발적 마케팅이라고 한다.

(4) 감퇴적 수요

제품에 대한 실제수요가 이전보다 낮아지고 있는 상태인데, 그 원인은 잠재고객의 기호변화, 경쟁, 마케팅 환경요인의 변화 등이다. 이때 마케터는 실제수요를 부활시키기 위하여 표적시장을 변경하거나 제품특성, 가격수준, 유통경로, 촉진활동 등의 적절히 변경하는 리마케팅과업을 수행해야 한다.

(5) 불규칙적 수요

실제수요의 시간적 패턴이 바람직한 수요의 시간적 패턴과 다른 상태를 말한다. 이때 마케터는 공급의 수준을 실제수요의 크기에 맞도록 조정하거나, 실제수요의 크기를 공급의 수준에 맞도록 조정하거나 공급의 수준과 실제수요의 크기를 조정함으로써 양자의 시간적 패턴을 일치시킬 수 있는데 이러한 과업을 동시화마케팅이라고 부른다.

(6) 완전수요

실제수요와 바람직한 수요의 평균적 크기뿐 아니라 시간적 패턴까지도 일치하는 수요의 상태를 완전수요라고 부른다. 마케터는 현재 수행하고 있는 마케팅활동의 효율성과 그러한 요인들의 변화추세에 대하여 끊임없이 관심을 갖고 대처함으로써 완전수요의 상태를 유지하는 일과 관련된 유지적 마케팅을 수행해야 한다.

(7) 초과수요

실제수요의 크기가 마케터가 공급할 수 있거나 공급하려는 바람직한 수요의 크기를 초과하는 상태이다. 초과수요의 상태에서 마케터는 제품을 획득하려는 잠재고객들의 경쟁을 방관하기보다는 고객들의 만족 수준을 보장하고 장기적인 고객관계를 유지 개선하기 위한 디마케팅(demarketing)의 과업을 수행해야 한다.

(8) 불건전수요

제품에 대한 수요 자체가 장기적인 소비자 및 사회복지의 관점에서 불건전하거나 마케터에게 유익하지 않은 경우이다. 이때 마케터는 실제수요의 크기나 시간적 패턴을 조정하는 것이 아니라 약간의 수요라도 그것의 존재를 없애버리려는 카운터마케팅(counter marketing)의 과업을 수행해야 한다.

제 5 절 시장의 변화에 따른 마케팅의 발전

4차 산업혁명의 시대에 이르러 기업은 새로운 마케팅을 시도하고 있다. 이러한 시장의 변화에 따라 나타난 새로운 마케팅들은 다음과 같다.

1 통합적 마케팅 중요도 상중하

통합적 마케팅이란 소비자 생활복지를 향상시키기 위해 기업의 모든 활동(인사, 재무, 연구개발, 생산 등)이 마케팅 중심으로 통합, 조정되어 수행되는 마케팅이다. 즉, 현대적 마케팅 환경 속에서 전사적 마케팅이란 고객의 욕구충족을 통하여 이익을 얻는다는 논리에 따라 기업활동이 통합되어 수행됨을 의미한다.
이때에는 마케팅 부문의 책임이 확대되어 기업의 모든 활동을 고객중심으로 조정하는 책임을 지며, 이를 위해서는 조직 편제상 변혁이 이루어지지 않으면 안 된다. 왜냐하면 기업의 모든 활동이 마케팅 부문을 중심으로 통합되어야 일관성 있는 마케팅 활동이 수행될 수 있기 때문이다.
통합적 마케팅 시스템에서 마케팅 믹스의 최적화는 표적시장이 먼저 결정된 다음 그 시장의 필요와 욕구를 조사, 분석하여 이를 제품, 가격, 경로, 촉진 등의 관리요소의 결정에 반영시키는 과정을 거쳐 이루어지게 된다. 마케팅 믹스는 마케팅 개념에 입각해야 하는데, 그것은 고객과 사회의 이익을 구심점으로 해서 기업의 모든 기능이 유기적으로 조정되는 통합적 마케팅으로의 지향을 의미한다.
따라서 기업 내부적으로는 기업경영 전체를 마케팅의 관점에서 관리하는 전사적 마케팅 시스템을 형성, 유지하고 기업 외부적으로는 환경요소의 분석과 소비자 조사에 철저를 기하여 이를 마케팅 믹스 결정의 기초로 함으로써 소비자 및 사회의 이익 증진에 기여하고, 회사의 장기 이익을 달성하도록 하는 데 통합적 마케팅 관리의 의의가 있다.

2 관계 마케팅(Relationship Marketing) 중요도 상 중 하

종래의 거래 마케팅은 고객과의 지속적인 관계를 형성하려는 노력 없이 그저 한 거래를 이루는 것을 강조하는 마케팅이다. 이에 비하여 관계 마케팅은 **고객과의 관계를 형성, 유지, 발전시키는 것을 강조하는 마케팅**이다. 따라서 관계 마케팅에서는 고객과 기업의 상호작용이 필수적이므로 통합적 마케팅 커뮤니케이션(Integrated Marketing Communication)의 촉진 도구가 잘 어우러져 사용될 때 효과를 발휘할 수 있다. 관계 마케팅과 통합적 마케팅 커뮤니케이션은 기술적으로 쌍방향 의사소통이 가능하게 된 뉴미디어를 바탕으로 하며, 제조업보다는 서비스산업의 비중이 점점 더 높아지는 시대적 배경과도 관련이 깊은 개념이다.

현재는 서비스 산업은 물론 제조업에서도 고객 서비스를 통한 고객의 가치만족을 제공하는 데 경영활동의 목적을 두고 있으며, 이를 달성하기 위하여 기업은 종래의 4P(Product, Price, Place, Promotion) 이외에 서비스 산업의 경우 **인적자원(People), 과정(Process), 그리고 물리적 증거(Physical Evidence)**를 추가하는 이른바 확장된 마케팅 믹스를 고려하고 있다.

거래 마케팅	관계 마케팅
• 단순히 판매에 초점 • 제품 특징에 초점 • 단기적 • 고객 서비스를 거의 강조하지 않음 • 한정된 고객 관여 • 수동적 고객 접촉 • 품질은 1차적으로 생산단계에서만 관심	• 고객 유지에 초점 • 제품 효익에 초점 • 장기적 • 고객 서비스를 강조함 • 높은 고객 관여 • 적극적 고객 접촉 • 품질은 모든 분야에서 관심

3 그린 마케팅(Green Marketing) 중요도 상 중 하

18세기 후반 산업혁명이 시작된 이래 20세기 들어서면서 눈부신 과학기술의 발달과 산업화의 진전은 급속한 경제체제의 변화를 가져왔지만 인구의 폭발적 증가와 함께 산업화, 도시화의 영향으로 환경오염이나 자원고갈과 같은 환경문제가 가시화되고 이로 인한 인류의 발전은 물론 생존마저 위협받는 중대한 사태에 직면하게 되었다. 이에 따라 환경의 중요성을 인식하여 1980년 중반 이후 환경문제 해결을 위한 국제적 차원의 노력이 본격화되기 시작했고 환경에 대한 소비자의 관심을 급증케 하여 '그린 소비자(환경의식적 소비자)'를 탄생시켰다.

그린 마케팅이란 환경의 효율적 관리를 통하여 인간의 삶의 질을 향상시키기 위한 제반 마케팅 활동을 말하는데, 단순히 고객의 욕구, 필요, 수요의 충족에만 초점을 맞추는 것이 아니라 인간의 삶의 질에 초점을 맞춘다. 즉, 제품의 개발, 생산, 판매 등을 지구의 환경문제에 대응하도록 하는 환경보호 중심의 마케팅이다. 그린마케팅은 생태학적으로 보다 안전한 제품, 재활용이 가능하고 썩어 없어지는 포장재, 보다 양호한 오염 통제 장치, 그리고 에너지를 보다 효율적으로 활용하는 방안의 개발 등의 마케팅 활동을 의미한다.

기회와 위협의 가능성을 동시에 안고 있는 '지구환경시대'를 맞아 하나의 기회로 활용하기 위해서는 능동적인 전략수립과 함께 환경 중시 경영을 바탕으로 한 경쟁우위를 확보해야 한다. 그린마케팅을 수행함으로 해서 기업의 사회적 책임의 수행이라는 대외 이미지 개선뿐 아니라 새로운 시장 기회를 포착할 수 있다. 이것은 다가오는 지구환경시대에 지속적인 경쟁우위를 확보해주는 시발점이 될 것이다.

더 알아두기 Q

그린 소비자(Green Consumer)

(1) 정의

그린 소비자는 환경문제에 대한 관심과 책임감을 가지고 소비행동을 통해서 환경보전을 이룩하려는 녹색의식의 소비자를 일컫는다. 최근 환경을 배려한 상품과 서비스, 또는 환경보전에 기여하는 상품과 서비스를 보급시키고자 하는 소비자의 운동이 구미를 중심으로 활발하게 일어나고 있는데, 이러한 환경의식적인 녹색소비자의 운동을 그린소비자운동이라고 부른다.

(2) 요건

① Refuse : 상품 선택시의 소비자 태도를 나타내는 것으로 환경면에 문제가 있는 기업에 대한 지지나 그 기업의 상품을 거부하는 것

② Reduce : 상품 사용시의 행동에 관한 것으로 소비를 감소시키는 것

③ Reuse : 상품의 수명을 가능한 한 연장시키기 위해서 재료나 제품을 재이용하는 것

④ Recycle : 상품 사용후의 행동에 관한 것으로 일단 상품의 수명이 다하면 신제품을 만들기 위하여 그것을 가능한 회수하여 재이용하는 것

---

4 **내부 마케팅(Internal Marketing)** 중요도 상 중 **하**

내부마케팅이란 고객들에게 서비스를 제공함에 있어 최선의 인원을 고용하고 유지하여 그들로 하여금 보다 양질의 서비스를 제공할 수 있도록 마케팅 철학과 실천을 기업 경영에 적응시키는 활동이다. 여기서는 종업원을 고객으로 생각하고 그들의 직무를 제품으로 파악하게 된다. 나아가 조직의 목적을 실현함과 동시에, 그들 내부 고객의 욕구와 필요를 충족시키는 내부 제품을 제공하고자 노력하는 것이다.

내부마케팅 개념은 전략적 측면과 전술적 측면에서 실시가 가능하다. 전략적 측면에서는 종업원간에 고객의식, 판매의식을 불러일으킬 내부 환경을 만드는 것이다. 그러기 위한 전술적 측면에서는 첫째, 최고 경영층이 고객 지향적이어야 한다. 둘째, 인사정책에 있어서도 종업원이 비용에만 관련된 생산요소가 아니라 수익을 창출하는 요소임을 직무기술, 모집, 승진계획에 반영해야 한다. 셋째, 내부적으로 계속적인 종업원 훈련이 있어야 한다. 넷째, 새로운 서비스와 미래 활동에 대해 이해하고, 수용시키기 위해서는 계획 과정에 종업원이 적극 참여하도록 해야 한다. 마지막으로 내부정보가 효과적으로 운용되어 고객에게 알리기 전에 종업원에게 설명되어야 한다.

5 마케팅의 사회적 책임 중요도 상중하

기업의 사회적 존재 목적이 사람들의 물질적 욕구를 충족시키기 위해 제품이나 서비스를 생산하는 것이라면, 이와 관련한 경영자의 1차적 책임은 경제적인 부를 생산함에 있어 자원의 능률적 사용에 있고, 2차적 책임은 그러한 목적을 성취함에 있어 타인의 정당한 권익을 제약하지 않는 것이고, 3차적 책임은 사회의 윤리적 표준을 말과 행동으로 지켜나가는 것이다. 이러한 책임론을 마케팅 관리자에게로 확대하면 마케팅 관리자는 양질의 상품과 서비스를 저렴한 가격으로 판매함으로써 소비자들의 생활수준을 최대화함은 물론 그들의 생활환경의 개선에도 적극적으로 노력해야 하는 책임을 지게 된다.

또한 기업이야말로 무엇보다도 제품과 서비스의 판매를 통해 사회의 필요와 욕구를 충족시킴은 물론 고용의 창출을 통해 사회의 경제발전에 직접 기여할 수 있는 위치에 있기 때문에 마케팅은 지역사회를 위해 취업불능자의 훈련 및 채용, 교육사업에의 기여, 도시개혁, 물리적 환경의 개선, 저소득층 소비생활의 개선 등의 활동에 적극적으로 참여해야 한다. 또한, 행동에 들어가기 전에 먼저 그들의 생활수준과 생활의 질을 개선하기 위해 기업이 어떠한 계획을 수립해 놓고 있는가를 알려주어야 하며, 지역사회와 매체에 뚜렷이 부각되어 사회문제 해결에 항상 노력하고 있음을 소비대중에게 인식시켜야만 하는데, 이는 기업 이미지 개선에도 큰 도움이 된다.

> **더 알아두기 Q**
>
> **마케팅 행동의 윤리적 평가 기준**
> (1) **윤리 이상주의** : 행동 그 자체와 관련하여 판단하는 것으로 이는 모든 또는 대다수의 상황에서 특정의 행동은 나쁘다고 규정한다.
> (2) **의식주의** : 행위자의 동기와 관련하여 평가하는 것으로 경영자로 하여금 어떤 상황의 윤리적 중요성을 스스로 판단하게 해주는 것이다.
> (3) **공리주의** : 윤리적 기준을 행동이나 동기에 두지 않고 그 결과 내지 귀결에 두는 것으로 그것이 좋든 나쁘든 어떤 행동이 개인 및 사회에 미치는 영향이 사회적 복지를 증대시키거나 적어도 그것을 감소시키지 않는 한 그것은 옳다고 판단하는 것이다.

OX로 점검하자

※ 다음 지문의 내용이 맞으면 O, 틀리면 ×를 체크하시오. [1~10]

01 형태효용이란 상품의 수송과 보관의 형태와 관련된 부가가치를 의미한다. (   )

02 미국 마케팅학회(AMA, American Marketing Association)의 1960년 마케팅의 정의는 교환의 개념을 도입하여 광범위한 인간활동을 포괄하였으며, 마케팅의 주체 역시 기업에 국한하지 않았다. (   )

03 미국 마케팅학회의 1985년 마케팅의 새로운 정의는 모든 마케팅 의사결정 분야(4P)를 명확하게 포괄하고 관리론적 입장을 취하고 있다. (   )

04 수요란 특정 제품을 구입할 수 있는 능력과 의지에 의해서 뒷받침되는 1차적 욕구이다. (   )

05 가치와 만족은 고객관계를 개발하고 유지하는 데 중요한 충분조건이다. (   )

06 마케팅믹스란 마케팅조직이 고객만족을 창출함으로써 조직의 목표를 효과적으로 달성하기 위하여 구사할 수 있는 통제 가능한 변수들의 독특한 결합을 의미한다. (   )

07 마케팅믹스 중 유통은 가장 탄력적이기 때문에 유통경로에 대한 다양한 전환이 용이하다. (   )

08 경영관리란 대체로 P(plan, 계획), D(do, 실행), S(see, 통제)나 P(planning, 계획수립), O(organizing, 조직화), C(controlling, 통제)의 활동을 중심으로 하는 순환과정으로 설명할 수 있다. (   )

정답과 해설 01 × 02 × 03 O 04 × 05 × 06 O 07 × 08 O

01 형태효용이란 적당한 공정을 통해 원재료를 상품으로 변환시킬 때 창출되는 부가가치이다.

02 AMA의 정의는 마케팅의 대상을 상품과 서비스에 국한시켰고, 마케팅의 주체를 기업으로 제한하였다는 점에서 협소한 관점으로 평가할 수 있다.

04 수요란 특정 제품을 구입할 수 있는 능력과 의지에 의해서 뒷받침되는 2차적 욕구이다. 즉 2차적 욕구는 구매력이 뒷받침될 때 수요가 된다.

05 가치와 만족뿐만 아니라 고객관계를 개발하고 유지하는 데는 다양한 조건을 필요로 하므로 필요조건에 해당한다.

07 유통은 마케팅믹스 중에서 가장 비탄력적이기 때문에 유통경로가 한번 결정되면 다시 바꾸는 데 많은 시간과 비용이 든다.

09 사회적 마케팅 개념이란 기업의 마케팅 활동이 회사의 이익, 고객만족, 공공의 이익 모두를 충족 시켜야 하는 사회적 책임을 이행하는 방향으로 전개되어야 한다는 것이다. (   )

10 감퇴적 수요가 발생하면 수요를 부활시키기 위하여 자극적 마케팅을 수행해야 한다. (   )

10   제품에 대한 실제수요가 이전보다 낮아지고 있는 상태인데, 그 원인은 잠재고객의 기호변화, 경쟁, 마케팅 환경요인의 변화 등이다. 이때 마케터는 실제수요를 부활시키기 위하여 표적시장을 변경하거나 제품특성, 가격수준, 유통경로, 촉진활동 등의 적절히 변경하는 리마케팅과업을 수행해야 한다.

01 기업은 사회구성원들이 원하는 상품을 생산하고 공급하는 활동을 통해 다양한 유형의 효용을 창출함으로써 그들을 만족시키게 되는데, 기본적인 효용의 형태는 형태효용, 장소효용, 시간효용, 소유효용 등 네 가지이다.

01 기업이 사회구성원에게 창출하는 효용에 해당하지 <u>않는</u> 것은?

① 형태효용
② 수요효용
③ 장소효용
④ 시간효용

02 욕구를 충족시키기 위한 구체적인 수단에 대해 보이는 열망을 필요(wants)라고 하며 문화, 준거집단, 사회계층, 가정 등의 집단영향과 소득, 연령, 학력 등의 개인특성으로부터 영향을 받아 결정된다는 점에서 만인에게 공통적인 욕구와 다르다.

02 배고픈 사람이 욕구충족 수단으로 노브랜드 버거를 필요로 할 때, 미치는 영향의 성격이 <u>다른</u> 하나는?

① 준거집단
② 사회계층
③ 소득수준
④ 가정

03 Kotler의 정의는 교환의 개념을 도입하여 광범위한 인간활동을 포괄했으며, 마케팅의 주체도 기업에 국한시키지 않는다는 점이 특징이다. 또한 마케팅의 대상도 상품이나 서비스에 국한시키지 않고 욕구와 필요를 충족시키기 위한 모든 수단을 포괄하고 있다.

03 마케팅에 대한 Kotler의 정의와 관련된 내용과 <u>동떨어진</u> 것은?

① 교환의 개념을 도입하였다.
② 마케팅의 주체를 기업으로 국한하였다.
③ 마케팅의 대상을 상품과 서비스로 한정짓지 않았다.
④ 마케팅을 광범위한 인간활동으로 보았다.

정답 01 ② 02 ③ 03 ②

04 마케팅에 대한 오해라고 볼 수 <u>없는</u> 것은?

① 마케팅은 모두 광고에 대한 것이다.
② 마케팅은 모두 판매에 대한 것이다.
③ 마케팅은 누구나 한다.
④ 마케팅은 기업의 비용 센터 중 하나이다.

04 모든 사람이 마케팅의 성공에 지분을 가지고 있다. 기업 내의 직위나 직함과 관계없이 훌륭한 마케팅 실행 방법을 배우는 것은 핵심적인 직업 자산이다.

05 소비자들이 하이엔드 급의 품질을 선호할 것이라 생각하여 소비자보다는 기술력에 치중하는 마케팅 관리 철학은?

① 제품개념
② 생산개념
③ 판매개념
④ 고객관계개념

05 기업 경영철학 중 제품 개념은 최고의 품질을 지닌 제품을 선호할 것이라고 생각하는 철학에 해당한다.

06 교환이 발생하기 위한 조건에 해당하지 <u>않는</u> 것은?

① 상대방이 원하는 화폐나 교환매개수단이 반드시 있어야 한다.
② 서로에게 가치 있는 것을 가지고 있는 상대가 있어야 한다.
③ 상대에게 그것을 전달하는 능력과 욕망이 있어야 한다.
④ 서로가 커뮤니케이션하는 방법이 있어야 한다.

06 교환은 물물교환으로도 가능하므로 반드시 교환매개수단의 구비가 요구되지는 않는다.

정답 04 ③ 05 ① 06 ①

안심Touch

07 진정한 마케팅 개념의 출발점은 인간의 욕구와 필요다. 욕구란 무엇을 원하는 것으로 인간이 추구하는 바람직한 상태와 실제 상태 사이의 차이를 말하는데, 그 둘 간의 차이가 크면 클수록 욕구의 강도는 커진다. 필요는 보다 심오한, 즉 기본적 욕구를 특별하게 만족시키는 것에 대한 바람이다.

07 마케팅의 첫 단계라고 할 수 있는 요소는?

① 교환
② 만족
③ 욕구
④ 가치

08 현대 마케팅은 기업의 제품보다는 고객의 가치 중심으로 변화되고 있다.

08 현대 마케팅의 변화된 흐름에 해당하지 <u>않는</u> 것은?

① 기업 중심에서 고객 중심으로 변화하고 있다.
② 가치 중심에서 제품 중심으로 변화하고 있다.
③ 대중 마케팅에서 개별 마케팅이 중시된다.
④ 서비스 마케팅의 중요성이 커지고 있다.

09 실제수요의 크기가 마케터가 공급할 수 있거나 공급하려는 바람직한 수요의 크기를 초과하는 상태이다. 초과수요의 상태에서 마케터는 제품을 획득하려는 잠재고객들의 경쟁을 방관하기보다는 고객들의 만족수준을 보장하고 장기적인 고객관계를 유지 개선하기 위한 디마케팅(demarketing)의 과업을 수행해야 한다.

09 코로나에 대한 두려움으로 마스크 품귀현상이 발생하였다. 이와 관련한 수요의 형태는?

① 부정적 수요
② 초과수요
③ 불건전수요
④ 불완전수요

정답 07 ③ 08 ② 09 ②

10 담배사의 금연광고나 스포츠토토의 도박중독경계 광고와 관련이 깊은 마케팅은?

① 카운터마케팅
② 앰부쉬마케팅
③ 버즈마케팅
④ 사회적마케팅

11 판매자시장과 구매자시장에 대한 구분이 바르지 <u>않은</u> 것은?

	구분	판매자시장	구매자시장
①	출발	기업 또는 생산	시장 또는 고객
②	초점	욕구	제품
③	수단	판매 촉진	통합마케팅
④	목적	판매량 증대	고객만족

>>>◯

[판매자시장과 구매자시장의 구분]

구분	출발	초점	수단	목적
판매자시장	기업 또는 생산지향	제품	판매와 촉진	판매량 증대를 통한 이윤추구
구매자시장	시장 또는 고객지향	고객의 욕구	통합마케팅	고객 만족을 통한 이윤추구

12 그린마케팅의 대상이 되는 그린소비자의 요건에 해당하지 <u>않는</u> 것은?

① Refuse
② Reduce
③ Recycle
④ Release

10 실제수요의 크기나 시간적 패턴을 조정하는 것이 아니라 약간의 수요라도 그것의 존재를 없애버리려는 마케팅을 카운터마케팅(counter marketing)이라고 한다.

11 [문제 하단의 표 참고]

12 그린마케팅의 또 다른 요건은 Reuse로 상품의 수명을 가능한 한 연장시키기 위해서 재료나 제품을 재이용하는 것이다. Release는 그린마케팅의 요건에 해당하지 않는다.

정답   10 ①   11 ②   12 ④

안심Touch

checkpoint 해설&정답

주관식 문제

01

정답 1차적 욕구 : 얼리어답터라는 명성,
2차적 욕구 : 아이폰 또는 아이폰을
사고자하는 욕구

해설 1차적 욕구는 전적으로 소비자가 원
하는 것으로 마케팅 관리자가 만들
어 내기 이전부터 존재하고 마케팅
관리자들은 사회에 존재하는 다른
영향력과 더불어 소비자들의 2차적
욕구에 영향을 끼치려고 노력한다.
위 기사에서 아이폰은 필요나 수요
의 대상이며 이는 얼리어답터가 되
기 위한 욕구를 충족하기 위함임을
알 수 있다.

01 '새로운 아이폰모델을 구매하기 위한 얼리어답터 팬들의 밤샘줄
서기 아우성'이라는 기사제목에서 1차적 욕구와 2차적 욕구를 쓰
시오.

02

정답 계획, 실행, 조직, 통제, 표적시장,
마케팅믹스

02 다음 빈칸에 들어갈 내용을 순서대로 쓰시오.

> 마케팅관리 과업들은 모두 (   ), (   ), (   ), (   )
> 로 구성되는 관리론적 접근방법(managerial approach)을 필
> 요로 하며, 마케팅전략을 개발하기 위한 두 가지의 기본적인
> 절차 – (   )의 선정과 (   )의 개발을 활용한다.

03 다음 제시된 마케팅중 소비자의 수요를 떨어뜨리는 효과가 강한 마케팅을 모두 고르시오.

> ㄱ. 카운터마케팅
> ㄴ. 유지적마케팅
> ㄷ. 디마케팅
> ㄹ. 동시화마케팅
> ㅁ. 그린마케팅
> ㅂ. 리마케팅

----

04 다음 사례를 읽고 욕망 이외에 테슬라의 구매가 발생하기 위한 조건을 제시하시오.

> 부유층 소비자라 할지라도 전기 자동차를 구매하고 싶은 욕망이 없다면 테슬라를 구매하지 않는다.

03

정답 ㄱ, ㄷ

해설 디마케팅과 카운터마케팅은 초과수요나 불건전한 수요로 인하여 나타나는 상황을 해결하기 위하여 기존의 수요를 감퇴시키는 마케팅에 해당한다.

04

정답 구매욕망을 자극하는 촉진수단과 정보를 전달할 수 있는 의사소통수단이 필요하다.

해설 각 기업은 표적 소비자의 구매 욕망을 자극할 수 있는 촉진방법을 개발해야 한다. 마지막으로 두 당사자 간에는 정보를 전달할 수 있는 커뮤니케이션 수단이 있어야 한다. 즉 기업이 아무리 고객의 욕구를 잘 충족시키는 제품을 만들었어도 소비자가 그 제품의 존재를 모른다면 교환은 이루어지지 않는다.

해설 & 정답 checkpoint

05

정답 실제수요의 크기를 공급의 수준에 맞도록 조정하거나 공급의 수준과 실제수요의 크기를 조정함으로써 양자의 시간적 패턴을 일치시키는 마케팅을 동시화마케팅이라고 하며, 불규칙적 수요가 발생하였을 때 시행한다.

06

정답 의식주의는 행위의 동기를 중심으로, 공리주의는 행위의 결과를 중심으로 판단한다.

해설 의식주의는 행위자의 동기와 관련하여 평가하여 경영자로 하여금 스스로 판단하게 하며, 공리주의는 행위의 결과나 귀결에 윤리적 기준을 마련하며 최대다수의 최대행복을 목적으로 한다.

05 동시화마케팅의 의미를 간략하게 쓰고, 어떤 수요가 발생할 때 요구되는지 쓰시오.

06 마케팅 행동의 윤리적 평가 기준 중 의식주의와 공리주의의 차이점을 행위자의 행위를 중심으로 서술하시오.

제 **2** 장

마케팅 전략 및 계획

제2장 마케팅 전략 및 계획

1 가치사슬(Value Chain) 중요도 상 중 하

마이클 포터는 기업활동을 가치사슬로 보았다. 그는 아래 그림과 같이 기업활동을 **본원적 활동**과 **지원활동**으로 나누었다. 그림에서처럼 본원적 활동은 내부로 들어오는 물류, 생산운영, 외부로 나가는 물류, 마케팅과 판매, 그리고 서비스로 연결되어 있다.

지원활동	기업하부구조(일반관리, 기획, 재무, 회계 등)					이윤
	인적자원 관리(채용, 교육, 보상 등 인사관리 전반)					
	기술개발					
	획득(원자재를 포함한 경영활동에 필요한 물적자원의 구매)					
	투입물류	운영	산출물류	마케팅과 판매	서비스	이윤

본원적 활동

공급자로부터 원재료가 기업으로 들어오는 것에서 기업에서 생산운영을 통하여 제품을 만들어내면 유통업자로 나가고, 마케팅과 판매를 통하여 소비자들에게 전달되고 지속적으로 서비스를 해나가는 과정을 본원적 **활동**으로 보고 있다. 공급자, 유통업자, 고객으로 연결되는 과정에서 잘 연결시킬수록 가치가 창출될 수 있다는 것을 보여준다. 이러한 내부로 들어오는 물류와 외부로 나가는 물류를 함께 바라보는 것이 공급망이라고 불리는 가치전달 네트워크인데, 이는 특정 공급업자들과 유통업자들의 파트너 관계를 강조하는 개념이다. 이 가치사슬 개념에서 기업에서 제품을 만들기 이전의 부분들과 제품을 만들고 난 이후의 부분들은 마케팅이 되는데, 이 흐름의 방향은 **고객 지향적**이어야 한다.

안심Touch

더 알아두기 Q

1. 가치사슬의 본원적활동

(1) 투입물류(inbound logistics)
    상품을 다루는 것이 요구되는 운영과 저장, 그리고 기업내에서 취급하는 것
(2) 기업의 생산/운영(operations/production)
    많은 서브활동에서 생산과정은 상세한 가치체인 분석을 표현
(3) 산출물류(outbound logistics)
    적절한 시기에 고객에 대하여 배송하고 필요하다면 저장까지 행하는 기업의 제품을 다루는 것
(4) 마케팅과 판매(marketing and sales)
    제공될 수 있는 제품과 서비스를 아는 것과 잠재고객을 발굴하는 것
(5) 서비스(service)
    처리에 대한 사후서비스와 배달하기 전에 충고와 설치에 대한 요구사항

2. 지원활동

(1) 조달(procurement)
    조직의 운영에 입력으로 요구되는 원료의 공급자를 구하는 기능이다. 조달은 신뢰하는 전달과 함께 적합한 가격에 협상하는 품질공급에 대한 책임
(2) 기술개발(technology development)
    조직은 경쟁을 유지하기 위한 상품과 서비스의 전범위와 제품에 대한 혁신을 관리하고 생산과정을 최신식으로 하는 것이 필요
(3) 인적자원관리(human resource management)
    조직에 대하여 일하는 사람들의 인적관리, 훈련, 모집 등
(4) 기업 하부구조(firm infrastructure)
    계획과 회계를 포함하여 기업의 전반적인 관리

2 가치창출과 전달연속선 중요도 상중하

코틀러와 켈러는 소비자들의 필요와 욕구들을 충족시키는 총체적 마케팅을 펼치기 위해서 수익을 내면서 고객가치를 전달할 수 있어야 한다고 보았다. 이러한 마케팅을 다음과 같이 **가치창출과 전달연속선**으로 보았다.

가치선정			가치제공					가치커뮤니케이션		
세분화	표적화	포지셔닝	제품개발	서비스개발	가격결정	소싱결정	유통결정	판매원	판매촉진	광고

전략적마케팅은 세분화, 표적화, 포지셔닝 과정이 되며, 이는 가치선정과정으로 볼 수 있다. 그리고 제품과 서비스개발, 가격결정, 유통결정을 가치제공으로, 촉진활동을 가치소통과정으로 보고 있다. 간단히 표현하면 세분화, 표적화, 포지셔닝과정과 마케팅믹스과정으로 볼 수 있다.

제 2 절 기업과 사업단위의 전략적 계획

고객가치 창출과 전달은 전략적으로 접근하여야 한다. 통합적 수준으로 볼 때, 시장은 움직이는 목표물이며, 이 움직이는 목표물에 대응하기 위해서 기업전체의 방향을 움직일 수 있는 사고가 필요하다. 기업의 목표, 기술, 자원들을 시장의 움직이는 방향에 적합하도록 맞춘다. 기업이 수행하고 있는 사업들을 하나의 투자 '포트폴리오'로 바라보고 접근하면서 자원을 할당한다. 이러한 전략계획에서 마케팅관리자는 중요한 역할을 수행한다. 사업임무를 정의하고, 환경, 경쟁, 사업상황을 분석하고, 목표와 전략을 개발하며, 사업전략을 실행하기 위한 제품, 가격, 유통, 촉진을 정의한다. 또한 시장지향적 전략 계획은 기업사명 정의에서 시작하여 전략적 사업단위를 설정한다.

기업사명 정의 → 기업 목표 설정 → 사업 포트폴리오 설계 → 마케팅 전략 및 기타 기능별 전략 계획 수립

1 기업사명의 정의 중요도 상중하

기업의 목표 내지 사명을 설정하는 데 Peter Drucker교수의 기업에 대한 근본적인 질문이 도움을 줄 수 있다. '우리 회사는 무엇인가? 우리 고객은 누구인가? 기업에게 고개의 가치는 무엇인가? 우리 회사는 장래 어떤 기업이 될 것인가? 우리 회사는 장래 어떤 기업이 되어야 하는가?' 성공적인 기업이 되기 위해서는 이러한 질문을 계속해서 던져야 하며 이에 대한 답변을 하기 위하여 심사숙고하여야 한다. 잘 정리된 기업의 사명은 사원에게 **공통된 방향, 공통된 달성의식**을 주어 각자 **독립적으로 일하**지만 같은 목적을 향하게 만든다. 기업의 목표와 사명은 미사여구로 모든 것을 달성하려는 것이어서는 안 된다. 예를 들면 우리 기업은 가장 값싼 가격으로 보다 많은 고객에게 가장 좋은 품질을 제공하는 제 1의 기업이 되어야 한다는 것이 그것이다. 이는 명확한 지침이 없으며 또한 제 1의 기업이 되는 것은 기업의 목표라기보다는 성공기업의 결과로 보아야 할 것이다.

2 기업의 목표 설정 중요도 상중하

기업사명을 만들고 난 후, 최고 경영진들은 기업의 목표를 만드는 작업을 한다. 이런 목표는 기업 강령으로부터 직접 나온 것으로, 기업의 장기적 경영계획 속에서 무엇을 이루어낼 것인가를 밝히는 것이다. 기업이 독립적인 전략사업단위를 가질 만큼 크다면, 각 전략사업단위는 그 고유의 업무 목표를 가진다.

효과적인 목표를 설정하기 위해서는 **자세하고, 측정가능하며, 실현 가능하고, 지속 가능한 목표**를 설정할 수 있어야 한다. 실현 가능성은 특별히 중요한데 현실적으로 이루어낼 수 없는 목표는 직원들에게 좌절감을 주고, 기업 내 공급자와 주주들과 같은 다른 이해관계들에게도 실망감을 안겨주게 될 것이다. 기업의 목표가 지속 가능해야 한다는 것 또한 아주 중요하다. 목표가 아주 단시간 동안만 지속될 수 있다면 이를 위해 투자를 하는 것이 무슨 큰 의미가 있는가? 이런 단기적인 목표 설정은 경쟁업체가 더 나은 제품을 가지고 시장에 뛰어들 가능성을 기업이 과소평가한 경우 주로 발생한다. 목표가 지속 가능하다는 확신 없이는 투자에 대한 재정적이익을 창출할 가능성도 없다.

목표는 수익과 매출, 이윤, 시장에서 기업의 위치, 투자 수익, 생산성, 제품 개발, 고객 만족, 사회적 책임, 그리고 수많은 다른 속성들과 연결되어 있다. 목표의 측정 가능성을 위해 마케터는 목표를 숫자로 설정한다. 예를 들어, 어떤 기업은 목표를 이윤의 10% 증가라고 설정할 수 있다. 생산성을 높이거나 비용을 줄이거나, 혹은 수익성이 떨어지는 분과를 팔아버림으로써 이러한 목표를 달성할 수 있다.

최근 삼성전자는 2020년 비전의 일환으로 연간 매출 4,000억 달러를 달성하고 세계 5대 브랜드 중 하나로 자리매김한다는 두 가지 야심찬 목표를 밝혔다. 2020년까지 연간 매출을 두 배 이상으로 끌어올리려는 삼성의 계획은 모호하지만 회사는 현재의 산업 및 시장에서의 입지를 강화하고 새로운 기회를 창출하기 위한 적극적인 로드맵을 제시하였다.

3 사업 포트폴리오 설계 〔중요도〕 상 중 하

회사가 추구해야 할 사명과 목표를 확립하면, 최고 경영자는 이제 회사의 한정된 자원을 회사의 각 사업부에 어떻게 배분하는 것이 가장 효율적인가를 결정해야 한다. **사업 포트폴리오란 자사가 취급하고 있는 모든 사업부문과 제품의 집합체를 의미한다.** 포트폴리오 분석을 시행할 때, 경영자는 핵심사업이 무엇인가를 파악해야 한다. 이러한 **핵심적 사업부를 보통 전략사업부(Strategic Business Unit, SBU)라고 부른다.**

포트폴리오 분석은 기업의 경영 포트폴리오의 잠재력을 평가하는 데 사용되는 방법이다. 경영진에게 어떤 SBU가 기업의 자원을 더 많이 혹은 적게 배정받을 것인지를 결정하고, 어떤 SBU가 기업의 전체적인 미션과 잘 부합하는지를 알 수 있도록 도와준다. 포트폴리오 분석을 위한 모델들이 있다. 모델들 가운데 특히 유명한 보스턴 컨설팅그룹의 BCG 성장-시장 점유 계량지표를 살펴보자.

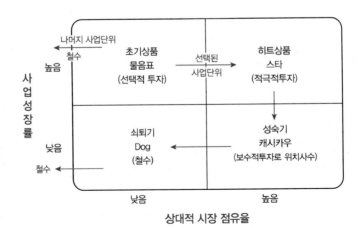

[BCG 성장-시장 점유 계량지표(BCG Matrix)]

(1) BCG Matrix의 정의

와일리 출판사는 보스턴 컨설팅 사[BCG](글로벌 빅3 컨설팅 펌)의 고위 경영자들이 쓴 글을 모아 'BCG 의 경영 전략'이라는 책을 출간하였는데 바로 여기에서 무척 유용하고 마케팅 분석 툴 중 가장 유명한 툴 중 하나인 BCG 제품 포트폴리오 매트릭스가 소개되었다. 이 분석 툴은 상대적인 시장 점유율을 고려해 회사의 개별 제품이나 제품군을 4개의 범주로 분류하기 위해 고안된 분석 툴이다.

(2) BCG Matrix의 설명

수직축은 각 사업부가 속해 있는 시장 성장률을 나타내고 있으며 시장의 성장률이 높을수록 그 시장의 매력도가 높다고 할 수 있고 가로축은 시장에서의 상대적인 점유율을 나타내며 시장 점유율이 높은 쪽에 위치할수록 그 기업의 시장에서의 입지가 높다 할 수 있다. 또한 4개의 전략 사업 단위로 구분되며 각 4개는 다음과 같다.

종류	내용
별	성장률과 점유율이 높은 사업으로 빠르게 성장하고 있는 시장을 지속적으로 리드하기 위해 많은 투자가 유지되어야 한다. 비용이 많이 들지만 앞으로 주력 사업으로 성장할 가능성이 높기에 투자를 지속적으로 하여야 한다. 어느 시점에 가서는 성장률이 둔화되어 캐쉬카우가 되면 다른 사업에 자금을 공급해주는 역할을 하게 된다.
캐쉬카우	시장의 성장률은 낮지만 점유율이 높기 때문에 안정적으로 자금의 수익원이 된다. 이 영역에 포함되는 사업은 다른 사업에서 필요로 하는 자금을 공급하는 역할을 하며 성장률이 하락되었기 때문에 새로운 투자보다는 비용을 줄여 수익을 확대시키는 전략을 사용한다. 시장의 선도자이기에 규모의 경제와 높은 수익률을 누린다.
물음표	시장의 성장률은 높지만 해당 기업의 시장 점유율이 낮은 사업이 이 영역에 포함된다. 시장 점유율을 증가시키기 위해 많은 비용이 소모될 뿐만 아니라 시장의 성장률이 높기에 점유율을 유지하는 데도 많은 비용이 필요하다. 때문에 경영자는 자금과 마케팅 투자를 통해 별 방향으로 전환시킬 것인지 시장을 포기할 것인지 결정하게 된다. 시장이 매력적이고 경쟁사 대비 지속적인 차별화가 가능하다면 투자가 이루어져야 할 것이고 시장의 매력도 낮거나 경쟁사와 차별화 시킬 만한 자원이 없다면 정리하는 것이 바람직하다.
DOG	시장의 성장률도 낮고 그 시장에서의 점유율도 낮은 영역에 속하는 사업으로 사업이 성숙기나 쇠퇴기에 접어들었고, 해당 산업 내에서의 차별화된 요소도 찾기 힘들기 때문에 이 영역에 포함된다면 투자하지 않고 사업을 정리하는 것이 좋다.

(3) BCG Matrix의 적용 방법

캐쉬카우는 돈벌이가 되는 사업이다. 이런 제품의 특징은 점유율을 유지하는 데 필요한 재투자액을 감당하고도 남을 만큼의 현금을 벌어 준다. 이렇게 남은 현금은 해당 제품에 재투자할 필요가 없다. 수익률이 성장률을 초과할 경우, 수익률을 인위적으로 억누르려는 것이 아니라면, 그런 초과 현금을 무한정 재투자할 수는 없기 때문이다.

개에 해당하는 제품은 장부상으로는 이익이 발생하는 것처럼 보이지만 이를 시장 점유율을 유지하는 데 재투자하면 현금이 남아 있지 않는다. 이런 제품은 회사를 청산하는 경우가 아니라면 실질적으로 가치가 없다 할 수 있다.

모든 제품은 종국에는 캐시카우와 개, 두 가지로 갈리게 된다. 제품의 가치는 오로지 성장률이 둔화되기 전까지 해당 시장에서 얼마나 높은 시장 점유율을 확보하느냐에 달려 있다 해도 과언이 아니다.

물음표는 창출하는 현금보다 투입해야 할 현금이 더 많다. 만약 현금이 계속 공급되지 못하면 점점 뒤처지고 결국 사멸하게 될 것이다. 심지어 현금이 계속 공급되는데도 시장 점유율이 상승하지 못하고 계속 제자리걸음만 한다면 이런 제품은 개 영역에 포함되고 말 것이다.

따라서 **물음표에 해당하는 제품은 인위적으로 시장 점유율을 끌어올리기 위해 대규모 추가 자금의 투입이 불가피하다.** 스스로 현금을 창출하지 못하기 때문에 외부에서 거액의 현금을 투입해 줘야 하고 따라서 캐시카우로부터 나오는 여유자금을 희망이 있는 물음표에 투자하여 이것을 스타의 위치에 옮기든가 또는 스타에 투자하여 그 위치를 유지하도록 해야 한다.

(4) BCG Matrix의 한계

BCG분석은 투자순위를 정하는 데 있어서 더 체계적인 접근이 가능하도록 도움이 되는 것은 사실이지만 맹목적인 사용에는 다음과 같은 문제점들이 있다.

① 시장점유율과 수익성은 반드시 비례하지는 않는다. 예를 들면, 경쟁이 아주 심한 시장에서는 가격을 낮추어야 점유율을 늘릴 수 있는 경우가 있다.

② 시장성장률만이 시장 기회를 결정하지는 않는다. 기술, 경쟁사의 약점, 생산효율 등의 요소도 시장성에 영향을 미친다.

③ 시장을 어떻게 정의하느냐에 따라 BCG 도표 상에서 전략사업부의 위치가 달라질 수 있다.

④ 예상외의 결과를 초래할 수 있다. 경우에 따라서는 스타에 투자를 하지 말아야 할 때도 있고, 골칫거리도 회생시킬 수가 있다. BCG식의 기계적인 처방은 이런 가능성을 놓치게 할 우려가 있고, 골칫거리 사업부 직원들의 사기를 필요 이상으로 저하시킨다.

⑤ 고성장 분야에 있는 사업부는 반드시 자금을 더 많이 필요로 한다는 가정도 맞지 않을 수가 있다.

4 ▌ 마케팅 전략 및 기타 기능별 전략 계획 수립 중요도 상중하

BCG Matrix가 경영자들로 하여금 어떤 SBU에 투자를 해야 성장에 도움이 될 것인지 결정할 수는 있지만, 어떻게 성장으로 이끄는지에 대한 답을 주지는 못한다. 따라서 SBU 단계의 전략 계획 세우기의 한 부분으로 성장전략에 대한 평가를 포함한다.

마케터는 서로 다른 성장 전략을 분석하기 위하여 **제품-시장 성장 계량지표**를 사용한다.

계량지표의 세로축은 기존의 시장이나 새로운 시장에서의 성장 기회를 나타낸다. 세로축은 기업이 자원을 기존 제품에 투자하는 것이 더 나은지, 아니면 새로운 제품을 획득해야 하는지에 관한 것이다. 이 계량지표는 가장 기본이 되는 시장 침투, 시장 개발, 제품 개발, 다각화의 네 가지 마케팅 전략을 보여준다.

[제품-시장 성장 계량지표]

구분	기존제품	신제품
기존시장	시장침투전략	제품개발전략
신시장	시장개발전략	다각화전략

(1) 시장 침투 전략

기존 시장 내에서 사용자, 비사용자, 경쟁제품 사용자를 대상으로 기존 제품의 매출 증가를 추구하는 전략이다. 예를 들어, 음성 인식 시장은 애플의 시리, 구글 나우 등으로 비교적 많이 몰려 있지만 아마존은 최근 몇 년 동안 제품 수용을 늘릴 수 있는 독립형 상품의 소개를 모색했다. 아마존의 에코는 사용자가 특정 노래를 재생하고 택시를 호출할 수 있는 음성 인식 스피커이다.

(2) 시장 개발 전략

기존 제품을 새로운 시장에 소개하는 전략이다. 이 전략은 지리적으로 새로운 지역으로 사업을 확장하는 것 또는 동일한 지역에서 새로운 고객층을 끌어들이는 것을 의미한다. 예를 들어, 보잉사는 전 세계 여러 나라에서 항공기를 판매하고 있지만 최근 아프리카 시장에 처음으로 진입했다.

(3) 제품 개발 전략

기존 시장에 새로운 제품을 판매함으로써 성장하는 전략이다. 제품 개발은 새로운 아이템을 개발 또는 기존 제품을 바꾸거나 향상시켜 더 나은 제품을 제공하는 일종의 기업 제품 라인을 확장하는 것을 의미한다. 롯데리아에서는 2020년 말 베지테리언들을 위한 채식버거를 처음으로 출시하였다.

(4) 다각화 전략

신제품과 새로운 시장을 강조하는 성장전략이다. 코카콜라는 영양 불균형과 비만에 대한 전 세계적 반발에 대처하기 위하여 과당 옥수수 시럽의 장점을 뛰어넘는 다양한 브랜드와 제품을 선보였다. 핵심 브랜드의 판매가 감소함에 따라, 최근 코카콜라는 건강 음료로 알려진 혼합곡물 음료 제조로 유명한 중국의 음료 제조업체를 인수하였다. 또한 최근 몇 년간 코카콜라는 건강에 좋은 것으로 알려진 식물 추출물인 스테비아 감미료를 바꾸면서 코카콜라 라이프를 개발하였다.

제 3 절 부서단위의 전략적 계획

기업이 사업포트폴리오 분석을 SBU가 활동하는 시장에서 경쟁기업들을 식별하여 이들과의 경쟁에서 이길 수 있는 경쟁전략을 수립하여야 한다. 이를 위해 SBU는 경영자원과 다른 경쟁기업들이 가지지 못한 핵심역량이 있어야 하며, 이러한 경영자원과 핵심역량이 경쟁자들과 비교되어 우위를 갖게 된다.

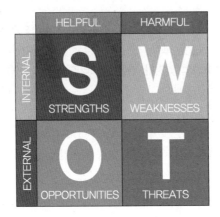

[SWOT 분석]

(1) 기업임무 설정

SBU는 보다 넓은 기업 전체의 임무 내에서 자신의 특정 임무를 각각 정의하면서 전략적 계획이 시작된다.

(2) SWOT 분석

기업의 강점, 약점, 기회, 위협에 관한 전반적 평가를 SWOT 분석이라고 부른다. 이는 외부활동환경분석을 통하여 기회와 위협분석을 하고, 내부자원과 능력분석을 통하여 강점과 약점 분석을 수행하는 것을 말한다.

(3) 목표설정

SWOT 분석이 끝나면 보다 명확하고 측정 가능한 목표를 설정하여야 한다. 보다 측정 가능하도록 설정된 목표는 경영계획, 실행, 통제를 명확하게 이룰 수 있도록 한다. 이는 드러커가 제창한 목표에 의한 관리를 통하여 여러 목표들이 계층성으로 배열되고 수량적으로 진술되어 현실적으로 일관성 있게 전개되도록 해야 한다.

(4) 전략형성

SBU는 전략을 원가우위와 차별화 중에서 택할 수 있다. 주요 현대적인 경영전략을 펼칠 수 있으며, 그 중 전략적 제휴가 중요한 전략으로 떠오르고 있다. 제품이나 서비스 제휴, 촉진제휴, 로지스틱스 제휴, 가격결정 협약 등이 이루어질 수 있다.

(5) 프로그램 형성

SBU가 주요 전략을 개발하면, 상세한 지원프로그램을 실행하여야 한다. 기업이 기술선도력을 확보하려면 R&D부서를 강화하고, 첨단기술 연구동향을 파악하고 시장을 선도할 제품들을 개발하고 기술판매원들을 훈련시키며, 기술선도력을 커뮤니케이션할 광고를 개발해야 한다. 마케팅프로그램이 형성되면 코스트를 추정해야 한다.

(6) 실행

명확한 전략과 지원프로그램은 실행을 통하여 빛을 발휘한다. 탁월한 성과는 높은 목표를 지닌 문화와 유연하고 반응적인 구조, 그리고 흠 없는 집행에 달려있다.

(7) 피드백과 통제

전략실행과정에 기업은 실행결과를 추적하고 내부, 외부환경에서 일어나고 있는 것을 감시하면서, 환경변화에 기업의 전략이 맞아 떨어지도록 해야 한다. 일을 올바르게 수행하는 능률성보다 올바른 일을 수행하는 효율성이 더욱 중요해지고 있다. 환경변화에 맞지 않는 일을 수행하여 사업자체가 올바른 일이 아니면, 그 일을 아무리 능률적으로 수행해도 의미가 없기 때문이다.

제 4 절 제품단위의 계획

제품단위의 계획을 세우기 위해서는 제품의 성공요인과 실패요인을 철저히 파악한 후 제품 수명주기에 의한 시장전략을 세울 수 있어야 한다. 이 절에서는 제품의 성공요인과 이에 따른 제품 수명주기에 의한 계획을 살펴본다.

1 제품의 성공요인 중요도 상중하

(1) 소비자의 니즈 충족

개발된 신제품은 소비자의 니즈를 충족시켜야 한다. 이는 가장 기본적이며 중요한 요소이다. 미래에셋증권은 저금리시대의 증권투자의 리스크를 해결하는 상품인 뮤추얼펀드를 국내 최초로 도입해 큰 성공을 거두었다.

(2) 기업능력과 부합

기업의 능력이 신제품 개발에 요구되는 활동과 부합되어야 한다. 이를 위해서는 기업의 핵심 역량을 지렛대로 활용하는 것이 좋다. 기업을 핵심 기술을 활용하여 신제품을 개발함과 동시에, 또 이를 통하여 기존의 성공한 브랜드를 확장시킬 수 있을 것이다. 던힐은 과거에 자동차 악세서리나 의류공급에서 출발하여 현재 담배, 라이터, 만년필 등 남성패션의 다양한 제품을 출시하고 있다.

(3) 동일한 고객층

기업이 보유하고 있는 고객층은 기업의 귀중한 자산이다. 고객을 새롭게 확보하기 위해서는 많은 비용과 노력이 수반되기 때문이다. 이에 기업은 동일한 고객층을 대상으로 제품 개발활동을 하는 것이 효율적이다. 씨티그룹은 경쟁이 심화되고 잇는 금융업계에서 고객을 놓치지 않기 위하여 고객이 은행에 찾아오면 예금, 대출, 신용카드, 보험, 투자 등을 한 번에 해결할 수 있도록 원스톱 서비스를 개발하여 제공하고 있다.

(4) 최고경영자의 관심

최고경영자 또는 영향력 있는 임원이 참여하고 관심을 가져 기업의 자원이 제품 개발에 잘 배분되도록 하며 여러 부서가 협력하도록 하여야 한다. 특히 최고경영자의 관심은 개발팀의 동기부여에 도움이 된다. 애플의 최고 경영자였던 스티브 잡스는 아이폰을 구상하고 개발에 중심적인 역할을 담당했다.

(5) 체계적 신제품 개발과정 적용

신제품 개발은 체계적인 개발과정을 통해 이루어져야 한다. 제품 개발의 모든 단계에는 시장조사를 통한 고객의 소리가 반영되어야 한다. 또 충분한 제품 테스트 과정을 거쳐야 하며, 위원회를 활용하여 의사결정을 효율적으로 진행하고, 손익분석을 통한 리스크 관리도 해야 할 것이다. 휴맥스는 디지털 셋톱박스 개발사로서 국내에 수요가 부족하여 유럽시장에 수출을 시작하였다가 기술력의 부족으로 절반이 반품되어 돌아왔다. 이때 제품을 모두 수리하면서 단점을 보완한 신제품을 개발해서 시장에 내놓았을 때 비로소 소비자의 호응을 얻을 수 있었다.

2 제품 수명주기에 의한 계획 중요도 상 중 하

한 제품이 시장에 처음 나와서 사라질 때까지의 과정을 제품 수명주기라고 부르며, 통상 도입기, 성장기, 성숙기, 쇠퇴기로 나눈다. 전형적인 제품 수명주기 곡선은 S자 모양을 하고 있지만, 다른 모양을 가진 제품 수명주기 곡선도 많다. 제품 수명주기의 각 단계의 특성과 각 단계에서의 마케팅 계획은 다음과 같다.

(1) 도입기의 시장전략

도입기는 신제품을 시장에 출시하였을 때 시작되는데, 이 시기에는 대체로 제품의 수요가 적고, 판매성장은 느린 경향이 있다. 그 이유는 ① 소비자들이 제품의 존재와 제품이 주는 편익에 대해 거의 아는 바가 없고, ② 유통경로를 확보하는 데 많은 시간이 걸리고, ③ 생산시설을 늘리고 생산과정이나 제품 자체의 문제점들을 해결하는 데 시간이 소요되기 때문이다.

이 시기에는 소비자들과 중간 상인들에게 제품의 존재와 이점을 알리는 데 중점을 두어야 한다. 또한, 제품의 사용을 유인하고 유통을 확보하기 위해 많은 촉진활동을 수행해야 하므로 판매액 대비 촉진비용의 비율이 최고 수준에 이르고, 생산경험이 적어 생산원가도 높으므로 회사의 이익은 극히 적거나 적자인 경우가 많다. 그럼에도 불구하고 회사는 과감히 마케팅 분야(주로 광고, 판매촉진)에 투자를 하여 소비자들과 중간상인들 사이에 자사 제품의 명성을 확립하고 시장에서의 위치를 확보해야 한다.

① 가격과 촉진만을 고려한 도입기의 시장전략

㉠ 신속한 흡수전략(rapid skimming)

높은 가격과 강력한 촉진활동으로 신제품을 도입한다. 단위당 총 수입을 극대화하기 위해 높은 가격을 책정하며, 이에 대한 제품의 장점을 소비자에게 인식시키기 위해 강력한 판매촉진 활동을 수행하여 시장 침투율을 가속화시킨다.

이 전략은 잠재시장의 대부분이 신제품에 대해 알지 못하고, 소비자는 높은 가격으로라도 제품을 구입하기 원하고, 경쟁기업의 시장 진입 가능성이 있을 때 브랜드 선호도를 높이고자 하는 상황에서 효율적으로 이용될 수 있다.

㉡ 완만한 흡수전략(slow skimming)

높은 가격과 낮은 강도의 촉진활동으로 신제품을 출시한다. 높은 가격은 단위당 총 수익을 가능한 많이 회수하는 데 도움이 되며, 낮은 수준의 촉진활동은 비용을 절감시킨다.

이 전략은 시장 규모가 제한되어 있고, 대부분의 소비자가 신제품에 대해 알고 있으며, 소비자는 높은 가격으로도 제품 구입을 희망하며, 경쟁기업의 시장진입 가능성이 작을 때 적용될 수 있다.

㉢ 신속한 침투전략(rapid penetration)

낮은 가격과 강력한 촉진활동으로 신제품을 출시한다. 가장 빠르게 시장에 출시하여 가장 큰 시장점유율을 확보하게 해주는 이 전략은 시장 규모가 크고, 소비자들이 제품에 대해 알지 못하고, 대부분의 소비자들이 가격에 민감하고, 경쟁가능성이 매우 크며, 규모의 경제와 경험효과로 생산비용이 절감될 때 효율적이다.

㉣ 완만한 침투전략(slow penetration)

낮은 가격과 낮은 수준의 촉진활동으로 신제품을 출시한다. 가격을 낮추어 시장 수용도를 빠르게 하고 촉진 비용을 낮춤으로써 많은 수익을 올릴 수 있다.

이 전략은 시장이 크고, 시장이 제품에 대해 많이 알고 있고, 시장이 가격 탄력적이고, 약간의 경쟁가능성이 존재할 때 효과적이다.

(2) 성장기의 시장전략

성장기에는 소비자들이 제품에 대해 어느 정도 알게 되었고 유통망도 구축되었기 때문에 판매가 급속히 증가한다. 대규모 생산 및 수익에 대한 기회에 매료된 기업들이 시장에 진입하여 경쟁이 심화되기 시작하지만 제품을 조금씩 개선하고 유통망을 확장하는 등의 경쟁사들의 활동으로 시장 자체가 커지는 경우도 있다.

수요가 빠르게 증가함에 따라 가격은 도입기와 동등한 수준이거나 약간 낮추어 지며, 경쟁이 치열해지므로 회사는 광고, 판촉비용을 계속 높은 수준으로 유지하되 경쟁사 제품에 비해 자사 제품이 나은 점을 강조하는 데 중점을 둔다. 가격은 동일 수준을 유지하거나 경쟁사를 의식해 조금씩 떨어뜨릴 수도 있다.

회사는 새로운 유통경로나 세분시장을 개척하고 제품의 질을 조금씩 꾸준히 개선함으로써 판매가 성장하는 기간을 연장할 수 있다.

이 시기에는 **높은 광고, 판촉비용, 제품개선, 새로운 유통경로 개척** 등으로 많은 비용이 지출되지만 판매가 급격히 증가하고 경험곡선과 규모의 경제 등으로 생산원가가 감소하므로 이익은 급상승하게 된다. 이러한 성장기에 회사는 다음과 같은 시장전략을 수행할 수 있다.

① 품질을 향상시키고 새로운 특징과 스타일을 추가한다.
② 신모델을 추가한다.
③ 새로운 세분시장과 유통경로에 진입하고 유통범위를 확장한다.
④ 제품인지 광고에서 제품선호광고로 전환하여 자사 제품의 강점을 부각시킨다.
⑤ 가격에 민감한 소비자에게 소구하기 위해 가격을 낮춘다.

(3) 성숙기의 시장전략

어느 시점에서 제품 판매 성장률이 천천히 낮아지게 될 때 제품은 성숙기로 접어들게 된다. 판매성장률의 하락은 산업에서 설비과잉을 초래하여 경쟁을 심화시키므로 가격경쟁은 더욱 심해지고 기능 향상을 위한 연구개발비용은 증가하게 된다.

이 시기의 광고는 **자사제품의 독특한 점을 부각시켜 자사제품이 경쟁제품과 구별되도록 하는 차별화 전략에 주안점을 두어야 한다.** 경쟁력이 약한 기업은 시장에서 탈락하고 남은 기업들은 수익성이 높은 제품과 신제품에 그 기업의 자원을 집중시키고자 한다. 이때, 구제품이 지니고 있는 높은 잠재력을 무시하는 실수를 범할 수도 있으므로 시장, 제품, 마케팅 믹스의 세 가지에 대한 수정 전략을 고려해야 한다.

이 시기에 기업은 다음과 같은 시장전략을 수행할 수 있다.

① **시장변경(market modification)**

기업의 판매량은 소비자의 수와 각 개인의 평균 소비율에 영향을 받으므로 소비자의 수를 확대하거나 소비율을 증가시키는 전략을 수행해야 한다. 소비자 수 증가방법으로는 비소비자의 소비유도, 신시장 개척, 경쟁기업고객의 잠식 등이 있고, 소비율 증가 전략으로는 1회 소비량 증대, 새로운 용도나 다양한 용도로의 확대 등이 있다.

② **제품변경(product modification)**

제품특성을 변경함으로써 판매량을 증가시키는 전략으로, 품질개선, 제품 특성 향상, 스타일 개선 등의 방법이 있다.

③ **마케팅 믹스 변경(marketing mix modification)전략**

제품 관리자는 한 가지 또는 그 이상의 마케팅 믹스 요소를 변경하여 판매증대를 꾀할 수 있다. 가격, 유통, 광고, 판매촉진, 인적판매, 서비스 등의 변수들을 변경할 때 주의할 점은 가격인하, 추가적인 서비스 등에 있어 경쟁기업이 이를 모방할 수 있으므로 주의해야 한다.

(4) 쇠퇴기의 시장전략

거의 모든 제품이 언젠가는 기술의 진보, 소비자 취향의 변화, 국내외 경쟁의 심화 등으로 인해 판매가 감소하는 쇠퇴기에 들어서게 된다. 이 시기에는 성숙기부터 시작된 공급과잉 현상이 더 심해져 전체적으로 가격은 하락하고 모든 기업들의 이익이 감소한다. 판매부진과 이익감소로 몇몇 기업은 시장을 떠나기도 하고 남은 기업은 광고, 판매촉진비용을 줄이고 가격을 더 낮추며, 원가관리를 더욱 강화하는 등의 자구책을 강구한다. 쇠퇴기에 있는 제품이 제때 처분되지 않으면 시간과 비용뿐 아니라 이 제품을 대체할 후속제품의 개발이 지연되므로 마케팅 관리자는 시장 철수 여부, 철수시기, 마케팅 전략 등의 의사결정을 내려야 한다.

이 시기의 광고는 제품의 존재를 상기시키는 데 중점을 두고, 다음과 같은 시장전략을 수행할 수 있다.

① 경쟁적 지위 강화를 위한 기업의 투자 증대
② 불확실성이 제거될 때까지 현 투자 수준 유지
③ 전망 없는 시장을 제외시키고 매력적인 틈새시장에 대한 투자 증대
④ 신속한 현금회수를 위한 투자유지와 비용절감을 통한 수확정책 실시
⑤ 유리하게 자산을 매각하고 신속히 철수

3 제품 수명주기에 따른 촉진믹스 중요도 상중하

(1) 도입기에는 시험구매유도, 제품의 존재를 알리기 위해 광고와 판촉, 홍보 등을 사용한다.

(2) 성장기에는 광고의 비중이 커지고 판촉과 홍보는 그 비중이 작아진다. 또한 시험구매를 유도하기 위한 판매자극제 제공의 필요성이 감소한다. 그리고 중간상 대상의 인적판매가 강화되기 시작한다.

(3) 성숙기에는 제품 차별화를 위한 광고. 인적판매 비중이 커진다.

(4) 쇠퇴기에는 제품의 존재를 상기시키는 광고. 인적판매가 아주 작아지고 판매촉진이 강화되는 경우가 있다.

○✕로 점검하자

※ 다음 지문의 내용이 맞으면 ○, 틀리면 ✕를 체크하시오. [1~10]

01 마이클 포터는 본원적 활동은 내부로 들어오는 물류, 생산운영, 외부로 나가는 물류, 마케팅과 판매, 그리고 서비스로 연결되어 있다. (   )

02 코틀러의 가치창출과 전달연속선에서 전략적 마케팅은 세분화, 표적화, 포지셔닝 과정이 되며, 이는 가치소통과정으로 볼 수 있다. (   )

03 기업의 효과적인 목표를 설정하기 위해서는 자세하고, 측정가능하며, 실현 가능하고, 지속 가능한 목표를 설정할 수 있어야 한다. (   )

04 기업과 사업단위의 전략적 계획은 기업의 목표설정부터 시작된다. (   )

05 BCG Matrix에서 성장률과 점유율이 높은 사업으로 빠르게 성장하고 있는 시장을 캐쉬카우라고 부른다. (   )

06 BCG Matrix에 모든 제품은 마지막에는 캐쉬카우와 물음표, 두 가지로 갈리게 된다. (   )

07 롯데리아에서 제공된 채식버거는 제품개발전략에 해당한다. (   )

08 SWOT 분석을 외부의 활동환경분석에는 유리하나 내부에 대한 분석에는 한계가 있다. (   )

정답과 해설 01 ○ 02 ✕ 03 ○ 04 ✕ 05 ✕ 06 ✕ 07 ○ 08 ✕

02 가치소통과정에 해당하는 것은 프로모션활동에 해당하며 전략적마케팅은 가치선정과정에 해당한다.

04 시장지향적 전략 계획은 기업사명 정의에서 시작하여 전략적 사업단위를 설정한다.

05 성장률과 점유율이 높은 사업으로 빠르게 성장하고 있는 시장을 지속적으로 리드하기 위해 많은 투자가 유지되어야 하는 시장을 별이라고 부르며 캐쉬카우는 성장률은 낮지만 안정적인 자금의 수입원을 의미한다.

06 BCG Matrix에서 모든 제품은 종국에는 캐시카우와 개, 두 가지로 갈리게 된다. 제품의 가치는 오로지 성장률이 둔화되기 전까지 해당 시장에서 얼마나 높은 시장 점유율을 확보하느냐에 달려 있다.

08 SWOT 분석은 기업의 강점, 약점, 기회, 위협에 관한 전반적 평가를 SWOT 분석이라고 부른다. 이는 외부활동환경분석을 통하여 기회와 위협분석을 하고, 내부자원과 능력분석을 통하여 강점과 약점 분석을 수행하는 것을 말한다.

09 제품의 수명주기 중 성장기에는 신모델을 추가하기보다 기존의 모델을 강화시키는 시장전략을 활용해야 한다. (   )

10 쇠퇴기에는 제품의 존재를 상기시키는 광고. 인적판매가 아주 작아지고 판매촉진이 강화되는 경우가 있다. (   )

정답과 해설   09 ×   10 ○

09 제품의 수명주기 중 성장기에 회사는 다음과 같은 시장전략을 수행할 수 있다.
① 품질을 향상시키고 새로운 특징과 스타일을 추가한다.
② 신모델을 추가한다.
③ 새로운 세분시장과 유통경로에 진입하고 유통범위를 확장한다.
④ 제품인지 광고에서 제품선호광고로 전환하여 자사 제품의 강점을 부각시킨다.

안심Touch

01 기업의 목표 내지 사명을 설정하는 데 피터 드러커의 기업에 대한 근본적인 질문이 도움을 줄 수 있다. '즉, 우리 회사는 무엇인가? 우리 고객은 누구인가? 기업에게 고객의 가치는 무엇인가? 우리 회사는 장래 어떤 기업이 될 것인가? 우리 회사는 장래 어떤 기업이 되어야 하는가?'

02 제공될 수 있는 제품과 서비스를 아는 것과 잠재고객을 발굴하는 것은 가치사실 모형에서 본원적 활동에 해당한다.

03 사명은 구성원들의 가치가 담기고 동시에 기업의 평가기준에 해당하며 전략의 기초이다.

---

01 기업이 사명을 정할 때 검토사항이 아닌 것은?

① 우리의 사업은 무엇인가?
② 우리 고객은 누구인가?
③ 우리 회사는 장래 어떤 기업이 될 것인가?
④ 우리의 사업은 어떻게 발전하였는가?

02 마이클 포터의 가치사슬 모형 중 지원활동에 해당하는 것이 아닌 것은?

① 조달
② 기술개발
③ 마케팅
④ 인적자원관리

03 사명에 대한 설명 중 옳은 것은?

① 기업의 자원활용과 배분의 기준이 될 수 있다.
② 기업의 전략이 담겨 있어야 한다.
③ 기업의 평가기준은 담겨 있지 않아도 된다.
④ 소비자 의사결정의 기준이 된다.

정답 01 ④ 02 ③ 03 ①

04 바람직한 기업목표의 조건이 <u>아닌</u> 것은?

① 수치로 측정 가능할 수 있어야 한다.
② 일관성 있는 목표를 수립해야 한다.
③ 경영자의 바람을 충분히 반영해야 한다.
④ 수행해야 할 기업의 목표가 중요도에 따라 나타나야 한다.

05 다음 중 전략의 수준이 <u>아닌</u> 것은?

① 조직수준
② 제품수준
③ 사업부 수준
④ 기업 수준

06 집중적인 성장전략에 해당하지 <u>않는</u> 것은?

① 제품확장전략
② 제품개발전략
③ 시장침투전략
④ 시장개발전략

07 BCG Matrix모형에서는 시장을 어떻게 정의하느냐에 따라 BCG 도표 상에서 전략사업부의 위치가 달라질 수 있다.

07 BCG Matrix의 한계로 볼 수 없는 것은?

① 시장점유율과 수익성은 반드시 비례하지는 않는다.
② 시장성장률만이 시장 기회를 결정하지는 않는다.
③ BCG 도표 상에서 전략사업부의 위치는 고정된다.
④ 예상외의 결과를 초래할 수 있다.

08 퀘스천은 시장의 성장률은 높지만 해당 기업의 시장 점유율이 낮은 사업이 이 영역에 포함된다.

08 BCG Matrix모형에서 시장의 성장률은 높지만 해당 기업의 시장 점유율이 낮은 사업은?

① 별
② 캐쉬카우
③ 물음표
④ 개

09 기업이 보유하고 있는 고객층은 기업의 귀중한 자산이다. 고객을 새롭게 확보하기 위해서는 많은 비용과 노력이 수반되기 때문이다. 이에 기업은 동일한 고객층을 대상으로 제품 개발 활동을 하는 것이 효율적이다.

09 제품의 개발을 위한 성공요인에 해당하지 않는 것은?

① 소비자의 니즈 충족
② 상이한 고객층
③ 최고경영자의 관심
④ 체계적 신제품 개발과정 적용

정답 07 ③ 08 ③ 09 ②

10 제품 수명주기에 의한 계획 중 도입기 시기에 제품의 수요가 적고, 판매성장이 느린 이유에 해당하지 <u>않는</u> 것은?

① 소비자들이 제품의 존재와 제품이 주는 편익에 대해 거의 아는 바가 없다.

② 유통경로를 확보하는 데 많은 시간이 걸린다.

③ 생산시설을 늘리고 생산과정이나 제품 자체의 문제점들을 해결한다.

④ 경쟁업체가 난립하여 차별화 전략에 비용이 많이 든다.

10 경쟁업체가 많아지는 것은 성장기 이후 성숙기에 정점이 되며, 차별화 전략이 가장 필요할 때는 성숙기이다.

11 전략사업단위에 대한 설명으로 옳지 <u>않은</u> 것은?

① 전략사업단위는 단일사업만 해당된다.

② 전략사업단위는 자체의 경쟁사를 가지고 있다.

③ 전략사업단위는 이익달성을 통제하는 책임경영자를 확보하고 있다.

④ 전략사업단위는 다른 사업단위와 사업관련들이 합쳐져 있다.

11 전략사업단위는 다른 사업단위와 합쳐질 수 있으므로 단일사업에만 해당하지는 않는다.

12 일동후디스에서 제공되고 있던 산양분유는 성인 그중에서도 노인을 대상으로 최근 화제가 되고 있는 대용식이다. 이와 관련 있는 전략으로 옳은 것은?

① 시장개발전략

② 시장침투전략

③ 다각화전략

④ 제품개발전략

12 시장개발전략은 기존 제품을 새로운 시장에 소개하는 전략이다. 이 전략은 지리적으로 새로운 지역으로 사업을 확장하는 것 또는 동일한 지역에서 새로운 고객층을 끌어들이는 것을 의미한다.

정답 10 ① 11 ① 12 ①

안심Touch

주관식 문제

01

정답 다각화 전략

해설 한 기업이 다수의 분야에 걸쳐서 사업을 전개하려는 전략으로 기업을 에워싼 정황은 부단히 변화하고 있으며 특히 신제품, 구입처, 판매처 등에 변동이 있으면 때때로 치명적인 타격을 입게 되는 경우도 있다. 이를 피하기 위해 스스로 신제품을 개발하거나 신규참입·구매처·판매처 등을 자사 지배하에 두기 위해 다각화전략을 채택하게 된다.

01 아시아 최대의 이커머스(eCommerce) 회사 중 하나인 쿠팡은 최근 쿠팡플레이를 론칭하며 본격적으로 온라인 동영상 스트리밍 서비스를 시작하였다. 또한 미국 증시에 상장하면서 그 영역을 확대하고 있다. 이와 관련된 전략은 무엇인지 쓰시오.

02

정답 가치사슬, 최종 제품이나 서비스에 부가되는 가치

해설 가치사슬이란 기업이 제품 또는 서비스를 생산하기 위해 원재료, 노동력, 자본 등의 자원을 결합하는 과정이다. 가치사슬 분석은 최종 제품이나 서비스에 부가되는 가치(value)의 관점에서 각각의 활동을 분석하는 것이다. 개별 활동이 갖는 가치에 관심을 둔다는 점에서 가치사슬 분석은 개별 활동의 경쟁력에 관심을 둔다.

02 기업이 제품 또는 서비스를 생산하기 위해 원재료, 노동력, 자본 등의 자원을 결합하는 과정 또는 활동을 나타내는 용어를 쓰고, 이 활동에서 주로 분석하는 대상이 무엇인지 쓰시오.

03 다음 중 마이클 포터의 가치사슬 모형에서 본원적 활동에 해당하는 것을 모두 고르시오.

> ㄱ. 투입물류
> ㄴ. 기술개발
> ㄷ. 인적자원관리
> ㄹ. 마케팅과 판매
> ㅁ. 기업의 생산과 운영
> ㅂ. 서비스

03

정답 ㄱ, ㄹ, ㅁ, ㅂ

해설 마이클 포터는 기업활동을 본원적 활동과 지원활동으로 나누었다. 본원적 활동은 내부로 들어오는 물류, 생산운영, 외부로 나가는 물류, 마케팅과 판매, 그리고 서비스로 연결되어 있다.

04 다음 사례를 읽고 제품의 성공요인에 대하여 쓰시오.

> 닌텐도는 화투를 만드는 회사에서 장난감사업으로 확장하여 그때 쌓인 노하우를 활용하여 전자완구 사업에 뛰어 들었고 지금은 독자적인 플랫폼 비즈니스로 순수게임산업 시가총액 1위에 올랐다.

04

정답 기업능력과 부합한 제품 개발

해설 기업의 능력이 새로운 제품 및 시장 개척에 부합되어 기존의 브랜드를 확장시킨 사례로 닌텐도를 들 수 있다.

안심Touch

05

정답 시장변경전략, 제품변경전략, 마케팅 믹스 변경 전략 등이 있다.

해설 판매성장률의 하락은 산업에서 설비 과잉을 초래하여 경쟁을 심화시키므로 가격경쟁은 더욱 심해지고 기능 향상을 위한 연구개발비용은 증가하게 된다. 경쟁력이 약한 기업은 시장에서 탈락하고 남은 기업들은 수익성이 높은 제품과 신제품에 그 기업의 자원을 집중시키고자 한다. 이때, 구제품이 지니고 있는 높은 잠재력을 무시하는 실수를 범할 수도 있으므로 시장, 제품, 마케팅 믹스의 세 가지에 대한 수정 전략을 고려해야 한다.

06

정답 기업의 강점, 약점, 기회, 위협에 관한 전반적 평가를 의미한다.

해설 SWOT 분석은 외부활동 환경분석을 통하여 기회와 위협분석을 하고, 내부자원과 능력분석을 통하여 강점과 약점 분석을 수행하는 것을 말한다.

05 제품의 성숙기의 시장전략을 2가지 이상 제시하시오.

06 부서 단위의 전략 계획에서 SWOT 분석에 대하여 설명하시오.

고득점으로 대비하는 가장 똑똑한 수험서!

제 **3** 장

정보 수집 및 환경 분석

합격의 공식
시대에듀

잠깐!

혼자 공부하기 힘드시다면 방법이 있습니다.
시대에듀의 동영상강의를 이용하시면 됩니다.
www.sdedu.co.kr → 회원가입(로그인) → 강의 살펴보기

제3장 정보 수집 및 환경 분석

제1절 마케팅 정보 시스템

마케팅 정보 시스템은 마케팅 의사결정에 도움을 주는 정보를 원활하게 유통시키기 위해 설치된 사람, 기계, 절차의 복합체이다. 마케팅 정보 시스템의 목적은 여러 원천으로부터 관련 있는 정보를 수집하여 그것을 의사결정자가 쉽사리 이용할 수 있게 하는 데 있다.

1 마케팅 정보 시스템의 하위 시스템 중요도 상 중 하

마케팅 정보시스템의 구성요소

마케팅 환경		내부정보 시스템	고객정보 시스템	마케팅 조사 시스템	마케팅 인텔리전스 시스템		마케터의 의사결정
표적시장 마케팅채널 경쟁자 잠재고객 거시환경요소	마케팅 자료					의사 결정 정보	분석 계획 집행 통제

마케팅 의사결정 지원 시스템

마케팅 의사결정 결과의 피드백

(1) 내부보고 시스템

내부보고 시스템은 기업내부에서 이루어지는 모든 활동을 기간별로 작성, 보고하는 내부회계 시스템으로서, 판매, 재고, 발주보고서 등이 이에 속한다. 보고서 작성, 보고에서 적시성이 확보되어야 하며, 이용자 중심의 보고 시스템으로 운영되어야 한다.

(2) 마케팅 외부 정보 시스템

마케팅 외부 정보 시스템은 기업 외부의 마케팅 환경동향에 관한 일상적으로 발생하는 자료를 제공하는 시스템이다. 판매점원이 고객과의 대화에서 얻은 정보, 중간상으로부터 얻은 정보, 외부의 정찰정보 등이 이에 속한다.

안심Touch

(3) 마케팅 조사 시스템

마케팅 조사 시스템이란 마케팅 관리자가 의사결정 해야 할 당면문제를 해결하기 위해 기획, 설계하여 필요한 정보를 수집, 제공, 분석하고 보고하는 시스템을 말한다.

(4) 분석적 마케팅 시스템

분석적 마케팅 시스템이란 마케팅 관리자가 합리적인 의사결정을 할 수 있도록 마케팅 자료를 분석하는 것이다.

2 마케팅 정보 시스템의 필요성 중요도 상 중 하

마케팅 정보 시스템의 필요성은 크게 여섯 가지가 있다. 첫째, 마케팅 관리자에게 주어진 의사결정의 시간이 점차 짧아지고 있고 제품수명주기 또한 단축되어 신제품 개발기간이 짧아지고 있다. 둘째, 마케팅 관리 영역이 점차 복잡하고 광범위해지고 있다. 셋째, 에너지를 비롯한 기타 자원의 감소로 인적, 물적 자원의 효율적 이용이 강요되고 있다. 넷째, 마케팅 활동의 어느 일부에 관한 정보결여로 소비자 불만이 고조되는 경우가 많다. 다섯째, 지식, 정보의 급증으로 정보의 양이 문제가 아니라 공급된 정보의 활용이 문제가 된다. 여섯째, 마케팅 개념이 보편화됨으로 인해 마케팅과 기업활동을 유기적으로 조정할 필요가 발생했다.

3 마케팅 정보 시스템의 구성 중요도 상 중 하

(1) 내부보고 시스템

대부분의 마케팅 관리자들은 마케팅의사결정을 내리기 위하여 정규적으로 내부보고 시스템에 저장된 정보를 사용한다. 기업의 회계부서는 재무제표를 작성하고 매출, 주문, 원가 및 현금흐름에 관한 상세한 기록을 유지하고 있다. 판매원은 재판매업자의 반응, 경쟁사의 활동, 고객만족 또는 서비스 문제에 관하여 보고하고 있다. 대부분의 기업들이 내부정보시스템을 구축하여 강력한 마케팅 수단으로 이용하고 있다.

이러한 내부보고 시스템에서는 다음과 같은 3가지 요건이 중요하다. 첫째, 판매대리점, 판매상, 고객들이 기업에 주문을 하고, 주문부서가 청구서를 작성하여 여러 관련부서에 송부하는 주문 – 인도 – 청구의 순환주기이다. 둘째, 판매보고서의 적시성 향상이다. 마케팅 관리자는 판매가 이루어지면, 판매보고서를 작성하게 되는데 시간이 많이 소요되기 때문에 많은 기업들은 적시에 총괄적인 판매보고시스템을 설계하려고 노력하고 있다. 셋째, 사용자 지향적 보고시스템의 설계이다. 이는 진보된 판매정보시스템을 설계하는 경우에 과도한 정보의 전달이나 지나치게 최근 정보를 취급하려는 욕심보다는 경제적으로 제공가능한 정보를 공급하는 것을 말한다.

(2) 마케팅 의사결정지원 시스템

이는 마케팅 의사결정지원 시스템을 형성하고 있는 통계뱅크와 모델뱅크가 관련되어 있는 것으로 컴퓨터에 저장되어 있다. 마케팅 관리자는 컴퓨터를 이용하여 종래에는 접근하기 어려웠던 저장자료를 손쉽게 검색, 처리하여 여러 가지 문제 대한 해답을 얻을 수 있다. 여기에는 통계뱅크, 모델뱅크, 데이터뱅크 등 하위시스템이 있다.

> **더 알아두기** 🔍
>
> **마케팅 정보 시스템의 장점**
> ① 주어진 시간 내 많은 정보 획득이 가능해져 회사의 성과를 개선한다.
> ② 대규모 회사는 산재된 정보의 통합, 유기적 결합으로 유효하게 사용할 수 있다.
> ③ 정보의 선별적 이용이 가능해진다.
> ④ 시장변화를 신속하게 판단할 수 있다.
> ⑤ 마케팅 계획과 실행을 효과적으로 통제할 수 있다.
> ⑥ 의사결정에 필요한 중요 정보를 즉시 얻을 수 있다.
> ⑦ 마케팅 개념의 충분한 활용이 가능해진다.
> ⑧ 기업활동, 특히 마케팅활동에서 얻은 정보를 보다 유효하게 이용할 수 있다.

제 2 절 | 마케팅 인텔리전스 시스템

마케팅 인텔리전스 시스템(marketing intelligence system)은 기업의 마케팅 환경에서 발생하는 일상의 정보를 수집하기 위해 사용하는 절차와 정보원들의 집합을 말한다. 어떠한 일상정보가 필요한지를 결정하여 환경을 조사하고, 그 정보를 수집하여 이를 필요로 하는 마케팅의사결정자에게 전달하는 역할을 한다.

기업은 다양한 정보원천을 통하여 마케팅 인텔리전스 시스템에 투입되는 자료를 획득할 수 있다. 즉, 관리자, 기술자, 과학자, 구매 대행자 및 판매원 등이 정보의 원천이 될 수 있다. 또한 공급업자, 재판매업자 및 소비자들이 경쟁사에 대한 중요한 일상정보를 지니고 있을 때 이를 이용할 수 있다.

많은 기업들이 경쟁사가 무엇을 하고 있는지를 알아야 할 필요가 대두됨에 따라 경쟁사에 관한 일상정보 수집 활동을 수행하고 있다. 이러한 경쟁사에 관한 정보는 경쟁사의 연차보고서, 연설문, 간행물, 전시회, 광고 등에서 일상정보를 수집할 수 있다. 또한 관련산업의 전반적 동향은 정부가 지방자치단체에 제공하는 보고서들과 지침서, 산업 동향이나 생활지표조사보고서 등을 통해서 파악할 수 있다. 마케팅 일상정보가 온라인으로 수집되는 단계에 이르렀기 때문에 기업들은 경쟁사의 정보탐색으로부터 자사를 보호하기 위한 노력이 필요하게 되었다.

제 3 절 │ 거시 환경분석

거시환경이란 여러 산업에 동시에 영향을 끼치는 환경을 말한다. 현대 기업의 사회적인 영향력이 커짐에 따라 기업이 속한 환경을 여러 가지 측면에서 분석해야 할 필요성이 발생하게 되었다. 경영 환경에 영향을 끼치는 큰 요인으로는 시장 환경요인과 비시장 환경요인으로 나눌 수 있다. 시장 환경요인에는 수요, 공급, 제품, 서비스, 고객, 공급자, 경쟁자 등이 속한다. 비시장 환경요인은 정부, 정책, 법률, NGO, 언론, 시민단체 등이 있다. 사회의 복잡도와 연결성이 커짐에 따라 비시장 환경요인이 과거에 비해 경영 환경에 큰 영향을 주는 상황으로 변해가고 있다.

1 │ 거시 환경요인 중요도 상중하

거시적환경은 기업과 미시적 환경요소들은 기업에게 기회와 위협을 동시에 제공하고 있으며 보다 넓고 광범위한 영향을 미치고 있는 거시적 환경의 틀 속에서 관리되지 않으면 안 된다. 따라서 거시적 환경분석의 목적은 환경으로부터의 기회와 위협요소를 발견하는 데 있다. 기회의 발견은 변화하는 환경 가운데서 자신이 활용할 수 있는 특별한 기회를 발견하는 것이다.

거시적 환경분석은 이와 같이 중 장기적인 기회와 위협의 발견을 가능하게 하여 줌으로써 마케팅 관리자에게 일종의 조기경보 시스템으로서의 역할을 수행해 주고 있다고 할 수 있다. 이러한 거시적 환경요소들은 다음과 같이 6가지 요소로 구성되어 있다.

(1) 인구통계적 요인

인구통계란 인구의 규모·밀도·지리적 분포·연령별 구조·성별구조·인종별 구조·직업별 구조·기타의 통계적 구조에 대해서 연구하고 조사하는 것을 말한다. 기업의 매출이나 이익에 영향을 미치는 가장 중요한 요인이 시장의 크기와 그 시장을 구성하고 있는 구매자의 특성이기 때문에 인구통계적 환경에 대한 연구 조사활동이 매우 중요하다.

(2) 경제적 환경

경제적 환경이란 소비자의 구매력과 소비구조에 영향을 미치는 모든 요인을 말한다. 마케팅관리자가 관심을 가지고 연구 조사하여야 할 경제적 환경으로는 국민소득 증가율과 소비구조의 변화 가계수지 동향이 있다

(3) 자연환경

자연환경이란 마케팅 관리자가 기업의 투입물로서 필요로 하거나 마케팅활동에 의하여 영향을 받는 자연자원을 말한다. 마케팅 관리자는 각종 심각한 환경문제에 적절히 대응하기 위하여 다음과 같은 네 가지 자연환경의 변화추세에 대해서 주의를 기울여야 한다.

첫째로 원자재의 부족에 대처하여야 한다. 둘째 에너지 비용이 상승하고 있다. 셋째 환경오염이 증가하고 있다. 끝으로 자연환경의 보전과 공해방지를 위한 정부의 규제와 간섭이 증대되고 있다.

(4) 기술적 환경

기술적 환경이란 새로운 기술을 창조하고 새로운 제품과 시장기회를 창조하는 데 영향을 미치는 모든 영향력을 말한다. 이러한 기술적 환경은 기존의 산업을 사멸시키기도 새로운 산업을 탄생시키기도 하기 때문에 오늘날 기업의 문명을 결정하는 적극적인 요인이 되고 있다.

(5) 정치적 환경

정치적 환경이란 특정사회의 조직이나 개인에게 영향을 미치거나 이들의 활동에 제한을 가하는 법률 정부기관 그리고 압력집단 등을 말한다. 정부가 법을 정하여 기업의 활동을 제한하는 데에는 첫째로 기업 상호간의 관계에서 약한 기업을 보호하기 위한 것이다. 두 번째 목적은 불공정한 기업행위로부터 소비자를 보호하는 것이다.

(6) 문화적 환경

문화적 환경이란 특정 사회의 기본적 가치관·인식·선호성 그리고 행동 등에 영향을 미치고 있는 모든 제도나 영향력을 말한다. 사람들은 특정 사회 속에서 성장하며 그 사회는 사람들에게 기본적인 신념(1 차적 신념)이나 가치관을 만들어 준다.

이러한 문화적 가치관은 핵심적 신념이나 가치관은 지속적이기 때문에 좀처럼 변화하지 않는다. 또한 2차적 신념이나 가치관은 보다 잘 변화하는 경향이 있다. 한 사회의 문화적 가치관은 인간의 자기 자신 에 대한 견해 타인에 대한 견해뿐만 아니라 조직 사회 자연 그리고 우주에 대한 견해로 표현되고 있다.

2 PEST 분석 중요도 상 중 하

PEST는 Political, Economic, Socio-cultural, Technological의 머리글자를 딴 말로서, 정치, 경제, 사회, 기술적 측면에서 피분석대상을 분석하는 기법이다. 특정 환경 하에서 기업, 시장 또는 산업에 영향을 줄 수 있는 모든 외부환경과 리스크를 확인해 볼 수 있는 외부환경분석기법이다. 이는 프로젝트 초기에 수행되어, 더 자세하게 조사해야 할 주제를 식별하고, 주제별 우선순위를 결정하는 것을 돕는다.

PEST 분석기법은 거시환경을 분석한다. 하지만 정치, 경제, 사회, 과학기술에 대한 주제는 대륙별, 국가별로 다를 수 있다. 심지어 지역별로도 차이가 존재할 수 있다. 이에 일반적으로 국가별로 분석해야 한다는 것을 기본으로 한다. 직접적인 분석기법이라기보다는 다른 분석기법들을 활용하기 전 분석대상을 결정해주는 기법으로 활용하는 것이 적절하다. 이 기법은 완벽한 분석기법이 아니므로, 파레토 원칙에 의해 기업에 영향을 미치는 20%의 세부요인을 찾는 것을 목표로 하고 접근하는 것이 적절하다.

PEST의 장점으로는 거시환경을 다양한 관점(정치, 경제, 사회, 과학기술)에서 분석할 수 있다는 점이나 단점으로는 분석결과가 산업의 핵심성공요인(CSF)을 알려주지는 못한다.

각 요인별 구성요소는 정치적 요인으로는 환경규제와 보호, 세금정책, 국제무역 규제/제한, 소비자보호법, 고용법, 정부태도, 정치적 안정성, 안전/경제 규제 등을 조사하며, 경제적 요인으로는 경제 성장, 금리/통화 정책, 정부지출, 실업정책, 과세, 환율, 물가상승률, 경기순환주기 등이고, 사회문화적 요인은 소득 분배, 인구성장률, 연령분포, 노동/사회적 이동, 라이프스타일 변화, 여가시간에 대한 태도, 기업가 정신, 교육, 유행, 건강의식/복지, 생활조건, 삶의 질 등을 고려하며 기술적 부문은 정부연구지출, 발명/개발, 기술이전비율, 과학기술 수명주기, 에너지 이용과 비용, IT, 인터넷, 모바일 기술 등을 고려한다.

최근 들어, 정치, 경제, 사회, 기술적 측면 외에 또 다른 부분(환경-Environmental, Ecological, Natural / 법-Legal / 윤리-Ethical / 지리-Geographical)에 대한 중요도가 높아짐에 따라 기존의 PEST 요인에 다른 요인들을 추가시킨 SLEPT, STEEP, STEEPLE 등의 PEST 분석의 확장된 형태들이 종종 사용된다.

제 4 절 인구통계학적 환경

시장은 현재 및 잠재적 소비자인 사람으로 구성되기 때문에 시장환경을 이해하기 위해서는 인구에 대한 이해가 시작점이 된다. 마케팅 관리자는 시장을 확장하기 위하여 다른 도시, 지역, 국가의 인구, 성장률, 나이 분포, 교육수준, 가계 패턴, 지역특징과 지역운동들에 예민한 관심을 가지고 접근하고자 한다. 인구가 많을수록 시장규모가 크다는 가정 하에 진입하려고 하는 시장을 인구통계적으로 탐색하고자 한다. 마케팅활동의 효과가 미래로 이어져 나타나기 때문에 현재의 인구뿐만 아니라 장기적인 인구성장률 동향에도 관심을 가진다. 인구의 증가는 제품과 서비스의 수요증가를 의미한다.

1 인구의 연령층 분포 중요도 상 중 하

인구의 연령층 분포는 제품의 수요에 크게 영향을 미친다. 인구의 지리적 분포도 이해해야 한다. 인구가 대도시에 집중되어 있을수록 마케팅에서 유리하다. 때로는 교육받은 정도에 대한 분석이 필요하다. 교육받은 집단 내에서 전문 서적, 잡지, 여행 등의 제품들이 각광을 받고 있다. 특히 노인층 소비자들의 비율이 급격하게 증가하고 있다. 그레고리 맨큐는 미국에서 노인층 소비자 비율이 증가하여 신제품 개발 등 마케팅에서 변화를 가져다 줄 수 있다고 보았다.

2 가계패턴 분석 중요도 상 중 하

전통적인 가계는 남편, 아내, 어린이들로 구성되었다. 독신자, 부부만 있는 가계 등으로 패턴이 변하고 있다. 인구의 지리적 분포 역시 다르다. 대도시 중심으로 인구가 몰리는 경향에 나타남에 따라 지역분석 역시 중요해지고 있다. 상당수의 사람들이 결혼을 하지 않거나 또는 만혼 그리고 아이를 갖지 않는 딩크족으로 사는 경우가 늘어남에 따라 작은 아파트, 편의성이 강조된 저렴한 가전제품, 가구 그리고 소포장 식품 등을 필요로 하게 되었다. 또한 1인 가구를 대상으로 하는 제품들이 성공할 수 있다.

> **더 알아두기** 🔍
>
> **인구통계학적 환경과 관련된 개념들**
> (1) 준거집단 - 한 개인이 자신의 신념·태도·가치 및 행동방향을 결정하는 데 준거기준으로 삼고 있는 사회집단
> (2) 하위문화 - 한 사회집단의 특수한 부분 또는 영역에서 다른 것과는 구분될 만큼 특이하게 나타나는 생활양식
> (3) 반문화 - 생활방식, 신념, 가치 등이 주요한 지배문화와는 구별되는 하위문화와 대항문화
> (4) 동세대집단 - 같은 세대에 속하여 경험과 추억을 공유하는 가치관, 구매행동이 비슷한 사회집단

제 5 절 기타 환경 분석

1 경제적 환경 [중요도] 상 중 하

경제적 환경은 기업의 마케팅활동에 영향을 미치는 거시적 환경요인으로서 이는 소비자의 구매력이나 소비지출에 영향을 미친다. 결국 시장은 사람뿐만 아니라 구매력을 필요로 한다.

구체적으로 원자재가격의 변동, 인플레이션, 세금, 소득의 변화, 금리변동, 임금상승률, 임대료, 경기주기, 실업률 등이 경제적 환경 요인이라고 볼 수 있다. 이러한 변수들은 소비자의 구매력이나 소비지출에 직접적인 영향을 미치기 때문에 마케팅 거시 환경분석에서 가장 선행되어야 한다. 일반적으로 원자재가격, 임금, 임대료 등이 상승하면 제품가격에 반영되어 가격 인상요인이 되고, 품질이 개선되지 않는 한 기업의 매출은 하락하게 된다. 또한 실업이나 세금인상, 인플레이션 상황 하에서는 가계의 실질구매력이 감소하기 때문에 기업의 마케팅활동에도 부정적인 영향을 미친다.

> **더 알아두기** 🔍
>
> **인플레이션 상황에서 사용되는 마케팅활동의 예시**
> (1) 덜 비싼 원료와 재료로 대체한다.
> (2) 생산비를 낮추기 위해 상품특징을 줄이거나 없앤다.
> (3) 무료설치, 운반, 장기보증 같은 상품서비스를 낮추거나 없앤다.
> (4) 포장비를 낮추기 위하여 값싼 포장재를 사용한다.
> (5) 기존의 모델과 규격의 수를 줄인다.
> (6) 새로운 절약형 상표나 일반상표를 만든다.
> (7) 마케팅전략 및 전략의 조합을 경쟁상황과 소비자의 욕구와 선호도에 따라 즉각적으로 변화시킨다.

2 사회문화적 환경

사회문화적 환경은 마케팅 활동의 대상이 되는 소비자들의 특성 변화와 밀접한 관련이 있다. 사회문화적 환경이라 함은 사람들이 살아가는 생활방식이라고 할 수 있다.

최근 우리나라의 사회문화적 환경의 큰 변화로는 첫째, 여성활동의 증가를 꼽을 수 있다. 2020년 기준으로 전체 여성취업자 수는 1165만 명인데, 이것은 주부들의 사회활동 증대와 소득증대에 기인한 바가 크다. 여성들의 취향은 주거형태의 선호에도 영향을 미쳐서 단독주택보다는 살기 편리한 아파트에 대한 선호도를 높여 아파트 가격의 상승을 부추기기도 하였다. 또한 포장이사나 각종 배달서비스도 전업주부의 감소와 밀접한 연관관계가 있다.

둘째로는 새로운 문화의 발생현상이다. 이미 선진국을 중심으로 독신가구를 표적고객으로 하는 제품과 서비스가 등장하고 있는데, 우리나라도 이와 비슷한 서비스가 증가하고 있다. 최근에는 비만치료제나 다이어트 식품, 뇌기능개선제, 탈모치료제 등 웰빙문화와 관련된 제품들이 쏟아지고 있다.

3 정치적, 법적 환경

정부의 규제로서 독과점 금지와 관련한 규제, 노동관계 법률, 소비자 보호 관련 규제, 환경보호 규제, 공정거래에 관련한 규제 등은 기업의 마케팅활동에 당연히 큰 영향을 미친다. 법률이나 규제는 기업의 특정활동을 금지하거나 억제하는 데 목적이 있기 때문에 규제의 변화는 부정적인 경우만 있는 것이 아니고 이전에 금지되었던 마케팅활동을 가능하게 해주는 긍정적 변화를 일으키기도 한다. 정치적, 법적 환경의 변화는 이전에는 필요해 보이지 않았거나 수익성이 없어 보였던 마케팅활동을 응용할 수 있는 기회를 주기도 한다. 특히 개방경제체제에서 FTA 등 국제적인 조약이 체결되거나 교역상대국의 법률이 변화될 경우에는 기업의 수출경쟁력에도 영향을 미친다.

그린마케팅이라고 하여 정부의 환경보호 관련 규제에 대응하여 기업이 적극적으로 산림보호, 재활용품 수거와 활용, 친환경제품 개발 등의 마케팅활동을 펼치기도 하는데, 2020년 전 세계 환경시장의 규모는 약 3조에 다다르고 있다.

또한, 우리나라에서 제정하고 있는 제조물책임법은 소비자의 권익을 더 강력하고 보호하게 되었으나, 기업으로서는 추가적인 비용발생을 감수하게 되었다.

4 기술적 환경 중요도 상 중 하

급속한 기술의 변화와 첨단제품시장에서의 영향력을 고려하면 기술적 환경의 변화는 기업의 생산 및 마케팅 활동에 직접적인 영향을 미친다고 볼 수 있다.

오늘날 대부분의 기업은 제품 및 서비스 생산과 판매를 기술에 의존하고 있다. 기술력을 갖춘 기업은 생산과 영업비용을 절감할 수 있고 상품의 질을 향상시킬 수도 있으며, 소비자의 요구수준을 제품에 즉각적으로 반영할 수도 있어서 시장에서 제품의 지배력을 강화하는 효과가 있다.

현재 우리나라의 IT산업분야의 발전에 힘입어 PC보급률과 인터넷 사용인구비율은 세계 최고이다. 이러한 환경에서는 소비자 유행의 변화가 빠르고 소비자의 정보습득능력이 높아지기 때문에 산업 내 경쟁 정도가 더 격화되는 경향이 있다.

IT 환경의 주요한 특징으로는 연결성·상호작용성·개방성의 세 가지 요인을 꼽을 수 있다. 연결성이란 시간이나 장소에 관계없이 언제 어디서나 소비자 간 혹은 소비자·기업 간의 실시간 커뮤니케이션이 가능한 특성으로 모든 구매자와 판매자가 지리적·시간적 제약을 받지 않고 접촉할 수 있음을 뜻한다. 상호작용성이란 두 당사자 간의 쌍방향적인 자극의 전달 정도라고 이해할 수 있는데, 디지털환경에서의 고객과 기업의 직접적인 상호작용은 고객에게 가치를 창출하여 주며, 관계구축의 단계를 마련하여 준다. 또한 상호작용이 증가함에 따라 고객들은 보다 자주 서비스를 이용하고, 서비스의 성능을 이해하는 데 더 많은 시간을 투자하며, 활동시간을 증대시키게 된다. 개방성은 정보접근의 용이성으로 소비자의 정보를 증가시켜 소비자·기업과의 관계에서 보다 많은 권력과 권한이 소비자에게로 옮겨가게 한다.

이와 같은 환경에서는 전통적인 마케팅믹스인 4P개념에 한계가 있다고 할 수 있다. 변화된 기술적 환경에서의 고객은 적극적인 참여자로서의 모습을 가지고 기업의 마케팅프로세스에 깊숙이 참여하고 있다. 과거 서비스 접점에서 단기적으로 좁은 범위에서만 일어나던 고객참여를 이제는 기업의 전 부서로 확대할 수 있게 되었으며, 고객의 역할을 보다 분명하게 알려주고 또 관련 지식과 정보를 적시에 제공해 줄 수 있게 되었기 때문이다. 고객참여 한계의 극복은 다음과 같은 디지털 인프라로 인해 가능해졌다. 먼저 '정보개방성'으로 이를 통해 고객에 대한 정보와 교육을 충분히, 또 적시에 제공함으로써 고객이 부분적으로 종업원으로서 역할을 수행할 수 있게 하였다. 그리고 '연결성'을 통해 언제 어디서나 고객이 기업과 연결될 수 있게 함으로써 장소와 시간에 구애받지 않고 기업과 고객이 의견을 교환하며, 가치관을 공유할 수 있게 되면서 상호작용이 깊이 있게 일어나게 되었다. 다음은 '커뮤니티 상호작용'으로 소비자들은 온라인 커뮤니티를 통해 기업과 제품에 대한 많은 정보를 축적·공유할 수 있게 되면서 고객이 기업과의 관계에서 주도적인 역할을 할 수 있게 하였으며, 쉽게 참여할 수 있는 환경을 제공하였다. 마지막으로 '구조명확성'은 고객참여에 있어 고객역할의 명확성에 대한 사이트의 구조적 측면으로, 목표역할 명확성을 교육시키지 않고 고객들을 활용하는 경우, 고객들은 성과와 관계없는 자신의 역할을 수행할 수 있는데, 이러한 구조명확성을 제공함으로써 고객의 역할에 대해 명확한 기준을 제시해 줄 수 있다.

5 인터넷 마케팅의 환경 중요도 상중하

인터넷마케팅이란 컴퓨터들이 제공하는 통신환경인 사이버스페이스라는 가상의 공간에서 소비자와의 관계형성 및 실시간 상호작용이 가능한 쌍방향 커뮤니케이션을 통한 마케팅 활동을 전개하는 것이 하고 정의할 수 있다. 이러한 인터넷마케팅의 특성을 살펴보면 다음과 같다.

첫째, 시간과 공간적인 제한이 없다. 인터넷은 상시 활용이 가능하므로 고객이 편한 시간에 자신의 일정에 따라 물건을 구매하거나 정보를 제공받을 수 있도록 해, 마케팅활동의 시간적 영역을 무한대로 만들어 놓고 있다. 또한 인터넷에서는 단지 서버를 통한 접속과 정보를 저장할 수 있는 공간만을 확보하면 전 세계를 상대로 한 마케팅이 가능하다.

둘째, 쌍방향 커뮤니케이션이 가능하다. 인터넷은 다수 대 다수 커뮤니케이션 모델을 기초로 하고 있으므로 기업이나 고객 모두가 서로 필요한 정보를 주고받을 수 있다. 기업은 인터넷을 통해 소비자들의 시장에 대한 신뢰도, 선호도 또는 소비자의도를 파악할 수 있으며, 소비자들은 기업에 대한 불만, 제품이나 서비스에 대한 고충, 제품에 대한 의견 등을 기업에 전달할 수가 있다. 롱, 호그(1998)는 인터넷 상호작용성은 효율적으로 관리하기만 하면, 기업과 고객 간의 가상관계를 증진시킬 수 있는 실시간 역동성을 창출한다는 점을 강조했다.

셋째, 인터넷마케팅을 통한 표적 집단에 대한 접근이 용이하다. 인터넷은 개개인의 관심분야나 소비패턴을 파악하기에 좋은 수단이 되며 기업은 이러한 자료를 활용하여 표적 집단을 설정하고 효과적으로 접근할 수 있다는 장점을 갖는다.

넷째, 광고비가 저렴하고 광고 분량에 제한이 없다. 인터넷을 이용한 광고는 기존의 4대 매체에 비해 광고비가 훨씬 저렴하고, 영상, 그래픽, 음향, 문자 등 다양한 멀티미디어 기술을 이용한 광고가 가능하며, 기업홍보, 제품광고 측정이 용이하다. 이용자의 방문횟수와 이용시간이 자동으로 측정되므로 보다 정확하고 자세한 광고효과 측정이 가능하고 소비자 정보를 입수할 수 있다.

다섯째, 판매거점이 필요없다. 기존의 상거래는 시장이나 상점 등 물리적인 공강 내에서 전시에 의해 판매를 하거나 고객을 직접 방문하여 판매하는 방식을 취하나 인터넷 정자상거래는 네트워크를 통해 보다 많은 정보를 제공하고 이러한 정보를 이용하여 판매를 한다.

여섯째, 투자자본이 적게 소요된다. 기존의 상거래방식은 영업점 운영을 위한 토지나 건물 등의 구입, 임대에 많은 자본을 필요로 하였으나 인터넷 전자상거래는 인터넷 서버의 구입 또는 임대, 홈페이지 구축 등의 비용만 소요되기 때문에 경제적으로도 매우 효율적이다.

○✕로 점검하자

※ 다음 지문의 내용이 맞으면 ○, 틀리면 ✕를 체크하시오. [1~10]

01 내부보고 시스템의 요건은 첫째, 판매대리점, 판매상, 고객들이 기업에 주문을 하고, 주문부서가 청구서를 작성하여 여러 관련부서에 송부하는 주문 – 인도 – 청구의 순환주기를 가지고 있다. (   )

02 경쟁사에 관한 정보는 경쟁사의 연차보고서, 연설문, 간행물, 전시회, 광고 등에서 일상정보를 수집할 수 있다. (   )

03 거시적 환경분석은 이와 같이 중 장기적인 기회와 위협의 발견을 가능하게 하여 줌으로써 마케팅 관리자에게 일종의 조기경보 시스템으로서의 역할을 한다. (   )

04 코닥사와 코니카사의 몰락은 자연환경과 밀접한 관련이 있다. (   )

05 자연환경이란 마케팅 관리자가 기업의 투입물로서 필요로 하거나 마케팅활동에 의하여 영향을 받는 자연자원을 말한다. (   )

06 PEST의 장점으로는 거시환경을 다양한 관점(정치, 경제, 사회, 과학기술)에서 분석할 수 있다는 점이나 단점으로는 분석결과가 산업의 핵심성공요인(CSF)을 알려주지는 못한다. (   )

07 마케팅에서 인구통계학적 환경을 분석할 때에는 현재의 인구나 과거의 인구동향만을 다룬다. (   )

08 노브랜드마케팅은 경제적 환경요인이 영향을 미친 마케팅에 해당한다. (   )

09 동세대집단이란 한 개인이 자신의 신념·태도·가치 및 행동방향을 결정하는 데 준거기준으로 삼고 있는 사회집단을 의미한다. (   )

10 경제적 환경은 기업의 마케팅활동에 영향을 미치는 미시적 환경요인으로서 이는 소비자의 수요에 영향을 미친다. (   )

정답과 해설   01 ○   02 ○   03 ○   04 ✕   05 ○   06 ○   07 ✕   08 ○   09 ✕   10 ✕

04 코닥과 코니카사는 기술적 환경에 따른 필름 카메라에 대한 수요 감소가 원인이다.

07 인구가 많을수록 시장규모가 크다는 가정하에 진입하려고 하는 시장을 인구통계적으로 탐색하고자 한다. 마케팅활동의 효과가 미래로 이어져 나타나기 때문에 현재의 인구뿐만 아니라 장기적인 인구성장률 동향에도 관심을 가진다. 인구의 증가는 제품과 서비스의 수요증가를 의미한다.

09 같은 세대에 속하여 경험과 추억을 공유하는 가치관, 구매행동이 비슷한 사회집단을 동세대집단이라고 하며 상기된 내용은 준거집단을 지칭한다.

10 경제적 환경은 기업의 마케팅활동에 영향을 미치는 거시적 환경요인으로서 이는 소비자의 구매력이나 소비지출에 영향을 미친다. 결국 시장은 사람뿐만 아니라 구매력을 필요로 한다.

01 마케팅 정보 시스템은 마케팅 의사결정에 도움을 주는 정보를 원활하게 유통시키기 위해 설치된 사람, 기계, 절차의 복합체이다. 마케팅 정보 시스템의 목적은 여러 원천으로부터 관련 있는 정보를 수집하여 그것을 의사결정자가 쉽사리 이용할 수 있게 하는 데 있다.

02 마케팅 활동의 어느 일부에 관한 정보결여로 소비자 불만이 고조되는 경우가 많다.

03 마케팅 정보시스템의 장점으로는 대규모 회사의 입장에서 산재된 정보의 통합, 유기적 결합으로 유효하게 사용할 수 있다.

01 마케팅 정보 시스템의 하위시스템에 해당하지 <u>않는</u> 것은?

① 내부보고시스템
② 마케팅 조사시스템
③ 외부기록시스템
④ 마케팅 외부 정보 시스템

02 마케팅 정보 시스템의 필요성에 해당하지 <u>않는</u> 것은?

① 마케팅 관리자에게 주어진 의사결정의 시간이 점차 짧아지고 있다.
② 마케팅 관리 영역이 점차 복잡하고 광범위해지고 있다.
③ 인적, 물적 자원의 효율적 이용이 강요되고 있다.
④ 마케팅 활동의 정보공개로 소비자들의 관심이 늘어나는 경우가 많다.

03 마케팅 정보 시스템의 장점이 <u>아닌</u> 것은?

① 주어진 시간 내 많은 정보 획득이 가능해져 회사의 성과를 개선한다.
② 소규모 회사는 산재된 정보의 통합 및 유기적 결합이 가능하다.
③ 정보의 선별적 이용이 가능해진다.
④ 시장변화를 신속하게 판단할 수 있다.

정답 01 ③ 02 ④ 03 ②

04 다음 중 거시적 환경요인에 해당하지 <u>않는</u> 것은?

① 인구통계적 요인
② 경제적 요인
③ 자연적 요인
④ 심리적 요인

04 거시환경이란 여러 산업에 동시에 영향을 끼치는 환경을 말한다. 심리적 요인은 개인의 선택에 영향을 미치는 미시적 환경에 해당한다.

05 PEST 분석에 해당하는 분석대상이 <u>아닌</u> 것은?

① 정치부문
② 경제부문
③ 기술부문
④ 인구통계부문

05 PEST의 장점으로는 거시환경을 다양한 관점(정치, 경제, 사회, 과학기술)에서 분석할 수 있다는 점이나 단점으로는 분석결과가 산업의 핵심성공요인(CSF)을 알려주지는 못한다.

06 마케팅 일상정보의 질을 향상시킬 수 있는 방법이 <u>아닌</u> 것은?

① 유통업자와 소매상을 활용한다.
② 외부적 네트워크를 조성하였다.
③ 전문가 패널 면접을 실시하였다.
④ 판매원들에게 매일 보고를 하는 어플을 적용하였다.

06 전문가 패널 면접은 마케팅 조사시스템과 관련이 있으며 일상정보 시스템에는 어울리지 않는다.

해설 & 정답 checkpoint

07 원자재가격의 변동, 인플레이션, 세금, 소득의 변화, 금리변동, 임금상승률, 임대료, 경기주기, 실업률 등이 경제적 환경 요인이라고 볼 수 있다.

07 마케팅활동에 영향을 미치는 경제적 환경이라고 볼 수 <u>없는</u> 것은?

① 원자재가격의 변동
② 인플레이션
③ 임금상승률
④ 1인가구의 증가

08 한 사회 안에서 일반적으로 통용되는 가치관과 행동양식을 전체 문화(total culture)라 할 때, 그 문화의 내부에 존재하면서 독자적 특질과 정체성을 보여주는 소집단의 문화를 하위문화라고 한다.

08 한 사회집단의 특수한 부분 또는 영역에서 다른 것과는 구분될 만큼 특이하게 나타나는 생활양식 또는 집단을 의미하는 것은?

① 준거집단
② 하위문화
③ 대항문화
④ 동류집단

09 인터넷마케팅이란 컴퓨터들이 제공하는 통신환경인 사이버스페이스라는 가상의 공간에서 소비자와의 관계형성 및 실시간 상호작용이 가능한 쌍방향 커뮤니케이션을 통한 마케팅 활동을 전개하는 것이라고 정의할 수 있다.

09 최근 표적집단을 겨냥하다가 개개인을 대상으로 삼는 마케팅으로 실시간 상호작용을 강조하는 것은?

① 인터넷마케팅
② 니치마케팅
③ 넛지마케팅
④ 앰부쉬마케팅

정답 07 ④ 08 ② 09 ①

10 정부의 환경보호 관련 규제에 대응하여 기업이 적극적으로 산림보호, 재활용품 수거와 활용, 친환경제품 개발 등의 마케팅활동을 펼치기도 하는데, 이와 관련된 마케팅은?

① 카운터마케팅
② 그린마케팅
③ 버즈마케팅
④ 사회적마케팅

10 그린마케팅이란 환경적 역기능을 최소화하면서 소비자가 만족할 만한 수준의 성능과 가격으로 제품을 개발하여 환경적으로 우수한 제품 및 기업 이미지를 창출함으로써 기업의 이익 실현에 기여하는 마케팅을 말한다.

11 인플레이션 상황에서 사용되는 마케팅활동에 해당하지 <u>않는</u> 것은?

① 덜 비싼 원료와 재료로 대체한다.
② 생산비를 낮추기 위해 상품특징을 줄이거나 없앤다.
③ 무료설치, 운반, 장기보증 같은 상품서비스를 낮추거나 없앤다.
④ 기존의 모델과 규격의 수를 늘인다.

11 기존의 모델과 규격의 수를 줄이는 것이 경기과열시에 유리한 마케팅에 해당한다.

12 인터넷 마케팅의 특성에 해당하지 <u>않는</u> 것은?

① 시간과 공간적인 제한이 없다.
② 쌍방향 커뮤니케이션이 가능하다
③ 인터넷마케팅을 통한 표적 집단에 대한 접근에 불리하다.
④ 광고비가 저렴하고 광고분량에 제한이 없다.

12 인터넷은 개개인의 관심분야나 소비패턴을 파악하기에 좋은 수단이 되며 기업은 이러한 자료를 활용하여 표적 집단을 설정하고 효과적으로 접근할 수 있다는 장점을 갖는다.

정답 10 ② 11 ④ 12 ③

checkpoint **해설&정답**

주관식 문제

01

정답 인구통계적 요인

해설 인구통계란 인구의 규모 밀도 지리적 분포 연령별 구조 성별구조 인종별 구조 직업별 구조 기타의 통계적 구조에 대해서 연구하고 조사하는 것을 말한다.

01 딩크족에 이어 아이를 낳지 않고 펫을 기르는 딩펫족이 등장하였다. 이와 더불어 반려동물상품시장은 점점 고급화되고 다변화되고 있다. 이와 가장 관련있는 환경요인을 쓰시오.

02

정답 정보개방성, 연결성

해설 '정보개방성'으로 이를 통해 고객에 대한 정보와 교육을 충분히, 또 적시에 제공함으로써 고객이 부분적으로 종업원으로서 역할을 수행할 수 있게 하였다. 그리고 '연결성'을 통해 언제 어디서나 고객이 기업과 연결될 수 있게 함으로써 장소와 시간에 구애받지 않고 기업과 고객이 의견을 교환하며, 가치관을 공유할 수 있게 되면서 상호작용이 깊이 있게 일어나게 되었다.

02 다음 빈칸에 들어갈 내용을 순서대로 쓰시오.

고객참여 한계의 극복은 다음과 같은 디지털 인프라로 인해 가능해졌다. 먼저 '(   )'으로 이를 통해 고객에 대한 정보와 교육을 충분히, 또 적시에 제공함으로써 고객이 부분적으로 종업원으로서 역할을 수행할 수 있게 하였다. 그리고 '(   )'을 통해 언제 어디서나 고객이 기업과 연결될 수 있게 함으로써 장소와 시간에 구애받지 않게 되었다.

03 다음 제시된 환경요인 중 비시장 환경요인에 해당하는 것을 모두 고르시오.

> ㄱ. NGO
> ㄴ. 시민단체
> ㄷ. 서비스
> ㄹ. 언론
> ㅁ. 공급자
> ㅂ. 경쟁자

03

정답 ㄱ, ㄴ, ㄹ

해설 시장 환경요인에는 수요, 공급, 제품, 서비스, 고객, 공급자, 경쟁자 등이 속한다. 비시장 환경요인은 정부, 정책, 법률, NGO, 언론, 시민단체 등이 있다.

04 다음 빈칸에 들어갈 용어를 순서대로 쓰시오.

> (   )은/는 기업의 마케팅 환경에서 발생하는 일상의 정보를 수집하기 위해 사용하는 절차와 정보원들의 집합을 말한다. 어떠한 일상정보가 필요한지를 결정하여 환경을 조사하고, 그 정보를 수집하여 이를 필요로 하는 (   )(에)게 전달하는 역할을 한다.

04

정답 마케팅 인텔리전스 시스템, 마케팅 의사결정자

해설 마케팅 인텔리전스 시스템은 기업의 마케팅 환경에서 발생하는 일상의 정보를 수집하기 위해 사용하는 절차와 정보원들의 집합을 말한다. 어떠한 일상정보가 필요한지를 결정하여 환경을 조사하고, 그 정보를 수집하여 이를 필요로 하는 마케팅 의사결정자에게 전달하는 역할을 한다.

안심Touch

해설 & 정답 checkpoint

05

정답 여성 활동의 증가로 인하여 여성들이 아파트를 선호하고 여성의 사회진출은 배달앱과 포장이사의 활성화를 불러 일으켰다.

해설 최근 우리나라의 사회문화적 환경의 큰 변화로는 첫째, 여성활동의 증가를 꼽을 수 있다. 2020년 기준으로 전체 여성취업자 수는 1165만 명인데, 이것은 주부들의 사회활동 증대와 소득증대에 기인한 바가 크다. 여성들의 취향은 주거형태의 선호에도 영향을 미쳐서 단독주택보다는 살기 편리한 아파트에 대한 선호도를 높여 아파트 가격의 상승을 부추기기도 하였다. 또한 포장이사나 각종 배달서비스도 전업주부의 감소와 밀접한 연관관계가 있다.

06

정답 첫째, 판매대리점, 판매상, 고객들이 기업에 주문을 하고, 주문부서가 청구서를 작성하여 여러 관련부서에 송부하는 주문 – 인도 – 청구의 순환주기이다. 둘째, 판매보고서의 적시성 향상이다. 셋째, 사용자 지향적 보고시스템의 설계이다.

05 아파트의 가격상승이나 배달서비스와 포장이사의 증가 현상에 대하여 사회문화적 환경에서 서술하시오.

06 마케팅 정보 시스템 중 내부보고 시스템의 요건을 두 가지 이상 쓰시오.

고득점으로 대비하는 가장 똑똑한 수험서!

제 **4** 장

마케팅 조사와 수요예측

제4장 마케팅 조사와 수요예측

마케팅 조사 시스템

"열길 물 속은 알아도 한길 사람의 속마음은 알 길이 없다."는 우리나라 속담이 있다. 50년 전, 100년 전 농업 국가였던 우리나라의 순수하고 순박한 농민의 마음도 알아내기 어려우면 영악해진 현대인, 신세대의 마음은 더 알기가 어려울 것이다. 현재의 사람의 마음도 모르면 그들의 5년, 10년 후의 마음을 헤아리기는 더욱 어렵다 할 것이다. 그러나 사업을 하려면 현재 소비자의 마음을 알아야 하는 것은 물론 5년, 10년 후의 소비자의 소비 경향을 짐작이라도 하여야 한다. 따라서 사업을 하기란 어려운 일인지도 모른다. 이러한 소비자의 마음속을 조금이라도 알아내어 사업의 리스크를 덜게 해주는 것이 바로 마케팅조사이다.

1 마케팅 조사

마케팅 조사(marketing research)란 정보를 통해서 소비자 및 공중 등을 마케팅 관리자와 연결하는 기능으로 정의한다. 마케팅 조사는 마케팅 기회와 문제를 확인하고 정의하며, 마케팅 활동을 창안, 수정, 평가하고 마케팅 성과를 측정하며, 마케팅 과정에 대한 이해를 증가시키기 위해서 사용된다.

모든 마케팅 관리자는 조사가 필요하다. 마케팅 조사자는 시장잠재량과 시장점유율에 대한 연구조사로부터 고객만족과 구매행동에 대한 평가, 가격, 제품, 경로 및 촉진활동에 대한 연구조사에 이르는 다양한 활동과 관련된다. 기업은 자체 조사부서에서 마케팅 조사를 하거나, 일부 또는 전부를 외부에 의뢰해서 할 수 있다. AMA의 정의에 따르면 마케팅 조사의 기능은 마케팅 결정을 내리는 데 사용되는 정보를 제공함으로써 소비자와 마케팅 담당자를 연결하는 것이다. AMA의 정의는 컨슈머(consumers)라는 용어와 커스토머(customers)라는 용어를 구분하는데, 정의를 담당한 위원회는 소매(혹은 B2C) 고객은 컨슈머로, 기업(혹은 B2B) 고객은 커스터머로 구별하고자 했다. 어떤 사람들은 오늘날 마케팅 조사를 통해 소비자와의 연결 고리를 갖는 것은 그 어느 때보다도 중요하다고 생각한다. 시장에서 소비자의 기대 가치를 제공하려면 소비자와의 관계가 중요하다. 세계화, 온라인 쇼핑 및 소셜미디어 덕분에 오늘날의 소비자들은 이전보다 시장에서 더 많은 선택권, 정보, 그리고 타인과 대화할 수 있는 힘을 갖게 되었다.

[마케팅 조사와 마케팅 정보 시스템의 비교]

마케팅 조사	마케팅 정보 시스템
외부 정보 취급에 비중	외부 정보 및 내부 자료도 취급
문제 해결에 관심	문제 해결은 물론 예방에도 관심
단편, 단속적 프로젝트 중심	지속적이고 장기적
과거 정보에 치중	미래지향적
마케팅 정보 시스템의 하위시스템	경영 정보 시스템의 하위시스템

2 마케팅 조사 시스템

마케팅 조사는 마케팅 시스템 속에서 경영자가 훌륭한 의사결정을 하기 위하여 정보를 제공하는 역할을 한다. 실제로 경영자와 조사자 간에 시각 차이로 인하여 이해가 상충되는 경우가 많다. 관리자는 관리의사결정과 관련하여 문제를 바라보려고 하지만, 조사자는 시장 자체의 자료에 집착하여 사물을 좁게 바라볼 수 있다. 경우에 따라서는 경영자의 직관이 조사자의 분석보다 중요하게 작용할 수 있다. 그럼에도 불구하고 마케팅 조사는 시장의 흐름을 보다 객관적으로 바라볼 수 있다는 점에서 중요하다. 특히 마케팅 활동에 대한 시장의 반응을 체크하기 위해서는 1차 자료 분석이 중요하다.

마케팅 조사 시스템은 다른 정보시스템의 요소들과 차이점이 있다. 첫째, 마케팅 조사 시스템(marketing research system)은 다른 마케팅 정보 시스템 구성요소의 하위시스템이 수집하지 못한 정보를 찾는다. 즉 마케팅 조사는 회사가 직면한 특정 상황에 대해 수행된다. 마케팅 정보 시스템의 다른 구성요소들은 특정 상황에 필요한 특정 정보를 얻지 못할 가능성이 있다. 롯데마트가 '롯데마트 투고(To Go)'를 설계하여 특정 시장에서 온라인 배달 또는 픽업 서비스를 제공하려 할 때, 경영진은 고객에게 제공 가능한 몇 가지 서비스 옵션을 제시했다. 관리자는 이 옵션 중 현 구매자가 무엇을 선호하는지에 대한 정보를 내부보고시스템으로 얻을 수 없으며, 인텔리전스 시스템에서 유용한 정보를 얻을 수 있다. 롯데마트의 어떤 식품 배달 및 배달 서비스가 현 소비자에게 가장 매력적인지는 마케팅 조사를 통해서만 정보를 얻을 수 있다.

또 다른 예를 들면, 시사저널의 세 가지 표지 기사 중 이번 주 어떤 것을 출간해야 할지 알고 싶을 때, 이러한 정보 격차를 메우기 위하여 마케팅 조사를 활용한다. 이는 마케팅 조사가 회사전체 정보시스템에서 독특한 역할을 하는 것에 대한 실제 사례이다. 특정 문제에 대한 정보를 제공함으로써, 마케팅 조사는 마케팅정보시스템의 다른 구성요소들이 제공하지 않는 정보를 제공한다. 이것이 마케팅 조사 연구가 '특수 연구(ad hoc study)'라고 불리는 이유이다. Ad hoc는 '특정 목적과 관련된'의 의미를 가진 라틴어이다.

마케팅 조사의 마지막 특성은 다른 마케팅 정보 시스템 구성요소와 차별화된다. 이러한 차이가 마케팅정보시스템 안에서 마케팅 조사의 존재를 정당화하지는 않지만 주목할 만한 것이다. 마케팅 조사 프로젝트는 다른 구성요소와 달리 연속적이지 않고 시작과 끝이 있다. 이것이 마케팅 연구 조사가 '프로젝트'라고 불리는 이유이다. 마케팅 정보 시스템의 다른 구성요소들은 지속적으로 사용할 수 있는 반면, 마케팅 조사 프로젝트는 내부 보고, 인텔리전스에서 얻을 수 없는 정보가 필요할 때만 수행된다.

제2절 마케팅 조사 과정

A기업은 과거 수개월간 매출이 점점 감소하고 있었다. 그 기업의 상품의 품질도 좋고 광고선전도 적절하며 판매가격도 알맞은 것으로 나타났다. 매출이 줄어드는 원인은 다른 곳에 있으며 이를 찾아야 한다고 생각하고 있다. 매출이 감소하는 원인은 혹시 배달이 늦은 것이 아니냐는 생각에 미치고 있다(문제소재 파악). 이 지연배달을 더욱 연구하기 위하여 고객별 주문시점과 출고시점을 분석하였다. 그 결과 주문 후 48시간 이후에 출고한 고객들에게 매출주문이 감소하거나 매출주문이 중단되는 경우가 많음을 발견하게 되었다(예비조사). 이 예비조사 결과 A기업은 지연배달로 인하여 매출이 감소하고 있다고 잠정 결론을 내렸다(가설의 설정).

이 가설을 더 확인하기 위하여 더 많은 자료를 수집하기로 하였다. 즉 A기업의 전 거래처에서 주문이 감소하거나 주문이 끊어진 거래처의 명단을 작성하였다. 이 거래처에 전화를 걸거나 직접 방문계획을 세우며 경쟁기업의 제품품질, 가격, 배달기간 등을 조사하기로 계획을 세웠다(조사계획수립).

이러한 자료를 수집하기 위하여 경쟁기업의 제품품질을 파악하고 소비자 단체가 조사한 품질기록을 찾아보았다. 또한 A기업이 직접 경쟁기업의 제품을 검사하며 고객에 직접 전화나 설문서를 통하여 알아보기로 하였다. 또한 고객이 판매장에서 A기업 제품과 경쟁기업제품을 구매하는 행동을 관찰하기도 하였다. 경쟁기업의 광고선전 금액과 광고의 효과 등을 분석하였다(자료수집).

이러한 여러 자료를 수집한 결과 매출이 감소하는 이유는 제품이 열악해서가 아니고, 광고선전이 부족한 것도 아닌 주문 후 배달이 늦은 것이 제일 큰 원인이었다는 사실을 발견하였다. 따라서 신속한 배달이 되도록 계획을 세웠다(자료의 해석 및 가설검증).

이렇게 매출이 감소하는 원인을 파악하여 예비조사를 통하여 가설을 세우고 자료를 수집하고 수집된 자료를 해석함으로써 마케팅 조사의 순환과정은 종결된다.

1 문제점과 조사목적의 설정

마케팅 관리자와 조사자는 조심스럽게 문제를 정의하고, 조사목적에 합의하기 위해 긴밀히 협조해야 한다. 관리자는 어떠한 정보가 필요한가에 대해서 가장 잘 알고 있으며, 조사자는 마케팅 조사와 정보를 얻는 방법을 가장 잘 알아야 한다.

만약 관리자들이 마케팅 조사에 관하여 잘 알지 못한다면 잘못된 정보를 얻게 될 것이고, 따라서 잘못된 정보를 받아들이게 될 것이며 정보를 얻는 데 너무 많은 비용을 지불하게 될 것이다. 관리자의 문제를 이해하고 있는 경험 있는 마케팅 조사자들은 문제점 및 조사목적 설정관계에 참여해야 한다. **조사자는 관리자가 문제를 정의하는 데 도움을 줄 수 있어야 하고, 관리자가 보다 좋은 의사결정을 하는 데 도움을 줄 수 있는 조사방법을 제시해야 한다.**

문제점과 조사목적의 설정은 때때로 전체 조사과정 중 가장 힘든 단계이기도 하다. 관리자는 무언가 잘못되었다는 사실을 알고 있으나, 구체적으로 그 원인을 알지 못하고 있을 수 있다. 전형적인 New Coke의 경우, 코카콜라사는 당사의 마케팅 조사의 문제를 너무나 좁게 정의하여 치명적인 결과를 초래하게 하여 결국 New Coke는 다시 단종되고 원점으로 돌아갔다.

문제가 신중하게 정의되고 난 후, 관리자와 조사자는 조사목적을 설정해야 한다. 마케팅 조사프로젝트는 다음 세가지 형태의 목표 중에서 하나를 취하게 된다. 첫째, 조사목적이 탐색적 조사(exploratory research)인 경우에는 문제의 정의와 가설의 제시를 보다 잘 할 수 있도록 예비정보를 얻기 위한 것이다. 둘째, 조사목적이 기술적 조사(descriptive research)인 경우에는 제품의 시장잠재력 또는 제품을 구매하는 소비자의 태도와 인구 통계학적 특징과 같은 것을 설명하기 위한 것이다. 셋째, 인과조사(casual research)의 목적은 인과관계에 관한 가설을 검정하기 위한 것이다. 예를 들어 사립대학에서 등록금의 10% 인하가 감소된 등록금을 상쇄할 정도로 충분히 10% 이상으로 등록자 수가 증가할 것인가와 같은 조사를 의미한다. 흔히 관리자들은 탐색적 조사를 먼저 실시하고 이어서 적절한 기술조사 또는 인과조사를 수행한다.

더 알아두기 Q

반전(反轉) 날씨 마케팅

놀이시설을 운영하는 테마(Theme)파크의 가장 큰 적은 비와 눈이다. 아무리 시설이 좋은 볼거리가 많아도 날씨가 좋은 볼거리가 많아도 날씨가 나쁘면 어쩔 도리가 없는 것이다. 그러나 국내 최대 테마 파크인 에버랜드에서는 이 날씨를 역이용하여 성공하고 있다. 이른바 "레인보우 페스티벌"이라고 하여 장마철 기간 중에 입장객에게는 7가지 다른 색깔의 우산을 무료로 빌려주고 색깔에 따라 놀이시설 중 한 가지는 공짜로 태워주며 공짜 커피도 대접하며 훗날 날씨가 좋을 때 다시 방문하라고 무료입장권도 제공한다. 이러한 소문이 입에서 입으로 전해져 장마철로 들어서도 성수기 때와 비교해 손님이 크게 줄어들지 않았다고 한다. 에버랜드는 레인보우 페스티발에 대한 고객들의 반응이 좋게 나타나자 장마철에 국한하려던 당초계획을 바꿔 연중 이 행사를 실시키로 했다고 한다.

레인보우 페스티벌과 같은 반전의 마케팅은 사업성격상 성수기와 비수기가 완연히 구분되는 업종에 특히 유용하다. 에버랜드와 같은 놀이공원의 경우 장마철이나 겨울철 비수기에는 입장객수가 성수기(4~6월)의 3분의 1 수준에 불과할 정도로 계절별 차이가 크다. 따라서 어느 놀이공원에 더 많은 사람이 몰리느냐 하는 것은 비수기 전략에 의해 크게 좌우한다.

에버랜드의 반전 마케팅은 레인보우 페스티벌이 처음은 아니다. 지난 87년의 눈썰매장 개설도 반전 마케팅의 하나이다. 에버랜드는 당시 국내 놀이공원으로서는 처음으로 눈썰매장을 만들어 '겨울철에는 놀이공원에 가봐야 아무 소용이 없다.'는 고객들의 인식을 바꾸어 놓았다. 작년 여름 '캐리비안베이'라는 실내외 인공해수욕장을 개설, 바닷가로 집중되는 휴가고객들의 발길을 돌려놓은 전략도 레인보우 페스티벌과 뿌리를 같이 한다.

---

2 조사계획의 수립

마케팅 조사과정의 두 번째 과정은 요구되는 정보를 결정하고, 그 정보를 효율적으로 얻을 수 있는 계획을 수립하며, 또한 그 계획을 마케팅 관리자에게 제시하는 것이다. 본 계획에는 2차 자료원에 대해 개괄적으로 제시하고 구체적인 조사방법, 개념의 조작적 정의, 접촉방법, 표본추출계획 및 조사자가 1차 자료를 수집하는 데 사용하는 조사수단 등을 제시해야 한다.

(1) 구체적인 필요정보의 결정

조사목적은 구체적인 정보욕구로 전환되어야 한다. 예를 들어 캠벨사가 지금까지 친숙하게 사용하여 왔던 빨갛고 하얀 캔 대신에 값은 좀 비싸지만 마이크로웨이브 오븐으로 스프를 데울 수 있고, 접시를 사용하지 않고 그것을 먹을 수 있으며, 또한 여러가지 다른 제품에도 성공적으로 사용될 수 있는 새로운 사발모양의 플라스틱 용기에 대해서 소비자들이 어떻게 반응할 것인가를 알기 위한 조사를 계획했다고 가정하자. 이러한 조사는 다음과 같은 구체적인 정보 및 많은 종류의 다른 정보가 필요할 것이다.

- 현재 스프 사용자의 인구 통계적, 경제적, 그리고 라이프스타일의 특성
- 소비자의 스프 사용패턴
- 가정용 및 상업용으로 사용되는 마이크로웨이브 오븐의 수
- 새로운 용기에 대한 소매상의 반응
- 새로운 용기에 대한 소비자의 태도
- 새로운 용기와 현재 용기의 판매량 예측

(2) 2차 자료의 수집

관리자의 정보요구에 대처하기 위해서는 2차 자료, 1차 자료 또는 둘 다 수집할 수 있다. 2차 자료(secondary data)는 다른 목적을 위해 수집된 것으로서, 이미 어느 곳인가에 존재하는 정보이다. 1차 자료는 현재의 특수한 목적을 위해서 수집된 정보를 의미한다.

조사자는 통상 2차 자료를 수집함으로써 조사를 시작한다. 통상 2차 자료는 1차 자료보다 신속하게 저렴한 비용으로 얻을 수 있다. 그러나 2차 자료에는 문제가 있을 수 있다. 필요로 하는 정보가 없을 수도 있기 때문에 조사자들은 2차 자료로부터 그들이 필요로 하는 모든 자료를 얻는다는 것이 불가능할 수 있다. 2차 자료는 조사를 위하여 좋은 출발점을 제공하며, 흔히 문제점 발견과 조사목적의 설정에 도움이 된다. 그러나 대부분의 경우 기업은 역시 1차 자료를 수집해야만 한다.

이때 수행되는 조사가 탐색조사이다. 탐색조사는 문제의 범위를 확정하여 광범하고 모호한 문제의 정의를 위해 실행하며, 가설을 도출하는 데 도움이 될 예비 정보를 수집하는 데 목적이 있다. 탐색조사 방법으로는 주로 관찰법이 많이 사용되는데, 구체적으로 문헌조사, 경험조사, 선별적 사례분석 등의 방법이 사용된다.

첫째, 문헌조사는 가설을 신속하고도 가장 경제적인 방법으로 발견하려면 문헌조사를 통하여 다른 사람들이 만든 자료를 이용하는 것이다. 이미 출판된 간행물이나 통계자료를 수집하는 방법이다. 둘째, 경험조사는 조사하고자 하는 주제에 대하여 잘 알고 있는 사람들의 지식이나 경험을 통하여 문제를 파악하고자 하는 방법이다. 셋째, 선별적 사례분석은 조사자가 관심을 가지고 있는 분야에서 발생하고 있는 현상중에서 몇 가지 사례를 선택하여 집중적으로 조사하는 방법이다.

이러한 탐색조사를 통해 발견된 아이디어는 더 깊은 조사를 행하거나 의사결정을 내리는 데 필요한 기초자료로 이용된다.

(3) 1차 자료 수집계획

양호한 의사결정을 하기 위해서는 좋은 자료가 필요하다. 조사자는 획득한 2차 정보의 질을 신중하게 평가하는 것과 마찬가지로 그들은 마케팅 의사결정자에게 관련성, 정확성 및 현실성이 있으며 편견이 없는 정보를 제공할 수 있도록 1차 자료를 수집하는 데 주의를 기울여야 한다. 1차 자료의 수집계획을 수립하기 위해서는 조사방법, 접촉방법, 표본추출계획 및 조사수단 등에 관한 의사결정이 필요하다.

① 조사방법

관찰조사(observational research)는 관련된 사람, 행동 및 상황 등을 관찰하여 1차 자료를 수집하는 것이다. 몇몇 기업들은 기계적 관찰을 통해 수집된 정보를 판매한다. 예를 들어 Nielsen Media Research사는 누가 어떤 프로그램을 시청하는가를 기록하기 위해 몇몇 가정을 선택하여 "People Meters"를 TV에 부착시킨다. 이때 Nielsen사는 TV 프로그램별로 주로 시청하는 사람들의 숫자와 인구 통계적 특성을 정리하여 만든 일람표를 제공한다. TV 방송국은 프로그램의 인기도를 판단하여 광고시간에 대한 매체비용의 부과를 결정하기 위하여 이 일람표를 구매하며, 광고주들은 그들의 광고물을 방영할 프로그램의 선택에 이 일람표를 이용한다. 관찰조사는 사람들이 제공하기를 꺼리거나 제공할 수 없는 정보를 획득하는 데 사용될 수 있다. 한편 감정, 태도 및 동기 또는 개인적인 비밀스러운 행동과 같은 어떤 것들은 간단히 관찰할 수가 없으며, 장기적인 행동이나 드물게 일어나는 행동 또한 관찰하기가 어렵다. 이러한 한계 때문에 조사자들은 흔히 관찰조사와 함께 다른 자료수집 방법들을 병행하여 사용한다.

질문조사(survey research)는 현상이나 사상에 대한 기술적인 정보를 수집하는 데 가장 적절한 방법이다. 사람들의 지식, 태도, 선호도 또는 구매행동 등에 관하여 알기를 원하는 기업은 사람들에게 직접 물어 봄으로써 그것들을 알 수 있다. 질문조사의 가장 큰 이점은 탄력성에 있다. 즉 질문조사는 여러 다른 마케팅 상황에서 여러 다른 종류의 정보를 획득하는 데 사용될 수 있다. 조사설계에 따라서 질문조사 방법을 이용하면 관찰이나 실험조사보다 빠르고 적은 비용으로 정보를 획득할 수도 있다. 그러나 질문조사도 역시 몇 가지의 문제점이 있다. 때때로 사람들은 그들이 무엇을 했고 왜 그렇게 했는지에 대해서 기억할 수 없거나, 결코 생각해 보지 않았기 때문에 조사질문에 대답할 수 없는 경우가 있다. 또한 잘 모르는 조사자의 질문이나 그들이 사적인 질문에는 대답을 꺼리는 수도 있다. 응답자들이 질문에 대한 답을 알지 못하는 경우에도 현명하게 보이거나 정보를 많이 아는 것처럼 보이기 위해 조사질문에 답하는 경우도 있다. 또한 응답자들은 면접자가 원한다고 생각하는 대답을 함으로써 면접자를 도와주려고 노력하기도 한다. 마지막으로 바쁜 사람들은 시간이 없어 질문에 응할 수 없거나 또한 그들의 사생활을 방해했다고 화를 낼 수도 있다.

관찰조사는 탐색적 연구에 가장 적합하고, 질문조사는 기술적인 연구에 가장 적합한 반면 실험조사(experimental research)는 인과관계 정보를 얻는 데 가장 적합한 방법이다. 즉 실험은 관련된 실험집단과 통제집단을 선정하여 그들에게 여러가지 다른 실험처리를 하고 관련이 없는 요인들을 통제하며, 그리고 집단 간의 반응차이를 조사하는 것이다. 이렇게 해서 실험조사는 원인과 결과의 관계를 설명하려는 것이다.

> **더 알아두기** 🔍
>
> **기술적 조사의 유형**
>
> (1) 종단 조사 : 응답자들의 표본을 추출하여 이들로 하여금 반복적으로 응답하게 하는 고정 응답자 집단을 이용하는 것이 특징이다. 고정 응답자 집단은 동일변수나 동일특성에 대해 반복적으로 측정하는 진성 고정 응답자 집단과 필요에 따라 상이한 내용의 자료를 작성하게 함으로써 여러 가지 정보를 수집할 수 있는 다목적 고정 응답자 집단으로 나누어진다.

(2) **횡단 조사** : 조사자가 관심을 두고 있는 모집단에서 표본을 추출하여 표본에서 여러 가지 특성을 일시에 측정하는 방법이다. 표본조사에서는 평균치나 비율 등의 통계량을 구하고 이들의 관계를 밝히는데 목적이 있고, 현장조사에서는 여러 가지 요소들의 상호관계를 밝히는데 목적이 있다.

기술조사에서는 특정 집단의 특성을 기술하기 위한 목적이 있을 때, 특정 집단을 구성하고 있는 사람들 중 일정한 태도나 특성을 보이고 있는 사람들의 구성 비율을 추정하기 위해 구체적 예측을 목적으로 질문지에 답하도록 한다.

② **접촉방법**

첫째, 우편질문은 낮은 비용으로 많은 양의 정보를 수집하기 위해 사용될 수 있다. 응답자들은 모르는 면접자와 개인적으로 또는 전화를 통해서 사용할 경우보다 우편질문을 사용할 경우 보다 정확히 대답할 수 있고, 보다 사적인 질문에도 대답할 수 있으며, 어떠한 면접자도 응답자의 대답에 편견이나 영향을 줄 수 없다. 그러나 우편조사는 자료를 완전하게 수집하는 데 너무 많은 시간이 소요되며, 완성된 질문지를 되돌려 주는 사람의 수인 응답률이 매우 낮다. 또한, 조사자는 흔히 우편질문 표본에 대해 거의 통제할 수 없다.

둘째, 전화면접은 정보를 가장 빨리 입수하는 가장 좋은 방법이며, 우편질문보다 탄력성이 높다. 면접자는 이해하지 못하는 어려운 질문에 대해 설명해 줄 수 있으며, 응답자의 대답에 따라서 어떤 질문은 빼고 어떤 질문은 보다 깊이 조사할 수 있다. 응답률은 우편질문보다 높은 경향이 있으며, 표본통제가 용이한 장점이 있다. 그러나 전화면접의 경우 응답자 개인당 비용이 우편질문보다 많이 소요된다. 그리고 사람들은 사적인 문제를 면접자에게 이야기하기를 원하지 않을 수도 있다. 면접자를 이용하는 경우 역시 면접자 편견이 개입될 가능성이 또한 높다. 응답을 해석하고 기록하는 것도 면접자에 따라 다를 수 있으며, 시간적인 압박으로 인해서 면접자들이 질문을 하지 않고 대답을 기록함으로써 속일 수도 있다.

셋째, 대인면접은 개별면접과 집단면접의 두 가지 형태가 있다. 개별면접은 가정이나 사무실, 거리 및 상점가 등에 있는 조사대상자들의 협조를 얻어 그들과의 대화를 통해 정보를 수집하는 방법이다. 그러한 면접은 탄력성이 있는데 훈련을 받은 면접자가 장시간동안 응답자에게 주의를 기울일 수가 있고, 어려운 질문사항을 설명해 줄 수 있다. 면접자는 면접을 이끌고 문제점들을 탐색하고 상황에 따라서 증거를 제시할 수 있다. 대개의 경우 대인면접은 신속하게 수행될 수 있기는 하지만 전화면접보다 3~4배의 비용이 소요된다.

집단면접은 6~10명을 초대하여 훈련된 면접자가 몇 시간동안에 걸쳐 제품, 서비스, 조직 등에 관하여 토론하면서 정보를 얻는 것이다. **면접자는 토론이 자유롭고 쉽게 이루어지도록 북돋아 주면서 집단의 상호작용에 의해 실질적인 감정과 사고 등이 나타나도록 해야 한다. 동시에 면접자는 토론에 초점을 맞추기 때문에 이를 포커스그룹면접(focus group interview)이라고 부른다.** 의견은 서면으로 기록되거나, 비디오테이프에 녹화되어 이 기록을 추후에 연구검토한다. 포커스그룹면접은 소비자의 사고와 감정에 대한 통찰력을 얻기 위해서 사용되는 중요한 마케팅 조사수단의 하나가 되고 있다. 그러나 포커스그룹면접은 시간과 비용을 줄이기 위해 소규모 표본을 사용하는데, 따라서 그 결과를 일반화한다는 것이 어려울 수도 있다. 왜냐하면 면접자들은 개인면접을 하는 데 있어 보다 자유스럽기 때문에 면접자의 편견이 조사결과에 반영될 가능성이 매우 높다.

컴퓨터와 커뮤니케이션의 발달도 정보수집의 방법에 영향을 미친다. 예를 들어 대부분의 조사기업 들은 컴퓨터의 보조를 받는 전화면접(CATI : Computer Assisted Telephone Interviewing)을 현 재 이용하고 있다. 전문적인 면접자들이 세계 각처에 있는 응답자들에게 무작위로 결정된 전화번호 를 사용하여 전화를 건다. 응답자가 대답을 하는 경우, 면접자는 비디오 화면을 통해서 질문을 읽고, 컴퓨터에 응답자의 대답을 곧바로 입력시킨다.

③ **표본추출계획**

일반적으로 마케팅 조사자들은 전체 소비자 가운데서 추출된 소규모 표본에 대해서 조사하고, 그 결과를 가지고 전체 소비자 집단에 대한 결론을 도출한다. **표본(sample)이란 전체 모집단을 대표하 기 위해서 선택된 모집단의 한 부분이다.** 이상적인 조사가 되려면 표본은 대표성이 있어서 조사자가 모집단의 사고와 행동을 정확하게 추정할 수 있어야 한다. 표본추출계획은 다음의 세가지 의사결정 이 포함된다.

첫째, 조사대상이 누구인가(표본단위는 무엇인가) 하는 것으로서 그에 대한 대답은 항시 명확하지 않다. 따라서 조사자는 어떤 정보가 필요하고, 누가 그런 정보를 가지고 있을 가능성이 가장 큰가를 결정해야 한다.

둘째, 얼마나 많은 사람을 조사해야 하는가(표본크기를 얼마로 할 것인가)? 큰 표본은 작은 표본보 다 신뢰성 있는 결과를 제공한다. 잘만 선택한다면 모집단의 1% 미만의 작은 표본도 좋은 신뢰성을 줄 수 있다.

셋째, 표본에서 응답자를 어떻게 선정하여야 하는가(어떤 표본추출절차를 이용하는가)? 확률 표본 인 경우, 각각의 모집단 구성원이 표본으로 선택될 수 있는 기회가 이미 알려져 있으므로 조사자는 표본추출 오차에 대한 신뢰한계를 계산할 수 있다. 그러나 **확률표본추출은 너무 많은 비용이 소요되 고, 시간이 많이 소요되기 때문에 마케팅 조사자들은 일반적으로 표본추출 오차를 측정할 수 없기는 하지만 비확률표본을 추출한다.**

더 알아두기 🔍

확률표본추출(Probability Sampling)

조사는 원래 조사대상 전부에 대하여 하는 전수조사여야 하지만 그들을 대표할 수 있는 일부 표본을 대상으로 하여 시간 , 비용, 노력을 적게 투입하여 조사하더라도 전수조사의 결과나 가치에 근사한 값을 얻을 수 있는 방법이 확률 표본추출법이다.

이 방법은 전체를 구성하고 있는 요소를 뽑아내는 확률이 알려져 있으며, 이것의 원래 형식은 임의표본, 또는 단순 임의표본추출이라고 하며, 조사대상 구성원 전부에 대하여 일련의 변호를 정하고 뽑을 표본 수만큼을 추첨 또는 난수표를 이용하여 그 번호에 맞는 대상을 찾아 표본으로 하는 것이다.

비확률표본추출(Nonprobability Sampling)

비확률표본에서는 모집단의 구성요소가 표본에 포함된 확률을 추정하는 방법이 없어서 표본이 모집단을 대표할 수 있는가의 여부를 확신할 수 없다. 이와 같이 조사자나 면접자의 개인적인 판단에 의하여 표본 을 추출하므로 표본추출 오류를 평가하지 못하게 된다. 표본추출절차에서 발생할 수 있는 오류를 알고 있지 못하면 조사자의 추정치가 어느 정도의 정확성을 띠고 있는가를 판단할 수 없다.

④ 조사수단

1차 자료를 수집하는 데 있어, 마케팅 조사자는 질문지(설문지)와 기계장치의 주요한 두 가지 조사수단 중 어느 것을 택할 것인가를 결정해야 한다.

첫째, 설문지는 지금까지 사용되는 가장 보편적인 조사수단으로서 여러 가지 방법으로 질문할 수 있기 때문에 탄력성이 있다. 질문지는 표본전체에 대해 조사를 시작하기 전에 미리 조심스럽게 개발하고, 테스트를 해 보아야 한다. 신중을 기하지 않고 준비된 질문지는 통상 여러 가지 잘못된 것이 포함된다.

조사자는 역시 질문할 때의 단어선택과 질문의 순서에도 주의해야 한다. 조사자는 간단하면서도 직접적이며, 편견이 없는 단어를 사용해야 한다. 질문은 논리적인 순서로 구성되어 있어야 한다. 최초의 질문은 가능하다면 흥미를 유발할 수 있어야 하며, 어렵고 사적인 질문은 맨 마지막 부분에서 질문되어야만 응답자가 방어적이 되지 않는다.

둘째, 비록 질문지가 가장 일반적인 조사수단으로 사용되기는 하지만 기계적 수단도 역시 사용된다. 예를 들어 검류계(galvanometer)는 어떤 대상이 광고나 그림과 같은 상이한 자극에 노출되었을 때 일어나는 관심이나 감정의 정도를 측정한다. 검류계는 감정적 흥분으로 생기는 약간의 땀까지도 측정한다. 순간 주의력 측정장치(tachistoscope)는 1초의 1/100초 이하에서 몇 초에 이르는 짧은 노출시간동안 측정대상자에게 광고를 보여주는 장치이다.

더 알아두기

측정도구 – 척도의 유형

(1) 명목척도(Nominal Scale)

명목척도는 측정 대상의 속성을 분류하거나 확인할 목적으로 숫자를 부여하는 것이다. 즉, 우리가 소비자의 성별이라는 속성을 측정할 때에 남자를 1, 여자를 2라고 숫자를 부여한다면, 여기에서 1과 2는 남자와 여자라는 성의 구분을 위한 것이지 다른 의미는 전혀 없다. 예를 들어, 주민등록번호, 학번, 운동선수의 백넘버 등은 모두 명목척도이다.

이러한 명목척도로 사회현상을 측정하게 되면 척도 자체가 측정 대상 속성의 분류와 확인에 목적이 있으므로 분석을 위한 통계기법도 단순한 비율이나 빈도 등과 같이 비모수 통계 이외에는 사용할 수 없다. 즉, 이러한 숫자를 가지고서는 가감승제를 할 수 없기 때문에 산술평균을 구할 수 없다.

(2) 서열척도(Ordinal Scale)

순위척도라고도 하는 서열척도는 측정 대상 속성의 순위를 밝혀주는 척도이다. 즉, 어떤 측정 대상의 속성이 높고 낮음, 많고 적음에 대하여 그 양을 표현하는 것이 아니라, 순위만을 표현하는 것이다. 학교에서 매기는 등수는 바로 이러한 서열척도를 잘 반영한 것이다.

만약 학교에서 어느 한 학급의 성적을 순위로 매기는 경우 1등이 평균 90점, 2등이 85점, 3등이 84점이라고 하면, 이들은 점수의 많고 적음에 상관없이 일방적으로 순위가 매겨지는 것이다. 즉, 1등과 2등의 점수차이는 5점이지만, 2등과 3등의 점수차이는 불과 1점에 지나지 않는다.

서열척도의 경우에는 중앙값, 서열 상관계수, 서열의 차이 분석 등과 같은 비모수 통계 이외에는 통계기법을 적용할 수 없다.

(3) 등간척도(Interval Scale)

사회 현상을 측정하는 데 사용되는 도구를 척도라 하는데 등간척도는 이러한 척도 중 하나이다. 등간 척도는 대상의 속성에 값을 부여하되 그 속성에 대한 값의 간격이 같은 것을 의미한다.

갑이라는 사람이 막걸리를 1만큼 좋아하고 을은 2만큼 좋아하고 병은 3만큼 좋아한다면, 갑과 을, 병 사이의 선호 간격은 같은 것이다. 그러나, 등간척도는 간격만 같은 뿐이지 병이 갑보다 막걸리를 3배나 좋아한다고 말할 수는 없다. 왜냐하면, 이 때의 숫자 개념은 절대 영점을 포함하고 있지 않기 때문이다.

한 예로 사회 현상을 측정할 때 등간척도는 어떤 서술된 문장 내용에 대해서 동의하는 정도에 대해서 '전적으로 반대한다, 반대한다, 중립이다, 찬성한다, 전적으로 찬성한다'의 5점 척도로 등 간격해서 측정 도구로 사용될 수 있다.

등간척도로 측정할 때 이러한 숫자를 가지고 산술평균을 비롯하여 표준편차, 상관계수 등과 같은 모수 통계기법을 이용하여 분석할 수 있다.

(4) 비율척도(Ratio Scale)

비율척도란 등간척도가 갖는 특성이외에 절대영점을 갖고 있는 척도를 말한다. 절대영점이란 어떤 대상의 기본이 되는 속성이 전혀 존재하지 않는 상태를 말한다. 비율척도로 측정한 경우에는 한 측정 치와 다른 측정치의 차이뿐만 아니라 몇 배인가도 측정해 준다. 예컨대, 키, 몸무게, 길이, 넓이 등은 다 비율척도인데, 무게의 경우 100kg이 50kg보다 2배 더 무겁다고 이야기할 수 있다.

비율척도도 등간척도와 마찬가지로 모수 통계의 모든 기법을 사용하여 평균, 표준편차, 상관계수 등을 분석할 수 있다.

(4) 조사계획의 제시

이 단계에서 마케팅 조사자는 문서화된 계획안을 통해 조사계획을 요약한다. 조사 계획안에는 이미 설정된 경영관리상의 문제점, 조사목적, 얻어야 할 구체적인 정보, 2차 정보원천 또는 1차 자료 수집방법, 그리고 조사결과가 경영의사결정에 얼마나 도움이 되는가 등이 포함되어야 하며, 또한 조사에 소요되는 비용도 제시되어야 한다.

3 조사계획의 집행

다음 단계에서 조사자는 조사계획을 실행에 옮긴다. 이 단계는 정보의 수집, 처리, 분석 등이 포함된다. 자료수집은 기업의 마케팅 조사요원이나 외부조사 기업에 의해서 수행될 수 있는데, 기업은 자체의 요원을 사용함으로써 자료수집 과정과 자료의 질에 대한 통제를 더욱 효과적으로 할 수 있다. 그러나 자료수집을 전문으로 하는 외부조사기업을 이용하면 흔히 조사를 좀더 빨리 진행시킬 수 있고, 비용도 오히려 작게 소요되는 경우가 많다. 마케팅 조사과정 중에서 자료수집 단계는 일반적으로 가장 비용이 많이 소요되는 단계이며, 오류가 가장 많이 발생하는 단계이기도 하다. 조사자는 현장의 자료수집 업무를 세밀히 감독하여 계획이 정확하게 실행될 수 있도록 해야 한다.

조사자는 중요한 정보와 결과를 도출하기 위해 수집된 자료를 처리하고 분석해야 한다. 설문지를 통해 수집된 자료는 정확성과 완전성이 검토된 후에 컴퓨터 분석을 위해 기호화(coding)된다. 그후 조사자는 결과표를 작성하고, 주요 변수에 대한 평균을 구하며, 기타 통계치를 구하게 된다.

4 결과의 해석과 보고

조사자는 결과를 해석하고, 결론을 내린 후에 마케팅 관리자에게 보고해야 한다. 조사자는 어려운 수치계산이나 환상적인 통계기법 등을 사용하여 마케팅 관리자를 압도하려고 해서는 안 된다. 조사자는 경영자가 주요한 의사결정을 내리는데 유용하게 사용할 수 있는 중요한 결과를 제시해야 한다.

그러나 조사결과의 해석은 조사자에게만 맡겨져서는 안 된다. 조사자들은 대개 조사설계나 통계기법에 있어서는 전문가이지만 마케팅 전문가는 아니며, 마케팅 관리자가 문제상황과 의사결정에 대해서는 더 많이 알고 있기 때문이다. 대부분의 경우 결과는 여러 가지 방향으로 해석될 수 있다. 따라서 조사자들과 관리자들 간의 조사결과에 대한 활발한 토론이 가장 좋은 해석을 내리는 데 도움이 된다.

해석은 마케팅 조사과정에서 매우 중요한 단계이다. 조사자로부터 넘어 온 잘못된 해석을 관리자가 맹목적으로 받아들인다면 가장 훌륭한 조사라 하더라도 의미없는 것이 되어버린다. 이와 마찬가지로 관리자들도 편견이 있는 해석을 할 수도 있다. 즉 관리자들은 그들이 기피했던 대로 나타난 조사결과는 받아들이고, 그들이 기대하거나 바라지도 않았던 조사결과들을 거부하는 경향이 있다. 따라서 관리자들과 조사자들은 조사결과를 해석할 때 긴밀히 협조해야 하며, 그들은 조사과정 및 의사결정의 결과에 대한 책임을 함께 분담해야 한다.

> **더 알아두기 Q**
>
> **자료 해석시 타당도와 신뢰도**
>
> **(1) 자료의 타당도**
> 타당도란 평가도구가 의도했던 구체적인 목표나 내용을 얼마나 충실히 측정하였는가와 관련된 개념으로, 평가도구의 타당도를 재는 기준은 합목적성의 정도이다. 즉, 학습목표 및 교수·학습활동 내용을 얼마나 잘 대표하고 측정하고 있느냐의 정도에 따라 평가도구의 타당도가 달라질 수 있다.
>
> **(2) 자료의 신뢰도**
> 신뢰도란 측정도구가 측정하려는 바를 어느 정도 정확히 측정할 수 있느냐에 관한 문제이다. 다시말해 동일대상에 반복적용했을 때 어느 정도로 동일한 결과가 나오는가를 말하는 것이다. 실제 측정치는 원래 변수의 특징에 해당하는 본질적 구성요소와 변수의 측정과정에서 생기는 오차부분의 합으로 되어 있다. 신뢰도는 측정치에 포함된 변수의 오차비율을 가리킨다. 신뢰도는 타당도와 더불어 측정에서 가장 중요한 요소이자 지표의 구비요건이다.

5 마케팅 조사과정에서 기타 고려할 사항

(1) 소규모 기업과 비영리조직의 마케팅 조사

소규모 기업과 비영리조직의 관리자들은 주위에서 관찰된 것만으로도 더 좋은 마케팅 정보를 획득할 수 있다. 예를 들어 소매상들은 자동차와 도보의 통행량을 관찰함으로써 새로운 입지(위치)를 평가할 수 있다. 소매상들은 경쟁점포를 방문하여 설비와 가격을 체크할 수 있다. 또한 소매상들은 여러 상이한 시간대에 걸쳐서 어떤 종류의 고객들과 얼마나 많은 고객들이 그 점포에서 쇼핑하는가를 기록함으로써 고객구매성을 평가할 수 있다.

경영자들은 소규모의 편의표본을 사용하는 비공식적인 질문조사를 할 수도 있다. 즉 미술전시관의 관리자는 비공식적인 "포커스그룹"을 구성함으로써 -소집단을 점심식사에 초대하여 관심이 되는 주제에 대한 토론을 한다든지- 새로운 전시회에 대하여 고객들이 어떻게 생각하는가를 알 수 있다. 소매점 판매원들은 점포에 찾아오는 고객들과 대화를 할 수 있고, 병원관리자들은 환자들과 면접을 할 수도 있다. 또한 경영자들은 자체적으로 간단한 실험을 할 수도 있다. 예를 들어 기금을 조달하기 위해 규칙적으로 보내는 우편물의 주제를 변화시켜 가면서 그 결과가 어떻게 나타나는가를 보아 비영리조직의 관리자는 어떤 마케팅 전략이 자금조달에 가장 최적인가에 대한 정보를 많이 얻을 수 있다. 신문광고를 변화시킴으로써 점포관리자는 광고의 크기, 광고의 위치, 쿠폰의 가격 및 사용되는 매체 등과 같은 효과를 알 수 있다.

소규모 조직들은 대기업들이 이용할 수 있는 2차 자료의 대부분을 획득할 수 있다. 여러 협회, 지방매체, 상공회의소, 정부기관 등이 소규모 조직에 특별한 도움을 제공한다.

간단히 요약해서 2차 자료 수집, 관찰조사, 질문조사 및 실험조사 등은 소규모 예산으로 소규모 기업에서도 효과적으로 사용할 수 있다. 그러한 비공식적인 조사가 덜 복잡하고 비용이 적게 소요된다고 할지라도 여전히 조심스럽게 수행되어야 한다.

(2) 국제 마케팅 조사

국제 마케팅 조사자들은 국내 마케팅 조사자와 마찬가지로 똑같은 단계 즉 조사문제의 규명과 정의 및 조사계획의 수립으로부터 조사결과의 해석과 보고에 이르는 단계를 취한다. 그러나 국제 마케팅 조사자들은 더 많고도 상이한 문제에 자주 직면하게 된다. 즉 국내 마케팅 조사자들이 한 국가 안에서 거의 동질적인 시장을 다루는 반면에, 국제 마케팅 조사자들은 여러 상이한 국가에 있는 여러 시장을 취급하기 때문이다. 이런 상이한 시장들은 경제발전수준, 문화와 관습, 그리고 구매패턴의 수준에서 너무나 상이하다.

여러 외국시장에서 국제 마케팅 조사자들은 쓸 만한 2차 자료를 획득하는 데 상당히 고전하고 있다. 즉 미국내 마케팅 조사자들은 수십여 개의 국내 조사서비스 기업들로부터 믿을 만한 2차 자료를 획득할 수 있는 반면, 대부분의 국가에는 상기와 같은 마케팅 조사서비스 기업들이 거의 없다. 예를 들어 세계에서 가장 큰 마케팅 조사기업이며, Dun & Bradstreet Information Service사의 사업부인 Nielsen Marketing Research사도 미국을 제외한 35개 국가에서만 사무소를 운영하고 있다. 그래서 2차 정보를 이용할 수 있는 경우에라도, 나라별 기준에 따라 여러 상이한 원천에서 자료를 수집해야 하는데 수집된 정보를 연결하거나 비교하기가 매우 어렵다.

좋은 2차 자료가 부족하거나 거의 없기 때문에 국제 마케팅 조사자들은 국내에서 직면하지 않았던 문제에 부딪치게 된다. 예를 들어 조사자들은 적절한 표본을 추출하는 것까지도 매우 어렵다는 것을 알게된다. 대한민국 내의 조사자들은 현재 사용 중인 전화번호부, 인구자료책자, 표본을 구성하는 여러 원천으로 된 사회·경제적인 자료 등을 사용할 수 있지만 대부분의 국가에는 그러한 정보가 거의 없다. 이러한 문제점이 있음에도 불구하고, 최근 국제 마케팅이 부상·제기됨에 따라 국제 마케팅 조사가 급격히 증가하고 있다. 국제 마케팅 조사에 소요되는 비용과 문제점이 많기는 하지만 마케팅 조사를 실시하지 않음으로써 기회를 상실하고 실수를 범하게 되는 손실이 너무나 클 수도 있다.

(3) 마케팅 조사에 있어 공공정책과 윤리

마케팅 조사가 적절하게 사용될 때에 조사의뢰 기업과 소비자들이 혜택을 보게 된다. 즉 마케팅 조사를 통해서 기업은 더 좋은 마케팅 의사결정을 할 수 있으며, 그 결과 소비자의 욕구를 보다 잘 충족시켜 줄 수 있는 제품과 서비스를 제공하게 된다. 그러나 마케팅 조사 결과가 잘못 사용되는 경우에 그 마케팅 조사는 소비자를 당혹하게 하거나 화나게 할 수 있다.

제 3 절 마케팅 생산성 측정

기업 경영과 관련된 모든 활동을 성과평가의 대상이 된다. 유한한 자원을 가지고 일을 하여 이익을 창출하기 위한 것이 기업의 목표이니 당연히 돈을 헛되이 쓰지 않도록 생산성에 대한 관리를 하는 것이 옳다. 그런 이유로 마케팅 생산성 측정 역시 수행되어야 한다. 그런데 성과를 평가하려면 기준이 중요하고 투입물과 결과물이 명확하게 정의되어야 한다. 그래서 기업에서는 핵심성과지표라는 것을 두고 있다. 영업활동의 핵심성과지표는 보통 매출액이나 이익률이다.

1 마케팅 생산성의 의의

마케팅 생산성이란 마케팅을 위해 투입한 비용이나 노력과 마케팅을 통해 산출된 수익 또는 만족을 대비한 비율을 말한다. 생산 측면에서 생산량은 일정한 용적·중량·개수 등을 단위로 객관적으로 측정되는 반면 마케팅에 의한 생산량은 소비자에게 제공되는 서비스이고, 상품이 생산자로부터 소비자에게 유통되면서 얻게 되는 소비자 욕구의 주관적 만족도라는 점이 크게 다르다. 마케팅 생산성은 점포 등의 사업소·소매 조직·판매 조직·사업 조직·기업 등 특정 조직을 단위로 한다. 마케팅 생산성은 두 가지 측면에서 측정되는데 하나는 사회적 관점에서 사회적 유통 비용과 여기에 얻는 소비자 만족으로 측정되며 소매가격·국민소득 등과 대비하여 평가되는 경우도 있다. 다른 하나는 기업의 관점에서 기업이 투하한 비용액과 그 성과인 판매액과의 비율이다. 그러나 경우에 따라서는 마진에 의해 평가하기도 한다.

2 **측정방법**

(1) ROAS

ROAS는 Return On Ad Spend의 약자로 '광고비 지출에 대한 수익'을 의미한다. 주의해야할 점은 여기에서 수익은 이윤이 아니라 매출이라는 점이다. 따라서 ROAS는 단순히 특정 매체나 채널에 지출한 광고비를 통해 얼마나 직접 매출이 생겼는지만을 알려준다.

ROAS는 검색광고나 소셜미디어 광고의 효과를 측정하고 비교하는 데 유용하다. 제품을 판매하는 페이지가 있고 이것을 소셜미디어나 검색엔진에 광고한다고 가정할 경우 같은 광고를 네이버/구글/다음에, 또는 인스타그램/트위터/페이스북/카카오 플랫폼, 혹은 홍보 매체(기사, 홍보성 외부 블로그) 등에 올렸을 때 채널마다 비용이 다양하게 책정된다. 그리고 채널별로 유입된 잠재고객들이 페이지 콘텐츠에 반응하는 양태가 뚜렷이 차이나는 경우도 있다.

ROAS를 통해서는 현재 판매 페이지와 광고가 어떤 채널에서 제일 효과가 좋은지를 알 수 있다. 이것은 마케팅을 위한 의사결정에서 매우 중요하며, 광고비 지출 효율은 마케팅을 위한 여러 의사결정 중 작은 부분에 해당한다. 특히 기업들의 광고회피 경향이 날로 심해지는 현재는 '광고 = 마케팅'의 등식이 성립하지 않는다.

ROAS를 이루는 요소는 매출과 광고비이다. 따라서 ROAS만을 갖고는 마케팅 전체의 효과와 효율에 대해 파악할 수 없다. 따라서 단순 광고비 외에 콘텐츠 제작 비용, 마케팅을 위해 지출하는 다양한 비용과 인건비도 고려해야 한다. 또 광고로 연결한 제품의 원가와 마진도 생각해야 한다. 만약 제품을 판매하는 이유가 다른 목표와 연결되어 있다면 표면적인 수익성이 중요해지지 않는 경우도 있으므로 ROAS는 이에 대한 어떤 데이터도 제공해주지 않는다.

(2) ROI

ROI는 Return On Investment 의 약자로 여기서 사용하는 ROI는 '투자비용 대비 이윤'을 의미한다. 이러한 ROI의 장점은 데이터에 기반하여 마케팅 활동에 대해 판단하고 평가하면서 더 현명한 의사결정이 가능하다. 또한 관성적으로 쓰던 광고비의 일부를 떼어, 당장은 매출에 영향이 미미하지만 더 장기적이고 탄탄한 수익 기반을 마련하기 위한 활동에 사용해볼 수 있다.

그러나 ROI를 측정할 때 나타나는 맹점은 개별 마케팅 활동의 ROI는 높지 않지만 전체적인 성과는 매우 큰 사례들이 많다. ROI 개념을 근시안적으로 사용하게 되는 현상은 현대 조직의 칸막이 시스템이 가진 한계이기도 하며 이는 전체적인 사업 목표와 이를 위한 활동과 마케팅 부서의 활동이 독립적인 경우가 많기 때문이다. 또한 조직 내 의사결정 방식이 문제일 때도 있다. 아직도 많은 조직들이 데이터에 근거하여 구성원끼리 의견을 나누고 더 나은 방향을 도출하는 대신 임원이나 대표, 오너의 감으로 많은 것들을 결정하는 경우가 많다. 이럴 경우 사내 정치문제까지 들어가면 일이 더 복잡해지며, 이런 이상한 의사결정 이후에 억지로 데이터를 보충해야 하거나, 불가능한 목표치를 억지로 맞춰야 하는 부조리도 만연하다.

제 4 절　수요예측과 수요관리

수요예측은 영어로 Forecasting Methods 또는 Demand Forecasting이라고 한다. 제목 그대로 기업이 생산하는 제품이 얼마나 판매될 것인가를 예측하는 것을 말하며 생산과 관련된 모든 비즈니스에 다 사용할 수 있지만 실제로는 매우 어렵고 높은 성능을 내는 것은 어렵다. 이 주제가 어려운 이유는 예측해서 비슷하게 맞추는 것도 어렵지만 실패할 경우 금전적 손해가 크기 때문에 공격적인 접근이나 실험적인 접근을 하기 어렵기 때문이다. 수요 예측은 실제로 진행한 경우의 결과를 들어보면 대부분의 경우 제대로 예측하지 못하고 손실을 많이 보고 실패하는 경우가 많다고 전해진다. 외생 변수가 굉장히 많아 변화를 예측하기가 너무 어려운데 시계열 기법 자체의 예측이 변수(또는 자질)이 충분하지 않은 경우가 대부분이라서 결과가 맞지 않기 때문이다. 성공한 사례는 알려진 것이 별로 없으며 이유는 아마도 이런 모형이 성공했다면 당연히 외부에 알리지 않고 감추고 혼자 쓰려고 할 것이다.

1　수요예측과 측정

(1) 수요측정의 형태

제품수준, 시간수준, 공간수준에 따라 시장수요가 달라질 수 있기에, 제품수준을 다양하게 잡고, 시간을 단기, 중기, 장기로 정하고, 공간을 국내와 국외로 다양하게 잡으면 그 결합이 다르게 나타날 수 있다. 이들 수준을 어디에 잡는가에 따라 수요예측이 달라진다.

(2) 시장측정

구매자와 판매자가 그들의 재화를 교환하려고 모인 장소를 시장이라고 한다. 또 다른 측면에서의 시장은 필요와 욕구를 충족하기 위하여, 교환을 하려고 하고 또한 관여할 수 있는 사람들로서 어떤 특별한 욕구와 필요를 공유한 잠재구매자들의 집합을 의미한다. 우리는 일반적으로 장소(place)만을 시장으로 생각하는 경향이 있다. 여기에는 욕구시장(식이요법추구시장), 제품시장(구두), 인구통계적 시장(20대), 지리적 시장(프랑스), 선거인 시장(정당), 노동시장 등이 있다. 시장은 결국 제공하는 재화와 서비스를 공급받는 현재와 잠재구매자들의 집합이므로, 현재시장과 잠재시장 중 어느 시장을 측정할 것인가에 따라 수요예측이 달라진다.

(3) 시장수요와 기업수요

기업은 전체 시장수요를 파악한 후 자사가 형성한 마케팅 프로그램에 의해 어느 정도의 수요가 나타날 것인가를 예측할 수 있다. 즉, 시장수요는 기업에서 마케팅 프로그램, 마케팅 환경, 시간과 공간의 범위 및 고객집단 구매량을 정의하면서 나타난다.

기업수요는 주어진 기간에 기업의 마케팅 노력을 어떻게 하는가에 따라 추정되는 시장수요를 말한다. 기업은 전체 시장잠재력과 지역시장잠재력을 파악하고 미래수요를 추정하는 방법을 개발해야 한다. 미래수요를 추정하기 위하여 구매자들의 구매의도에 대한 조사, 판매원 의견결합, 전문가 의견조사, 과거 판매에 대한 분석, 시장 테스트 등 방법을 적용할 수 있다.

2 마케팅의 수요관리

(1) 마케팅관리, 마케팅 관리자

인간의 기본적 욕구와 2차적 욕구를 충족시킬 목적으로 잠재적 교환을 성취하기 위해서 시장에서 활동하는 것에 대하여 계획, 통제하는 것을 마케팅관리라고 한다. 다시 말하면 다른 사람들과 함께 재화와 가치를 창조하고 또한 교환함을 통해서 개인과 집단이 요구하고 필요로 하는 것을 그들이 획득할 수 있도록 지도하고 관리하는 것이다. 이러한 관리는 잠재적 교환을 행하는 한쪽이 상대방으로부터 바람직한 반응을 쟁취하려는 목적과 수단을 생각할 때 발생한다. 한마디로 말한다면 마케팅 관리를 표적시장과의 바람직한 교환관리를 성취하려는 의식적인 노력으로 설명할 수 있다.

그리고 한쪽이 상대방보다 능동적으로 교환하려는 경우 전자를 마케팅 관리자라고 한다. 즉 다른 사람으로부터 자원을 추구, 획득하며 또한 교환을 통해 가치가 있는 것을 제공하려는 사람 또는 실행한 마케팅 전략의 성과를 평가하고 통제하는 사람을 마케팅 관리자라고 하며 이는 구매자도 될 수 있고 판매자도 될 수 있다.

(2) 마케팅 관리자의 직무

교환과정을 행하기 위해서 인간에게는 상당히 많은 직무와 기술이 요구된다. 인간은 그들 가정의 욕구를 충족시키기 위하여 제품을 구입하는 데는 상당히 숙련되어 있다. 그들은 제품판매 또는 인적 서비스를 판매하는 활동도 한다. 기업조직은 교환과정을 행하는 데 보다 전문적이다. 기업들은 일련의 시장에서 재원을 획득하며 해당 재원을 유용한 제품으로 전환하여 다른 일련의 시장에서 거래한다. 고객시장에 있어서의 마케팅 직무는 누구에 의해 수행되는가? 일반적으로 판매관리자, 판매원, 촉진관리자, 마케팅조사자, 고객서비스관리자, 제품관리자, 시장관리자, 마케팅담당 부사장 등이 프로그램을 관리하며 그들은 표적시장과의 바람직한 수준의 거래를 조성하는 프로그램을 분석, 계획, 시행한다.

마케팅 관리자의 임무에 대한 일반적인 이미지는 주로 기업의 제품에 대한 수요를 조정하는 것이다. 구체적으로 말하면, 그의 임무는 기업목표를 달성하는 데 도움을 줄 수 있는 쪽으로 수요의 수준, 시기, 성격에 영향을 미치는 직무를 행하는 것이다. 마케팅 관리는 수요관리이다.

3 수요 유형별 관리

(1) 부정적 수요

표적 소비자들이 특정제품을 싫어하고, 어떤 대가를 지불하고서라도 그것을 피하려고 할 때 이런 시장을 부정적 수요시장에 있다고 말한다. 이런 상황에서 마케터의 직무는 왜 시장이 해당 제품을 싫어하는지를 분석하고 또한 제품의 재디자인, 저가격 및 보다 적극적인 판촉 등을 포함한 마케팅 프로그램이 해당 시장의 신념과 태도를 바꿀 수 있는가를 분석하는 것이 필요하다. 여기에 해당되는 제품에는 비건강식품, 화학조미료, 불매운동제품, 예방접종, 치과, 정관수술, 담낭수술, 전과자, 음주노동자 등이 있다.

(2) 무(無) 수요

표적 소비자들이 특정제품에 대해 흥미가 없거나 또는 무관심할 수가 있다. 이러한 경우(예를 들어 대학생이 외국어 과목에 흥미가 없을 때, 농부가 새로운 영농방법에 대해 흥미가 없을 때, 특정제품에 대해 지독한 편견을 가지고 있는 사람의 경우)에 있어서 마케터의 직무는 해당 제품의 이점을 사람들의 자연스런 욕구와 관심을 연결시킬 수 있는 방법을 찾는 것이다.

(3) 잠재 수요

많은 소비자들은 현존 제품으로는 충족할 수 없는 강한 욕망을 가지고 있다. 이와 같은 경우, 마케터의 직무는 잠재시장의 규모를 측정하여 구매자의 수요를 충족시킬 수 있는 효과적인 재화와 용역을 개발하는 것이다. 즉 해가 없는 담배, 주름살이 늘지 않는 화장품 등은 항상 잠재 수요 상태에 있다고 할 수 있다.

(4) 감소 수요

어느 순간 자사제품 중 하나 또는 몇 개의 제품에 대한 수요가 감소하는 상황에 직면한다. 예를 들어 교회의 경우 신도가 감소한다든지, 사립대학의 경우 지원자가 감소하는 상황에 부딪히는데 이때 마케터는 먼저 시장원인분석, 새로운 표적시장발견, 제품특성변화, 보다 효과적인 의사소통 방법개발 등을 통해 수요를 재생시킬 수 있는가를 결정해야 한다. 다시 말하면 마케터는 감소 수요 책무에 대한 창의적인 새로운 마케팅을 통해서 감소하는 수요를 부활시켜야 한다.

(5) 불규칙 수요

많은 조직들은 수요가 계절별, 요일별, 시간별로 변화하는 현상에 직면한다. 그런 결과 유휴설비 또는 초과작업 등의 문제가 야기된다. 이 경우, 마케터의 직무는 변동가격, 판촉, 기타 보상제도 등을 이용하여 수요의 시간적은 패턴을 변경시킬 수 있는 방법을 찾는 것이다.

(6) 완전 수요

조직은 자기 사업에 만족을 느낄 수 있는 완전한 수요상황을 가질 수 있다. 이 경우 마케터의 직무는 소비자의 선호가 변화하고, 경쟁이 심화되는 상황에 직면할 때, 현재의 수요수준을 유지하는 것이다. 즉 조직은 자기의 질적 수준을 유지·향상하여야 하며, 또한 끊임없이 소비자 만족을 측정하여 소비자로 하여금 기업이 일을 잘하고 있다고 믿도록 해야 한다.

(7) 초과 수요

이 경우 마케터의 직무는 수요를 일시적으로 또는 영구적으로 줄이는 방법을 찾는 것이다. 여기에는 억제마케팅과 선택적 억제마케팅이 있다. 억제마케팅이란 초과수요를 떨어뜨리기 위하여 가격을 인상하거나 판촉과 서비스를 줄이는 조치를 취하는 것을 말하며 선택적 억제마케팅이란 시장 중에서 수익성이 낮거나 서비스가 적은 부분의 수요를 줄이는 것이다.

(8) 불건전 수요

담배, 술, 해로운 약품, 권총, 에로티시즘 영화 등과 같은 특정제품에 대해서는 불매 운동이 행해진다. 이 경우 마케터의 직무는 불건전 수요상태에 있는 제품을 좋아하는 소비자들에게 두려운 의사소통을 가지게 하거나 가격 인상을 통해 구입 가능성을 억제시키는 것과 같은 방법을 사용하여 해당제품을 포기하도록 하는 것이다. 예를 들어 담배를 피운 사람과 피우지 않은 사람의 폐를 비교하는 영상을 보여줌으로써 담배를 줄이거나 끊게 할 수 있다.

OX로 점검하자

※ 다음 지문의 내용이 맞으면 O, 틀리면 ×를 체크하시오. [1~10]

01 AMA의 정의에 따르면 마케팅 조사의 기능은 마케팅 결정을 내리는 데 사용되는 정보를 제공함
으로써 소비자와 마케팅 담당자를 연결하는 것이다. (   )

02 마케팅 활동에 대한 시장의 반응을 체크하기 위해서는 2차 자료 분석이 우선이다. (   )

03 제품을 구매하는 소비자의 태도와 인구 통계학적 특징을 파악하기 위해서 진행되는 조사는 인과
조사이다. (   )

04 횡단조사는 응답자들의 표본을 추출하여 이들로 하여금 반복적으로 응답하게 하는 고정응답자
집단을 이용하는 것이 특징이다. (   )

05 우편질문은 매우 표본을 통제하는 정도가 강하며, 자료를 완전하게 수집하는 데 너무 많은 시간
이 소요된다. (   )

06 집단면접은 6~10명을 초대하여 훈련된 면접자가 몇 시간동안에 걸쳐 제품, 서비스, 조직 등에
관하여 토론하면서 정보를 얻는 것이다. (   )

07 이상적인 조사가 되려면 표본은 대표성이 확보될 때 조사자가 모집단의 사고와 행동을 정확하게
추정할 수 있게 된다. (   )

08 확률 표본추출의 경우 비용이 적게 들고, 표본추출 오차를 측정할 수 있다는 장점이 있다. (   )

09 비율척도는 등간척도와는 달리 사칙연산이 가능하다. (   )

10 타당도란 동일대상에 반복적용했을 때 어느 정도로 동일한 결과가 나오는가를 말하는 것이다. (   )

정답과 해설   01 O   02 ×   03 ×   04 ×   05 ×   06 O   07 O   08 ×   09 O   10 ×

02 시장의 반응은 기존에 제공되어 있는 2차 자료 보다는 현재의 시장을 객관적으로 바라보기 위하여 원하는
정보를 시류에 맞게 수집한 1차 자료가 먼저 활용되어야 한다.
03 인과조사는 인과관계에 관한 가설을 검정하기 위한 것이며, 태도나 인구통계학적 특징은 기술조사에서 파악
이 가능하다.
04 횡단조사는 조사자가 관심을 두고 있는 모집단에서 표본을 추출하여 표본에서 여러 가지 특성을 일시에 측
정하는 방법이다. 위 내용은 종단조사에 대한 내용이다.
05 우편질문은 표본을 통제할 수가 없기 때문에 응답에 대한 신뢰도가 낮아질 수 있다.
08 확률 표본추출은 비용뿐만 아니라 시간이 많이 소요되기 때문에 상황에 따라 비확률 표본을 추출한다.
10 타당도는 평가도구가 의도했던 구체적인 목표나 내용을 얼마나 충실히 측정하였는가와 관련된 개념이며 위
내용은 신뢰도에 대한 설명이다.

01 마케팅 조사는 마케팅 정보 시스템의 하위시스템에 해당하며, 마케팅 정보 시스템은 경영 정보 시스템의 하위시스템에 해당한다.

01 마케팅 조사와 마케팅 정보시스템의 비교 중 바르지 않은 것은?

	마케팅 조사	마케팅 정보 시스템
①	외부 정보 취급에 비중	외부 정보 및 내부 자료도 취급
②	문제 해결에 관심	문제 해결은 물론 예방에도 관심
③	단편, 단속적 프로젝트 중심	지속적이고 장기적
④	경영 정보 시스템의 하위시스템	마케팅 정보 시스템의 하위시스템

02 참여관찰의 조사는 특정 문화권의 사람들에 대한 심층적 이해를 목적으로 이루어지는 문화인류학적 조사의 일종이며 마케팅 조사목적에 부합하지 않는다.

02 다음 중 마케팅 조사목적에 해당하지 않는 것은?

① 인과조사
② 기술적 조사
③ 탐색조사
④ 참여관찰조사

03 가설의 수용여부 및 검증은 자료수집 및 해석이 끝난 후에 가능하다.

03 마케팅 조사계획 수립시 제시해야 하는 것이 아닌 것은?

① 가설의 수용여부
② 표본추출계획
③ 조사수단
④ 개념의 조작적 정의

정답 01 ④ 02 ④ 03 ①

04 패널을 사용하여 행하는 조사에 해당하는 것은?

① 탐색조사
② 인과조사
③ 서베이조사
④ 종단조사

04 종단조사는 시간간격을 두고 패널을 반복적으로 조사하여 정보를 수집하는 방법이다.

05 서울 명동에 방문하는 상권 소비자들의 구매특성을 조사하려 할 때 가장 적합한 조사는?

① 탐색조사
② 기술조사
③ 실험조사
④ 인과조사

05 기술조사는 제품의 시장잠재력 또는 제품을 구매하는 소비자의 태도와 인구 통계학적 특징과 같은 것을 설명하기 위한 것이다.

06 비확률 표본추출방법에 대한 특징으로 옳은 것은?

① 모집단의 대표성을 확보하기 쉽다.
② 표본을 선정할 때 편의나 임의적인 방법을 사용한다.
③ 분석 결과의 일반화가 용이하다.
④ 난수표를 활용하기 때문에 확률을 구할 수 없다.

06 비확률 표본추출방법으로는 편의표본추출, 임의표본추출, 할당표본추출 등이 있다.

정답 04 ④ 05 ② 06 ②

안심Touch

07 한 항목에서 두 가지 이상을 묻는 경우 질문이 모호하게 되어 명확한 답변을 할 수 없다.

08 실제 매장 방문시 본인을 노출시키지 않으며 조사를 하기 위해서는 관찰법이 가장 적절하다.

09 순위척도라고도 하는 서열척도는 측정 대상 속성의 순위를 밝혀주는 척도이다. 즉, 어떤 측정 대상의 속성이 높고 낮음, 많고 적음에 대하여 그 양을 표현하는 것이 아니라, 순위만을 표현하는 것이다.

07 "귀하는 블루보틀 커피의 서비스와 가격에 만족하십니까?"라는 질문이 지닌 오류에 해당하는 것은?

① 가치중립적이지 않다.
② 배타성이 없다.
③ 포괄성이 없다.
④ 명확성이 없다.

08 배스킨라빈스에서는 조사자를 고객으로 가장하여 각 지점의 고객서비스와 종업원의 태도 그리고 매장 관리 상태를 알아보고 있다. 이때 적합한 조사방법은?

① 관찰법
② 서베이
③ 실험법
④ 집단면접법

09 던킨도너츠에서 출시된 신제품 도너츠에 대한 사람들의 선호도를 조사할 때 주로 활용하는 척도는 무엇인가?

① 명목척도
② 서열척도
③ 등간척도
④ 비율척도

정답 07 ④ 08 ① 09 ②

10 '아무리 먹어도 살이 찌지 않는 아이스크림'과 같은 재화에 대한 수요를 무엇이라고 하는가?

① 무수요
② 잠재수요
③ 불규칙수요
④ 완전수요

10 마케터의 직무는 잠재시장의 규모를 측정하여 구매자의 수요를 충족시킬 수 있는 효과적인 재화와 용역을 개발하는 것이다. 잠재수요란 현존 제품으로 충족할 수 없는 욕구이다.

주관식 문제

01 한겨레21이 세 가지 표지 기사 중 이번 주 어떤 것을 출간해야 할지 알고 싶을 때 마케팅 조사를 활용하는 이유를 서술하시오.

01

정답 마케팅 조사는 마케팅 정보시스템의 다른 구성요소들이 제공하지 않는 정보를 제공하며 현 소비자가 기대하는 가장 매력적인 표지가 어떤 것인지 가장 정확하게 파악할 수 있다.

해설 마케팅 조사는 다른 시스템이 가지지 못하는 가장 실제적인 정보를 제공해 준다. 즉, 특정 문제에 대한 정보를 제공함으로써, 마케팅 조사는 마케팅 정보시스템의 다른 구성요소들이 제공하지 않는 정보를 제공한다.

02 1차 자료와 2차 자료의 차이를 목적과 비용 측면에서 서술하시오.

02

정답 1차 자료는 현재의 특수한 목적을 달성하기 위함이며, 2차 자료는 다른 목적으로 이미 수집된 자료이다. 비용측면에서는 1차 자료가 상대적으로 2차 자료에 비해 더욱 많이 소비된다.

해설 2차 자료는 다른 목적을 위해 수집된 것으로서, 이미 어느 곳인가에 존재하는 정보이다. 1차 자료는 현재의 특수한 목적을 위해서 수집된 정보를 의미한다. 통상 2차 자료는 1차 자료보다 신속하게 저렴한 비용으로 얻을 수 있다.

정답 10 ②

안심Touch

03

정답 ㉠ 문제소재 파악(문제인식)
　　 ㉡ 예비조사
　　 ㉢ 가설설정

해설 마케팅조사 과정은 문제인식 – 예비
조사 – 가설설정 – 조사계획수립 –
자료수집 – 자료해석 및 가설 검증
– 보고로 구성된다.

04

정답 등간척도는 대상의 속성에 값을 부
여하되 그 속성에 대한 값의 간격이
같은 것을 의미하지만, 이때의 숫자
개념은 절대영점을 포함하지 않는
다. 비율척도는 등간척도와 달리 절
대영점을 가지고 있으며 사칙연산이
모두 가능하다.

해설 비율척도란 등간척도가 갖는 특성이
외에 절대영점을 갖고 있는 척도를
말한다. 또한 비율척도로 측정한 경
우에는 한 측정치와 다른 측정치의
차이뿐만 아니라 몇 배인가도 측정
해 준다.

03 다음 밑줄 친 내용에 해당하는 마케팅 조사 과정을 순서대로 쓰
시오.

> A기업은 과거 수개월간 매출이 점점 감소하고 있었다. 그 기
> 업의 상품의 품질도 좋고 광고선전도 적절하며 판매가격도 알
> 맞은 것으로 나타났다. ㉠ 매출이 줄어드는 원인은 다른 곳에
> 있으며 이를 찾아야 한다고 생각하고 있다. 매출이 감소하는
> 원인은 혹시 배달이 늦은 것이 아니냐는 생각에 미치고 있다.
> 이 지연 배달을 더욱 연구하기 위하여 고객별 주문시점과 출고
> 시점을 분석하였다. 그 결과 ㉡ 주문 후 48시간 이후에 출고한
> 고객들에게 매출주문이 감소하거나 매출 주문이 중단되는 경
> 우가 많음을 발견하게 되었다. 이 결과 ㉢ A기업은 지연배달
> 로 인하여 매출이 감소하고 있다고 잠정 결론을 내렸다.

04 비율척도와 등간척도와의 차이점을 서술하시오.

05 다음 빈칸에 들어갈 용어를 순서대로 쓰시오.

> (   )는 가설을 신속하고도 가장 경제적인 방법으로 발견하려면 문헌조사를 통하여 다른 사람들이 만든 자료를 이용하는 것이다. 이미 출판된 간행물이나 통계자료를 수집하는 방법이다. 그에 비해 (   )는 조사하고자 하는 주제에 대하여 잘 알고 있는 사람들의 지식을 통하여 문제를 파악하고자 하는 방법이다.

05

정답 문헌조사, 경험조사

해설 문헌조사는 2차 자료를 활용한 조사를 의미하며, 경험조사는 전문가 또는 관련주제의 경험이 있는 사람들을 대상으로 문제를 파악하는 조사 방법이다.

06 초과수요가 발생할 때 사용할 수 있는 마케팅 방법이 무엇인지 설명하시오.

06

정답 억제마케팅 또는 선택적 억제마케팅을 사용하며 이는 초과수요를 줄이거나 수익성이 낮은 부분의 수요를 줄이는 것을 의미한다.

해설 초과수요가 나타날 경우 마케터의 직무는 수요를 일시적으로 또는 영구적으로 줄이는 방법을 찾는 것이다. 여기에는 억제마케팅과 선택적 억제마케팅이 있다.

여기서 멈출 거예요? 고지가 바로 눈앞에 있어요.
마지막 한 걸음까지 시대에듀가 함께할게요!

제 **5** 장

고객가치, 만족, 충성도

제5장 고객가치, 만족, 충성도

제1절 고객가치, 만족, 충성도 구축

좁은 의미의 고객은 최종소비자 즉 물건을 구입하는 사람이지만, 고객의 의미를 확대해 보면, 가치를 생산하는 사내고객으로서의 임직원들, 가치를 전달하는 중간고객으로서의 판매업자, 원료공급업자, 가치를 구매하는 최종고객으로서의 소비자들 모두 기업이 만족시켜야 할 고객들이다. 이번 단원에서는 고객가치와 만족, 충성도의 개념에 대하여 알아본다.

1 고객가치 중요도 상중하

(1) 고객가치의 개념

가치란 마케팅적인 의미로 파악할 경우 제품이나 서비스를 사용해서 개인이 얻는 부분(what you get)과 그 제품이나 서비스를 취득 및 사용하기 위한 대가로 개인이 희생하는 부분(what you give up)의 차이 즉, 가치란 비용을 고려한 혜택이라고 볼 수 있다. 혜택은 고객이 원하는 속성이나 기능이 제품안에 반영되어 있는 혜택과 구매 과정, 즉 구매 전, 구매 중, 구매 후와 같은 일련의 과정상에서 나타나는 혜택으로 나눌 수 있다. 반면 비용은 단순한 금전적 지출에 한하지 않고 고객이 구매나 사용상 겪을 수 있는 시간적, 공간적 불편함과 같은 비금전적 비용(에너지적 비용, 구매의사 결정에 따르는 위험 비용, 제품의 유지 및 보수 비용)까지를 포함하는 개념으로 이해하여야 한다. 따라서 고객이 인식하는 가치란 어떤 제품에 대해 고객이 인식하는 혜택에서 고객이 인식하는 총비용을 제외한 것을 의미한다. 그래서, 고객 가치(customer delivered value, 쉽게 말하면 고객이 특정 제품이나 서비스를 사용하거나 이용할 때 지각하는 가치)란 고객에게 전달된 총 고객 가치(제품 가치, 서비스 가치, 인력 가치 및 이미지 가치)와 총 고객 비용(화폐적 비용, 시간 비용, 에너지 비용, 심리적 비용)의 차이라고 말할 수 있다. 즉, 고객 가치는 고객 입장에서 재화나 서비스를 구매해서 사용시 얻어지는 효익과 그 재화나 서비스를 구매하기 위하여 지급해야 하는 희생의 차이로 정의된다. 쉽게 수식으로 표현해 보자.

> 고객 가치 = 효용(품질, 서비스, 성능, 이미지 등) − 희생(금전적 대가, 시간 투입, 기회 비용)

고객 가치를 창출한다 함은 위에서 본 것과 같이, 고객의 입장에서 볼 때 고객이 얻는 것이 고객이 희생하는 것보다 더 많게 한다는 것을 의미하는 것이다. 이것이 고객 측에서 바라본 가치창출의 가장 기본적인 의미이다. 그래서 고객 가치가 창출되면 기업의 입장에서는 자사 제품이나 서비스가 다른 경쟁 또는 대체 제품이나 서비스보다 고객에게 더 선호된다는 것을 의미하며, 그것은 매출로 이어지고 또한 이익으로 연결되는 것이다. 기업의 입장에서 볼 때, 자사의 매출이나 이익이 증대되면 그것은 또한 기업 가치의 창출이 되고(위에서 언급한 바와 같이 기업 가치 ← 물질적 가치/순자산의 가치 + 프리미엄), 기업 가치가 창출이 되면 그것은 또한 기업 주주의 가치의 창출이 되는 것이다. 물론 기업 가치의 창출이 단지 전적으로 고객 가치의 창출만으로는 완전히 달성되기 힘들고, 거기에는 기업의 가치 창출을 위해 엄청나게 직접적 그리고 간접적인 노력을 하는 종업원의 활동도 무시할 수는 없는 비중을 차지하고 있다. 왜냐하면 고객 가치 창출 활동을 직접 수행하는 매개체는 바로 종업원이고, 그래서 종업원 가치가 다시 고객 가치 창출 활동의 전제가 되는 것이다. 그래서 종업원의 직무만족을 통한 가치 창출의 선순환 문제 또한 중요하게 부각된다.

(2) 고객가치의 학자별 정의

학자	정의
Hellier 등(2003)	서비스 획득과 이용에 있어서의 비용 또는 희생에 대한 소비자들의 전반적인 평가
Anderson 등(1993)	고객기업이 공급업자의 제공물에 대한 비용을 통해 얻을 수 있는 경제적, 기술적, 서비스적, 사회적 혜택의 금전적 단위로서 지각된 가치
Butz와 Goodstein(1996)	생산된 제품 또는 서비스를 사용하고 난 이후 제품이 부가가치를 제공하는 것을 발견했을 때 형성되는 고객과 생산자 사이의 감정적 결속
김나은(2007)	고객들이 궁극적으로 추구하는 개인적 가치
김상현과 오상현(2002)	고객이 지각하는 서비스 품질에 전반적인 평가
김영찬(2014)	고객들이 궁극적으로 추구하는 개인적 목표와 욕구를 충족시키기 위해 제품 속성과 각 속성들이 제공하는 성취도 또는 사용결과에 대해 고객이 인지하는 평가

2 고객만족 중요도 상 중 하

최근 기업의 경쟁력을 강화하기 위한 경영혁신 노력의 일환으로 '고객만족 경영'을 거론하는 기업이 늘어나고 있다. 세계 유수의 기업들과 경쟁해야 하는 기업환경 속에서 고객만족 경영이 경영이념으로 빠르게 확산되어 고객 중심의 마케팅 개념 그 중에서도 고객만족은 중요한 위치에 자리잡게 되었다.

(1) 고객만족의 개념

논리적으로 생각할 경우, 실질적인 '만족'이라는 용어는 제품이나 서비스를 직접 이용해보지 않고서는 그 느낌을 제대로 전달하기 극히 어려운 개념이다. 다시 말해 만족은 제품이용을 전제로 가능한 개념이어서 앞서 언급한 바와 같이 우리의 논의 '고객만족과 고객가치'에 알맞은 고객은 적어도 한 번 이상 우리의 제품이나 서비스를 구매해 사용해본 소비자들이며, '한 번 이상'의 범위는 또한 부정기적, 정기적, 또는 열광적 구매를 구분하지 않으며 공간적인 제약도 없다고 가정할 수 있다.
흔히들 만족(滿足)이란 어느 제품에서 바라는 가치(일반적인 좋고 나쁨의 가치가 아니라 충족시키고자 하는 특정 욕구의 충족정도)와 그 제품에 대해 직간접적으로 지불해야 하는 대가를 함께 고려하여 자기에게 가장 적절하다고 느껴지는 브랜드를 선택하여 사용했을 때 느끼는 체감적인 감정을 말한다. '만족'이라는 개념은 어떤 면에서는 상대적인 개념이기도 하다. 상대적 즉, 소비자가 제품/서비스 이용에 만족이라는 감정을 느끼려면 어떤 기준을 넘어서야 비로소 만족이라고 판단하게 되는데, 일반적으로 그 어떤 기준은 사회생활 과정에서 브랜드를 직접 및 간접으로 써보고, 듣고 보고 배우면서 누적적으로 구축된 어떤 기대수준(즉, 제품/서비스의 이용으로부터 주관적으로 느끼고 기대하는 어떤 개념적인 수준)을 말한다. 물론 그러한 개인적이고 어떤 면에서는 심리적이기까지한 그 기대 수준은 개인에 따라, 사용 시기에 따라, 심지어 사용공간에 따라서도 그 수준이 가변적일 수도 있다. 당연히 사용시 기간 간격이 정도이상으로 커지면 그 사이에 일반적인 제품제조 기술수준이나 제품에 투입된 핵심기술 수준 자체가 변하기 때문에 당연히 만족차원에서 차이가 나지만 보통 우리가 언급하는 경우는 그 간격이 극히 작아서 그런 고민은 크게 문제가 되지 않는 경우가 일반적이라고 간주된다(물론 위에 언급한 만족이라는 개념 대신 효용(utility)이라는 개념을 활용해도 전체적인 맥락은 크게 변하지 않는다고 생각한다. 효용이란 간단히 말해, 개인이 특정 욕구의 충족을 위해 특정의 제품이나 서비스를 사용했을 때 느끼는 주관적인 만족감의 정도라고 말할 수 있다. 물론 이 효용이라는 개념도 지극히 개인적이고 추상적이어서 기수적인 방법으로는 객관화시킬 수 없고 서수적인 방법정도로만 이해되고 있다. 이 효용이라는 개념도 결국은 개인이 느끼는 주관적인 만족이라는 점에서 결국 만족이라는 개념으로 귀결된다).

만족에 대한 위와 같은 개념은 마케팅 관리상 다음과 같은 시사점을 준다. 모든 것이 동일한 조건이라면 누구에게나 만족의 정도는 큰 것이 더 선호된다. 위의 만족 방정식에서 명확하게 나타나듯이 만족의 크기를 크게 하려면 성과수준을 크게 하거나 아니면 기대수준을 작게 하면 자동적으로 원하는 대로 만족수준이 달성된다. 문제는 인식된 성과수준과 사전 기대수준이라는 두 변수중 어느 것이 기업차원에서 더 효과적으로 관리될 수 있느냐이다. 완벽하게 증명하기는 어렵지만 두 변수 중 고객이 인식하는 성과수준보다는 기업차원에서의 기대관리가 그나마 좀 더 용이하지 않을까 추측해 본다.

(2) 고객만족의 학자별 정의

학자	정의
Homburg 등(2005)	소비 전 기대한 품질에 대한 성과에 대응하여 지각된 품질에 대한 소비 후 평가
Westbrook과 Reilly(1983)	구입한 특정 제품이나 서비스 혹은 쇼핑이나 구매행동의 형태와 관련되거나 이들에 의해서 일어나는 경험에 대한 감정적인 반응
Oliver(1989)	만족에 대한 개념이 단순히 채운다는 것이기보다 호감적 또는 비호감적 반응에 관한 것으로 보다 큰 범위를 나타내고 있음
Kotler(2000)	기대와의 관계에서 제품의 지각된 성능과의 비교결과 지각된 기쁨 혹은 실망에 대한 한 사람의 느낌
Parasuraman 등(1994)	고객의 욕구와 기대에 부응하여 그 결과로서 상품 및 서비스의 재구매가 이루어지고 고객의 신뢰감이 연속되는 상태
조수현과 이정원(2011)	성과와 기대를 비교하여 만족 여부를 판단한다는 경험들이 모여서 결정되는 전체적인 평가
이동철(2003)	제품이나 서비스의 이용 전·후 또는 이용 시점에서 인지, 판단하는 가치

(3) 고객만족의 필요성과 중요성

① 기업환경의 변화

첫째, 글로벌 경쟁의 격화를 들 수 있다. 무한경쟁, 글로벌 경쟁의 시작으로 소비자는 가격과 품질 면에서 폭 넓은 선택을 할 수 있게 되었고, 서비스 수준 또한 향상되어 소비자 생활의 질도 높아지게 되었다. 이제 기업 중심의 경영방법으로는 고객과 점점 멀어지게 될 뿐이다.

둘째, 시장 내 파워의 변화를 들 수 있다. 시장내에서 생산자 중심의 구도가 변화해 유통기관과 소비자의 세력이 커지고 있으며, 생산자는 유통기관과 관계개선에 노력하고 소비자들을 만족시킬 수 있는 경영방법을 모색하게 되었다.

셋째, 시장이 성숙하였다. 대부분의 생활용품 시장이 성장기를 지나 성숙기를 맞이하고 있어 성장기와 같은 지속적인 성장과 높은 수익을 기대하기 힘들게 되었다. 최상의 품질과 최상의 서비스를 확보하고 고객에게 만족을 줄 수 있도록 하는 것이 성숙기 시장에서 성공하기 위한 필수 요건이다.

② 소비자 행태의 변화

첫째, 소비자 욕구와 가치의 변화를 들 수 있다. 생활수준 향상으로 개성화, 차별화를 선호하게 되었으며, 서비스에 가치를 두고 소득의 증대에 따라 시간가치를 중시하고 여가시간증대를 선호하는 등 소비자의 욕구가 기본적인 욕구충족에서 점차 고차원의 욕구로 이동하게 되었다.

둘째, 소비행위의 변화를 들 수 있다. 생활의 여유가 생김에 따라 생존차원의 필수적 소비로부터 즐기기 위한 선택적 소비가 가능해졌고, 자신의 기호나 사용가치를 중시하고 있다.

셋째, 새로운 소비층의 출현이다. 물질의 풍요속에 자라나 높은 교육수준을 보이는 신세대가 소비의 개성화, 다양화를 추구하며, 사회의 주요 구성원으로 등장하고 있다.

넷째, 소비자 주권의식이 확산되었다. 이제 소비자들은 소비자로서의 권리를 찾고 자신의 소비생활을 계획하며 합리적인 의사결정을 할 수 있는 능력을 개발하는 데 점차 관심을 기울이고 있다. 소비자들은 적극적이고 참여적으로 소비자 문제에 대응하려는 소비자 주권의식을 점차 갖추게 되었다.

③ 마케팅 패러다임의 확장

생산개념 → 제품개념 → 판매개념으로 변화해온 마케팅 개념이 이제는 **고객지향적, 관계지향적, 사회지향적**인 마케팅 개념으로 변화했다.

(4) 고객만족 경영의 효과

첫째, **재구매 고객의 창출**이다. 성숙시장에서는 신규고객 확보보다는 상표애호도를 가진 기존고객의 재구매, 반복구매가 이루어질 때 이익극대화가 가능하다. 고객에게 최대의 만족을 제공함으로써 고객의 우리 제품에 대한 의존도를 높일 수 있다.

둘째, **비용의 절감**이다. 기존 고객이 재구매, 반복구매를 하게 되면 판매, 광고비를 절감할 수 있고 그 여력을 고객의 불만 해결에 기울일 수 있고, 고객의 욕구와 기대치를 예측하여 불필요한 지출을 감소시켜 비용절감 효과가 있으며, 만족한 고객은 가격탄력성이 그렇지 않은 고객보다 둔감해진다.

셋째, **최대의 광고효과**를 가져올 수 있다. '최대의 광고는 만족한 고객이다', 구전효과야 말로 어떤 대중매체 광고보다 뛰어난 효과를 발휘해 주며, 적은 노력을 들이고도 큰 성과를 볼 수 있다.

(5) 고객만족의 실천 조건

첫째, 고객지향적 조직 구축을 해야 한다. 고객의 욕구를 정확히 이해하고 조직 구조를 개편해 고객과 일선 직원들을 지원해야 하며, 고객의 불평관리가 체계적으로 이루어져야 한다.

둘째, 고객지향적 기업문화 구축을 해야 한다. 최고 경영층의 고객지향적 이념과 이를 확산시키기 위한 지원이 필요하고 고객정보시스템과 교육시스템, 보상시스템의 구축이 이루어져야 한다.

셋째, 내부고객의 자아실현을 위한 교육개발의 기회를 부여하고 권한 이양과 복지문제가 해결되어야 한다.

넷째, 서비스 질의 향상을 위해 현장직원을 철저히 교육시켜야 한다.

(6) 고객만족의 선행지표

고객만족 지수(CSI ; Customer Saticfaction Index)를 고객만족 경영의 결과이며 소비자의 눈으로 파악된 외부측정지표라고 할 때 이를 향상시키기 위한 과정으로서의 내부측정지표 또한 체계적으로 구축되어야 한다.

① 종업원 만족지수(ESI ; Employee Satisfaction Index)

고객만족 경영이 성공하기 위해서는 고객만족에 대한 종업원의 냉소적 반응이 극복되어야 하고, 적극적 참여와 고객접점에서의 자연스러운 미소가 유발되어야 한다. 고객유지뿐 아니라 종업원 유지도 고객만족을 위한 과제이며, 종업원 만족은 현재의 만족과 미래의 더 나은 만족에 대한 기대이며, 이것이 기업의 정신력 혹은 사기가 된다. ESI의 구성은 직장만족도, 직무만족도, 인간관계 만족도 등이며, ESI는 고객만족을 위한 필요조건이지 충분조건은 아니다.

② 고객중심 지수(COI ; Customer Orientation Index)

고객지향성 기업문화는 종업원 만족이 고객만족이라는 결과를 낳을 수 있도록 하며, 방향성을 제시해 준다. 고객지향적 기업문화의 구축을 위해서는 지속적인 고객만족의식 혁신운동과 교육이 있어야 하며, 최고 경영층의 솔선의지가 반영되어야 한다. 고객지향적 기업문화는 COI로 측정할 수 있다. COI의 구성은 기업이념, 제도, 최고경영층의 고객 철학과 공유, 종업원의 사고, 고객대응, 행동 패턴 등이 될 것이다.

③ 내부고객 만족지수(ICSI ; Internal Customer Satisfaction Index)

종업원의 마음에서 일어나는 고객만족 지향성은 생산과정에서부터 실현되어야 한다. 공장이든 사무실이든 사내에서 나의 일의 결과를 받아 가공하여 다음 단계로 넘기는 동료는 나에게는 고객이다. 이 내부고객만족의 연속된 결과가 최종고객접점에서 고객만족이 된다. 전 종업원은 개인별 내부, 외부 고객접점을 파악해야 하고 고객만족과 불만족의 책임이 후방에서부터 최일선에 이르기까지 단계별로 선명히 드러나도록 프로세스가 설계된 연후에 ICSI의 측정이 이루어져야 한다. ICSI는 시간 흐름상의 프로세스 적합성 평가, 현시점의 작업 네트워크 평가, 전단계 입력-현단계의 출력 평가 등으로 구성된다.

3 고객충성도 중요도 상중하

(1) 고객충성도의 개념

소비자의 구매행동은 제품이나 브랜드에 대해 갖는 관심의 수준, 즉 관여도에 따라 다르게 나타난다. 관여도와 고객충성도의 형성관계를 살펴보면, 관여도에 상관없이 같은 브랜드를 계속 구매하는 경우는 습관에 의한 구매이며, 기호품이나 생활필수품 같은 복잡한 의사결정 없이 구매하는 저(低)관여 제품은 마음에 드는 브랜드를 지속적으로 구매한 결과 그 브랜드에 대한 충성도를 가지게 된다. 그러나 전문품과 같은 고(高)관여 제품의 경우에는 여러 단계의 적극적인 정보탐색 과정을 거치면서 충성도가 형성된 후에야 제품을 구매하게 된다.

기업의 입장에서 볼 때 고객충성을 강화하기 위해서는 소비자가 과거의 행동에 근거하여 단순히 구매를 반복하는 행동적 측면뿐 아니라 심리적 측면에서 브랜드 이미지, 친근감, 신뢰감, 사용경험 등을 바탕으로 한 재구매의 유도가 중요하다. 또한 신규고객을 확보하는 것보다 기존고객을 충성고객으로 만드는 것이 마케팅 비용 면에서도 유리하다.

(2) 고객충성도 측정 항목

고객만족도는 비즈니스 모델별로 만족도를 측정하는 항목들이 크게 차이가 나지 않는다. 은행, 백화점, IT 제품, 이동전화, 병원 등 어떤 업종이든지 상품의 품질, 성능, 디자인, 가격, 서비스 수준 등에 만족하는지를 측정하면 되기 때문이다.

그러나 고객충성도는 업종에 따라서 측정하는 속성이 다를 수밖에 없다. 자동차 같은 업종은 자사의 자동차를 계속 재구매 했는지가 가장 중요하다. 반면, 이동전화 서비스 가입자는 가입 후 이탈하지 않고 계속 사용하는 것이, 은행이나 백화점은 고객의 지갑 점유율이, 보석이나 결혼 예물 등 평생 1~2회 구매하는 상품들은 구매 의사나 추천 의향 등이 충성도를 측정하는 가장 중요한 속성이기 때문이다.

> **더 알아두기** Q
>
> **고객충성도를 측정하는 모델**
> (1) 재구매율이나 고객유지율
> (2) 고객추천율
> (3) 고객 지갑점유율과 미래구매태도 지표
> (4) 재구매나 거래 지속 의향, 지갑점유율 제고 의향
> (5) 고객 추천 의향

① 가중치

측정 항목이 2개 이상 복수이면 가중치를 결정해야 한다. 예를 들어, 측정 항목을 재구매(실적), 재구매 의향, 지갑 점유율, 고객 추천율, 추천 고객 수(또는 고객 추천 의향) 등의 5가지로 결정했다면 측정 항목별로 가중치를 정해야 한다. 5가지 항목별로 균등하게 20%의 가중치를 주는 방법도 있을 수 있다. 그러나 대부분 자사의 고객 충성도를 나타내는 가장 중요한 속성 순으로 가중치를 부여한다. 자동차 회사의 경우를 예로 들면 '재구매 실적(30%), 재구매 의향(30%), 점유율(고객이 보유

자동차가 2대인 경우나 부부, 가족 등의 자동차 점유 형태를 말함 : 10%), 고객 추천율(10%), 추천 의향(20%)' 등의 방법으로 가중치를 부여할 수 있을 것이다.

② 측정 기준

측정 항목별로 가중치를 결정하고 나면 객관적인 측정 기준과 평점 기준을 결정해야 한다. 이동 전화 단말기 제조 회사의 재구매 항목의 예를 들어 보자. '자사의 단말기 최초 구입시부터 재구매 횟수가 5회 이상이면(5), 4회 이상(4), 3회 이상(3), 2회 이상(2), 1회 이상(1)'과 같은 방법으로 평점 기준을 정하는 것을 말한다. 즉 측정 항목별로 어느 수준이면 몇 점을 평점할 수 있는 지, 그 기준을 만드는 것을 말한다. 글로벌 베스트 수준이나 국내 최고 수준이면 5점 만점, 평균 수준이면 3점과 같은 기준을 만들어 측정할 수 있다.

③ 측정 대상

측정 대상을 결정하는 방법은 측정 항목을 결정하는 것과 연관이 매우 깊다고 할 수 있다. 즉, 고객에게 설문 조사 등의 방법으로 묻지 않아도 되는 측정 항목만으로 구성 되었다면 자사의 모든 고객들에 대해 고객별 충성도를 측정할 수 있기 때문이다. 그러나, HP와 같이 고객에 설문 조사를 해야 하는 항목들로 측정 모델이 설계되었다면 표본 추출 방법을 통한 고객들을 대상으로 하든지, 자사 웹 사이트를 방문하여 온라인 리서치에 응답하는 고객들만을 대상으로 측정할 수밖에 없다. 또한, 최종 고객이 아니더라도 소매점과 대리점과 같은 중간 단계의 고객들도 충성도를 측정하는 대상에 포함시켜야 한다.

④ 측정 주기 및 측정 방법

측정 주기 역시 측정 항목 결정과 연관이 있다. 자사의 재무적 데이터나 온라인을 통해 고객충성도를 측정할 수 있는 모델을 설계했다면 매월, 매주 등 실시간으로 고객충성도를 측정할 수 있다. 반면 면접이나 우편, 이메일 등을 통해 고객에게 설문 조사하는 방식의 고객충성도 측정 모델을 설계했다면 1년, 반기, 또는 매 분기별 등의 주기로 측정할 수 있을 것이다. 또한 자사의 재무적 데이터를 통해 측정할 수 있는 모델이라면 자사가 직접 전사, 지점별, 지역별, 담당별로까지 고객 충성도의 측정이 가능하다. 그러나 설문 조사 등에 의한 측정 모델이라면 자사에서 직접 측정하던지, 아니면 외부 전문기관에 용역을 의뢰하는 방법도 고려할 수도 있을 것이다.

> **더 알아두기** 🔍
>
> **고객만족도와 고객충성도의 차이점**
> (1) 고객만족도는 거의 모든 산업에서 측정 항목이 비슷하다. 고객만족도는 소비재, 산업재, 금융과 서비스 등 모든 업종에서 품질·성능·기능·디자인 등 상품의 본원적 속성에 대한 만족 수준과 주문·배송·반품·A/S·고객 접점별 친절함 등의 서비스에 대한 만족 수준을 측정한다. 그러나, 고객충성도는 앞서 설명한 것처럼 충성도를 나타내는 속성에 따라서 산업별로 측정 항목이 서로 다르다. 자동차 회사의 경우는 재구매율, 이동 전화나 보험업은 고객 유지율, 은행이나 백화점 등은 재구매율·고객 유지율 외에 고객 지갑점유율이 충성도 측정의 중요한 속성이 되기 때문이다.
> (2) 고객만족도는 인터뷰, 전화, 우편, 온라인 등의 방법으로 고객에게 설문 조사를 해야 측정이 가능하다. 그러나, 고객충성도는 측정 모델에 따라서는 고객에게 묻지 않고 자사의 재무적 데이터만으로도 측정이 가능하다. 재구매율·유지율·지갑 점유율 등은 고객에게 직접 묻지 않더라도 측정할 수 있다. 전사, 조직 단위별, 또는 고객별 충성도까지 실시간으로 측정할 수 있다. 물론, 고객충성도를 측정하는 항목 중 재구매나 거래 지속 의향, 추천 의향 등은 고객에게 설문 조사를 해야만 측정이 가능한 속성들이다.
> (3) 고객만족도는 품질, 성능, 디자인 서비스 수준 등에 대한 만족 수준을 지수로 나타낸다. 예를 들어 100점 만점에 75점이라든지, 5점 만점에 3.7과 같은 방식이다. 그러나, 고객충성도는 고객만족도처럼 지수화하는 방법 외에도 재구매율 75%, 고객 점유율 50%, 고객 추천 비율 81% 대 10% 등의 절대 통계치로 측정하고 비교 평가할 수 있다.

제 2 절 고객생애가치 극대화

1 고객생애가치의 개념 중요도 상중하

고객생애가치는 한 고객이 한 기업의 고객으로 존재하는 전체기간 동안 기업에게 제공할 것으로 추정되는 재무적인 공헌도의 합계라고 할 수 있다. 고객생애가치가 중요시되어야 하는가. 기업들은 초기에 캠페인활동과 여러가지 프로모션을 통해 신규고객을 획득하게 된다. 이러한 신규고객을 획득하는 과정은 여러 마케팅 활동으로 인해 매우 높은 비용이 들지만 투자비용을 회수하는 데 있어 상당한 시간이 요구되었다. 더욱이 고객이 일찍 이탈할 경우에는 고객획득 비용조차 회수하지 못하는 경우가 발생하게 된다. 이처럼 고객획득 비용을 넘어 고객과의 장기적인 관계를 유지하는 것이 바로 고객관계관리(CRM)가 되는 것이며 이러한 장기적인 관계를 유지함에 있어 고객으로부터 거둘 수 있는 가치를 고객생애가치(LTV)라고 한다.

2 고객생애가치의 적용 중요도 상 중 하

거래 단위의 구매자, 즉 항상 최고의 구매조건을 탐색하다가 특정 구매시점의 상황만을 기준으로 판단하는 고객을 장기적인 구매가치에 결정적인 영향을 미치는 고객으로 바꾸는 것이 고객의 평생가치를 높이는 것이 된다.

고객생애가치 산정은 크게 단순 고객생애가치의 산정과 이의 단점을 보완한 개선된 고객생애가치 모델이 있다.

(1) 단순 고객생애가치 모델

단순 고객생애가치 모델의 경우 평균구매액을 기준으로 거래기간에 대한 구매액을 산정하는 방식으로 'LTV = 평균구매액 × 거래기간'으로 나타낼 수 있다. 예를 들어 고객 김씨는 개당 1만 원짜리 상품을 2년간 10개, 개당 2만 원짜리 상품을 1년간 5개, 개당 3만 원짜리 상품을 3년간 4개씩 구매한다고 하면, 김씨의 평생가치는 66만원이 된다. 그러나 이러한 단순 고객생애가치 계산은 미래의 불확실성을 고려하지 않은 경우로서 고객행동의 변동, 현재가치, 이익관점 등을 고려하지 않은 방법이라고 할 수 있다.

(2) 수정 고객생애가치 모델

단순 고객생애가치 모델의 단점을 보완한 것이 발생할 수 있는 여러가지 불확실성을 염두에 둔 고객생애가치 산정방식이다. 위에서 설명한 **변동가능성이 높은 고객행동의 변동, 현재가치, 이익관점 등을 고려하여 고객생애가치를 산정하는 방식**으로 고객의 평생가치를 산정하는 방식이다.

불확실성을 고려한 즉, 여러가지 환경을 고려한 고객생애가치 산정방식을 통하여 좀 더 정확한 고객수익성을 계산할 수 있게 되었으며, 고객생애가치의 값을 통하여 더욱 세밀한 고객세분화를 이루게 된다.

> **더 알아두기**
>
> **고객생애가치를 고려한 고객세분화의 기대효과**
> (1) 정교한 공략대상의 목표고객을 선정
> (2) 이익을 극대화하고 새로운 제품 및 서비스 개발
> (3) 촉진비용 절감
> (4) 유통경로의 비용 절감

제 **3** 절 고객관계구축

1 고객관계관리(CRM)의 개념 중요도 상중하

CRM(Customer Relationship Management)이란 선별된 고객으로부터 수익을 창출하고 장기적인 고객관계를 가능케 하는 솔루션을 말한다. 즉 CRM은 고객과 관련된 기업의 내외부 자료를 분석, 통합하여 고객특성에 기초한 마케팅활동을 계획하고, 지원하며, 평가하는 과정이다.

과거의 대중마케팅(Mass Marketing), 세분화 마케팅(Segmentation marketing), 틈새마케팅(Niche marketing)과는 확실하게 구분되는 마케팅의 방법론으로 최근에 등장한 데이터베이스 마케팅(DB marketing)의 개인마케팅(Individual marketing), 일대일 마케팅(One-to-One marketing), 관계 마케팅(Relationship marketing)에서 진화한 요소들을 기반으로 등장하게 되었다.

CRM은 고객수익성을 우선하여 콜센터, 캠페인 관리도구와의 결합을 통해 고객정보를 적극적으로 활용하며, 기업 내 사고를 바꾸자는 업무과정 재설계적인 성격이 강하게 내포되어 있다. 기업의 고객과 관련된 내외부 자료를 이용하자는 측면은 데이터베이스 마케팅과 성격이 같다고 할 수 있다. 그러나 CRM의 경우 고객의 정보를 취할 수 있는 방법, 즉 고객접점이 데이터베이스 마케팅에 비해 훨씬 더 다양하고, 이 다양한 정보의 취득을 통합적으로 행한다는 것이다.

CRM은 고객데이터의 세분화를 실시하여 신규고객획득, 우수고객 유지, 고객가치 증진, 잠재고객 활성화, 평생고객화와 같은 사이클을 통하여 고객을 적극적으로 관리하고 유도하며 고객의 가치를 극대화시킬 수 있는 전략을 통하여 마케팅을 실시한다.

2 고객관계관리의 특징 중요도 상중하

시장점유율보다는 고객점유율 즉, 고객 중에 얼마나 우리에게 충성스러운 고객이 되느냐가 중요하다. 고객을 획득하는 것보다는 고객을 유지하는 것이 훨씬 더 중요하고 많은 자원을 투입하게 된다. 잘 알고 있듯이 한명의 고객을 확보하는 비용보다 있는 고객을 유지하는 비용은 4분의 1 내지 5분의 1밖에 들어가지 않기 때문이다. 그리고 고객의 생애가치를 계산해보면 해가 거듭될수록, 어떤 고객이 우리의 고객이 된 후로 우리의 이윤에 기여하는 바는 기하급수적으로 늘어난다. 물론 어느 시점에서 한계는 있다. 그래서 고객 한 명을 잃었다는 것은 그 단계의 매출을 잃은 것뿐 아니라 기하급수적으로 늘어날 매출을 다 잃는 것이다. 아무리 MS가 높고 원가를 절감하고 있는 기업일지라도 고객 이탈율이 높으면, 이탈보다 확보가 많다고 하더라도 이탈이 높은 기업은 경쟁에서 이길 수가 없다. 고객 한 명을 확보하는 데는 계속 자원이 들어가고 기여를 안 하는 사람은 잡고 있다가 진정으로 기여를 할 때는 잃게 되는 기업보다는 MS는 낮더라도 고객 이탈이 적은 기업은 성공할 수밖에 없다. 고객 이탈률을 2% 줄이면 그것은 곧 10%의 원가를 절감한 것과 같다. 하지만 기업이 떠나는 고객보다는 새로운 고객에 더 신경을 쓰게 되는 것이다. CRM을 하고자 하면 우리의 마인드가 변해서 시장점유율보다는 고객점유율을 중요시 해야 하고 그것을 위해서 고객획득보다는 고객유지 및 이탈방지에 노력을 해야 하고 이탈방지를 위해 기존고객들에 연계판매(Cross-sell)을 하고 수익성이 높은 상품을 판매하기 위한 업셀링(Up-selling)을 해서 고객의 욕구 변화를 계속 맞추어 주어야 한다. 물건을 한 번 팔고 마는 것이 아니라 어떻게 하면 관계를 계속 유지할 수 있도록 고객을 아는 것이 중요하다. 제품판매보다는 고객관계에 중점을 두어야 한다. 고객이 원하는 상품, 고객과의 관계에서 고객의 니즈를 파악하고 고객이 원하는 제품을 공급해야 한다.

3 고객관계관리의 필요성 중요도 상중하

기존의 마케팅 방식은 마케팅팀을 위한, 즉 마케팅부서만의 마케팅이었다. 이러한 마케팅의 방향을, 환경을, 제도를 바꾸는 방안이 CRM이다. 이러한 CRM이 필요한 이유는 첫째, 고객에 대한 중요성을 마케팅의 전면에 배치하여 사내 고객과 관련된 부서(예를 들면 콜센터, 영업부서, 서비스센터, 마케팅 등)에서 발생한 모든 정보의 방향과 프로세서와 사내 마인드를 고객관계에 역량을 쏟아 넣는 것이다. 둘째, 현재 각 기업의 마케팅은 기존고객보다는 신규고객획득에 초점이 맞춰져 있으며 기존 고객의 요구를 파악하지 못하고 있다. 기업의 고객에 대한 분석력은 항상 제자리에 머물고 있다. 고객을 이해하기에는 많은 문제점이 있는 것이다. 셋째, 고객에 대한 요구를 파악할 수 있는 시스템이 기존에는 존재하지 않았다. 넷째, 지속적으로 고객에게 서비스를 제공할 방법이 없다. 다섯째, 통합적으로 고객지향이 이루어져야 한다. 평생 고객화를 통해 고객의 가치를 극대화하는 것이다.

> **더 알아두기** 🔍
>
> **CRM을 구현하기 위해 필요한 것**
> (1) 고객 통합 데이터베이스가 구축되어 있어야 한다.
> (2) 고객특성을 분석하기 위한 데이터 마이닝 도구가 준비되어야 한다.
> (3) 분석을 통해 세워진 전략을 활용하는 다양한 마케팅 채널과의 연계를 들 수 있다.

제 4 절 고객 DB 마케팅

1 데이터베이스 마케팅의 정의 중요도 상중하

고객에 대한 여러 가지 정보를 컴퓨터를 이용하여 데이터베이스화하고 구축된 고객 데이터베이스를 바탕으로 고객 개개인과의 관계 구축을 위한 마케팅 전략을 수립하고 집행하는 제반 활동을 데이터베이스 마케팅이라고 한다. 데이터베이스 마케팅이 고객 개개인과의 지속적인 유대관계를 지향한다는 점에서 일대일 마케팅(ont-to-one marketing)이나 관계 마케팅(relationship marketing) 등과 유사한 의미로 사용되고 있다.

2 데이터베이스 마케팅의 특징 중요도 상중**하**

데이터베이스 마케팅은 소비자의 욕구를 파악하고 그에 부응하기 위해 기업이 사용할 수 있는 마케팅 믹스 변수(제품, 가격, 유통, 촉진)를 적절히 구사함으로써 시장에서의 경쟁력을 확보한다는 근본적인 목적에 있어서는 일반 마케팅과 동일하다고 할 수 있지만, 경쟁력을 확보하는 구체적인 방법에서는 일반마케팅과 상당한 차이점이 있다.

(1) 고객과의 일대일 관계의 구축

데이터베이스 마케팅은 고객과의 일대일 접촉을 통한 개별적인 욕구파악과 이러한 욕구의 만족을 그 첫번째 특징으로 한다. 즉, 잠재고객이나 기존고객의 욕구는 데이터베이스를 통해 식별될 수 있으며, 따라서 개개인에 대해 가장 적절한 전략을 일관성 있게 실시하는 것이 가능하다. 이처럼 데이터베이스 마케팅은 고객 개개인의 욕구만족을 주안점으로 하기 때문에 다품종 소량생산을 근간으로 한다. 데이터베이스 마케팅에서는 전통적인 유통경로 외에 고객과의 일대일 관계에 의한 직접판매라는 유통경로가 추가로 제공되기 때문에 특정계층에서만 환영받는 제품도 소매점의 진열공간과 관계없이 시장성을 가질 수 있다.

(2) 쌍방적 의사소통

데이터베이스 마케팅에서는 기업이 제공한 정보에 대해 소비자들이 반응을 보이거나 의견을 피력할 수 있으며, 이러한 과정을 통해 소비자가 기업과 직접적인 커뮤니케이션을 하게 된다. 고객과 기업간의 쌍방향 의사소통에는 여러 가지 수단이 수용될 수 있다. Direct Mail이나 카탈로그, 전화는 물론 직접반응 광고와 같은 경우에는 신문이나 TV와 같은 대중매체가 사용될 수도 있고, 멀티미디어가 발달되어 있는 PC통신이나 인터넷 등도 의사소통에 사용될 수 있다.

(3) 고객 데이터베이스

데이터베이스 마케팅은 컴퓨터에 의한 데이터베이스의 구축을 전제로 하고 있다. 이러한 자료는 마케팅 캠페인의 적합한 대상을 추출해내는 경우뿐 아니라, 시장세분화나 포지셔닝을 위한 기초자료로도 활용된다. 따라서 데이터베이스 마케팅에서의 데이터베이스는 기획에서 집행 및 효과의 측정에 이르기까지 모든 분야의 근간이 된다.

3 데이터베이스 마케팅의 목적 중요도 상**중**하

데이터베이스 마케팅도 일반 마케팅과 마찬가지로 기업의 경쟁력을 강화할 수 있을 때 비로소 그 의의를 갖는다. 그러나 구체적인 방법에 있어서는 일반 마케팅과 많은 차이가 있다. 데이터베이스 마케팅의 가장 주된 목적은 고객과의 유대관계 구축을 통한 고객 평생가치의 극대화에 있으며, 그 외에 유통채널 및 서비스 수행체제, 장기전략의 수립, 마케팅리서치 자동화 등이 목적으로 언급될 수 있다.

(1) 유대관계 구축을 통한 고객 평생가치 극대화

고객의 평생가치(LTV ; Lift Time Value)란 고객이 특정회사의 제품이나 서비스를 처음 구매했을 때부터 시작해서 마지막으로 구입할 것이라고 판단되는 시점까지 구입 가능한 제품이나 서비스의 누계액이라고 할 수 있다.

데이터베이스 마케팅은 고객과의 일대일 커뮤니케이션을 통해 고객만족도를 극대화하고 만족한 고객이 자사의 제품이나 서비스를 평생동안 구매할 수 있도록 하는 데 주 목적이 있다. 일반적으로 기존고객을 대상으로 판매할 때 소요되는 판매비용이 새로운 고객을 확보하는 데 소요되는 비용에 비해 훨씬 적으며, 바로 이러한 점에서 '고객 평생가치 극대화'라는 데이터베이스 마케팅의 목적의 정당성을 찾을 수 있다.

(2) 유통채널 및 서비스 수행체제

데이터베이스 마케팅은 전통적인 유통채널을 대체할 수 있는 수단으로서의 역할을 수행한다. 데이터베이스 마케팅은 다이렉트 메일, 텔레마케팅, 직접반응 광고 등을 이용한 고객과의 직접적인 의사소통을 통해 주문을 받거나, 문의에 응할 수 있어 그 자체로 하나의 독자적인 유통채널 및 서비스 수행체제로 이해될 수 있다. 데이터베이스 마케팅은 전략수립에서 주문, 배송, 대금회수, 애프터서비스의 제공 등 모든 거래 과정을 포괄하는 거대한 시스템으로 이해될 수 있다.

(3) 장기전략 수립

데이터베이스 마케팅 과정에서 얻어지는 정보는 주문과 같은 단기적인 결과의 획득을 위해서는 물론 목표시장에 대한 보다 정확하고 구체적인 기술을 가능하게 하기 때문에 보다 합리적인 장기전략의 수립에도 유용하다. 따라서 마케팅 데이터베이스는 즉각적인 수익의 증가를 위해 실무진에서 편리하게 활용할 수 있도록 하는 동시에 데이터가 축적되어감에 따라 그 축적된 자료로부터 전략적인 의미를 추출해낼 수 있는 장기적인 안목에서의 설계가 아울러 필요하다.

(4) 마케팅 리서치 자동화

데이터베이스 마케팅에서는 고객에 대한 자료가 구매행위, 문의응답, 촉진반응 등 고객과 접촉하는 과정을 통해 얻어지기 때문에 고객의 개별적인 욕구를 즉각적으로 파악할 수 있다. 따라서 데이터베이스 마케팅은 평소 항시 마케팅리서치를 실시하고 있는 것과 같은 효과를 거둘 수 있으며, 시장기회나 경쟁위협을 거의 자동적으로 파악하여 이에 신속히 대응할 수 있는 능력을 갖게 해주는 등 마케팅 리서치를 실질적으로 대체하는 효과를 갖는다.

> **더 알아두기** 🔍
>
> **데이터베이스 마케팅 활성화 요인**
> (1) 시장의 탈 대중화 현상
> (2) 소비자 라이프 스타일의 변화
> (3) 신제품의 범람과 상표애호도 감소
> (4) 서비스 부문의 비중증가와 서비스 업종에 대한 정부 규제 완화
> (5) 정보기술의 발달
> (6) 유통경로 다변화
> (7) 공중파 TV의 광고 효율성 감소

4 마케팅 데이터베이스 중요도 상중하

마케팅 데이터베이스는 일상 업무용이 아닌 마케팅 목적을 위해 구축된 데이터베이스를 말하는데, 여기서 마케팅 목적이란 소비자 욕구를 파악하고 이를 만족시켜주기 위해 기업이 구사할 수 있는 여러 수단을 사용하는데 있어서 지침을 마련해 줄 수 있도록 사용된다는 것을 의미한다.

마케팅 데이터베이스 구축 시에는 다음을 고려해야 한다.

첫째, 장기적인 비전이다. 데이터베이스 마케팅은 고객과의 관계 증진을 통한 지속적인 판매상승, 브랜드나 기업에 대한 애호도의 제고와 같은 장기적인 효과에 초점을 두고 있기 때문에, 데이터베이스를 운용함에 있어 초기의 투자비용을 단시일에 회수하려 하기보다는 장기적인 안목과 전략으로 활용할 수 있도록 설계되고 운용되어야 한다.

둘째, 유연성이다. 환경이 급변하고 욕구가 점차 다양해지므로 기존 데이터에 자료를 첨가, 수정, 삭제가 용이하게 이루어질 수 있도록 확장성을 가질 수 있도록 설계되어야 하며, 다각적인 분석과 활용이 가능하도록 구축되어야 한다.

셋째, 즉시성이다. 데이터베이스는 의사결정에 필요한 정보를 즉각적으로 제공해 줄 수 있도록 구축되어야 한다. 데이터베이스 마케팅의 특징 중의 하나가 시장에서의 변화가 즉각적으로 파악될 수 있고 이러한 변화를 시의 적절하게 마케팅 전략에 반영시켜 줄 수 있도록 데이터베이스가 설계되고 운용되어야 한다.

5 고객정보의 원천 중요도 상중하

마케팅 데이터베이스에 실리는 고객정보는 그 원천이 어디인가에 따라 내부고객 정보, 반응고객 정보, 외부고객 정보의 세 가지로 분류할 수 있으며 외부고객 정보는 다시 타기업 고객정보와 편집리스트로 나누어진다.

(1) 내부고객 정보

회사 내부에 이미 보유하고 있거나 혹은 회사 업무의 수행과정에서 축적될 수 있는 정보로, 수집하고 관리하기가 가장 용이하면서도 기업의 판매활동의 주대상이 된다는 의미에서 가장 큰 가치를 지닌다.

(2) 반응고객 정보

회사가 발송한 다이렉트 메일이나 대중매체를 이용한 직접반응 광고 등에 반응한 고객들에 대한 정보로, 적어도 이들은 이 회사의 제품이나 서비스에 관심을 표명하였다고 할 수 있으며, 무차별 고객접근 보다는 이들을 대상으로 기업활동을 수행하는 것이 성공의 확률을 더욱 높일 수 있다.

(3) 외부고객 정보

다른 기업이나 리스트 공급회사가 보유하고 있는 정보로 내부에서 수집된 고객정보나 반응고객정보에 비해 가치는 떨어지지만 잘 선별해서 선택한다면, 대규모의 정보를 저렴하게 수집할 수 있는 장점이 있다.

---

6 마케팅 데이터베이스의 유지 및 보수 중요도▶ 상 중 하

마케팅 데이터베이스의 가치가 감소하는 이유는 기존 고객들과의 거래가 단절됨으로 해서 데이터베이스의 크기가 감소하거나 고객의 거주지 이동, 생활양식의 변화 등으로 인해 데이터베이스가 빠른 속도로 노화되기 때문이다.
가장 바람직한 유지 및 보수 방법은 가능한 모든 고객과의 접촉을 통해 데이터베이스를 유지 및 보수하려는 노력을 기울이는 것이다. 또한, 가격이 적절하다면 외부 편집 리스트의 구매나 교환을 통해 자료의 최신화를 기하는 것도 고려해 볼 만하다.

---

7 데이터베이스 마케팅과 사생활 침해 중요도▶ 상 중 하

데이터베이스 마케팅은 개별 고객의 필요와 욕구에의 부응이라는 순기능적인 측면과 고객정보의 구축과정과 구축된 고객정보의 거래 과정에서 개개인의 사생활 침해라는 역기능적인 측면을 모두 가지고 있다. 소비자 사생활 침해에 관한 문제는 데이터베이스 마케팅의 성장과 활성화를 위해 반드시 해결되어 양자 간의 균형과 조화가 이루어져야 한다.

○✕로 점검하자

※ 다음 지문의 내용이 맞으면 ○, 틀리면 ✕를 체크하시오. [1~10]

01 고객 가치(Customer Delivered Value)란 고객에게 전달된 총 고객 가치제와 총 고객 비용의 차이라고 말할 수 있다. ( )

02 종업원 만족지수는 고객만족을 위한 충분조건에 해당한다. ( )

03 단순 고객생애가치 모델의 경우 평균구매액을 기준으로 거래기간에 대한 구매액을 산정하는 방식으로 'LTV = 평균구매액 × 거래기간'으로 나타낼 수 있다. ( )

04 고객관계관리(CRM)의 경우 고객의 정보를 취할 수 있는 방법이 데이터베이스 마케팅에 비해 훨씬 더 단순하고, 통합적으로 행한다. ( )

05 마케팅 데이터베이스에 실리는 고객정보 중 외부고객 정보는 다시 타기업 고객정보와 편집리스트로 나누어진다. ( )

06 마케팅 데이터메이스를 유지 및 보수할 때 외부 편집 리스트의 구매는 자료의 신뢰성이 떨어지므로 지양되어야 한다. ( )

07 CRM은 고객과 관련된 기업의 내외부 자료를 분석, 통합하여 고객특성에 기초한 마케팅활동을 계획하고, 지원하며, 평가하는 과정이다. ( )

08 고객 이탈방지를 위해 기존고객들에 업셀링(Up-selling)을 하고 수익성이 높은 상품을 판매하기 위한 연계판매(Cross-sell)을 해서 고객의 욕구 변화를 계속 맞추어 주어야 한다. ( )

정답과 해설　01 ○　02 ✕　03 ○　04 ✕　05 ○　06 ✕　07 ○　08 ✕

02 종업원 만족지수는 고객만족을 위한 필요조건이지 충분조건이 아니다.

04 CRM의 경우 고객의 정보를 취할 수 있는 방법, 즉 고객접점이 데이터베이스 마케팅에 비해 훨씬 더 다양하다.

06 마케팅데이터베이스의 바람직한 유지 및 보수 방법은 가능한 모든 고객과의 접촉을 통해 데이터베이스를 유지 및 보수하려는 노력을 기울이는 것이다. 또한, 가격이 적절하다면 외부 편집 리스트의 구매나 교환을 통해 자료의 최신화를 기하는 것도 고려해 볼 만하다.

08 CRM을 하고자 하면 고객획득보다는 고객유지 및 이탈방지에 노력을 해야 하고 이탈방지를 위해 기존고객들에 연계판매(Cross-sell)을 하고 수익성이 높은 상품을 판매하기 위한 업셀링(Up-selling)을 해서 고객의 욕구 변화를 계속 맞추어 주어야 한다.

09 데이터베이스 마케팅에서는 특정계층에서만 환영받는 제품일 경우 소매점의 진열공간과 매우 관련이 깊다. (　)

10 데이터베이스 마케팅의 가장 주된 목적은 고객과의 유대관계 구축을 통한 고객 평생가치의 극대화에 있다. (　)

정답과 해설　09 ✕　10 ○

09　데이터베이스 마케팅에서는 전통적인 유통경로 외에 고객과의 일대일 관계에 의한 직접판매라는 유통경로가 추가로 제공되기 때문에 특정계층에서만 환영받는 제품도 소매점의 진열공간과 관계없이 시장성을 가질 수 있다.

OX로 점검하자　**249**

안심Touch

제 5 장 **실전예상문제**

01 좁은 의미의 고객은 최종소비자 즉 물건을 구입하는 사람을 의미한다.

01 다음 중 협의의 의미의 고객에 해당하는 것은?

① 사내고객으로서의 임직원들
② 중간고객으로서의 판매업자
③ 최종소비자로서의 구매자
④ 중간고객으로서의 유통업자

02 고객중심지수는 기업이념, 제도, 최고경영층의 고객 철학과 공유, 종업원의 사고, 고객대응, 행동패턴 등을 측정한다.

02 고객만족의 선행지표 중 기업이념, 제도 그리고 종업원의 사고나 행동패턴과 연관있는 것은?

① 종업원만족지수
② 고객중심지수
③ 외부고객만족지수
④ 내부고객만족지수

03 종업원 만족지수의 구성으로는 직장만족도, 직무만족도, 인간관계 만족도 등이 있다.

03 다음 중 내부고객 만족지수에서 평가하는 것이 아닌 것은?

① 시간흐름 상의 프로세스 적합성
② 현시점의 작업 네트워크
③ 전단계 입력 – 현단계 입력의 출력
④ 최고경영진에 대한 인간관계 만족도

정답 01③ 02② 03④

04 고객충성도를 측정하는 모델에 해당하지 <u>않는</u> 것은?

① 재구매율이나 고객유지율

② 미래구매태도 지표

③ 테이블 회전율

④ 고객 추천 의향

04 고객충성도를 측정하는 모델로는 재구매율이나 고객유지율, 고객추천율, 고객지갑점유율과 미래구매태도 지표, 재구매나 거래 지속 의향, 지갑점유율 제고 의향, 고객 추천 의향 등이 있다.

05 고객생애가치를 고려한 고객세분화의 기대효과로 볼 수 <u>없는</u> 것은?

① 정교한 공략대상의 목표고객을 선정

② 기존 제품의 판촉 증가

③ 촉진비용 절감

④ 유통경로의 비용 절감

05 고객생애가치를 고려한 고객세분화의 기대효과의 경우 이익극대화를 위하여 새로운 제품 및 서비스 개발이 주가 된다.

06 데이터베이스 마케팅의 특징이 <u>아닌</u> 것은?

① 쌍방향 의사소통

② 고객과의 일대일 관계 구축

③ 고객 데이터베이스

④ 단기전략의 수립

06 데이터베이스 마케팅의 특징으로는 고객과의 일대일 관계의 구축, 쌍방적 의사소통, 고객 데이터베이스 등이 있다.

정답 04 ③ 05 ② 06 ④

안심Touch

checkpoint 해설&정답

07 마케팅 데이터베이스 구축 시 탄력성은 주요 고려사항에 해당하지 않는다.

07 마케팅 데이터베이스 구축 시 고려해야 할 사항이 <u>아닌</u> 것은?

① 탄력성
② 유연성
③ 장기적 비전
④ 즉시성

08 마케팅 데이터베이스에 실리는 고객정보는 그 원천이 어디인가에 따라 내부고객정보, 반응고객정보, 외부고객정보의 세 가지로 분류할 수 있다.

08 마케팅 데이터베이스의 고객정보 원천에 해당하지 <u>않는</u> 것은?

① 내부고객정보
② 외부고객정보
③ 잠재고객정보
④ 반응고객정보

09 고객관계관리는 고객 관련 전반에 관한 프로세스와 활동을 총체적으로 지칭한다.

09 CRM에 대한 설명 중 옳지 <u>않은</u> 것은?

① 고객 데이터 관리 시스템을 의미한다.
② 고객의 지속적인 재구매를 발생시킨다.
③ 고객 생애가치를 중시한다.
④ 기업이 아닌 고객 중심으로 통합 관리해야 한다.

정답 07① 08③ 09①

10 CRM의 3단계 과정에 해당하지 <u>않는</u> 것은?

① 고객과의 관계형성
② 고객 혜택
③ 고객 확장
④ 고객충성도 유지

10 고객관계관리의 3단계는 관계형성 → 충성도 제고 및 유지 → 고객 확장이다.

주관식 문제

01 고객만족경영의 효과에 대하여 두 가지 이상 쓰시오.

01
정답 재구매 고객의 창출, 최대의 광고효과 부여, 비용절감 등이 있다.
해설 고객만족 경영은 반복구매로 인한 이익극대화는 물론, 광고비 절감 등을 가져 온다.

02 다음 빈 칸에 들어갈 내용을 순서대로 쓰시오.

(㉠)은/는 인터뷰, 전화, 우편, 온라인 등의 방법으로 고객에게 설문 조사를 해야 측정이 가능하다. 또한 거의 모든 산업에서 측정항목이 비슷하다. 그러나, (㉡)은/는 측정 모델에 따라서는 고객에게 묻지 않고 자사의 재무적 데이터만으로도 측정이 가능하다. 이는 속성에 따라서 산업별로 측정 항목이 다르다.

02
정답 ㉠ 고객만족도
㉡ 고객충성도
해설 고객만족도란 고객이 어느 상품을 구입했을 때 구입한 상품과 서비스에 어느 정도 만족하고 있는가를 중요시하는 마케팅 수법이며, 고객충성도는 특정 상표의 제품을 다른 상표의 제품보다 반복적으로 구매하는 상황 또는 그 정도를 의미한다.

정답 10 ②

안심Touch

03

정답 시장의 탈 대중화 현상, 소비자 라이프 스타일의 변화, 신제품의 범람과 상표애호도 감소, 서비스 부문의 비중증가와 서비스 업종에 대한 정부 규제 완화, 정보기술의 발달, 유통경로 다변화, 공중파 TV의 광고 효율성 감소 등이 있다.

04

정답 컴퓨터, 시장세분화 또는 포지셔닝

해설 데이터베이스 마케팅은 컴퓨터에 의한 데이터베이스의 구축을 전제로 하고 있다. 이러한 자료는 마케팅 캠페인의 적합한 대상을 추출해내는 경우뿐 아니라, 시장세분화나 포지셔닝을 위한 기초자료로도 활용된다.

05

정답 데이터베이스 마케팅은 고객정보의 구축과정과 구축된 고객정보의 거래과정에서 부득이하게 개개인의 사생활 침해를 가져온다.

해설 소비자 사생활 침해에 관한 문제는 데이터베이스 마케팅의 성장과 활성화를 위해 반드시 해결되어 양자 간의 균형과 조화가 이루어져야 한다.

03 데이터베이스 마케팅 활성화 요인을 4가지 이상 서술하시오.

04 다음 빈칸에 들어갈 개념을 쓰고 이것이 무엇인지 쓰시오.

> 데이터베이스 마케팅은 (   )에 의한 데이터베이스의 구축을 전제로 하고 있다. 이러한 자료는 마케팅 캠페인의 적합한 대상을 추출해내는 경우뿐 아니라, 이것을 위한 기초자료로도 활용된다.

05 데이터베이스 마케팅의 역기능적인 측면을 사생활침해 측면에서 서술하시오.

고득점으로 대비하는 가장 똑똑한 수험서!

제 **6** 장

소비자 시장

잠깐!

혼자 공부하기 힘드시다면 방법이 있습니다.
시대에듀의 동영상강의를 이용하시면 됩니다.
www.sdedu.co.kr → 회원가입(로그인) → 강의 살펴보기

제6장 소비자 시장

마케팅관리자는 환경의 제반변화와 그 변화들이 고객욕구와 선호, 그리고 사고 및 행동양식에 대해 어떠한 영향을 주는지 이해하여야 한다. 이러한 이해는 마케팅기회를 파악하고, 표적시장을 선정하며, 마케팅목표를 구체화하고, 마케팅믹스를 형성하는 데 필수적이다. 따라서 급속하게 변하는 시장환경 속에서 다양하고 개성있는 소비자의 욕구를 찾아내어 이를 만족시킬 수 있는 마케팅전략을 세우기 위해서는 소비자시장을 체계적으로 이해하고 있어야 한다.

제 1 절 소비자 행동에 영향을 미치는 요인들

1 문화적 요인 중요도 상 중 하

인류학자 베네딕트가 말했듯이, 우리가 끼고 보는 안경의 렌즈가 보이지 않듯이 문화의 영향을 모르고 지내다가 색다른 문화와 접하게 되면 우리는 문화의 영향력을 이해하게 된다. 문화는 사회성원으로서 인간이 획득하는 지식, 신념, 예술, 도덕, 법률, 관습, 습관을 포함하는 복합적 총체이다.

문화적 요소들은 문화적 신념, 문화적 가치, 문화적 규범으로 크게 구분될 수 있다. 신념은 한 사회구성원들이 공유하고 있는 인지적 측면인 사고, 지식 등인데, 종교적인 신념은 소비에 영향을 미친다. 예를 들어 이슬람교도들은 돼지고기를 먹지 않고, 힌두교도들은 쇠고기를 먹지 않는다. 또한 사회성원들은 현실을 올바르게 이해하고 합리화하는 데 문화적 가치체계가 개인행동 전반에 영향을 미치고 있다. 그리고 사회 또는 집단의 대다수 성원이 의식적으로 또는 무의식적으로 시인하고 기대하는 행동양식을 문화적 규범이라 하는데, 이는 소비자행동에 영향을 미친다.

하위문화 역시 구매행동에 영향을 미친다. 한 사회 특수집단에서 특이하게 나타나는 생활양식이 존재하는데 이를 하위문화라고 한다. 이러한 하위문화는 국적, 종교, 지역, 인종, 연령, 성별, 직업 등에 따라 구분할 수 있고 자신이 속한 하위문화에 따라 소비패턴 역시 상당한 차이를 보인다.

2 사회적 요인 중요도 상 중 하

특정 소비자에게는 일상생활을 영위함에 있어서 자주 만나고 친교하는 소규모의 집단이 있는데, 이를 준거집단이라고 한다. 준거집단의 구성원들은 행동을 규제하고 정보를 교환하는 네트워크로서의 역할을 수행한다. 많은 소비자들이 다른 사람들의 행동에 따르거나 그들과 유사한 행동을 하려 한다.

준거집단을 중심으로 하여 소비의 사회적 영향관계인 사회네트워크를 잘 분석할 필요가 있다. 소비자들의 준거네트워크는 보다 더 큰 사회네트워크의 하위구조이며, 이들 네트워크 속에서 어떤 이들은 의견선도자로서 영향력을 발휘한다.

[제품 유형과 소비상황에 따른 준거집단의 영향]

구분	필수품(제품선택에 관한 준거집단의 영향이 약함)	사치품(제품선택에 관한 준거집단의 영향이 강함)
공공적(상표선택에 관한 준거집단의 영향이 강함)	공공장소에서 사용되는 필수품 – 손목시계, 자동차, 옷	공공장소에서 사용되는 사치품 – 골프클럽, 스키, 요트
개인적(상표선택에 관한 준거집단의 영향이 약함)	개인적으로 사용되는 필수품 – 침대요, 램프, 냉장고	개인적으로 사용되는 사치품 – 홈 비디오 게임기

가족이 구매행위에서 중요한 것은 소비자들에게 전달되는 많은 생활용품들이 가족단위로 구매되고 가족구성원들에 의해 사용되기 때문이다. 우리가 가정에 두고 있는 텔레비전, VTR, 세탁기, 냉장고 등의 가전제품들은 개인보다는 가족이 소비하고 있으며, 대형백화점이나 슈퍼마켓에서 부부가 어린아이들을 데리고 쇼핑하는 장면에서 볼 수 있듯이 많은 소비재들은 가족의 의견이 포함되어 구매된다.

3 개인적 요인 중요도 상중하

개인은 나이가 들어가면서 성장기, 성숙기 등 수명주기가 있으며, 이러한 수명주기에 따라 소비가 변한다. 직업과 경제적 환경도 개인의 소비패턴에 영향을 미친다. 특히 중요한 것은 개인은 돈과 시간을 소비하는 패턴인 라이프스타일에서 차이를 보인다. 또한 성격차이가 영향을 미치기도 한다.

4 심리적 요인 중요도 상중하

소비자들은 구매 행동을 할 때, 위험을 감소시키기 위해 다음과 같은 행동을 한다.

① 적극적인 정보 탐색
② 과거 구매만족을 준 제품이나 상점 이용
③ 이미지를 이용하여 구매
④ 전적으로 가격에만 의존하여 구매

이러한 소비자의 구매 행위는 동기유발, 지각, 학습, 태도의 네 가지 심리적 요소에 의해서도 영향을 받는다. 이에 대한 구체적인 프로세스는 다음 절에서 살펴보기로 하자.

소비자 반응에 영향을 주는 심리적 프로세스

1 동기유발(motivation) 중요도 상 중 하

동기유발이란 어떤 목표를 달성하기 위하여 개인의 에너지가 동원된 상태를 말한다. 이러한 상태는 긴장 (tension) 때문에 발생하며, 긴장은 또한 해소되지 않은 욕구가 있기 때문에 생기는 것이다.

소비자는 욕구를 충족시킴으로써 긴장을 줄이려고 하므로, 동기유발 과정에서 욕구는 빼놓을 수 없는 구성요소이다. 매슬로우는 사람의 욕구에는 다섯 가지 단계가 있다고 주장했다.

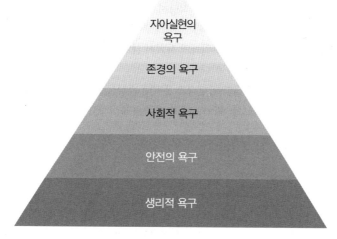

[매슬로우의 욕구단계이론]

① 생리적 욕구 - 배고픔, 목마름 등
② 안전의 욕구 - 보호, 질서, 안정 등
③ 사회적 욕구 - 소속감, 우정, 사랑 등
④ 존경의 욕구 - 위신, 성공, 성취 등
⑤ 자아실현의 욕구 - 자기개발과 자기실현 등

매슬로우에 따르면 사람의 욕구는 단계별로 채워지며, 하위욕구가 충족되지 않으면 상위욕구가 생기지 않는다고 한다. 그러나, 어떤 사람은 몇 가지 욕구를 동시에 충족시키려고도 하며, 또는 상위욕구를 먼저 충족시키려고 하기도 한다. 그럼에도 불구하고 동기이론의 기초를 제시했다는 점에서 매슬로우의 욕구계층이론은 의의가 있다.

또 다른 이론으로 맥클레렌드의 욕구성취이론이 있다. 이 이론은 세 가지 형태로 사람의 기본적인 욕구를 파악하여 동기를 이해하는 이론이다.

[맥클레렌드의 욕구성취이론]

① **성취욕구** : 자신의 노력에 의해 업무성취를 이루려는 욕구가 강한 사람은 높은 성취욕구를 가진 사람이다. 성취욕구가 높은 사람은 도전하기를 좋아하고, 적당히 어려운 목표를 설정하고, 현실적인 입장을 취하며, 직무에 대한 책임감이 높다.

② **친교욕구** : 높은 친화욕구는 다른 사회구성원과의 사회적 관계 유지에 관심을 가진다. 친화욕구가 높은 사람은 다른 구성원과 밀접한 상호작용을 한다.

③ **권력욕구** : 높은 권력욕구는 집단에 대한 영향력과 통제에 관심을 보인다. 권력욕구가 높은 사람은 집단의 목표를 달성하기 위해 강압적, 완고함, 자기 본위적이라는 특징을 지닌다.

2 지각(perception) 중요도 상 중 하

소비자들의 행동은 그들이 그들 자신과 환경을 어떻게 지각하느냐에 따라 크게 달라진다. 지각이란 우리의 내적, 외적 환경으로부터 오는 자극을 받아들이고, 그 자극의 의미를 도출하는 과정이다. 사람들이 똑같은 자극을 서로 다르게 지각하는 것은 다음과 같은 세 가지 지각과정 때문이다.

(1) 선택적 주의(selective attention)

현대인들은 하루에도 무수히 많은 자극에 노출되고 있다. 따라서 소비자는 그들에게 오는 자극 중 극히 일부에만 주의를 기울일 수밖에 없다. 대체로 소비자들은 ① 자극이 현재 소비자가 가지고 있는 욕구와 관련되었을 때, ② 자극의 정도가 평상시보다 훨씬 클 때 그들에게 오는 자극을 주의할 가능성이 높다. 따라서, 경영자는 창의성 있는 디자인, 특이한 광고, 기억에 쉽게 남는 메시지 등으로 자사의 제품이나 광고가 소비자의 주의를 끌도록 해야 한다.

(2) 선택적 왜곡(selective distortion)

사람들은 그들이 일단 주의하여 받아들인 정보를 자기들이 미리 갖고 있던 선입관(preconception)에 맞춰서 해석하는 경향이 있다. 만일 어떤 소비자가 특정 회사의 제품에 대해 좋은 선입관을 갖고 있다고 하면, 그는 그 제품의 좋은 점과 나쁜 점에 대해서 모두 듣게 되어도 그러한 상품 정보를 그 제품의 구매를 합리화하는 방향으로 해석하려고 한다.

(3) 선택적 보유(selective retention)

대체로 소비자들은 그들의 행동이나 태도를 뒷받침해주는 정보만 기억하는 경향이 있다. 그들이 이미 선택했거나 선택하려고 하는 상표의 좋은 점은 자꾸 귀에 들어오고 다른 상표의 좋은 점은 잘 안 들리는 것은 이 현상 때문이다.

3 학습(learning) 중요도 상중하

학습이란 경험으로 인한 개인의 행동의 변화를 말한다. 학습과 관련된 소비자 반응 모델을 자극-반응 모델(stimulus-response model)이라고 한다. 이 모델에 따르면 인간의 학습행위를 설명하면 충족되지 않은 욕구가 있어서 긴장된 상태가 형성될 때, 이러한 긴장상태를 없애려는 충동(drive)이 생기는데, 이럴 때 사람이 언제, 어디서, 어떻게 반응하는가를 결정하는 환경 내의 자극을 실마리(cue)라고 한다. 이러한 충동이나 실마리에 자극을 받아 사람이 취하는 행동을 반응(response)이라고 한다.

어떤 자극과 그 자극에 대한 반응 간에 직접적인 관계가 성립할 때, 학습이 이루어졌다고 할 수 있다. 그런데, 반응의 결과에 소비자가 만족을 하면, 그는 미래에 비슷한 상황이 일어날 때 똑같은 반응을 할 가능성이 많아지는데, 이것은 반응이 강화(reinforce)된 것이다.

학습이론은 마케팅 분야에서 많은 도움을 줄 수 있다. 즉, 어떤 제품의 수요는 그 제품에 대한 강렬한 동인과 관련이 있고, 동기유발이 되는 암시를 이용하여 적극적으로 강화한 결과라고 할 수 있다. 학습이론에는 인지적 학습이론과 행동적 학습이론이 있는데, 인지적 학습이론은 소비자가 구매의사결정과정에서 외부 정보 탐색 시 일어나는 학습과정을 의미한다. 행동적 학습이론은 자극에 대한 반응을 통해 학습이 이루어지는 것을 말하고 고전적 조건화와 수단적 조건화가 있다.

4 태도(attitude) 중요도 상중하

소비자들이 일정 제품이나 상표 또는 점포를 지속적으로 싫어하거나 좋아하는 경향을 태도라고 한다. 마케팅 관리자에게는 구매를 하기 전에 소비자들이 갖고 있는 생각이나 신념 또는 감정을 파악하고 이를 잘 이해하는 것이 매우 중요하다.

회사는 가격, 제품, 광고 등의 수단을 동원하여 자사의 이미지나 자사의 제품에 대한 선호도를 높이기 위한 노력을 끊임없이 해야 한다. 왜냐하면, 태도는 사는 동안 유사한 대상물에 대하여 어느 정도 일관성 있는 행동을 취하도록 만들고, 이미 형성되어 가지고 있는 태도를 바꾸는 데는 많은 노력과 비용, 시간이 필요하기 때문이다.

제 3 절   구매의사결정과정

소비자 행동을 연구하는 학자들은 소비자들이 상품을 구매하는 과정을 몇 개의 개별적인 행위의 집합이 아닌 하나의 과정으로 보고 다음과 같이 정의하고 있다.

> 문제의 인식 → 정보(대안)탐색 → 대안평가 → 구매결정 → 구매 후 행동

1   문제의 인식 중요도 상 중 하

소비자는 실제의 상태와 자기가 바라는 상태 사이에 거리가 있다는 것을 느낄 때 문제를 인식하게 된다. 따라서, 회사는 다음과 같은 활동을 통해 마케팅의 역할을 수행해야 한다.

첫째, 소비자가 당면하고 있는 문제점들을 소비자 조사를 통해서 알아내야 한다.

둘째, 광고 등의 마케팅 활동을 통하여 소비자들로 하여금 문제가 있다는 것을 깨닫게 하고 그 문제를 자사제품이 해결해줄 수 있다는 것을 알려야 한다.

셋째, 제품개선 등의 마케팅 활동을 통하여 인위적으로 현재의 상태와 이상적인 상태 간에 간격을 만들어 낼 수 있다. 이것은 이상적인 상태 자체를 변경시켜 소비자들로 하여금 현재의 상태에 불만을 느끼게 하는 방법이다.

2   정보탐색 중요도 상 중 하

소비자의 정보탐색은 주로 그의 욕구를 충족시킬 수 있는 제품이나 서비스를 찾는 데 집중이 된다. 상표애호도가 높은 소비자들은 상표선택에 있어 다양성을 추구하는 소비자들에 비해 정보의 탐색 정도가 낮다. 소비자들의 정보탐색 활동을 보통 내적탐색과 외적탐색으로 분류한다.

첫째, 내적 탐색은 기억 속에 저장된 정보 중 의사결정을 내리는 데 도움이 되는 정보를 기억 속에서 끄집어내는 과정을 말한다. 내적탐색의 결과가 만족스러우면 소비자는 구매과정의 다음 단계로 나아가고 그렇지 않으면 외적탐색을 하게 된다. 내적 탐색시 소비자의 머리 속에 떠오르는 상표들을 환기 상표군이라고 한다.

둘째, 외적 탐색은 자기의 기억 이외의 원천으로부터 정보를 탐색하는 활동을 말한다. 외적탐색의 정보원천은 ① 가족, 친구 등의 개인적인 정보원, ② 광고, 판매원 등의 상업기관, ③ 대중매체, 소비자 보호기관 등의 공공기관, ④ 제품검사, 시승, 시용 등의 경험적인 정보원 등이 있다. 외적탐색으로 추가되는 상표군과 환기상표군을 합하여 고려상표군이라 하는데, 고려상표군에는 환기상표군, 우연히 알게 된 상표군, 외적탐색에 의해 알게 된 상표군이 포함된다.

마케팅 관리자는 이러한 각 정보원의 상대적인 중요성을 평가해야 한다. 소비자가 어떻게 처음 우리 상표를 알게 되었고 그 후 어떤 점을 더 알게 되었으며 여러 정보원의 상대적인 중요성은 어떤지 등에 관해 회사가 알고 있으면 표적시장에 대한 효과적인 커뮤니케이션 전략 수립에 도움이 된다.

3 대안의 평가 중요도 상 중 하

소비자는 정보수집의 결과 몇 개의 상표를 놓고 각 상표를 평가하게 된다. 여러 대안을 평가할 때, 소비자는 몇 개의 평가기준을 설정하고 평가기준이 되는 각 제품속성의 중요성을 결정한 뒤, 각 상표를 그것이 가지고 있는 속성들과 그 속성들의 중요성에 따라 평가한다.

마케팅 관리자는 제품에 대한 구매자들의 평가가 어떻게 형성되고 있는지를 알아내어 그에 맞는 다음과 같은 전략을 수립해야 한다.

> 첫째, 특성의 변경(repositioning) : 소비자들이 중요하게 생각하는 속성을 강화한다.
> 둘째, 신념의 변경(psychological positioning) : 소비자들이 제품의 어떤 속성에 대해 인식하고 있는 것을 바꾸려고 노력한다.
> 셋째, 경쟁제품에 대한 소비자들의 신념 변경(competitive positioning) : 경쟁제품에 대한 소비자들의 인식을 바꾸려고 노력한다.
> 넷째, 특성의 중요도 변경 : 자기제품이 가지고 있는 우월한 속성에 대해 더 많은 중요도를 가지도록 설득한다.
> 다섯째, 잊혀진 특성의 재강조 : 소비자들이 잘 모르고 있거나 무관심한 속성에 대하여 관심을 가지도록 한다.
> 여섯째, 이상적 제품의 위치 변경 : 소비자들로 하여금 그들의 이상적 속성수준을 바꾸도록 설득한다.

4 구매결정 중요도 상 중 하

대안평가의 결과 소비자는 여러 상표에 대한 그의 선호도를 결정할 수 있게 된다. 이러한 구매의도가 구매로 이어지는 과정에는 몇 가지 장애 요인이 있다.

첫째, 타인의 태도로서 그 강도 및 타인의 기대에 부응하려는 구매자의 동기유발이 구매에 영향을 미친다.

둘째, 기대소득이나 제품에 대한 기대 가격 등 예기되는 상황요소들이 있다.

셋째, 예기치 않던 상황요소로서 원하는 상표의 제품이 상점에 없거나 다른 상표가 대폭 할인판매 되는 등의 상황을 들 수 있다.

소비자가 구매결정을 수정, 연기, 회피하려는 것은 주로 그가 느끼고 있는 위험 때문이다. 따라서 마케팅 관리자는 소비자의 위험을 불러일으키는 요소들을 파악하여 그러한 위험을 덜어줄 수 있는 정보를 제공하고 지원하여 주어야 할 것이다. 또한, 소매상이나 판매사원이 적극적으로 판촉을 하도록 유도해야 한다.

5 구매 후 행동 [중요도> 상중하]

소비자의 기대와 제품의 효능이 일치하면(높은 기대-높은 효용/낮은 기대-낮은 효용) 그가 가지고 있던 제품에 대한 감정이 더 강화되지만, 대체로 소비자의 반응은 강하지 않다. 그러나, 제품에 대한 기대가 어긋나면 소비자들은 강한 반응을 보이는 경향이 있다. 만족한 소비자는 재구매 확률이 높으며, 제품의 장점을 타인에게 이야기한다. 인지적 부조화를 느낀 소비자는 그런 부조화를 감소시키려는 행동을 하게 된다. 따라서 마케팅 관리자는 소비자가 내린 구매결정에 대하여 소비자 스스로 만족감을 갖도록 적극적인 조치를 취해야 한다. 예를 들면, 자동차 회사에서 새 차를 구입한 소비자에게 감사의 편지를 보낸다거나 자동차에 대한 안내문을 정기적으로 보내는 것이다. 또한, 자사 제품에 대한 소비자 기대가 실제 효능보다 과장되지 않도록 유도해야 한다.

제 4 절 소비자의사결정과 관련된 이론들

1 하워드-세스 모형 [중요도> 상중하]

하워드-세스 모형은 구매 전 또는 구매중의 개인의 행위에 영향을 미치는 변수들을 네 가지로 분류하고 이들의 영향으로 인한 시간경과에 따른 소비자의 상표선호, 선택 행위를 설명하고 있다. 하워드-세스 모형의 주요 변수는 네 가지로 구분할 수 있다.

첫째, 투입 변수로서 외부적인 자극 변수로서 품질이나 가격 같은 실질적 변수로서 포장이나 디자인 같은 상징적 자극, 준거집단이나 문화 같은 사회환경적 자극 등이 있다.

둘째, 내생 변수로서 소비자의 정보처리 및 의사결정 과정으로서 심리 변수로서 다음 두 가지 개념으로 이루어져 있다. 첫째, 지각구성 개념으로서 정보탐색, 자극교란, 주의, 지각적 편견이 이에 해당한다. 둘째, 학습구성 개념으로 소비자의 목표, 고려하는 상표에 대한 정보, 대안평가기준, 선호, 구매의도, 확신, 동기, 주의, 태도, 선별기준, 상표이해, 만족 등이 포함된다.

셋째, 외생 변수로서 소비자의 의사결정과정에 직접적인 영향을 미치지는 않지만 구매 행동의 방해요인으로 영향을 미치는 변수들로 구매의 중요성, 개성, 시간적 압박, 재무상태 등이 있다.

넷째, 산출 변수로서 구매를 단순한 산출로 인식하지 않고 5가지 산출변수(주의, 상표이해, 태도, 의도, 구매행위)로 파악한다.

하워드-세스 모형의 특징은 첫째, 학습이론에 바탕을 둔 자극-반응의 소비자 행동 모형으로서 구매자의 구매행위에 작용되는 수많은 변수들 간의 상호관계를 논리적인 구조로 명시하였다. 둘째, 비교적 많은 실제적 검증을 거쳤다는 점이다. 셋째, 각 변수 상호간의 관계, 상호작용의 방향 등을 수학적, 분석적으로 처리하지 못했다는 한계가 있다. 넷째, 개인의 구매행위는 설명이 되지만 집단의 구매의사결정은 설명할 수 없어 일반화시키기 힘들다는 점이다. 다섯째, 동종제품의 상표선택에 관한 의사결정과정은 설명되지만 상이한 두 대안간의 의사결정 과정은 설명하기 힘들다.

2 니코시아 모형 `중요도` 상⟩중⟩하

니코시아 모형은 기업과 소비자 간의 광고 및 구매반응에 의한 의사소통 과정을 상호 작용적 순환적 관점에서 나타낸 모형으로서 구매의사 결정과정을 컴퓨터 흐름 도표 기법을 이용하여 광고에의 노출과 그에 대한 태도형성으로 설명하고 있다.

이 모델은 기업과 잠재고객 사이의 관계에 초점을 맞춘 것으로 기업은 광고를 통해 소비자와 의사소통하며, 소비자는 구매라는 반응으로 기업과 의사소통 한다는 것을 주요내용으로 하고 있다.

먼저 제품, 경쟁, 대중매체의 특성, 표적시장의 선택 등과 관련된 소비자 태도에 영향을 미치는 기업의 메시지 전달노력과 기업의 메시지를 받아들이는 데 영향을 미치는 소비자의 개성이나 경험을 포함하는 여러 특성을 통해 소비자의 제품에 대한 태도가 형성된다. 다음으로 소비자의 제품과 관련된 정보탐색과 경쟁상표와의 비교평가를 통해 그 기업의 상표를 구매하려는 소비자 동기가 나타나는데, 기업의 상표에 대한 소비자의 동기가 특정 판매업자로부터 그 상표를 구매하는 행동으로 바뀐다. 마지막으로 이러한 구매경험에서 나오는 매출을 통한 기업에 대한 피드백과 만족, 불만족이라는 소비자에 대한 피드백이 있다. 소비자의 이런 경험은 그 후의 기업 메시지나 제품에 대한 태도에 영향을 주게 된다.

3 엔겔-블랙웰의 이분화 모델 `중요도` 상⟩중⟩하

이분화 모델은 관여에 따라 소비자의 행동이 달라진다고 가정하고 저관여와 고관여 각각에 다른 의사결정모형 과정을 제시하였다. 이 모형은 투입자극, 정보처리, 의사결정과정, 의사결정과정변수, 외부영향요인의 다섯 가지 구성요소로 이루어져 있다. 이 모형에서 말하는 관여 또는 몰입(involvement)이란 소비자의 구매 및 소비행동에 관한 의사결정의 복잡성 정도를 나타내는 심리적 상태를 말한다.

(1) 고관여하의 의사결정

고관여는 소비자가 특정 상품의 구매를 중요시하여 오랜 시간을 두고 생각하고 정보를 수집하여 구매과정에 깊게 관여하는 경우에 발생한다. 고관여하에서의 의사결정은 인식 → 태도 → 행동의 확장된 문제해결 과정으로 의사결정의 모든 단계가 포함된다. 값이 비싸거나 자신에게 중요한 영향을 미치거나 잘못 구매했을 때 많은 위험이 따르는 제품을 고관여 제품이라고 한다.

(2) 저관여하의 의사결정

저관여는 구매 중요도가 낮고, 값이 싸며, 상표사이에 차이가 별로 없고, 잘못 구매했을 때 위험이 적은 제품의 구입시에 나타나는 것으로 구매정보처리 과정이 간단하고 신속하다. 저관여하의 의사결정과정은 인식 → 행동 → 태도의 축소된 문제해결과정으로 의사결정의 단계가 생략될 수 있고 뒤바뀔 수도 있다. 저관여 제품을 판매하는 회사는 두 가지 전략 대안을 지니고 있는데, 기존의 고객들에게 그 상표의 품질, 재고, 가치를 그대로 유지하면서 반복구매를 강화하는 것이고, 비고객들에게는 그들이 선호하고 있는 경쟁상표에 대한 자사 상표의 상대적인 이점과 가치를 상기시키는 강력한 단서를 제공함으로써 그들의 구매관습을 변화시키는 것이다.

OX로 점검하자

※ 다음 지문의 내용이 맞으면 O, 틀리면 ×를 체크하시오. [1~10]

01 많은 소비자들이 다른 사람들의 소비 행동에 따르거나 그들과 유사한 소비 행동을 하는 것과 연관되는 것은 문화적 요인에 해당한다. (   )

02 문화는 사회성원으로서 인간이 획득하는 지식, 신념, 예술, 도덕, 법률, 관습, 습관을 포함하는 복합적 총체이다. (   )

03 상표선택에 관한 준거집단의 영향이 약한 필수품에 해당하는 것으로 손목시계나 자동차를 들 수 있다. (   )

04 소비자들은 구매 행동 시 위험 감소를 위하여 이미지를 활용하지 않는다. (   )

05 긴장은 목표 달성을 위하여 에너지를 동원한 상태를 의미하며 해소되지 않은 욕구가 있기 때문에 생긴다. (   )

06 매슬로우의 욕구단계이론 중 가장 높은 단계는 존경의 욕구에 해당한다. (   )

07 맥클레렌드의 욕구성취이론에서 권력욕구가 높은 사람은 자기본위적이며 집단 목표를 위하여 강압적, 완고한 태도를 취한다. (   )

08 사람들이 선입관에 맞추어 해석하는 것은 선택적 보유에 해당한다. (   )

09 외적 탐색은 자기의 기억이외의 원천으로부터 정보를 탐색하는 활동을 말한다. (   )

10 엔겔-블랙웰의 이분화 모델은 관여에 따라 소비자의 행동이 달라진다고 가정하고 저관여와 고관여 각각에 다른 의사결정모형 과정을 제시하였다. (   )

정답과 해설 01 × 02 O 03 × 04 × 05 O 06 × 07 O 08 × 09 O 10 O

01 준거집단에 해당하는 내용으로 이는 사회적요인에 해당한다.
03 자동차와 손목시계는 준거집단의 영향을 강하게 받는 공공적인 성격을 가지고 있다.
04 이미지는 위험 감소를 위함 심리적 요인에 해당한다.
06 매슬로우의 욕구단계이론 중 가장 상위는 자기개발과 자기실현을 이루려는 자아실현의 욕구단계이다.
08 선택적 보유는 자신들의 행동이나 태도를 뒷받침해주는 정보만 기억하는 경향을 말하며 선입관에 맞춘 해석은 선택적 왜곡에 해당한다.

실전예상문제

01 소비자 행동에 영향을 미치는 문화요소에 해당하지 <u>않는</u> 것은?

① 문화적 체계
② 문화적 신념
③ 문화적 가치
④ 문화적 규범

> **01** 파슨즈가 규정한 문화적 체계는 문화요소의 결합을 넘어서 모든 문화가 모여 이루어진 총체적 성격을 가지고 있으므로 요소에 해당한다고 볼 수 없다.

02 한 사회 특수집단에서 특이하게 나타나는 생활양식을 의미하는 것은?

① 준거집단
② 하위문화
③ 반문화
④ 주류문화

> **02** 하위문화는 국적, 종교, 지역, 인종, 연령, 성별, 직업 등에 따라 구분할 수 있으며, 반문화 역시 하위문화의 일종이나 주류문화에 대한 저항적 태도를 취하는 생활양식을 의미한다.

03 다음 중 제품선택에 관한 준거집단의 영향이 강하지만 상표선택에 있어서는 준거집단의 영향이 약한 재화에 해당하는 것은?

① 골프채
② 냉장고
③ 명품가방
④ 가정용 콘솔 게임기

> **03** 가정용 콘솔 게임기(홈비디오 게임기)는 개인적으로 사용되는 사치품에 해당하며 상표보다는 자신이 원하는 소프트웨어를 할 수 있는가가 중요하므로 상표는 중요한 요소가 아니다.

> **정답** 01① 02② 03④

안심Touch

04 개인은 돈과 시간을 소비하는 패턴인 라이프스타일 그리고 성격에 대하여 소비자행동패턴 차이를 보인다.

05 매슬로우의 욕구단계이론에서 사회적 욕구는 생리와 안전의 욕구가 만족된 후 나타나는 3단계의 욕구이며 소속감이나 우정 그리고 사랑 등을 충족시키려 한다.

06 맥클레렌드의 욕구성취이론은 업무성취를 이루려는 욕구, 다른 사회구성원과의 사회적 관계유지욕구 그리고 집단에 대한 영항력과 통제하려는 욕구 등 세 가지를 제시하고 있다.

정답 04 ③ 05 ② 06 ①

---

04 라이프스타일이나 성격차이에 영향을 받는 소비자 행동의 영향요인은?

① 사회적 요인
② 문화적 요인
③ 개인적 요인
④ 심리적 요인

05 매슬로우의 욕구이론에서 사회적 욕구가 충족하고자 하는 것은?

① 보호, 질서
② 소속감, 사랑
③ 위신, 성취
④ 자아실현

06 맥클레렌드의 욕구성취이론에서 제시된 욕구에 해당하지 <u>않는</u> 것은?

① 생리욕구
② 성취욕구
③ 친교욕구
④ 권력욕구

07 항상 구매하던 커피 브랜드에서 발암물질이 검출되었다는 뉴스를 접하였다. 이러한 상황에서도 구매를 강행하려는 소비자의 지각은 무엇에 해당하는가?

① 선택적 주의
② 선택적 왜곡
③ 선택적 보유
④ 선택적 인지

07 어떤 소비자는 선택적 왜곡에 의하여 특정 회사의 제품에 대해 좋은 선입관을 갖고 있다면, 그는 그 제품의 좋은 점과 나쁜 점에 대해서 모두 듣게 되어도 그러한 상품 정보를 그 제품의 구매를 합리화하는 방향으로 해석하려고 한다.

08 소비자 행동에 영향을 미치는 요인들에 대한 설명으로 옳지 않은 것은?

① 네이버 카페나 다음 카페는 준거집단에 해당한다.
② 문화는 그 사회의 인간행동을 규제한다.
③ 사회계층은 경제적, 정치적 수준에 따라 결정되며 교육수준과는 무관하다.
④ 라이프스타일은 관심사나 태도에 의하여 표출된다.

08 사회계층은 다원적으로 나타나며 교육수준 역시 다양한 계층으로 분화될 수 있다.

09 관여도에 따른 구매형태에 대한 설명 중 옳은 것은?

① 고관여 구매행태 시 소비자는 단순화된 의사결정과정을 거친다.
② 고관여 구매행태는 상표 간 차이가 클 때 주로 나타난다.
③ 저관여 구매행태 시 소비자는 자신과 구매에 대한 연결성을 높이려 한다.
④ 저관여 구매행태 시 소비자는 정보탐색에 정성을 들인다.

09 소비자는 구매제품이 중요하고 경쟁상표 간의 차이가 클 때 고관여 구매행태를 보인다.

정답 07② 08③ 09②

안심Touch

10 환기상표군이란 소비자가 특정 물품을 구매하려고 할 때 떠오르는 브랜드의 집합을 의미한다.

10 어떤 소비자가 노트북을 구매하려고 정보탐색을 하다가 'gram'이라는 상표를 상기하였다. 이러한 상표군을 무엇이라고 하는가?

① 환기상표군
② 하위상표군
③ 플래그쉽상표군
④ 고려상표군

11 통제변수는 연구를 수행하면서 탐구하기를 원하지 않기 때문에 통제하는 변수로서 하워드-세스 모형에는 상기 변수 말고 산출변수가 포함된다.

11 하워드-세스 모형의 주요 변수에 해당하지 않는 것은?

① 투입변수
② 내생변수
③ 외생변수
④ 통제변수

12 니코시아 모형은 기업과 소비자 간의 광고 및 구매반응에 의한 의사소통 과정을 상호 작용적 순환적 관점에서 나타낸 모형으로서 구매의사결정과정을 컴퓨터 흐름 도표 기법을 이용하여 광고에의 노출과 그에 대한 태도형성으로 설명한다.

12 기업과 잠재고객 사이의 관계에 초점을 맞춘 것으로 기업은 광고를 통해 소비자와 의사소통하며, 소비자는 구매라는 반응으로 기업과 의사소통 한다는 것을 주요내용으로 하는 소비자의사결정이론은?

① 하워드-세스 모형
② 니코시아 모형
③ 엔겔-블랙웰의 이분화 모델
④ 맥클레렌드 모형

정답 10 ① 11 ④ 12 ②

주관식 문제

01 이슬람교도들은 돼지고기를 먹지 않고, 힌두교도들은 쇠고기를 먹지 않는 행위에서 나타나는 소비자 행동 촉발 요인을 쓰시오.

01

정답 문화적 요인

해설 문화적 요인 중 하나인 신념은 한 사회구성원들이 공유하고 있는 인지적 측면인 사고, 지식 등인데, 종교적인 신념은 소비에 영향을 미친다.

02 다음 빈칸에 들어갈 내용을 순서대로 쓰시오.

> 자극-반응 모델(stimulus-response model)에 따르면 인간의 학습행위는 충족되지 않은 욕구가 있어서 긴장된 상태가 형성될 때, 이러한 긴장상태를 없애려는 (   )이/가 생기는데, 이럴 때 사람이 언제, 어디서, 어떻게 반응하는가를 결정하는 환경 내의 자극을 실마리라고 한다. 이러한 충동이나 실마리에 자극을 받아 사람이 취하는 행동을 (   )(이)라고 한다.

02

정답 충동, 반응

해설 자극-반응 모델이란 충동에 의한 특정자극에 대해서 학습자가 특정 반응을 함으로써 어떤 자극과 반응이 결합되는 학습모델을 의미한다. 고전적 조건 형성, 도구적 조건 형성 등이 자극-반응 학습의 대표적인 유형이다.

03

정답 ㄹ → ㄷ → ㄱ → ㅁ → ㄴ

해설 소비자 행동을 연구하는 학자들은 소비자들이 상품을 구매하는 과정을 몇 개의 개별적인 행위의 집합이 아닌 하나의 과정으로 보고 다음과 같이 순서를 정한다.
문제의 인식 → 정보(대안)탐색 → 대안평가 → 구매결정 → 구매 후 행동

04

정답 예기되는 상황요소는 기대소득이나 제품에 대한 기대 가격이 있으며, 예기되지 않는 상황요소로는 원하는 상품의 매진이나 다른 상표의 유의미한 할인행사 등이 있다.

03 다음은 구매의사 결정과정의 단계를 순서대로 나열하시오.

> ㄱ. 대안평가
> ㄴ. 구매 후 행동
> ㄷ. 대안탐색
> ㄹ. 문제인식
> ㅁ. 구매결정

04 구매의도가 구매로 이어지는 과정에 나타나는 장애요소 중 상황적 요소에 대하여 서술하시오.

05 외적탐색의 정보원천을 세 가지 이상 서술하시오.

05

정답 ① 가족, 친구 등의 개인적인 정보원
② 광고, 판매원 등의 상업기관
③ 대중매체, 소비자 보호기관 등의 공공기관
④ 제품검사, 시승, 사용 등의 경험적인 정보원 등이 있다.

해설 외적 탐색은 자기의 기억 이외의 정보를 탐색하는 활동으로 인적정보, 상업적정보, 공공정보, 경험 등에 따라 다양한 원천을 가지고 있다.

06 엔겔–블랙웰의 이분화 모델 중 고관여하의 의사결정 과정이 가지는 특징을 서술하시오.

06

정답 소비자가 특정 상품의 구매를 중요시하여 오랜 시간을 두고 생각하며 정보를 수집한다. 보통 값이 비싸거나 자신에게 중요한 영향을 미치거나 잘못 구매했을 때 많은 위험이 따르는 제품을 구매 시 나타난다.

여기서 멈출 거예요? 고지가 바로 눈앞에 있어요.
마지막 한 걸음까지 시대에듀가 함께할게요!

제 **7** 장

산업재 시장

제 7 장 산업재 시장

제 1 절 조직구매자

1 한국표준산업분류

표준산업분류란 산업 주체들이 모든 산업활동을 그 성질에 따라 유형화하고 이를 부호화한 것으로 산업활동에 관련된 각종 통계를 작성하는 데 통일적으로 적용되는 기준을 말한다. 또 금융·세제상의 지원이나 여신관리 등 정부정책을 수립·시행하는 과정에서 일관성 있게 적용할 수 있는 산업의 범위 및 대상을 구분하는 기준으로 사용된다. 정부는 지난 63년부터 유엔 통계청이 작성한 국제표준산업분류방식에 따라 우리나라의 산업특성에 맞는 「한국표준산업분류」를 제정·사용해 왔다. 92년 1월부터 실시될 「한국표준산업분류 6차 개정안」도 지난 89년의 「유엔국제표준산업분류 3차 개정안」을 중심으로 그간의 새로운 산업의 대두와 산업구조변경을 반영하여 새로 작성된 것이다. 6차 개정안에 따르면 우리나라 산업은 대분류(17개 항목) → 중분류(60개 항목) → 소분류(160개항목) → 세분류(334개 항목) → 세세분류(1천 195개 항목)로 표준분류됐다.

2 제조업체

기업 고객 중 가장 규모가 큰 집단 중 하나가 두 가지 유형의 제품을 소비하는 제조업체이다. 첫째, 생산성을 가진 제조업체에 자사에서 요구하는 상품을 제조하도록 위탁한 후 구매하는 것을 주문자생산방식(OEM) 구매라고 한다. OEM 제품을 판매하는 회사들은 OEM 고객에게 자사의 제품이 최고의 가치(가격과 품질)를 제공한다는 확신을 주기 위해 노력한다. 소비자들이 인식하는 인텔의 평판에 대한 전반적인 가치 때문에, 이 기업이 레노버 및 다른 OEM 컴퓨터 제조업체들과 함께 "인텔 인사이드"를 홍보할 정도로 강력한 사업 관계를 구축할 수 있었다.

OEM 고객은 자사의 제품 수요를 뒷받침하기 위해 대량으로 구매한다. 이러한 구매력으로부터 두 가지 중요한 결과를 얻을 수 있다. 첫째, OEM 고객은 판매업체로부터 가장 '최상의' 가격으로 제공받기를 원한다. 최상이 항상 최저가를 의미하는 것은 아니다. 다른 요인들이 중요한 역할을 한다. 제품 품질, 수요 충족 능력, 적시 제품 배송 일정 및 기타 요인들에 대한 보증이 제품과 공급업체에 대한 최종 선택을 좌우한다. 대량 구매로 얻을 수 있는 두 번째 결과는 특정 제품 사양을 지시할 수 있는 능력이다. OEM 고객들은 종종 공급업체들에게 기존 제품을 수정하고 심지어 새로운 제품을 개발하도록 강요한다. 판매업체는 OEM 고객의 요구에 맞는 제품을 개발하기 위해 OEM 엔지니어 및 기술자와 긴밀히 협력한다. 이를 통해 얻을 수 있는 이익은 대규모의 제품 판매와 장기적인 전략적 관계를 구축할 수 있는 기회이다.

제조업체가 구매하는 두 번째 제품 범주를 최종 사용자 구매라고 하며, 대표적으로 사업을 지속적으로 운영하는 데 필요한 장비, 소모품 및 서비스 등이 해당된다. 최종 사용자 구매는 대표적으로 두 가지 유형으로 구분된다. 자본설비와 원자재, 수리 및 운영 관련 소모품과 서비스, 자본 설비 구입에는 상당한 투자가 필요하며, 제조 공정에 필요한 주요 기술 및 중요한 장비에 대한 결정이 포함된다. 이러한 구매는 장기 투자로 간주되기 때문에 고객은 구매 가격뿐만 아니라 보유비용, 신뢰성 및 업그레이드 용이성 등의 다른 요인도 평가한다. 반면에 소모품은 일상적인 사업 운영에 사용되는 제품이며, 일반적으로 중요한 지출로 간주되지 않는다. 사무실 관리자와 같은 구매 결정에 가까운 구매 대리인이나 개인은 소모품 구매를 책임진다. 이러한 구매 중 상당수가 바로 단순 재구매이다. 구매 결정에 참여하는 사람들은 많은 시간을 투입하길 원하지 않는다. 이들 업계의 공급업체들은 일단 그들이 고객을 확보하기만 하면, 그 고객의 기대에 부응하지 못할 때까지 사업이 보장된다는 것을 잘 알고 있다.

3 재판매업체

제품을 구입하여 다른 기업이나 소비자에게 재판매하는 회사를 재판매업체라고 부른다. 예를 들어, 홈디포는 가정용품을 구입해 소비자, 건축 계약자 및 건설업계의 다른 전문가들에게 되팔고 있다. 또한 재조업체에게 최종사용자 제품이 필요한 것과 마찬가지로 재판매업체 또한 자신의 사업을 운영하기 위해 장비와 소모품이 필요하다. 소매업체는 판매와 재고를 추적하는 기술이 적용된 컴퓨터 및 계산대 등이 필요하다. 유통업체는 유통 센터를 유지하기 위해 재고 관리 시스템이 필요하며, 소모품과 관련된 제품 역시 필요하다.

4 정부

가장 큰 단일의 상품 및 서비스 구매자는 정부일 것이다. 미국 정부의 경우 한해 구매가치는 2조 달러가 넘는다. 상세한 제품 사양은 매우 정확해야 하며 구매과정 역시 길다. 이론적으로 정부는 모든 판매업체들에게 개방되어 있지만, 실제로는 정부 구매과정에 대한 경험이 성공이 필수 요소이다.

5 기관

비영리, 병원, 기타 비정보 조직과 같은 기관들은 규모가 큰 중요 시장이며, 몇 가지 독특한 특성을 가진다. 첫째, 이러한 조직에서는 수익성이 중요하지 않다. 오히려 가장 중요한 목적은 목표 지역에 서비스를 제공하는 것이다. 비영리 커뮤니티에서도 흔히 말하는 이익 또는 흑자가 중요하지만 의사결정의 근본적인 동인은 아니다. 두 번째 독특한 특성은 제한된 자원이다. 적십자를 포함한 가장 큰 비정부 조직조차도 대부분의 대형 영리 기관들만큼 자본 자원을 보유할 수 없다.

제 2 절 조직구매과정의 참여자들

1 사용자

사용자는 제품의 실제 소비자로서 중요한 역할을 수행한다. 일반적으로 의사결정자는 아니지만, 그들은 구매 의사결정의 다양한 단계에서 많은 의견을 가지고 있다. 그들은 필요에 따라 문제를 가장 먼저 인식하고 제품 사양을 정의하는 데 도움을 준다. 마지막으로 그들은 제품 구매 후 중요한 피드백을 제공한다. 그 결과, 신규 구매 및 구매 결정에 대한 제품 사양이 설정되고 있는 수정 재구매 상황에서 이들의 책임이 커진다.

2 개시자(시발자)

개시자는 보통 두 가지 중 하나의 방법으로 구매결정과정을 시작한다. 첫 번째는 사무용품이 부족해질 때 재주문하는 비서처럼, 구매자 역시 그 제품의 사용자인 경우이다. 두 번째는 고위 경영진이 새로운 자원(제조 시설, 제품 개발 및 정보 기술)이 필요한 결정을 내릴 때 발생한다. 이러한 상황에서 경영진은 구매결정과정을 시작하는 역할을 수행한다.

3 영향력 행사자

특정 분야와 관련된 전문 지식이 있는 사람은 조직 내·외부에서 모두 영향력 행사자로 활동하며, 구매 센터에서 최종 결정을 내리는 데 사용하는 정보를 제공한다. 기술자들은 종종 제품 요건과 사양을 상세히 설명하는 역할을 수행한다. 구매 대리인은 자신의 경험을 바탕으로 판매 제안서를 평가하는 데 도움을 준다. 마케팅 담당자는 고객 피드백을 제공할 수 있다. 이 모든 경우, 구매 결정과 관련된 특정 주제에 대한 영향력 행사자의 지식은 구매 결정에 영향을 미칠 수 있다.

4 문지기

조직 구매에 있어서 정보 및 구성원에 대한 접근은 문지기에 의해 통제된다. 구매 부서는 공급업체를 회사가 승인한 업체로 제한함으로써 문지기 역할을 수행한다. 마찬가지로 엔지니어링, 품질 관리 및 서비스 부서 직원은 필연적으로 공급업체의 수를 제한하는 제품 사양을 만든다. 동시에, 비서들과 수행 보좌관들은 핵심 인물에 대한 기본적인 접촉을 통제한다. 신규 구매 또는 수정 재구매 상황에서 영업 사원들이 직면하는 가장 어려운 문제 중 하나는 적절한 사람들에게 접근하는 것이다.

5 결정자

궁극적으로 구매 결정은 구매 센터에 속한 한 명 이상의 결정자에게 달려 있다. 종종 팀의 최고참이 결정자가 될 수도 있지만, 결정이 합의를 통해 이루어질 경우 다른 개인(사용자, 영향력 행사자 등)이 포함될 수도 있다. 비용이 크고 전략적인 구매일수록 최종 권한을 가진 결정자의 지위는 높아진다. CEO가 기술, 새로운 제조 공장, 근본적인 사업 과정에 영향을 미치는 다른 핵심 결정 등에 대한 중대한 전략적 결정을 하는 것이 일반적이다. 비용이 많이 드는 자본 설비 구입 과정에는 핵심 결정자가 될 가능성이 높은 최고재무경영자(CFO)가 포함되는 경우가 많다. CFO는 가장 적절한 구매 결정을 위한 제안된 투자에 대한 할인 현금 흐름 분석을 포함한 광범위한 재무적 도구를 활용할 것이다.

제 3 절 구매 부서의 구매과정

1 산업재 구매의사결정과정

어떤 측면에 산업재의 구매의사결정과정은 소비자 의사결정과 기본적으로 동일한 과정을 거친다. 문제를 인식하고, 정보를 수집하고 평가하며, 결정을 내리고, 향후 의사결정을 위해 제품 경험을 평가한다. 그러나 산업재 구매 결정과 소비자 구매 결정 사이에는 상당한 차이가 있다. 이러한 차이로 인해 구매 과정이 더욱 복잡해지며 더 많은 사람들의 참여가 요구된다. 한 가지 중요한 차이점은 소비자 의사결정이 종종 감정적인 요소를 포함하는 반면, 산업재 의사결정에서의 사업 목표 및 성능 명세서는 조직을 보다 합리적인 결정 과정으로 이끈다는 것이다.

2 구매상황의 유형

조직체가 직면하는 구매상황에는 여러 유형이 있으며, 조직구매자가 처하게 되는 구매상황은 그가 획득한 지식의 양에 따라 달라진다.

(1) 신규구매

조직구매자가 중요품목을 처음으로 구입하는 경우에는 제품에 대한 지식이 적기 때문에 정보수집을 많이 하게 되고 수집한 정보에 대한 분석도 철저하게 한다. 이렇게 구입한 품목을 사용하여 조직구매자는 그 품목에 대해 어느 정도 지식을 갖게 된다.

(2) 수정 재구매

신규구매 과정에서 어느 정도 지식을 가지게 된 구매자가 납품요건, 가격, 제품의 스펙 등을 조금 바꾸고 싶어할 때 발생하는 상황이 수정 재구매이다. 이때의 정보수집, 처리활동의 양은 신규구매의 경우보다 훨씬 적다.

(3) 단순 재구매

구매자가 같은 제품을 오랫동안 사용해 보고 그 제품에 아주 만족을 하고 있다면 그 구매자는 거의 습관적으로 동일한 제품을 구입할 것이다. 이러한 구매 상황을 단순 재구매라고 하며, 구매자가 제품을 사기 위해 들이는 노력은 아주 적을 것이다.

(4) 시험적 구매

제품 종류에 대한 지식이 많으면 고객이 시험적 구매를 하게 될 가능성이 있다. 고객이 동일한 상표를 오랫동안 사용해 본 다음에 자기의 구매결정을 재검토할 필요성을 느끼는 때가 있기 때문이다. 이러한 구매상황은 기술변화가 빨리 일어나는 기술집약적 산업재 시장이나 감각기관을 자극하는 소비재 시장에서 많이 발생한다.

제 4 절 구매과정 단계

1 문제 인식

기업 내부 또는 외부의 누군가가 필요를 확인했을 때 산업재 구매결정과정이 시작된다. 많은 경우 그 필요는 해결책이 요구되는 문제이다. 용지가 줄어들고 있을 때 사무실 관리자는 많은 양을 재주문한다. 제조 시설이 완전 가동 상태인 기업은 생산량을 늘릴 수 있는 대안을 고려해야 한다. 다른 상황에서 필요는 신규 구매를 요구하는 기회가 될 수 있다. 신기술은 주문 효율성을 높일 수 있고, 중요한 요소를 새롭게 디자인하는 것은 자사 제품의 효능을 향상시켜 소비자들에게 이점을 제공할 수 있다. 기업들은 에너지 가격의 상승에 대처하기 위해 고군분투하고 있으며, 때로는 오래된 기술을 흥미로운 방법으로 적용한 새로운 대안적 해결책을 채택하고 있다.

직원들은 업무의 일환으로 구매과정을 활성화시키는 경우가 많다. 사무실 관리자는 사무실에 충분한 소모품을 비축해 둘 책임이 있다. 전략기획부 부사장은 향후 제조 수요에 대한 계획을 수립해야 한다. 그러나 구매 또는 판매 회사의 판매원이나 경로 구성원들도 필요를 확인하는 데 도움을 주거나 효율성 혹은 효과성을 높일 수 있는 기회를 제시함으로써 구매과정을 시작한다. 이러한 경우는 영업 사원이 회사와 신뢰할 수 있는 관계를 구축했을 때 발생할 가능성이 가장 높다. 박람회 또한 새로운 아이디어의 원천이다. 참석자들은 종종 새로운 것들을 보러 시장에 간다. 산업재 시장에서 광고 및 직접 우편과 같은 전통적인 마케팅 커뮤니케이션 수단의 효과는 크지 않지만, 판매 사원들의 인적 커뮤니케이션을 위한 노력을 지원하는 것은 중요하다.

2 필요 및 제품 사양 정의

일단 문제가 확인된다면, 다음 단계는 필요를 명확하게 정의하는 것이다. 조직 전체의 개인들은 문제를 명확히 하고 해결책을 개발한다. 모든 문제가 신규 구매로 이어지는 것은 아니다. 정보기술부문 부사장은 통화 대기 시간의 증가를 알아차릴 수 있지만, 그 문제는 훈련 혹은 직원 수의 부족으로 인해 발생한 것일 수 있다. 해결책은 새로운 확장된 전화 및 통화 관리 시스템을 포함할 수 있지만, 함께 일하고 있는 다른 직원들에게 필요한 것이 무엇인지를 결정하는 것은 경영진에 달려 있을 것이다.

필요를 설명하는 부분으로, 제품 사양은 회사 내·외부의 모든 사람들이 문제를 해결하기 위해 무엇이 필요한지를 정확히 알 수 있도록 규정되어야 한다. 제품 사양을 통해 두 가지 중요한 목적을 달성할 수 있다. 첫째, 조직 내의 개인들은 미래를 위한 계획을 세울 수 있다. 관리자가 사양을 기준으로 비용을 추정하고 예산을 편성하는 동안 구매 대리인은 가능한 공급업체를 확인한다. 사용자들은 신규 구매를 기존의 업무 과정에 어떻게 동화시킬 것인지를 계획한다. 구매 센터는 판매업체의 제안서를 평가하기 위해 제품 사양을 활용할 것이다. 제품사양이 들어 있는 배포 문서는 제안 요청서로 불린다. 제품 사양을 설명하는 두 번째 목적은 잠재적 공급업체에게 지침을 주는 것이다. 제안요청서에 포함된 제품 사양은 공급업체가 제품 솔루션을 통합하는 출발점이 된다. 고객이 요구하는 것과 공급업체의 기존 제품이 일치하는 것이 최상의 경우이다. 그러나 특정 제품 사양에 대해서는 잠재적 제품이 경쟁사의 제품보다 나은 반면, 다른 부분에서는 경쟁사가 더 뛰어난 경우가 빈번하게 발생한다.

영업사원들이 해결해야 할 과제는 가능한 한 빨리 구매결정과정에 참여하는 것이다. 예를 들어, 판매 사원이 고객과 전략적 관계를 맺고 있다면, 제품 사양을 정의하는 데 도움을 줄 수 있다. 공급업체의 판매사원들은 자사의 제품이 가장 호의적으로 나타나는 제품 사양을 만들기 위해 노력할 수 있기 때문에 이는 진정한 이점으로 볼 수 있다. 제품 사양은 종종 판매자의 수를 제한하는 방식으로 작성된다. 기업은 제품 사양을 알지 못하면 다른 공급업체에 비해 불리한 입장에 놓인다는 것을 알고 있다.

3 공급업체 탐색

일단 기업의 필요가 확인되고 제품 사양에 윤곽이 잡히면, 기업 고객들은 잠재적 공급업체들을 확인할 수 있다. 일반적으로 공급업체 목록을 결정하기 위해 두 가지 방법을 사용한다.

첫째, 기업들은 선호되거나 승인된 공급업체의 목록을 작성하고 신규 구매가 고려될 때마다 그 목록을 살펴본다. 그 기업의 누적된 경험을 바탕으로 이러한 목록이 작성될 수 있다. 이 경우 기존 공급업체 및 신규 공급업체를 포함한 목록을 최신 상태로 유지하는 것이 중요하다.

둘째, 잠재적 공급자들을 찾고 확인하는 것이다. 인터넷은 기업들이 잠재적 공급자들을 확인할 수 있도록 해주는 귀중한 도구이다. 일반 검색 엔진은 물론 공급업체 전용 검색사이트도 가용할 수 있으며, 고객들이 특정의 잠재적 공급업체를 확인할 수 있게 해준다. 물론, 기업들은 여전히 공급업체의 고객 레퍼런스 확인을 통한 실사를 수행할 필요가 있으며, 중요한 구매의 경우 공급업체의 재무 안정성과 경영 능력을 조사하는 것이 바람직하다.

4 제안 요청서에 대한 답변으로 판매 제안서 요청

기업들은 두 가지 이유로 많은 공급업체들로부터 제안을 자주 받는다. 첫째, 선호하는 공급업체가 있더라도 다른 공급업체로부터 활용 가능한 대안에 대해 더 많은 정보를 얻는 것은 좋은 생각이다. 만약 이것이 개방형 공급업체 탐색이라면, 그 제안은 주요 평가 수단일 뿐만 아니라 귀중한 정보의 원천이 된다. 둘째, 추가 제안서를 받는 것은 선호하는 공급업체와 협상하는 데 도움이 된다. 공급업체가 다른 제안서들이 고려되고 있다는 것을 알게 되면, 그 업체는 고객의 기대를 충족시키기 위해 더 열심히 일하게 된다.

이 단계는 대개 공급업체와의 접촉이 제한된다는 특징이 있다. 기업은 적은 수의 잠재적 공급업체를 선정하기 위해 많은 공급업체들에게 제안서를 제출하도록 요청한다. 결과적으로 판매 제안서는 산업재 마케팅에서 중요한 역할을 한다. 대부분의 경우 판매 제안서는 고객에게 깊은 인상을 심어줄 수 있는 첫 번째이자 최고의 기회이다.

5 구매결정 − 제품선택

가장 첫 번째 구매결정은 제품 선택이다. 대부분의 경우 제품 결정은 제품 가격과 같은 단일 기준으로 결정된다. 단일 기준에 의한 결정은 일반적으로 단순 재구매나 매우 제한된 수정 재구매 상황에서 주로 이루어지며, 신규 구매를 돕는 구매 센터는 단일 기준에 의한 결정이 필요하지 않다. 그러나 대부분의 경우, 어떤 제품도 모든 제품 사양에 정확하게 부합하지는 못한다. 결과적으로 최종 결정에서는 평가 기준에 따라 제품을 평가하고 최적의 해결책을 선택한다. 특히 평가 기준을 정의한 다음 판매 제안서를 평가할 때 일관되고 공정한 방법을 따르는 것이 중요하다. 세 가지 주요 기준은 다음과 같다.

(1) 재무적 기준

재무적 기준은 소유 비용을 평가하기 위해 함께 분류되는 일련의 분석 및 매트릭스의 집합이다. 실제 구매 가격은 실제 구매 비용을 결정하는 하나의 고려사항에 불과하다. 유지 보수 및 운영비용, 수리 및 소모품 비용은 제품을 소유하는 데 관련된 모든 비용으로 제품 선택에 따라 달라질 수 있다. 이러한 비용은 제품에 명시된 수명을 기준으로 평가된다. 또한 재무적 기준은 투자의 손익분기점에 도달하는 데 걸리는 시간을 평가한다. 생산 비용을 낮추도록 설계된 새로운 장비를 고려 중인 기업은 예상되는 비용 절감액을 감안할 때 투자금을 회수하는 데 걸리는 기간을 알고 있을 것이다.

(2) 가치 기준

가치는 가격과 품질 사이의 관계이며, 이는 구매 의사결정의 중요한 측면이다. 조직구매자들은 특히 고장이 고객 불만족으로 이어지는 OEM 장비나 오류가 생기면 심각한 사업 중단이 초래될 수 있는 새로운 IT 시스템 등과 같은 전략적 구매의 경우, 최저가 제품이 적절한 제품이 아닐 수 있음을 알고 있다. 반면 제품을 과도하게 사용하며 상황에 따른 필요량보다 더 많이 구매할 때에는 비용이 많이 든다. 100% 가동해야 하는 컴퓨터 네트워크는 백업 시스템과 이를 유지·관리하는 데 필요한 중복 하드웨어와 소프트웨어를 고려하면 실행시간이 95%인 시스템보다 비용이 훨씬 많이 든다. 결국 구매 센터는 작업에 필요한 제품 사양을 결정한다.

구매자들이 항상 최고 품질의 제품을 원하는 것은 아니기 때문에, 대부분의 기업은 품질과 가격 수준이 상이한 다양한 제품 라인을 보유하고 있다. 고객에게 선택 옵션을 제공하면 성공 가능성이 높아지며 기업의 전체 제품 라인 사이에서 빈틈을 노리는 경쟁업체의 기회를 최소화할 수 있다.

(3) 서비스 기준

구매자들은 장비에 대한 서비스가 두 가지 면에서 비용을 발생시키기 때문에 제품에 대한 서비스 요구 사항에 관심을 가진다. 우선 인건비와 소모품 비용을 포함하는 서비스에 대한 직접 비용이 있다. 둘째, 시스템의 고장은 장비가 의도된 용도로 사용되지 못했음을 의미하며, 이러한 가동 중단으로 인해 간접 비용이 발생한다.

제품은 부분적으로 서비스 비용을 최소화하도록 설계되었다. 그러나 기업들은 제품 성능과 낮은 서비스 비용 사이에 최상의 절충안을 추구하기 때문에, 이 둘 사이에는 상쇄 관계가 있다. 제품 사양에 가장 적합한 제품을 설계하고 제작하기 위해서는 성능, 서비스 및 다른 중요한 기준 등에 대한 구매자의 구체적인 우선순위를 아는 것이 필수적이다.

6 구매결정 - 공급업체 선택

기업은 단지 제품만을 구매하는 것이 아니다. 그들은 또한 공급업체를 선택한다. 종종 다수의 공급업체들은 동일한 제품을 제공하거나 매우 유사한 제품 구성을 제공할 것이다. 따라서 제품뿐 아니라 제품을 제공하는 공급업체의 자질 역시 구매 의사결정 사항의 일부가 된다. 의사결정자들은 적절한 제품을 선택했다 하더라도 잘못된 공급업체를 선정했을 경우, 그 구매 결정이 나쁜 결과를 초래할 수 있다는 것을 알고 있다.
판매자 선정의 가장 기본적인 기준은 납기 및 서비스 일정을 포함한 계약상의 의무를 이행하는 공급업체의
능력을 나타내는 신뢰성이다. 기업 간의 전략적 관계는 부분적으로 조직 간의 높은 신뢰를 기반으로 한다. 이
러한 상황에서 공급업체들의 신뢰성은 최종 선택의 필수요인이 된다. 게다가 때때로 판매업체가 계약서에 명
시된 것 이상을 이행할 의지가 있는지에 대해서도 판단한다. 모든 조건이 동일할 때, 가장 신뢰성이 높고 요구
한 것보다 더 많은 것을 제공할 의지가 있는 판매업체들이 주문을 받게 된다.

7 제품 및 공급업체에 대한 구매 후 평가

일단 구매 결정이 내려진 후에는 구매자들이 평가를 시작한다. 먼저 그들은 제품 성능과 어떤 문제나 이슈에
대한 판매업체의 대응을 평가한다. 산업재 마케터 업무의 핵심은 고객이 제품을 적절하게 운영하고 유지와 보
수를 제대로 하고 있는지를 확인하는 것이다. 동시에 구매자들은 판매업체가 제공하는 지원 수준을 고려하고
판매 후 문제가 없다는 것이 확인된 후에도 후속조치를 기대한다. 불평에 대한 대처, 고객 문제 해결, 그리고
회사가 고객의 기대를 충족시키고 있는지를 확인하는 것은 고객 만족을 보장하기 위해 매우 중요하다.
평가 과정은 부분적으로 고객이 미래에 더 나은 구매 결정을 하도록 돕기 위해 설계된다. 고객이 구매 결정을
긍정적으로 평가한다면 다음에 결정을 변경할 필요가 없기 때문에, 현재의 판매업체가 되는 것은 뚜렷한 이점
을 가진다. 본질적으로 평가 과정을 적절하게 관리한다면, 이는 구매자 다음 구매 결정을 내릴 때 판매업체에
게 가장 좋은 판매 수단이 된다.
당연히 정반대의 상황도 발생할 수 있다. 제품 성능이 좋지 않거나 판매업체가 고객의 기대를 충족시키지 못한
다면, 경쟁업체는 이러한 실수를 자사의 성공 확률을 높일 수 있는 수정된 재구매 또는 신규 구매를 유도하기
위해 활용할 것이다. 고객을 잃는 것은 매우 실망스러운 일이다. 그러나 이 또한 기회가 될 수 있다. 잘 구축된
서비스 회복 전략을 통해 기업은 고객을 다시 확보할 수도 있다.

제 5 절 B2B 고객관계관리

조직구매행동의 특성은 장기적인 관계를 통해서 이루어지는 경우가 많으며, 신뢰에 기반을 둔 관계형성이 중
요하다. 이는 '호혜성'을 기본으로 하고 있다. 기업과 기업 사이에서 거래관계를 지속하게 되면 관계는 강화되
어 간다. 우리은행의 경우 포스코가 창립될 때부터 형성된 관계를 현재까지도 지속하고 있다. 오랫동안 관계
한 공급업자가 경쟁기업으로 관계를 변화시키면 기업은 치명적인 타격을 입을 수 있다. 이러한 관계 형성과
발전은 B2B시장에서 핵심이 된다.
이는 우리나라 기업이 해외시장에 진출할 때 더 중요하다고 볼 수 있다. LG텔레콤이 중국 CCTV에 진출하고자
할 때보다 장기적인 안목에서 장기적 파트너십 구축에 주력하여 성공한 바 있다. LG텔레콤은 제작하려는 프

로그램 의도를 설명하고 CCTV와 중국 청소년들, 그리고 LG가 얻게 되는 이익을 강조하고, 여러 경로를 통한 꽌시(인맥 문화)를 토대로 CCTV의 실무진에 접근하였다. 우리나라의 '도전 골든벨'과 같은 젊은 층의 시청자들을 사로잡기 위한 오락프로그램인 '찐 펑귀'가 탄생하게 된 계기이다.

더 알아두기 🔍

B2B 기업의 고객관계관리 – 고객 정보의 수집

(1) 고객기업 기본정보
  업종, 사업장 위치(본사, 공장, 지사 등), 종업원수, 대표이사, 조직구조, 지분구조 등이 될 수 있다.

(2) 고객기업 재무성과
  매출이나 영업이익, 성장률, 시장점유율 등이 있다.

(3) 고객의 사업계획
  신규 사업 및 투자계획으로 자사의 제품을 팔 수 있는 사업기회 중심으로 정리할 수 있다.

(4) 고객 구매 조직 정보
  구매 조직 구성원, 구매 프로세스, 구매에 영향을 주는 핵심 의사결정자 등이 있다.

OX로 점검하자

※ 다음 지문의 내용이 맞으면 O, 틀리면 ×를 체크하시오. [1~10]

01 OEM 고객은 일반적으로 자사의 제품 수요에 대한 보충적 부분을 차지하므로 많은 양을 구매하지 않는다. ( )

02 표준산업분류란 산업 주체들이 모든 산업 활동을 그 성질에 따라 유형화하고 이를 부호화한 것으로 산업 활동에 관련된 각종 통계를 작성하는 데 통일적으로 적용되는 기준을 말한다. ( )

03 소모품은 일상적인 사업 운영에 사용되는 제품이며, 일반적으로 중요한 지출로 간주된다. ( )

04 정부는 모든 판매업체들에게 개방되어 있지만, 실제로는 정부정책상 형평성을 위하여 신규 진입자들에 대한 우대가 이루어지고 있다. ( )

05 조직 구매에 있어서 정보 및 구성원에 대한 접근은 문지기에 의해 통제된다. ( )

06 산업재 시장에서 광고 및 직접 우편과 같은 전통적인 마케팅 커뮤니케이션 수단의 효과는 크기 때문에, 판매 사원들의 인적 커뮤니케이션을 위한 노력을 지원하는 것은 중요하다. ( )

07 제품 사양은 회사 내·외부의 모든 사람들이 문제를 해결하기 위해 무엇이 필요한지를 정확히 알 수 있도록 규정되어야 한다. ( )

08 조직구매자들은 특히 고장이 고객 불만족으로 이어지는 OEM 장비나 오류가 생기면 심각한 사업 중단이 초래될 수 있는 새로운 IT 시스템 등과 같은 전략적 구매의 경우, 최저가를 선호한다. ( )

09 산업재 마케터 업무의 핵심은 고객이 제품을 적절하게 운영하고 유지와 보수를 제대로 하고 있는지를 확인하는 것이다. ( )

10 고객기업 기본정보에는 구매 조직 구성원 및 구매 프로세스와 관련된 정보가 있다. ( )

정답과 해설   01 ×   02 O   03 ×   04 ×   05 O   06 ×   07 O   08 ×   09 O   10 ×

01 OEM 고객은 자사의 제품 수요를 뒷받침하기 위해 대량으로 구매한다.
03 소모품은 일반적으로 중요한 지출로 간주되지 않으며, 대부분의 구매는 단순 재구매로 이어진다.
04 정부와의 거래가 이루어지기 위해서는 정부 구매과정에 대한 경험이 성공의 필수 요소이다.
06 산업재 시장에서 광고 및 직접 우편과 같은 전통적인 마케팅 커뮤니케이션 수단의 효과는 매우 미비하다.
08 심각한 사업 중단이 초래될 수 있는 시스템에서 적절한 제품은 저렴한 비용이 아니라 안정성이 더 고려된다.
10 고객기업 기본정보에는 업종, 사업장 위치(본사, 공장, 지사 등), 종업원수, 대표이사, 조직구조, 지분구조 등이 있으며, 구매조직에 대한 정보는 기본정보에 해당하지 않는다.

실전예상문제

01 투기형구매의 경우 가격 인상을 대비하여 이익을 도모할 목적으로 가격이 낮을 때 장기간 수요량을 미리 구입하는 것으로 일반적인 조직구매 유형에는 해당하지 않는다.

01 조직체가 직면하는 구매상황의 유형에 해당하지 <u>않는</u> 것은?

① 신규구매
② 단순재구매
③ 시험적구매
④ 투기형구매

02 조직구매자는 일반적으로 비탄력적이다.

02 조직구매자와 일반 소비자와의 차이에 대한 설명으로 옳지 <u>않은</u> 것은?

① 조직구매자는 일반 소비자에 비하여 탄력적이다.
② 조직구매자는 구매결정에 참여하는 사람의 수가 상대적으로 많다.
③ 조직구매자는 일반소비자에 비하여 그 수가 적다.
④ 조직구매자와 공급업자의 고객관계는 일반소비자에 비하여 더 밀접하다.

03 조직 구매에 있어서 정보 및 구성원에 대한 접근은 문지기에 의해 통제된다. 구매부서는 공급업체를 회사가 승인한 업체로 제한함으로써 문지기 역할을 수행한다.

03 다음 중 조직구매과정의 참여자들 중 정보 및 구성원에 대한 접근을 차단하는 역할에 해당하는 것은?

① 개시자
② 영향력 행사자
③ 문지기
④ 결정자

정답 01 ④ 02 ① 03 ③

04 다음 중 조직구매자에 해당하지 <u>않는</u> 것은?

① 재판매업체
② 정부
③ 시민단체
④ CEO

05 다음 중 구매센터에 대한 설명으로 옳지 <u>않은</u> 것은?

① 구매센터는 공급업자를 선정하는 역할을 한다.
② 구매센터는 다양한 지위와 역할이 나타난다.
③ 구매센터에 속한 사람들은 자신의 역할 수행은 물론 다양한 영
역을 공유한다.
④ 구매센터는 외부에서 표적고객 조직의 사람들이 포함된다.

06 구매결정 단계에서 제품선택시 활용되는 주요 기준이 <u>아닌</u> 것은?

① 재무적 기준
② 사회적 기준
③ 가치 기준
④ 서비스 기준

안심Touch

07 판매자 선정의 가장 기본적인 기준은 납기 및 서비스 일정을 포함한 계약상의 의무를 이행하는 공급업체의 능력을 나타내는 신뢰성이다.

08 제품 재구매계획은 판매업체에서 기대충족이 이루어진다면 당연히 나타나는 것으로 구매 후 평가에서 다루어질 부분은 아니다.

09 기업의 고객관계관리에서 고객기업 기본정보, 재무성과, 사업계획 그리고 구매조직 정보는 확보할만한 가치가 있으나 내부감사정보는 이에 해당하지 않는다.

07 구매결정단계에서 공급업체 선정시 가장 중요한 속성은?

① 타당성
② 포괄성
③ 신뢰성
④ 배타성

08 제품 및 공급업체에 대한 구매 후 평가 중 필요한 요소가 <u>아닌</u> 것은?

① 제품 재구매계획
② 불평에 대한 대처
③ 고객 문제 해결
④ 기대 충족에 대한 확인

09 B2B 기업의 고객관계관리에서 확보하면 좋은 고객기업의 정보에 해당하지 <u>않는</u> 것은?

① 구매 조직 구성원
② 시장점유율
③ 지분구조
④ 내부감사정보

정답 07 ③ 08 ① 09 ④

주관식 문제

01 인텔사의 경우 다른 컴퓨터 제조업체들이 '인텔 인사이드'라는 문구를 집어넣어 간접적 홍보가 이루어지고 있는데 그 이유를 서술하시오.

01

정답 소비자들이 인식하는 인텔의 평판에 대한 전반적인 가치 때문에 다른 컴퓨터 제조업체들과 강력한 사업관계를 구축할 수 있었다.

해설 인텔은 자사의 제품이 최고의 가치 (가격과 품질)를 제공한다는 확신을 주기 위해 노력하였고 이는 소비자들의 긍정적 인식과 동시에 다른 OEM 컴퓨터 제조업체들과의 강력한 사업 관계를 구축할 수 있었다.

02 다음 빈칸에 들어갈 내용을 순서대로 쓰시오.

> 조직구매행동의 특성은 장기적인 관계를 통해서 이루어지는 경우가 많으며, (　　　)에 기반을 둔 관계형성이 중요하다. 이는 (　　　)을/를 기본으로 하고 있다. 기업과 기업 사이에서 거래관계를 지속하게 되면 관계는 강화되어 간다.

02

정답 신뢰도(신뢰성), 호혜성

해설 B2B 고객관계관리에서는 그 무엇보다 신뢰도가 관계형성에 지대한 영향을 미친다. 그리고 그 관계가 지속되는 이유는 서로 간의 원원전략을 가져올 수 있는 호혜성에 그 근거를 두고 있다.

안심Touch

checkpoint 해설&정답

03

정답 CEO, CFO

해설 비용이 크고 전략적인 구매일수록 최종 권한을 가진 결정자의 지위는 높아진다. 따라서 일반적인 경우 CEO의 결정이 지배적이나 비용이 주가 되는 설비에서는 최고재무경영자가 구매결정에 지대한 영향을 미칠 수 있다.

04

정답 수익성이 중요하지 않으며, 동원할 수 있는 자원이 제한된다.

해설 기관의 경우 첫째, 이러한 조직에서는 수익성이 중요하지 않다. 오히려 가장 중요한 목적은 목표 지역에 서비스를 제공하는 것이다. 두 번째 독특한 특성은 제한된 자원이다.

03 다음 빈칸에 들어갈 용어를 순서대로 나열하시오.

( )이/가 기술, 새로운 제조 공장, 근본적인 사업 과정에 영향을 미치는 다른 핵심 결정 등에 대한 중대한 전략적 결정을 하는 것이 일반적이다. 비용이 많이 드는 자본 설비 구입 과정에는 핵심 결정자가 될 가능성이 높은 ( )이/가 포함되는 경우가 많다.

04 조직구매자 중 기관이나 NGO가 가지고 있는 특성을 2가지 이상 서술하시오.

05 제품 사양 정의의 두 가지 목적을 서술하시오.

05

정답 조직 내의 개인들은 미래를 위한 계획을 세울 수 있으며, 잠재적 공급업체에게 지침을 주는 것이다.

해설 제품 사양은 회사 내·외부의 모든 사람들이 문제를 해결하기 위해 무엇이 필요한지를 정확히 알 수 있도록 규정되어야 한다. 이를 통하여 합리적 계획 달성이나 지침이 전달될 수 있다.

06 제품 및 공급업체에 대한 구매 후 평가의 목적을 쓰고 부정적인 경우 해결방안을 순서대로 서술하시오.

06

정답 구매 후 평가의 목적은 고객이 미래에 더 나은 구매 결정을 하도록 돕기 위함이며, 부정적인 경우 잘 구축된 서비스 회복 전략을 마련하여 고객 유출을 막는 데 힘써야 한다.

여기서 멈출 거예요? 고지가 바로 눈앞에 있어요.
마지막 한 걸음까지 시대에듀가 함께할게요!

고득점으로 대비하는 가장 똑똑한 수험서!

제 **8** 장

시장세분화와 타겟

시장세분화와 타겟

제 **8** 장

시장세분화는 마케팅을 생산과 차별화시키는 중요한 사고이다. 시장을 여러 가지 변수들로 세분화시켜 성장 기회가 있는 타겟시장을 찾아내는 사고이다. 표적시장을 결정하면 소비자들의 마음속에 차별화된 것을 심는 방법인 포지셔닝을 한다.

제 1 절 시장세분화의 단위

시장을 세분화하는 데 활용되는 단위 또는 조건들로는 다음과 같은 것을 들 수 있다.

1 내적 동질성과 외적 이질성

하나의 세분시장은 시장을 세분화하는 기준, 즉 시장세분화 변수에 의해 구분된다. 이렇게 구분된 각각의 세분시장은 내부적으로는 기준에 대해 동질성을 지녀야 하며, 다른 세분시장에 대해서는 이질성을 확보해야만 한다. 동질성과 이질성이 명확히 인정받지 못한다면 세분화의 기준이 불명확한 것으로 시장을 구분하는 과정 및 결과를 신뢰할 수 없게 된다.

2 실질성 또는 실제성

세분화된 시장은 자사에게 있어 해당 세분시장에 대해 진출하였을 때 충분한 매출액 증대, 브랜드파워 제고, 수익창출 화보 등을 가져다 줄 수 있을 만큼의 규모를 지녀야 한다. 지나치게 세분화 된 세분시장은 기준에 따라 명확한 구매패턴을 보일 수 있다 하더라도 마케팅 믹스 전략을 펼칠 수 없을 만큼 경제성이 존재하지 않을 수도 있다. 이러한 경우 마케팅 노력의 투입 대비 성과가 미흡할 수 있다. 아무리 해당 세분시장 내에서 많은 수익을 내더라도 해당 세분시장을 공략하기 위해 소요된 마케팅믹스 전략의 소요비용이 더 많다면 시장의 세분화가 경제적 의미가 전혀 없는 것과 같다.

3 측정가능성

각각의 세분시장들은 해당 시장의 규모나 구매력 등의 정도나 크기를 계량적으로 측정 및 평가가 가능해야 한다. 측정 가능성이 존재하지 않는다면 명확한 시장 규모나 소비자들의 구매욕구 등을 파악하기 곤란하기 때문에 명확하고 실행 가능한 마케팅믹스 전략을 수립 및 실행하기가 곤란하다.

4 접근가능성

선정한 세분시장에 대해 기업이 마케팅 노력을 집중시킬 수 있는 통로, 즉 마케팅 경로 또는 유통경로가 존재해야만 한다. 세분시장의 소비자 집단에게 마케팅 정보를 노출시키거나 마케팅 믹스 전략을 펼치고자 하여도 세분시장의 소비자들이 이를 받아들이지 못하거나 소비자들과 대면하기 어렵다면 세분시장으로서의 가치가 존재하지 않는 것과 동일하다.

5 실행가능성 또는 행동가능성

실행 및 행동 가능성이란 효과적인 마케팅 믹스 전략을 펼칠 수 있는 자사의 수행가능성에 대한 것으로, 아무리 충분한 크기와 욕구를 지닌 세분시장이라 하더라도 자사가 해당 세분시장의 고객 및 소비자들을 대상으로 마케팅 전략을 펼치고 고객들에게 혜택을 줄 수 있는 능력이 존재하지 않는다면 그 세분시장은 자사에게 있어서는 존재가치가 없는 것과 마찬가지이다.

제 2 절 소비자시장 세분화 기준

시장세분화란 앞에서 이야기한 대로 전체시장을 비슷한 시장끼리 묶어서 나누는 과정이다. 따라서 어떤 기준을 두고 이 기준에 따라서 시장을 나누어야 한다. 이러한 기준을 세분화 변수라고 하는데 소득수준, 성(sex), 나이, 거주지역 등이 대표적인 세분화 변수의 예이지만 기업이 처한 상황에 따라 다를 수밖에 없다. 시장세분화 변수는 앞에서 이야기한 세분화의 요건을 만족시키면서 기업이 처한 상황에 따라 창의적인 노력에 의하여 만들어져야 한다. 여기서는 흔히 사용되는 변수들만을 간단히 살펴보기로 한다.

[시장세분화의 기준]

세분화 기준	변수
지리적 기준	거주지역, 도시크기, 기후, 인구밀도, 우편번호
인구통계적 기준	나이, 성별, 소득, 직업, 학력, 종교, 가족수, 가족수명주기, 인종, 국적
심리분석적 기준	사회계층, 라이프 스타일(life style), 개성
행동분석적 기준	구하는 편익, 사용량, 제품에 대한 태도, 상품구매단계, 사용기회, 애호도

1 지리적 변수

지리적 세분화는 비용이 적게 들고 비교적 쉬운 방법이라 널리 이용되고 있다. 이 방법은 거주지역, 도시크기, 기후, 인구밀도 등의 변수를 주로 사용한다. 기후변수에 따른 시장세분화의 예는 냉장고라든지 타이어 등에서 흔히 볼 수 있다. 타이어 제조업체는 눈이 많이 내리는 지역의 소비자들을 위해서 스노우 타이어(snow tires)를 개발, 보급할 필요가 있는 것이다.

거주지역은 경상도, 전라도, 서울·경기지역, 산간지역, 해안지역 등으로 구분하는데 지역별로 사투리가 존재하듯이 상품에 대한 욕구 역시 상이할 수 있다. 경상도 지방사람들은 맵고 짠 음식을 즐기는 반면 서울·경기지역 사람들은 반대로 이와 같은 음식을 즐겨하지 않는다. 미국의 경우 맥스웰 하우스(Maxwell House) 원두커피는 지역에 따라 커피맛을 조금씩 다르게 한다고 한다. 이는 서부사람들이 동부사람들보다 맛이 강한 커피를 선호하기 때문이다.

우편번호의 경우 은행과 보험회사 같은 금융기관에서 자신들의 지점이나 혹은 출장소의 영업구역 설정뿐만 아니라 매출액과 잠재고객의 파악에 크게 도움이 될 수 있다. 예컨대 보험회사는 전국의 출장소를 우편단위별로 파악을 하여 신규출장소의 최적위치를 파악할 수도 있고 출장소간 영업구역의 조정을 시도할 수 있다.

2 인구통계적 변수

일반 소비자들의 특성, 즉 나이, 성별, 가족생활주기, 소득, 직업, 교육수준 등과 같은 변수를 사용하여 시장을 세분화한다. 이 방법은 소비자들의 특정상품에 대한 욕구나 선호 등이 대체로 이러한 변수들과 상관관계가 높을 뿐만 아니라 변수들을 쉽게 측정할 수 있다는 이점 때문에 널리 이용되고 있다.

남자가 나이가 들면 여자를 보는 눈이 변하듯이 제품에 대한 욕구 역시 나이가 들면서 변해가기 마련인 것이다. 따라서 많은 기업들이 소비자들의 나이에 따라서 상품을 개발하고 마케팅 프로그램을 개발한다. TV방송국에서는 시간별로 어린이 시간대를 편성 운용하고 있다.

성(性)에 따른 세분화는 화장품, 옷, 잡지 등의 제품에서 전통적으로 행해져 왔다. 하지만 근래에는 직업여성의 증가로 인하여 자동차에서도 성별에 의한 세분화 작업을 시도하고 있다. 미국의 자동차회사들은 전체 자동차 판매량의 약 81%에 여성이 직·간접적으로 개입하고 있다는 사실을 발견하고 여성을 표적시장으로 삼아 이에 맞는 광고를 특별히 고안하여 여성 잡지에 게재하고 있다. 실제로 쉐보레(Chevrolet)는 이를 위하여 광고

예산의 30%까지 할당하고 있으며 쉐비(Chevy)사는 직업여성 단체들을 적극적으로 후원하는 방법으로 이들 시장에 접근하고 있다.

소득에 의한 세분화는 앞에서 이야기 한 대로 구매할 능력이 있는 사람을 시장으로 생각하기 때문에 특히 중요하다고 할 수 있다. 스포츠플라자의 회원권, 골프회원권, 콘도미니엄 회원권과 같은 것은 부유층을 겨냥하여 마케팅노력을 기울일 것이다. 그러나 소득을 세분화 기준으로 삼는 기업들 모두가 부유층만을 대상으로 삼을 수는 없을 것이다. 왜냐하면 중·저소득층 시장이 오히려 크며 수익성이 높을 수도 있기 때문이다. 실제로 미국의 Family Dollar와 같은 저가체인 소매점은 입지선정 때부터 중·저소득층이 집단으로 거주하는 지역만을 골라 영업을 하여 가장 수익성이 높은 할인체인점 중의 하나로 성장하고 있다.

소득을 시장세분화 변수로 사용할 때는 세심한 주의가 때에 따라 필요하다. 가령 저소득층의 가난한 사람을 위하여 값이 매우 싼 자동차를 만들어 "여기 이 자동차는 지갑이 가벼우신 여러분들의 고민을 해결해 드리기 위하여 특별히 제작된 자동차입니다."라는 광고로 소비자들에게 접근 했다고 가정해보라! 이러한 경우 진실로 자기가 가난하다고 느끼는 사람은 일종의 분노를 느낄지도 모른다.

잡지, 여행, 책 등은 교육정도에 따른 세분화를 통하여 훌륭한 시장기회를 찾을 수 있다. 이와 같이 인구통계적 변수 하나하나가 아주 훌륭한 역할을 할 수 있으나 많은 기업에서 두 개 혹은 그 이상의 변수를 상호관련시켜 시장을 세분화한다. 나이, 성, 소득변수 모두를 고려하여 20대의 여성 가운데 월소득이 높은 사람을 표적으로 시장을 세분화하는 경우, 시장자체는 규모가 작아질 수 있으나 기업의 마케팅활동을 효율적으로 할 수 있어 수익성을 오히려 높일 수도 있을 것이다.

3 심리분석적 변수

사회계층, 생활양식, 개성 등이 여기에 포함된다. 나이가 같다고 해서, 같은 여성이라고 해서 구매욕구가 같다고 할 수는 없다. 인구통계적으로 같은 세분시장에 속한 소비자들 일지라도 매우 다른 심리적 특성을 보이는 경우가 많다. 따라서 이 심리분석적 방법은 고객에 대한 보다 구체적인 정보를 구하기 위해 사용된다. 예를 들어 현금 1억원을 지금 쓰라고 한다면 인구통계적으로는 같은 시장에 속해 있을지라도 그 쓰임새는 각기 다를 것이다. 이와 같이 지금 현재 고급승용차를 충분히 타고 다닐 수 있을 정도의 소득을 가진 사람이지만 자기의 취미, 활동분야, 그리고 평소 가지고 있는 소신 등에 따라 자동차 구매를 할 것이다.

심리분석적 세분화 기준을 대표하는 변수는 라이프 스타일(Life Style)이라 할 수 있다. **라이프 스타일은 사회 전체 혹은 그의 일부가 지니는 총체적인 의미에서의 생활방식으로 정의되는데** 이는 특정 사회생활의 동태적 성격에서 생성되고 발전된다. 이 방법은 사람들의 활동영역(Activity), 관심(Interest), 의견(Opinion)에 따라 시장을 구분하는 방법인데 영문의 첫글자를 따서 흔히 AIO 분석이라고 한다. 생활양식에 의한 시장세분화는 아래의 사항에 중점을 두고 이루어진다.

- 소비자들의 자신들의 시간을 어떻게 보내는가?
- 주요관심사, 즉 소비자들이 자신들의 주변환경에 부여하는 중요성의 정도
- 자기자신과 자기주위에서 일어나고 있는 여러 가지 사항에 대한 자신의 의견
- 소득, 나이, 교육정도, 주거지역 등과 같은 기본적인 특성

아래의 표는 AIO 분석에 주로 쓰여지는 주요 변수들을 보여주고 있다. 이와 같은 AIO 변수의 분석에서 우리는 바람둥이 남편과 집에만 틀어박혀 있는 진돗개 스타일의 남편을 구별할 수 있게 되고 또 보수와 혁신, 극장을 자주 가는 사람과 그렇지 못한 사람과의 차이점 등과 같은 소비자들의 심층부분을 알 수 있다. 의류회사의 경우 여성용 의류를 전통적인 여성형, 유행에 민감한 여성형, 그리고 남성다운 여성용으로 디자인하여 판매할 수도 있을 것이다. 독일 자동차 폭스바겐사(Volkswagon)는 라이프 스타일에 따라 경제성, 안전성에 중점을 둔 선량한 시민형과 작동하기가 쉽고 날렵함에 중점을 둔 편의추구형으로 시장을 세분화하여 소비자들에게 접근하고 있다.

더 알아두기 🔍

AIO 분석에 쓰여지는 주요 변수들

활동(activity)	관심(interest)	의견(opinion)
• 일	• 가족	• 자기자신에 대한 의견
• 취미생활	• 가정	• 사회적인 관심사
• 사회활동	• 직업	• 정치
• 휴가	• 지역사회	• 사업
• 오락	• 여가활동	• 경제
• 클럽활동	• 유행	• 교육
• 지역사회 활동	• 음식	• 상품
• 쇼핑	• 대중매체	• 미래
• 스포츠	• 업적달성	• 문화

하지만 개성, 라이프스타일과 같은 심리분석적 변수는 기업의 마케팅 담당자들에게 훌륭한 세분화의 기준을 제공하지만 다음과 같은 문제점을 내포하고 있다.

- 측정하기가 대단히 어렵다.
- 세분화 뒤 세분시장에 접근하기가 기업의 통상적인 촉진프로그램이나 유통시스템으로서는 어렵다.
- 심리분석적 변수와 고객의 욕구 사이의 상관관계가 모호한 경우가 많다.

취미가 스키인 사람이 나란히 스키를 즐기고 있는 모습을 보고 이들의 세부적인 생활양식을 과연 묘사할 수 있겠는가? 또한 의료업체에서 정열적인 사람이 원하는 옷의 스타일을 알고 있다 하더라도 이에 맞는 특정기계나 촉진수단을 발견하기도 어려울 뿐만 아니라 이러한 집단에 정확하게 어필시키기도 힘들다.

4 행동분석적 변수

(1) 추구하는 편익

편익(Benefit)에 의한 세분화는 한 가지 상품에 대해서도 소비자들이 근본적으로 추구하는 편익은 서로 틀릴 수 있다는 가정하에 시장을 세분화하는 방법이다. 편익에 기초하여 시장을 세분화하여 성공한 대표적 기업은 미국의 타이멕스(Timex)사일 것이다. '손목시계를 사는 사람의 약 23%는 값이 싼 것을 원하고, 46%는 품질과 견고성을 중시하여 구매하며, 31%는 과시용으로 구매한다.'는 한 연구결과를 포착할 수 있었다. 전통적으로 시계는 과시용으로 보석상과 같이 아주 제한된 유통경로를 통하여 판매되고 있었다. 하지만 이 회사는 셋째 시장을 포기하고 첫째시장과 둘째시장을 공략하기로 하고 아주 싼 가격의 시계를 생산하여 보석상 대신에 대중들이 많이 이용하는 백화점과 약국 등을 통하여 판매함으로써 세계굴지의 시계회사로 성장하였다. 또한 후라보노 껌은 입냄새를 싫어하는 소비자집단을 상대로 성공을 거두고 있다. 이와 같이 소비자들은 한 가지 상품에 대해서도 각자 얻고자 하는 편익이 서로 다르고 이 서로 다른 편익에 의하여 소비자의 구매행위는 영향을 받게 되는 것이다.

편익에 따라 세분화한 대표적인 상품은 치약이다.

[편익에 의한 치약시장의 세분화]

추구하는 편익	인구통계적 특성	행동적 특성	심리분석적 특성
경제성(싼 상표)	남자들	치약을 다량 사용	독립적, 가치지향적
충치 예방	대가족에 속해 있음	치약을 다량 사용함	보수적, 우울증
하얀 이	청소년	담배를 피움	활동적, 사교적
치약 향기	어린이들	향기나는 치약 선호	쾌락추구, 자아몰입

※ 자료 : Russel Haley, "Benefit Segmentation : A Decision-Oriented Research Tool", Journal of marketing, July, 1968, pp. 30~35.

치약시장을 추구하는 편익에 따라 세분화했을 경우 위의 표에서 보는 바와 같이 4개의 치약을 고르는 집단, 하얀 이를 갖고 싶어 하는 집단, 그리고 치약의 향기를 중요시하는 집단으로 세분화되는데 이들 각 시장은 각각 독자적인 특성을 갖고 있다. 따라서 기업에서 편익에 따른 시장세분화를 하기 위해서는 첫째, 치약과 같은 방법으로 해당제품과 서비스에 대해서 소비자들이 추구하고 있는 다양한 편익에 대한 분석이 이루어져야 한다. 둘째, 각 세분시장의 인구통계적·행동적·심리분석적 특성을 파악하여야 한다. 셋째, 각 세분시장에 맞는 상품의 개발과 마케팅 프로그램을 개발하여 실행하여야 한다.

(2) 사용량

시장은 대량사용자, 보통량사용자, 소량사용자, 비사용자 집단으로 구분할 수 있다. 따라서 기업에서 사용량(Usage rate)에 따른 세분화를 하기 위해서는 소비자집단을 위의 사용량 정도에 따라 구분해야 한다. 그러고 나서 각기 다른 마케팅전략을 각 세분시장별로 추구해야 하는데 물론 대량사용자 집단에 초점을 맞추어야 한다. 이들 집단의 중요성은 20 대 80의 법칙에 의거하여 20%의 소비자가 전체 판매량의 80%를 소비하기 때문이다. 어느 라면회사의 "잠깐! 세 개 더 먹겠습니다."와 같은 광고전략은 대량소비자 집단을 표적으로 대량소비를 유도하고 있다. 그렇다고 하여 기업에서 소량사용자와 비사용자에 대한 마케팅노력을 게을리 하라는 말은 아니다. 사용률에 의한 시장세분화는 서비스업체에 유용하게 적용된다. 은행이나 보험회사와 같은 서비스기관의 경우 대량예금자나 여러 종류의 보험을 가입하는 사람은 특별한 의미가 있으며 이들만을 전담할 전담종업원제를 도입하여 특별관리하는 한편 이들의 특성을 파악하여 이에 맞는 광고전략을 세울 필요가 있다.

(3) 상표충성도

상표충성도(Brand loyalty)란 소비자가 특정상표를 꾸준히 구입하는 일관성의 정도를 말한다. 특정상표에 대해서 가지는 소비자들의 충성도 정도는 제각기 다르다. 어떤 소비자는 한 상표만을 꾸준히 구입하는가 하면 또 어떤 이는 두세 가지의 상표 가운데서 이것저것을 골라 사는 고객이 있는가 하면 매번 다른 상표를 구입하는 아주 변덕스러운 소비자도 있다. 기업의 입장에서는 당연히 충성도가 높은 사람이 누구인지를 분석하여 이들을 관리하여야 한다. 항공회사와 호텔에서 단골고객들에게 무료 여행기회를 제공하는 것은 이들 단골고객들에게 꾸준한 보상을 제공하여 충성도를 유지시키기 위해서이다. 하지만 상표충성도로 시장을 세분화할 경우 주의해야 할 점은 소비자들이 꾸준히 자사상표를 구매하는 것 같아도 실제로는 습관이나 무관심에 의해 자사상표를 구매할 수도 있고 때에 따라서는 다른 상표가 없어서 하는 수 없이 사는 경우도 있다는 점을 알아야 한다.

(4) 구매준비단계

구매준비단계(Readiness Stage)에 의한 세분화란 소비자가 상표에 대해서 알고 있는 정도와 관심의 정도 그리고 구매의욕 정도에 따라 시장을 세분화하는 것이다. 기업에서 마케팅 프로그램을 작성할 때 자사상품이 시장에 나와 있는지 조차도 모르는 사람과 자사제품을 잘 알고 있으면서 사고 싶은 욕구를 가지고 있는 사람을 똑같은 방법으로 취급할 수 없는 일이다. 상품에 대해서 모르고 있는 세분시장을 위해서는 무엇보다도 상품의 존재를 알리는 내용의 광고를 많이 해야 할 것이며 구매욕구를 가진 세분시장을 위해서는 무료쿠폰이나 할인쿠폰 등과 같은 보다 적극적인 방법으로 접근해야 할 것이다.

5 다수세분화 변수의 결합에 의한 시장세분화

기업이 시장을 세분화할 때 하나의 변수만을 기준으로 할 수도 있고 몇 개의 변수를 결합하여 세분화할 수도 있다. 시장을 단일변수만으로 세분화하는 경우 정확하게 소비자의 욕구를 파악하여 이를 충족시키기에는 다소 부족하다는 단점이 있다.

반면에 다수의 변수를 결합하여 시장을 세분화할 경우 각 세분시장에 관한 보다 많은 정보를 얻을 수 있을 뿐만 아니라 이를 기초로 주어진 세분시장의 욕구를 보다 정확하게 충족시킬 수 있다는 장점이 있다. 그러나 변수가 많아지는 만큼 세분시장의 수가 많아진다는 단점이 있다. 세분시장의 증가는 궁극적으로 시장의 많은 부분에서 판매 잠재력을 감소시킬 수도 있기 때문이다. 플레이보이 클럽(Playboy club)은 1960년대에 대도시 지역에서 교육수준이 높으면서 소득이 많고 돈쓰기를 좋아하는 쾌락추구형의 남성들을 표적시장으로 출발하였다. 하지만 경쟁과 사회환경의 변화로 이 클럽은 인구밀도가 높은 중·소도시 호텔에서 남성뿐만 아니라 나이트클럽을 좋아하는 여성들에게도 개방하고 있다. 이러한 다변수의 결합에 의한 세분화로 플레이보이 클럽은 보다 정확하고 효과적인 마케팅믹스를 개발할 수 있었다.

[플레이보이 클럽의 변수의 결합에 의한 초기 시장세분화의 예]

인구통계적 변수		지리적 변수	심리분석적 변수		행동적 변수
소득	교육수준	도시의 규모	생활양식	개성	제품에 대한 태도
저	하	시골	구두쇠	권위주의적	부정적
중	중	중소도시	합리적	야심적	긍정적
고	상	대도시	돈을 많이 쓴다	쾌락추구형	정열적

단일변수를 선택하든지 아니면 다수의 변수를 결합하여 세분화하든지 간에 마케팅관리자는 변수의 추가가 시장의 기회를 잃게 하지는 않는지 그리고 보다 정확하게 고객의 욕구를 충족시킬 수 있는 마케팅믹스를 개발할 수 있겠는지를 고려하여야 하며 쓸데없이 시간과 돈을 낭비할 필요는 없다.

제 3 절   산업재시장 세분화 기준

산업재 시장의 경우 전체시장의 규모나 구매자의 수 등이 일반 소비재 시장보다는 상대적으로 적은 편이나 구매량이나 매출액 규모는 훨씬 더 크고 높은 편이다. 또한 산업적 특성에 따라 시장이 크게 분포하기도 하고 지역적으로 좁게 국한되기도 하며, 해외에서의 유통에 따른 시장규모가 뒤따라야 하는 경우도 존재한다. 따라서 아래와 같은 산업재의 시장세분화 기준에 따라 시장을 구분하여 목표시장을 선정할 수 있을 것이다.

1   고객의 위치 또는 거래적 위치

산업 특성상 산업재 시장은 원자재 및 부품을 다루는 경우가 많기 때문에 자사가 납품하는 거래처가 자사와 근거리에 있는가 원거리에 존재하는가가 중요한 의사결정의 기준이 된다. 그 이유는 무겁고 물적유통 비용이 많이 소요될수록 납품가격이 상승하고 관리적 비용이 높아지기 때문이다. 따라서 자사의 위치와 근거리에 있는 납품처를 1차적 우선 시장으로 공략하는 경우가 많으며, 경우에 따라서는 자사가 납품처와 근거리로 자사의 위치를 이동시키는 경우도 볼 수 있다.

또한 원자재 등이 외국에서 들어오고 이를 가공하여 거래처, 즉 고객 시장에 납품하게 되는 경우 원자재의 수입 및 운반, 보관 등에 소요되는 비용을 줄이기 위해 항만 근처로 자사의 위치를 이동시키기도 한다.

2 고객의 유형

고객이 되는 기업들이 속한 산업유형이나 그들의 매출액, 종업원수, 생산설비의 규모나 조직 규모, 구매력 등이 고객의 유형을 구분하는 세부 기준들이 된다. 매출액이 많은 규모의 고객들은 자연스럽게 구매량이나 사용량이 많거나 빈번할 수 있으며, 주문 규모가 증대될 확률이 높다. 또한 생산설비의 규모나 기업 전반적인 조직 규모가 크다면 향후 성장에 따라 시장 확대전략 시 거래의 상황이 긍정적으로 변화할 수 있기 때문에 이러한 고객 유형에 따라 시장세분화를 실시할 수 있다.

3 거래의 상황

거래의 상황은 구매가 발생하는 상황이나 매월 또는 매주문 기간 동안의 구매량이나 사용량 및 이에 따른 거래 프로세스의 적합성 등이 시장을 구분하는 기준이 될 수 있다. 처음 구매를 요구하는 신규 세분시장으로 분류되었는가, 재구매 및 반복구매가 이루어지고 있는 산업 내에서의 세분시장인가에 따라 또한 영향을 받을 수 있다.

필립코틀러는 산업재 시장 세분화에 있어 거래의 빈도에 따라서 세분시장을 선정하여 각각에 적합한 마케팅 믹스 전략을 수행해야 한다고 주장하면서 이에 대한 거래 상황별로 다양한 새로운 세분화 기준이 활용되어지거나 적절한 마케팅 믹스 전략의 수행이 세분화될 수 있다고 지적하였다.

그는 거래빈도에 따라 크게 세 가지의 시장으로 구분하였는데, 첫 번째로는 구매 전 잠재고객이다. 그들은 그들이 거래하고 싶어하는 기업의 사명이나 목표 등을 충분히 이해하고 인지하기를 요구하며, 자사가 구매하고자 하는 상품의 스펙 등에 대해 자세히 설명을 듣고 요구하는 수준이라고 판단되어야만 구매를 희망한다. 또한 그들은 구매 행위가 신뢰의 관계를 형성하는 것이라고 생각하는 고객이다. 따라서 이러한 신규고객에 대한 세분시장은 신뢰성 높은 데이터 제시, 현재 거래하고 있는 관계회사나 거래정도에 대한 소개, 신뢰성에 대한 홍보 등이 필요하다.

두 번째로 구매 초기 단계의 고객들이다. 그들은 구매로 인해 발생될 수 있는 위험과 문제점을 즉각 해결할 수 있는 서비스를 희망한다. 따라서 이러한 고객 세분시장에 있어서는 자사의 상품에 대한 설명서나 지침서, 긴급전화연락망, 높은 수준의 활용 교육, 지식을 보유한 판매원에 의한 판매 등이 요구된다.

세 번째로 지속적인 거래를 하고 있는 고객시장이다. 이들은 신속성과 높은 기술수준, 거래 프로세스 상에서의 용이한 구입 등을 요구한다. 따라서 이러한 세분 시장에서는 신속한 문제의 해결, 요구되어지는 기술수준에 적합하거나 그 이상의 상품개발 및 납품, 구매하는 거래처의 물적유통 프로세스와의 적합성 향상 등을 마케팅 믹스 전략의 초점으로 둘 필요가 있을 것이다.

또한 그는 이러한 고객시장에는 크게 세 가지의 고객들이 존재한다고 정리하면서 가격지향적 고객(최저가격 선호), 문제해결적 고객(자사의 문제해결 희망), 전략적 가치지향적 고객(자사뿐 아니라 자사에게 납품하는 거래처나 자사가 납품하는 거래처 모두에게 있어 사업적으로 상호 간 가치 증대 성과 우선)이라고 언급하였다.

즉 일반적인 소비재 시장에서는 판매자와 시장 내에서의 소비자라는 이분법적 사고에 의해 시장세분화가 이루어지기 때문에 판매자인 기업 입장에서는 시장 내에 존재하는 소비자 집단에 대한 시장세분화가 초점이 된다. 하지만 산업재 시장에서는 구매자가 곧 다른 기업에게 있어서는 판매자가 되는 구조이기 때문에 자사가 판매자가 되기도 하고 소비자가 되기도 한다. 이러한 특성으로 인하여 보다 복잡하고 난해할 수 있으며, 구매자인 동시에 판매자로서의 편익을 얻고자 하는 특성이 구매욕구의 일부로 작용하고 있는 것이다.

제 4 절 표적시장 선정

1 세분시장 매력성 평가

(1) 세분시장 각각 어느 정도의 규모를 보이고 수익성이 예측되는가를 확인해 본다.

(2) 각각의 세분시장별로 어떤 소비자들의 구매 선호패턴이 존재하는지, 지속적인 향우 성장성이 기대되는지, 산업이나 제품의 수명주기 상에서 어떤 위치에 있는지, 제품에 대한 경쟁자 대비 차별화 가능성은 존재하는지 등의 세분시장 특성 및 성장성에 대한 분석을 실시해본다.

(3) 외부 환경적 요인들에 의한 발생 가능한 위험요소나 현재 위험요소로 존재하는 것들은 없는지 확인해 본다. 아무리 긍정적 선호가 창출이 기대되는 세분시장이더라도 상대적 위험도가 매우 높다면 최종 표적시장으로 선정할 것인지를 충분히 고민해보고 결정해야만 한다.

(4) 현재까지 파악되지 않은 새로운 경쟁자의 등장이나 시장 자체적인 대체상품의 등장 가능성이 존재하는가 확인해 본다. 또한 현재의 경쟁자들은 어느 정도로 시장 내에서 마케팅 경쟁력을 보유하고 있는지도 중요한 평가의 요소가 된다.

(5) 자사와의 적합성에 대한 고려가 필요하다. 자사의 사명이나 달성목표와 상이한 세분시장이나 자사의 자원 역량과 비추어 접근 가능성이 매우 낮거나 전혀 존재하지 않는다면 아무리 선호되어지는 세분시장이라 하더라도 현재 수준에서 곧바로 시장에 진출하여 성과를 창출하기에는 무리가 있으며, 오히려 실패 확률이 높아지게 된다.

2 표적시장 선정

(1) 유일세분시장 집중화
유일세분시장에 집중화하게 되면 마케팅 역량 및 전략에 집중화를 가져올 수 있으며, 해당 세분시장 내에 존재하는 소비자들의 욕구에 보다 최적으로 맞출 수 있기 때문에 강력한 위치를 확보할 수 있다.

또한 일부의 기업들은 한정판매와 같이 소량 판매 전략을 펼침으로써 고가정책을 수행하기 용이하며, 해당 세분시장 내에서 최고의 경쟁력을 유지하게 될 때에는 높은 투자수익률을 획득할 수 있다. 그러나 대체제의 출현 등으로 인해 다른 유일세분시장이 자사의 시장을 완전히 잠식해버리는 경우 시장 자체가 사라지게 되거나 급격하게 산업 및 제품수명주기가 짧아지는 현상에 직면할 수도 있다.

(2) 상품전문화

상품에 대해 전문화하는 표적시장 공략은 동일한 상품군을 다양한 관련시장에 진출시키는 것이기 때문에 자사의 제품 역량이 다수의 세분화된 시장에 대해 충분한 구매욕구로 작용 가능해야만 한다. 예를 들어 실험실 도구를 전문적으로 판매하는 기업이 정부기관, 기업연구소, 공대 등에 납품하게 되는 경우와 같다. 이러한 경우 동일한 제품군이지만 상황에 따라서는 동일한 제품이 각각의 시장에 납품되기도 하고 기업은 고가의, 대학은 저가의 상품이 판매될 수도 있을 것이다.

이러한 실험실 도구만을 전문적으로 모든 관련 시장에 납품하게 되면 해당 제품에 대한 높은 명성과 신뢰를 확보할 수 있다. 그러나 한편으로는 동일한 시장에서 경쟁자의 출현이나 대체제 또는 대체기술의 출현 등은 여전히 위험적 요소로 자리잡게 된다.

(3) 시장전문화

상품전문화와 반대로 시장에 전문화한 표적시장 공략은 시장 자체는 하나이지만 상품군을 다양하게 확보하는 것이다. 예를 들어 기업연구소만을 시장으로 선정하고 기업연구소에서 요구하는 비커나 스포이드 등의 실험실 도구뿐만 아니라 실험기기, 실험복 등 전반적인 관련상품들을 모두 취급하는 것이다. 이러한 경우 해당 시장 내에서 모든 상품군을 통해 고객들에게 서비스하는 토탈케어 이미지를 확보할 수 있어 높은 명성을 기대할 수 있다. 그러나 자사가 거래하는 시장이 하나이기 때문에 해당 시장 내에서의 전체적인 수요감소가 발생한다면 위험에 직면할 수 있다. 예를 들어, 경제적인 환경 변화로 기업들이 새로운 연구개발 투자를 전체적으로 감소시키게 된다면 기업연구소만을 거래하는 자사의 입장에서는 매우 큰 타격을 입을 수 있다.

(4) 선택적 전문화

선택적 전문화에 의한 표적시장 선정은 복수의 선정한 세분시장들이 각각 다른 시장과 다른 제품으로 이루어진 경우이다. 각각의 세분시장들이 모두 매력적이며 자사의 자원을 충분히 활용가능하다고 할 때 공략할 수 있는 유형이다. 이는 마치 대형할인매장에서 다양한 상품을 모두 모아 판매하는 것과 같다. 중요한 것은 각가의 시장들이 자사의 사명과 목표에 적합한가의 문제이다. 자사의 자원을 활용하는 데 크게 문제가 되지는 않지만 자사의 기업 설립 목표가 훼손된다면 오히려 기업의 이미지나 정체성에 타격을 줄 수 있기 때문이다.

(5) 단일제품 전체시장

단일제품에 대해 전체시장을 공략하는 경우는 세분시장을 두지 않고 전체시장을 바라보는 것으로 대부분 대기업들과 대기업들이 수행하는 산업 분야가 이에 속하는 경우가 많다. 예를 들어 자동차 완성품 산업은 중소기업들이 공략하기에는 무리가 있다. 대표적인 단일제품 전체시장 확보 전략을 펼치는 기업으로는 코카콜라를 들 수 있다.

일반적으로 단일제품 전체시장 공략 시에는 대량 마케팅을 기준으로 하여 대량 생산으로 인한 원가개선, 저렴한 원가에 근거한 상품가격 책정 등이 용이해진다. 따라서 경쟁자들이 진출하더라도 충분한 경쟁력을 보유하게 되면 가격인하 등을 통해 시장을 유지시키기도 한다.

(6) 다수제품 전체시장

다수제품으로 다수의 시장을 세분화하여 공략하되 이러한 세분시장들이 전체시장을 대변하는 경우를 의미한다. 일반적으로 방송국들은 뉴스, 시사보도, 예능, 드라마 등을 모두 만들어 제공하고, 각각의 방송 프로그램들은 제각각 표적으로 하는 고객층을 정해 공략한다. 그러나 이러한 TV시청 시장은 모든 시청자들을 전체시장으로 하는 것과 같다.

물과 관련한 전기생활용품을 판매하고자 하는 중소기업의 경우 정수기, 비데, 가습기 등을 모두 출시한다고 할 때 각각의 시장이 차별적이지만 자사의 달성목표와 일치하며 자사의 전기용품 개발 및 생산역량과도 일치하는 경우이다. 각각의 제품들이 시장과 소비자가 다르지만 이러한 경우 소비자들은 긍정적으로 기업의 이미지를 평가하게 된다.

그러나 다수제품 전체시장을 공략하는 경우 출시되는 상품마다 경쟁자가 다르거나 매우 많을 수 있으며, 각각의 산업별로 다양한 환경변화가 예측되기 때문에 전반적인 마케팅 관리 비용이 많이 소요될 수 있다. 또한 어느 세분시장의 긍정적 성과가 부족한 성과의 세분시장으로 이동되어 기업 전반적인 수익 구조에 있어 불리한 결과를 초래할 수도 있다는 단점을 지닌다.

○✕로 점검하자

※ 다음 지문의 내용이 맞으면 ○, 틀리면 ✕를 체크하시오. [1~10]

01 각각의 세분시장은 내부적으로는 기준에 대해 이질성을 지녀야 하며, 다른 세분시장에 대해서는 동질성을 확보해야만 한다. ( )

02 미국의 자동차회사들은 행동분석적 변수를 활용하여 여성을 표적시장으로 삼아 이에 맞는 광고를 특별히 고안하여 여성 잡지에 게재하고 있다. ( )

03 편익(Benefit)에 의한 세분화는 한 가지 상품에 대해서도 소비자들이 근본적으로 추구하는 편익은 서로 틀릴 수 있다는 가정하에 시장을 세분화하는 방법이다. ( )

04 구매 초기 단계의 고객들은 신속성과 높은 기술수준, 거래 프로세스 상에서의 용이한 구입 등을 요구한다. ( )

05 상표충성도(Brand loyalty)란 소비자가 특정상표를 꾸준히 구입하는 일관성의 정도를 말한다.
( )

06 필립 코틀러는 산업재 시장 세분화에 있어 시장과의 거리에 따라서 세분시장을 선정하여 각각에 적합한 마케팅 믹스 전략을 수행해야 한다고 주장했다. ( )

07 산업재 시장의 경우 전체시장의 규모나 구매자의 수 등이 일반 소비재 시장보다는 상대적으로 적은 편이나 구매량이나 매출액 규모는 훨씬 더 크고 높은 편이다. ( )

08 유일세분시장은 독점적 성격으로 인하여 산업 및 제품 수명주기가 다른 시장들에 비해 상대적으로 길다. ( )

정답과 해설 01 ✕ 02 ✕ 03 ○ 04 ✕ 05 ○ 06 ✕ 07 ○ 08 ✕

01 각각의 세분시장은 내부적으로는 기준에 대해 동질성을 지녀야 하며, 다른 세분시장에 대해서는 이질성을 확보해야만 한다.

02 쉐보레(Chevrolet)는 인구통계적 변수를 활용하여 광고예산의 30%까지 할당하고 있으며 쉐비(Chevy)사는 직업여성 단체들을 적극적으로 후원하는 방법으로 이들 시장에 접근하고 있다.

04 일반적으로 구매 초기 단계의 고객들은 구매로 인한 위험과 문제점을 즉각 해결할 수 있는 서비스를 희망한다.

06 산업재 시장에서 필립코틀러는 거래의 빈도에 따라 마케팅 믹스 전략이 필요하다고 하였다.

08 대체제의 출현 등으로 인해 다른 유일세분시장이 자사의 시장을 완전히 잠식해버리는 경우 시장 자체가 사라지게 되거나 급격하게 산업 및 제품수명주기가 짧아지는 현상에 직면할 수도 있다.

09 시장에 전문화한 표적시장 공략은 시장 자체는 하나이지만 상품군을 다양하게 확보하는 것이다.
( )

10 단일제품에 대해 전체시장을 공략하는 경우는 전체시장보다는 분화된 세분시장을 바라보는 것으로 대부분 중소기업들 간의 산업 분야가 이에 속하는 경우가 많다. ( )

정답과 해설   09 O   10 ×

10   단일제품에 대해 전체시장을 공략하는 경우는 세분시장을 두지 않고 전체시장을 바라보는 것으로 대부분 대기업들과 대기업들이 수행하는 산업 분야가 이에 속하는 경우가 많다.

01 **시장세분화의 조건에 해당하지 <u>않는</u> 것은?**

① 측정가능성
② 접근가능성
③ 외적동질성
④ 실제성

02 **시장세분화 기준 중 라이프스타일이나 사회계층 등을 활용하는 것은?**

① 지리적 기준
② 인구통계적 기준
③ 심리분석적 기준
④ 행동분석적 기준

03 **다음 중 AIO분석을 활용한 시장세분화에 해당하지 <u>않는</u> 것은?**

① 소비자들의 자신들의 시간을 어떻게 보내는가?
② 주요관심사, 즉 소비자들이 자신들의 주변환경과의 독립에 부여하는 정도
③ 자기자신과 자기주위에서 일어나고 있는 여러 가지 사항에 대한 자신의 의견
④ 소득, 나이, 교육정도, 주거지역 등과 같은 기본적인 특성

01 세분시장은 내부적으로는 기준에 대해 동질성을 지녀야 하며, 다른 세분시장에 대해서는 이질성을 확보해야만 한다.

02 심리분석적 변수에는 사회계층, 생활양식, 개성 등이 포함된다.

03 AIO에서는 주요관심사, 즉 소비자들이 자신들의 주변환경에 부여하는 중요성의 정도를 활용하여 분석을 진행한다.

정답 01 ③ 02 ③ 03 ②

안심Touch

04 시장세분화를 결정할 때에는 시장이 충분한 규모일 필요가 있다.

04 시장세분화에 대한 설명 중 옳지 <u>않은</u> 것은?

① 세분시장은 소규모일수록 좋다.
② 시장세분화는 효율적인 마케팅 운용을 가능하게 한다.
③ 소비자를 구분하는 명확한 기준이 없다.
④ 세분시장에서는 동질성이 필수 요소이다.

05 마케팅 관리자의 숙련도는 시장세분화의 요건과는 거리가 멀다.

05 다음 중 시장세분화의 요건에 해당하지 <u>않는</u> 것은?

① 충분한 시장규모가 확보되어야 한다.
② 효과적인 마케팅 프로그램이 개발될 수 있어야 한다.
③ 접근가능성이 좋아야 한다.
④ 숙련된 마케팅 관리자가 있어야 한다.

06 인구통계학적 변수는 가장 실증적인 변수에 해당한다.

06 심리분석적 변수에 대한 설명 중에서 옳지 <u>않은</u> 것은?

① 심리분석적 변수는 세분시장의 구체적인 욕구를 확실하게 제시하지 못한다.
② 심리분석적 변수는 인구통계학적에 비하여 측정이 용이하다.
③ 사회적 계층은 하나의 변수에 의하여 형성되지 않는다.
④ 인구통계학적 변수에 비하여 더 구체적인 고객정보가 필요하다.

정답 04 ① 05 ④ 06 ②

07 시장세분화의 강점에 대한 설명으로 옳지 <u>않은</u> 것은?

① 시장의 기회를 더욱 쉽게 포착한다.
② 규모의 경제를 달성할 수 있다.
③ 시장의 수용에 신속한 대처가 가능하다.
④ 경쟁사와 차별화가 용이하다.

08 소비자가 상표에 대해서 알고 있는 정도와 관심의 정도 그리고 구매의욕 정도에 따라 시장을 세분화하는 것은 무엇인가?

① 구매준비단계에 의한 세분화
② 재화의 사용량에 따른 세분화
③ 다수세분화 변수에 따른 세분화
④ 상표충성도에 따른 세분화

09 필립 코틀러가 거래빈도에 따라 구분한 시장에 해당하지 <u>않는</u> 것은?

① 구매 전 잠재고객
② 구매 초기 단계의 고객
③ 현재와 다른 거래처를 지향하는 고객
④ 지속적 거래를 하고 있는 고객

07 규모의 경제 극대화는 시장세분화의 이점에는 해당하지 않으며 이는 비차별적 마케팅의 목적에 해당한다.

08 구매준비단계(Readiness Stage)에 의한 세분화란 소비자가 상표에 대해서 알고 있는 정도와 관심의 정도 그리고 구매의욕 정도에 따라 시장을 세분화하는 것이다.

09 필립코틀러는 산업재 시장 세분화에 있어 거래의 빈도에 따라서 세분시장을 선정하여 각각에 적합한 마케팅 믹스 전략을 수행해야 한다고 주장하면서 이에 대한 거래 상황별로 다양한 새로운 세분화 기준이 활용되어지거나 적절한 마케팅 믹스 전략의 수행이 세분화될 수 있다고 지적하였다.

정답 07 ② 08 ① 09 ③

안심Touch

checkpoint **해설 & 정답**

주관식 문제

01
정답 지리적 변수로서 거주지역, 도시크기 등이 이에 해당한다. 지리적 세분화는 거주지역, 도시크기, 기후, 인구밀도 등의 변수를 주로 사용한다. 기후변수에 따른 시장세분화의 예는 냉장고라든지 타이어 등에서 흔히 볼 수 있다.

02
정답 라이프스타일, 활동, 관심, 의견
해설 심리분석적 변수의 대표적인 것이 라이프스타일로서 이는 AIO 분석(사람들의 활동영역(Activity), 관심(Interest), 의견(Opinion)에 따라 시장을 구분하는 방법)을 활용한다.

01 미국보다 캐나다에서 더 많은 스노우 타이어를 개발·보급하고 있는 이유를 시장세분화 기준을 중심으로 쓰고 이때 활용되는 조사자료들의 예시를 두 가지 이상 제시하시오.

02 다음 빈칸에 들어갈 내용을 순서대로 쓰시오.

심리분석적 세분화 기준을 대표하는 변수는 (   )이라 할 수 있다. 이는 사회 전체 혹은 그의 일부가 지니는 총체적인 의미에서의 생활방식으로 정의된다. 이 방법은 사람들의 (   ), (   ), (   )에 따라 시장을 구분하는 방법인데 영문의 첫 글자를 따서 흔히 AIO 분석이라고 한다.

03 다음 내용을 읽고 타이멕스 사의 시장세분화 전략을 쓰시오.

> 타이멕스(Timex)사는 '손목시계를 사는 사람의 약 23%는 값이 싼 것을 원하고, 46%는 품질과 견고성을 중시하여 구매하며, 31%는 과시용으로 구매한다.'는 마케팅조사 결과를 내렸다.

03

정답 편익에 기초하여 시장을 세분화하여 보석상이 아닌 백화점과 약국 등을 통하여 박리다매의 마케팅을 시행하였다.

해설 타이멕스사는 셋째 시장을 포기하고 첫째 시장과 둘째 시장을 공략하기로 하고 아주 싼 가격의 시계를 생산하여 보석상 대신에 대중들이 많이 이용하는 백화점과 약국 등을 통하여 판매함으로써 세계굴지의 시계회사로 성장하였다.

04 다음 표의 ㉠, ㉡, ㉢에 들어갈 내용을 순서대로 쓰고 그 중 가장 측정이 힘든 기준이 무엇인지 쓰시오.

(㉠)	(㉡)	행동적 특성	(㉢)
경제성 (싼 상표)	남자들	치약을 다량 사용	독립적, 가치지향적
충치 예방	대가족에 속해 있음	치약을 다량 사용함	보수적, 우울증
하얀 이	청소년	담배를 피움	활동적, 사교적
치약 향기	어린이들	향기나는 치약 선호	쾌락추구, 자아몰입

04

정답 ㉠ 추구하는 편익
㉡ 인구통계적 특성
㉢ 심리분석적 특성
심리분석적 특성은 가장 측정이 어렵다.

checkpoint 해설 & 정답

05

정답 무겁고 물적유통 비용이 많이 소요
될수록 납품가격이 상승하고 관리적
비용이 높아지기 때문이다. 해산업
재 시장은 원자재 및 부품인 경우가
많기 때문에 자사가 납품하는 거래
처가 자사와 근거리에 있는가 원거
리에 존재하는가가 중요한 의사결정
의 기준이 된다.

06

정답 측정하기가 힘들다. 세분화한 후 일
반적인 촉진프로그램이나 유통시스
템을 도입하기 어렵다.

해설 심리분석적 변수는 인간의 내면을 다
루기 때문에 양적측정이 쉽지 않으
며, 세분시장 접근이 힘들다. 또한 심
리분석적 변수와 고객의 욕구 사이의
상관관계가 모호한 경우가 많다.

05 산업재 시장에서 자사의 위치와 근거리에 있는 납품처를 1차적
우선 시장으로 공략하는 경우가 많고, 경우에 따라서는 자사가
납품처와 근거리로 자사의 위치를 이동시키는 이유가 무엇인지
쓰시오.

06 심리분석적 변수의 한계점을 2가지 이상 제시하시오.

고득점으로 대비하는 가장 똑똑한 수험서!

제 **9** 장

브랜드 포지셔닝

합격의 공식 **시대에듀**

잠깐!

혼자 공부하기 힘드시다면 방법이 있습니다.
시대에듀의 동영상강의를 이용하시면 됩니다.
www.sdedu.co.kr → 회원가입(로그인) → 강의 살펴보기

제9장 브랜드 포지셔닝

제 1 절 포지셔닝 전략 개발

오늘날 지속적인 경제성장과 소득수준의 향상으로 소비자의 욕구와 가치가 다양하게 변화하고, 이에 따라 소비자에게 제품을 판매하기 위한 기업 간의 경쟁이 날이 갈수록 치열해 지고 있다. 또한 기술수준의 평준화와 함께 새로운 제품이 급격히 증가함에 따라 특정 기업의 제품을 구별하는 것이 어렵게 됨으로써 자사의 제품을 소비자에게 차별적으로 인식시키려는 기업의 노력은 더욱 심화되고 있다. 기업이 자사의 브랜드를 소비자들에게 어떻게 인식하도록 할 것인가는 기업의 이익과 성장에 매우 중요하기 때문에 소비자들에게 자사의 제품을 차별적으로 인식할 수 있도록 하는 효과적인 마케팅 전략이 요구되고 있다. 이에 따라 기업의 경영자는 변화하는 소비자의 욕구와 필요를 파악하고, 이를 제품에 반영시키기 위해 소비자와의 커뮤니케이션을 끊임없이 행하여야 하며, 경쟁제품과 자사제품을 차별화시켜 소비자들로 하여금 자사제품에 대해 독특한 이미지를 갖도록 만들어야 한다. 이러한 노력의 접근방법으로서 중요시되는 것이 바로 포지셔닝 전략이다.

1 제품 포지셔닝 전략의 접근 방법 중요도 상중하

(1) 제품 속성에 의한 포지셔닝 전략

제품의 속성이나 특징을 관련시켜 포지셔닝 전략으로 전개하는 가장 많이 이용되는 방법이다. 그것은 제품 차별화가 소비자를 설득시키기에 가장 용이할 뿐 아니라 기술개발로 인한 차별화 요소가 지속적으로 늘어날 수 있기 때문이다. 미국 수입자동차 시장에서 닛산(Nissan)과 도요타(Toyota)는 '경제성'과 '신뢰성'을 강조했고, 폭스바겐(Volkswagen)은 '돈에 대한 가치'의 이미지를 사용했다. 한 제품은 동시에 두 가지 또한 보다 많은 속성에 기초하여 포지션 할 수 있으나 너무 많은 속성을 포함시키게 되면 혼동되는 이미지 결과를 가져올 수 있다.

(2) 가격, 품질에 의한 포지셔닝 전략

소비자들은 수많은 제품의 품질을 평가할 수 있는 능력이 없기 때문에 가격으로써, 제품의 질을 평가하려는 경향이 있다. 즉, 고가 제품인 경우에는 소비자들은 당연히 제품의 품질, 서비스 기타 사항이 저가 제품보다 월등히 뛰어나리라고 생각하고 있다.

(3) 사용 또는 용도에 의한 포지셔닝 전략

소구 제품의 적절한 사용 또는 용도를 제시하는 포지셔닝 방법이다. "놀러 갈 땐 귀밑에 딱 붙여 주세요."라는 캠페인으로 귀밑에 붙이는 멀미약 '키미테'는 소비자에게 사용 용도를 차별화하여 경쟁 제품과 비교하는 뚜렷한 이미지를 심었다.

(4) 제품 사용자에 의한 포지셔닝 전략

제품을 특정 소비자와 연관시키는 것으로 제품 사용자의 생활양식과 부합시키는 것이 효과적이다. 현대자동차의 그랜저 광고는 사회적으로 성공한 사람들을 묘사하여 최고급 품격 자동차로서의 소구점을 강조하였다.

(5) 제품 계층에 의한 포지셔닝 전략

소비자가 경쟁 실체를 어떤 근본적인 욕구 충족을 위하여 사용하느냐를 파악한 다음, 자사 제품의 용도와 이점을 경쟁 제품에 대비하여 광고 전략을 수립할 경우에 사용한다. 어떤 스포츠 음료는 사이다에 대응하여 위치지어지고 또 어떤 스포츠 음료는 주스에 대응하여 위치지어지고 있다.

(6) 경쟁자에 의한 포지셔닝 전략

타 제품의 포지션과 가시적, 묵시적인 비교가 되도록 타 제품을 하나의 준거점으로 새롭게 차별화시키는 방법이다. 경쟁 기업의 잘 구축된 이미지를 그것과 관련된 다른 이미지를 전달하는 데 효과적이다. 자동차 임대 회사인 Avis사의 "우리는 2위입니다. 그래서 우리는 더 열심히 노력합니다."라는 캠페인으로 제2의 Hertz로 자동차 임대 회사로 포지션한 경우이며, 또한 Seven-Up은 "Un-Cola"로서, Coke와 Pepsi에 대한 대체품으로 경쟁자를 피해서 제 3위의 청량음료로 위치지어질 수 있었다.

2 제품 포지셔닝 전략의 결정 과정 중요도 상중하

아커와 마이어즈(Aaker & Myers)는 포지셔닝 수립 과정으로 대상 제품이 어떠한 차원에서 어떠한 위치를 점하고 있는가를 파악하고 그것이 표적의 성질에 따라 어떠한 차이점이 있는지를 검토하여 선택하여야 할 위치를 결정하고 커뮤니케이션을 실시한 후 모니터해가는 일련의 과정을 제시하였는데, 다음과 같다.

(1) 경쟁자의 식별

실질적인 측면에서 직접적인 경쟁 대상뿐만 아니라 개념적인 측면에서 경쟁 대상을 고려해야 한다. 즉, 소비자가 구매시 고려하고 있는 다른 제품으로부터 구분되고 있는 것은 자사 제품의 구매에 영향을 미치는 경쟁 대상으로 파악해야 함을 의미한다. 이는 소비자의 구매 측면에서 경쟁 대상을 1차, 2차로 그 영역을 넓혀 가면서 파악해야 할 뿐만 아니라 대리점이나 소비자의 구매 의지에 의해서도 경쟁 대상에 관한 정보를 얻을 수 있다. 또한 제품 사용 상황과 관련하여 연관성이 있는 경쟁 대상을 파악할 수 있다.

(2) 경쟁 대상의 분석

제품 특징 및 소비자의 이점을 포함한 제품 속성뿐만 아니라, 제품의 사용 패턴이나 용도, 제품 사용자를 분석한다. 즉, 경쟁 대상의 개별적인 물리적 특성과 질적인 측면, 전체적인 이미지를 분석한다. 그러므로 소비자와 관련된 제품속성의 확인, 상표 이미지를 분석하는 가운데에서도 가장 중요한 과정이다.

(3) 경쟁 대상의 위치 파악

지각도를 통하여 경쟁자의 위치를 파악하여 유사성과 경쟁 관계를 분석할 뿐만 아니라 시장진입 가능성을 예측할 수 있다. 이를 위한 분석기법으로 다차원 척도법(multi-dimensional scaling)이 많이 활용된다.

(4) 소비자의 분석

소비자가 어떤 제품을 원하고 있으며, 어떤 속성이 그들에게 매력적인가를 소비자 분석을 통하여 알아보고, 소비자 행동의 모든 측면이 제품속성과 관련하여 분석되어야 한다. 그리고 분석된 소비자 행동은 마케팅 믹스 요인과 기업의 경영 이념과도 고려하여 분석되어야 한다.

(5) 포지셔닝의 결정 과정

포지셔닝을 결정하는 데 있어서는 수많은 조사를 통하여 분석된 결과에 의해 결정되지만, 보다 더 실질적인 차원에서 주관적인 판단도 무시할 수 없다. 최종적으로 포지셔닝 의사 결정을 확정하기 전에 다음의 몇 가지 사항들이 검토되어야 한다.

첫째, 포지셔닝의 경제성을 분석한다. 잠재적인 시장 크기와 시장 침투의 가능성이 잠재하는 잠재 시장이나, 경쟁 상태에서 우위를 점유할 수 있는 시장에 침투하고 있는가를 검토한다.

둘째, 포지셔닝은 시장세분화와 밀접한 관계가 있으므로, 이에 의하여 목표 시장을 분명하게 설정하여야 한다.

셋째, 광고가 성공적이라면 지속적으로 유지하여야 한다.

넷째, 제품이 가지고 있지 않은 점에 대하여 알리려고 노력하지 말아야 한다. 과장이나 허풍으로 광고를 하면 제품의 포지셔닝이 완전히 이루어졌다 할지라도 실제적으로 소비자는 믿지 않을 것이다.

다섯째, 상징을 고려하여야 한다. 포지셔닝하는 브랜드나 제품의 이미지, 개성을 상징적으로 표현할 수 있는 것이라면 더욱 더 효과적이다.

(6) 포지셔닝의 사후 관리

포지셔닝 목표도 사후 측정될 수 있어야 한다. 이러한 사후 관리 시스템은 자사가 포지셔닝하려고 했던 점이 정확하게 소비자에게 전달되었느냐는 사실의 확인이며, 이러한 조사를 정기적으로 실시함으로써 앞으로의 마케팅 전략의 수립에 고려될 수 있을 것이다.

(7) 재포지셔닝 전략

신제품에 대한 포지션뿐만 아니라 기존 제품도 판매침체나 감소로 인하여 재포지션 되어야 할 때가 있다. 즉 재포지셔닝 전략은 자사상표가 현시장에서 불리한 위치를 점하고 있을 때 상표를 재배치하거나 소비자에 대한 지각의 변화를 통해 자사상품을 유리한 방향으로 유도시키는 전략이다.

기업은 소비자들이 단지 자기상표를 어떻게 지각하느냐에 관심을 가지는 것이 아니라 자기 상품 이미지가 경쟁상표 이미지와 관련하여 어디에 위치하고 있느냐에 관심을 가지고 있다. 따라서 상표가 처음에 아무리 잘 시장에 포지션되었다 할지라도 다음과 같은 상황이 발생되었을 때 기업은 재포지셔닝을 고려해야 한다.

> 첫째, 경쟁사의 상표가 자사상표의 바로 옆에 포지션함으로써 시장점유율을 하락시킬 때
> 둘째, 고객의 선호가 바뀌었을 때
> 셋째, 새로운 고객 선호군이 형성되었을 때

따라서 기업경영자는 재포지셔닝 전략을 결정하려면 두 가지 요소를 고려하여야 한다.

첫째, 목표로 하고 있는 위치로 이동하는 데 소요되는 비용 문제이다. 비용에는 제품의 질을 변경하거나 포장 또는 광고들에 소요되는 비용이 포함된다. 일반적으로 재포지셔닝 비용은 재포지셔닝 거리에 비례하여 늘어난다. 상표이미지를 급격히 바꾸려 할수록 소비자가 지니고 있는 이미지를 바꾸는 데 더 많은 투자가 필요하다.

둘째, 새로운 위치에서 상표가 얻을 수 있는 수입의 규모이다. 이러한 수입의 규모는 선호군에 있는 소비자의 수와 평균 구매율, 경쟁수준, 경쟁상표의 가격 등에 달려있다.

재포지셔닝 전략은 많은 전략적 이점도 있지만, 한 상표에 대한 신념이나 지각이 이미 형성되면 변화시키기 매우 어렵기 때문에 신제품의 포지셔닝 전략보다 성공하기 어렵다는 위험도 있다. 그 예로 '필립모리스'사는 '밀러'에 대한 소비자지각을 변화시키기 위하여 무려 5년이나 걸렸으며, 계속적인 캠페인을 하지 않으면 안 되었다.

제 2 절 포지셔닝 전략 커뮤니케이션

오늘날처럼 시장이 다양화되고 변화가 가속되는 상황에서 포지셔닝 전략 커뮤니케이션은 전략을 개발함에 있어서 아래와 같은 영역들과의 관계를 통하여 분석하고자 한다.

1 제품 시장 영역(product market boundary)과 포지셔닝의 관계 중요도 상중하

공급자는 일련의 소비자들에게 동일한 사용 상황하에서, 유사한 형태의 효용을 제공하므로 서로 대체적인 관계에 있다고 판단되는 일련의 제품들 간의 제품 영역과 구조를 파악하고 장기적인 측면에서와 단기적인 측면에서 자사의 제품 영역을 설정해야 할 필요가 있다.

제품 시장 영역을 좁게 규명하는 것은 단기적인 포지셔닝 전략에서는 적절한데 이는 현재의 직접적인 경쟁에 대처하기 위한 의사 결정과 상응하기 때문이며, 포지셔닝맵에서도 현재 직접적인 경쟁이 되고 있는 제품들과

의 상대적인 위치를 파악하는 데 주력하여 소비자들의 선호 체계나 평가 기준을 이해하는 데 초점이 주어지게 된다.

반면, 장기적인 제품 시장 영역의 결정은 현재의 동일 제품과의 직접적인 경쟁뿐만 아니라 미래의 잠재적인 제품과의 경쟁을 고려하여야 한다. 이때에는 포지셔닝 전략의 초점이 잠재적인 제품과 자사 제품의 관계를 소비자들이 어떻게 평가하고 있는지, 그리고, 소비자들이 찾고 있는 효용이 무엇인지로 맞춰져야 한다.

2 시장세분화와 포지셔닝의 관계 중요도 ▶ 상 중 하

시장세분화 전략은 다양한 소비자 집단의 특성에 따라 전체시장을 세분화하고 각 세분시장(market segment)의 시장 구성비중 상품속성 등을 고려하여 목표시장을 선정하거나 각 시장에 적합한 마케팅 믹스(marketing mix)를 형성하는 것이 가장 기본적인 요소라 할 수 있다. 이러한 세분시장은 각각 선호도나 마케팅 활동에 대한 반응 및 수익성이 다르며 기업이나 상품의 성격에 따라 시장에 대한 만족도도 다르기 때문에 시장을 세분화하고 목표시장을 선정하는 것이 가장 먼저 실행되어야 한다.

시장 세분화는 일정 기간에 걸쳐서 특정 제품의 마케팅 활동에 대한 예상반응이 유사한 예상 소비자들을 집단화하는 것으로 정의할 수 있으며, 여기에는 다음의 두 가지 중요점이 언급되어 있다. 첫째, 소비자들은 그들의 인구 통계적 특성이나 사회 심리적 특성 등에서 유사한 점이 많으므로 마케팅 활동에 대한 반응이 비슷한 집단으로 분리할 수 있다. 둘째, 어떤 집단 또는 세분시장도 시간의 경과에 따라서 구매 활동의 양상이 변화하므로 필연적으로 시간적 제약 조건을 내포하고 있다는 것이다.

결론적으로 시장세분화는 일정 기간에 걸쳐서 특정 제품의 마케팅 활동에 대한 예상반응이 유사한 예상 소비자들을 집단화하는 것이며, 역으로 이렇게 세분화된 시장을 기업의 가능한 환경, 자원적 요소에 따라 다시 부분적으로 통합해가는 과정이라고 할 수 있다. 시장세분화와 포지셔닝은 서로 분리되어 하나의 전략으로 시행되거나 또한 그 결과를 산출해 낼 수 없는 불가분의 관계에 있는 것이다.

포지셔닝에서 무엇보다 중요한 것은 객체나 주체의 역할을 수행하게 될 소비자와 제품의 정확한 속성을 파악하는 것인데 이와 같은 것들이 시장세분화로 이해될 수 있으며, 앞서의 제품시장에 대한 분석이 진행되면 다음 단계는 시장 즉, 소비자집단의 욕구나 태도의 수준을 파악해서 전체시장과 세분시장간의 관계를 정립하여 목표시장을 설정하거나 세분시장의 비중을 결정하는 것이다.

여기서 후자의 단계가 곧 시장세분화이며, 자사의 상표를 어느 세분시장에 위치하게 할 것인가 또는 어느 세분시장에 주력하여야 할 것인가를 결정하는 것이 포지셔닝의 단계인 것이다. 그러므로 결국 정확한 목표시장에 적절한 제품을 제공하려는 관점에서 본다면 시장세분화와 포지셔닝은 일치하게 되며, 또 이들은 불가분의 관계에 있다고 할 수 있다.

3 커뮤니케이션과 포지셔닝의 관계 중요도 상중하

커뮤니케이션의 궁극적인 목표는 소비자들로 하여금 자사 제품을 구매하도록 유도하는 것이지만, 커뮤니케이션의 반응은 다양하게 나타나고 있다. **코틀러는 이를 인지적 단계(cognitive stage), 감각적 단계(affective stage), 행동 단계(behavior stage)로 나누어 반응 구조(response hierarchy)를 구분하였다.** 따라서, 기업의 제품, 광고, 포장 등이 소비자의 선택을 받아 지속적으로 소비자의 의식 속에서 살아남아 궁극적으로 제품 구매까지 유도할 수 있기 위해서는 소비자 각 세분 집단들이 추구하는 이미지가 어떤 것인지를 파악하여 제품의 이미지를 이와 일치하도록 개발하여, 이를 소비자들에게 지속적으로 전달하는 꾸준한 노력이 이루어져야 한다. 그러므로 커뮤니케이션은 단기적인 목표뿐만 아니라 장기적인 목표를 갖고 행하여져야 한다. 이때 커뮤니케이션의 기본 철학은 포지셔닝이며 이는 포지셔닝의 지원 전략으로서의 역할을 말한다.

커뮤니케이션의 궁극적인 목표가 판매에 있다고 할 때, 이는 소비자들의 취향에 맞는 제품을 소비자들로 하여금 그들의 욕구를 충족시킬 수 있다는 확신을 갖게 함으로써 소비자로부터의 구매 행위를 유도하는 것이며, 또한 경쟁 제품과 구별되는 제품의 이미지를 갖도록 자사 제품의 포지셔닝을 하는 과정이다.

그러나 기업이 커뮤니케이션 도구를 훌륭하게 배합한다고 해도 소비자들로부터 획일적인 반응을 기대하는 것은 비현실적이다. 기업이 의도했던 대로 소비자들은 반응을 보이지 않는다. 이는 기업이 추구하는 이상적인 위치와 소비자들이 직접, 간접으로 제품을 경험하여 보면서, 느끼는 제품의 위치와는 차이가 있기 때문이다. 이는 소비자들이 서로 다른 가치관을 가지고 있음에도 원인이 있겠지만, 기업과 소비자 간에 커뮤니케이션 과정 내에서 잡음으로 인한 오해가 발생하기 때문이다. 이러한 잘못된 소비자의 인식으로 인하여 기업이 나쁜 영향을 받는다면 기업의 전략적인 포지셔닝에 상당한 장애가 될 것이다.

4 신제품 개발과 포지셔닝의 관계 중요도 상중하

기업에서 성공적으로 신제품을 내기 위해서는 많은 시간과 비용을 투자하여 전사적 차원에서 마케팅 활동이 집중되고 각각의 기능 분야의 밀접한 협조하에서만 가능하다. **신제품 개발 과정은 기회의 발견, 제품 계획, 시험 판매, 시장 도입, 이익 관리 등으로 나눈다.** 이러한 제품 계획 단계에서 고려해야 할 요소는 제품의 포지셔닝이다. 아이디어가 아무리 좋다고 할지라도 포지셔닝이 잘못되어 있는 제품은 성공적인 결과를 가져올 수 없으며, 이 단계에서는 실패하면 결코 다음 단계로 넘어갈 수 없는 것이 신제품 개발 과정의 특징이다.

신제품은 외형적으로는 제품이면서도 심리적으로는 포지셔닝이다. 소비자의 욕구를 만족시키기 위한 심리적 포지셔닝이 효용을 제공하기 위한 물리적인 제품의 개발만큼이나 중요한 것이다. 이는 제품 자체만이 아니라, 광고와 판매촉진에 의해서 제품의 포지셔닝이 결정되는 것이기 때문에 마케팅 활동의 중요성을 매우 부각되는 것이다.

제 3 절 차별화 전략

효과적인 차별화는 분명히 성공적인 포지셔닝 전략의 핵심이다. 마이클 포터는 그의 저서 '경쟁 우위'에서 다음과 같이 차별화를 설명하고 있다.

"차별화 전략을 수립할 때, 기업은 고객이 가치 있게 여기고, 다르다고 지각하며, 추가 비용을 지불할 만한 특성을 가진 독특한 제품 및 서비스를 제공함으로써 경쟁한다."

기업이 수행할 수 있는 차별화 전략으로는 4가지가 있다.

1 제품 차별화 중요도 상 중 하

스마트폰 경쟁에서 애플의 아이폰과 삼성의 갤럭시가 경쟁하고 있다. 애플은 아이튠, 아이팟과 같은 차별적 요소를 강조하고, 삼성은 안드로이드, 애프터서비스 등을 강조하면서 스마트폰으로서의 차별화가 뚜렷하게 나타나고 있다. 제품 차별화는 유형의 차별화와 무형의 차별화로 나눌 수 있다. 전자는 크기, 모양, 중량, 색상, 디자인, 기술적인 면에서 소비자의 선호에 따라 눈으로 관찰할 수 있는 제품 특성을 말하며, 후자는 성능, 내구성, 신뢰성, 속도, 안전성과 같은 보이지 않으나 소비자가 느끼는 사회적이고 심리적인 차이를 말한다.

2 서비스 차별화 중요도 상 중 하

주문용이성, 배송, 설치, 고객교육, 고객컨설팅, 보수 등을 통해 차별화한다. 서비스마케팅에서 다루는 서비스 품질을 높여서 고객만족을 창출하려는 전체 노력은 이 범주에 해당한다.

3 인적자원 차별화 중요도 상 중 하

종업원의 기술, 능력, 예절, 신뢰성, 반응성, 커뮤니케이션 능력 등을 높이면서 차별화한다. 능력 있는 종업원을 채용하여 그들에게 우수한 능력을 함양하도록 교육·훈련시키고, 훌륭한 서비스를 제공하도록 동기유발시키는 내부마케팅의 과제가 부각되고 있다. 인적자원관리의 주제가 마케팅으로 들어온 분야이다.

4 유통 차별화 중요도 상중하

유통의 커버리지, 전문성, 성과 등을 높이면서 차별화한다. 다나와의 경우 인터넷으로 제품사양을 올리고, 인터넷 주문을 받아 주문조립 컴퓨터의 사양을 맞추어주는 유통 차별화를 통하여 경쟁력을 확보했다. 온라인과 오프라인 채널을 함께 이용하는 멀티채널 전략은 이제는 일반적인 전략으로 활용되고 있다.

5 이미지 차별화 중요도 상중하

소비자들은 이미지와 상징을 구매한다. 상징, 매체, 분위기, 이벤트 등을 통해 차별화가 나타난다. 이는 광고나 제품경험을 통해 형성된다. 이미지는 브랜드자산이 중요시되면서 더욱더 강한 경쟁력의 원천이 되고 있다.

OX로 점검하자

※ 다음 지문의 내용이 맞으면 O, 틀리면 ×를 체크하시오. [1~10]

01 "놀러 갈 땐 귀밑에 딱 붙여 주세요."라는 캠페인으로 귀밑에 붙이는 멀미약 '키미테'는 제품 계층에 의한 포지셔닝 전략이다. (   )

02 미국의 자동차회사들은 행동분석적 변수를 활용하여 여성을 표적시장으로 삼아 이에 맞는 광고를 특별히 고안하여 여성 잡지에 게재하고 있다. (   )

03 포지셔닝 전략이란 변화하는 소비자의 욕구와 필요를 파악하고, 이를 제품에 반영시키기 위해 소비자와의 커뮤니케이션을 끊임없이 행하여야 하며, 경쟁제품과 자사제품을 차별화하는 것이다. (   )

04 지각도를 통하여 경쟁자의 위치를 파악하여 유사성과 경쟁 관계를 분석할 뿐만 아니라 시장진입 가능성을 예측할 수 있는데 이를 위한 분석기법으로 비율 척도법이 많이 활용된다. (   )

05 사후 관리 시스템은 자사가 포지셔닝하려고 했던 점이 정확하게 소비자에게 전달되었느냐는 사실의 확인이며, 이러한 조사를 정기적으로 실시함으로써 앞으로의 마케팅 전략의 수립에 고려된다. (   )

06 마케팅 커뮤니케이션은 단기적인 목표가 아니라 장기적인 목표를 갖고 행하여져야 한다. (   )

07 신제품 개발 과정은 기회의 발견, 제품 계획, 시험 판매, 시장 도입, 이익 관리 등으로 나눈다. (   )

08 기업이 커뮤니케이션 도구를 훌륭하게 배합하면 소비자들로부터 획일적인 반응을 받아내는 것은 어렵지 않다. (   )

정답과 해설 01 × 02 × 03 O 04 × 05 O 06 × 07 O 08 ×

01 멀미약 '키미테'는 소비자에게 사용 용도를 차별화하여 경쟁 제품과 비교하는 뚜렷한 이미지를 심었다.

02 쉐보레(Chevrolet)는 인구통계적 변수를 활용하여 광고예산의 30%까지 할당하고 있으며 쉐비(Chevy)사는 직업여성 단체들을 적극적으로 후원하는 방법으로 이들 시장에 접근하고 있다.

04 경쟁 대상의 위치 파악을 위한 분석기법으로 다차원 척도법(multi-dimensional scaling)이 많이 활용된다.

06 마케팅 커뮤니케이션은 장단기의 목표 둘다 가지고 행해지며 이때 커뮤니케이션의 기본 철학은 포지셔닝이며 이는 포지셔닝의 지원 전략으로서의 역할을 말한다.

08 기업이 커뮤니케이션 도구를 훌륭하게 배합한다고 해도 소비자들로부터 획일적인 반응을 기대하는 것은 비현실적이다. 기업이 의도했던 대로 소비자들은 반응을 보이지 않는다.

09 마이클 포터에 의하면 "차별화 전략을 수립할 때, 기업은 고객이 가치 있게 여기고, 다르다고 지각하며, 추가 비용을 지불할 만한 특성을 가진 독특한 제품 및 서비스를 제공함으로써 경쟁한다."고 말했다. (   )

10 스마트폰 경쟁에서 애플의 아이폰과 삼성의 갤럭시가 가장 첨예하고 대립하고 있는 부분은 유통 차별화에 해당한다. (   )

정답과 해설   09 O   10 ×

   10   애플과 아이폰은 제품 차별화에 대한 좋은 사례이다.

01 MISSHA 타임 레볼루션 개똥쑥 라인은 광고에 개똥쑥의 효능을 강조하면서 특별한 성분을 부각하여 제품의 차별화를 시도했는데 이는 어떤 포지셔닝이라고 볼 수 있는가?

① 제품 속성에 의한 포지셔닝
② 이미지 포지셔닝
③ 경쟁에 의한 포지셔닝
④ 제품 사용자에 의한 포지셔닝

01 미샤 개똥쑥 라인은 차별적인 속성을 강조하므로 속성에 따른 포지셔닝에 해당한다.

02 차별화 마케팅의 장점이 <u>아닌</u> 것은?

① 회사에 대한 전반적 인식 변화를 기대할 수 있다.
② 마케팅 전략에 집중적 투자가 가능하다.
③ 전체적 소비자 만족도를 올리기 용이하다.
④ 세분화된 각 시장마다 판매율을 올릴 수 있다.

02 차별화 마케팅은 마케팅믹스의 운용이 복합적으로 일어나므로 상대적으로 많은 비용을 필요로 하기 때문에 마케팅 자산이 분산될 가능성이 크다.

03 포지셔닝에 대한 설명 중 옳지 <u>않은</u> 것은?

① 경쟁사보다 차별화된 특징을 알리는 것이 중요하다.
② 포지셔닝을 성공적으로 하려면 자사에 대한 파악이 선제되어야 한다.
③ 포지셔닝은 경쟁요인을 중점으로 한다.
④ 포지셔닝은 시장에서 제품의 정확한 위치를 나타낸다.

03 포지셔닝은 소비자 인식에서의 제품의 정확한 위치를 나타낸다.

정답 01 ① 02 ② 03 ④

해설 & 정답

04 속성을 차별할 때에는 보통 기본 속성과 차별화된 2개의 속성에 따라 차별화가 이루어진다.

04 속성과 편익에 의한 포지셔닝에 대한 설명 중 옳지 <u>않은</u> 것은?

① 가장 많이 사용되는 포지셔닝이다.
② 자사의 제품이 경쟁제품보다 소비자에게 다른 편익을 제공한다고 인식시키는 것이다.
③ 속성은 가장 대표적인 한가지 속성이어야 한다.
④ 경쟁제품에 의해 모방될 가능성이 있다면 리포지셔닝을 할 필요가 있다.

05 경쟁자에 의한 포지셔닝이란 타 제품의 포지션과 가시적, 묵시적인 비교가 되도록 타 제품을 하나의 준거점으로 새롭게 차별화시키는 방법이다.

05 주로 제품 간 비교방법으로 자사의 혜택을 강조하는 포지셔닝 전략은?

① 속성에 의한 포지셔닝
② 경쟁자에 의한 포지셔닝
③ 제품군에 의한 포지셔닝
④ 사용상황에 의한 포지셔닝

06 포지셔닝의 결정과정에서 고려해야 할 사항은 광고가 성공적이라면 지속적으로 유지하여야 한다.

06 포지셔닝의 결정과정에서 고려되는 사항이 <u>아닌</u> 것은?

① 경제성 분석
② 목표시장 설정
③ 광고의 일시적 정지
④ 제품의 가지고 있지 않은 점을 숨길 것

정답 04 ③ 05 ② 06 ③

07 재포지셔닝과 관련된 것은 옳지 <u>않은</u> 것은?

① 새로운 위치에서 상표가 얻을 수 있는 수입의 규모를 고려해야
한다.

② 소비자에 대한 지각의 변화를 기대한다.

③ 신제품의 포지셔닝 전략보다는 수월하다.

④ 이동하는 데 소요되는 비용이 큰 편이다.

07 재포지셔닝 전략은 많은 전략적 이점도 있지만, 한 상표에 대한 신념이나 지각이 이미 형성되면 변화시키기 매우 어렵기 때문에 신제품의 포지셔닝 전략보다 성공하기 어렵다는 위험도 있다.

08 코틀러의 마케팅 커뮤니케이션 단계에 해당하지 <u>않는</u> 것은?

① 행동 단계

② 성찰 단계

③ 감각적 단계

④ 인지적 단계

08 코틀러는 이를 인지적 단계(cognitive stage), 감각적 단계(affective stage), 행동 단계(behavior stage)로 나누어 반응 구조(response hierarchy)를 구분하였다.

09 기업이 수행할 수 있는 차별화 전략에 해당하지 <u>않는</u> 것은?

① 서비스차별화

② 구매차별화

③ 유통차별화

④ 인적자원차별화

09 구매차별화는 기업의 차별화 전략과는 무관하다.

정답 07③ 08② 09②

안심Touch

주관식 문제

01

정답 제품 차별화가 소비자를 설득시키기에 가장 용이할 뿐 아니라 기술개발로 인한 차별화 요소가 지속적으로 늘어날 수 있기 때문이며 이를 제품 속성에 의한 포지셔닝 전략이라고 한다.

해설 제품 속성에 의한 포지셔닝 전략은 제품의 속성이나 특징을 관련시켜 포지셔닝 전략으로 전개하는 가장 많이 이용되는 방법이다.

01 미국 수입자동차 시장에서 닛산(Nissan)과 도요타(Toyota)는 '경제성'과 '신뢰성'을 강조했고, 폭스바겐(Volkswagen)은 '돈에 대한 가치'의 이미지를 사용한 이유를 쓰고 이 전략이 무엇인지 쓰시오.

02

정답 유형의 차별화는 크기, 모양, 중량, 색상, 디자인, 기술적인 면에서 소비자의 선호에 따라 눈으로 관찰할 수 있는 제품 특성을 말하며, 무형의 차별화는 성능, 내구성, 신뢰성, 속도, 안전성과 같은 보이지 않으나 소비자가 느끼는 사회적이고 심리적인 차이를 말한다.

02 제품 차별화를 형태가 있는 것과 없는 것으로 구분하여 서술하시오.

03 다음 내용을 읽고 진에어의 차별화 전략이 무엇인지 쓰고 이를 위해 강조되는 마케팅이 무엇인지 쓰시오.

> 진에어의 청바지 유니폼과 캡모자는 승객들에게 좀더 친근하고 편안한 서비스를 제공하는 것을 목표로 하고 있다.

04 재포지셔닝 전략이 필요한 경우가 언제인지 두 가지 이상 쓰시오.

03
정답 인적자원 차별화, 내부마케팅
해설 진에어는 인적자원 차별화를 진행하여 종업원의 기술, 능력, 예절, 신뢰성, 반응성, 커뮤니케이션 능력 등을 높이고자 하였다. 그래서 훌륭한 서비스를 제공하도록 동기유발시키는 내부마케팅이 적극 활용되고 있다.

04
정답 경쟁사의 상표가 자사상표의 바로 옆에 포지션함으로써 시장점유율을 하락시킬 때, 고객의 선호가 바뀌었을 때, 새로운 고객 선호군이 형성되었을 때 등이다.
해설 재포지셔닝 전략은 자사상표가 현시장에서 불리한 위치를 점하고 있을 때 상표를 재배치하거나 소비자에 대한 지각의 변화를 통해 자사상품을 유리한 방향으로 유도시키는 전략이다.

해설 & 정답

05

정답 가격·품질에 의한 포지셔닝 전략, 제품 사용자에 의한 포지셔닝 전략, 소비자들에게 수많은 제품의 품질을 평가할 수 있는 능력이 없기 때문이다.

해설 가격과 제품 사용자는 제품의 질에 대한 파악이 힘들 때 사용되는 기준 중 하나이다.

05 어떤 소비자들은 가격으로 제품의 질을 평가하고 어떤 소비자들은 특정 소비자와 연관시켜 제품을 평가한다. 각각의 포지셔닝 전략을 순서대로 쓰고 이러한 경향이 나타나는 공통적인 이유를 쓰시오.

06

정답 경쟁자에 의한 포지셔닝 전략이며 경쟁 기업의 잘 구축된 이미지를 그것과 관련된 다른 이미지를 전달하는 데 효과적이다.

해설 자동차 임대 회사인 Avis사의 "우리는 2위입니다. 그래서 우리는 더 열심히 노력합니다."라는 캠페인을 통해 제2의 Hertz로서 자동차 임대 회사로 포지셔닝하였다.

06 자동차 임대 회사인 Avis사의 "우리는 2위입니다. 그래서 우리는 더 열심히 노력합니다."라는 캠페인을 통해 알 수 있는 포지셔닝 전략이 무엇인지 쓰고 이 전략의 장점을 쓰시오.

제 **10** 장

브랜드 자산

합격의 공식 **시대에듀**

잠깐!

혼자 공부하기 힘드시다면 방법이 있습니다.
시대에듀의 동영상강의를 이용하시면 됩니다.
www.sdedu.co.kr → 회원가입(로그인) → 강의 살펴보기

제 10 장 브랜드 자산

제 1 절 브랜드 자산

1 브랜드 자산의 개념

브랜드 자산이란 기업의 입장에서 볼 때 브랜드를 부착하기 이전보다 더 높은 가치를 확보하게 되는 가치의 상승분이라고 할 수 있으며, 소비자들이 브랜드를 사용하면서 얻게 되는 지식들로 인해 소비자들이 나타내는 반응이 강화됨을 의미한다. 브랜드 자산의 개념 및 특성에 대한 학자들의 정리는 다음과 같다.

[브랜드 자산의 개념 및 특성 정리]

연구자	발표년도	브랜드 자산의 개념 및 특성 정리
Bovee & Arens	1982	어떤 상표에 대해서 일정기간 동안 경쟁 상표와 비교해서 소비자, 유통업자, 판매원 등이 생각하고 느끼는 가치
Wilikie	1986	상표명에 속한 추가적인 가치
Farquhar	1989	고객이 브랜드에 대해서 가지고 있는 호의적인 태도로 인하여 그 브랜드를 부착한 상품의 가치가 브랜드를 부착하기 전의 가치보다 높아진 정도나 차이
Mclachlan & Mulhern	1990	기업·유통경로·소비자의 세 가지 관점으로 보아야 하며, 기업의 관점으로는 브랜드의 사용으로 인해 파생된 현금유입의 증가분
Aaker	1991	제품 및 서비스 가치에 더해진 브랜드나 심벌 등의 가치
Burnett & Moriarty	1992	상품에 가치를 더해주는 우수한 상표명의 이익
Keller	1993	브랜드에 대한 소비자들의 인지도 및 브랜드 이미지로 인해 나타나는 마케팅 효과
박찬수	1995	기업의 입장에서 소비자들이 브랜드를 인지함으로 인해 나타나게 되는 시장 점유율의 증대, 가격 상승, 신제품 진입시 유통 및 촉진 비용의 감소 등을 의미
안광호&이진용	1997	소비자의 관점에서 본다면 고객선호의 증가분을 의미하며, 기업의 입장에서 본다면 브랜드 부착 이전보다 매출액과 이익이 증가됨을 의미
박영석	1998	소비자 유통경로 참가자·기업의 입장에서 무상표일 때보다 더 높은 매출액과 마진율을 보장하며, 경쟁자에 비해 강하고 지속적이며 차별화된 우위를 제공하는 집합체

2 브랜드 자산의 유형

Aaker는 브랜드 자산의 유형으로서 브랜드 충성도, 브랜드 인지도, 제품의 시각된 품질, 브랜드의 연상 그리고 제3의 브랜드 자산으로 구분하였다.

(1) 브랜드 충성도

기업의 제품브랜드나 기업 브랜드에 대해 소비자들이 갖는 충성적 성향을 의미한다. 이러한 브랜드 충성도는 기업에게 있어 마케팅 비용의 절감을 가져오게 하며, 나아가 고객 확보 용이성을 증대시킨다.

(2) 브랜드 인지도

브랜드의 친숙성, 호감도 등을 의미하며, 구매의사결정과정에서 정보탐색을 단축시키는 역할을 하고 구매고려대상으로 인식되도록 하는 역할을 수행한다.

(3) 지각된 품질

브랜드를 통해 제품이 어떤 품질을 지니는가 하는 인식 정도로서 브랜드에 대해 호의적인 평가가 내려질수록 해당 브랜드의 제품에 대해 품질이 높을 것으로 인지되게 된다.

(4) 브랜드 연상

해당브랜드를 떠올리는 정도로서 쉽게 브랜드가 연상될수록 보다 높은 브랜드로서 인지됨을 간접적으로 확인할 수 있는 것이다.

(5) 제3의 브랜드 자산

브랜드와 관련한 다양한 법적 재산권의 확보로 라이센스 계약이나 캐릭터의 변형을 통한 다양한 상품 개발(다양한 상품에 캐릭터 부착, 애니메이션이나 영화, 연극, 인형 등으로 산업 확장이 용이함) 등과 같이 브랜드로서의 역할 이외 브랜드 영향력을 더욱더 증대시키는 브랜드 자산들을 의미한다.
이러한 브랜드 자산의 유형들은 고객에게는 구매 의사결정의 위험을 줄여주는 역할을 하고 기업에게는 마케팅 비용 감소와 향후 브랜드 확장시 성공 가능성을 증대시키는 역할을 한다.

브랜드 자산의 구축

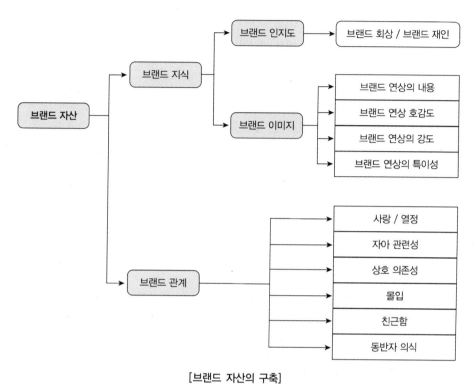

[브랜드 자산의 구축]

브랜드 자산은 크게 브랜드 지식과 브랜드 관계로 구축된다.

1 브랜드 지식

브랜드 지식은 소비자들이 느끼는 브랜드에 대한 학습 결과물이다. 광고 또는 촉진을 통해, 타인의 구매의사 결정에 따른 구전효과에 의해, 자신의 과거 구매 경험을 통해 소비자들은 브랜드에 학습하고 경험하며 이를 통해 어떤 브랜드는 어떤 특징을 지니며, 어떤 브랜드의 제품이 더 좋다는 등의 지식을 확보하게 된다. 이러한 브랜드 지식은 크게 브랜드 인지도와 브랜드 이미지로 나뉜다.

(1) 브랜드 인지도

브랜드 인지도는 브랜드를 기억해내는 회상과 재인이 어느 정도 신속히 이루어지는지를 의미한다. 아웃 도어 브랜드를 떠올린다고 할 때 5초 내로 응답하라고 하면 대표적인 몇 개가 떠오른다. 그러나 그 외 다수의 아웃도어 브랜드가 있더라도 순식간에 떠오르지는 않는다. 이와 같은 브랜드 회상 및 재인 은 브랜드 자산의 매우 중요한 요소가 된다. 선행연구자료에 의하면 몇 분 정도의 시간을 소비자들에 게 주고 하나의 카테고리에 놓여 있는 제품들에 대해 떠오르는 브랜드를 물어보면 개인별로 몇 가지의 브랜드가 답해지며, 이 중에서 다수에게 중복되는 브랜드는 브랜드 인지도가 매우 우수한 브랜드라고 한다.

(2) 브랜드 이미지

브랜드 이미지는 소비자들이 기억 속에서 생각하고 느끼는 브랜드에 대한 전체적인 인상이다. 또한 브랜드 연상이란 기억을 끄집어내어 해당 브랜드의 이미지가 갖는 형태, 색상, 로고나 심벌, 느낌, 인상 등을 찾아가는 것을 의미한다.

브랜드 연상이 어떤 내용들로 구성되는지, 이러한 떠오르는 브랜드 연상은 얼마나 소비자들에게 호감이 있는지, 그 강도는 어느 정도 되는지, 다른 경쟁제품의 브랜드에 비해 어떤 차별성과 특이성, 독특성을 지니는지 등이 모여 하나의 브랜드 이미지를 만드는 것이다. 이러한 브랜드 이미지가 긍정적일수록 해당 브랜드의 자산으로서 가치가 증대되고 구매로 이어질 확률이 높아지게 된다.

2 브랜드 관계

브랜드 관계는 브랜드가 소비자들에게 어떤 관계로 다가가는지에 대한 것이다. 얼마나 해당 브랜드를 선호하고 사랑하며 소유하고 싶어 하는지, 자신과 얼마나 일치한다고 생각하고 자신을 설명해준다고 느끼는지, 해당 브랜드의 제품을 통해 자신과 어느 정도 소통하고 있다고 생각하는지, 브랜드의 제품을 얼마나 집중적으로 고려하고 있는지, 해당 브랜드와 소비자 자신이 함께 성장한다고 생각하는지 등에 대한 것들이다. 이러한 브랜드 관계성이 높을수록 소비자들은 해당 브랜드를 선호하고 호의적으로 평가하게 된다.

제 3 절 브랜드 자산의 측정

브랜드 자산의 가치 또는 브랜드의 가치를 금전적 가치로 환산하여 평가하는 것은 향후 브랜드를 어떻게 관리하고 전략적으로 활용할 것인가를 알아보기 위한 도구로서 받아들여지고 있다. 먼저 기업 관점에서는 무형자산의 가치를 다음과 같이 측정한다.

> (1) 기업의 무형자산 총가치 = 기업의 주식 시가총액 − 기업의 유형자산 총가치
> (2) 기업의 브랜드 자산가치 = 기업의 무형자산 총가치 − 브랜드와 무관한 부분의 가치

또한 고객의 관점에서는 브랜드의 선호도를 측정하고 여기에서 브랜드를 제외한 제품의 속성을 제거하여 브랜드 자산의 가치를 측정한다.

> 브랜드 자산의 크기 = 브랜드를 붙인 상품의 고객 선호도 − 해당 상품의 속성(품질, 성능 등)에 기인하는 선호도

한국생산성 본부는 위와 같은 측정방법들을 보다 객관화하여 지수화하고 이를 통해 매년 우리나라의 브랜드 순위를 발표하고 있다. 또한 인터브랜드, 브랜드 디렉토리 등의 글로벌 브랜드 평가기관에서는 매년 전세계 기업들을 대상으로 하여 브랜드 가치를 평가, 순위를 제시하고 있다.

01 **Apple** +38% 322,999 \$m	02 **amazon** +60% 200,667 \$m	03 **Microsoft** +53% 166,001 \$m	04 **Google** −1% 165,444 \$m	05 **SAMSUNG** +2% 62,289 \$m
06 **Coca-Cola** −10% 56,894 \$m	07 **TOYOTA** −8% 51,595 \$m	08 **Mercedes** −3% 49,268 \$m	09 **McDonald's** −6% 42,816 \$m	10 **Disney** −8% 40,773 \$m
11 **BMW** −4% 39,756 \$m	12 **intel** −8% 36,971 \$m	13 **facebook** −12% 35,178 \$m	14 **IBM** −14% 34,885 \$m	15 **Nike** +6% 34,388 \$m

[인터브랜드의 2020 베스트 글로벌 브랜드 순위]

제 4 절 브랜드 자산의 관리

1 브랜드 자산관리 과정

(1) 목표 브랜드 지식구조 설정

먼저 마케터는 소비자 기억 속에 자리잡기를 희망하는 브랜드 지식구조를 명확하게 설정해야 한다. 예컨대 바람직한 브랜드 인지도 수준은 어디인가? 바람직한 브랜드 연상의 호감도, 독특성, 강도는 각각 어느 수준인가? 등에 대한 결정을 내려야 한다.

(2) 커뮤니케이션 믹스 선별 및 실행

목표로 설정한 브랜드 지식구조를 실제로 창출하기 위해 사용할 수 있는 다양한 커뮤니케이션 수단의 강·약점을 비교·평가하여 현실의 제약조건 하에서 활용할 수 있는 최상의 커뮤니케이션 믹스를 구성한 후 실행해야 한다. 관행과 외부 사례에 안주하기보다 자유로운 대안을 모색하고 각각의 비용과 효익을 토대로 대안을 모색하는 열린 자세가 중요하다.

(3) 지속적인 성과평가 및 피드백

마케터는 소비자의 기억 속에서 자리 잡고 있는 브랜드 지식구조의 변화를 측정해 낼 수 있는 성과추적 시스템을 운용해야 한다. 이를 통해 마케터는 기존 마케팅활동 중 어떤 것이 보다 효과적인지 평가하고 향후 어떤 마케팅활동이 보다 효과적일지 선택할 단서를 얻을 수 있다.

아울러 이러한 성과추적시스템은 경쟁브랜드의 브랜드 지식까지도 추적할 수 있어야 한다. 왜냐하면 경쟁브랜드와 공유되지 않는 차별적인 브랜드 연상을 창출하고 육성하기 위한 아이디어를 얻을 수도 있기 때문이다.

(4) 신중한 브랜드 확장

마케터는 기존브랜드를 확장하여 사용할 수 있다고 생각되는 후보제품군을 도출하고 각 후보별로 브랜드 확장의 적정성을 판단하여 브랜드 확장 여부 및 대상을 선정해야 한다. 이때 브랜드 확장 이후 초래될 원래 브랜드 이미지로의 피드백 효과를 후보별 적정성 판단과정에서 면밀히 검토해야 한다.

2 브랜드 자산 관리시 주의사항

(1) 장기적 안목

지금 실행하는 마케팅활동이 창출하는 브랜드 지식은 미래의 마케팅활동의 성과에 영향을 미치므로 단기적인 안목으로는 브랜드 자산을 제대로 관리할 수 없다. 성공적인 브랜드 자산관리를 위해서는 현재의 재무적 성과에 직접적인 영향을 주지 않더라도 소비자의 기억 속에서 자리 잡고 있는 브랜드 지식의 변화에 촉각을 기울이는 장기적 안목과 자세가 요구된다.

(2) 폭넓은 안목

특정브랜드와 관련된 마케팅활동은 직접 혹은 간접적인 경로를 통해 소비자 기억 속의 브랜드 지식에 영향을 미친다. 성공적인 브랜드 자산관리를 위해서는 브랜드 인지도와 브랜드 이미지에 직접적인 영향을 미치는 커뮤니케이션 외에도 제품자체, 가격, 유통경로관리과정 등 광범위한 마케팅활동이 브랜드 지식에 미칠 영향에 대한 심층적인 고려가 필요하다.

제 5 절   브랜드 전략 수립

브랜드 자산을 상당히 축적하고 있는 기업은 소비자들로부터 상표 애호도(brand loyalty)를 확보함으로써 높은 시장 점유율을 유지하고 있으며, 경쟁자의 시장진입에도 강력한 장벽으로 작용한다. 또한, 브랜드 자산을 측정함으로써 브랜드에 대한 포지셔닝 전략과 이를 소비자들에게 전달하기 위한 광고 등의 마케팅 커뮤니케이션 활동 등에 대한 기초 자료로 활용할 수 있다.

브랜드 자산의 개념은 브랜드명의 선택을 통한 브랜드 전략에 대한 방향을 결정하는 데 사용될 수 있다. 브랜드명의 선택은 두 가지 수준에서 이루어지는데 먼저 기업의 전반적인 브랜드 전략 방향을 어떻게 정할 것인가, 즉 공동상표와 개별상표전략 혹은 이 두 전략의 혼합형인 혼합상표전략 중 어떤 것을 선택할 것인가를 결정할 필요가 있다. 다음은 시장에 새로 출시될 신제품에 대한 상표 확장 여부를 결정해야 한다.

1   브랜드의 계층 구조

브랜드의 계층 구조로 기업명, 공동상표명, 개별상표명, 브랜드수식어 등 4단계로 구분하지만, 모든 브랜드가 이러한 계층 구조를 따르는 것은 아니고 일부 단계를 생략하는 경우도 많다.

(1) 기업명

독자 브랜드를 통하여 소비자들로부터 얻을 수 있는 브랜드 파워를 키우는 것이 유리하지만 그만큼 위험 부담도 크고 비용도 많이 든다는 것을 염두에 두어야 한다. 브랜드의 사용권이 누구에게 있는가에 따라 유통업체 상표와 제조업체 상표로 나눌 수 있다.

첫째, 제조업체 상표는 광고 등의 마케팅 활동에 상당한 노력을 기울임으로써 브랜드에 대한 인지도와 이미지, 즉 브랜드 자산을 구축하게 되는 수가 많다. 둘째, 유통업체 상표는 이에 반하여 브랜드에 대한 개별적인 상표 자산을 구축하기 위하여 마케팅 활동을 수행하는 데에 그다지 많은 힘을 쏟지 않는다. 왜냐하면, 취급하는 유통업체의 신뢰성에 의존하여 무난한 품질을 가졌을 것이라는 기대를 형성하는 것이 중요하기 때문이다.

브랜드 자산을 독자적으로 구축하기 힘든 경우에 취하는 방식으로는 협동상표(cooperative brand)가 있고, 이미 확립된 다른 업체의 브랜드를 라이센스 방식으로 빌려쓰고 로열티를 지불하기도 한다.

업종이 전문화되어 있는 기업체의 경우 기업명이 비교적 구체적이고 명확한 이미지를 가지는 경우가 많고 CIP(corporation identity program) 작업에 의하여 구체적이고 명확한 이미지를 버리고 일반적인 방향으로 나가기도 한다.

(2) 공동상표명

많은 기업들이 기업명, 혹은 그룹명을 공동상표로 사용하는 경향이 있고 이와는 반대로 기업명 대신 별도의 공동상표를 개발하는 경우가 있다. 기존의 사업분야와는 다른 별도의 신규사업에 진출할 때 기업명이 공동상표로 적합하지 않거나 차별화가 필요한 경우는 별도의 공동상표를 개발한다.

(3) 개별상표명

많은 기업들이 공동상표와 함께 개별상표를 개발하기도 하고 아예 개별상표에만 의존하기도 하며 동일 제품군 내 여러 개의 브랜드를 시장에 내놓는 복수상표전략을 채택하기도 한다.

(4) 브랜드 수식어

브랜드 수식어는 제품의 성분이나 속성을 나타내기 위해 추가되기도 하며, 때로는 구형과는 다른 신제품임을 나타내기 위해 사용되기도 한다. 또는 같은 브랜드의 다른 모델과의 품질차이를 의미하기도 한다.

2 공동상표, 개별상표, 혼합상표전략

(1) 공동상표전략

공동상표전략이란 브랜드 계층 구조상의 제조업체명이나 공동상표명을 다양한 제품군에 적용하면서 개별상표를 생략하거나 별로 강조하지 않는 것을 말한다. 공동상표전략의 장점은 다음과 같다.

> ① 마케팅 비용을 절감할 수 있다. 개별상표에 대한 각각의 마케팅 활동이 필요하지 않기 때문에 상대적으로 적은 비용이 소요되며 신제품 출시할 때 이미 축적된 공동상표 인지도나 이미지를 활용할 수 있어 적은 비용으로 효과를 얻을 수 있다.
> ② 같은 상표가 여러 제품에 함께 사용될 때 소비자들은 해당기업이 품질에 자신감을 가진 것으로 느끼게 된다.
> ③ 한 가지 제품의 성공이 같은 상표를 사용하는 다른 제품에 대한 관심과 구매력을 높여줄 수 있다.

이러한 장점을 가지고 있는 공동상표전략의 단점은 다음과 같다.

> ① 한 제품이 시장에서 좋지 않은 반응을 얻었을 때 그 여파가 다른 제품에까지 파급되기 쉽다.
> ② 공동상표전략이 이용된 초기 제품이 강한 이미지를 구축하게 되면 후속 제품에 같은 상표를 사용하는 것이 부적합해 질 수 있다.
> ③ 동일 제품군내 같은 상표명의 제품이 새로이 출시되면 기존 제품의 매출에 대한 자기 잠식이 발생할 우려가 있다.

(2) 개별상표전략

개별상표전략은 개별 제품마다 각기 다른 개별 상표를 적용하는 것을 말한다. 개별상표전략의 장점은 다음과 같다.

① 회사의 명성이 하나 혹은 몇몇의 제품에 영향을 받지 않는다.
② 새로운 제품마다 가장 적합한 상표를 사용할 수 있다.
③ 소매점에서 자사 제품의 진열면적을 넓힐 수 있다.
④ 유통회사의 제조회사 의존도를 상승시킬 수 있다.
⑤ 구매 상표를 변경해 보려는 소비자의 구매를 유도할 수 있다.
⑥ 각 상표가 서로 다른 세분시장을 겨냥해 포지셔닝할 경우 자사 제품의 시장 전체점유율이 향상된다.

이러한 개별상표전략의 단점은 다음과 같다.

① 각각의 상표마다 마케팅 활동을 수행하려면 비용이 많이 소요된다.
② 각각의 상표가 시장 점유율이 낮아서 어느 상표도 이익을 못 내는 경우가 있다.
③ 동일 제품군내 각 개별상표 사이의 경쟁이 발생할 위험이 있다.

(3) 혼합상표전략

혼합상표전략이란 회사의 제품믹스를 공통점을 가진 몇 개의 제품집단으로 나누어 각 집단마다 공통요소가 있는 개별의 상표를 적용하거나 회사 이름과 제품의 이름을 섞어서 사용한다.

3 브랜드전략의 선택기준

공동상표전략과 개별상표전략의 선택시 다음과 같은 사항을 고려해야 한다.

(1) 시장규모

해당 제품군의 시장규모가 작아서 마케팅 비용 지출에 대한 수지타산이 맞지 않으면 개별상표전략은 피해야 한다.

(2) 기업전체의 사업규모와 범위

사업규모가 방대할 경우 공동상표전략은 소비자 접촉도가 높아져 이점이 있지만, 지나치게 다양한 제품군에 공동상표를 사용하면 특징적인 브랜드 이미지 형성이 어렵고 한 제품군의 문제가 다른 제품군에 영향을 줄 수 있으므로 주의할 필요가 있다.

(3) 제품군의 성격

소비자 관여도가 낮은 제품은 상표별로 뚜렷한 이미지를 형성할 수 있는 개별상표전략이 필요하고, 소비자 관여도가 높은 제품은 명성을 확보하여 구축한 브랜드 자산을 효율적으로 이용할 수 있는 공동상표전략이 유효하다.

(4) 경쟁의 정도

경쟁이 심하지 않은 경우 이미 확보된 명성이나 브랜드 이미지를 활용할 수 있는 공동상표전략이 유효하고 경쟁이 치열한 경우 다른 브랜드와 확연히 차별되는 브랜드 이미지를 확립하기 위해 개별상표전략을 사용하는 것이 유리하다.

(5) 해당기업의 전문화 정도

전문 분야에만 주로 관련된 기업은 유사업계 진출 시 전문화된 이미지를 활용하는 공동상표전략을 수행해 성공할 수 있지만, 전혀 새로운 업계 진출 시에는 공동상표전략이 부적절할 수 있다. 우리나라의 대기업들처럼 다양한 사업을 하는 경우 전문화의 이점은 살릴 수 없으나 공동상표전략을 사용해도 소비자들의 저항감이 적게 나타난다.

(6) 마케팅 활동을 얼마나 중요하게 여기는가 혹은 제품실패 위험에 대한 태도

마케팅 활동 비용을 절감하려면 OEM 방식을 적용하고, 독자적인 마케팅 활동을 수행하려면 많은 비용이 소요된다. 일반적으로 개별상표전략이 공동상표전략보다 비용이 많이 소요된다. 그러나 공동상표전략은 실패의 위험이 개별상표전략에 비해 크다. 왜냐하면 한 제품의 실패가 다른 제품 혹은 전체 제품에 영향을 줄 수 있기 때문이다.

4 브랜드 확장전략

브랜드 확장은 신제품을 시장에 내놓을 때, 이미 시장에 잘 구축된 브랜드명을 확장하여 그 상표 그대로 혹은 약간의 변형만으로 신제품에 사용하는 것이다. 이때 브랜드 확장 여부의 선택 기준은 다음과 같다.

(1) 브랜드 확장의 기반이 되는 원래 브랜드는 인지도가 높은 것이어야 한다.

(2) 원래 브랜드 제품의 품질 수준이 높게 평가될 때 브랜드 확장전략이 성공할 수 있다.

(3) 전문적이고 전형적인 이미지를 가진 브랜드는 확장의 범위가 제한적이지만 체계적인 확장을 통해 강력한 이미지를 구축할 수 있다.

(4) 기존 브랜드와 관련된 여러 가지 연상작용이나 이미지가 확장된 브랜드에도 적합할 것인가를 판단해야 한다.

(5) 확장의 성공이 기존 브랜드에 호의적인 영향을 주지만 확장이 실패할 경우 기존브랜드와 확장 브랜드 간의 적합성이 큰 경우 악영향을 끼칠 수도 있다.

5 좋은 상표의 속성

첫째, 기억하기 쉽고, 알아보기 쉽고, 발음하기 쉬워야 하므로 짧은 상표가 좋다. 둘째, 경쟁상표와 확연히 구분되는 독특한 이름이어야 한다. 셋째, 제품의 속성이나 편익을 암시하는 상표이어야 한다. 넷째, 법의 보호를 받을 수 있는 상표이어야 한다.

6 브랜드의 이점과 비판

오늘날 모든 제품이 상표 없이 판매되는 경우는 거의 없게 되었다. 그 주된 이유는 판매자 및 구매자 입장은 물론 사회적 관점에서 가치가 있기 때문이다.

(1) 구매자 입장에서 본 브랜드의 이점

구매자 입장에서는 브랜드의 이점은 첫째, 상표에 관한 이야기를 들은 구매자는 품질을 연상하게 된다. 둘째, 상표명이 존재함으로써 효율적인 구매가 가능하다. 셋째, 신제품인 경우 상표명을 부착함으로써 소비자들의 관심을 높이고 품질평가의 기준이 된다.

(2) 판매자 입장에서 본 브랜드의 이점

판매자 입장에서의 브랜드의 이점은 첫째, 주문에 응하기 편리하고 문제 발생시 책임소재를 밝힐 수 있다. 둘째, 제품의 독특한 특성을 상표명과 등록상표를 이용함으로써 보호받을 수 있으며 모방을 방지할 수 있다. 셋째, 상표를 사용하면 소비자의 애착이 강해지고 판매의 안정과 이익을 거둘 수 있다.

(3) 사회적 관점에서 본 이점

사회적 관점에서 본 브랜드의 이점은 첫째, 상표를 이용함으로써 품질이 향상되고 품질을 일정한 수준으로 지킬 수 있다. 둘째, 법의 보호를 받을 수 있으므로 모방보다는 개발에 노력하여 혁신을 촉진시킨다. 셋째, 상표 자체가 제품에 대한 정보를 제공하고 있으며, 제품을 구입할 수 있는 장소가 어디인지 쉽게 알 수 있으므로 상표는 구매효율을 높여준다.

(4) 브랜드화에 대한 비판

한편으로 이러한 브랜드화에 대한 비판도 상존한다. 첫째, 소비자가 제품 간의 실제 차이를 구분할 수 없게 되는 경우가 있고 제품이 동질적인 경우 차이가 없음에도 있는 것으로 인식한다. 둘째, 브랜드화에 따른 광고, 포장비용이 가격에 반영되어 소비자에게 전가된다. 셋째, 특정상표가 구매자의 신분, 지위, 권위 등을 의식하게 만드는 폐단이 있다.

7 무브랜드화

제품들 간의 차별화가 곤란하거나, 촉진의 필요를 그다지 느끼지 않을 때, 혹은 촉진비용 등의 절약으로 저가판매를 하려할 때에는 대체로 상표를 사용하지 않는 무브랜드 정책을 쓰기도 한다. 가령, 석탄, 목면, 곡류, 못, 야채류라든가 기타의 1차 상품들이 그에 해당될 것이다. 또한, 무브랜드 정책은 자사제품의 조악성을 은폐하기 위한 수단으로서 혹은 비용지출과 위험을 회피할 목적으로 채택되기도 한다. 따라서, 무상표 제품은 무상표의 불리함을 커버하려는 의도에서 유상표 제품에 비해 저렴하고 판매되는 것이 보통이다.

제 6 절 고객자산

1 브랜드의 고객자산화

왜 할리데이비슨 오토바이 소유자들은 공동체를 형성하여 함께 돌아다니는가? 페라리, 애플 등 마니아의 존재가 확인되는 브랜드들에서 강하거나 약하거나 공동체 행동이 나타나고 있는 현상들이 뚜렷하게 나타나고 있다. 다양한 브랜드들이 존재하고 브랜드전환이 자주 일어나는 시장현실에서 공동체의 고객자산화 현상은 특정 브랜드에 대한 고객의 충성을 볼 수 있어 기업과 소비자 관계에서 매우 중요한 시사점들을 던져주고 있다.
이러한 브랜드가 가지고 있는 속성과 가치체계를 공유하고 동일한 브랜드를 가지고 있는 소비자들 사이에서 구성원 의식을 공유하는 브랜드 고객자산화 현상에 주목할 필요가 있다. 오권과 뮤니츠는 브랜드 공동체란 공유된 의식, 의례와 전통, 도덕적 책임감과 연관이 많다고 강조하였다. 이 공동체는 전문화되고 지리적인 위치에 관계없이 연결된 공동체로서 특정 브랜드를 존중하는 사람들 사이에서 연결된 사회관계의 조합으로 구성된다.

2 정체감의 형성과 발전

브랜드로 연결된 소비자들의 공동체가 형성되고 발전되어 가는 것은 여성과 남성이 서로 만나 약혼과 결혼을 하여 가족을 꾸리면서 혈연으로 응결되어 삶을 구성하는 것과 유사하다. 소비자가 특정 브랜드와 관계하여 소비하는 가운데, 브랜드를 중심으로 기업과 소비자들 사이에서 네트워크관계가 형성되고 고객자산의 모습으로 발전하면서 깊은 유대관계를 형성하게 되면 정체감이 형성되고 발전한다.
여러 브랜드 공동체에 복수적으로 개입하고 있을 때, 복수정체감을 가지게 된다. 이 경우, 소집단 브랜드 공동체처럼 강한 연결로 연결되어 있거나, 온라인 브랜드 공동체나 소비문화를 공유하는 보다 넓은 모임처럼 약한 연결로 이루어진 지리적인 개념을 넘어선 공동체로 넓히면서 살아 갈 수 있다. 이 경우 소비자들은 브랜드 공동체에서 인지적, 감정적, 평가적 차원을 다르게 개입하면서 사회비교를 하면서 살아간다.

OX로 점검하자

※ 다음 지문의 내용이 맞으면 O, 틀리면 ×를 체크하시오. [1~10]

01 브랜드 자산이란 기업의 입장에서 볼 때 브랜드를 부착하기 이전보다 더 높은 가치를 확보하게 되는 가치의 상승분이다. (   )

02 브랜드 충성도란 구매의사결정과정에서 정보탐색을 단축시키는 역할을 하고 구매고려대상으로 인식되도록 하는 역할을 수행한다. (   )

03 브랜드 지식은 크게 브랜드 인지도와 브랜드 이미지로 나뉜다. (   )

04 브랜드 관계성이 높을수록 소비자들은 혼동하기 쉬워지므로 해당 브랜드를 선호도가 낮아지게 된다. (   )

05 브랜드 자산의 크기 해당 상품의 속성(품질, 성능 등)에 기인하는 선호도에서 브랜드를 붙인 상품의 고객 선호도를 가감한 부분을 의미한다. (   )

06 업종이 전문화되어 있는 기업체의 경우 기업명이 비교적 구체적이고 명확한 이미지를 가지는 경우가 많다. (   )

07 성공적인 브랜드 자산관리를 위해서는 현재의 재무적 성과를 가장 중시하여야 한다. (   )

08 공동상표전략이란 브랜드 계층 구조상의 제조업체명이나 공동상표명을 다양한 제품군에 적용하면서 개별상표를 생략하거나 별로 강조하지 않는 것을 말한다. (   )

09 해당 제품군의 시장규모가 작아서 마케팅 비용 지출에 대한 수지타산이 맞지 않는다면 개별상표전략을 시행해야 한다. (   )

10 브랜드 확장은 신제품을 시장에 내놓을 때, 이미 시장에 잘 구축된 브랜드명을 확장하여 그 상표 그대로 혹은 약간의 변형만으로 신제품에 사용하는 것이다. (   )

정답과 해설   01 O   02 ×   03 O   04 ×   05 ×   06 O   07 ×   08 O   09 ×   10 O

02 브랜드 인지도의 의미에 해당한다.
04 브랜드 관계성이 높을수록 소비자들은 해당 브랜드를 선호하고 호의적으로 평가하게 된다.
05 브랜드 자산의 크기 = 브랜드를 붙인 상품의 고객 선호도 − 해당 상품의 속성(품질, 성능 등)에 기인하는 선호도
07 성공적인 브랜드 자산관리를 위해서는 현재의 재무적 성과보다 장기적 안목과 자세가 더 요구된다.
09 해당 제품군의 시장규모가 작아서 마케팅 비용 지출에 대한 수지타산이 맞지 않으면 개별상표전략은 피해야 한다.

01 인스타그램이라는 브랜드에 담긴 보이지 않은 가치 때문에 지불한 금액에 해당한다.

02 브랜드 신뢰도는 아커의 브랜드 자산 유형에 들어가지 않는다.

03 제조업자 브랜드는 제조업자의 명을 공동 브랜드로 사용할 수 있고 제품마다 다른 브랜드를 사용하는 경우도 있다.

01 페이스북이 인스타그램을 합병할 때 10억 달러의 프리미엄을 지불하였다. 이 10억 달러는 다음 중 무엇에 해당하는가?

① 브랜드자산
② 영업권
③ 인수합병 비용
④ 특허 자산

02 다음 중 Aaker의 브랜드 자산 구성요소에 해당하지 <u>않는</u> 것은?

① 브랜드 충성도
② 브랜드 신뢰도
③ 브랜드 인지도
④ 지각된 품질

03 오뚜기, 삼성, 현대는 다음 중 어떤 상표전략의 예시에 해당하는가?

① 개별 브랜드
② 제조업자 브랜드
③ 중간상 브랜드
④ 무브랜드

정답 01 ① 02 ② 03 ②

04 다음 브랜드 확장에 대한 설명 중 옳지 <u>않은</u> 것은?

① 새로운 제품 카테고리에 기존 브랜드를 사용하는 전략이다.
② 제품과 브랜드 간 적합성 분석이 중요하다.
③ 높은 인지도의 획득이 가능하다.
④ 소비자의 신뢰도에는 영향을 미치지 않는다.

04 브랜드 확장의 이점은 높은 인지도 획득이다.

05 공동 브랜드 혹은 개별 브랜드 구축 선택 시의 고려사항으로 옳은 것은?

① 새로운 브랜드가 차별화된 가치를 제공할 경우 공동 브랜드 전략을 검토한다.
② 제품군의 시장규모가 충분히 크고 성장률이 만족할 만한 수준일 경우 공동 브랜드 전략을 검토한다.
③ 기업의 전문화 정도가 높은 경우 개별 브랜드 전략을 검토한다.
④ 제품범주 내 경쟁의 정도가 치열할 때는 개별 브랜드 전략을 검토한다.

05 차별화된 가치제공이나 성장률이 괄목할 경우 개별 브랜드를 활용하고, 기업의 전문화 정도가 높다면 공동 브랜드가 낫다.

06 브랜드에 대한 설명 중 옳지 <u>않은</u> 것은?

① 브랜드 마크, 브랜드 명 등을 모두 포괄하는 개념이다.
② 제품의 질을 보증하는 역할을 하는 경우도 있다.
③ 구매의 효율성과는 상관관계가 없다.
④ 다른 제품과의 구별을 위한 것이다.

06 특정 브랜드에 충성도를 가진 고객이라면 브랜드를 구매할 수 있게 되어 구매의 효율성을 올린다.

정답 04④ 05④ 06③

해설 & 정답

07 강력한 브랜드 구축의 효과는 브랜드 확장을 통한 신제품 성공 가능성 제고 및 출시비용을 낮추는 효과는 있으나 무조건적 성공을 보장하지는 않는다.

07 강력한 브랜드 구축의 효과로 보기 어려운 것은?

① 신제품을 출시할 경우 무조건 성공할 수 있다.
② 브랜드 확장을 통한 신제품의 출시 비용을 낮출 수 있다.
③ 마케터 입장에서 더 높은 프리미엄을 획득할 수 있다.
④ 소비자 관점에서 높은 시장점유율을 달성할 수 있다.

08 브랜드는 이미지는 독특할수록 유리하다. 표준화된 이미지는 잊혀지기 쉽다.

08 브랜드 이미지에 대한 설명 중 옳지 않은 것은?

① 강력한 이미지를 표출해야 한다.
② 표준화된 이미지를 구축해야 한다.
③ 브랜드 연상은 브랜드와 이미지들의 연결을 의미한다.
④ 유리한 연상이 많이 떠오를수록 브랜드 자산 형성에 도움이 된다.

09 스탠다드 앤 푸어스는 신용평가기관 중 하나에 해당한다.

09 다음 중 브랜드 순위 평가기관에 해당하지 않는 것은?

① 한국생산성 본부
② 스탠다드 앤 푸어스
③ 인터브랜드
④ 브랜드 디렉토리

정답 07 ① 08 ② 09 ②

10 다음 중 브랜드의 계층 구조에 해당하지 <u>않는</u> 것은?

① 라이센스
② 기업명
③ 공동상표
④ 개별상표

10 라이센스는 합작 또는 제휴 기업이 소유하고 있는 브랜드 사용허가나 제공받은 디자인이나 제조기술의 사용허가를 두고 하는 말이다.

주관식 문제

01 브랜드의 친숙성, 호감도 등을 의미하는 브랜드 인지도가 소비자에게 전달하는 역할이 무엇인지 서술하시오.

01
정답 구매의사결정과정에서 정보탐색을 단축시키며, 제품을 구매고려대상으로 인식되도록 하는 역할을 수행한다.

02 다음 자료를 통해 A기업의 브랜드 자산가치를 구하시오.

• A기업의 주식 시가총액 : 100억
• A기업의 유형자산 총가치 : 30억
• A기업 브랜드와 무관한 부분의 가치 : 35억

02
정답 35억

해설
(1) 기업의 무형자산 총가치
  = 기업의 주식 시가총액 −
   기업의 유형자산 총가치
(2) 기업의 브랜드 자산가치
  = 기업의 무형자산 총가치
   − 브랜드와 무관한 부분
   의 가치

브랜드 자산가치를 구하는 공식은 다음과 같다.
기업의 브랜드 자산가치 = 기업의 주식 시가총액 − 기업의 유형자산 총가치 − 브랜드와 무관한 부분의 가치
즉, 100억 − 30억 − 35억 = 35억이 브랜드 자산가치에 해당한다.

정답 10 ①

03

정답 협동상표(협동브랜드), 라이센스

04

정답 첫째, 한 제품이 시장에서 좋지 않은 반응을 얻었을 때 그 여파가 다른 제품에까지 파급되기 쉽다.
둘째, 공동상표전략이 이용된 초기 제품이 강한 이미지를 구축하게 되면 후속 제품에 같은 상표를 사용하는 것이 부적합해 질 수 있다.
셋째, 동일 제품군내 같은 상표명의 제품이 새로이 출시되면 기존 제품의 매출에 대한 자기 잠식이 발생할 우려가 있다.

03 다음 빈칸에 들어갈 용어를 순서대로 쓰시오.

> 브랜드 자산을 독자적으로 구축하기 힘든 경우에 취하는 방식으로는 (　　　)이/가 있고, 이미 확립된 다른 업체의 브랜드를 (　　　) 방식으로 빌려 쓰고 로열티를 지불하기도 한다.

04 공동상표전략의 단점을 2가지 이상 서술하시오.

05 좋은 상표의 속성을 3가지 이상 서술하시오.

05

정답 첫째, 기억하기 쉽고, 알아보기 쉽고, 발음하기 쉬워야 하므로 짧은 상표가 좋다. 둘째, 경쟁상표와 확연히 구분되는 독특한 이름이어야 한다. 셋째, 제품의 속성이나 편익을 암시하는 상표이어야 한다. 넷째, 법의 보호를 받을 수 있는 상표이어야 한다.

06 브랜드화에 대한 비판을 서술하시오.

06

정답 첫째, 소비자가 제품 간의 실제 차이를 구분할 수 없게 되는 경우가 있고 제품이 동질적인 경우 차이가 없음에도 있는 것으로 인식한다. 둘째, 브랜드화에 따른 광고, 포장비용이 가격에 반영되어 소비자에게 전가된다. 셋째, 특정상표가 구매자의 신분, 지위, 권위 등을 의식하게 만드는 폐단이 있다.

여기서 멈출 거예요? 고지가 바로 눈앞에 있어요.
마지막 한 걸음까지 시대에듀가 함께할게요!

제 **11** 장

제품 전략

잠깐!

혼자 공부하기 힘드시다면 방법이 있습니다.
시대에듀의 동영상강의를 이용하시면 됩니다.
www.sdedu.co.kr → 회원가입(로그인) → 강의 살펴보기

제 11 장 제품 전략

제 1 절 제품의 특성과 분류

1 제품의 개념 중요도 상 중 하

제품이란 처음에는 '제조되어진 유형의 상품'을 의미하였다. 그러나 보다 넓은 의미에서 '공급자인 기업이 시장 내에서 고객의 욕구를 만족시키기 위해 제공하는 다양한 속성들의 집합체'이며, 소비자들은 이러한 제품을 구입하여 사용함으로써 자신이 요구하였던 편익을 얻게 되는 것이다.

제품의 개념에서 가장 중요한 것은 상품화의 가치이다. 즉 금전적 가치를 지불하고 획득하고자 하는 가치이며, 이러한 가치의 핵심은 소비자의 욕구 충족과 편익의 제공이다. 예를 들어 항공기를 타고 해외로 나가고자 하는 사람들에게 가장 중요한 상품의 가치는 해외로 이동할 수 있는 서비스일 뿐이며, 거대한 금액의 항공기는 아니다. 그러나 출퇴근을 하고자 하는 소비자들에게 중요한 상품의 가치는 '이동' 자체일 수도 있으나 '자신만의 자동차'가 될 수도 있다.

따라서 제품을 정의할 때 유형성 또는 무형성에 따라 구분할 수는 없으며, 가장 중요한 제품의 핵심 개념은 '유형의 재화를 포함하여, 이와 관련하거나 독립적으로 고객 욕구 충족과 편익 제공이라는 가치를 지니는 서비스, 인적자원, 가치를 제공하는 장소, 가치에 대한 경험과 체험, 가치 제공자의 역할을 하는 조직체, 가치 제공 아이디어 등 소비자의 문제 해결의 수단이 되고 금전적 가치의 교환 대상이 되는 일체의 유형·무형의 모든 것들'이다.

2 제품의 계층 중요도 상 중 하

코틀러와 암스트롱은 제품의 특성에 따른 제품의 계층을 세 가지로 분류하였다.

(1) 편익 – 핵심제품(Core product)

핵심제품이란 목표시장의 소비자 집단에게 제공하고자 하는 핵심적인 편익을 의미한다. 즉 제품의 원천적 가치를 의미한다. 텔레비전을 구입한 소비자가 텔레비전을 시청하지 않고 단순히 주택에 인테리어로 텔레비전을 사용하지는 않는다. 텔레비전은 '다양한 방송국의 프로그램을 시청하기 위해서' 구매하는 제품이기 때문이다.

핵심적인 욕구, 제품을 구입하고 이용함으로써 얻고 싶어하는 욕구 및 이에 대한 가치적인 혜택을 얻고 자 하는 욕구를 해소시켜 주기 위한 목적물이 곧 제품인 것이다. 제품의 가치는 이러한 핵심제품의 개념 에서부터 출발한다.

물론 위와 같은 사례는 주로 기능적 편익에 대한 설명이었다. 그러나 그 외에도 다양한 목적과 편익에 대한 욕구에 대해 이해함으로써 핵심제품으로서의 가치를 이해할 수 있어야 한다. 다음 표는 제품 구입 을 통해 소비자가 추구하는 편익을 정리한 것이다.

[제품을 통해 소비자가 추구하는 핵심 편익의 종류]

편익 구분	설명
기능적 편익	제품을 통해 얻고자 하는 물리적, 기능적 편익
사회적 편익	사회계층, 사회적 지위, 소속집단 등에서 제품이 갖는 연상을 통해 지각되는 편익
감정적 편익	제품을 사용함으로 얻게 되는 느낌이나 감정상태 등에 의한 편익
지적 편익	호기심, 지식욕구 충족을 위한 편익
미적 편익	미적 감각을 만족시키고자 하거나 자신을 나타내 줄 수 있는 아름다움에 대한 편익
쾌락적 편익	즐거움, 기쁨, 행복함 또는 스트레스나 짜증, 괴로움 등을 줄이기 위한 편익
상황적 편익	특정 상황에 놓여 있을 때 이로 인해 증가하는 편익
종합적 편익	하나의 욕구들이 모여 종합적 욕구로 인지될 때의 편익

(2) 유형성 - 유형제품(tangible product)

유형제품이란 핵심제품이 개념적으로 존재하는 제품이라면 이를 구체화하여 상품으로서 구성한 것을 의미한다. 핵심제품 개념이 소비자들이 인식하는 상품으로서의 가치라고 한다면 유형제품은 품질수준, 제품의 특성, 디자인이나 스타일, 브랜드명, 패키지 등으로 구체화된 것을 의미한다. 이는 판매자에게 는 다른 경쟁자의 제품과 차별화를 하게 만드는 구성요소로 작용하며, 소비자들에게는 핵심제품의 개념 을 형상화한 차이로 이해하게 만든다. 예를 들어, 현대자동차의 핵심제품은 '자동차'이다. 이러한 핵심 제품의 개념은 '차체와 엔진, 타이어, 편의품으로 구성된 이동수단'이다.

그러나 유형제품의 개념은 이러한 구성요소들의 품질수준이 차이를 나타낸다거나, 엔진의 출력이 다르 다거나, 차체의 외형이 다르고 이동수단으로서의 목적이 다르다거나, 몇 명이 탈 수 있는가 등의 구체 적인 차이로 인하여 전혀 다른 상품으로 이해되도록 해 준다.

(3) 확장성 또는 포괄성 - 보강제품(확장제품 augmented product)

유형제품을 소비자에게 제공함과 동시에 추가로 제공하는 서비스와 혜택을 포괄제품이라고 한다. 포괄 제품의 개념은 기업이 제품을 판매하는 데 있어 구매자의 총체적인 소비 시스템을 생각하여야 함을 의 미한다. 포괄제품은 제품의 포장, 애프터서비스, 배달, 신용공여 등 사람들이 가치가 있다고 생각하는 것을 추가로 제공하는 것과 관련이 있다.

기업의 입장에서 소비자들이 얻고자 하는 만족이나 효익을 충족시켜줄 수 있는 제품을 개발함과 동시에 소비자들의 욕구를 최대로 충족시켜 줄 수 있는 방법이 무엇인가를 추가로 보강하는 방안을 강구하는 것이 필요하다.

3 제품의 유형 [종요도] 상(중)(하)

(1) 소비제품

① **사용기간에 따른 분류**

㉠ 비내구재

비내구재는 유형의 제품 중 1회 또는 몇 회나 일정기간 정도만을 사용가능한 소비제품을 의미한다. 이러한 비내구재는 대부분의 일상생활에 소비되는 소비제품들을 말한다. 의류나 운동화, 휴지, 화장품 등은 영원히 사용할 수 없다. 용량이 소진되어 상품의 가치가 종료될 수도 있으며 사용 빈도가 증가하면서 상품의 품질이 가치 이하로 떨어져 사용이 불가능해질 수도 있다. 이러한 소비제품들을 비내구재라고 한다.

㉡ 내구재

내구재란 유형의 제품 중 오랜 기간 동안 사용가능한 상품들을 의미한다. 가구나 우수한 품질의 가전용품, 자동차 등은 사용기간이 길며, 품질의 가치가 지속된다.

㉢ 서비스

무형으로서 가치를 제공해 주는 상품들을 의미하며, 이러한 서비스 상품들은 대부분 생산과 동시에 소멸된다. 따라서 사용기간이 매우 짧고 반복적인 상품 구매로 이어진다. 미용실에서 머리를 커트 또는 염색하거나 여행사를 통해 해외여행을 제공받는 것과 같다.

② **구매목적에 의한 분류**

㉠ 편의품

편의품이란 소비자들이 구매하고자 하는 제품에 대해 충분한 지식을 보유하고 있어 반복적인 구매로 이어지는 제품을 의미한다. 이런 경우 구매에 있어 소요되는 시간과 노력을 적게 하고자 한다. 일반적으로 필수품 또는 상용품들로서 저관여 제품인 경우, 충동적으로 구매하여도 크게 부담이 되지 않는 범위에 있는 충동구매품, 긴급한 필요에 대비하여 미리 구입하게 되는 긴급품 또는 비상용품 등이 이에 속한다.

㉡ 선매품

선매품이란 소비자들이 구매 결정을 하기 전에 여러 매장과 상품을 비교하여 가격이나 품질, 디자인이나 스타일, 구매적절성 등을 확인해보고 구입하게 되는 제품들을 의미한다. 선매품은 위에서 제시한 여러 구입결정 요소들이 상호작용을 하며, 그 중 특히 소비자가 우선시하는 기준에 근거하여 구매 결정이 이루어지는 경우가 많다. 의류나 전자제품 등은 대표적 선매품에 속한다.

㉢ 전문품

전문품은 제품 자체가 갖는 전문성이나 독특성을 소구하여 구입하게 되는 제품이다. 이러한 제품들은 주로 고관여 제품이거나 브랜드충성도가 높은 제품들이다. 구매의사결정을 하는 데 시간과 노력을 오래 기울이지만 때로는 오히려 자신이 구매할 수 있는 여력을 지닐 때까지의 구매시기에 집중되고 시간과 노력이 줄어들 수도 있다. 주로 고가의 제품들이며, 고급 또는 고가의 정책을 활용한다. 고급 시계나 오디오, 카메라나 자동차 등이 이에 속한다.

㉣ 미탐색품

미탐색품은 제품 구입을 하는 시점이 아니면 평상시에는 정보탐색이나 관심도가 현저히 떨어지는 경우를 의미한다. 이러한 상품은 정보에 대한 탐색이 없거나 미흡하고, 자신이 구입해야 하는 중요성을 발견하지 못하면 대부분 구입하기를 꺼려하거나 늦추는 경향이 있다. 특히 이러한 상품의 경우 적극적인 광고나 홍보, 인적판매 등의 마케팅 기법을 동원하여 소비자들에게 구매의 필요성을 각인시키는 전략을 펼쳐야 한다. 주로 생명보험이나 암보험 등과 같은 보험상품, 전문 백과사전 등과 같은 서적 등이 이에 속한다.

[구매목적에 의한 소비제품 분류]

구분	편의품	선매품	전문품	미탐색품
소비자구매 행동	• 잦은 구매 • 적은 구매계획 • 적은 비교 • 낮은 쇼핑노력 • 낮은 관여수준	• 중간 구매빈도 • 중간 구매계획 • 중간 쇼핑노력 • 가격 품질 스타일로 브랜드 간 비교 • 높은 관여수준	• 강한 브랜드선호 • 특별한 구매노력 • 브랜드 비교 낮음 • 낮은 가격민감도 • 높은 관여수준	제품 인지 및 제품 지식 적음
가격	저가격	고가격	매우 높은 가격	다양한 가격
유통	광범위	선택적	독점적	다양함
촉진	생산자에 의한 대량 촉진활동	생산자 및 판매업자들에 의한 광고 및 인적판매 활동	생산자 및 판매업자들에 의한 신중한 표적촉진 활동	생산자 및 판매업자들에 의한 공격적인 광고
예	생필품, 충동품, 긴급품	가전제품, 가구, 의류, 승용차	명품	보험

(2) 산업재

산업재는 최종 소비품이 아니라 판매되는 제품이 다른 제품에 다시 활용되는 제품이나 서비스를 의미한다. 주로 기업과 기업 간 또는 기업과 기관 간 거래인 경우가 많으며, 구매자가 어떤 조직적 성격을 지니고 있는가에 따라 구매 및 납품방법, 구매시기, 요구사항 등에 차이를 나타낸다.

① 재료 및 부품

재료는 주로 원자재 또는 원료품을 의미한다. 또한 부품은 가공재나 생산에 소요되는 부품들을 말한다. 원료란 천연자원이나 농수산물 등을 의미한다. 가공재나 부품은 이러한 원료들을 일차적으로 가공한 것들이거나 가공재를 통해 부품으로 생산된 것들을 말한다. 즉 철광석은 원자재 또는 원료이지만 이를 가공하여 철사로 생산하였다면 가공재가 된다. 또한 철사 등을 이용하여 철조망과 같은 어떤 제품의 부속품을 만들었다면 부품이 되는 것이다.

② 자본재

자본재는 제품의 일부분으로 구성되지는 않아도 생산에 소요되는 산업용품들을 말한다. 이 중 설비품은 공장이나 사무실 또는 생산설비, 엘리베이터 등을 의미하며, 보조장비는 생산에 소요되는 부수적인 것들로 책상이나 컴퓨터, 팩스, 각종 공구 등이 될 수 있다.

③ 소모품 및 서비스

소모품이란 제품의 생산에는 직접적 관여는 되지 않으나 생산에 필요한 간접적 유지보수 활동으로 지원되는 것들을 말한다. 프린터의 카트리지, 잉크, 페인트 등이 이러한 예이며, 회사에서의 편의품이라고 할 수 있다. 또한 넓게는 법률 및 경영자문 등의 서비스도 이러한 산업재의 서비스에 해당된다.

[산업재의 구분과 마케팅 특성]

구분	재료 및 부품		자본재		소모품 및 서비스
	원자재(원료품)	가공재 및 부품	설비품	보조장비	
단위가격	매우 낮음	낮음	매우 높음	중간정도	낮음
구매량	대량 구매	대량 구매	소량 구매	소량 구매	소량 구매
구매빈도	장기, 정기 계약 구매	비정기적	비정기적	정기 또는 비정기적	정기적 구매
유통경로	•짧은 유통 •중간상 없음	•짧은 유통 •소규모 중간상	•짧은 유통 •중간상 없음	중간상 이용	중간상 이용
가격경쟁	중요함	중요함	중요하나 상황에 따라 차이 있음	중요요인 아님	중요함
서비스	중요하지 않음	중요함	매우 중요함	중요함	중요하지 않음
판매촉진	거의 없음	보통	판매원 역할 매우 중요	중요함	거의 의미 없음
브랜드 선호도	없음	비교적 낮음	높음	높음	낮음
선매계약	중요함(장기)	중요함(장기)	일반적으로 이용하지 않음	일반적으로 이용하지 않음	일반적으로 이용하지 않음

제 2 절   차별화

1 형태 중요도 상중하

제품 차별화에 있어 가장 기본적인 방법은 제품의 형태, 즉 크기, 모양, 색상 그리고 다른 물리적 요소를 변화시키는 것이다. 기능적으로 매우 유사한 제품들은 패키징이나 배송을 통해 차별화할 수 있다. 지난 몇 년간 미국에서 기네스 맥주가 성장할 수 있었던 이유는 신제품을 통한 제품의 변화와 패키징이었다.

2 특징 중요도 상중하

제품의 차별점을 물어본다면, 많은 사람들은 제품의 기능을 말할 것이다. 특징이란 제품 속성 또는 성능을 말하며 경쟁 제품과 차별화하기 위해 제품에 추가되거나 제거되는 경우가 많다. 그러나 기업이 제품 관련 의사결정을 할 때 소비자 가치 제공이 기본적인 동인이 되지만 고객이 원하는 제품 기능과 주어진 품질 수준에서 기업이 지불해야 할 비용 사이의 균형을 맞추어야 한다.

흥미롭게도 연구에 따르면, 경쟁업체들은 종종 매우 다른 특징을 가진 제품들을 만든다. 예를 들어 휴대 전화 제조업체는 제품 라인 전체에서 제품 특징 믹스를 지속적으로 평가한다. 삼성과 애플 모델을 비교한다면, 여러 가지 특징 차이를 발견할 수 있다. 마케터가 직면하는 가장 큰 도전 중에 하나는 목표 고객들의 니즈와 욕구를 가장 잘 충족시킬 수 있는 제품 특징 믹스를 결정하는 것이다. 경쟁업체들은 동일한 기능을 조합하지 않기 때문에, 결국 어떤 기능을 포함시키고 제외시킬지 결정하는 것이 제품 성공에 있어 중요하다.

3 성능품질 중요도 상 중 하

기업은 항상 최고 품질의 제품을 만들어야 할까? 몇몇 사람들은 '예'라고 말할 것이다. 그러나 질문에 대한 대답은 그것보다 더 복잡할 수 있다. 기본적으로 기업은 목표 고객이 지불하고자 하는 성능 수준으로 제품을 만들어야 한다. 이는 기업이 다양한 가격대의 요구를 충족시키기 위해 여러 성능 수준에서 제품을 개발하는 것을 의미한다. 이때 핵심은 고객에게 가치를 전달하는 것이다. 결과적으로 고객이 제공받은 가치에 대해 기꺼이 가격을 지불할 수 있도록 경험을 정의하는 것이 핵심이다.

기업의 성능 품질에 대한 시장 인식은 시장 영역을 정의하는 데 매우 중요한 요소이다. 기업은 일반적으로 제품의 성능 품질을 브랜드에 대한 인식과 일치시키려고 한다. 예를 들어 저가형 시계를 주로 만들던 회사는 1억을 호가하는 시계를 개발하지 않을 것이다. 왜냐하면 시장에서 롤렉스에 대해서는 고급 시계를 기대하지만 저가 브랜드가 그 정도 생산 품질을 가진 시계를 만드는 것을 기대하지도 않고 받아들이지도 않을 것이기 때문이다. 또한 비용을 절감하거나 새로운 시장에 진출하기 위해 성능을 너무 낮춰서도 안 된다. 품질에 대한 이미지를 잃어버리게 되면 브랜드 이미지가 심각한 손상을 입는다. 예를 들어, 제품 안전은 소비자에게 여전히 중요한 관심사인데, 품질 기준에 맞지 않는 제품은 소비자의 신뢰를 잃을 수 있다.

4 제공한 정보 품질과의 일치성 중요도 상 중 하

소비자는 마케팅 커뮤니케이션에서 약속한 기능 및 성능 특징을 제공하는 제품의 일치성을 중요하게 고려한다. 즉 마케터와 제조업체가 직면한 과제는 모든 제품이 이러한 약속을 지켜야 한다는 것이다. 제조업체를 통해 생산된 제품이 명시된 성능 기준을 높게 충족하면 해당 제품의 일치성 품질이 높다고 말할 수 있다. 누군가가 콜라를 열었을 때 탄산이 빠져나가는 소리가 없다면 콜라가 아닐 것이다. 코카콜라와 제조업체가 겪는 어려움은 소비자가 세계 어디에서나 캔이나 병을 여는 경우 모든 코카콜라가 적절한 탄산 작용을 해야 한다는 것이다.

5 내구성 중요도 상 중 하

소비자 연구와 구매 패턴에 따르면 사람들은 특정 작동 조건에서 제품의 예상되는 수명인 내구성을 중요한 차별적 특성으로 생각하며, 내구성이 큰 제품에 대해 가격 프리미엄을 지불할 의사가 있다. 볼보의 브랜드 라인들은 내구성이 좋은 것을 명성이 높은데 이 내구성 덕분에 가격 프리미엄이 있다.

6 신뢰성 중요도 상 중 하

유사한 제품에 대한 차별적 판단 기준은 제품의 신뢰성이다. 신뢰성은 실패나 중단 없이 제품이 작동하는 시간의 비율을 의미한다. 기업과 소비자는 신뢰성이 구매 결정에 있어 중요한 차별화 요소라고 말한다. 그러나 지나치게 제품 신뢰성이 높은 것은 오히려 기업에게 독이 될 수 있다. 실제로 기업은 오랫동안 사용할 수 있는 고사양의 프리미엄 컴퓨터를 만들 수 있지만 대부분의 컴퓨터 제조업체는 그렇게 하지 않는다. 왜냐하면 컴퓨터 기술이 너무 빠르게 변화하고 제품 개선이 빨리 이루어지기 때문에 사람들이 컴퓨터를 구입할 때 오랫동안 사용할 수 있는 컴퓨터에 프리미엄을 지불하려고 하지 않기 때문이다. 그들은 컴퓨터가 오작동을 일으키기 전에 더 싸고 좋은 기술을 사용할 수 있다는 것을 알고 있다.

7 유지보수성 중요도 상 중 하

점점 더 많은 소비자와 기업이 제품 평가과정의 일환으로 유지보수성, 즉 제품에 문제가 발생했을 때 이를 해결할 수 있는 용이성을 평가한다. 결과적으로 많은 기업들은 제품에 대한 더 나은 진단 프로그램을 구축했으며, 해당 프로그램을 통해 많은 비용을 지불하지 않고도 제품을 분리, 식별 및 수리할 수 있게 되었다. 고급 승용차 제조업체를 포함한 많은 자동차 회사는 최근 타이어가 손상된 후에도 운전자가 운전을 계속할 수 있게 해주는 평평한 타이어인 런-플랫 타이어를 제공하고 있다. 동시에, 해당 제품은 적절한 장소에서 온라인 또는 전화로 수리 서비스를 요청하도록 설계되었다. 휴대 전화 제조업체와 서비스 제공 업체는 자가 진단 전화를 함께 구축했는데, 이를 통해 서비스 기술자가 현장의 상황을 평가할 수 있도록 했다. 실제로 기술자는 전화 통화 중 사소한 소프트웨어 업그레이드나 수리를 진행할 수 있다. 물론 유지보수성을 높이면 비용이 발생한다. 이러한 서비스에 대해 기업은 지속적으로 비용과 편익을 평가해야 한다.

8 스타일 중요도 상 중 하

제품을 정확하게 평가하고 제품으로 만들기 가장 어려운 차별화 도구 중 하나는 제품의 외형과 느낌, 즉 스타일이다. 누군가가 특정 제품이 스타일이 있다고 말하는 것은 쉽지만, 하나의 제품으로 디자인하는 것은 어려울 수 있다. 이러한 점에서 스타일이 다른 차별화 도구보다 모방하기 어렵다는 것은 장점이다. 삼성, 마이크로소프트는 성공적인 웨어러블 기기를 개발하려 했지만 그 누구도 애플워치와 경쟁할 수 있는 제품을 개발하지 못했다. 배터리 수명과 기능 누락 문제에도 불구하고 애플워치는 웨어러블 시장의 선두 주자가 되었다. 애플워치는 아이폰과 아이맥 등의 제품을 만들면서 구축한 애플의 강한 명성을 기반으로 성공할 수 있었다.

스타일의 일관성을 유지한다는 것은 어려울 수 있다. 시간이 지남에 따라 소비자의 취향은 변하고 그 당시 세련된 것으로 여겨졌던 것 또한 빠르게 그 매력을 잃을 수 있다. 기업은 트렌드를 파악하는 데 도움이 되는 정보 시스템에 투자한다. 트렌드가 확인되면 제품 개발 팀은 이를 제품에 통합할 수 있는 디자인 요소로 변환할 수 있어야 한다. 일부 산업에서는 이 과정이 매우 중요하다. 예를 들어, 의류 제조업체는 특정 스타일이 인기 있는 동안에도 향후 트렌드를 예상하고 효율적인 생산 과정을 통해 옷을 디자인하고 제작해 유통한다.

제 3 절 제품과 브랜드 관계

1 독립 브랜드 또는 패밀리 브랜딩 중요도 상 중 하

독립 브랜드는 브랜드와 회사를 분리하며, 브랜드에 문제가 있는 경우 회사를 보호할 수 있다. 그러나 독립 브랜드는 기업 브랜드와의 시너지가 전혀 혹은 거의 없기 때문에 만들고 유지하는 데 많은 비용이 든다. 패밀리 브랜딩의 장점과 단점은 정반대이다. 브랜드 패밀리 구성원 간에 시너지 효과는 있지만, 한 제품에 대한 부정적인 사건이 발생한 경우 전체 브랜드 패밀리에 대한 부정적인 평판으로 이어질 수 있다.

또한 기업은 브랜딩을 사용하여 제품라인을 확장한다. 예를 들어 마이크로소프트는 윈도우 운영체제 플랫폼을 모바일 장치, 노트북, 데스크톱 등의 다양한 컴퓨터 기기로 확장한다. 윈도우 운영체제가 추가될 때마다 고객은 다시 브랜드와 연결하고, 마이크로소프트는 장치 전반에 걸쳐 원활한 경험을 제공한다. 또한 기업은 브랜드를 사용하여 카테고리 확장을 통해 새로운 제품 범주로 확장할 수 있다. 몽블랑은 강력한 브랜드를 사용하여 최근 시계 브랜드와 같은 새로운 제품 카테고리로 확장한다.

또 다른 옵션은 패밀리 브랜드를 독특한 개별 제품 브랜드와 결합하는 것이다. 많은 기업들이 이 전략을 변형하여 활용한다. CJ ENM의 경우 기존 채널 CGV와 슈퍼채널을 OCN무비즈와 OCN쓰릴즈라는 리브랜드를 통한 새 채널을 오픈하였다.

2   제조업자 브랜드 또는 유통업자 브랜드 [중요도] 상 중 하

이 의사결정은 제품이 제조업자 브랜드와 유통업자 브랜드 중에 어떤 전략을 채택해야 하는 것과 관련 있다. 미국 마케팅협회(AMA)에 의하면, 제조업자 브랜드란 '통상 넓은 지역에 걸쳐 그 적용을 확보하고 있는 생산자 브랜드'로 정의된다. 질레트의 경우 전 세계에서 동일한 브랜드를 활용한 제조업자 브랜드를 만든다. 이러한 제조업자 브랜드는 제조업체들이 마케팅커뮤니케이션과 유통의 효율성을 제고함으로써 마케팅 자원을 활용할 수 있도록 한다. 또한 일반적으로 제조업자 브랜드는 지각된 품질이 높기 때문에 가격 프리미엄을 얻는다. 그러나 제조업자 브랜드를 개발하는 데 비용이 많이 들고 많은 제품 범주에서 낮은 가격의 유통업자 브랜드는 강력한 경쟁자가 되고 있다.

제조업자 브랜드의 대안으로 유통업자 브랜드가 있다. 많은 대형 소매업체는 자사 제품을 판매할 수 있는 유통업자 브랜드를 만든다. 예를 들어, 다이소는 다양한 가정용품이 포함된 많은 유통업자 브랜드를 가지고 있다.

3   라이선싱 [중요도] 상 중 하

기업은 라이선싱을 통해 브랜드를 확장하는 것을 선택할 수 있다. 라이선싱은 다른 제조업체에게 브랜드를 사용할 수 있는 권리를 주는 대가로 수수료나 판매액의 일정 비율을 받는 것이다. 브랜드 스폰서에게는 위험이 거의 없으며 라이선싱으로 인해 매출이 점차 증가할 수 있다. 또한 브랜드를 신규 사용자들에게 확장하고 더 많은 브랜드 연상을 구축함으로써 추가적인 이점을 얻을 수 있다. 브랜드 스폰서는 제품 품질과 브랜드의 올바른 사용을 보장하기 위해 라이선스 사용자들을 모니터링해야 한다. 마지막으로 라이선스 파트너는 회사의 전반적인 마케팅 전략을 브랜드에 일치시켜야 한다. 라이선스 전략의 가장 훌륭한 예시는 영화로, 다양한 산업에 속한 기업(레스토랑, 장난감 제조업체, 게임회사 등)들이 라이선스한다. '스타워즈' 스토리는 최근작의 경우 주요 라인은 아니지만, 당시 10억 달러가 넘는 전 세계 흥행 수입을 통해 성공을 거두었으며, 라이선스 계약은 여전히 프랜차이즈에 대한 수익을 창출하고 있다. 디즈니는 상품을 판매할 뿐만 아니라 닛산, 질레트, 듀라셀, 버라이즌과 라이선스 계약을 맺어 영화 출시 이후에도 계속해서 수익을 창출하였다.

4   공동 브랜딩

회사의 제품을 회사 내부의 다른 제품과 연결하거나 외부의 다른 회사 제품과 연결하는 전략을 통해 이점을 발견하는데, 이를 공동 브랜딩이라고 한다. 공동 브랜딩은 공통된 제품에서 2개 이상의 잘 알려진 브랜드를 합치거나 두 브랜드를 파트너십으로 판매한다. 공동 브랜딩의 한 가지 장점은 각 브랜드의 강점을 활용하여 독립적으로 발생시킬 수 있는 것 이상의 매출을 창출할 수 있는 기회이다. 또한 각 제품을 새로운 시장에 출시할 수 있으며 마케팅 커뮤니케이션 비용을 공유함으로써 비용을 절감할 수 있다.

하지만 몇 가지 잠재적인 단점도 있다. 예를 들면, 외부의 다른 회사와 공동 브랜딩을 하는 경우 브랜드에 대한 통제권을 포기해야 한다. 브랜드를 통합함으로써 각 회사는 공동 브랜드 제품을 판매하기 위해 일부 통제권을 희생한다. 만약 브랜드 중 하나에서 품질 문제와 같은 문제가 발생하는 경우 브랜드가 공동 브랜드 제품에 부정적인 영향을 줄 수 있다. 또 다른 잠재적인 단점은 과도한 노출이다. 브랜드의 이미지를 희석시킬 수 있기 때문에 성공적인 제품은 과도한 공동 브랜드 관계를 원하지 않는다.

성공적인 공동 브랜딩 관계는 두 브랜드가 시장에서 동등한 가치를 가진 경우에 가장 효과적이다. 코스트코와 비자가 결합하여 코스트코 비자카드를 제공할 경우 사용자는 코스트코에서 구매할 때 리베이트를 받고 비자를 코스트코 멤버십으로 확장할 수 있다. 이 과정에서의 중요한 결정은 자원 투입에 대한 것이다. "어떤 기업이 무엇을 지불해야 하는가?", "각 기업에게 요구되는 다른 자원 투입은 무엇인가?" 같은 내용이다. 또한 관계에서 각 회사의 성과 목표와 각 파트너의 기대 혜택을 이해하는 것이 중요하다.

일반적으로 공동 브랜딩은 세 가지 관계 중 하나를 포함한다. 첫 번째는 두 회사 간의 합작 투자이다. 둘째, 회사가 자체 제품 두 가지를 결합할 때 발생한다. 셋째, 다수의 회사가 모여 새로운 브랜드를 출시하는 것이다.

제 4 절 　패키징, 라벨링, 보증

1 　패키징 　중요도 상중하

(1) 목표

① 보호

무엇보다도 패키지는 제품을 보호해야 한다. 문제는 얼마나 많은 보호가 필요하고 효과적인 비용인지를 정의하는 것이다. 경우에 따라 콜라 캔과 같이 패키지는 제품 전체 비용의 중요한 구성 요소이기 때문에 패키지 비용 증가에 대한 우려가 있다. 그러나 콜라 캔은 온도와 기타 사용 조건 변화에도 탄산음료를 담을 만큼 강해야 한다. 따라서 코카콜라는 다양한 패키지 재료, 크기와 모양을 고려해야 하며, 다양한 조건 하에서 적절하게 작동하도록 각 제품을 설계해야 한다.

불법적인 사업자들로부터 소비자를 보호하는 것도 패키지 디자인 기능의 한 부분이다. 처방받은 약과 처방전 없이 구입할 수 있는 의약품은 소비자를 보호하기 위해 변조 방지 및 아동 보호가 필요하다. 안전을 위한 패키지 밀봉은 소비자에게 구매 전에 제품이 변경되지 않았음을 입증하고 안도감을 준다. 마지막으로, 특히 소매점에서 제품 도난에 대한 우려가 커지고 있다. 결과적으로 도난을 방지하기 위해 패키지 디자인에 바코드나 마그네틱 선과 같은 도난 방지 수단이 포함되어야 한다.

② 커뮤니케이션

패키지는 제품에 대한 많은 정보를 전달한다. 일부 정보는 마케팅 커뮤니케이션 활동으로 설계되었다. 판매 시점에서 패키지는 고객이 구매 전에 보게 될 마지막 마케팅 커뮤니케이션이다. 결과적으로, 패키징은 특히 소비자 제품에 대한 회사의 전반적인 마케팅 커뮤니케이션 전략에서 중요한 역할을 한다. 코카콜라의 독특한 컨투어 병 디자인은 유일무이해서 어둠 속에서도 패키지를 식별하는 것이 가능하다. 또한 패키지는 브랜드 스폰서가 상표, 로고 및 기타 관련 정보를 매력적이고 설득력 있는 방식으로 제시할 수 있는 기회를 제공한다. 고객이 매장의 제품으로 가득 찬 선반 앞에 섰을 때 마케팅 관리자는 자사 브랜드가 구매자에게 명확하게 보이길 원한다. 이는 패키징이 색상과 디자인 단서를 통해 중요한 브랜드 메시지를 신속하게 전달할 수 있도록 디자인되어야 함을 의미한다. 코카콜라의 친숙한 소용돌이 로고는 세계에서 가장 잘 알려진 브랜드 심벌 중 하나이며 매장 선반이나 자판기에서 쉽게 식별할 수 있다.

독특한 패키지 디자인은 차별적 경쟁 우위를 창출할 수 있다. 콜라의 컨투어 병은 콜라의 전체 브랜드 이미지의 중요한 구성요소이다. 독특한 패키지 디자인은 고객이 최종 구매 결정을 내리는 판매 시점에서 브랜드 인지도를 높인다.

③ 제품 사용 촉진

패키지 디자인은 여러 가지 방법으로 제품 사용을 촉진시킬 수 있다. 첫째, 패키지는 행복한 고객이 제품을 사용하고 있는 모습을 자주 보여줌으로써, 전반적인 마케팅 메시지를 지원한다. 이는 제품과 목표 고객을 연결시켜준다. 둘째, 많은 경우 패키지가 제품을 시각적으로 보여준다. 셋째, 마케터와 패키지 디자이너는 고가의 포장 팩과 기타 패키지 디자인을 사용하여 제품을 시각적으로 제시하고 보호한다.

(2) 효과적인 패키징

① 심미성

색상은 패키지 디자인뿐만 아니라 실제 전체 브랜드 전략에서 중요한 역할을 한다. 코카콜라는 패키징의 지배적인 색상으로 빨간색을 사용하는 반면, 펩시는 파란색을 사용하는 것은 우연의 결과가 아니다. 색상은 브랜드를 반영하며 패키지 디자인을 통해 전달된다.

그러나 시각적으로 매력적인 패키지만으로는 충분하지 않다. 성공하기 위해서 패키지는 목표 고객을 지향해야 한다. 대부분 소매 환경의 구매 시점에서 패키지가 고객과 연결될 수 있는 시간은 매우 적다. 결과적으로, 목표 시장에 적절하고 흥미롭고 설득력 있는 디자인이 중요하다.

② 모든 마케팅 믹스 요소와의 조화

성공적인 제품 패키지는 다른 모든 마케팅 믹스 요소와 조화를 이루고, 제품의 마케팅 전략을 확대한 것이다. 구매 시점에서 패키지는 광고 이미지와 고객을 연결하여 마케팅 커뮤니케이션을 강화한다. 결과적으로 패키지 디자이너는 광고 및 기타 마케팅 커뮤니케이션 전문가와 긴밀하게 협력하며, 마케팅 커뮤니케이션 프로세스 전반에 걸쳐 통합 메시지를 조율하고 살펴본다. 캐논카메라는 프로페셔널 디지털 카메라 사진으로 이루어진 패키지 상자에 포장되어 있다. 이 상자에 포함된 로고, 카메라 모델 번호와 사진이 홍보 도구로 사용된다. 또한 패키지 디자인과 로고는 웹사이트뿐 아니라 다른 부수적인 마케팅 자료와도 조화를 이룬다.

2 라벨링 중요도 상 중 **하**

(1) 법적 요건

식품의약품 안전처는 모든 가공 식품 회사가 칼로리, 지방, 탄수화물 등의 내용을 명확하게 알 수 있는 영양 정보를 제공하도록 요구한다. 어떤 제품에는 고객이 쉽게 읽고 이해할 수 있는 특정 크기의 경고문이 포함되어야 한다. 청소제품, 살충제와 같이 유해 물질이 포함된 제품의 라벨에는 특수한 정보가 포함되어야 한다. 이와 같은 예를 볼 때 충분한 라벨 공간이 필요한 이유를 쉽게 이해할 수 있다.

소비자 보호 단체와 정부 기관은 내용을 오도하거나 잘못된 라벨이 부착된 제품을 식별하기 위해 라벨을 평가하며, 부적절하고 비윤리적이며 불법적인 제품 라벨링에 대해 긴 법적 소송이 진행된 역사도 있다. 미국 연방정부는 공정 패키징 및 라벨링 법(1967)과 같은 연방 정부의 추가 법안이 통과되었다.

(2) 소비자 요건

소비자는 상자에 제품을 꺼내서 사용하기 때문에, 패키지 라벨링은 초기 사용 지침을 게시하기 위한 가장 편리한 장소이다. 또한 제품 주의 사항, 간단한 조립 정보, 그리고 제품 사용을 위한 적정 연령도 패키지에 포함될 수 있다. 본질적으로 소비자가 특히 구매 시점에서 제품 선택을 하기 위해 필요한 모든 정보는 패키지에 있어야 한다.

(3) 마케팅 요건

패키지 라벨링은 구매 의사결정 이전의 마지막 마케팅 기회이기 때문에 가능한 한 많은 라벨 공간이 마케팅 커뮤니케이션에 할당된다. 브랜드, 로고, 제품 이미지 및 기타 마케팅 관련 메시지가 라벨의 많은 공간을 차지한다.

3 보증 중요도 상 **중** 하

(1) 보증의 종류

① 포괄적인 보증

포괄적인 보증은 제품 성능과 고객 만족에 대해 폭넓은 약속을 한다. 이러한 보증은 일반적으로 특정 제품 성능 문제 이외의 다양한 이유로 제품을 반품하는 고객에게 적용된다. 많은 기업들이 고객에게 이유를 묻지 않고 제품을 반품할 수 있는 권리를 주는 관대한 정책을 채택했다. 어떤 기업들은 이유를 요구하는데 이 경우에도 반품을 정당화할 수 있는 넓은 허용 범위가 있다.

② 특화된 보증

특화된 보증은 제품 구성 요소와 관련된 명시적 제품 성능 약속이다. 자동차 보증은 보증을 가진 다양한 제품 구성 요소를 포함하고 있는 특화된 보증이다. 타이어에 대한 보증은 타이어 제조업체가 하며, 동력 장치에 대한 보증은 일반적으로 나머지 자동차 부품에 대한 보증과 다르다.

(2) 브랜드 정의를 위한 보증

① 비용 대비 혜택

보증을 지키고 이행하면 비용이 발생한다. 기업은 경쟁을 해야 하므로 속한 산업에서 제공하는 보증과 일치하는 보증을 제공해야 한다. 그러나 기업은 보증 혜택이 비용을 초과하는지 여부를 고려해서 보증을 지속적으로 평가한다. 이는 기업이 업계 평균보다 높은 보증을 제공할 때 더욱 그렇다. 수년 동안 렉서스, 벤츠, 아우디 등과 같은 고급 자동차 제조업체들은 다른 제조업체가 제공한 것 이상의 보증을 제공했다. 더 긴 보증을 제공하는 것은 고품질의 자동차 제조업체에 대한 인식을 검증하는 데 도움이 되었다. 그러나 최근에는 너무 많은 비용이 발생하여 BMW의 경우 무료 정기 검수를 없 앰으로써 보증 범위를 줄였다. 하지만 이와 동시에 현대자동차는 자사의 자동차에 대한 소비자 신뢰를 구축하기 위해 보증을 적극 확대했다. 현대는 보증 기간을 확대하는 것이 더 좋은 자동차를 만들고 있다는 것을 보여주는 분명한 방법이라는 것을 깨닫고 있다.

② 고객에게 메시지 전달하기

보증은 고객에게 지각된 제품 품질과 제조업체의 고객 만족을 위한 헌신에 관한 강력한 메시지를 전달한다. 특히 고가 제품이나 고객이 염려하는 구매 의사 결정을 하는 경우, 보증이 최종 제품 선택을 위해 의미 있는 역할을 할 수 있다. 결과적으로 기업은 보증을 만드는 것뿐만 아니라 고객과 가장 잘 의사소통할 수 있는 방법을 생각하는 데 많은 시간을 투자한다. 나이키는 오랜 세월이 지나도 한 슬로건을 계속 사용하고 있다. 그 이유는 이 슬로건이 제품과 회사에 대해 많은 이야기를 고객에게 전달하기 때문이다. 고객들은 나이키의 제품을 "Just do it"이라는 단순한 문구로 이해한다. 그러나 대부분 제품의 경우에 기업은 수동적인 자세를 취하고 보증문을 전체적인 마케팅 커뮤니케이션 전략과 제품 정보의 일부로 포함시킨다.

O✕로 점검하자

※ 다음 지문의 내용이 맞으면 O, 틀리면 ✕를 체크하시오. [1~10]

01 제품의 광의의 의미는 '공급자인 기업이 시장 내에서 고객의 욕구를 만족시키기 위해 제공하는 다양한 속성들의 집합체'이다. (　　)

02 유형제품 개념이 소비자들이 인식하는 상품으로서의 가치라고 한다면 핵심제품은 품질수준, 제품의 특성, 디자인이나 스타일, 브랜드명, 패키지 등으로 구체화된 것을 의미한다. (　　)

03 포괄제품은 제품의 포장, 애프터서비스, 배달, 신용공여 등 사람들이 가치가 있다고 생각하는 것을 추가로 제공하는 것과 관련이 있다. (　　)

04 비내구재는 대부분 특수한 상황에서 사용되는 소비제품들로서 일상적 내구재와 다르다. (　　)

05 생명보험이나 암보험 등과 같은 보험상품은 높은 관여수준을 보이므로 선매품에 해당한다. (　　)

06 편의품이란 소비자들이 구매하고자 하는 제품에 대해 충분한 지식을 보유하고 있어 반복적인 구매로 이어지는 제품을 의미한다. (　　)

07 자본재 중 설비품은 판매원의 역할이나 서비스가 매우 중요한 재화에 해당한다. (　　)

08 마케팅 커뮤니케이션에서 약속한 기능 및 성능 특징을 제공하는 것을 제품의 신뢰성이라고 한다. (　　)

09 브랜드 패밀리 구성원 간에 시너지 효과는 있지만, 한 제품에 대한 부정적인 사건이 발생한 경우 전체 브랜드 패밀리에 대한 부정적인 평판으로 이어질 수 있다. (　　)

10 포괄적인 보증은 일반적으로 특정 제품 성능 문제 이외의 다양한 이유로 제품을 반품하는 경우에는 해당하지 않는다. (　　)

정답과 해설　01 O　02 ✕　03 O　04 ✕　05 ✕　06 O　07 O　08 ✕　09 O　10 ✕

02 소비자들이 인식하는 개념적으로 존재하는 제품을 핵심제품이라고 하며 그 구체화된 요소들은 유형제품에 해당한다.

04 비내구재는 대부분의 일상생활에 소비되는 소비제품들을 말한다.

05 보험상품은 구입을 하는 시점이 아니면 평상시에는 정보탐색이나 관심도가 현저히 떨어지는 미탐색품에 해당한다.

08 제품의 신뢰성이란 실패나 중단 없이 제품이 작동하는 시간의 비율을 의미한다.

10 포괄적인 보증은 제품 성능과 고객 만족에 대해 폭넓은 약속을 한다. 그러므로 다양한 이유로 제품을 반품하는 고객에게 적용된다.

01 제품에 대한 설명 중 <u>틀린</u> 것은?

① 제품의 개념은 일차원적이다.
② 제품에는 물리적인 실체와 관련된 서비스까지 포함된다.
③ 코틀러는 제품을 세가지 차원의 집합으로 구분했다.
④ 자동차를 구매하는 경우 편익을 고려한다면 핵심부품에 해당한다.

02 물리적 속성의 집합을 제품의 계층 중 어디에 해당하는가?

① 핵심제품
② 유형제품
③ 확장제품
④ 무형제품

03 제품을 분류하는 이유는 무엇인가?

① 저가격을 유지하기 위하여
② 제품의 종류에 맞는 마케팅 전략을 사용하는 것이 효과적이므로
③ 신제품의 생산을 지속적으로 하기 위하여
④ 관여도를 높이기 위하여

01 제품의 개념은 다차원적이다.

02 유형제품은 소비자가 원하는 핵심제품을 제공하는 물리적 속성의 집합을 의미한다.

03 제품을 분류하는 이유는 제품의 종류에 따라 상이한 마케팅 전략을 사용하는 것이 효과적이기 때문이다.

정답 01 ① 02 ② 03 ②

안심Touch

04 선매품은 관여도가 대체로 높고 제품을 비교 평가한 후 구매하는 비교적 고가격대의 제품이다.

04 관여도가 대체로 높고 제품을 비교 평가한 후 구매하는 고가격대의 제품은?

① 편의품
② 선매품
③ 전문품
④ 미탐색품

05 제품 계열의 길이는 제품 계열 안에 있는 상표의 수이고, 한 제품 계열 내에 있는 품목의 수는 제품 계열의 깊이라고 한다.

05 다음 설명 중 옳지 <u>않은</u> 것은?

① 한 기업이 생산, 판매하는 모든 제품을 제품믹스라고 한다.
② 비슷한 용도를 가지는 제품의 집합을 제품 계열이라고 한다.
③ 제품 계열의 개수는 제품믹스의 폭이다.
④ 제품 계열의 길이는 한 제품 계열 내에 있는 품목의 수이다.

06 서비스는 무형으로서 가치를 제공해 주는 상품들을 의미하며, 이러한 서비스 상품들은 대부분 생산과 동시에 소멸된다.

06 제품의 유형 중 사용기간이 가장 짧은 재화는 무엇인가?

① 비내구재
② 서비스
③ 내구재
④ 편의품

정답 04 ② 05 ④ 06 ②

07 삼성이나 마이크로소프트가 웨어러블 시장에서 애플에게 밀린 이유는 무엇인가?

① 신뢰성이 낮아서
② 내구성이 높은 제품 생산을 하지 못했기 때문에
③ 스타일에 대한 차별화가 없어서
④ 성능품질 면에서의 한계 때문에

08 다이소에서 활용한 디즈니 캐릭터 생활용품의 제작과 관련된 브랜드 확장전략은?

① 공동 브랜딩
② 리브랜딩
③ 유통업자 브랜딩
④ 라이선싱

09 패키징의 목적에 해당하지 <u>않는</u> 것은?

① 제품의 보호
② 소비자와의 커뮤니케이션
③ 포괄적 보증
④ 제품 사용 촉진

07 애플의 강점은 스타일의 일관성을 유지하고 항상 트랜드를 선도하는 모습을 보였다.

08 라이선싱은 다른 제조업체에게 브랜드를 사용할 수 있는 권리를 주는 대가로 수수료나 판매액의 일정 비율을 받는 것이다.

09 포괄적 보증은 패키징에서 이루어지는 것이 아니라 제품 성능과 고객 만족에 대한 계약 제시로 발생한다.

정답 07 ③ 08 ④ 09 ③

안심Touch

주관식 문제

01 다음 빈칸에 들어갈 용어를 순서대로 쓰시오.

> (　　　)이란 소비자들이 구매 결정을 하기 전에 여러 매장과 상품을 비교하여 가격이나 품질, 디자인이나 스타일, 구매적절성 등을 확인해보고 구입하게 되는 제품들을 의미하며, (　　　)은 제품 자체가 갖는 전문성이나 독특성을 소구하여 구입하게 되는 제품이다. 이러한 제품들은 주로 고관여 제품이거나 브랜드충성도가 높은 제품들이다.

01

정답 선매품, 전문품

02 기네스 맥주가 미국 시장과 한국 시장에서 성장할 수 있었던 대표적인 **차별화 전략**을 서술하시오.

02

정답 기네스는 형태에 대한 차별화로 제품 자체의 패키징과 변화를 통하여 성공하였다.

해설 제품 차별화에 있어 가장 기본적인 방법은 제품의 형태, 즉 크기, 모양, 색상 그리고 다른 물리적 요소를 변화시키는 것이다.

03 공동 브랜딩이 가지고 있는 단점을 서술하시오.

03

정답 브랜드에 대한 통제권을 포기해야 하며, 브랜드 중 하나가 다른 문제가 발생할 경우 공동 브랜드 제품에 부정적인 영향을 줄 수 있고, 또 과도한 노출이 발생하여 브랜드의 이미지를 희석시킬 수 있다.

04 코카콜라의 컨투어 병 디자인 패키징이 커뮤니케이션 측면에서 가지고 있는 의미를 서술하시오.

04

정답 패키징의 독특함으로 고유성을 가지고 있으며, 차별적 경쟁 우위를 창출하고 최종 구매 결정 시 브랜드 인지도를 높일 수 있다.

해설 콜라의 컨투어 병은 콜라의 전체 브랜드 이미지의 중요한 구성요소이다. 독특한 패키지 디자인은 고객이 최종 구매 결정을 내리는 판매 시점에서 중요한 작용을 한다.

안심Touch

checkpoint 해설 & 정답

05

[정답] 비용 대비 혜택을 제공하여 소비자 신뢰를 구축하고 고비용에 걸맞는 더 좋은 자동차를 만든다는 것을 보증하기 위함이다.

[해설] 더 긴 보증을 제공하는 것은 고품질의 자동차 제조업체에 대한 인식을 검증하는 데 도움이 된다.

06

[정답] 핵심제품이란 목표시장의 소비자 집단에게 제공하고자 하는 핵심적인 편익을 의미하며 다양한 프로그램 시청은 기능적 편익에 해당하므로 이에 속한다.

[해설] 핵심적인 욕구, 제품을 구입하고 이용함으로써 얻고 싶어 하는 욕구 및 이에 대한 가치적인 혜택을 얻고자 하는 욕구를 해소시켜 주기 위한 목적물이 핵심제품인 것이다.

05 현대, 렉서스, 벤츠, 아우디 등과 같은 고급 자동차 제조업체들이 다른 제조업체가 제공한 것 이상의 보증을 제공하는 이유를 비용 개념을 활용하여 서술하시오.

06 코틀러의 제품계층 중 다양한 방송국의 프로그램을 시청하기 위하여 텔레비전을 구입한다고 할 때 분류되는 계층을 설명하시오.

제 **12** 장

제품 수명주기와
신제품 개발

제 12 장 제품 수명주기와 신제품 개발

제 1 절 제품 수명주기 마케팅 전략

한 제품이 시장에 처음 나와서 사라질 때까지의 과정을 제품 수명주기라고 부르며, 통상 도입기, 성장기, 성숙기, 쇠퇴기로 나눈다. 전형적인 제품 수명주기 곡선은 S자 모양을 하고 있지만, 다른 모양을 가진 제품 수명주기 곡선도 많다. 제품 수명주기의 각 단계의 특성과 각 단계에서의 마케팅 전략과 촉진믹스는 다음과 같다.

1 도입기 중요도 ▶ 상 중 하

(1) 도입기의 시장전략

도입기는 신제품을 시장에 출시하였을 때 시작되는데, 이 시기에는 대체로 제품의 수요가 적고, 판매성장은 느린 경향이 있다. 그 이유는 첫째, 소비자들이 제품의 존재와 제품이 주는 편익에 대해 거의 아는 바가 없고, 둘째, 유통경로를 확보하는 데 많은 시간이 걸리고, 셋째, 생산시설을 늘리고 생산과정이나 제품 자체의 문제점들을 해결하는 데 시간이 소요되기 때문이다.

이 시기에는 소비자들과 중간 상인들에게 제품의 존재와 이점을 알리는 데 중점을 두어야 한다. 또한, 제품의 사용을 유인하고 유통을 확보하기 위해 많은 촉진활동을 수행해야 하므로 판매액 대비 촉진비용의 비율이 최고 수준에 이르고, 생산경험이 적어 생산원가도 높으므로 회사의 이익은 극히 적거나 적자인 경우가 많다. 그럼에도 불구하고 회사는 과감히 마케팅 분야(주로 광고, 판매촉진)에 투자를 하여 소비자들과 중간상인들 사이에 자사 제품의 명성을 확립하고 시장에서의 위치를 확보해야 한다.

(2) 가격과 촉진만을 고려한 도입기의 시장전략 유형

① 신속한 흡수전략(rapid skimming)

높은 가격과 강력한 촉진활동으로 신제품을 도입한다. 단위당 총 수입을 극대화하기 위해 높은 가격을 책정하며, 이에 대한 제품의 장점을 소비자에게 인식시키기 위해 강력한 판매촉진 활동을 수행하여 시장 침투율을 가속화시킨다.

이 전략은 첫째, 잠재시장의 대부분이 신제품에 대해 알지 못하고, 둘째, 소비자는 높은 가격으로라도 제품을 구입하기 원하고, 셋째, 경쟁기업의 시장 진입 가능성이 있을 때 브랜드 선호도를 높이고자 하는 상황에서 효율적으로 이용될 수 있다.

② **완만한 흡수전략**(slow skimming)

높은 가격과 낮은 강도의 촉진활동으로 신제품을 출시한다. 높은 가격은 단위당 총 수익을 가능한 많이 회수하는 데 도움이 되며, 낮은 수준의 촉진활동은 비용을 절감시킨다.

이 전략은 첫째, 시장 규모가 제한되어 있고, 둘째, 대부분의 소비자가 신제품에 대해 알고 있으며, 셋째, 소비자는 높은 가격으로도 제품 구입을 희망하며, 넷째, 경쟁기업의 시장진입 가능성이 작을 때 적용될 수 있다.

③ **신속한 침투전략**(rapid penetration)

낮은 가격과 강력한 촉진활동으로 신제품을 출시한다. 가장 빠르게 시장에 출시하여 가장 큰 시장점 유율을 확보하게 해주는 이 전략은 첫째, 시장 규모가 크고, 둘째, 소비자들이 제품에 대해 알지 못하고, 셋째, 대부분의 소비자들이 가격에 민감하고, 넷째, 경쟁가능성이 매우 크며, 다섯째, 규모의 경제와 경험효과로 생산비용이 절감될 때 효율적이다.

④ **완만한 침투전략**(slow penetration)

낮은 가격과 낮은 수준의 촉진활동으로 신제품을 출시한다. 가격을 낮추어 시장 수용도를 빠르게 하고 촉진 비용을 낮춤으로써 많은 수익을 올릴 수 있다.

이 전략은 첫째, 시장이 크고, 둘째, 시장이 제품에 대해 많이 알고 있고, 셋째, 시장이 가격 탄력적이고, 넷째, 약간의 경쟁가능성이 존재할 때 효과적이다.

2 성장기 중요도 상 중 하

성장기에는 소비자들이 제품에 대해 어느 정도 알게 되었고 유통망도 구축되었기 때문에 판매가 급속히 증가한다. 대규모 생산 및 수익에 대한 기회에 매료된 기업들이 시장에 진입하여 경쟁이 심화되기 시작하지만 제품을 조금씩 개선하고 유통망을 확장하는 등의 경쟁사들의 활동으로 시장 자체가 커지는 경우도 있다.

수요가 빠르게 증가함에 따라 가격은 도입기와 동등한 수준이거나 약간 낮추어지며, 경쟁이 치열해지므로 회사는 광고, 판촉비용을 계속 높은 수준으로 유지하되 경쟁사 제품에 비해 자사 제품이 나은 점을 강조하는 데 중점을 둔다. 가격은 동일 수준을 유지하거나 경쟁사를 의식해 조금씩 떨어뜨릴 수도 있다. 회사는 새로운 유통경로나 세분시장을 개척하고 제품의 질을 조금씩 꾸준히 개선함으로써 판매가 성장하는 기간을 연장할 수 있다.

이 시기에는 높은 광고, 판촉비용, 제품개선, 새로운 유통경로 개척 등으로 많은 비용이 지출되지만 판매가 급격히 증가하고 경험곡선과 규모의 경제 등으로 생산원가가 감소하므로 이익은 급상승하게 된다. 이러한 성장기에 회사는 다음과 같은 시장전략을 수행할 수 있다.

첫째, 품질을 향상시키고 새로운 특징과 스타일을 추가한다.
둘째, 신모델을 추가한다.
셋째, 새로운 세분시장과 유통경로에 진입하고 유통범위를 확장한다.
넷째, 제품인지광고에서 제품선호광고로 전환하여 자사 제품의 강점을 부각시킨다.
다섯째, 가격에 민감한 소비자에게 소구하기 위해 가격을 낮춘다.

3 성숙기 중요도 상 중 하

어느 시점에서 제품 판매 성장률이 천천히 낮아지게 될 때 제품은 성숙기로 접어들게 된다. 판매성장률의 하락은 산업에서 설비과잉을 초래하여 경쟁을 심화시키므로 가격경쟁은 더욱 심해지고 광고 및 촉진활동은 강화되고 기능 향상을 위한 연구개발비용은 증가하게 된다.

이 시기의 광고는 자사제품의 독특한 점을 부각시켜 자사제품이 경쟁제품과 구별되도록 하는 차별화 전략에 주안점을 두어야 한다.

경쟁력이 약한 기업은 시장에서 탈락하고 남은 기업들은 수익성이 높은 제품과 신제품에 그 기업의 자원을 집중시키고자 한다. 이때, 구제품이 지니고 있는 높은 잠재력을 무시하는 실수를 범할 수도 있으므로 시장, 제품, 마케팅 믹스의 세 가지에 대한 수정 전략을 고려해야 한다. 이 시기에 기업은 다음과 같은 시장전략을 수행할 수 있다.

(1) 시장변경(market modification)

기업의 판매량은 소비자의 수와 각 개인의 평균 소비율에 영향을 받으므로 소비자의 수를 확대하거나 소비율을 증가시키는 전략을 수행해야 한다.

소비자 수 증가방법으로는 비소비자의 소비유도, 신시장 개척, 경쟁기업고객의 잠식 등이 있고, 소비율 증가 전략으로는 1회 소비량 증대, 새로운 용도나 다양한 용도로의 확대 등이 있다.

(2) 제품변경(product modification)

제품특성을 변경함으로써 판매량을 증가시키는 전략으로, 품질개선, 제품 특성 향상, 스타일 개선 등의 방법이 있다.

(3) 마케팅 믹스 변경(marketing mix modification)

제품 관리자는 한 가지 또는 그 이상의 마케팅 믹스 요소를 변경하여 판매증대를 꾀할 수 있다. 가격, 유통, 광고, 판매촉진, 인적판매, 서비스 등의 변수들을 변경할 때 주의할 점은 가격인하, 추가적인 서비스 등에 있어 경쟁기업이 이를 모방할 수 있으므로 주의해야 한다.

4 쇠퇴기의 시장전략 중요도 상 중 하

거의 모든 제품이 언젠가는 기술의 진보, 소비자 취향의 변화, 국내외 경쟁의 심화 등으로 인해 판매가 감소하는 쇠퇴기에 들어서게 된다. 이 시기에는 성숙기부터 시작된 공급과잉 현상이 더 심해져 전체적으로 가격은 하락하고 모든 기업들의 이익이 감소한다. 판매부진과 이익감소로 몇몇 기업은 시장을 떠나기도 하고 남은 기업은 광고, 판매촉진비용을 줄이고 가격을 더 낮추며, 원가관리를 더욱 강화하는 등의 자구책을 강구한다. 쇠퇴기에 있는 제품이 제때 처분되지 않으면 시간과 비용뿐 아니라 이 제품을 대체할 후속제품의 개발이 지연되므로 마케팅 관리자는 시장 철수 여부, 철수시기, 마케팅 전략 등의 의사결정을 내려야 한다. 이 시기의 광고는 제품의 존재를 상기시키는 데 중점을 두고, 다음과 같은 시장전략을 수행할 수 있다.

첫째, 경쟁적 지위 강화를 위한 기업의 투자 증대
둘째, 불확실성이 제거될 때까지 현 투자 수준 유지
셋째, 전망 없는 시장을 제외시키고 매력적인 틈새 시장에 대한 투자 증대
넷째, 신속한 현금회수를 위한 투자유지와 비용절감을 통한 수확정책 실시
다섯째, 유리하게 자산을 매각하고 신속히 철수

5 제품 수명주기에 따른 촉진믹스 중요도 상중하

첫째, 도입기에는 시험구매유도, 제품의 존재를 알리기 위해 광고와 판촉, 홍보 등을 사용한다.
둘째, 성장기에는 광고의 비중이 커지고 판촉과 홍보는 그 비중이 작아진다. 시험구매를 유도하기 위한 판매자극제 제공의 필요성이 감소한다. 중간상 대상의 인적판매가 강화되기 시작한다.
셋째, 성숙기에는 제품 차별화를 위한 광고. 인적판매 비중이 커진다.
넷째, 쇠퇴기에는 제품의 존재를 상기시키는 광고. 인적판매가 아주 작아지고 판매촉진이 강화되는 경우가 있다.

6 제품 수명주기의 문제점 중요도 상중하

제품 수명주기 개념은 마케팅 분야에서 많은 인기를 누리고 있지만 마케팅 관리자는 이 개념의 문제점을 확실히 인지하고 마케팅 업무 계획과 통제에 적용해야 한다.
제품 수명주기 개념에는 다음과 같은 문제점들이 있다.
첫째, 전형적인 S자 모양을 하고 있지 않은 제품 수명주기 곡선도 많을 뿐더러 계속된 기업의 연구개발로 어떤 제품은 쇠퇴기에 들어서지 않는 제품도 있다. 따라서 경영자는 제품 수명주기 각 단계가 고정된 순서대로 시간이 지남에 따라 진행되는 것이 아님을 알아야 한다.
둘째, 제품 수명주기 모양은 기업의 적극적인 마케팅 활동에 따라 크게 달라질 수 있다. 기업의 판매량을 결정하는 데는 그 기업의 마케팅 전략, 경쟁사의 활동, 물가변동, 경기 등 여러 변수가 작용하므로 제품 수명주기와 마케팅 전략은 상호 영향을 주고받는다.
셋째, 제품 수명주기 모델은 그 대상이 전체 제품부류(예 자동차)인가, 제품형(예 승용차)인가 혹은 특정 브랜드(예 소나타, 아반테)인가에 따라 그 의미가 달라진다.

제 2 절 　 신제품 옵션

신제품이란 기존에 존재하지 않았던 제품으로 새롭게 기업으로부터 출시되어 시장에 진출한 제품을 일컫는다. 그러나 기존에 존재하지 않았다는 의미가 제품의 성능과 기능, 동일하거나 유사한 품질의 제품이 존재하지 않았다는 의미가 되지는 않는다. 물론 기존에 완전히 기존에 존재하지 않았던 제품일 수도 있으나 그러하지 않은 신제품 역시 다수를 차지한다.

따라서 신제품을 바라보는 기준은 '소비자가 새롭다고 느끼거나 인지하는 제품'이라고 해야 옳을 것이다. 세상에 존재하지 않았던 컴퓨터가 처음으로 출시되었던 것과 같이 기존에 출시된 컴퓨터보다 더 높은 성능과 품질의 컴퓨터 역시 신제품이라고 할 수 있으며, 때로는 성능이나 품질의 차이 없이 색상이나 디자인이 새롭게 바뀌어 출시되는 컴퓨터도 신제품이라고 할 수 있다. 즉 소비자가 신제품으로 느끼고 판단하는가의 기준에 따라 달라지는 것이다. 아래 표는 이와 같은 신제품의 개념에 따라 신제품을 분류한 것이다.

[새로움에 대한 자극 측면에서의 신제품 분류]

구분		소비자 측면에서의 새로운 자극	
		고	저
기업 관점에서의 새로운 자극	고	혁신성에 의한 신제품	모방에 의한 신제품
	저	제품계열 확장, 제품의 개선, 리포지셔닝에 의한 신제품	신제품이 아님

1 　 혁신성에 의한 신제품 〈중요도〉 상 중 하

혁신성에 의한 신제품은 시장에 최초로 등장한 완전한 개념의 신제품을 의미한다. 이러한 신제품들은 소비자들에게 욕구로 존재했지만 과거 수요로 촉발되지 않아 시장에 존재하지 않았던 제품이다. 제약회사에서 신약 개발을 통해 새로운 코로나 백신을 개발해내거나 아이패드 등의 스마트패드와 같은 신제품들이 이러한 예가 될 것이다. 이러한 혁신적 신제품을 비연속적 성격의 기존 제품과 전혀 새로운 신제품이라고 한다.

2 　 모방에 의한 신제품 〈중요도〉 상 중 하

모방에 의한 신제품 출시는 시장에 이미 존재하였으나 경쟁자의 제품이었으며, 이를 모방하여 자사에서도 시장에 진출하는 신제품 전략이다. 웅진식품에서 하늘보리를 생산한 후 이후 '다류음료' 시장이 열렸으며, 이로 인하여 수많은 음료 생산 기업들이 헛개차, 녹차 등 다양한 음료를 모방하여 출시하였다. 이러한 모방에 의한 신제품을 지속적인 제품 출시 상의 신제품이라고 한다.

3 제품계열의 확장, 제품의 개선, 리포지셔닝에 의한 신제품 중요도 상중하

(1) 제품 계열의 확장

동원참치에서 연어통조림 등 제품을 계열화하여 신제품을 출시하는 것으로 기업에게 있어서는 기존에 보유하고 있던 기술력을 그대로 반영할 수 있다는 장점을 지닌다.

(2) 제품의 개선

동원참치는 기본적인 라이트스탠다드 참치에서 고추참치, 야채참치 등으로 제품군을 추가하는 것을 예로 들 수 있다. 이에 대하여 제품의 개선을 통해 기존 제품에 대한 현저한 변화를 가져오는 개선 혁신을 동적 계속혁신이라고 한다. 즉 다이얼 방식의 전화기가 버튼식 전화기를 거쳐 터치식 전화기로 바뀌는 것과 같다. 이러한 동적 계속혁신은 혁신성에 기인하지만 기존 제품과 전혀 다른 새로운 제품이라고 하기에는 곤란한 경우이다.

(3) 리포지셔닝

리포지셔닝은 라이트스탠다드 기본 참치 통조림에서 부드러운 살코기 통조림, 기름기를 뺀 통조림 등으로 제품 자체의 속성에 차별성을 부여하는 것을 의미한다.

제 3 절 신제품 개발 이슈

1 신제품의 중요성 중요도 상중하

신제품 개발이 기업에게 있어 중요한 이유는 기업의 수익창출 및 지속적 성장에 있어서 매우 큰 영향력을 행사하기 때문이다. 또한 시장 경쟁 하에서 경쟁 제품의 등장은 마케팅 성과의 감소를 가져오기 때문에 이를 개선하기 위해서라도 신제품의 출시는 중요한 전략 중 하나로 받아들여진다.

(1) 기업의 지속적 성장

기업의 지속적 성장을 위해 신제품의 개발은 필수적인 사항이다. 기존에 판매된 제품은 점차 판매량이 줄어들고 인기를 잃게 된다. 따라서 지속적인 신제품의 출시만이 기업이 생존하고 매출을 끌어올리는 데 역할을 하는 것이다. 기업마다 차이를 보이지만 신제품 매출은 전체 매출의 25% 이상을 차지하는 경우가 많다.

(2) 기업의 인지도와 제품의 생명력 유지

신제품의 출시는 기업의 인지도와 제품의 생명력을 지속적으로 유지시켜주는 역할을 한다. 물론 코카콜라나 박카스처럼 제품 자체가 매우 높은 인지도를 확보하거나 신제품의 출시로 기존 제품을 수용하지 못함에 대해 불만을 품을 정도로 강력한 충성도의 제품이라 한다면 이야기는 다를 것이다.

(3) 시장점유율 유지

경쟁자의 시장 진출을 막고 시장점유율을 유지하기 위하여 자사의 제품에 대한 부족함을 채우는 신제품을 출시하여 전체 시장을 공략할 수 있기 때문이다. 앞에서 언급한 코카콜라는 카페인을 줄인 코카콜라를 출시하였으며, 박카스는 박카스디, 박카스에프, 박카스디카페 등을 출시하였다.

(4) 경쟁사와의 차별성 부각

경쟁자가 신제품을 출시하여 시장을 잠식하였을 때 이를 타개하기 위해 신제품 출시가 필요하다. 신제품의 시장 내 성공은 매출액 증대나 기업 성장에 영향을 미칠 뿐 아니라 브랜드 인지도 및 고객 충성도 제고, 시장점유율의 확보, 새로운 고객 창출, 목표시장 및 표적고객의 확대, 기존고객 및 잠재고객의 고객유치 등 다양한 부문에서 영향력을 증대시킨다.

(5) 소비자들의 비교욕구충족

소비자들은 제품을 구입할 때 정보탐색 과정에서 제품을 비교하여 구매한다. 이러한 과정에서 자신이 원하는 수준의 성능이나 품질의 수준에 대해 고가격의 제품만이 존재한다면 구매가 불가능해진다. 이로 인하여 경쟁자들은 타사의 신제품을 벤치마킹하여 성능이나 품질은 증대시키면서 기타 중요도가 떨어지는 부분을 조정하여 모방에 의한 신제품을 출시 가능하다. 삼성전자에서 새로운 성능의 고품질 컴퓨터가 신제품으로 출시되면, 한성컴퓨터에서 컴퓨터의 성능은 동일하지만 중국에서 제조하여 단가를 낮추거나 디자인에 소요되는 비용 등을 최소화시켜 약간 낮은 가격으로 뒤따라 신제품을 출시하는 경우가 이러한 예이다.

(6) 소비자들의 기대 충족

소비자들의 소득수준이 올라가고 선호하는 패턴이 변화됨에 따라 새로움에 대한 기대수준이 상승하였기 때문이다. 고객의 새로운 욕구와 수요, 열망은 기업에게 있어 새로운 목표시장으로 인지되고 있다.

(7) 새로운 수요 창출

제품 수명주기에 따라 쇠퇴기를 맞이하여 시장에서 철수되는 제품에 대한 새로운 수요를 창출하게 해준다. 데스크탑은 노트북에, 노트북은 스마트기기에 자리를 내 주고 있는 것이 지금의 현실이다. 또한 동일제품들 사이에서도 비슷한 현상은 나타나고 있다. 컴퓨터에 들어가는 CPU의 발전은 지속적으로 성장해 왔으며, 이에 따라 전 세계의 컴퓨터 제조사들은 지속적으로 성능을 개선시킨 신제품을 출시할 수 있었다.

(8) 이윤창출의 재구조화

기업에게 있어 원자재와 노동력의 상승은 이윤창출 구조를 변화하게 하여 이를 타개하기 위한 지속적인 신제품 출시가 필요하다. 기존에 소요되었던 원자재를 대신하는 물질이나 재료를 개발하여 적용하여 비용을 감소시키거나, 자동화 생산이 가능하도록 설계를 개선한 신제품을 출시하는 것이다. 이는 단지 기업의 내부적 구조의 개선으로서만이 아니라 사회 전체적인 관점에서 산업적 구조를 바꾸기도 한다. 자동차 생산에 소요되던 철은 줄어들고 가볍고 강도가 높은 새로운 물질이 사용된다면 철산업은 전반적으로 호황기에서 벗어나게 된다. 기업의 자동화 생산은 취업률의 감소와 소득의 감소를 불어올 수도 있다. 따라서 신제품의 출시는 넓게 볼 때 기업에 대한 영향력뿐만 아니라 산업과 사회 전반적인 관점에서도 영향을 미치는 요인이라고 할 수 있을 것이다.

2 신제품 개발이 더 힘들어진 이유 중요도 상중하

신제품 개발의 특징은 그것이 위험을 내포하고 있다는 데 있다. 예컨대, 제품의 수요, 가격, 제조비용, 그리고 제품 수명주기 등이 불확실한 경우가 많으며, 시간이 경과함에 따라 제품에 대한 소비자들의 선호경향이 급속하게 변화하는 경우가 많다.

(1) 주요 신제품에 대한 아이디어 부족

과학자들은 제품에 따라서 새로운 기술이 아직 부족하다고 생각하는 경우가 많은데, 특히 자동차, 텔레비전, 컴퓨터, 자동복사기, 의약산업분야에서 새로운 기술의 개발이 필요하면서도 아이디어 부재 현상이 일어난다.

(2) 시장의 분할

경쟁격화로 시장이 분할되면서 대규모 시장보다도 소규모의 시장부문을 표적으로 신제품을 개발하는 것이 유리한데, 이것은 판매와 이익의 감소를 의미한다.

(3) 사회의 압력과 정부의 규제

신제품은 기업의 이익뿐 아니라 공공의 이익에도 부합되는 것이어야 한다. 제품뿐 아니라 광고에 관하여도 정부의 규제가 강화되고 있다.

(4) 신제품 개발 비용의 증가와 자본의 부족

신제품 개발 비용이 점차 증가하는 데 비해 기술의 발달로 개발된 신제품은 곧 일반화되어 제품 수명이 짧아지며, 자본이 부족한 기업들은 신제품을 변형하거나 모방하여 시장에 내놓기도 한다. 이렇듯 신제품 개발에는 큰 위험이 따르므로, 회사는 여러 단계를 착실히 밟아 성공 가능성이 아주 높은 제품만 개발하여 시장에 내놓아야 한다.

제 **4** 절 │ 신제품 개발 프로세스

1 아이디어 창출(idea generation) 중요도 상 중 **하**

신제품 개발의 첫 단계는 신제품에 관한 아이디어를 내고 모으는 일이다. 신제품 아이디어는 여러 곳에서 내올 수 있는데, 고객, 중간상, 경쟁사, 최고경영자, 판매사원, 실험실, 제품개발부 등이 대표적인 정보원 이다.

회사로서는 아이디어를 내고 모으는 일련의 과정을 체계적으로 관리하는 체제를 갖추는 것이 중요하며, 회사 내의 제품 개발 부서와 마케팅 부서간의 긴밀한 협조관계가 있어야 한다는 것이다. 어떤 신제품이고 성공하려 면 경제성과 기술적 가능성을 모두 갖춰야 하기 때문이다.

2 아이디어 추출(idea screening) 중요도 상 중 **하**

이번 단계에서는 창출된 많은 아이디어들 중에서 더 자세히 연구할 만한 아이디어를 추려내야 한다. 아이디 어 추출 시 좋은 아이디어를 기각하거나 별로 좋지 않은 아이디어를 다음 단계로 보내는 실수를 범하지 않아야 한다. 추출을 위한 일반적인 기준으로는 첫째, 경영목표와의 부합 여부, 둘째, 회사의 다른 제품들에 미칠 영 향, 셋째, 재정적 부담, 넷째, 회사의 자원을 활용할 수 있는지 여부, 다섯째, 경쟁제품에 대한 경쟁우위 등이 있다.

3 제품 개념의 정립(specification of product concept) 중요도 상 **중** 하

제품 개념이란 제품 아이디어를 좀 더 구체적이고, 소비자들에게 의미 있는 언어로 표현한 것을 말한다. 즉, 기업이 조성하려는 제품 아이디어에 대한 소비자들의 주관인인 인식을 의미하는 것으로 제품 아이디어는 제품이 제공해주는 편익, 제품의 용도, 제품이 겨냥하는 표적시장에 따라 몇 개의 제품 개념으로 발전시킬 수 있다.

회사는 이렇게 개발된 제품 개념들이 소비자들에 의해 어떻게 인식되고 있는가를 조사해야 한다. 여기에서는 지각도가 많이 이용되는데, 그 이유는 기존 제품에 대한 소비자 인식을 알아냄으로써 경쟁제품이 없는 빈 공간 을 찾아내고, 새로운 제품 개념들에 대한 소비자 인식을 알아냄으로써 경쟁대상을 미리 파악하고 그에 대한 대책을 세울 수 있다. 마케팅 관리자는 이런 과정을 거쳐 성공가능성이 아주 높은 제품 개념만을 추려내어 다 음 단계로 보내야 하는 것이다.

4 사업성 분석(business analysis) 중요도 ▶상 ⑧ ⑨

이 단계에서 경영자는 앞의 세 단계에서 살아남은 아이디어들이 판매, 시장점유율, 수익률 측면에서 회사의 목표를 달성할 수 있나 평가한다. 경영자는 판매예측을 할 때 신제품의 판매뿐만 아니라 그 제품이 회사의 다른 제품들에 미치는 영향도 평가해야 한다. 회사의 다른 제품을 사던 고객들이 이 회사의 신제품을 구입한다면 이 신제품의 판매만큼 회사의 다른 제품 판매가 감소할 것이다.

그리고 판매예측에서 잊지 말아야 할 것은 구입빈도에 따른 제품의 종류에 따라 방법을 달리해야 한다는 것이다. 한 번만 구입하는 제품은 초기에 판매가 증가하다가 어느 시기에 가서 절정에 도달하고 그 다음부터 계속 감소할 것이고, 드물게 구입하는 제품은 첫 번째 판매와 대체판매를 따로 예측해야 하고, 비내구재와 같이 자주 구입하는 제품의 경우 첫 번째 판매와 반복판매를 구별해야 한다.

수익률 추정 시 원가계산에는 연구개발비, 생산비, 마케팅 비용 등이 모두 포함되어야 하며, 시설투자, 유통경로 개척, 판촉 등의 추가 비용과 자본조달에 의한 자본비용도 고려해야 한다.

경영자는 회사의 정책, 목표를 달성할 수 있는 사업성을 가진 제품 아이디어만을 이 단계에서 추려내어 다음 단계로 보내야 한다.

5 제품개발(product development) 중요도 ▶상 ⑧ ⑨

앞의 네 단계를 통과한 제품 아이디어를 제품으로 구체화시키는 단계이다. 이 단계에서는 앞의 네 단계와는 비교가 안 될 만큼 많은 시간과 비용이 투입된다.

마케팅 관리자는 연구부서와 긴밀히 협조하여 시제품이 다음의 요건을 갖추도록 해야 한다.

> 첫째, 소비자들이 제품 개념에 명시된 편익을 실제로 그 제품이 제공해 준다고 믿는다.
> 둘째, 정상적인 상태에서 정상적으로 사용하면 안전에 문제가 없다.
> 셋째, 제품 생산비가 예산범위를 넘지 않는다.

이를 위해 제품의 성능과 안전도를 시험하는 기능테스트와 소비자테스트를 만족스러운 결과가 나올 때까지 여러 번 해야 한다.

기능테스트는 제품의 안전도와 성능을 검사하는 단계로서 실험실이나 현장조건에서 실시되는 것이 보통이다. 소비자테스트는 소비자들을 실험실에 끌어들여 그 모형을 테스트 하도록 하는 방법에서 그들에게 견본품을 주고 실제로 사용해 보도록 하는 방법에 이르기까지 여러 가지가 있을 수 있다.

6 시험 마케팅(test marketing) 중요도 상 중 하

제한된 기간 동안 제한된 시장에 신제품을 내놓아 이 제품에 대한 마케팅 전략의 효과와 중간상인들 및 소비자들의 반응을 조사하는 것이다.

7 시판(introduction) 중요도 상 중 하

신제품을 시판하려면 다음과 같은 사항들을 고려해야 한다.

(1) 시판의 시점

제품이 계절을 타는 것이면 계절을 고려하고 대체품이면 기존 제품의 재고를 고려하면서 경쟁사의 시판 시기 등도 고려해야 한다.

(2) 판매지역

생산시설 능력과 마케팅 예산을 고려하여 판매지역의 범위를 결정한다.

(3) 표적시장

시판 초기에는 이미 선택한 표적시장에 마케팅 노력을 집중해야 한다. 이상적인 주요 예상 고객은 제품을 조기에 수용하며, 다량으로 자주 사용하고, 여론을 주도하는 사람으로서 타인의 구매에 영향을 줄 수 있는 사람들이다. 이러한 사람들에게 접근 비용이 낮아야 표적시장으로서의 의미가 있다.

(4) 마케팅 전략

시험마케팅을 통해 이미 다듬어진 마케팅 전략을 어떻게 잘 실행하느냐에 중점을 두어야 한다. 좋은 전략도 실행에 실패하면 소용없고 전략에 조금 문제가 있더라도 실행을 잘하면 목표에 가까이 갈 수 있다.

(5) 시장조사

시판이 시작되면 판매실적, 소비자, 중간상인, 경쟁사들의 반응 등에 관한 자료를 수시로 수집해야 한다. 이런 자료 수집과 분석 과정을 통해 시판 후에 나타난 문제점을 제 때에 파악하고 그 해결책을 강구할 수 있는 것이다.

제 5 절 소비자 수용 프로세스

목표 시장은 상품을 구매할 각기 다른 특징들은 가진 많은 사람들로 구성된다. 일부는 초기에 제품을 수용하고자 하며, 다른 사람들은 훨씬 뒤까지 기다릴 것이다. 제품이 수용되는 비율을 수용 과정이라고 한다. 마케팅 담당자는 제품이 시장에 수용되는 속도와 타임라인을 파악하는 데 관심이 있다. 특히 신제품 출시에 관심 있는 것은 수용 과정의 초기 그룹인 혁신자와 초기 수용자이다.

1 소비자 제품 수용 프로세스 중요도 상중하

신제품은 세상에 처음 나온 제품에서부터 기존 제품의 점진적 변화에 이르기까지 다양한 형태로 나타나지만 소비자 수용 프로세스는 제품 정의와 개발보다 개별 소비자의 제품 인지와 좀 더 관련이 있다. 제품은 오랫동안 시장에 출시될 수 있으며 여전히 개별 소비자에게 계속 혁신으로 간주될 수 있다. 혁신 확산 프로세스는 제품을 처음 인지하는 것에서부터 마지막 구매로 이어지는 데 걸리는 시간을 의미한다. 개인은 제품을 선택하기 전에 다음과 같이 5단계를 거친다.

(1) 인지

제품에 대해 알고 있지만 수용 프로세스를 통해 나아갈 수 있는 정보가 부족하다.

(2) 관심

추가 정보를 제공받으며 향후 평가를 위해 추가 정보를 찾도록 동기를 부여한다.

(3) 평가

모든 정보를 통합하여 시험 구매를 위해 제품을 평가한다.

(4) 시험 구매

가치 결정의 목적으로 제품을 구입한다.

(5) 수용

신뢰할 수 있는 사용자가 될 수 있도록 제품을 구입한다.

마케터, 특히 신제품 출시와 관련된 사람들은 가능한 빨리 소비자들이 혁신 확산 프로세스를 통과하기를 원한다. 제품 출시 단계에 많은 시간을 할애하는 이유 중 하나는 인식, 관심, 평가를 통해 사람들을 이동시켜 제품을 신속하게 사용해볼 수 있게 하는 것이다. 판매촉진 도구, 보증서, 제3자 리뷰, 기타 마케팅 커뮤니케이션 방법은 모두 사람들을 시험 구매로 이동시키는 전략의 일부이다. 일단 제품을 사용하게 되면 소비자들에게 제품의 우수한 디자인, 기능 및 가치를 제공할 수 있기 때문에 시험 구매는 제품 출시 마케팅 계획의 중요한 부분이다.

2 혁신 확산 이론 중요도 상중하

목표 시장에 있는 모든 사람들은 혁신을 시도하려는 의지에 따라 다섯 그룹 중 하나에 속하게 된다. 사람은 한 제품 범주에서는 혁신자 또는 조기 수용자가 될 수 있으며 다른 제품 범주에서는 최후 수용자가 될 수 있다. 그러나 마케터는 특정 제품 또는 제품군의 혁신 곡선에서 개인이 어디에 해당하는지 파악하려고 한다. 흥미롭게도 제품이 시장에서 확산되는 프로세스는 현저하게 일정하다.

이 프로세스는 마케팅 목표 고객군이나 해당 제품에 대한 높은 관여도 때문에 제품을 수용한 작은 그룹에서 시작된다. 여기에서 다른 그룹의 더 큰 숫자가 수용 프로세스로 들어오게 된다. 특정 제품에 대한 모든 수용자의 3분의 2는 조기 및 후기 다수자에 해당한다. 최종그룹인 최후 수용자는 제품 수명주기의 후반에서야 신제품을 수용한다.

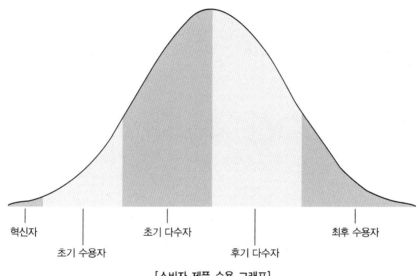

[소비자 제품 수용 그래프]

(1) 혁신자(2.5%)

제품에 열광적인 소비자는 처음으로 신제품을 시도하고 익숙하게 다루는 것을 즐긴다. 이러한 그룹에 속하는 개인은 베타 테스트의 중요한 후보들이며 제품 개발 프로세스의 후반 또는 제품 출시 단계 초기에 좋은 피드백을 제공한다.

(2) 초기 수용자(13%)

제품 오피니언 리더는 자신의 이미지와 일치하는 신제품을 찾는다. 이 그룹은 가격에 민감하지 않으며 제품 가격 프리미엄에 대해 지불 의사를 가지고 있다. 동시에 초기 수용자는 높은 수준의 개인화된 서비스와 제품 기능을 요구한다.

(3) 초기 다수자(34.5%)

제품을 관찰하는 사람들인데 제품을 구매하여 몰입하기 전에 제품의 핵심 주장과 가치 제안을 확신하고 싶어한다. 이 그룹의 사람들은 해당 제품을 주로 사용하기 때문에 장기적인 성공에 매우 중요하다.

(4) 후기 다수자(34%)

제품 추종자는 가격에 민감하고 위험을 회피한다. 이들은 가격이 낮고 제품 기능이 적은 구세대 혹은 단종 모델을 구입한다.

(5) 최후 수용자(16%)

제품을 회피하고자 하는 사람들은 가능한 한 오랫동안 제품 수용을 피하고자 한다. 변화에 저항하며 다른 옵션이 없을 때까지 제품 구매를 미룬다.

OX로 점검하자

※ 다음 지문의 내용이 맞으면 O, 틀리면 ×를 체크하시오. [1~10]

01 한 제품이 시장에 처음 나와서 사라질 때까지의 과정을 제품 수명주기라고 부르며, 통상 도입기, 성장기, 성숙기, 쇠퇴기로 나눈다. (　)

02 도입기에는 제품의 시용을 유인하고 유통을 확보하기 위해 많은 촉진활동을 수행해야 하므로 판매액 대비 촉진비용의 비율이 최고 수준에 이르러 초반 소비자들의 흥미로 인하여 회사의 이익은 높은 편이다. (　)

03 소비자들이 신제품을 잘 알고 있다면 신속한 시장전략을 취하여 점유율을 높여야 한다. (　)

04 쇠퇴기에 마케팅 관리자는 시장 철수 여부, 철수시기, 마케팅 전략 등의 의사결정을 내려야 한다. (　)

05 모방에 의한 신제품은 이전부터 써왔던 것에 대한 익숙함으로 소비자 측면에서 새로운 자극을 준다. (　)

06 김치찌개용 참치는 이전에는 없었던 새로운 참치통조림으로서 혁신성에 의한 신제품으로 볼 수 있다. (　)

07 제품이 계절을 타는 것이면 계절을 고려하고 대체품이면 기존 제품의 재고를 고려하면서 경쟁사의 시판 시기 등도 고려해야 한다. (　)

08 제품 출시 단계에 많은 시간을 할애하는 이유는 인식, 관심, 평가를 통해 사람들을 이동시켜 제품을 신속하게 사용해볼 수 있게 하는 것이다. (　)

정답과 해설　01 O　02 ×　03 ×　04 O　05 ×　06 ×　07 O　08 O

02 도입기에는 생산경험이 적어 생산원가도 높으므로 회사의 이익은 극히 적거나 적자인 경우가 많다.

03 시장전략을 신속하게 구성하는 경우는 잠재시장의 대부분이 신제품에 대하여 인지하지 못할 때 사용하는 경우이다.

05 소비자 측면에서 시장에 이미 존재한 경쟁사의 제품을 모방한 신제품들은 새로운 자극을 받기 힘들다.

06 혁신성에 의한 신제품은 최초로 등장한 완전한 개념의 신제품으로서 김치찌개용 참치는 재료적 측면이나 내용적 측면에서 개선정도로 보는 것이 옳다.

09 혁신확산 모델에서 가격이 낮고 제품 기능이 적은 구세대 혹은 단종 모델을 구입하는 소비자는 초기 수용자에 해당한다. (   )

10 제품 수명주기 중 성장기에는 광고의 비중이 커지고 판촉과 홍보는 그 비중이 작아진다. 시험구매를 유도하기 위한 판매자극제 제공의 필요성이 감소한다. 중간상 대상의 인적판매가 강화되기 시작한다. (   )

정답과 해설   09 ×   10 ○

09   초기 수용자는 자신의 이미지와 일치하는 신제품을 찾는다. 후기 다수자는 가격에 민감하고 위험을 회피하는 경향이 있다.

01 제품수명주기 중 성장기에 회사가 활용할 수 있는 시장전략이 **아닌** 것은?

① 품질향상과 새로운 특징과 스타일을 추가한다.
② 새로운 세분시장과 유통경로에 진입한다.
③ 가격을 낮추어 가격에 민감한 소비자를 끌어들인다.
④ 제품선호광고에서 제품인지광고로 전환하여 자사제품의 강점을 부각한다.

02 제품수명주기 중 성장기에 사용하는 시장전략의 유형에 해당하지 **않는** 것은?

① 시장 변경
② 관리자 변경
③ 제품 변경
④ 마케팅 믹스 변경

03 성숙기의 시장변경 시 소비자 수 증가방법에 해당하지 **않는** 것은?

① 비소비자의 소비유도
② 신시장 개척
③ 경쟁기업고객의 잠식
④ 1회 소비량 증대

04 쇠퇴기의 시장전략으로 불확실성이
    있는 시장의 경우에는 매력적인 틈
    새시장으로의 변환이 우선이다.

05 제품 수명주기 모델은 그 대상이 전
    체 제품부류(예 자동차)인가, 제품형
    (예 승용차)인가 혹은 특정 브랜드
    (예 소나타, 아반테)인가에 따라 그
    의미가 달라지지만 너무 단순화하여
    설명하는 경향이 있다.

06 신제품의 매출액, 비용, 이익 등에 대
    한 추정치를 토대로 이 사업이 기업
    목적과 현금흐름에 기여하는지 판단
    하는 단계는 사업성 분석 단계이다.

04 쇠퇴기의 시장전략에 해당하지 <u>않는</u> 것은?

① 경쟁적 지위 강화를 위한 기업의 투자 증대
② 불확실성이 제거될 때까지 현 투자 수준 유지
③ 전망 없는 시장에 대한 촉진활동 강화
④ 신속한 현금회수를 위한 투자유지와 비용절감을 통한 수확정
   책 실시

05 제품 수명주기의 개념의 한계에 해당하지 <u>않는</u> 것은?

① 전형적인 S자 모양을 하고 있지 않은 제품 수명주기 곡선도
   많다.
② 기업의 연구개발로 어떤 제품은 쇠퇴기에 들어서지 않는 제품
   도 있다.
③ 제품 수명주기 모양은 기업의 적극적인 마케팅 활동에 따라
   크게 달라질 수 있다.
④ 제품 수명주기 모델은 그 대상에 대한 종류마다 너무 세분화
   된 경향이 있다.

06 신제품 개발 프로세스 중 판매예측, 비용과 이익을 사전 측정하
    는 단계에 해당하는 것은?

① 제품 개념의 정립
② 사업성 분석
③ 제품개발
④ 시험마케팅

정답 04 ③ 05 ④ 06 ②

07 신제품이 구제품에 비하여 빠르게 확산되는 이유에 해당하지 <u>않는</u> 것은?

① 신제품은 구제품에 비해 내구성이 강하기 때문에

② 제품 특성을 잠재적 소비자에게 전달하기 용이하기 때문에

③ 기존 제품에 비하여 이점이 많기 때문에

④ 기존 신념에 더 부합하는 제품을 가능성이 크기 때문에

> **07** 신제품은 완전히 사용해볼 수 없기 때문에 내구적인 측면을 파악하기는 힘들다.

08 엡슨이 개발한 휴대용 포토 프린터는 한때 유행을 이루었다. 이는 신제품의 어떤 특성 때문이라고 볼 수 있는가?

① 상대적인 이점

② 시용가능성

③ 커뮤니케이션 가능성

④ 양립가능성

> **08** 일반 프린터와 달리 휴대성이 좋으며, 기능적 이점 등이 뛰어나기 때문이다.

09 신제품의 실패원인이라고 볼 수 <u>없는</u> 것은?

① 시장에 비슷한 경쟁제품이 없다.

② 신제품 아이디어가 제품에 제대로 녹아들지 못했다.

③ 신제품에 대한 시장규모를 과다하게 추정했다.

④ 신제품을 개발하기 위한 마케팅 조사 결과를 간과하였다.

> **09** 시장에 경쟁제품이 없는 경우 시장 도입에 유리한 경우가 더 많다.

정답 07 ① 08 ① 09 ①

안심Touch

10 시험마케팅을 통해서 소비자의 반응과 매출가능성을 조사한다. 문제는 시험 기간 중 신제품 정보가 누출될 가능성이 있다는 점이다. 성공에 대한 확신이 있고, 제품 개발 및 시장 도입 비용이 적은 경우 시험을 거치지 않고 바로 출시가능하며, 모방가능성이 큰 패션 의류의 경우는 시험마케팅을 하지 않는 경우가 많다.

01

정답 낮은 가격과 강력한 촉진활동으로 이때의 소비자는 제품에 대해 알지 못하고, 가격에 민감하다.

해설 낮은 가격과 강력한 촉진활동으로 신제품을 출시한다. 가장 빠르게 시장에 출시하여 가장 큰 시장점유율을 확보하게 해주는 이 전략은 첫째, 시장 규모가 크고, 둘째, 소비자들이 제품에 대해 알지 못하고, 셋째, 대부분의 소비자들이 가격에 민감하다.

02

정답 완만한 흡수전략을 활용한다. 이 전략은 대부분의 소비자가 신제품이 무엇인지 알고 있으며, 소비자는 높은 가격을 지불할 수밖에 없기 때문이다.

해설 완만한 흡수전략은 대부분의 소비자가 신제품에 대해 알고 있으며, 소비자는 높은 가격으로도 제품 구입을 희망하며, 경쟁기업의 시장진입 가능성이 작을 때 적용될 수 있다.

정답 10 ③

10 다음 중 시험마케팅을 잘하지 않는 제품은?

① 식품류
② 세탁세제
③ 패션의류
④ 음료

주관식 문제

01 신속한 침투전략이 무엇인지 가격과 프로모션을 중심으로 서술하고, 이 시장전략을 활용할 경우 소비자의 특성을 쓰시오.

02 마이크로소프트가 개발한 윈도우는 경쟁기업의 시장진입 가능성이 매우 낮은 편에 해당한다. 이때 새 버전의 윈도우를 개발 시 사용하기에 가장 적절한 시장전략은 무엇인지 서술하고 그 특징을 두 가지 이상 서술하시오.

03 제품수명주기 중 촉진믹스에서 광고의 비중이 가장 커지는 시기를 쓰고 이 때 판촉과 홍보는 어떻게 변화하는지 서술하시오.

03

정답 성장기는 다른 촉진믹스에 비하여 광고의 비중이 커지며, 상대적으로 판촉과 홍보의 필요성은 감소한다.

해설 성장기에는 광고의 비중이 커지고 시험구매를 유도하기 위한 판매자극제 제공의 필요성이 감소한다.

04 소비자 측면에서는 새로운 자극이 주어지나 기업 측면에서는 새로운 자극이 별로 없는 경우에 해당하는 신제품 유형을 모두 쓰시오.

04

정답 제품계열 확장, 제품의 개선, 리포지셔닝에 의한 신제품

05

정답 시장의 분할은 경쟁격화로 인한 현상으로서 대규모의 시장이 소규모로 변할 가능성이 크며 이는 판매와 이익 감소를 가져올 수 있다.

해설 경쟁격화로 시장이 분할되면서 대규모 시장보다도 소규모의 시장부문을 표적으로 신제품을 개발하는 것이 유리하다.

06

정답 인지 → 관심 → 평가 → 시험구매 → 수용

05 신제품 개발에 시장의 분할이 미치는 영향이 무엇인지 서술하시오.

06 소비자 제품 수용 프로세스 단계를 순서대로 나열하시오.

고득점으로 대비하는 가장 똑똑한 수험서!

제13장

서비스 전략

합격의 공식
시대에듀

잠깐!

혼자 공부하기 힘드시다면 방법이 있습니다.
시대에듀의 동영상강의를 이용하시면 됩니다.
www.sdedu.co.kr → 회원가입(로그인) → 강의 살펴보기

제13장 서비스 전략

제 1 절 서비스의 특성

1 서비스의 개념

서비스란 1996년 미국마케팅학회 정의를 보면 '판매 목적으로 제공되거나 또는 상품 판매와 연계하여 제공되는 제조적 관점에서의 활동, 편의 및 만족을 의미한다.'고 되어 있다. 즉 서비스란 하나의 상품으로 구성되어 가치를 갖거나 제품의 사전 또는 제공 시점 및 사후적으로 연계되어 가치를 형성하는 상품의 구성 요소인 것이다.

2 서비스의 중요성

기술 향상과 소비자 소득의 증대, 제품의 품질 및 가격경쟁 등이 차별적 요소를 점차 잃어가면서 마케팅 측면에서도 서비스의 중요성은 날로 커지고 있다. 이제 단순히 어떤 상품을 제공한다는 차원의 서비스를 넘어서서 현대의 서비스는 상품의 고급화, 차별화, 고객만족 증대 등에 지대한 영향력을 행사하는 중요한 핵심 전략이 되고 있다.

3 서비스의 특성

(1) 무형성

서비스는 일반적인 유형의 제품과 다르게 형태가 없는 무형적인 상품이다. 따라서 구매 전 불확실성은 상대적으로 높으며 보고 듣고 느끼기 전에는 명확하게 인지하기가 곤란하다는 특성을 지닌다. 따라서 소비자들은 이러한 무형성 및 불확실성을 최대한 줄이고자 서비스 품질을 평가할 수 있는 다른 요소들을 탐색한다. 즉 서비스의 장소나 브랜드의 신뢰성, 서비스를 제공하는 사람들의 수준이나 유명도, 서비스의 가격이나 평판 등이 이에 속한다. 따라서 기업들은 무형의 서비스를 소비자들이 마치 유형의 상품인 듯 인지하도록 공략해야만 한다. 충분한 정보를 제공하거나 유형적 증거들을 제시하는 것이 이러한 마케팅 전략이다. 모든 서비스 종사자들이 정갈한 복장을 하거나 동일한 복장을 하여 서비스의 자세를 나타내는 것 등은 대표적인 서비스 무형성의 유형화 사례라고 할 수 있다.

(2) 비분리성

서비스는 생산 후 유통과정을 거쳐 소비자들에게 제공되는 것이 아니라 생산과 동시에 소비로 이어지는 비분리성을 지닌다. 즉 의료서비스를 수행하는 의사의 치료는 곧 생산품이면서 소비자에게는 소비품이다. 음악회의 연주자가 연주하는 선율은 생산품이면서 곧 음악을 듣는 청중에게는 소비의 대상이 된다. 이러한 서비스의 비분리성은 생산 후 저장이 불가능하다는 것과 동일한 의미를 지닌다. 즉 고객이 필요할 때 저장되거나 유통되었다가 소비되는 것이 아니라 서비스를 수행하는 서비스 제공자가 서비스 소비자에게 직접적으로 제공되는 시점에서만 소비가 이루어지는 것이다. 따라서 기업들은 제품 판매 시 서비스를 향후 제공하겠다는 품질보증서를 삽입하거나 서비스를 제공하기 전에 서비스를 받을 권리를 유형화하여(관람권, 예약권 등) 미리 제공함으로써 서비스를 유형화하는 전략을 펼치게 된다.

(3) 품질변화성 또는 이질성

서비스의 비분리성으로 인해 항시 소비자와 생산자가 접촉하는 시점에 서비스가 제공된다. 그러나 이러한 특성으로 인해 동일한 내용의 서비스라 하더라도 서비스를 제공하는 제공자의 특성, 제공시점, 제공상황에 따라 서비스의 품질이 차이를 나타낼 수 있다. 이로 인해 서비스의 표준화를 통하여 품질 변화를 최소한으로 발생할 수 있도록 유도해야 한다. 경험효과에 의한 서비스 품질의 향상 및 유지가 서비스 제공 기업에게 있어서는 상품의 품질 개선과 같은 것이다.

기업들은 서비스 품질 유지를 위해 다음과 같은 노력을 수행한다. 첫째, 우수직원 선발 및 훈련, 교육에 지속적인 투자를 수행한다. 둘째, 모든 서비스 수행과정을 최대한으로 표준화한다. 셋째, 다양한 소비자 제안과 불만 접수로 이를 개선하고자 노력한다.

(4) 소멸성

서비스의 비분리성으로 인해 서비스 소멸성이 나타난다. 즉 서비스를 제공하고자 서비스 직원들을 준비하고 있더라도 소비자들이 이를 제공받을 의향이 없다면 서비스 담당자들은 아무런 서비스 생산을 하지 못하고 그대로 준비 상태로 놓여 있어야만 한다. 그러나 기업 입장에서는 종업원들이 한 달이 지나면 정한 월급을 지불해야만 한다. 이러한 서비스의 소멸성으로 인하여 기업들은 서비스를 제공받기를 희망하는 성수기와 비수기의 차이에 따라 서비스 제공인력의 충원 비율을 조정하거나, 비수기에 서비스를 제공받도록 유도하는 마케팅 전략을 펼치게 된다. 물론 서비스를 제공한 후에 서비스가 소멸된다 하더라도 이러한 경우에는 서비스를 제공함으로써 제공하게 되는 가치 생성으로 인하여 고객들에게 서비스 이용 금액을 청구할 수 있다.

제 2 절 서비스 기업의 마케팅 전략

1 서비스 포트폴리오 관리

대개의 경우 기업은 자신이 제공하는 서비스의 양에 집착하는 경우가 많다. 그러나 무턱대고 많은 서비스가 좋은 것은 아니다. 경쟁자의 신종 서비스에 대응하기 위해서 혹은 내부의 제안이나 경영자의 아이디어에 의해 새롭게 만들어지는 고객 서비스는 자꾸만 증가하지만, 그에 따른 매출액이나 수익성 증가가 기대에 못 미치는 경우가 많다. 이러한 악순환을 벗어나기 위해서는 시장조사와 컨조인트분석(conjoint analysis) 등을 통해 고객이 원하는 서비스를 파악하여 자사가 제공하는 서비스의 포트폴리오(service portfolio)를 고객의 관점에서 재구성해야 한다.

다양한 고객 서비스들 중 보다 고객만족에 실제적으로 더 많은 영향을 미치는 서비스에 집중하기 위해서는 체계적이고 지속적인 서비스 포토폴리오 관리가 필수적이다. 예를 들어 자사가 제공하고 있는 모든 서비스를 고객이 느끼는 중요성과 이용빈도라는 두 가지 기준으로 평가하여, 고객이 중요하게 여길 뿐 아니라 이용횟수도 많은 서비스는 확실히 제공하면서, 고객이 필요성을 크게 느끼지 못하거나 1년에 몇 번 이용하지 않는 서비스는 과감히 없애는 것이다.

전자의 경우는 충족되지 못할 경우 반드시 고객의 불만을 야기하게 되는 위생요인(hygiene factor)이라고 할 수 있지만, 후자의 경우는 충족되면 고객의 만족을 이끌어내지만 미충족되어도 크게 불만을 갖지 않는 동기요인(motivator)의 성격이 강하기 때문이다.

첫째, 위생요인은 고객이 중요하게 여길 뿐 아니라 이용횟수도 많은 서비스는 충족되지 못할 경우 반드시 고객의 불만을 야기한다.

둘째, 동기요인은 고객이 필요성을 느끼지 못하거나 이용횟수가 많지 않은 서비스는 충족되면 만족하지만, 미충족되어도 크게 불만하지 않는 서비스는 과감히 없앤다.

이와 함께 적절한 서비스의 수준관리도 중요하다. 고객의 기대수준 이상의 서비스를 제공하는 것은 낭비이기 때문이다. 서비스수준은 높을수록 좋다는 고정관념을 과감하게 버릴 필요가 있다. 이를 위해서는 고객의 기대수준을 파악하고 현재의 만족수준을 확인하여 부족한 영역의 서비스수준은 높이고 과잉된 서비스는 적정 수준으로 효율화하는 노력이 필요하다.

2 서비스 공업화(Service Industrialization)

서비스 공업화란 하버드 경영대학원의 레빗(Levitt) 교수가 처음 제안한 개념으로, 서비스를 공업화 내지 표준화하면 대량생산에 따른 규모의 경제와 신속성 및 품질의 일관성 등의 효과를 거둘 수 있다는 것이다. 즉 서비스산업에 제조업의 생산성 향상기법을 활용하여 서비스활동의 노동집약적인 부분을 기계로 대체하고, 제조업의 경우처럼 표준화·전문화·자동화 등을 통해 효율성 제고와 비용절감을 이룩하는 것을 말한다. 이처럼 제조업적 발상에 기초하여 서비스 공업화에 성공한 사례로 대표적인 햄버거 전문업체인 맥도날드(Mcdonald's)가 단기간에 이처럼 세계적인 판매망을 구축할 수 있었던 배경에는 실내장식과 내부설비를 표준화해 프랜차이즈 설치 기간과 비용을 대폭 줄였기 때문이다. 또한 메뉴를 단순화하고 조리방법 등을 표준화시킴으로써 원료구매에 있어서 규모의 경제를 통한 원가절감은 물론, 조리시간을 줄이는 등의 효과를 얻을 수 있었다. 이처럼 맥도날드는 엄격한 품질 및 판매 서비스기준을 확립하여 이를 반드시 준수하게 함으로써 세계 어디서나 똑같은 맛과 상표, 종업원 복장과 서비스, 청결함을 유지하는 등의 서비스표준화에 성공할 수 있었다.

이러한 서비스 공업화는 비단 패스트푸드산업뿐만 아니라 다양한 영역에서 창조적으로 응용될 수 있다. 미국의 금융회사인 Fleet는 6개 주에 걸쳐 있는 7개 지사의 모든 고객의 문의를 통합적으로 일괄 처리할 수 있는 고객서비스센터를 설립하였다. 이 고객서비스센터는 하루 24시간 운영되면서 한 달에 무려 150만 건의 전화 접수를 처리하고 있다. 특히 전체 전화문의 중 80%를 컴퓨터로 처리함으로써, 고객 한 사람에 대한 서비스시간을 늘리는 등 서비스의 질은 높이면서도 각 지점이 개별적으로 처리할 때에 비해 고객 서비스요원의 수는 오히려 40%나 감소시킬 수 있었다.

3 전략적 서비스 관리

서비스의 효율화를 위해서는 또한 자사의 전략적 포지션과 사업의 포커스를 정확히 할 필요가 있다. 최근 가격파괴의 여파로 많은 백화점들이 낮은 가격을 무기로 내세우고 있다. 그러나 아무리 백화점이 가격을 낮춘다 해도 가격경쟁력에서 대형할인점을 이길 수는 없다. 백화점은 고품질의 차별화된 서비스로, 대형할인점은 저가격정책으로 각자 자신이 추구해야 할 전략적 방향이 완전히 다른 것이다. 만약 백화점들이 가격경쟁에 편승하면 이것은 스스로 자신의 경쟁우위를 포기하는 셈이 된다. 비슷한 예로 패스트푸드점과 패밀리레스토랑에서 고객이 원하는 서비스의 내용이 같을 수 없다. 패스트푸드점을 이용하게 되는 상황은 대개 시간이 부족한 경우이다. 따라서 맛보다는 신속함이 고객의 만족을 결정하는 핵심 요인이다. 그러나 패밀리레스토랑의 경우는 다르다. 가족들과 함께 저녁시간을 이용하여 모처럼의 여유를 즐기고자 하는 것이 패밀리레스토랑을 이용하는 고객들의 일반적인 니즈일 것이다. 따라서 평소 일상에서 경험하지 못하는 독특한 맛과 색다른 분위기 및 고객 서비스를 제공하지 못하는 레스토랑은 경쟁에서 살아남을 수 없게 될 것이다. 특히 시장이 성숙되고 경쟁어 심화될수록 모든 시장과 고객을 다 차지하려 하기보다는 시장세분화를 통해 자신의 고객과 시장을 중점 공략하는 이러한 세련된 마케팅공략이 더욱더 요구된다고 하겠다.

이와 함께 고객을 동일한 집단으로 보지 않는 현명함도 필요하다. 모든 고객의 목소리에 주의를 기울이는 것은 현실적으로 불가능할 뿐더러 설사 가능하다 하더라도 많은 비용이 들기 때문이다. 대개 기업이익의 80%는 전체 고객 중 20% 정도의 비율을 차지하는 핵심고객에 의해 창출된다. 따라서 모든 불특정 다수의 고객을 대상으로 판촉활동을 벌이기보다는 이들 핵심고객들이 원하는 서비스에 집중하거나 마일리지 서비스나 다양한 로열티(loyalty) 프로그램을 강화하는 것이 더 바람직하다고 할 수 있다.

예를 들어 소매업계의 경우, 빈번한 세일과 이벤트로 가격에 민감한 철새고객들은 모일지도 모르지만, 정작 구매빈도와 1회 지출액이 높은 봉황고객들은 시장바닥같이 북적대는 점포를 외면하게 될지도 모른다. 진정으로 자신이 목표로 해야 할 고객을 선택하고, 이들에게 자신만의 개성 있는 서비스를 제공하는 데 기업의 모든 역량을 집중하는 것이야말로 가장 효율적인 서비스전략일 것이다. 이를 위해서는 고객 DB의 구축과 활용은 필수적이다. 고객의 정보를 단순히 메일발송 등의 초보적인 활용이 아닌 RFM분석(Recency, Frequency, Monetary Score Analysis) 등 입체적인 분석이 가능한 수준으로 설계하고, 이를 적극적으로 활용해야 할 것이다.

4 권한위임(Empowerment)

학계와 일반인을 막론하고 미국에서 고객 서비스를 화제로 이야기할 때 빠짐없이 등장하는 것이 미국의 백화점 체인인 노드스트롬(Nordstrom)이다. 매출규모로만 보면 미국 내 소매업체 중 9위 정도에 불과한 노드스트롬이지만, 고객 서비스에 관한 한 고객 서비스의 교과서 혹은 살아 있는 신화로 불릴 정도로 고객들의 엄청난 찬사와 경쟁사들의 두려움을 한 몸에 받고 있다.

실제로 노드스트롬에게는 고객 서비스와 관련된 거짓말 같은 신화적인 에피소드가 많다. 예를 들면 이런 것들이다. 1975년 노드스트롬은 알래스카에서 타이어(tire)를 팔던 새 상점을 인수했다. 그런데 이전에 이 상점에서 타이어를 구입했던 사람이 노드스트롬의 새 점포에 타이어를 바꾸러 왔다. 물론 노드스트롬에서 타이어를 취급하지 않았지만 판매사원은 쾌히 환불을 해주었고, 나중에 그 사실을 알게 된 타이어 주인은 노드스트롬의 열렬한 고객이 되었다는 것이다. 이러한 노드스트롬의 고객 서비스를 두고 어떤 사람은 고객의 눈에서 기쁨의 눈물이 흐르게 하는 경험이라고 표현할 정도다.

노드스트롬이 이처럼 높은 수준의 고객 서비스를 제공할 수 있게 된 비결은 무엇보다 직원들을 기꺼이 믿고 고객 서비스에 대한 모든 책임과 권한을 현장직원들에게 부여하고 있기 때문이다. 노드스트롬에는 특별한 규칙과 규제가 없는 대신 아주 강력한 기업문화를 갖고 있다. 그것은 어떤 상황에서건 자신이 스스로 판단하여 고객에게 가장 유리하다고 생각되는 일을 실행하라는 것이다. 노드스트롬에서는 신입사원이 입사하면 특별한 교육 프로그램이 없다.

노드스트롬의 경우처럼 **서비스업계의 경우 현장의 최일선 직원에게 많은 권한을 부여하는 것은 가장 확실한 효율화방안**이라고 할 수 있다. 사소한 고객의 요구를 일일이 중앙에서 관리하는 것은 비용도 많이 들고 처리 시간도 오래 걸려 결국은 고객의 만족도를 떨어뜨리게 된다. 일선 직원의 경우 고객의 성향과 상황을 가장 잘 이해하고 있기 때문에 만약 이들에게 상당한 권한을 부여한다면 시간과 비용을 줄이고 고객을 만족시킬 수 있기 때문이다.

제 3 절 서비스 품질의 관리

1 서비스 품질의 정의

서비스 품질은 서비스의 특성, 소비자의 기대, 평가기준의 복잡성 등 여러 가지 요소가 복합적으로 작용하므로 그 개념을 하나로 정의하기란 곤란한 것이 사실이다. 그러나 많은 서비스 연구자들과 서비스 기업의 관리자들은 서비스 품질이 기대와 수행의 차이와 관련되어 있다는 것에 동의하고 있다.

최근 서비스 분야에 대한 연구가 지속적으로 이루어지면서 서비스 품질의 문제는 서비스 기업만의 유일한 관심사가 아닐 것이다. 많은 기업은 그들이 제공하는 것이 일부 유형적이고, 또 다른 일부는 무형적인 서비스라는 것을 인식할 것이다. 서비스 품질은 모든 기업에 대한 관리적 연구의 핵심으로 대두되고 있다.

지금까지의 문헌연구를 종합해보면 서비스 품질은 사용자중심적이며, 서비스의 고유한 특성으로 인해 주로 고객의 지각된 서비스 품질로 정의되고 있음을 알 수 있다. 또한 서비스 품질은 단순히 결과만을 가지고 평가하는 것이 아닌 서비스를 제공받는 모든 과정(process)에서 연속적으로 작용한다는 것을 알 수 있다.

가시적인 형체를 지니고 있는 유형적인 제조상품의 경우는 상품이 지닌 물리적인 속성이 설계규격에 부합되는지를 측정함으로써 객관적인 품질수준을 측정해볼 수 있다. 그러나 비가시적인 무형성을 특징으로 하는 서비스는 그 고유한 특성으로 말미암아 객관적인 품질수준을 사용하여 측정하기 어렵다. 따라서 고객은 지각된 위험을 회피하기 위해 자신의 주관적인 평가속성, 즉 지각하는 바에 의존하여 평가할 수밖에 없다. 이와 관련하여 쇼스탁(Shostack)은 특히 서비스와 같이 무형적 요소가 지배적일수록 마케팅관리는 고객의 입장에 서야 한다고 주장하고 있다.

위와 같이 서비스 품질은 사용자중심적 정의에 따라, 그리고 서비스의 고유한 특성으로 인해 주로 고객의 지각된 서비스(performance)와 기대 서비스(expectation)로서 결정되는 고객의 지각된 서비스 품질로 정의되고 있음을 알 수 있다.

[서비스 품질에 대한 정의]

Bitner & Hubbert(1994)	조직과 서비스의 상대적 열등감이나 우월감에 대한 소비자의 전반적인 인상
Zeithaml(1988)	서비스의 전반적 우월성이나 우수성에 대한 고객의 평가
Grönroos(1984)	실제 서비스성과에 대한 고객의 지각과 고객의 서비스에 대한 사전기대치와 비교를 통한 소비자지각
Parasuraman, et al.(1988)	특정 서비스의 전반적인 탁월성이나 우월성에 관한 소비자의 판단으로 객관적 품질과는 다른 태도의 한 형태

2 서비스 품질의 관리

(1) 서비스 품질의 중요요소 파악

서비스 품질의 개선은 고객에게 중요한 서비스 품질결정요소를 파악하는 것으로부터 시작한다. 이를 시작으로 기업과 경쟁자가 이들 결정요소에서 소비자에게 어떻게 평가받고 있는가를 살펴봄으로써 서비스 품질이 개선될 수 있다.

(2) 고객기대관리

고객의 기대는 고객의 품질인식에 모호한 역할을 하므로 과대약속에 대한 유혹에서 벗어나서 적절한 서비스 정보를 제공하는 것이 기업이 좋은 품질 이미지 달성에 도움을 줄 수 있을 것이다.

(3) 유형적 요소관리

유형적 요소를 관리하는 것은 고객기대의 관리와 밀접한 관련이 있다. 고객의 기대관리는 서비스 제공 이전의 현실적 기대를 보증하는 것이며, 유형적 요소의 관리는 서비스 제공 중 또는 이후의 지각형성과 관계가 있다. 고객은 유형적 요소에 쉽게 접근할 수 있으며, 평가하기도 쉬우므로 이러한 요소의 관리는 제공된 서비스 품질에 대한 이미지를 통제할 수 있다.

(4) 고객학습관리

서비스 기업은 고객지향적 측면에서 교육훈련을 통하여 고객에게 도움을 줄 수 있다. 일부 서비스 생산에 고객이 직접 참여할 수 있게 한다든지, 서비스 사용의 적절한 시기와 방법, 또는 서비스가 수행되는 과정을 고객에게 설명해줌으로써 고객의 지식을 증대시키거나 학습을 시킬 수가 있다. 서비스에 대한 지식이 있는 고객은 더 나은 의사결정을 할 수 있게 되고, 이는 고객만족과 연결될 수 있게 된다.

(5) 서비스 품질문화

지속적인 고품질의 서비스를 고객에게 제공하기 위해서는 서비스 품질 개념에 대한 기업문화가 구축되어야 한다. 이것은 기업 나름대로의 품질기준을 확립하고, 이 기준을 성취할 수 있는 자질을 갖춘 직원을 채용하여 이 기준목표를 달성할 수 있도록 그들을 교육·훈련시키며, 고객만족 결과를 측정하여 그에 따른 적절한 보상이 이루어질 때 가능할 수가 있다.

(6) 자동화

서비스 제공은 인적 서비스와 물적 서비스의 활동으로 이루어진다. 이 가운데 하나인 인적 서비스 측면에서 기술적으로 서비스가 가능한 부분은 자동화 시스템으로 전환할 때 서비스 제공자의 서비스 실패를 감소시킬 수 있으며, 이를 통하여 더 높은 양질의 서비스 품질을 생산하여 고객에게 제공할 수가 있다.

(7) 고객기대

서비스 품질에 대한 고객의 기대는 시간과 상황에 따라 정체하지 않고 변화한다. 예를 들어 고객이 호텔 숙박카드(registration card)를 작성할 때 종래에는 상세하고 명확하게 작성하는 것이 본인의 안전에도 중요하다고 생각하였는데, 최근에는 모든 체크인절차가 자동전산화됨으로써 이를 기본적인 내용만 간단하게 기록하는 것으로 관점이 바뀌고 있다. 서비스 기업은 이와 같은 고객기대의 변화를 파악하여 그에 적절하게 대응해야 한다.

(8) 기업 이미지

기업의 신용(credibility)과 이미지(image)는 고품질 서비스 제공과 관련된 중요한 요소이다. 어느 특급 호텔은 "우리 고객에게 No라는 단어는 사용할 수 없습니다."라는 슬로건으로 광고하여, 그 호텔의 이미지를 향상시키고 고객에게 믿음을 주는 데 매우 큰 효과를 거두었다.

(9) 물리적 단서

고객에게 지속적인 고품질의 서비스를 제공하고 외부광고를 하는 것도 중요하지만, 가시적인 평가기준을 제공하는 것도 중요하다.
호텔에서 가시적인 평가기준을 고객에게 전달하는 가장 좋은 예로는 서비스 평가에 대한 공신력 있는 상(prize)을 수상하는 것이다. 그 예로 『Asia Money』지 선정의 서울 최고 호텔, 『Insti – tutional

Investor』지의 세계 100대 호텔 선정, 『Smart Traveler』의 Asia Best Business Hotel 25 선정, 『Conde Nast Travel』지 선정의 서울 최고 호텔, 또는 세계적인 국제회의 개최, 유명연예인 결혼식 등은 사람들로 하여금 고품질 서비스 제공을 판단할 수 있는 가시적인 기준을 제공하는 것이 된다. 그러한 공신력 있는 수상기업에 대해서는 이전에 그 기업의 서비스를 경험해보지 못한 잠재고객들에게까지 믿음과 신뢰를 갖고 안정적으로 구매할 수 있는 동기를 부여하게 된다.

제 4 절 서비스 브랜드 관리

1 서비스 일관성 관리

일관성(consistency)은 서비스 브랜드의 성공을 결정하는 중요한 요소 가운데 하나이다. **일관성이란 고객이 기대하는 제품을 받아볼 수 있도록 하여 놀라지 않게 하는 것을 말한다.** 예를 들면, 호텔산업에서는 오전 7시에 의뢰받은 모닝콜(morning call)을 예정대로 울려주는 것이고, 오후 3시 회의 휴식용으로 주문받는 커피는 제때에 준비하여 대기하고 있어야 한다는 것을 의미한다. 레스토랑 비즈니스의 경우 새우튀김요리의 맛이 2주일 전에 맛본 것과 동일하고, 화장실에는 타월이 항상 비치되어 있으며, 그리고 지난주에 마셨던 상표의 보드카는 다음 달에도 준비되어 있어야 한다는 것을 의미한다.

일관성을 달성하는 것은 당연하고 간단한 일같이 생각될지 모르지만, 실제로는 매우 어렵다. 많은 요인들이 작용하여 일관성을 유지하지 못하게 하고 있다. 기업의 방침이 명확하지 않을 수도 있다. 예를 들면, 미국식 요금제를 실시하는 호텔(american plan hotel: 숙박료와 식사료 및 서비스요금을 포함한 정액요금의 지급방식)의 어느 직원은 먹지 않은 식사대금을 고객에게 반환할지 모르나, 또 다른 직원은 고객이 포괄요금으로 구입한 것이기 때문에 패키지에 사용하지 않은 부분에 대하여서는 반환할 수 없다는 이유로 환불에 응하지 않을 수도 있다.

때때로 기업의 정책과 절차들이 서비스의 일관성을 해치고 있다. 예를 들면, 구매관리자가 경비를 절감하기 위하여 새로운 상표를 주문하거나 수산물 공급업자를 바꿀 수도 있다. 이러한 변경이 새우튀김요리나 칵테일 라운지를 이용하는 고객만족에 미치는 부정적 영향은 구매비용 절감효과를 상쇄시킬 수도 있다.

수요의 변동도 일관성에 영향을 미칠 수 있다. 비록 변동성을 완전히 제거한다는 것은 불가능하지만, 경영자는 가능한 한 일관성 있는 제품을 개발하려고 노력하지 않으면 안 된다. 오늘날의 고객들은 많은 것을 알고 있기 때문에 일관성을 기대하고 있으며, 또한 요구하고 있다.

2 고객 믹스 관리

고객의 수보다는 고객의 질이 결국 호텔의 수익성에 영향을 미치기 때문에 호텔 마케팅에 있어 기존에 호텔을 이용하고 있는 고객 수보다 중요한 것은 고객 믹스(customer mix)이다. 장기적인 안목에서 볼 때 고객 믹스를 관리하는 것은 시장을 선별적으로 선택하여 시장점유율을 높이는 결과를 가져온다.

호텔을 이용하는 고객들은 자기 자신과 같은 부류의 사람들과 어울리기를 원한다. 그렇기 때문에 고객 믹스를 관리하는 방법에는 여러 가지가 있는데, 그 중에서 가격전략으로 표적시장을 선별해내는 방법과 특정 고객에게 홍보의 초점을 맞추는 방법 그리고 회원제를 운영하는 방법 등이 있다.

호텔의 경우 다른 고객은 종종 서비스상품의 중요한 일부가 된다. 사회지도층 인사의 호텔시설 이용은 서비스의 명성과 이미지에 좋은 영향을 미치며 높은 홍보효과를 가져온다. 이러한 이유로 호텔기업들은 VIP유치를 위한 특별 서비스를 마련하고 있다. 예를 들어 한 특급호텔은 미니바·냉장고·비디오 등을 갖춘 초호화 10인승 리무진을 구비하고 귀빈층 고객을 겨냥한 픽업 서비스(pick-up service)를 제공하며, 부산의 한 특급호텔은 6인승 헬기를 전세로 빌려 VIP고객에게 공항에서 호텔 간 에스코트 서비스(escort service)를 제공하고 있다. 호텔의 고객은 자신의 사회적 위치나 품격에 어울리는 고객들과 서비스공간을 공유하기 원한다. 또한 서비스 이용목적이 유사한 동질적인 고객집단을 선호한다. 예를 들어 기업 최고경영자(CEO) 등 비즈니스고객이 이용하는 호텔에 단체관광객이 함께 투숙하여 이용하면 전자의 만족도는 하락한다는 것을 예상할 수 있다. 호텔 서비스기업은 시장세분화를 통해 자사에 가장 높은 수익을 가져다주고 성장가능성이 높은 세분시장을 선택할 필요가 있다. 고객 믹스관리를 통해 자사의 주요 고객을 보호하고 고객 간의 부조화를 최소화해야 한다.

3 생산성 향상을 위한 고객지향방법

서비스의 공업화는 생산성을 높여 비용을 절감하는 것에 주 목적을 두고 있으나 무형성 및 생산과 소비의 동시성을 지닌 서비스는 재고화가 불가능해 수요의 변동에 따른 서비스 제공능력을 어떻게 적합시키느냐가 서비스기업의 비용에 결정적인 영향을 미친다. 대부분의 서비스생산성 향상노력이 낭비를 줄이고 노무비를 감소하는 데 초점을 두는 것에 대해 스키너(Skinner, 1986)는 "낭비와 비효율을 제거한다고 해서 경쟁력이 회복되는 것이 아니다. 노동력을 일정하게 해놓고 노동산출을 증대시키는 것에 초점을 맞추면 비용절감은 치명적이다."라고 경고했다. 낭비적인 요소를 줄인다고 해서 인원·원료·장비를 줄이려는 노력은 정반대의 결과를 낳게 되므로 서비스기업은 투입요소의 하나인 고객을 적절히 활용해야 한다.

첫째, 고객수요의 시기를 변화시키는 것으로 시설능력이 제한된 서비스에서 수요 패턴에 변화를 주는 것이다. 이는 가격 결정과 촉진을 적절히 이용한다. 성수기 때는 수요를 전환시켜 생산시설을 더 잘 이용할 수 있고, 더 나은 서비스를 제공한다. 비성수기 때는 현재 시장에 집착하지 말고 새로운 세분시장을 개발해 유휴시설의 이용률을 높인다. 이렇게 해서 수요가 평준화되면 생산성은 향상된다.

둘째, 고객을 생산과정에 좀 더 개입시키는 것으로, 셀프서비스가 좋은 예이다. 문제는 고객이 새로운 절차를 배우고 지시를 따르며, 종업원이나 다른 사람들과 협조적으로 상호작용을 하려는 의지가 있느냐 하는 점이다. 기업은 새로운 기술을 배우고, 새로운 자기 이미지를 형성하며, 서비스제공자와 새로운 관계를 개발하고, 다른 고객과 어울려 새로운 가치를 습득하려는 고객을 여러 가지 관점에서 적극 도와야 고객의 협조를 얻을 수 있다.

셋째, 고객에게 제3자를 이용하도록 요구하는 것이다. 서비스기업은 정보제공·예약·지불·소비로 구분되는 구매과정의 일부를 제3자에게 이양해서 고객으로 하여금 이들을 이용하게 만드는 것이다.

앞으로 서비스에 대한 소비자들의 수요다양화 경향으로 인해 개별적인 고객수요에 대응한 서비스전략이 더욱 강화될 전망을 고려하면 서비스의 생산성 향상노력도 고객관심에 민감하지 않으면 안 된다. 서비스기업이 새로운 방식이나 기술을 도입해서 생산성을 높이려고 해도 고객의 저항이 있으면 불가능해진다. 따라서 고객의 신뢰를 획득하기 위한 평소의 고객과의 호의유지가 중요하다. 또 서비스이용에 대한 소비자의 습관과 기대를 이해하지 못하고 있으면 소비자저항에 직면하게 된다. 셀프서비스나 고객참여를 증대시킬 때 그런 절차나 장비에 대한 철저한 사전 테스트와 그런 변화로 고객이 얻을 편익을 공표화해서 확신을 갖게 해야 할 것이다. 특히 서비스는 그것이 경쟁자에 의해 쉽게 모방되므로 항시 수행결과를 청취해서 계속 개선을 도모하지 않으면 안 된다.

제 5 절   제품-보조(product-support) 서비스 관리

1   제품-보조 서비스(서비스 보증)의 정의

대부분의 일반기업들은 고객들이 만족한 서비스를 얻지 못할 때를 대비해 보상에 대한 보증을 제시하고 있다. 그러나 서비스의 경우에는 교환을 하거나 수리를 해주기가 매우 곤란하다. 왜냐하면 서비스상품의 성격은 무형적 특성을 지니고 있으며, 일정한 기간이 지나면 소멸되는 특성을 갖고 있기 때문이다. 이를 위해 어떤 기업에서는 환불·할인 등의 보상 서비스를 하고, 그렇지 않으면 추후의 서비스를 제공하는 방법을 도입하고 있다. 서비스의 보증은 서비스 상품구성에서 중요한 요소 중의 하나로 작용한다. 그 이유는 서비스가 고객에게 제공되기 위해서는 소비자들의 위험요소를 줄여줄 만한 요소들이 필요하기 때문이다.

2   서비스 보증의 효익

효과적인 서비스 보증제도를 통해 기업이 얻을 수 있는 효익은 매우 크다. 먼저 훌륭한 보증제도는 기업으로 하여금 고객에게 더 신경을 쓰게 하는 자극제 역할을 하게 되고, 기업에 있어 명확한 기준을 설정할 수 있는 기회를 주며, 이러한 효과적인 보증제도를 통해 소비자들로부터 즉각적이고 적절한 반응을 얻어낼 수 있고, 이러한 반응을 통하여 기업은 지속적인 서비스개선의 노력을 기울일 수 있는 기회를 얻을 수 있다.

그리고 고객들에게 직접적인 서비스를 제공하는 종사원들은 이러한 보증제도를 활용함으로써 직무몰입도와 기업에 대한 충성도를 높일 수 있다.

서비스 보증은 단순한 마케팅수단뿐 아니라 기업 내에 서비스 품질을 정립하고 고양시키며 유지시키기 위한 도구로서 활용될 수 있다. 효과적인 서비스 보증이 기업에게 가져다줄 수 있는 혜택을 살펴보면 다음과 같다.

첫째, 의미 있는 보증의 내용을 개발하려면 무엇이 고객에게 중요한지를 반드시 파악해야 한다. 고객에게 있어서 만족의 의미가 무엇인지를 명확하게 이해해야 효과적인 보증의 내용을 만들어낼 수 있는 것이다.

둘째, 보증을 통해 기업이 종업원에게 기대하는 것이 무엇인지를 명확하게 규정하게 되며, 기대의 내용을 종업원에게 전달할 수 있게 된다. 보증은 종업원에게 자신의 행동을 고객전략과 일치시키도록 만들 수 있는 서비스지향적인 목표를 부여하게 된다.

셋째, 보증제도는 고객에게 불만을 제기하도록 인센티브를 부여하는 것이며, 고객에게 불만을 제기할 권한이 있음을 알려주는 것이다. 기업은 이를 통하여 보다 합당한 피드백을 얻을 수 있게 되는 것이다.

넷째, 고객에 대한 즉각적인 회복노력이 이루어지게 됨으로써 불만족상황을 통제할 수 있게 되거나 적어도 불만족이 증폭되는 것을 막을 수 있게 된다. 신속한 회복은 고객을 만족시킬 수 있으며, 충성도를 유지할 수 있게 만들어준다.

다섯째, 보증은 고객에게 귀 기울일 수 있는 구조화된 메커니즘을 제공함으로써 고객과의 거리감을 줄일 수 있게 만들어준다. 보증을 통해 고객과 서비스기업 사이의 피드백 연결을 보다 강화시켜줄 수 있는 것이다.

여섯째, 서비스는 비가시적이면서 종종 매우 개인적이고 자기중심적이기 때문에 고객은 불확실한 느낌을 완화시켜줄 정보와 단서를 적극적으로 찾아보게 된다. 보증은 바로 이러한 위험성의 인식을 완화시켜서 구매 전의 서비스평가를 긍정적으로 유도할 수 있게 되는 것이다.

3 서비스 보증의 활용

경쟁사와는 한 차원 다른 서비스 보증제도를 혁신적으로 수행한다고 해서 비용만이 증가하는 것은 아니다. 서비스 보증제도는 궁극적으로 서비스실패를 줄이게 되는 결과를 가져오게 되므로, 이에 대한 지출은 단순한 비용이 아니라 투자로 보아야 할 것이다. 경쟁시장에서 강력한 경쟁우위를 확보하고, 많은 시간과 비용을 소비하게 되는 서비스실패를 줄이며, 기업의 가치를 종사원들에게 제고시킬 수 있는 수단이 서비스 보증제도인 것이다. 이러한 제도야말로 고객만족경영의 실천이며, 여기에 소요되는 비용은 장기적 차원에서 매출액의 증대로 보상받게 된다.

서비스 보증은 다양한 이점을 제공함에도 불구하고 모든 기업의 모든 상황에서 보편타당하게 적용될 수 있는 개념은 아니다. 보증의 실행이 오히려 부정적인 결과를 초래할 위험성도 있기 때문이다. 다음의 경우에는 서비스보증이 바람직한 전략이 될 수 없을 것이다.

보증을 제도화하려면 먼저 사전에 주요 품질문제를 해결해야 한다. 품질이 좋지 못할 때는 과도한 보증비용 때문에 보증에 따른 이점이 무의미하게 될 우려가 있다.

기업이 이미 높은 품질수준으로 명성이 있어서 묵시적으로 실제적인 서비스 보증을 해주고 있는 경우는 공식적인 보증이 불필요하게 된다. 최고급 호텔의 경우 등급이 낮은 호텔들에 비해 보증의 효과가 현저하게 낮아서 보증에 들인 비용보다 얻은 효과가 오히려 적은 것으로 알려지고 있다.

서비스 품질이 통제 불가능할 경우는 보증을 제공할 수 없다. 특별히 겨울철에 비행기 정시출발을 보증하는 것은 전혀 예측 불가능하고 통제 불가능한 날씨 때문에 불가능한 일일 것이다. 거짓으로 서비스 보증을 요구하는 등의 기회주의적인 고객에 대한 우려 때문에 보증의 제공을 주저하는 기업들도 있다. 연구에 의하면 대다수 고객이 정기적으로 혹은 반복적으로 찾는 고객이 아닌 상황에서 보증이 제공될 경우 보증이 남용될 가능성이 보다 높은 것으로 나타났다. 그러나 일반적으로 서비스 보증의 남용은 비교적 최소한의 수준으로 나타나고 있으며, 폭넓게 나타나지 않는 것으로 보고 있다.

여느 품질관련투자와 마찬가지로 기대비용, 즉 실패보상비용과 개선비용 및 기대이익, 즉 고객충성도·품질개선·신규고객유치·구전광고 등을 주의 깊게 살펴보아야 한다.

보증의 효과는 기업이나 서비스품질에 대해 확신을 가지지 못할 경우에 가장 크게 나타난다. 고객이 지각하는 위험이 낮거나 비교적 저렴해서 다른 대체 서비스제공자를 활용하기가 쉬울 경우, 혹은 품질의 변화가 거의 없는 경우, 보증을 통해 기업에게 줄 수 있는 혜택이라고는 촉진을 위한 수단으로서의 가치 이외에는 별로 없을 것이다.

산업에 따라서는 경쟁업체 간에 품질의 변화가 크게 나타나는 경우가 있다. 이런 경우에 보증은 매우 효과적일 수 있으며, 특히 처음 상품을 내어놓은 기업일 경우에 효과적일 수 있다. 보증은 또한 전반적인 업계의 품질수준이 낮게 인식되고 있을 경우에도 효과적일 수 있다. 처음 보증을 제공하는 기업이 종종 다른 경쟁업체들과 차별화된 입지를 구축하게 되는 것이다.

4 성공적인 보증제도의 전제조건

최상의 서비스 보증은 어떠한 예외상황 없이 고객만족을 무조건적으로 보장하는 것이다. 서비스 보증의 효력은 그것에 부수된 조건이 많아질수록 감소하게 된다. 또한 보증제도는 간단하면서도 명료한 메시지가 전달되어야 한다. 그래야 고객들이나 종사원들이 무엇을 기대할 수 있는가를 정확히 알게 된다. 예를 들어 패스트푸드식당의 '빠른 서비스'보다는 '5분 이내 서비스'에 고객은 보다 명확한 기대를 형성하는 것이다.

적정 수준의 좋은 보증 서비스는 서비스의 원가, 서비스실패의 심각성, 고객이 공평하다고 느끼는 정도 등에 따라 달라진다. 또한 불만고객이 이러한 보증제도를 이용하기 위해서 여러 절차를 거치게 되면 더욱 화가 날 수 있다. 우수기업의 경우 고객불평은 귀중한 정보로서 서비스개선의 기초가 되며, 보증은 그를 위한 수단으로 인식한다. 따라서 불만족한 고객이 이러한 보증제도를 적극적으로 이용하도록 장려하고, 이를 위해 복잡한 서류나 절차를 없애고 있다.

끝으로 서비스 보증 자체는 고객이 믿을 수 있는 것이어야 하며, 서비스를 제공하는 종사원들에게도 보증이 신뢰성이 있어야 한다. 최고경영층의 주도면밀한 배려와 적극적인 지원 등으로 모든 종사원들이 이를 믿게 되고, 보증이 그저 구호로 끝나는 것이 아니라 실제로 제공하는 것이라는 생각을 하게 되었다.

서비스 보증이 효과적인 서비스 회복수단으로 활용되려면 다음의 4가지 특성을 잘 갖추고 있어야 한다.

첫째, 효과적인 보증이 되려면 조건을 달지 말아야 한다. 법률사무소에서 작성하는 것처럼 각종 제약조건, 입증자료 요구, 제한사항 등을 설명한 보증서는 일반적으로 효과를 거두기가 어렵다.

둘째, 효과적인 보증이 되려면 의미가 있는 것이어야 한다. 너무나 당연한 것 혹은 당연히 기대할만한 것은 고객에게 아무런 의미도 주지 못한다. 문제가 발생할 때 지불하는 보상도 의미가 있어야 한다. 고객은 불만족과 소비한 시간 및 겪은 불편에 대해 완벽한 보상이 이루어지길 기대하기 때문이다.

셋째, 보상의 내용은 고객에게나 종업원에게 모두 이해하기 쉽고, 내용전달이 용이해야 한다. 표현이 혼돈스럽거나 보증내용이 장황해서 혹은 과도한 제약이나 조건을 담고 있어서 무엇을 보증하고 있는 것인지 고객이나 종업원 모두에게 불분명한 것은 피해야한다.

넷째, 보증이 효과적이려면 보증의 요구절차가 간편해야 한다. 고객에게 상세한 내용을 담은 편지와 함께 서비스실패를 입증할 자료를 요구하는 것은 고객으로 하여금 보증요구절차가 시간낭비적인 것이라거나, 특히 서비스의 금전적 가치가 낮은 경우에는 요구할 가치도 없다고 느끼게 만들 위험성이 있다.

OX로 점검하자

※ 다음 지문의 내용이 맞으면 O, 틀리면 ×를 체크하시오. [1~10]

01 서비스란 하나의 상품으로 구성되어 가치를 갖거나 제품의 사전 또는 제공 시점 및 사후적으로 연계되어 가치를 형성하는 상품의 구성 요소이다. (　　)

02 서비스는 생산 후 유통과정을 거쳐 소비자들에게 제공되거나 생산과 동시에 소비로 이어지기도 한다. (　　)

03 서비스를 제공하는 제공자의 특성, 제공시점, 제공상황에 따라 서비스의 품질이 차이를 나타낼 수 있다. (　　)

04 고객만족에 실제적으로 더 많은 영향을 미치는 서비스에 집중하기 위해서는 체계적이고 지속적인 서비스 포토폴리오관리가 필수적이다. (　　)

05 고객의 기대수준 이상의 서비스를 제공하는 것은 중요하므로 서비스 수준은 높을수록 좋다.
(　　)

06 서비스 공업화란 서비스를 공업화 내지 표준화하여 대량생산에 따른 규모의 경제와 신속성 및 품질의 일관성 등의 효과를 거두고자 하는 것이다. (　　)

07 모든 불특정 다수의 고객을 대상으로 판촉활동을 벌이기보다는 이들 핵심고객들이 원하는 서비스에 집중하거나 마일리지 서비스나 다양한 로열티(loyalty) 프로그램을 강화하는 것이 더 바람직하다. (　　)

08 고객의 정보를 메일발송이나 전화로 연결하여 관리하는 것을 RFM분석(Recency, Frequency, Monetary Score Analysis)이라고 한다. (　　)

정답과 해설　01 O　02 ×　03 O　04 O　05 ×　06 O　07 O　08 ×

02 서비스는 비분리성으로 인해 유통과정을 거치지 않는다.
05 고객의 기대수준을 파악하고 현재의 만족수준을 확인하여 부족한 영역의 서비스 수준은 높이고 과잉된 서비스는 적정 수준으로 효율화하는 노력이 필요하다.
08 RFM 분석은 Recency – 마지막 주문 혹은 구매 시점, Frequency – 특정 기간동안 얼마나 자주 구매하였는가?, Monetary Value – 구매의 규모는 얼마인가?를 통한 표적시장의 행동양식 분석을 의미한다.

09 노드스트롬의 경우처럼 서비스업계의 경우 현장의 최일선 직원에게 너무 많은 권한을 부여하지 않고 중앙에서 서비스를 통제하는 것은 높은 수준의 고객 서비스를 유지하는 비결이다. (　　)

10 고객들에게 직접적인 서비스를 제공하는 종사원들의 경우 보증제도로 인하여 직무몰입도에 대한 제한을 받고 있다. (　　)

정답과 해설　09 ✕　10 ✕

09 사소한 고객의 요구를 일일이 중앙에서 관리하는 것은 비용도 많이 들고 처리시간도 오래 걸려 결국은 고객의 만족도를 떨어뜨리게 된다.

10 서비스를 제공하는 종사원들은 이러한 보증제도를 활용함으로써 직무몰입도와 기업에 대한 충성도를 높일 수 있다.

01 맥도날드는 엄격한 품질 및 판매 서비스기준을 확립하여 이를 반드시 준수하게 함으로써 세계 어디서나 똑같은 맛과 상표, 종업원 복장과 서비스, 청결함을 유지하는 등의 서비스 공업화에 성공할 수 있었다.

02 상기 슬로건을 사용한 기업은 이미지를 향상시키고 고객에게 믿음을 주는 데 매우 큰 효과를 거두었다.

03 성수기와 비수기의 동일한 서비스 제공은 시기별 고객들에 따라 불공평함을 느낄 수도 있다.

정답 01 ② 02 ② 03 ④

01 맥도날드(Mcdonald's)가 단기간에 실내장식과 내부설비를 표준화해 세계적인 판매망을 구축할 수 있었던 서비스 마케팅 전략은?

① 권한위임
② 서비스 공업화
③ 서비스 포트폴리오 관리
④ 전략적 서비스관리

02 "우리 고객에게 No라는 단어는 사용할 수 없습니다."라는 슬로건을 내세운 기업이 추구한 서비스관리 사항에 해당하는 것은?

① 물리적 단서
② 기업 이미지
③ 고객 학습관리
④ 유형적 요소관리

03 기업의 서비스 품질 유지를 위한 노력에 해당하지 <u>않는</u> 것은?

① 우수직원 선발 및 훈련, 교육
② 서비스 수행과정의 표준화
③ 다양한 소비자 제안과 불만 접수
④ 성수기와 비수기의 구분없는 동일한 서비스 제공

04 서비스의 특성 및 그에 따른 서비스 마케팅의 과제에 대한 설명으로 가장 적합하지 <u>않은</u> 것은?

① 일시적으로 제공되는 편익으로 생산하여 그 성과를 저장하거나 재판매할 수 없으며, 판매되지 않은 서비스는 사라진다는 특성을 서비스의 이질성이라 한다.

② 서비스 보증이란 고객에게 설명하기 쉬워야 하고, 고객이 믿을 수 있어야 한다.

③ 볼 수도 만질 수도 없으며 쉽게 전시되거나 전달할 수도 없다는 무형성의 특징을 보이고 있다.

④ 비분리성은 대부분의 서비스가 생산과 동시에 소비된다는 특성을 말하며, 이로 인해 수요와 공급을 맞추기가 어렵고 반품될 수 없다.

> **04** ①은 소멸성에 대한 설명이다. 서비스의 이질성이란 생산자에 따라, 고객에 따라, 시간과 공간에 따라 서비스품질이 변동될 수 있는 특성을 말한다.

05 생산성 향상을 위한 고객지향방법에 해당하지 <u>않는</u> 것은?

① 고객에게 제3자를 이용하도록 요구하는 것

② 고객수요의 시기를 변화시키는 것

③ 고객을 생산과정에 좀 더 개입시키는 것

④ 고객의 수요를 표준화시킴으로써 관심에 민감해지는 것

> **05** 서비스에 대한 소비자들의 수요다양화 경향으로 인해 개별적인 고객수요에 대응한 서비스전략이 더욱 강화될 전망이다.

06 서비스 보증의 효익에 해당하지 <u>않는</u> 것은?

① 고객과의 거리감을 줄일 수 있다.

② 불만족이 증폭되는 것을 막을 수 있다.

③ 기업이 종업원에게 기대하는 것을 명확하게 전달할 수 있다.

④ 고객이 제기할 불만을 원천적으로 제기하지 않도록 인센티브를 부여하는 것이다.

> **06** 보증제도는 고객에게 불만을 제기하도록 인센티브를 부여하는 것이며, 고객에게 불만을 제기할 권한이 있음을 알려주는 것이다.

정답 04 ① 05 ④ 06 ④

07 법률사무소에서 작성하는 것처럼 각종 제약조건, 입증자료 요구, 제한사항 등을 설명한 보증서는 일반적으로 효과를 거두기가 어렵다.

07 효과적인 서비스보증이라고 볼 수 <u>없는</u> 것은?

① 조건을 명확히 제시해야 한다.
② 의미가 명확히 있어야 한다.
③ 고객과 종업원 모두에게 내용전달이 용이해야 한다.
④ 요구절차가 간소화되어야 한다.

08 서비스 제품은 재화에 비하여 소비자의 위험지각 수준이 높은 편이므로 이용 전 신뢰도를 향상시킬 수 있도록 해야 한다.

08 서비스 마케팅에 대한 설명으로 옳지 <u>않은</u> 것은?

① 서비스에 대한 소비자의 위험지각 수준은 상대적으로 낮은 편이다.
② 서비스 기업은 내부와 외부 마케팅 모두를 중시해야 한다.
③ 서비스 표준화는 서비스 마케팅 전략 중 하나이다.
④ 서비스 믹스에는 판매 전, 판매 후 서비스가 모두 포함된다.

09 신용카드사의 할부서비스는 고객이 기대하는 핵심적 특성에 해당한다.

09 서비스 기업의 부가적 서비스 특성이라고 볼 수 <u>없는</u> 것은?

① 신용카드사의 할부 정책
② 항공사의 마일리지 시스템
③ 극장의 식음료 판매 서비스
④ 호텔의 리무진 서비스

정답 07 ① 08 ① 09 ①

10 기업의 서비스 일관성 관리에 영향을 미칠 수 있는 요소가 <u>아닌</u>
　 것은?

　　① 고객믹스
　　② 수요의 변동
　　③ 기업의 불명확한 방침
　　④ 기업의 정책과 절차

10 고객믹스는 서비스 일관성 관리를 위
　 하여 수행되어야 할 요소 중 하나이다.

주관식 문제

01 미국의 백화점 체인인 노드스트롬(Nordstrom)은 '어떤 상황에서
　 건 자신이 스스로 판단하여 고객에게 가장 유리하다고 생각되는
　 일을 실행하라는 것'이라는 슬로건을 통하여 고객 서비스에 있어
　 서 높은 점수를 받고 있다. 노드스트롬이 활용하고 있는 서비스
　 마케팅 전략이 무엇인지 서술하시오.

01
[정답] 노드스트롬의 서비스 마케팅 전략은
　 권한위임으로서 직원들을 기꺼이 믿고
　 고객 서비스에 대한 모든 책임과 권한
　 을 현장직원들에게 부여하고 있다.

[해설] 현장의 최일선 직원에게 많은 권한
　 을 부여하는 것은 가장 확실한 효율
　 화방안이라고 할 수 있다.

[정답] 10 ①

안심Touch

checkpoint 해설 & 정답

02

정답 위생요인, 동기요인

해설 위생요인은 고객이 중요하게 여길 뿐 아니라 이용횟수도 많은 서비스는 충족되지 못할 경우 반드시 고객의 불만을 야기한다. 그러나 동기요인은 고객이 필요성을 느끼지 못하거나 이용횟수가 많지 않은 서비스는 충족되면 만족하게 된다.

02 빈 칸에 들어갈 용어를 순서대로 쓰시오.

고객이 중요하게 여길 뿐 아니라 이용횟수도 많은 서비스는 확실히 제공하면서, 고객이 필요성을 크게 느끼지 못하거나 1년에 몇 번 이용하지 않는 서비스는 과감히 없애는 것이 낫다. 전자의 경우는 충족되지 못할 경우 고객의 불만을 야기하게 되는 (   )이라고 할 수 있지만, 후자의 경우는 충족되면 고객의 만족을 이끌어내지만 미충족되어도 크게 불만을 갖지 않는 (   )의 성격이 강하기 때문이다.

03

정답 공업화(자동화), 무형성, 비분리성(동시성)

03 빈 칸에 들어갈 용어를 순서대로 쓰시오.

서비스의 (   )는 생산성을 높여 비용을 절감하는 것에 주목적을 두고 있으나 일반적인 재화와는 다른 특성인 (   ) 및 생산과 소비의 (   )을 지닌 서비스는 재고화가 불가능해 수요의 변동에 따른 서비스 제공능력을 어떻게 적합시키느냐가 서비스기업의 비용에 결정적인 영향을 미친다.

04 적정 수준의 좋은 보증 서비스를 위하여 갖추어야 할 요소를 2가
지 이상 제시하시오.

04

정답 서비스의 원가, 서비스 실패의 심각
성, 고객이 공평하다고 느끼는 정도
가 명확해야 하며, 보증 자체에 대해
신뢰도가 있어야 하고, 불만 접수에
대한 절차가 간소화되어야 한다.

05 서비스 품질에 대한 정의를 쓰시오.

05

정답 서비스 품질은 사용자중심적이며, 서
비스의 고유한 특성으로 인해 주로
고객의 지각된 서비스라고 할 수 있
다. 또한 서비스를 제공받는 모든 과
정에서 연속적으로 작용하는 것이다.

안심Touch

여기서 멈출 거예요? 고지가 바로 눈앞에 있어요.
마지막 한 걸음까지 시대에듀가 함께할게요!

제 **14** 장

가격 전략

제14장 가격 전략

제 1 절 가격의 이해

1 가격의 개념 및 정의

가격이란 상품의 교환가치로서, 소비자가 제품이나 서비스를 소유하거나 사용하기 위해 지불해야 하는 화폐의 금액적 가치를 의미한다. 가격은 모든 금액적 가치의 총칭이며, 상황에 따라서 임대료, 등록금 등과 같이 다른 명칭으로 불릴 수 있다.

가격은 동일한 제품이라 하더라도 유통구조에 따라 차이를 나타낼 수 있으며, 판매 촉진 상황에 따라서, 또는 제품 수명주기에 따라서 차이를 보일 수 있다.

그러나 가격의 결정 기준은 기업에게 있어 원가 이상의 판매로 수익을 창출해야 하는 기업에게 있어서 가장 기초적이고 근본적인 의사결정 중 하나이다. 따라서 제품에 대한 원가, 지각된 제품의 가치, 경쟁자의 유사 또는 동일 상품에 대한 가격 책정, 마케팅 및 촉진전략적 의사결정 등에 따라 기업은 가격에 대한 결정을 수행해야만 한다.

2 가격의 중요성

가격은 다음과 같은 이유에서 중요성을 지닌다.

첫째, 가격은 기업의 매출과 수익에 있어 직접적이고 결정적인 영향력을 미친다. 따라서 가격의 책정 및 변동은 기업에게 있어 수익의 구조에 대한 변동을 의미한다.

둘째, 가격은 특정 제품이나 서비스의 수요를 촉진하거나 단절시키는 역할을 한다. 가격의 하락은 수요의 증가로 이어질 수 있으며, 이러한 수요의 증가는 가격의 상승을 부추긴다. 가격의 결정과 수정은 반복적인 의사결정이며, 다양한 변수들에 의해 좌우된다.

셋째, 가격은 기업에게 있어서 마케팅 전략적 측면에서 신속한 결정과 대응이 가능한 전략 중 하나이다. 따라서 마케팅 전략적 목표 달성을 위해 기업은 수시로 가격을 조정하거나 변경하는 전술을 펼칠 수 있다.

넷째, 가격전략은 자사의 신속한 의사결정이 가능한 전략 중 하나인 반면, 경쟁자에게도 신속한 의사결정이 가능하게 하여 경쟁이 심화되고 수익성을 악화시킬 여지가 높다. 따라서 가격에 대한 관리는 자사의 내부적 고려에 의해서만 이루어지는 것이 아니라 외부요소와의 상호작용에 의한 판단과 의사결정이 반드시 필요하다.

다섯째, 가격은 소비자에게 중요한 구매의사결정 도구로 활용된다. 동일한 성능이나 기능의 제품이 가격에 차이를 나타내면 브랜드 인지도가 높거나 보다 신뢰할 수 있다거나 때로는 더 우수한 품질로 인정하게 된다. 따라서 무조건적으로 저렴한 가격에 제품을 판매하는 것이 최선의 가격전략이 아닌 것이다.

여섯째, 가격은 법적인 제한과 규제 내에서 움직인다. 그 이유는 가격 자체가 시장에서 다양한 생산요소와 유통요소 등에 대한 영향력이 높기 때문이다. 저렴한 가격으로 수요를 촉진시키는 것은 경제의 성장을 촉진하지만 한편으로 물가를 인상시킨다. 지나친 가격전략에 의한 출혈 경쟁은 기업의 생존을 위협하고 많은 중소기업들을 도태시킨다. 따라서 지나친 가격 인상이나 인하는 법적인 울타리 안에서 제한되어 있다.

마지막으로 일곱째, 가격은 마케팅 믹스 전략 중에서 유일하게 수익에 관한 관리전략이다. 제품의 생산, 신제품의 출시, 유통경로의 관리, 촉진전략의 실행 등은 모두 비용을 초래하게 된다. 그러나 가격은 곧 기업의 수익창출 창구이며, 다른 마케팅 믹스를 원활히 활동하게 하는 기준점이 된다.

제 2 절 가격결정 단계

1 가격결정의 목표

(1) 이익지향적 목표

이익지향적 목표란 장기적인 관점에서 기업의 목표수익 달성과 이익극대화를 위해 수립되어지는 가격결정 목표이다. 목표수익은 제품 생산에 투입된 자금과 판매결정 가격과 대비하여 어느 정도 판매될 것인가를 고려하여 결정한다. 일반적으로 전체 매출액에서 전체 원가를 제외하면 기업의 일정기간 동안의 목표 수익이 제시되며, 이를 전체 판매예상 제품개수로 나누면 하나의 제품 판매당 수익을 확인할 수 있다. 기업은 시장에 진출한 처음에는 고가나 저가로 판매하면서 시장이 변화하는 단계에 따라 가격을 조정하여 일정기간 내 목표수익을 채울 수 있다. 즉, 단위당 수익을 높거나 낮게 잡았다가 다시 조정하는 단계를 거치면서 최초 목표했던 수익률을 달성하는 것이다.

이에 반해 이익극대화란 원가나 수요를 정확하게 기준으로 사용하는 것이 아니라 이익이 극대화될 수 있다면 상황에 맞춰 최대한의 이윤이 창출되도록 관리하는 것이다. 이익극대화의 입장에서 고가격 정책을 실행하거나 프리미엄 제품으로 브랜드 자산을 강화하여 매우 고가의 제품만을 판매하고자 집중하는 마케팅 촉진 및 가격 전략 실행 기업을 확인할 수 있다. 세계 최고급 명품 브랜드로 알려진 핸드백이나 골프채, 시계 등의 제품이다. 이러한 초고가격 전략은 매우 높은 이익지향적 목표를 통해 가격을 책정하고 이를 소구하기 위해 그 외의 다양한 마케팅 믹스 전략을 도입한다. 이러한 문화에 대해 최근 정부나 사회단체, 소비자들로부터 따가운 시선을 받는 경우가 발생하는데, 기업이 무조건적으로 이익극대화를 추구하게 되면 오히려 사회적인 문제를 발생시키고 대중 문화의 촉진을 저해하기도 한다.

결론적으로 기업은 가격전략에 목표수익 달성을 목적으로 하거나, 어느 상황에서나 이익극대화 목표로 삼는 등 이익지향적 목표를 기준으로 하여 가격을 결정할 수 있다.

(2) 판매지향적 목표

판매지향적 목표란 가격 결정에 있어 매출액 증대, 이익의 극대화 등의 이익지향적 목표가 아닌 매출의 증대 또는 판매량의 증대를 통해 시장점유율을 끌어올리는 전략을 기준으로 가격전략을 수립하는 것이다.

즉 매출을 증대시키기 위해 단위당 수익을 줄이고 최대한 가격을 낮추는 것이다. 이렇게 수익률을 줄이더라도 판매량이 매우 많아지면(시장점유율이 증가하거나 매출되는 제품의 수가 증가하게 되어) 전체적인 수익은 높아지게 된다.

(3) 소비자지향적 목표

소비자지향적 가격목표 설정은 표적고객에게 최대한 맞춘 적정 가격을 책정하는 전략이다. 이러한 소비자지향적 가격 결정은 판매촉진이나 기타 다른 활동을 통해 지원받는다. 예를 들어 우수한 성능의 프린터를 보다 많은 중소기업의 사무실에 보급하기 위해 이들이 지불할 수 있는 적정 금액으로 가격을 책정하는 것이다. 때로는 경쟁자보다 가격을 낮추거나 동일한 가격이지만 다른 촉진 수단을 동원하여 가격 인하 효과를 제공한다. 경쟁자들은 시장을 빼앗길 수 있지만 함부로 가격을 인하하기 곤란하다. 그러나 소비자지향적 목표를 수립하고 제품 개발에서부터 가격을 관리하거나 다른 촉진 수단들을 개발한 기업은 시장점유율을 빼앗아 올 수 있으며, 이로 인해 소비자 신뢰와 함께 경쟁을 회피할 수 있다.

(4) 기타의 목표

가격결정은 그 외에도 경쟁자의 가격경쟁을 회피하기 위해서, 제품의 성장단계가 변화함에 의해서, 기업의 이미지를 개선하기 위해서, 자금압박이나 현금흐름의 개선을 위해서, 긍정적인 시장점유율 달성 등 현상을 유지하기 위해서 가격을 올리거나 그대로 유지하거나 내리는 등의 전략적 목표를 새롭게 설정할 수 있다.

2 가격결정 시 고려사항

(1) 기업의 내적 영향요인

가격결정 프로세스에 있어 기업의 내적 요인 분석 대상은 크게 **목표시장과 목표 포지션이 어떻게 구성**되어 있는지, 다른 마케팅 믹스 요소들(제품전략, 유통전략, 촉진전략)은 어떻게 구성되어 있으며 어떤 전략들을 수립하고 있는지, 마지막으로 제품의 제조원가 및 기타 다양한 비용을 포함하여 결정된 생산원가는 얼마인지 등을 확인하는 것이다.

먼저 자사의 목표시장이 전반적으로 저가격에 적합한지, 고가격에 적합한지, 목표시장 내 소비자들의 구매력은 어느 정도인지 등을 파악해야 한다. 또한 경쟁자에 비해 자사가 목표로 하는 전략적 포지션이 프리미엄 및 고급화인지, 동일 성능 및 기능의 저렴한 공급인지, 나아가 그 외의 포지션 결정에 따른 요소들 및 비용 지출 요소들이 존재하는지 파악해보아야 한다. 이러한 목표시장 및 목표 포지션 분석을 통해 전반적인 가격결정 기준을 수립할 수 있다.

둘째로 마케팅 믹스 측면에서 볼 때 유통경로가 짧거나 매우 길고 복잡한지, 자사의 상품만을 유통하는 유통망과 거래하고 있는지 아니면 다른 경쟁제품도 함께 유통망에서 거래되고 있는지 등을 고려해보아야 한다. 이러한 전략적 의사결정은 가격결정의 중요한 단서를 제공한다.

또한 생산원가가 얼마를 차지하는지, 이에 대한 변동은 가능한지 등을 파악해야 한다. 아무리 가격을 낮추더라도 하한선이 존재한다. 즉 본전이 되는 위치의 최저 가격이 책정되는 것이다.

(2) 기업의 외적 영향요인

기업의 외적 영향요인들로는 크게 **시장 내에서의 경쟁상황, 수요의 정도와 가격 탄력성, 제품 수명주기** 등을 분석하는 것이다.

시장 내에서 경쟁이 심화되어 있다면 경쟁자들의 가격에 의한 전략적 대응이 심화된다. 그러나 자사가 시장 내에서 높은 점유율을 보유하고 있다면 가격결정의 자유로움을 어느 정도 보유하게 된다.

또한 소비자의 수요나 구매정도를 분석하여 현시점의 가격탄력성을 분석할 수 있다. 시장 전체적으로 볼 때 일정 수준으로 가격을 하락시키면 수요가 어느 정도 상승할 것인지 또는 가격을 올리게 되면 수요가 어느 정도 하락할 것인지를 파악하여 가격의 변동에 기준을 삼을 수 있을 것이다.

이와 더불어 경제적 환경, 물가인상률, 소비자들의 채무규모, 은행에서의 이자율 등을 분석하여 시장이 현재 또는 미래에 어떤 변화가 감지되는지 확인해 볼 필요가 있다. 경제가 좋아지고 있다면 가격책정에서 보다 자유로울 수 있으며, 반대로 경제가 나빠지고 있거나 그러한 확률이 높다면 고가격 정책을 수립함에는 곤란함이 따를 수 있다.

3 기준가격 결정기법

(1) 원가기준 가격결정

원가기준 가격결정은 제품의 생산비용을 산출하고, 그 비용에 원하는 비율이나 액수의 이윤을 추가하여 가격을 산출하는 방식이다. 이러한 원가 중심 가격결정은 마케팅 측면에서의 고려이기보다는 생산 측면에서의 가격 결정이라고 볼 수 있다.

$$가격 = \frac{생산비용 + 희망이윤}{총생산량(단위)}$$

이와 같이 원가를 토대로 하여 이윤을 가산하는 방법은 간단하여 많이 이용되고 있지만 다음과 같은 단점도 있다.

첫째, 각 제품단위에 배부한 비용을 확인하여 정확하게 측정하기가 매우 어렵다는 점이다. 특히, 여러 가지 제품을 생산할 때 공통적으로 발생하는 비용을 어떻게 배분할 것인가를 결정하는 경우에 더욱 그러하다. 둘째, 이 방법은 수요와 시장에서 발생하는 기타 요소들을 무시하고 있다. 가격탄력성을 무시하고 가격을 결정하면 장, 단기적으로 이익을 극대화할 수 없고 계절적인 변동이나 제품수명주기에 따른 최적의 이익 규모도 달라질 것이다.

이러한 단점에도 불구하고 이러한 가격측정방법이 많이 이용되고 있는 이유는 다음과 같다.

첫째, 수요는 일반적으로 불안정하지만 비용은 그렇지 않다. 따라서, 원가를 가격책정의 기준으로 삼으면 수요의 변동에 따라 가격을 수시로 조정할 필요가 없다. 둘째, 동일산업 내 모든 기업이 이러한 가격책정방법을 이용하게 되면 이들 각 기업의 원가와 비용이 비슷한 수준에 있는 한, 가격도 비슷할 것이다. 따라서, 기업간 가격경쟁이 극소화될 수 있다. 셋째, 판매자와 구매자가 이러한 가격결정방법이 공정하다고 느낀다는 점이다.

(2) 손익분기점 가격결정

손익분기점 가격결정은 일정한 가격을 가정하여, 기업의 이윤이나 손실이 발생하지 않는 수준의 판매량 또는 생산량을 기준으로 하여 산출한다. 이와 같은 손익분기점은 총수익과 총비용의 일치점을 의미한다.

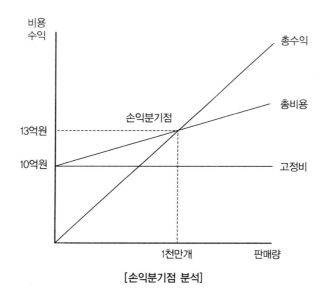

[손익분기점 분석]

$$손익분기점 = \frac{총비용}{단위당\ 공헌액} = \frac{고정비용 + 총가변비용}{가격 - 단위당\ 가변비용}$$

(3) 경쟁 기준 가격결정

① 대등 가격전략(모방 가격전략)

대등 가격전략이란 경쟁사의 가격수준 또는 일반적으로 해당 제품이 속하는 시장 내에서의 가격수준에 맞추어 가격을 책정하는 것이다. 제품의 차별성이 낮거나 완전경쟁 하에서 주로 활용된다. 이러한 가격전략은 경쟁자의 가격을 모방하는 것과 같아 모방 가격전략이라고도 한다.

② 관습 가격전략

관습 가격전략이란 오랜 기간 동안 기업과 고객 모두에게 있어 어느 정도 결정되어 관습적으로 인정받는 가격으로 제품이 출시되는 것이다. 이러한 가격을 관습가격 또는 전통가격이라고 한다. 껌이나 우유, 청량음료, 짜장면이나 짬뽕 등이 이에 속한다. 이러한 관습가격 하에서는 가격을 크게 변동시키지 않는 범위 내에서 제품의 용량이나 품질을 조정하여 가격을 최대한 유지하고자 노력한다.

③ **과점 가격전략**

과점 가격전략은 시장 전체 중 몇몇의 기업만이 시장을 독차지하여 경쟁사가 3개 내지 5개 정도로 국한되는 상황에서 사용되는 가격전략이다. 이러한 상황에서 기업들은 시장점유율의 하락을 우려하여 무조건적으로 가격을 낮추지 못한다. 반대로 가격을 하락시켜 경쟁에서 우위를 차지하고 시장점유율을 올리고자 노력하였을 때 경쟁자가 가격을 함께 내리는 전략 대신 판매촉진이나 광고 증대 등을 통해 시장점유율을 그대로 유지하면 오히려 자사만 가격을 하락시켜 이미지 하락과 수익 감소를 가져오게 된다. 이러한 상황에서 기업들은 이미 책정된 가격 범위 내에서 크게 변동하지 않는 전략을 펼치고자 한다.

④ **상대적 저가전략**

상대적 저가전략이란 경쟁자에 비해 가격을 낮추어 시장에서 소비자들을 공략하는 전략적 가격 결정이다. 이러한 이유는 경쟁에서 우위를 차지하고 시장점유율을 확보하기 위한 가격 결정 전략이다. 또한 가격민감성, 탄력성이 높은 산업에서 활용 가능하다.

⑤ **상대적 고가전략(프리미엄 가격전략)**

상대적 고가전략에 의한 가격 결정은 현재 시장에서의 경쟁자 가격 대비 동일 성능이나 품질에서 오히려 더 높은 가격을 결정하는 것이다. 이를 통해 기업은 단위당 수익률을 높이고 해당 산업 내에서 우수한 기업으로 명성을 확보하여 인지도 제고, 충성도 향상 등을 통해 지속적 수익 창출 구조를 마련하고자 하는 것이다.

⑥ **공개입찰 가격전략(계약 시 가격전략)**

공개입찰 가격전략은 계약에 의한 가격 결정 시 고려되는 방법으로 주로 정부기관 등의 입찰로 참여하는 등의 입찰가격결정 전략이다. 입찰가격 결정 시 고려되어야 하는 것은 생산원가 이상의 가격 책정과 기대되는 순이익률이다. 순이익을 포기하고 총원가 이상만을 보장받아 매출을 증대시킬 것인지, 기업이 결정한 순이익에 도달하지 않으면 사업 참여를 포기할 것인지에 따라 가격이 책정되게 된다.

(4) 지각가치 중심 가격결정

지각가치 중심의 가격결정은 구매자가 갖는 제품의 가치지각에 의해 가격을 책정하는 것이다. 물론 지각되는 금액적 가치는 제품의 가격이 되지만 기업에게 있어서 해당 가치는 곧 총생산원가보다 높아야만 한다. 고급형 승용차를 구입하고자 하는 소비자는 자신이 지각할 때 5천만 원 넘어야 고급형이라고 가치를 평가하고 있다. 이러한 경우 원가가 3천만 원이라 하더라도 기업은 충분히 2천만 원의 수익을 보장받는다. 따라서 이보다 저렴하게 하면서 고급형의 느낌을 살릴 것인가, 역으로 6천만 원으로 책정하여 충분히 가치적인 보장을 받으면서 추가 수익을 창출할 것인가 등을 고려해야 한다. 여기에서 추가적 수익은 다른 마케팅 전략에 활용되어 기업의 가격 유지에 힘을 실어주는 역할을 한다.

제 3 절 가격 수정

1 신제품을 통한 시장진입 가격전략

(1) 상층흡수 고가격 전략

상층흡수 고가격전략은 신제품의 시장 진입 시 비교적 높은 가격을 책정하는 것을 말한다. 이러한 정책적 가격 결정을 수립하는 이유는 다음과 같다.

첫째, 초기 시장에서 투자비용을 회수하기 위해서이다. 둘째, 신제품이 소비자들이 열망하는 편익이 충분히 보장되어 수요로 나타날 확률이 높기 때문이다. 셋째, 수요의 가격탄력성이 낮아 저가 정책을 고수하더라도 수익률에 큰 영향을 미치지 않기 때문이다. 넷째, 경쟁자가 보유하지 않는 지식재산권 등을 확보하여 충분히 고가 프리미엄이 기대되기 때문이다.

(2) 시장침투 저가격전략

시장침투 저가격전략은 시장 진입 초기 상대적으로 낮은 가격을 책정하는 전략이다. 신속히 시장에 침투하여 브랜드 인지도를 높이고자 할 때, 단기간 매출액을 끌어올리고자 할 때, 경쟁기업의 시장침투를 방지하고자 할 때, 제품의 대량소비가 가능할 EO, 수요의 가격탄력성이 보장될 때, 규모의 경제가 실현 가능할 때, 이미 시장 내에서 자사의 신제품이 경쟁자가 판매하고 있을 때 사용 가능한 전략이다.

(3) 경쟁위치에 따른 중립적 가격전략

경쟁위치에 따른 중립적 가격전략이란 위에서 언급했듯이 경쟁제품의 가격대와 비슷하게 가격을 책정하여 목표시장 포지션 내에서 상대적인 위치를 조금씩 확보해 나갈 때 활용된다. 이러한 중립적 가격결정을 수행하는 가장 큰 이유는 상층흡수 고가격전략이나 시장침투 저가격전략이 활용 곤란하거나 경쟁자들이 이미 시장 내에서 가격경쟁에 돌입하여 시장 내에서의 가격 질서에 대항하기 곤란하기 때문이다.

2 가격의 변경 전략

(1) 가격 인상

가격인상은 기업에게 있어 원자재나 원료가격의 상승, 물가의 인상 등으로 인해 어쩔 수 없이 선택해야 하는 상황에서 가격을 올리는 것을 의미한다. 그러나 소비자들은 기존 가격에서 인상된 가격에 대해 소비를 중단하거나 감소시키는 등의 변화를 나타낼 수 있다. 담뱃값 인상은 흡연을 줄이는 계기로 작용한다는 연구 결과는 이러한 가격인상의 저항을 대변해주는 것과 같다.

기업은 가격인상이 불가피할 때 이에 대해 몇 가지 방법을 통해 소비자들에게 가격을 인지시킨다. 첫째, 가격을 인상하는 대신 제품의 디자인이나 색상, 포장 등을 변경하는 것이다. 둘째, 가격의 다변화 전략 또는 심리적 가격전략을 통해 가격 인상의 거부감을 최대한 상쇄시킨다. 셋째, 품질이나 용량을 일부 축소시켜 가격을 동결하되 원가구조를 맞추는 전략을 실행한다.

(2) 가격인하

가격인하는 제품이 성숙기에 접어들었거나 시장점유율을 끌어올리기 위해 주로 활용된다. 그러나 가격 인하는 경쟁자의 대응을 가져오게 하거나 전체적으로 시장에서 가격의 하락을 불러올 수 있다. 가격을 통한 경쟁은 기업에게 있어 바람직한 경쟁구도가 될 수 없다. 또한 소비자들에게 있어 단기적으로는 저렴한 가격으로 이익이 되지만 중장기적으로는 기업의 수익구조가 나빠지고 신제품에 대한 개발자금 투입을 불가능하게 하여 오히려 욕구 해소에 걸림돌로 작용할 수 있다. 따라서 가격인하는 신중하게 의사결정을 해야 하며, 만약 경쟁자의 가격인하가 실시되었을 경우에는 이에 따라갈 것인지 또는 이에 대응하고 방어하는 다른 촉진 전략을 도입할 것인지에 대해 고민해야만 한다.

3 할인 및 공제

(1) 할인

신제품이 아닌 기존제품에 대한 가격 조정에 있어 가장 빈번하게 활용되는 것이 할인이다. 할인은 일반적으로 최초 가격보다 저렴하게 제품을 구입 가능하게 조정하는 것이다. 할인 정책에는 다음과 같은 방식들이 포함된다.

① 현금할인

현금할인은 제품에 대한 지불을 특정기간 내에 처리할 때 이에 대해 할인을 해 주는 것이다. 일반적으로 도매상과 소매상과의 거래에 있어서 도매상은 소매상에게 물품을 납품하고 나서 곧바로 대금을 지불받지 못하는 경우가 존재한다. 그러나 이러한 경우 즉시 또는 수일 이내 대금을 지불받는 조건으로 할인을 단행하는 것이다.

② 수량할인

일정수량 이상을 구매하는 고객에게 가격을 할인해주는 전략으로서 이때 할인되는 금액은 판매비용, 재고관리비용, 운송비 등을 합친 총소요비용에 비추어 그보다 적어야 한다. 그러나 최근에는 이러한 수량할인이 보편적인 할인 정책으로 활용되고 있다.

③ 거래 또는 기능할인

거래할인 또는 기능할인은 구입자가 제품의 저장, 촉진, 이동 등에 소요되는 비용을 절감시켜줄 수 있을 만큼 자발적으로 수행해주는 경우에 있어서의 할인이다. 가구를 구입한 고객이 소매점에 배송을 의뢰하지 않고 직접 트럭으로 가지고 가겠다고 한다면 가구점 주인은 배송에서 소요되지 않은 추가이익 중에서 일부를 소비자에게 할인형태로 제공해주는 것이다.

④ 계절할인

계절할인은 계절수요가 분명하고 뚜렷한 제품에 있어서 비수기에 구매하는 고객들에게 할인을 해주는 것을 말한다. 계절할인을 통해 생산자들은 생산설비나 인력의 인건비를 충당할 수 있고 재고비용 등을 감소시킬 수 있다.

(2) 공제

공제란 가격의 일부를 감면해주는 활동을 의미한다. 흔히 신제품이 출시되면 중고품을 보상 판매 한다는 광고를 볼 수 있는데, 이러한 전략이 곧 공제이다.

① 중고품 교환공제

사용자의 중고품을 평가하여 제품 구입 시 그 평가액만큼 가격에서 감면해주는 것을 의미한다. 이러한 중고품 교환공제는 기업의 마케팅 촉진 전략으로서 활용된다.

② 촉진 공제

촉진 공제란 도매상이 소매상에게 촉진에 소요되는 일부 대금을 감면해주는 것을 의미한다. 예를 들어, 신제품 출시를 할 때 진열을 위해 투입되는 상품에 대해서는 무료로 제공해주는 것 등을 말한다. 이러한 촉진 공제는 기업이 도매상과 소매상에게 요청하여 이루어지기도 하지만 상황에 따라서는 도매상이 새로운 소매상을 촉진하기 위해서도 자발적으로 활용된다.

제 4 절 가격 변화 및 주도

1 가격의 다변화전략

(1) 고객별 가격 다변화전략

고객별 가격 다변화 전략이란 고객에 따라 차별적인 가격을 책정하는 전략이다. 예를 들어 대중교통을 이용할 때 어린이와 학생, 성인을 다르게 가격을 책정하는 것을 의미한다. 또는 반대로 자주 이용하고 반복적 구매를 하는 고객들에게는 정가의 80%를, 최근 3개월 이내 1회 이상 방문한 고객에게는 정가의 90%를 받는 등의 정책도 가능하다.

이러한 고객별 가격전략을 실시하는 이유는 원가에 소요되는 비용에 차이를 두어 원가에 영향을 많이 미치는 고객에게는 비싸게, 원가에 영향을 적게 미치는 고객에게는 저렴하게 가격을 책정하거나, 수익을 증대시켜주는 고객에게는 고객관계관리 차원에서 수익의 일부를 환원하는 차원에서 도입된다고 할 수 있다.

(2) 제품형태별 가격 다변화전략

제품형태별 가격 다변화전략은 제품의 형태나 용량에 따라 가격에 차이를 두는 것이다. 일반적으로는 용량이 커지면 가격이 낮아지는 경우가 빈번하다. 예를 들어 500ml의 우유는 1,600원 정도인데 1,000ml는 2,500원 정도로 가격책정이 이루어진다.

또한 일반적인 모양의 지우개는 500원이나 캐릭터 모양의 지우개는 동일한 용량에 1,000원의 가격이 책정되어 제품형태에 따라 다른 가격이 나타난다.

(3) 입지별 가격 다변화전략

입지별 가격 다변화란 지리적 위치에 따라 가격을 달리 책정하는 것이다. 예를 들어 1층의 음식점은 설렁탕이 8,000원이지만 2층에 위치한 음식점은 7,000원에 판매하는 것과 같다. 일반적으로 공연장, 야구장 등의 좌석 배치는 관람이 용이한 위치인가에 따라 좌석의 가격이 다르게 책정된다. 위의 사례들과 같이 제품이나 서비스를 구입함에 있어 불편을 초래하는 경우 가격을 상대적으로 저렴하게 하여 이용을 촉진하는 가격전략이 곧 입지별 가격 다변화인 것이다.

(4) 시간대별 가격 다변화전략

시간대별 가격 다변화전략은 서로 다른 시간대별로 가격을 다르게 결정하는 것이다. 예를 들어 호텔이나 콘도, 항공권 등은 성수기와 비수기 이용 요금에 차이가 크다. 헬스장이나 음식점 등도 오전에는 낮은 이용요금을 책정하는 경우가 많다. 극장은 조조할인 요금제도를 도입하여 영화관람을 분산시키는 역할을 한다.

2 심리적 가격전략

(1) 단수가격

단수가격은 작은 금액의 차이를 두어 소비자가 심리적으로 가격을 다르게 인지하도록 하는 것이다. 일반적으로 100,000원의 제품을 99,900원으로 판매하게 되면 소비자들은 100원에 불과한 가격 차이를 심리적으로 훨씬 크게 받아들이게 된다. 최근에는 99,800원과 같이 단수를 조금씩 내리는 전략을 펼치는 경우도 많은 실정이다.

(2) 준거가격

준거가격이란 제품의 가치에 따라 적정하다고 평가가 내려지는 가격을 말한다. 즉 기준이 되는 가격을 의미한다. 이러한 준거가격은 과거 '권장소비자가격'이라는 명목으로 제시되었으나 최근에는 자율가격제에 의하여 제조업체마다 상이한 가격으로 책정된다. 그러나 판매금액 옆에 100g당 가격을 제시한다거나 1회 기준 가격을 제시하는 등으로 새로운 준거 기능을 활용하는 경우가 많아지고 있다. 이러한 준거가격의 제시는 경쟁자의 상품과 비교하는 기준으로 작용 가능하며, 구매 시 품질이나 성능이 유사하거나 동일 또는 크게 영향을 받지 않는 경우 특히 구매의사결정의 고려 기준이 된다.

(3) 유인가격 또는 미끼가격

유인가격 또는 미끼가격 책정은 일부 제품에만 한정하여 원가와 무관하게 가격을 현저히 낮추는 것을 말한다. 심리적으로 소비자들은 이러한 유인가격에 이끌려 매장을 방문하게 된다. 또한 기업은 유인가격으로 손해를 본 만큼 매장에 방문한 고객이 다른 상품을 함께 구매함으로써 추가적인 이익을 이끌어 내고자 한다.

김장철에 배추를 반짝 할인행사로 판매하면 소비자들은 할인점에 모여든다. 그러나 실제 소비자들은 배추 구매와 함께 고춧가루, 무, 대파 등의 재료를 함께 구입하고 심지어 김장재료들을 다지고 빻는 데 편리함을 제공하는 기기까지 구입하게 되는 것이다.

(4) 묶음가격

묶음가격은 번들가격이라고도 하며, 제품을 복수로 묶어서 판매함으로써 가격을 책정하는 방식이다. 예를 들어, 캔맥주를 판매하는 소매점에서 낱개 판매는 2,000원이지만 4개가 묶여 있는 캔맥주는 7,000원에 판매하는 것이다. 그러나 반대로 소비를 촉진하기 위해 묶음가격을 도입하는 경우도 빈번하다. 예를 들어, 햄버거를 판매하는 프랜차이즈 매장에서는 햄버거만 구입하는 것보다 햄버거와 감자튀김 및 콜라를 함께 구입하는 세트 메뉴가 일반적으로 소비된다. 이처럼 기업들이 소비촉진 또는 판매촉진을 위해 도입한 묶음가격 제도는 상황에 따라 다양한 상품들끼리의 묶음으로 발전하고 있다.

○✕로 점검하자

※ 다음 지문의 내용이 맞으면 ○, 틀리면 ✕를 체크하시오. [1~10]

01 가격은 동일한 제품일 경우 유통구조와는 무관하게 동일하게 나타나지만, 판매 촉진 상황에 따라서, 또는 제품 수명주기에 따라서 차이를 보일 수 있다. (　　)

02 가격에 대한 관리는 자사의 내부적 고려에 의해서만 이루어진다. (　　)

03 이익지향적 목표란 장기적인 관점에서 기업의 목표수익 달성과 이익극대화를 위해 수립되는 가격결정 목표이다. (　　)

04 이익극대화란 원가나 수요를 정확하게 기준으로 사용하여 이익이 극대화될 수 있다면 상황에 맞춰 최대한의 이윤이 창출되도록 관리하는 것이다. (　　)

05 소비자지향적 가격목표 설정은 표적고객에게 최대한 맞춘 적정 가격을 책정하는 전략이다. (　　)

06 마케팅 믹스 측면에서 볼 때 유통경로가 짧거나 매우 길고 복잡한지, 자사의 상품만을 유통하는 유통망과 거래하고 있는지 아니면 다른 경쟁제품도 함께 유통망에서 거래되고 있는지 등을 고려해보아야 한다. (　　)

07 경제가 좋아지고 있다면 가격책정에 대한 선택이 민감해지며, 경제가 나빠지고 있거나 그러한 확률이 높다면 일부 표적집단을 집중한 고가격 정책을 수립하는 것이 적절하다. (　　)

08 원가 중심 가격결정은 생산 측면에서의 고려이기보다는 마케팅 측면에서의 가격 결정에 해당한다. (　　)

정답과 해설 01 ✕ 02 ✕ 03 ○ 04 ✕ 05 ○ 06 ○ 07 ✕ 08 ✕

01. 유통구조에 따라 동일한 상품도 다른 가격이 책정될 수 있다.

02. 가격에 대한 관리는 외부요소와의 상호작용에 의한 판단과 의사결정이 반드시 필요하다.

04. 이익극대화는 원가나 수요를 정확하게 기준으로 사용하는 것이 아니라 다양한 정책을 통하여 이루어지므로 원가와 수요는 선택적 활용이 이루어진다.

07. 경제가 좋아지고 있다면 가격책정에서 보다 자유로울 수 있으며, 반대로 경제가 나빠지고 있거나 그러한 확률이 높다면 고가격 정책을 수립함에는 곤란함이 따를 수 있다.

08. 원가기준 가격결정은 제품의 생산비용을 산출하고, 그 비용에 원하는 비율이나 액수의 이윤을 추가하여 가격을 산출하는 방식이다. 이러한 원가 중심 가격결정은 마케팅 측면에서의 고려이기보다는 생산 측면에서의 가격 결정이라고 볼 수 있다.

09 손익분기점은 총수익과 총비용의 일치점을 의미한다. (   )

10 상층흡수 고가격전략은 기존 제품 중 중저가 제품을 리뉴얼하여 비교적 높은 가격을 책정하는 것을 말한다. (   )

10 상층흡수 고가격전략은 신제품의 시장 진입 시 비교적 높은 가격을 책정하는 것을 말한다.

안심Touch

01 가수요나 매점매석 등으로 인하여 수요법칙의 예외현상이 발생할 수도 있다.

01 가격의 역할에 해당하지 <u>않는</u> 것은?

① 제품의 품질에 대한 정보를 제공하는 역할
② 기업의 수익을 결정하는 유일한 변수
③ 중요한 경쟁의 도구
④ 경제학의 수요법칙과 항상 일치

02 가격전략은 신속한 결정과 대응이 가능하기 때문에 마케팅 전략적 목표 달성을 위해 기업은 수시로 가격을 조정하거나 변경하는 전술을 펼칠 수 있다.

02 가격의 중요성에 해당하지 <u>않는</u> 것은?

① 가격은 기업의 매출과 수익에 있어 직접적이고 결정적인 영향력을 미친다.
② 가격은 특정 제품이나 서비스의 수요를 촉진하거나 단절시키는 역할을 한다.
③ 가격은 기업에게 있어서 마케팅 전략적 측면에서 신속한 대응이 쉽지 않다.
④ 가격은 마케팅 믹스 전략 중에서 유일하게 수익에 관한 관리 전략이다.

정답 01 ④ 02 ③

03 에르메스는 소비자들의 가격 상승에 대한 우려에도 불구하고 이번 신제품의 가격을 12% 올리기로 결정하였다. 이러한 신제품 가격전략을 수립하는 이유는?

① 초기 시장에서 투자비용을 회수하기 위해서이다.
① 신제품이 소비자들이 열망하는 편익이 충분히 보장되기 때문이다.
③ 수요의 가격탄력성이 낮기 때문이다.
④ 경쟁자가 보유하지 않는 지식재산권 등을 확보하였기 때문이다.

03 수요의 가격탄력성이 낮아 저가 정책은 오히려 매출연장에 도움이 되지 않기 때문이다.

04 가격결정의 방법이 <u>아닌</u> 것은?

① 제품이동평균법
② 원가중심 가격결정
③ 목표이익가산법
④ 지각된 가치기준 가격결정

04 제품이동평균법은 제품의 판매량을 기준으로 일정기간별로 산출한 평균추세를 통해 미래수요를 예측하는 방법으로 가격결정과는 무관하다.

05 고급승용차나 향수의 가격을 높게 책정하는 방법은?

① 단수가격
② 관습가격
③ 공개입찰가격
④ 프리미엄가격

05 프리미엄가격은 가격과 품질의 상관관계가 매우 높게 인지되는 제품의 경우 고가격을 유지하는 것을 말한다. 고급향수, 고급승용차 등은 고가격이 사용자의 지위를 나타낸다고 인식되는 경우가 많다.

정답 03 ③ 04 ① 05 ④

06 판매지향적 목표란 시장점유율을 증대시키기 위해 단위당 수익을 줄이고 최대한 가격을 낮추는 것이다.

06 시장점유율에 초점을 맞춘 가격결정의 목표는 무엇인가?

① 이익지향적 목표
② 판매지향적 목표
③ 소비자지향적 목표
④ 이미지개선 목표

07 규모의 경제는 생산 규모에 따라 단위당 원가가 줄어드는 현상을 의미한다. 경험곡선은 누적 생산량에 따라 단위당 원가가 하락하는 현상이다.

07 생산 규모에 따라 단위 원가가 줄어드는 현상은?

① 경험곡선
② 규모의 경제
③ 학습효과
④ 자기잠식

08 유인가격은 경쟁이 치열한 시장에서 어떤 기업이 여러 가지 제품을 제공하는 경우, 특정의 제품을 로스 리더로 설정에 타사에 뺏길 고객을 자사로 유인하는 것을 의미한다.

08 몇몇 제품의 가격을 매우 저렴하게 책정하여 고객을 끌어들여 다른 제품의 매출을 증가시키려는 가격전략은?

① 보상할인
② 준거가격
③ 단수가격
④ 유인가격

정답 06 ② 07 ② 08 ④

09 기업 입장에서 가격인상이 불가피할 때 활용할 수 있는 방법이 **아닌** 것은?

① 가격을 인상하는 대신 제품의 디자인이나 색상, 포장 등을 변경한다.

② 가격의 다변화 전략 또는 심리적 가격전략을 통해 가격 인상의 거부감을 최대한 상쇄시킨다.

③ 품질이나 용량을 일부 축소시켜 가격을 동결하되 원가구조를 맞추는 전략을 실행한다.

④ 가격인상에 대한 정보를 최대한 인지시키지 않기 위하여 광고를 축소한다.

09 광고의 축소는 가격인상에 따른 매출 감소를 더욱 부추길 수 있다.

주관식 문제

01 가격결정의 목표 중 이익지향적 목표와 판매지향적 목표를 비교하여 서술하시오.

01
정답 이익지향적 목표란 장기적인 관점에서 기업의 목표수익 달성과 이익극대화를 위해 수립되는 가격결정 목표이며 판매지향적 목표란 매출의 증대 또는 판매량의 증대를 통해 시장점유율을 끌어올리는 전략을 기준으로 가격전략을 수립하는 것이다.

02 가격결정 시 분석이 필요한 기업의 외적 영향요인을 두 가지 이상 서술하시오.

02
정답 시장 내에서의 경쟁상황, 수요의 정도와 가격 탄력성, 제품수명주기 등을 분석해야 한다.
해설 이 외에도 경제적 환경, 물가인상률, 소비자들의 채무규모, 은행에서의 이자율 등을 분석하여 시장이 현재 또는 미래에 어떤 변화가 감지되는지 확인해 볼 필요가 있다.

정답 09 ④

checkpoint 해설&정답

03

정답 20원

해설 원가기준 가격결정에서 가격은 (생산비용 + 희망이윤) / 총생산량으로 구할 수 있다.
즉 (15 + 10 + 5 + 10) / 2 = 20으로 개당 20원의 가격이 산출된다.

03 다음 A사에서 생산하는 제품의 가격을 원가기준 가격결정 방법을 활용하여 구하시오.

> • 총생산량 : 2억 개
> • 원자재 비용 : 15억 원
> • 노동비용 : 10억 원
> • 기타비용 : 5억 원
> • 희망이윤 : 10억 원

04

정답 공개입찰
㉠ : 원가 이상의 가격 책정, 순이익률

해설 공개입찰 가격전략은 가격 결정 시 생산원가 이상의 가격 책정과 기대되는 순이익률을 고려해야 한다.

04 다음 빈칸에 공통으로 들어갈 내용과 밑줄 친 ㉠을 순서대로 쓰시오.

> (   ) 가격전략은 계약에 의한 가격 결정 시 고려되는 방법으로 주로 정부기관 등에 (   )로 참여하는 등의 가격결정 전략이다. ㉠ <u>이때 고려되어야 하는 것은 두 가지가 있다.</u>

05 신제품을 출시할 때 경쟁위치에 따른 중립적 가격전략을 활용하
는 이유를 서술하시오.

05

정답 상층흡수 고가격전략이나 시장침투
저가격전략이 활용 곤란하거나 경쟁
자들이 이미 시장 내에서 가격경쟁
에 돌입하여 시장 내에서의 가격 질
서에 대항하기 곤란하기 때문이다.

여기서 멈출 거예요? 고지가 바로 눈앞에 있어요.
마지막 한 걸음까지 시대에듀가 함께할게요!

제 **15** 장

유통 전략 (1)

잠깐!

혼자 공부하기 힘드시다면 방법이 있습니다.
시대에듀의 동영상강의를 이용하시면 됩니다.
www.sdedu.co.kr → 회원가입(로그인) → 강의 살펴보기

제15장 유통 전략 (1)

1 유통경로 중요도 상중하

유통경로란 제품 및 서비스가 기업에서 소비자로 이동하는 것을 의미한다. 또한 이러한 경로 상에 존재하거나 참여하는 업자 및 기업 등의 관계로 정의된다. 즉 유통경로란 최종 소비자가 그들이 원하는 제품이나 서비스를 취득하는데 가장 용이하고 효율적인 이동 수단을 제공하는 것을 말한다.

여기에서 용이하고 효율적이란 의미는 원하는 시간과 장소에 원하는 수량만큼이 유통되어져야 함을 의미하며, 어떤 포장 또는 용량으로 유통되는가 하는 구매의 편리성 및 유통의 적절성 등을 내포한다.

넓은 의미에서 유통경로를 말할 때 우리는 기업과 소비자, 중간상으로 지칭한다. 이 세 부문이 유통경로를 형성하는 것이다. 따라서 도매상이나 소매상 등과 같은 중간업자들의 협상력과 교섭력 등은 최종 소비자에게 전달되는 제품 및 서비스의 가격이나 구색에 영향을 미친다.

기업이 유통경로를 활용하게 되는 근본적 이유는 생산자인 기업이 시장 내에서의 구매자인 소비자들을 직접 만나고 판매하기 불가능하기 때문이다. 그 이유는 기업과 소비자 간 존재하는 시간과 장소, 상품 형태 등의 불일치에 의함이다. 시간불일치란 제품이 생산되는 시점과 소비되는 시점이 다르다는 것을 의미한다. 이로 인해 유통을 통해 소비 시점에 고객들에게 전달되어야 하며 그동안 보관되고 준비되어야 한다.

또한 장소불일치란 생산지와 소비시장의 위치가 다르다는 점이다. 생선 한 마리를 구입하고 반찬으로 먹기 위해 항구를 찾을 수는 없는 일이다. 대량 생산을 해야 하는 제조업체들이 소비자들이 위치하는 주거지에 공장을 형성할 수도 없는 일이다. 마지막으로 형태불일치란 생산자가 생산하는 상품과 소비자가 소비하는 상품의 크기나 형태, 용량 등이 서로 다르게 인식하는 것이다. 소비자들은 자신의 소비 수준에 맞추어 소비하고자 하지만 기업 입장에서는 대량생산에 맞추어 많은 물량을 생산할수록 규모의 경제 효과로 보다 저렴하게 생산이 가능해진다. 또한 작은 크기나 용량으로 생산된 제품이라 하더라도 각각 낱개로 소비자에게 전달되기보다는 다시 박스에 담아 한 번에 많은 물량을 이동시키는 것이 효과적일 것이다. 이로 인해 소비자들에게 대신 많은 물량을 이동시켜주고 소매점에서 이를 다시 낱개로 판매하는 형태불일치 해소가 요구되기 때문이다.

2 가치 네트워크 중요도 상중하

거시적 수준에서, 기업은 자신을 가치 네트워크의 핵심부분으로 볼 수 있다. **가치네트워크는 기업이 원료 조달, 변형 및 개선에 참여하여 결국 상품을 최종 형태로 시장 내에 공급하는 포괄적인 공식/비공식 관계 시스템으로 볼 수 있다.** 가치 네트워크는 유동적이고 복잡하다. 가치 네트워크는 기업이 유통 경로 내에서 다른 경로 구성 기업들과 수직적으로 상호작용하고, 적합한 고객에게 맞춤 상품을 제공하는 데 핵심적인 기여를 하는 기업들과 수평적으로 상효작용할 수 있는 등, 잠재적으로 수많은 기업들로 구성된다. 시장에 진출하는 모든 단계에서 비용을 줄이고, 프로세스 효율성을 극대화하기 위한 경쟁이 치열하기 때문에 가치 네트워크는 많은 기업들이 채택하고 있는 거시적 수준의 전략적 접근 방식이다. 가치 네트워크 방식은 기업 내에서 마케팅을 설명할 수 있다는 전통적 사고를 벗어날 수 있도록 하며, 제휴, 전략적 파트너십, 비전통적 경로 접근 방식, 일시적인 협력 및 독특한 경쟁 우위원천을 제공할 수 있는 아웃소싱 기회 등을 제안한다.

가치를 공동 창출하기 위해 가치 네트워크가 존재한다는 것이 핵심이다. 가치 네트워크의 목적은 상황이 요하는 전문성과 능력에 따라 네트워크 구성원들이 역량을 결합하여 참여 공급자, 고객, 그리고 여타의 이해관계자들의 가치 공동 창출이다. 가치 네트워크의 주요 요소는 다음과 같다.

첫째, 포괄적인 프로세스는 가치를 공동으로 창출하는 데 초점을 둔다. 둘째, 가치 공동 창출을 촉진한다는 공동의 목표를 가지고 네트워크 내에 공유된 비전이 존재한다. 셋째, 가치 공동 창출은 네트워크 내 모든 당사자의 전문 지식과 역량에서 나온 것으로 본다. 넷째, 네트워크와 팀 관계는 가치 공동 창출의 핵심 요소이다. 다섯째, 이러한 가치는 네트워크 가치로 간주할 수 있다. 여섯째, 관계 갈등은 네트워크 가치 창출의 잠재적 장벽으로 간주되며, 갈등의 공동 관리 프로세스가 필수적이다.

가치 네트워크의 개념을 바탕으로 네트워크 조직 또는 가상 조직이라고 하는 완전히 새로운 유형의 조직이 생겼는데, 가상 조직은 가치 증가를 위해 가장 잘 준비된 측면에 집중하기 위해 기업 내부 비즈니스 기능과 활동들을 제거한다. 신속하게 시장에 대응하고 회사의 핵심 결과물에 집중할 수 있도록 자원을 활용하기 위해 그러한 방법을 자주 활용한다. 네트워크 기업은 일반적으로 공급업체, 유통업체 및 기타 중요한 파트너들과 계약을 맺어 그들이 최선을 다할 수 있도록 가치사슬의 다양한 측면들을 지원하며, 내부 역량을 활용하여 내부의 핵심적인 가치 원천에 집중한다. 일부 네트워크 조직은 껍질과 같이 작동을 하여, 그 안에서 대부분의 제조, 유통, 운영 R&D 및 마케팅 실행이 효율적인 전문가에게 아웃소싱되고 있다.

2016년 맥도날드의 한 매장에서 해피밀 세트를 먹은 4살 아이가 용혈성 요독증후군, 일명 '햄버거 병'에 걸린 사건은 공급사슬관리가 기업의 성공에 중요한 역할을 한다는 것을 보여준다. 맥도날드는 다른 패스트푸드와 차별된 해피밀세트를 통하여 저연령층 아이들에게 브랜드 충성도를 형성하였다. 그러나 햄버거병이 발생한 이후로 맥도날드의 전략은 오히려 맥도날드의 공급사슬 실패로 이끌었다는 주장이 제기되었으며, 그로 인해 맥도날드가 획득한 명성에 손상을 입었다.

미래에 더 많은 기업, 특히 창업 기업과 핵심 상품이 도입 및 성장 단계에 있는 기업은 가치 네트워크라는 개념을 활용하기 위해 네트워크 조직 방법을 채택할 것이다. 기업이 모든 업무 운영에서 민첩해야만 한다는 경쟁적 요구 때문에 그러한 예측이 가능하다. 즉, 기업은 최근 빠르게 변화하는 기술, 불연속적 혁신, 변화하는 소비자 시장 및 끊임없는 시장 글로벌화 등 비즈니스에 영향을 미치는 여러 핵심적인 변화를 이끄는 요인에 대응하기 위하여 최대한 유연하고 적은 가능하며 신속하게 대응할 수 있는 위치에 있어야 한다. 기업이 가치 네트워크 방식을 활용하면 내부 자원을 풀어서, 제어할 수 없는 외부의 기회와 위협에 대처할 때 더욱 민첩하게 반응할 수 있으므로, 가치사슬 기능을 수행할 때 고비용이 드는 기업보다 잠재적인 경쟁 우위를 얻을 수 있다. 네트워크 조직은 고유한 역량에 집중하는 한편, 가치 네트워크 내에서 전문 분야에 집중할 수 있는 외부 기업으로부터 효율적으로 가치를 획득할 수 있다.

제 **2** 절 유통경로의 역할

유통경로의 구성은 상품이 생산자에게서 소비자로 이동하는 데 있어서 해당 상품의 소유권 이전, 협상에 의한 유통가격 결정, 보관 및 관리, 운송 및 이동, 그에 따른 위험 부담에 대한 금전적 보상 그리고 유통경로를 통해 촉진을 제공하는 것 등에 의해 이루어진다. 즉 중간상 또는 유통업자들은 위에서 제시한 다양한 역할을 수행해야 한다.

1 거래 횟수 최소화 중요도 상중하

유통경로가 존재하지 않는다면 생산자는 소비자에게 직접 생산품을 판매하여야 한다. 이는 개별적인 고객들에게 개별적인 접근을 수행해야 한다는 것을 의미한다. 사실상 제조를 담당하는 기업이 소비자들을 직접 찾아간다는 것은 불가능하다. 또한 해외에 있는 소비자들에게 소비자가 요구할 때마다 상품을 전달할 수도 없다. 빈번한 거래로 인한 비용 발생은 곧 제품의 가격 상승을 가져 온다. 이런 이유에서 **유통경로는 생산자와 소비자를 이어주는 통로의 역할을** 한다.

2 소비자를 위한 상품 구색구비 중요도 상중하

생산자는 대량 생산을 통해 규모의 경제를 모색하지만 소비자들은 자신이 원하는 제품을 소수로 구매하고자 한다. 또한 소비자들은 다양한 상품들 중에서 자신이 원하는 상품만을 구매하고자 한다. 소매상들은 유통경로를 통해 여러 기업들의 제품을 취급하고, 마찬가지로 유통업자들은 제각각 여러 제조업체들과 소매상들과 거래를 유지한다. 이로 인해 제조업체는 다수의 유통업체에게 단 몇 가지의 제품군만을 집중하여 생산, 판매하지만 소비자들은 소매점에서 다양한 회사의 제품들을 모두 비교해볼 수 있게 된다. 즉 제품의 구색을 충분하게 갖추는 역할을 수행한다.

여름을 대비해 에어컨을 구매하고자 전자제품 판매점에 소비자가 방문하였다고 하자. 여러 회사의 에어컨들이 진열되어 있고 판매된다. 소비자들은 이 에어컨들 중 자신이 선호하는 가격, 품질, 브랜드의 제품을 구입한다. 그러나 그 소비자가 구입한 에어컨의 제조사는 대량으로 한 가지 모델의 브랜드만을 생산, 판매하는 기업일 수도 있다. 또한 이처럼 하나의 모델만을 대량생산하여 경쟁자보다 저렴하게 생산이 가능할 수도 있다. 그러나 이 기업의 에어컨은 단지 유통업체가 전국의 다양한 전지제품 판매 소매점포에 에어컨을 이동시켜주었기 때문에 경쟁제품과 비교가 가능한 것이다.

3 거래의 표준화 촉진 `중요도` `상` `중` `하`

유통경로를 활용함으로써 생산자와 소비자 간 연결이 이루어지면서 운송, 설치 등이 제공된다. 또한 유통경로는 단순히 제품의 장소 이동뿐만 아니라 유통에 소요되는 비용으로 인해 최종 제품의 가격책정이나 거래상의 규칙이 만들어지게 한다. 즉, 유통경로의 활용은 생산자와 소비자 간 거래를 촉진시킴과 동시에 이러한 거래의 표준화된 규칙을 생성하게 해준다.

4 정보전달 창구 `중요도` `상` `중` `하`

생산자는 항상 목표로 하는 시장이 있으며, 공략 대상으로 삼는 소비자 집단을 기준으로 제품을 생산한다. 또한 이러한 제품 생산의 기준은 기업의 달성목표와 일치한다. 그런데 이를 위해서는 앞에서 학습한 바와 같이 다양한 외부환경 분석 및 시장에 대한 분석이 사전 실시되어야 한다. 또한 고객의 욕구를 파악하고 고객이 어떤 혜택을 얻고자 하는지를 확인해야만 한다.

이런 관점에서 유통경로는 생산자가 필요로 하는 소비자의 의견, 소비자가 중요하게 생각하는 것들, 소비자가 어떤 경쟁제품을 구입하는가의 정보, 어떤 유행과 선호 색상 등을 지니는지 등의 특성 등을 제공해주는 역할을 수행하고 있다.

이 밖에도 소비자들에게 자사의 상품을 구매하도록 수행되어지는 촉진 및 커뮤니케이션의 수단으로도 활용되며, 이러한 수단 적용 후 나타나는 성과에 대해서도 알려주는 역할을 수행한다.

국내 전국을 돌아다니다 보면 각지의 식당에서 메뉴판과 물을 담아 내어주는 물통, 맥주잔이나 소주잔 등이 주류업체나 음료업체 등에서 납품받아 사용되고 있다. 이러한 용품들은 생산자들이 자사의 상품이 식당 내에서 판매되거나 브랜드를 알리는 효과로 나타나게 하고자 유통경로를 통해 무상으로 소매점에게 제공한 경우가 많다. 소비자들은 단지 식당에서 물을 마시고 메뉴판에서 메뉴를 시키는 일상적인 소비 활동을 수행하지만 그 안에서 자연스럽게 촉진 커뮤니케이션에 노출되게 되는 것이다.

제 **3** 절 유통경로의 설계

1 유통경로 설계 프로세스 `중요도` `상` `중` `하`

유통경로 설계 프로세스는 어떻게 유통경로를 결정하고 어느 정도의 유통망을 확보하여 도매상을 유지시킬 것인가 등을 결정하는 것이다. 이러한 마케팅 측면에서의 유통경로 설계는 자사의 목표에 따라 결정되며, 나아가 경쟁자와 차별적 유통전략의 기준이 된다.

2 유통경로 선택 및 결정요인과 유통경로의 선택 〔중요도〕**상**중하

유통경로 선택 및 결정요인은 크게 네 가지로 구분된다. 또한 이에 따라 각각의 유통경로 프로세스를 적용하며 진행된다. 따라서 기업은 자사에 적합한 유통구조를 살펴보고 그에 따라 최적의 유통경로를 선택하게 된다.

[유통경로 선택 및 결정요인]

구분	짧고 단순한 유통경로가 유리	길고 복잡한 유통경로가 유리
시장요인	• 기업고객 • 지리적으로 집중 • 정기적 기술지원 필요 • 대량 주문 가능	• 최종 개인소비자 집단 • 지리적으로 분산 • 비정기적 또는 기술지원 불필요 • 소량주문이 빈번
제품요인	• 부패가 쉬운 제품 • 구성이 복잡하고 독특한 제품 • 고가품	• 내구성이 강한 제품 • 표준화 된 제품 • 저가품
자사요인	• 유통기능 수행 능력 및 자원이 충분한 경우 • 제품 계열이 넓거나 복잡한 경우 • 유통경로에 대한 통제가 중요한 경우	• 유통기능 수행 능력 및 자원이 불충분한 경우 • 제품 계열이 좁고 많지 않은 경우 • 유통경로에 대한 통제가 크게 중요하지 않은 경우
중간상요인	• 유통경로를 통해 유통담당자 들이 마케팅 및 촉진 커뮤니케이션 활동 등을 수행할 능력이 없는 경우	• 유통경로를 통해 유통담당자들이 마케팅 및 촉진 커뮤니케이션 활동 등을 수행할 능력이 존재하는 경우

3 유통의 집중도 결정 〔중요도〕상**중**하

(1) 개방적 또는 집중적 유통경로 전략

개방적 또는 집중적 유통경로 전략은 시장 전체를 목표로 하여 소비자들에게 쉽게 노출되도록 하고, 이로 인해 소비자들이 쉽게 자사의 제품을 구입할 수 있도록 하는 개방형 전략이다. 그러나 이를 위해서는 다수의 유통망을 통해 전국에 다양한 공간과 장소에 제품을 이동시켜야 함으로 그에 따른 유통관리의 어려움이 따른다. 음료, 생수, 사탕 등의 편의품이 이에 속하는 대표적인 예이다.

(2) 선택적 유통경로 전략

선택적 유통경로 전략은 도매업자 중 일부만을 선정하여 자사의 제품을 판매하는 권한을 부여하는 방식이다. 마찬가지로 자사의 제품을 유통하는 도매업자가 선택한 소매상에게만 자사의 제품이 선택되어 판매된다. 이러한 경우 소비자 노출은 줄어들지만 제품의 이미지나 제품 자체적인 훼손, 불량 발생 등을 줄일 수 있고 불필요하게 소요되는 유통관리 비용을 줄일 수 있다. 일반적으로 선매품으로 분류되는 가구, 의류, 가전제품 등의 판매가 이에 속한다.

(3) 전속적 유통경로 전략

전속적 유통경로 전략은 어느 특정 지역이나 상권 등에 대해 단일의 도매업자 또는 소매업자만을 선정하여 제품을 유통시키는 전략이다. 따라서 소비자 노출 정도는 매우 낮아질 수 있으나 보다 강력한 제품 통제가 가능하며, 마케팅 전략적 통제가 용이해진다. 또한 이들에게 독점적 지위를 제공함으로써 브랜드 이미지 강화 및 그에 따른 해당 지연 내 독점적 시장력을 보유하게 한다. 주로 전문품이나 선매품 중 전문적 성격이 높은 제품 등에 있어서 사용되며, 자동차나 고급의류, 고가의 가구, 농기계나 사무용 기기 등 독특한 상품군 등이 이에 속한다.

4 유통경로 구성원 선정 중요도 상중하

유통경로 구성을 위해 도매상 및 소매상을 결정함에 있어서 어떤 업자를 선정할 것인가에 대한 문제는 자사의 마케팅 전략적 목표와의 일치성과 적합성에 근간한다. 하지만 다음과 같은 기준에 의해 구성원 선정을 고려해야만 한다.

첫째, 재정적 능력이 충분한 도매상 또는 소매상이어야 한다. 둘째, 도매상은 충분한 지역 대응 능력 및 관계를 맺고 있는 소매상의 수가 얼마나 되는지를 살펴보아야 한다. 셋째, 자사의 마케팅 목표나 전략적 방향을 이해하고 있는 유통업자를 선정해야만 한다. 넷째, 인지도가 높고 신용도 및 유통업자의 직원 만족도가 높은 업체를 선정해야 한다. 다섯째, 유통에 필요한 자원(창고, 트럭, 인력 등)을 충분히 보유한 유통업체를 선정해야만 한다.

제 4 절 유통경로 관리

1 유통경로관리의 개념 중요도 상중하

유통경로관리란 최종 목표시장에 접근하기 위해 유통경로를 설계하고 운영하며, 이에 대한 성과를 확인하여 지속적으로 유통경로를 확보해 나가는 과정을 의미한다. 특히 유통경로는 기업 내부적으로 마케팅 관점에서 4P Mix 차원에서 유통전략적 측면에서의 고려를 통해 관리되어야 한다.

2 유통경로관리의 중요성 〔중요도〕상중하

첫째, 유통경로는 기업 외부적인 관계자 간 연계이기 때문에 기업 내부적으로 통제하고 제어하는 등의 관리가 용이하지 않다. 따라서 정확한 목표를 수립하고 수시로 상황 변화를 체크하는 등 지속적 관리 측면이 매우 중요한 부문이다.

둘째, 도매상 및 소매상 등 유통업자의 영향력이 점차 증대되고 있기 때문이다. 유통업자는 최종 소비자와 만나게 해주는 최일선의 위치에 놓여 있으며, 이들의 손에 의해 유통 자체적인 기회의 창출 및 소비자 구매결정이 매우 중요하게 이루어지기 때문이다.

셋째, 유통비용의 증가가 지속적으로 발생하기 때문이다. 유통시장의 확대는 기업 및 소비자 모두에게 있어서 제품의 가격 상승 압박으로 작용한다.

넷째, 유통관리의 기술 변화에 따라 유통관리 상에서 발생되는 유통 의사결정의 신속성, 주문 편리성, 낮은 문제발생 가능성 등이 중요한 요소로 작용하고 있기 때문이다.

제 5 절 유통경로 통합 및 유통경로 시스템

유통경로 통합은 유통 경로 상에서 도매상 및 소매상들이 어떤 영향력을 지니고 제조업체와 어떤 관계를 지니고 있는가 하는 것에서 출발하여, 유통경로를 통해 어떤 마케팅 전략을 펼칠 수 있는가의 문제로 결정된다.

1 전통적 유통경로 마케팅 시스템 〔중요도〕상중하

전통적 유통경로 마케팅 시스템(Traditional Distribotion Marketing System)은 유통경로에 존재하는 도매상 및 소매상들이 제조업체의 마케팅 촉진에 관여하지 않거나 관심을 두지 않는 형태이다. 이들은 단지 제품의 판매 및 마진에 초점을 맞추며, 여러 제조업체의 제품을 판매하기 때문에 모든 기업의 제품에 대해 동일한 판매 영향력을 지닌다. 단 자신에게 마진이 높은 제품에 대한 판매를 촉진하고자 한다. 따라서 결속력이 낮으며 제조업체와 무방하게 자체적인 마케팅을 수행한다.

2 수평적 유통경로 마케팅 시스템 〔중요도〕상중하

수평적 유통경로 마케팅 시스템(Horizontal Distribotion Marketing System)은 복수의 도매상 및 소매상이 연합하여 제조업체의 마케팅 지원을 수행하는 것을 의미한다. 복수의 도매상 및 소매상이 연합을 하는 이유는 독자적이고 개별적으로 수행하는 것에 비해 비용, 노하우, 자원 등의 소요를 줄일 수 있기 때문이다.

예를 들어, PC용 프린터 시장은 프린터 기기를 유통시키는 유통망과 프린터에서 쓰이는 토너 및 카트리지를 유통시키는 유통망이 존재한다. 이 두 개의 유통망에 존재하는 도매상 및 소매상이 연합하여 어떤 프린터 제조기업의 프린터 판매 및 토너, 카트리지 판매를 함께 진행하는 것이다. 또는 가구를 제조하기 위해 목재 도매상으로부터 구입하는 산업재 고객과 스피커를 제조하기 위해 스피커 울림통으로 목재를 구입하는 산업재 고객이 있다고 가정하자. 이 둘은 전혀 다른 산업군에서 유통경로를 가지고 있지만 힘을 합쳐 동일한 목재 수입 도매업자를 선정하여 구매하면 구매 물량을 증대시키고 가격을 낮출 수도 있다.

3 수직적 유통경로 마케팅 시스템 중요도 상 중 하

수직적 유통경로 마케팅 시스템(Vertical Distribotion Marketing System)은 유통경로 상의 도매상 및 소매상들이 개별적으로 존재하면서도 제조업체의 유통경로 관리 시스템 하에서 마케팅 촉진 및 커뮤니케이션 등의 역할을 통일되게 수행하여 성과를 최대한으로 이끌어낼 수 있도록 전략적 관계를 형성하여 수직적 영향력 관계로 유통 시스템을 구축해 나가는 것을 의미한다.

(1) 기업형 유통경로 마케팅 시스템(Corporative VMS)

기업형 VMS는 한 유통경로 구성원이 다른 유통경로 구성원을 소유하고 있는 경우를 의미한다. 대표적으로 제조를 담당하는 생산자가 소매상을 직접 운영하거나(전방통합), 도매상 또는 소매상이 자신들이 유통하는 제품들을 직접 공장을 세우고 생산해내기로 결정한 것(후방통합) 등이 이에 대한 예가 된다. 이와 같이 기업이 직접 유통경로를 장악하거나 유통경로를 담당하고 있으면 마케팅 촉진 활동에 대한 영향력이 커지고 직접 의사결정을 수행하고 실행에 옮기기에 용이해진다.

(2) 계약형 유통경로 마케팅 시스템(Contractual VMS)

계약형 VMS는 개별 구성원들이 각각 독자적 목표를 지니고 있으나 전반적으로는 전체적인 관점에서의 마케팅 목표 달성을 위해 공식적으로 힘을 합친 경우를 말한다. 이러한 경우 전체적인 의사결정은 개별 유통경로들 중 가장 상위에 위치하는 유통업자가 수행한다.

계약형 VMS 중 가장 대표적인 시스템이 프랜차이즈 시스템이다. 프랜차이즈 본사는 본사의 프로세스에 따라 유통경로의 영향력을 행사하거나 의사결정을 수행하고 본사의 프로세스에 따라 유통경로의 영향력을 행사하거나 의사결정을 수행하고 직영점 및 가맹점들은 이러한 본사의 의사결정에 따라 움직인다.

(3) 관리형 유통경로 마케팅 시스템(Administrative VMS)

관리형 VMS는 계약형과 같이 개별 유통경로 구성원들이 각각의 독자적 목표를 지니면서 비공식적으로는 전체적인 마케팅 목표 실현을 지원하는 시스템이다. 따라서 이러한 형태는 수평적 VMS와 유사하게 보일 수도 있으나, 사실상 비공식적인 가장 규모가 크거나 명성이 높은 또는 제조업체와 친밀성이 가장 높은 기업이 앞장서 마케팅 목표 달성을 수행해 나가고자 합의점을 도출하고 관리적 성과를 추진해 나간다는 점에서 상이함을 갖는다. 예를 들어 화장품을 유통시키는 도매상들이 있다고 하자. 그런데 다른 화장품 제조사들보다 유통마진을 높게 책정한 갑 화장품 업체에서 신제품을 출시하였다고 할 때, 갑 화장품과 거래하는 대표적인 도매상이 다른 도매상들에게 갑 화장품의 시장진출을 돕고 시장에서 마케팅을 지원하고자 소매상에게 적극 추천하자고 결정할 수도 있다. 이와 같이 대표적인 의사결정 영향자는 존재하지만 그 관계가 규정화되거나 공식적, 의무적인 것이 아닌 상태를 관리형 VMS라고 한다.

제 6 절 갈등, 협력, 경쟁

1 유통경로 갈등의 개념 중요도 상 중 하

(1) 갈등의 개념

유통경로의 갈등은 유통경로가 결정된 후 발생하는 제조업자와 유통업자 간 유통경로 내에서의 유통업자 간 갈등을 의미한다. 즉 각각 자신들이 생각하는 수준의 목표 달성이 도달되지 않거나 그 성과에 순응할 수 없을 때, 자신의 성과 창출에 다른 유통경로 상의 구성원이 방해를 유발시키는 행동을 수행했다고 인지될 때 유통경로 갈등이 발생한다.

(2) 갈등의 원인

유통경로 갈등이 발생하는 이유는 제한된 자원과 추구하는 목표 간 차이로 인해 발생된다고 할 수 있다. 즉 자신이 생각했던 제조업체가 생각했던 유통 성과로 인한 매출증대와 고객만족도 증대가 기대만큼 이루어지지 않을 때, 유통업체 간에 자신이 생각했던 마진보다 낮은 수익이 창출될 때, 자신이 알고 있지 못했던 다른 유통업체로 제조업체가 유통경로를 복수로 두었던 경우, 자신의 정보 부족으로 달성하고자 하는 목표 달성에 문제가 발생했을 때 또는 기대했던 것과 다른 낮은 수준으로 결과가 도달되었을 때 등이 유통경로 갈등의 발생 원인이 된다.

다시 말해서 유통경로 갈등의 원인은 자원과 성과 간의 차이로 인해 발생되는 기대 불일치, 목표 달성 불일치, 정보 부족으로 인한 예측 성과 불일치 등에 의해 기인되는 것이다.

(3) 유통경로 갈등의 순기능과 역기능

유통경로를 어떻게 구성하고 운영하는가의 문제는 기업에게 있어서 다양한 요소로 작용한다. 상황에 따라서는 시장 내 다수의 유통이 적합할 수도 있고, 때로는 특수한 도매 및 소매점에만 유통시키는 것이 오히려 브랜드 인지도나 충성도, 판매제고 등에 긍정적일 수도 있다.

그러나 처음 예측했던 바와 다르게 낮은 수준의 성과를 달성하게 되었을 때 유통경로 갈등이 발생되고 이를 제대로 통제하지 못한다면 소비자 신뢰도 하락, 판매율 하락을 가져올 수도 있다. 기업은 신속하게 최초 고려했던 유통경로를 바꾸고 긍정적인 성과 창출이 되도록 유통경로 개선을 실시해야 하지만 이 또한 유통경로의 갈등을 유발시킬 수도 있다. 이러한 측면에서 유통경로를 관리하는 것에 대한 기업의 고민이 시작된다.

그러나 한편으로 유통경로 상에서 비롯된 갈등을 해결함으로써 보다 견고해진 유통경로를 만들고 긍정적 성과로 이어지게 되는 경우도 존재한다.

① 유통경로 갈등의 순기능

유통경로 갈등의 순기능으로는 갈등의 핵심 문제를 찾아내고 이를 해결하고자 할 때 경로 성과 긍정적 변화 또는 목표 실현 가능성 증대, 상호 간 이해도 제고 등으로 중장기적이고 지속적 관점에서는 갈등의 해소가 더 견고한 유통경로를 만드는데 좋은 영향을 미치게 할 수도 있다는 점이다. 또한 한 번 발생한 문제는 다시 발생하지 않도록 관리되거나 표준화되는 기회로 작용하며, 자연스럽게 유통경로 해소에 영향을 미친 구성원이 추후 영향력을 행사하면서 제조업체와 유통업체, 유통업체와 다른 유통업체 사이에 문제가 발생하면 이를 해결해주는 중간자 역할을 하게 된다는 점을 긍정적 측면으로 들 수 있다.

② 유통경로 갈등의 역기능

유통경로 갈등의 역기능으로는 비용, 시간, 노력의 소요와 낭비 및 기업 전반적인 유통경로 시스템 상황에서의 비효율적 성과가 나타난다는 것이다. 또한 이로 인해 유통경로 상에 존재하는 구성원들의 불만족이 커지고 해당 유통경로에 대한 신뢰나 몰입 등이 감소하여 이를 해소하지 못한다면 상호 간 불신으로 정보의 공유가 제한되거나 사라지고 협력보다는 경쟁으로 치닫게 된다는 것을 들 수 있다.

2 유통경로 갈등의 유형

(1) 수평적 갈등

수평적 갈등이란 경쟁에 의한 갈등을 의미한다. 즉 유통경로 중 유사하거나 비슷한 수준의 유통업자 간 발생하는 갈등을 의미한다. 이러한 수평적 갈등은 빈번하고 당연한 갈등이라고 할 수 있다. 동일한 최종 소비자 집단을 목표로 하는 소매점들은 당연히 소매점들끼리 경쟁을 수행할 수밖에 없다. 동일한 생산자로부터 납품을 받아 유통시키는 도매상들은 그들끼리 당연히 경쟁에 높여 있을 수밖에 없으며, 더 많은 물량의 거래가 가능할 때 생산자는 더 저렴한 가격에 제품을 줄 수 있어 경쟁을 유발시키는 주체로 놓여 있을 수밖에 없는 실정이다.

최근 전자제품 전문매장인 하이마트 등과 동일 상권에 놓여 있는 삼성 디지털프라자나 LG 베스트샵 등이 치열한 경쟁에 놓이면서 제조사에게 불만을 표출하고 갈등이 심화되는 경우를 종종 볼 수 있다. 심지어 동일한 브랜드의 편의점이 사거리 바로 맞은편에 새로 진출되거나 불과 500m도 되지 않는 거리에 들어서는 경우도 빈번하다.

이와 같이 동일한 역할을 수행하는 구성원들끼리의 수평적 갈등은 오히려 제조업체에게도 브랜드 충성도의 하락을 가져올 수 있기 때문에 보다 신중한 갈등 해소 노력이 필요하다.

(2) 수직적 갈등

수직적 갈등이란 유통경로 내에서 서로 다른 단계에 놓여 있는 업자 사이의 갈등을 의미한다. 즉 제조업체와 도매상 간의 갈등, 도매상과 중간도매상 또는 소매상과의 갈등이 이러한 수직적 갈등의 예이다. 수직적 갈등이 발생되는 이유는 수평적 갈등의 해소가 부족했기 때문일 수도 있지만 한편으로는 상호 간 의사결정과 약속 등에 대한 불이행, 결재 방식 등의 변경 등에 기인한다. 따라서 이를 해소하기 위해서는 처음과 동일한 프로세스 진행, 상호 간 적극적인 협력과 논의에 의한 의사결정 등이 선행되어야 하며 변경이 불가피할 경우에는 먼저 의사결정 전에 충분한 논의를 거치는 과정이 필요하다.

(3) 서로 다른 유형 간의 갈등

서로 다른 유형 간의 갈등이란 주로 동일하거나 유사한 수준의 유통망 경쟁자들이 다른 유통망 간의 경쟁자들과 불가피하게 경재하게 되어 나타나는 갈등 유형이다. 이러한 다른 유형 간 갈등은 앞에서 언급했듯이 수평적 갈등이 발생되었을 때 그 유통경로가 전혀 다르거나 유사하지 않음에도 불구하고 마치 하나의 유통경로로 보이면서 갈등이 심화되는 경우를 들 수 있다. 즉 전혀 다른 유통경로라고 고려했던 부문이 같은 소비자를 대상으로 하는 상황에 놓이게 되어 경쟁이 심화되어버리는 것이다.

예를 들어 두통약이나 의료용 밴드 등은 과거 약국에서만 판매되다가 현재에는 편의점 등에서 판매되고 있다. 이런 경우 약국과 편의점 간의 갈등이 발생할 수 있다. 음악이나 도서는 과거 레코드샵이나 서점에서 판매되었으나 이제는 음악 다운로드 판매 사이트나 온라인 서점 등으로 이전되고 있다.

OX로 점검하자

※ 다음 지문의 내용이 맞으면 O, 틀리면 ×를 체크하시오. [1~10]

01 유통경로란 최종 소비자가 그들이 원하는 제품이나 서비스를 취득하는 데 가장 용이하고 효율적인 이동 수단을 제공하는 것을 말한다. (   )

02 가치네트워크는 기업이 원료 조달, 변형 및 개선에 참여하여 결국 상품을 최종 형태로 시장 내에 공급하는 포괄적인 공식/비공식 관계 시스템으로 단순한 구조를 가지고 있다. (   )

03 가치 네트워크의 목적은 상황이 요하는 전문성과 능력에 따라 네트워크 구성원들이 역량을 결합하여 참여 공급자, 고객, 그리고 여타의 이해관계자들의 가치 공동 창출이다. (   )

04 2016년 맥도날드의 한 매장에서 해피밀 세트를 먹은 4살 아이가 용혈성 요독증후군, 일명 '햄버거 병'에 걸린 사건은 고객과 이해관계자들에 대한 사슬관리의 문제점으로 발생하였다. (   )

05 유통경로는 생산자가 필요로 하는 소비자의 의견, 소비자가 중요하게 생각하는 것들, 소비자가 어떤 경쟁제품을 구입하는가의 정보, 어떤 유행과 선호 색상 등을 지니는지 등의 특성 등을 제공해주는 역할을 수행해야 한다. (   )

06 유통경로 설계 프로세스는 어떻게 유통경로를 결정하고 어느 정도의 유통망을 확보하여 도매상을 유지시킬 것인가 등을 결정하는 것이다. (   )

07 구성이 복잡하고 독특한 제품일 경우 제품의 지속적 관리를 위하여 길고 복잡한 유통경로가 유리하다. (   )

08 집중적 유통경로 전략이란 도매업자 중 일부만을 선정하여 자사의 제품을 판매하는 권한을 부여하는 방식이다. (   )

정답과 해설   01 O   02 ×   03 O   04 ×   05 O   06 O   07 ×   08 ×

02 가치 네트워크는 유동적이고 복잡하다.
04 2016년 맥도날드의 '햄버거 병'에 걸린 사건은 공급사슬관리가 기업의 성공에 중요한 역할을 한다는 것을 보여준다.
07 구성이 복잡하거나 독특한 제품은 짧고 단순한 유통경로로 공급되어야 한다.
08 집중적 유통경로 전략은 시장 전체를 목표로 하여 소비자들에게 쉽게 노출되도록 하고, 이로 인해 소비자들이 쉽게 자사의 제품을 구입할 수 있도록 하는 개방형 전략이다.

09 유통경로는 기업 외부적인 관계자 간 연계이기 때문에 기업 내부적으로 통제하고 제어하는 등의 관리가 용이하지 않다. (   )

10 수평적 유통경로 마케팅 시스템은 유통경로 상의 도매상 및 소매상들이 개별적으로 존재하면서도 제조업체의 유통경로 관리 시스템 하에서 마케팅 촉진 및 커뮤니케이션 등의 역할을 통일되게 수행하는 것을 의미한다. (   )

정답과 해설   09 O   10 ×

10   수평적 유통경로 마케팅 시스템은 복수의 도매상 및 소매상이 연합하여 제조업체의 마케팅 지원을 수행하는 것을 의미한다.

안심Touch

01 상호작용적 공정성이란 의사결정과정에서 의사결정자가 보여주는 태도, 언행, 업무추진과정 등에서 종업원이 지각하는 것을 뜻한다.

01 경로 갈등에 대한 내용으로 옳지 <u>않은</u> 것은?

① 경로구성원 간의 갈등은 여러 가지 다른 상황과 요인 때문에 발생하며, 넓은 맥락에서 갈등이 항상 나쁜 것은 아니다.
② 수평적 갈등은 동일한 경로단계상의 구성원들 사이에서 발생하는 갈등을 의미한다.
③ 수직적 갈등은 제조업자와 도매상같이 서로 다른 경로단계를 차지하는 구성원들 사이에서 발생하는 갈등이다.
④ 상호작용적 공정성이란 경로구성원에게 실질적인 자원할당이 적정하게 이루어졌는지에 대한 지각을 뜻한다.

02 갈등에 의한 신뢰의 감소는 경로 갈등의 역기능에 해당한다.

02 유통경로 내 갈등관리 측면에서 보면 적정수준의 갈등은 적절한 해결메커니즘의 활용을 통해 전체유통시스템에 긍정적인 영향을 미치기도 한다. 다음 중 갈등이 지닌 순기능적 효과에 대한 설명과 가장 거리가 먼 것은?

① 자신의 과거행동을 비판적으로 돌아볼 수 있게 해준다.
② 유통시스템 내의 자원을 보다 공평하게 배분해 준다.
③ 발생가능한 갈등을 해결할 수 있는 표준화된 방법을 개발해 준다.
④ 갈등에 의한 신뢰의 감소는 경로선도자가 정보적 힘과 준거적 힘에 의해 경로구성원의 기능을 조절할 수 있는 가능성을 줄어들게 한다.

정답 01 ④ 02 ④

03 다음 경쟁의 유형 중 소매상과 도매상 혹은 소매상과 제조업자 간의 경쟁을 뜻하는 것은?

① 업태내 경쟁(intratype competition)
② 업태간 경쟁(intertype competition)
③ 수직적 경쟁(vertical competition)
④ 수평적 경쟁(horizontal competition)

03 서로 다른 경로수준에 위치한 경로 구성원 간의 경쟁, 즉 소매상과 도매상 혹은 소매상과 제조업자 간의 경쟁을 수직적 경쟁이라 한다.

04 유통경로상의 갈등에 대한 설명으로 옳은 것은?

① 대형마트와 전통시장 간의 갈등은 수직적 갈등 유형에 속한다.
② 갈등은 성과에 항상 부정적인 영향을 미치므로 갈등이 발생하지 않도록 하는 것이 중요하다.
③ 성과와의 관계에 따라 역기능적 갈등, 순기능적 갈등, 중립적 갈등으로 분류할 수 있다.
④ 위협, 정보교환, 토론은 갈등의 수준을 높이고, 약속, 요청은 갈등의 수준을 낮춘다.

04 ① 대형마트와 전통시장 간의 갈등은 수평적 갈등 유형에 속한다.
② 어느 정도의 갈등은 성과에 긍정적이지만 지나친 갈등은 부정적인 영향을 미친다.
④ 위협, 약속, 요청은 갈등의 수준을 높이고 정보교환, 토론은 갈등의 수준을 낮춘다.

05 버거킹이나 서브웨이같은 프랜차이즈의 경우 어떤 마케팅 시스템에 해당하는가?

① 관리형 VMS
② 계약형 VMS
③ 기업형 VMS
④ 집중형 VMS

05 프랜차이즈는 대표적인 계약형 VMS의 사례이다.

정답 03 ③ 04 ③ 05 ②

안심Touch

06 산업재는 소비재에 비하여 대체로 짧은 유통경로를 선호한다.

06 유통경로와 관련된 내용으로 옳지 않은 것은?

① 소비자 밀집 지역의 경우 짧은 유통경로를 선호한다.
② 중간상이 많아질수록 제조업자의 통제력은 약화된다.
③ 산업재는 소비재보다 유통경로가 긴 경우가 많다.
④ 유통경로가 길수록 중간상의 기능은 전문화된다.

07 재무적 능력이 있는 경우 일반적으로 길이를 단축하려는 경향이 있다.

07 경로 구조의 길이 결정에서 고려할 요인에 대한 설명으로 적절하지 않은 것은?

① 시장의 지역적 규모가 좁을수록 마케팅 경로의 길이가 짧아진다.
② 신선도 유지가 중요한 제품의 경우 짧은 유통경로가 적합하다.
③ 재무적 능력이 있는 경우 경로 길이를 길게 하려는 경향이 있다.
④ 애프터 서비스가 많이 필요한 상품의 경우 경로의 길이가 길어진다.

08 소비자는 다양한 구색을 갖춘 상품군을 보기를 원하며 이때 생산자와 불일치가 있을 수 있으며 이러한 불일치를 해결하기 위하여 중간상이 필요하다.

08 생산자는 한 상품을 특화하여 한 종류만 생산하려 하고 소비자는 여러 가지 종류의 상품을 원한다. 이러한 불일치를 무엇이라고 하는가?

① 시간의 불일치
② 구색의 불일치
③ 장소의 불일치
④ 시장의 불일치

정답 06 ③ 07 ③ 08 ②

주관식 문제

01 아래 글상자 (㉠)과 (㉡)에 들어갈 용어를 순서대로 쓰시오.

> (㉠)은 유통경로의 동일한 단계에 있는 경로 구성원들 간의 경쟁을 의미하며, 주로 도·소매상들보다는 생산자나 제조업자들과 관련된다. 한편, (㉡)은 서로 다른 경로수준에 위치한 경로구성원 간의 경쟁을 뜻하며, 이와 관련된 사례로는 세계적 브랜드의 제조업자와 소매업체의 자체 상표 간의 경쟁이 있다.

01

정답 수평적 경쟁, 수직적 경쟁

해설
- 수평적 경쟁 : 유통경로의 동일한 단계에 있는 경로구성원들 간의 경쟁
- 수직적 경쟁 : 서로 다른 경로수준에 위치한 경로구성원 간의 경쟁
- 업태내 경쟁 : 유사한 상품을 판매하는 서로 동일한 형태의 소매업체 간의 경쟁
- 업태간 경쟁 : 유사한 상품을 판매하는 서로 상이한 형태의 소매업체 간의 경쟁

02 유통경로를 선택할 때 짧고 단순한 유통경로가 유리한 경우 자사 요인의 측면에서 서술하시오.

02

정답 유통기능 수행 능력 및 자원이 충분하거나, 제품 계열이 넓거나 복잡하거나, 유통경로에 대한 통제가 중요한 경우

03

정답 ㉠ 계약형 유통경로 마케팅 시스템
(Contractual VMS)
㉡ 관리형 유통경로 마케팅 시스템
(Administrative VMS)

03 아래 글상자 (㉠)과 (㉡)에 들어갈 용어를 순서대로 쓰시오.

> (㉠)은 개별 구성원들이 각각 독자적 목표를 지니고 있으나 전반적으로는 전체적인 관점에서의 마케팅 목표 달성을 위해 공식적으로 힘을 합친 경우를 말하며, (㉡)은 계약형과 같이 개별 유통경로 구성원들이 각각의 독자적 목표를 지니면서 비공식적으로는 전체적인 마케팅 목표 실현을 지원하는 시스템이다.

04

정답 법적인 기준이나 힘에 의한 갈등 해결 또는 보상이나 정보 및 기술확보를 통해서도 갈등의 해소가 가능하다.

04 유통경로 갈등의 해결방안을 3가지 이상 서술하시오.

05

정답 거래의 수를 최소화하고 생산자와 소비자 간의 불일치를 해소하는 역할 외에 중간상은 시장의 상황에 대한 정보를 소비자에게 제공하며 생산자의 재고 부담을 줄여주고 위험을 분산시키는 역할을 한다.

05 최근 기업과 소비자가 직거래하는 직접마케팅이 증가되고 있지만 여전히 중간상이 필요한 이유가 무엇인지 서술하시오.

제 **16** 장

유통 전략 (2)

제16장 유통 전략 (2)

제1절 소매상

1 소매상의 개념 및 기능 중요도 상중하

소매상이란 생산자 및 도매상으로부터 제품을 구입하여 최종 소비자 집단인 시장의 고객들에게 판매하는 판매업자를 의미한다. 이들은 유통경로 가장 마지막에 위치하는 판매업자로서 점포를 보유하고 있는지의 여부, 어느 시간과 장소에 판매하는가 하는 효용성의 여부, 어느 정도의 지원서비스를 함께 제공하는가 하는 부수적 지원의 여부 등에 따라 다른 차이를 나타낸다. 특히 반드시 인적 접촉에 의해 존재하지는 않으며, 때로는 소비자들의 성향이나 특성, 구매패턴, 선호도 등의 정보를 수집하는 가장 최일선의 마케팅 촉진자로서의 역할을 수행하기도 한다.

2 소매상의 유형 중요도 상중하

소매상의 유형을 점포의 유무에 따라 구분하면 다음 표의 내용과 같다.

[소매상의 유형]

유형		내용 및 사례
점포형 소매상	전통시장	전통적인 형태의 다양한 상품을 도소매로 판매하는 개인 소매상의 집합 공간(동대문, 남대문 시장)
	전문점	한정된 종류의 제품 계열을 취급(가전제품, 의류, 가구)
	백화점	다양한 종류의 제품 계열을 취급
	슈퍼마켓	주로 식품, 생활용품을 판매(동네슈퍼)
	SSM	슈퍼마켓 형태와 대형할인점 형태를 혼합(GS슈퍼마켓)
	양판점	백화점과 비슷한 형태로서 저렴한 가격으로 소비자들에게 소구하는 소매점을 의미하지만 최근에는 전문점 형태나 전문할인점 등의 한정된 종류의 가격할인 판매점을 의미(세이브존)
	편의점	연중무휴, 24시간 영업을 목표로 하여 구입편리성 증대 강조
	대형할인점	대량구매로 가격경쟁력을 갖추고 대규모 매장으로 소비자들이 원스톱 쇼핑이 가능하도록 추구하는 소매점(이마트, 홈플러스)

	전문할인점	한정된 종류의 제품 계열을 취급하는 전문점 형태로서 전문점보다 저렴한 가격으로 소구하는 소매점(하이마트)
	회원제 창고형매장	소비자들을 회원으로 가입하게 하고 회원들에게만 저렴한 가격으로 판매하는 소매점으로, 대량 구매를 선호하는 소비자들을 대상으로 함(코스트코)
	연금매장	특정기업이나 단체에 근무하는 사람들이나 가족들을 대상으로 하는 소매점으로 대량 구매를 통해 시장 가격보다 저렴한 구매 가능(공무원 연금매장)
무점포형 소매상	방문판매	판매를 담당하는 자가 소비자를 직접 찾아 제품을 소개하고 구매를 결정하게 하는 방식
	통신판매	TV, 인터넷, 전화 등 다양한 광고매체를 통해 제품을 광고하고 주문을 받아 판매하는 방식
	자동판매기	어떤 제품에 대해 자동화기기를 통해 판매하는 방식으로 소비자가 접근하기 편한 장소에 기기를 위치시키고 구매를 유발하는 판매 방식

또한 소매상을 구분함에 있어 영향력에 따라 나눌 수 있다. 첫째, 가장 흔한 형태로 독립적으로 존재하는 독립 소매점이다. 이들은 개인독자적 경영을 중심으로 한다. 둘째, 체인 형태의 소매점이다. 이들은 체인이나 조합을 구성하여 구매 물량을 확대시켜 가격경쟁력 및 협상력 등을 강화시키고자 노력하는 형태의 소매점을 말한다. 슈퍼마켓 체인 등이 이에 속한다. 셋째, 프랜차이즈 소매점이다. 프랜차이즈 시스템을 통해 프랜차이즈 본사에 가입하여 본사가 지원하는 유통경로를 통해 소매점을 운영하는 형태로 도매상들을 직접 거래하거나 협상하지 않아도 된다는 장점을 지닌다. 넷째, 소비자조합 형태의 소매점이다. 이러한 소매점은 소비자가 직접 운영하거나 대주주로 참여하는 형태로서 조합의 구성원인 소비자들이 요구하는 생산품을 소비자가 원하는 수준의 품질, 가격 등으로 구입하여 판매하고 소비자들은 이를 구입하여 사용하는 형태이다. 또한 일정기간이 지난 후 소비자조합에서 판매되어 발생한 수익을 소비자들에게 이익배당금으로 분배하거나 추후 제품의 가격 인상 시 이를 보전하여 인상을 억제하는 목적으로 사용한다.

제 2 절 자가상표 브랜드

1 자가상표 브랜드의 정의 _{중요도} 상중하

PB 상품(Private Brand)은 유통업체가 독자적으로 기획하고, 제조업체에 생산을 위탁하거나, 직접 생산판매하거나, 자체 개발한 상표를 부착판매하는 제품으로 제조업체 브랜드(NB, National Brand)와 구별되는 개념에 해당한다. 소비자 입장에서는 유통단계 축소와 마케팅 비용 절감을 통해 제조업체 브랜드와 품질이 유사한 상품을 저가에 구입할 수 있다는 장점이 있다. 유통업체는 가격결정권 강화에 따른 가격 경쟁력 확보로 고수익을 얻을 수 있으며 소비자의 트렌드나 성향을 즉시 반영할 수 있다는 이점을 활용하여 매출 증대가 가능하다. 하지만 품질 관리가 어렵고, 상표 인지도가 낮으며, 품질에 대한 검증이 되지 않는다는 단점이 있다.

2 자가상표 브랜드의 종류 [중요도] 상 중 하

(1) 상표유형에 따른 분류

PB 상품은 상표 유형에 따라 제네릭 브랜드와 스토어 브랜드, 프리미엄 브랜드로 구분될 수 있다. 제네릭 브랜드는 저가 공급을 위해 최소한의 비용으로 제조하는 상품이고, 스토어 브랜드는 제네릭보다 높은 품질의 상품으로 보편적으로 불리우는 PB의 또다른 명칭이기도 하다. 프리미엄 브랜드는 그 중에서도 가장 높은 품질을 가지고 있다.

(2) 개발방법에 따른 분류

개발 방법에 따라서는 유통업체가 개발에 참여하는 정도에 따라 개발형 PB와 도입형 PB로 분류된다. 개발형 PB는 유통업체가 기획부터 전 과정에 참여하는 기획개발형 PB와 유통업체가 기획을 담당하고 협력업체를 통해 생산하는 생산개발형 PB가 있으며, 도입형 PB는 독점계약을 체결해 공급하는 독점도입형 PB와 기술제휴로 공급되는 라이센스형 PB로 나눌 수 있다.

3 자가상표 브랜드의 효과 [중요도] 상 중 하

소비자들에게 PB상품은 타제품에 비해 품질 대비 합리적인 가격을 제공할 수 있는데(Davis, 2013 ; Pauwels & Srinivasan, 2004), 이는 일반 제품이 대량생산과 대대적인 마케팅을 하여 가격이 높은 반면 PB상품은 유통업체 자사점포에 한정하여 소규모생산하며 광고를 하지 않으며, 중간 유통단계를 줄여 유통단계의 최소화를 구축하여 합리적인 가격을 유지할 수 있기 때문이다. 뿐만 아니라 제조업체들에게 PB상품은 구매자의 다변화를 통해 리스크를 줄일 수 있는 장점이 있다. 유통업체들에게는 PB상품을 기획하고 판매하여 고객들에게 자사브랜드의 충성도를 구축할 수 있기 때문이다.

제 3 절 도매상

1 도매상의 개념 및 기능 중요도 상중하

도매상이란 제조기업, 즉 생산자로부터 제품을 이전받아 다른 중간도매상 또는 여러 소매상들에게 재판매하는 역할을 수행하는 업자를 의미한다. 소매상들은 자신의 점포를 구축하여 소매점 내에서 최종 소비자 집단을 대상으로 판매를 수행하지만 도매상들은 자신과 거래하는 시장이 다른 도매상이나 중간도매상, 소매상이 되는 것이다. 따라서 도매상들은 점포를 보유하지 않고 창고나 운송차량만을 보유하는 경우도 많으며, 다음과 같은 기능을 수행한다.

첫째, 제조업체에 대한 대량구매력을 제공한다. 제조업체는 대량판매를 통해 규모의 경제를 누리고자 하며, 각각의 소비자들에게 개별적인 판매가 곤란하다. 따라서 도매상은 이러한 기업의 판매에 대한 애로사항을 해소시켜주며, 기업에게 대량구매를 통한 자금회전 능력을 제고시켜 준다.

둘째, 제품을 생산자에게서 시장으로 이동시켜주는 운송자의 역할을 제공한다. 도매상은 제조업체와 소매상 중간자의 위치에 있으며 생산된 제품이 시장으로 이동하는 역할을 한다.

셋째, 기업의 생산된 제품을 보관해주는 창고 제공자의 역할을 한다. 기업이 판매가 예상되는 제품을 미리 생산하였다고 할 때 이를 직접 보관하고자 하면 그에 따른 여러 추가적인 관리요소가 필요하게 된다. 그러나 도매상들은 이러한 제조업체의 역할을 줄여주기 때문에 그에 따른 관리비용을 줄여주고 제조에 집중할 수 있게 한다. 또한 소매상에게 있어서도 비교적 소량의 재고를 두면 되는 특성상 대량의 재고를 고민할 수 없으며, 이러한 애로사항을 해소시켜 주는 역할을 하게 된다.

넷째, 소매상들에게 있어 유통경로가 갖는 구색 갖춤을 가능하게 하는 판매 지원자의 역할을 수행한다. 위에서 언급하였듯이 소매상들은 다수의 제조업체들로부터 상품을 제공받아 구색을 갖추고자 하며, 이를 위해 도매상들과 접촉하는 것이 효율적인 것이다.

다섯째, 소매상과의 신용적인 거래를 통해 재무적인 지원자의 역할을 수행한다. 즉 제조업체에게는 즉각적인 대금 결제를, 소매상에게는 제품이 먼저 배송되고 추후에 그에 대한 대금을 지불하게 해 주거나 원하는 곳곳에 배송을 해 주는 등 재무적 지원을 하는 것으로 자금 흐름에 대한 애로사항을 해결해주는 역할을 하는 것이다.

여섯째, 촉진 및 시장정보 제공자의 역할을 수행한다. 유통경로의 역할 및 기능에서 언급하였듯이 다양한 생산자의 판매촉진이나 소매상으로부터 수집된 시장 및 고객 정보를 기업에게 제공해주는 역할을 수행하는 것이다.

일곱째, 위와 같은 사항들을 종합하여 지원하는 위험부담자의 역할을 수행한다. 즉 유통경로 상에서 발생 가능한 재고의 위험, 운송의 위험, 부패의 위험, 도난의 위험, 신용거래에 대한 위험 등을 감수해 줌으로써 제품의 유통을 보다 원활하게 해 주는 것이다.

2 도매상의 유형 [중요도] 상 중 하

도매상은 제품에 대한 소유권, 유통경로 상의 기능 및 규모 등에 따라 구분되며 주로 상인도매상, 대리 도매상, 제조업자 도매상으로 나뉜다. 실제 유통경로 상에서는 이러한 유형들이 완전히 구별되는 것은 아니며 도매상의 성격에 따라 둘 또는 서너 개의 유형을 모두 보유하기도 한다.

[도매상의 유형]

유형			내용 및 사례
상인 도매상	완전기능 도매상	전문 도매상	전자제품, 주방용품
		일반제품 도매상	자동차, 의약품, 잡화
		단품종 도매상	주방용 칼, 프라이팬
		산업재 도매상	일반적인 산업재
	한정기능 도매상	현금 무배달 도매상	그릇, 농약
		직송 도매상	복수의 소매상들의 수량을 모아 제조업체로부터 이에 해당하는 물량을 주문, 납품받아 곧바로 소매상에 전달함
		트럭 도매상	과자, 라면 등으로 직접 소매상에 진열까지 수행하는 경우 진열 도매상에 해당함
		진열 도매상	
		통신판매 도매상	도매상을 수행하면서 직접 통신판매나 온라인 판매로 소매상 역할을 수행
대리 도매상	제조업자 대리점		삼성대리점, LG대리점 등 제조업자의 상품을 전문적으로 판매하는 대리점을 말하며, 이 중 판매 시의 조건, 가격 등에 대한 권한을 제공받은 대리점을 판매 대리점이라고 함
	판매 대리점		
	구매 대리점		소비자와 장기적 관계를 통해 제품검사, 제품인수 및 보관, 배달 등을 지속적으로 수행하는 대리점으로 프린터, 사무용품 구매 대리점 등이 속함
	수수료 상인		제조업자와의 계약을 통해 제조업자가 받고자 하는 가격대와 소매점이 지불하고자 하는 가격대를 원활하게 협상토록 하여 소매점의 구매결정 시 이에 대한 수수료를 제공받음
제조업자 도매상			제조업체가 직접 소유하고 운영하는 도매상으로 판매지점, 물류창고 판매점, 도매상 거래점 등을 말함

(1) 상인 도매상

가장 빈번한 형태의 도매상으로 제품에 대한 소유권을 지니며, 생산자와 소매상으로부터 완전히 독립적으로 존재하는 도매상이다. 상인 도매상은 완전 기능 도매상과 한정 기능 도매상으로 구분된다.

먼저 완전 기능 도매상은 제조기업으로부터의 구입, 재고유지(창고보유), 신용제공(자신이 구입하고 시장에 제공하는 물량, 지역, 범위 등을 보유하고 있으며 대단위 구입이나 배송 후 결제 등을 지원함), 대량 운송 및 구입처에 대한 배달(운송 및 하역), 마케팅 촉진에 대한 동시 전달 지원(촉진 상품을 배송 시 동시에 전달) 등을 수행한다. 또한 완전 기능 도매상은 취급하는 제품의 폭이 넓고 다양한 경우가 많다.

이에 비해 한정 기능 도매상은 완전 기능 도매상과 비교하여 일부분의 역할을 수행하는 도매상을 의미한다. 즉 기업으로부터 도매로 제품을 확보하지만 소매상에게 배송을 하지 않고 직접 찾아와서 구매토록 하는 도매상, 도매상의 역할은 하지만 창고를 보유하지 않고 제조업체가 소매상에게 직접 배송만 하도록 주문을 하고 자신은 판매마진만 수익으로 확보하는 도매상, 트럭 등으로 소매점 배송을 해주고 나아가 소매점에 직접 진열까지 해 주지만 완전 기능 도매상에 비해 거래 물량이 현저히 작거나 어느 한 지역만 담당하는 도매상, 통신 판매 등으로 소비자들에게 직접 구입을 권유하는 도매상 등을 말한다. 이들은 주로 제조업체로부터 현금 결제로만 상품을 구입하는 특징을 지니며, 보다 소매상에 가까운 위치에 놓여 있는 도매상이다.

(2) 대리 도매상

대리 도매상은 제품에 대한 소유권은 보유하지 않으며 제조업체와 소매상 간 거래만을 가능하게 하고 그에 대한 수수료를 받는 형태의 도매상을 주로 의미한다. 상황에 따라 일부 자체적인 구입으로 소유권을 갖거나 거래 상 발생하는 지원 서비스 등을 함께 제공하기도 한다. 이와 같이 대리 도매상 중 제조업체인 생산자와 소매점 간 둘 중 하나 또는 모두에 대해 지속적 관계를 통해 대리 도매상 역할을 수행하면 대리점 또는 에이전트라고 하며, 단기적 관계로서 제조업체에 주문 시에만 거래 수수료를 받고 거래가 미발생 시에는 직접적인 관련성이 존재하지 않는 경우를 브로커라고 한다.

대리 도매상 중 제조업자 대리점은 제조업자의 제품만을 전문적으로 판매하는 대리점을 말하며, 이 중 가격협상력, 구매 시 지원 사항에 대한 협상, 기타 판매조건 결정 등의 영향력가지 위임받아 마치 제조업체의 판매 및 영업부서 역할을 수행하는 경우를 판매 대리점이라고 한다.

구매 대리점은 소매점과 장기적 관계를 형성하면서 소매점을 대행하여 제품구입, 검사, 창고 보관, 배송 등을 지원하는 대리 도매상을 의미한다. 이에 반해 수수료 상인은 단기적 계약에 따라 제품의 소유권을 보유하지는 않은 채 판매 가격 협상만을 수행한 후 소매점 등 고객이 지불한 금액에서 수수료 및 비용을 제외한 상품 판매 대금을 제조업체에 지불하고 , 자신은 수수료 등의 수익만을 확보하는 형태를 말한다.

(3) 제조업자 도매상

제조업자 도매상은 제조업체인 생산자가 직접 소유하고 운영하는 도매상을 의미한다. 즉 직접 물류창고 형태의 도매상 판매점을 운영하거나 대리점 및 사무실 형태로 판매·영업지점을 운영하는 경우 등을 말한다.

제 4 절 물류

1 물류의 개념과 기능 중요도 ▶ 상 중 하

물류 즉, 물적유통이란 최종 생산된 제품을 생산에서부터 최종 소비자가 존재하는 시장 내에까지 안전하고 효율적으로 이동시키는 일련의 활동을 총칭한다. 다시 말해서 고객이 원하는 시간에 원하는 장소에서 원하는 제품을 구입할 수 있도록 하기 위한 제품의 보관, 운송, 하역, 포장관리에 관련된 활동을 의미한다.

이러한 물적유통의 핵심은 비용을 최소화하면서 생산자로부터 소비자에게 제품이 적기에 안전하게 이동되도록 하는 것이다. 이를 위해서는 효율적인 물류시스템을 구성하고 있는 일련의 연결된 기능들이 잘 조정되고 통합적으로 연결될 수 있도록 하여야 한다. 효율적인 물류시스템은 정확하고 신속한 주문의 접수와 처리, 제품보호와 배송을 고려한 완전한 포장, 제품의 품질유지와 망실을 방지할 수 있는 철저한 보관, 경제적이고 안전한 운송과 하역, 정확하고 경제적인 재고관리 등이 포함된다. 이를 로지스틱스라고 부르기도 한다.

2 물적유통의 중요성 중요도 ▶ 상 중 하

원부자재와 완성품의 물적유통을 위해 소요되는 물류비는 선진국의 경우 국내총생산의 10% 정도를 차지하고 있으며 우리나라의 경우 15% 정도를 차지하고 있다. 특히 교통과 물동량 증가로 물류비는 연평균 16% 이상의 높은 증가를 하고 있어 기업의 수익성과 경쟁력에 큰 장애요인이 되고 있다. 이러한 물류비용이 마케팅 비용에서 차지하는 비율은 20% 이상을 차지하고 있다. 따라서 인건비와 원부자재 가격 상승 등으로 생산에서의 비용절감에 한계를 느낀 기업들에게 물류비가 원가절감의 최대 이슈로 부각되고 있다. 실제로 물류비를 10%만 줄이면 매출액의 28% 이상의 증가를 가져오는 실질적인 이득을 가져올 수 있다는 계산까지 나오고 있다. 물적유통의 효율화는 주문에 대한 신속한 처리와 완전한 제품의 제공이라는 측면에서 소비자 만족 요소뿐만 아니라 원가절감의 마지막 기회라는 측면에서 기업의 경쟁력과 수익성에 결정적인 영향을 미치게 된다. 농수산물과 같이 공급과 수요의 시간과 장소의 격차가 심하고 부패성이 높을 뿐만 아니라 제품가치에 비해 보관 및 수송비용과 차지하는 비중이 큰 경우에 물적유통의 중요성은 더욱 높아진다. 공산품의 경우도 물류비용이 날로 증가하고 있어서 유통비의 절감과 신속성의 제고는 경쟁력에 매우 중요한 요소로 작용하고 있으며 그 중요성은 더욱 높아질 것이다.

3 물적유통의 혁신 중요도 ▶ 상 중 하

물적유통의 혁신은 물적유통의 애로요인을 제거하고 물류의 효율성을 제고함으로써 원가를 절감하고 마케팅 경쟁력을 강화하는 데 있다. 효율성 제고와 원가의 절감은 가격경쟁력을 향상시키며 신속한 시장대응과 제품품질 유지로 마케팅 경쟁력의 향상과 이익의 증가를 가져온다. 실제로 쿠팡의 경우 고객에게까지 주문에서 배달에 이르는 모든 물류의 흐름에 관한 정보를 신속하고 투명하게 제공하여 경쟁에서 우위를 확고히 하고 있다. 이러한 물적유통의 혁신은 크게 하역, 수송, 저장, 포장에 따르는 직접 물적유통비의 절감, 재고유지 및 주문관리에 관련된 재고관리 비용의 감소, 적시에 적소로 제품을 공급하지 못함으로써 야기되는 기회비용의 절감 등에 초점을 맞추어 이루어진다.

이를 위해서는 새로운 정보통신 기술과 컴퓨터 기술 등의 물류흐름의 개선에 적용함으로써 그 목적을 달성할 수 있다. 특히 컴퓨터를 이용한 자동창고 시스템과 무선통신 기술의 접목을 통해 효율성 높은 물류창고와 배송 시스템을 구축할 수 있다. 소매점에서의 POS시스템에 의한 계산이 보편화되어가고 있으며, 나아가 소비자 정보와 연결되어 고객관리와 마케팅 관리 정보로도 활용되고 있다.

운송방식에 있어서는 비용, 시간, 품질유지 등을 고려하여 육상운송과 해상운송 및 항공운송 방식을 적절하게 결합한 복합운송방식을 이용하며, 자동 상하역 시스템의 활용, 컨테이너, 파레트를 이용한 단위운송, 파이프라인, 벌크선, 콜드체인 등 제품의 특성을 고려한 전용 운송장비가 이용되고 있다.

○✕로 점검하자

※ 다음 지문의 내용이 맞으면 ○, 틀리면 ✕를 체크하시오. [1~10]

01 소매상이란 생산자 및 도매상으로부터 제품을 구입하여 최종 소비자 집단인 시장의 고객들에게 판매하는 판매업자를 의미한다. (   )

02 양판점은 백화점과 비슷한 형태로서 고가격 정책을 유지하는 판매점을 의미한다. (   )

03 프랜차이즈 소매점은 소비자가 직접 운영하거나 대주주로 참여하는 형태로서 조합의 구성원인 소비자들이 요구하는 생산품을 소비자가 원하는 수준의 품질, 가격 등으로 구입하여 판매하고 소비자들은 이를 구입하여 사용하는 형태이다. (   )

04 제조업체 브랜드는 유통업체가 독자적으로 기획하고, 제조업체에 생산을 위탁하거나, 직접 생산 판매하거나, 자체 개발한 상표를 부착판매하는 제품에 해당한다. (   )

05 도매상이란 제조기업, 즉 생산자로부터 제품을 이전받아 다른 중간도매상 또는 여러 소매상들에게 재판매하는 역할을 수행하는 업자를 의미한다. (   )

06 구매대리점은 소비자와 장기적 관계를 통해 제품검사, 제품인수 및 보관, 배달 등을 지속적으로 수행하는 도매상에 해당한다. (   )

07 완전 기능 도매상은 제조기업으로부터의 구입, 재고유지, 신용제공, 대량 운송 및 구입처에 대한 배달, 마케팅 촉진에 대한 동시 전달 지원 등을 수행한다. (   )

08 물적유통이란 최종 생산되기 전의 제품을 안전하고 효율적으로 이동시키는 일련의 활동을 총칭한다. (   )

정답과 해설　01 ○　02 ✕　03 ✕　04 ✕　05 ○　06 ○　07 ○　08 ✕

02 백화점과 비슷한 형태로서 저렴한 가격으로 소비자들에게 소구하는 소매점을 의미하지만 최근에는 전문점 형태나 전문할인점을 의미한다.

03 소비자조합 형태의 소매점에 대한 설명이다. 프랜차이즈 소매점은 프랜차이즈 시스템을 통해 프랜차이즈 본사에 가입하여 본사가 지원하는 유통경로를 통해 소매점을 운영하는 형태로 도매상들을 직접 거래하거나 협상하지 않는다.

04 PB 상품(Private Brand)에 대한 설명이다.

08 물류 즉, 물적유통이란 최종 생산된 제품을 생산에서부터 최종 소비자가 존재하는 시장 내에까지 안전하고 효율적으로 이동시키는 활동이다.

09 로지스틱스란 정확하고 신속한 주문의 접수와 처리, 제품보호와 배송을 고려한 완전한 포장, 제품의 품질유지와 망실을 방지할 수 있는 철저한 보관, 경제적이고 안전한 운송과 하역, 정확하고 경제적인 재고관리를 모두 포함한 의미이다. (　　)

10 물류비의 경우 우라나라는 영토가 넓지 않아 국내총생산의 10% 정도를 차지하고 있으며 선진국의 경우 우리나라에 비해 물류비의 비중이 훨씬 크다. (　　)

정답과 해설　　09 O　10 ✕

10　원부자재와 완성품의 물적유통을 위해 소요되는 물류비는 선진국의 경우 국내총생산의 10% 정도를 차지하고 있으며 우리나라의 경우 15% 정도를 차지하고 있다.

실전예상문제

01 곡물, 야채, 생선과 같은 제품이 주로 판매되는 경로는?

① 제조업자 → 소비자

② 제조업자 → 도매상 → 소비자

③ 제조업자 → 도매상 → 소매상 → 소비자

④ 제조업자 → 도매상 → 중간도매상 → 소매상 → 소비자

02 다음 설명에 해당하는 용어로 옳은 것은?

> 유통업체에 의해 개발이 이루어지고, 유통업체로부터 위탁을 받은 제조업체에 의해 생산된 후, 유통업체의 이름이나 유통업체가 개발한 브랜드 명으로 해당 유통업체의 매장에서 판매되는 상품

① National Brand

② Private Brand

③ Private National Brand

④ Family Brand

01 제조업자와 소매상 사이에 여러 유형의 도매상이 관여하는 형태로서 주로 곡물, 야채, 과일 등 일차상품의 유통과정에서 많이 볼 수 있다.

02 ① 대규모 제조업체가 전국의 소비자를 대상으로 개발한 브랜드로, 많은 소비자에게 판매되는 것을 목적으로 하기 때문에 대규모 생산과 대중매체를 통한 광범위한 광고 진행이 일반적이다.

③ NB(제조업체 브랜드)와 PB(자사 브랜드)의 중간 형태로, 제조업체가 유통채널의 특성과 소비자들의 구매성향에 맞게 생산하고 특정 유통업체에서만 독점 판매하는 상품을 말한다.

④ 여러 가지 종류의 상품에 부착되는 브랜드이다.

정답 01 ④   02 ②

03 최근 주요 소매업태들은 옴니채널 (omni channel) 전략으로 방향을 전환하고 있다. 옴니채널이란 소비자가 온라인, 오프라인, 모바일 등 다양한 경로를 넘나들며 상품을 검색하고 구매할 수 있도록 한 서비스로, 각 유통채널의 특성을 결합해 어떤 채널에서든 같은 매장을 이용하는 것처럼 느낄 수 있도록 한 쇼핑 환경을 말한다.

03 다음 신문기사 내용 중 최근 우리나라 소매유통 변화 동향에 대해 기술한 것으로 옳지 <u>않은</u> 것은?

> 최근 우리나라 소매업은 변화의 소용돌이 한가운데 있다. ㉠ 대기업들이 소매업에서 수직적 계열화를 통해 성장하는 반면 중소상인과 전통시장의 매출은 감소하고 있다. ㉡ 온라인 쇼핑은 지속적으로 성장하고 있으며 특히, 모바일 쇼핑은 급격히 성장하고 있다. 이에 따라 ㉢ 기존 주요 소매업태들은 옴니채널(omni channel) 전략보다 듀얼채널(dual channel) 전략으로 방향을 전환하고 있다. 소비자의 구매패턴도 변하고 있는데, ㉣ 1~2인 가구의 증가로 인해 근거리, 소량구매가 확산되고 있다.
>
> 〈○○일보, 2020년 9월 5일자〉

① ㉠
② ㉡
③ ㉢
④ ㉣

04 제조업체 브랜드가 아니라 유통업체가 자체 개발한 상표를 붙여서 판매하는 것이다.

04 소매상의 상품관리 전략에 대한 내용으로 가장 옳지 <u>않은</u> 것은?

① 상표개발은 중소제조업체가 부착한 제조업체 브랜드를 구입하여 판매하는 것이다.
② 상품계획은 소매상의 목표를 달성하기 위해 상품믹스를 개발하고 관리하는 것이다.
③ 상품믹스란 소매상이 고객에게 제공하는 적절한 상품의 조합을 말한다.
④ 상품믹스의 결정은 상품의 구색 그리고 상품의 지원 등을 결정하는 것이다.

정답 03 ③ 04 ①

05 유통업체가 자체 브랜드(Private Brand : PB)를 통해 얻을 수 있는 이점으로 옳지 <u>않은</u> 것은?

① 대형마트는 대개 PB를 유명 제조업체 브랜드와 유사한 브랜드명을 사용함으로써 적은 비용으로 소비자에게 PB를 인식시키려 한다.

② PB를 통해 다른 유통업체와의 직접적인 가격경쟁을 피할 수 있다.

③ PB가 소비자로부터 사랑받을 경우 점포충성도를 증가시킬 수 있다.

④ 인기 있는 PB제품뿐만 아니라 다른 제품들도 함께 구매하도록 유도하여 매출액을 증진시킬 수 있다.

05 PB는 유통업자가 자체적으로 제품 기획을 하고 제조하여 브랜드를 결정하는 것으로 유통업자의 독자적인 브랜드명, 로고, 포장을 가진다.

06 다음의 ○○대형마트 행위 중에서 자체상표(PB) 상품의 현재수요(거래량이 아님)가 확대될 것으로 예상되는 것은?

① 향후 PB상품의 가격이 오를 것이라는 광고를 지속적으로 한다.

② PB상품의 원재료 비용이 상승할 것이라고 소비자들에게 알린다.

③ PB상품을 대량생산하는 새로운 방법이 개발되었음을 소비자에게 알린다.

④ 각 점 내에 PB상품을 판매하는 매장과 공급물량을 줄인다.

06 수요곡선에서 미래 가격 상승에 대한 기대가 있다면 현재수요가 증가될 것이다.

07 다음에서 설명하고 있는 도매상의 유형은?

> 상품구매가 원활하게 이루어지게 상담을 대신해주며, 구매자와 판매자에게 쌍방의 요구사항, 시장조건, 가격 조건 등에 대한 정보를 제공함으로써 매매 당사자들을 서로 연결하는 도매상

① 중개상
② 대리점
③ 상인도매상
④ 위탁상

07 제품, 가격, 시장정보에 대한 전문가로서의 역할을 담당할 뿐 아니라 예상구매자와 그의 욕구에 대하여 충분한 지식을 가지고 있다.

정답 05 ① 06 ① 07 ①

안심Touch

08 판매조직의 제공은 도매상의 기능에 해당한다.

08 다음 중 소매상의 기능이라고 볼 수 **없는** 것은?

① 소비자가 원하는 만큼 소량의 상품을 판매한다.
② 보관과 배달 업무를 담당한다.
③ 최종 소비자의 욕구를 파악한다.
④ 판매조직을 제공한다.

09 대리도매상은 취급하는 제품의 소유권은 가지지 않고 마케팅 기능만을 수행한다.

09 취급하는 제품의 소유권을 가지지 않고 마케팅 기능만을 수행하는 도매상은?

① 제조업자 영업점
② 상인도매상
③ 대리도매상
④ 선반도매상

01

정답 노브랜드(무상표전략), 브랜드에 대한 비용을 지불하지 않아 더 낮은 가격에 공급할 수 있으며 제품에 대한 차별화가 중요하지 않은 것들 위주로 생산되어 소비자들의 접근성을 높일 수 있다.

주관식 문제

01 최근 소면, 물티슈, 생수 등 일반적인 제품으로 평범하게 포장되어 있고 비싸지 않은 제품들이 주로 사용하는 상표전략이 무엇인지 쓰고 이러한 전략이 가지고 있는 강점을 서술하시오.

정답 08 ④   09 ③

02 한 소매점의 광고문구이다. 이와 같은 소매점 형태가 무엇인지 쓰고 이 소매점이 수익을 활용하는 방식을 서술하시오.

> iCOOP이란?
> I = '나'주체들이
> ideal = 생협의 이상(나눔과 협동)을 위해
> innocence = 언제나 초심을 잃지 않고
> innovation = 끊임없는 혁신을 통해 생협운동을 펼쳐가는
> COOP(co-operative) = 소비자생활협동조합입니다.
> iCOOP생협 자연드림에서 친환경 유기농 식품으로 윤리적 소비하세요.

02

정답 소비자조합 형태의 소매점으로서, 발생한 수익을 소비자들에게 이익배당금으로 분배하거나 추후 제품의 가격 인상 시 이를 보전하여 인상을 억제하는 목적으로 사용한다.

03 PB(Private Brand)의 정의를 설명하고 상품과 품질에 대한 인지도 측면에서 NB(National Brand)와 비교하시오.

03

정답 PB제품은 백화점·슈퍼마켓 등 대형 소매상이 자기매장의 특성과 고객의 성향에 맞추어 독자적으로 개발한 브랜드상품을 지칭하며 NB에 비하여 상품과 품질에 대한 인지도는 떨어진다.

해설 & 정답

checkpoint

04

정답 쿠팡의 경우 고객에게까지 주문에서 배달에 이르는 모든 물류의 흐름에 관한 정보를 신속하고 투명하게 제공하여 경쟁에서 우위를 점하고 있다.

04 쿠팡의 사례에서 볼 수 있는 물적유통의 혁신 사례가 무엇인지 제시하시오.

05

정답 정확하고 신속한 주문의 접수와 처리, 제품보호와 배송을 고려한 완전한 포장, 제품의 품질유지와 망실을 방지할 수 있는 철저한 보관, 경제적이고 안전한 운송과 하역, 정확하고 경제적인 재고관리 등이 포함되는 총체적 개념에 해당한다.

05 시장 로지스틱스의 정의를 쓰시오.

제 **17** 장

통합적 마케팅 커뮤니케이션 개발 및 관리

혼자 공부하기 힘드시다면 방법이 있습니다.
시대에듀의 동영상강의를 이용하시면 됩니다.
www.sdedu.co.kr → 회원가입(로그인) → 강의 살펴보기

제17장 통합적 마케팅 커뮤니케이션 개발 및 관리

제 1 절 마케팅 커뮤니케이션의 역할

1 마케팅 커뮤니케이션의 개념 중요도 상중하

기업의 촉진활동은 기업이 수행하는 소비자들에 대한 설득 및 구매 독려로서 이를 위해 매체를 통해 제품 정보를 전달한다. 즉 커뮤니케이션 활동을 수행하는 것이다. **커뮤니케이션이란 '매체를 통한 발신자와 수신자 간 정보의 전달 과정'을 의미한다.** 따라서 기업의 마케팅 활동에 따른 촉진전략으로서의 정보의 전달, 아이디어의 교환 등의 의사소통 과정 및 이러한 행위의 집합체가 곧 마케팅 커뮤니케이션이다. 이러한 이유에서 우리는 '촉진'과 '마케팅 커뮤니케이션'을 거의 동일한 의미로 받아들이고 있다. 특히 촉진의 대부분은 커뮤니케이션 과업을 통해 수행되기 때문에 촉진이라는 단어보다 오히려 마케팅 커뮤니케이션이라는 단어를 많이 활용하고 있는 실정이다.

2 마케팅 커뮤니케이션의 역할 중요도 상중하

마케팅 커뮤니케이션의 역할은 소비자들이 자사의 제품을 사용하고 경쟁자를 멀리하도록 설득하는 것이며, 자사의 브랜드에 대해 긍정적인 이미지를 갖게 하는 것이다.

(1) 정보제공 역할

정보제공 역할이란 기업이 자사의 제품에 대한 관심을 유발하고 제품의 정보를 제공하기 위해 수행되는 활동으로 주로 신제품에 대한 시장진출 또는 해당 산업의 도입기에 활용된다. 또한 소비자들이 자사의 상품 구매로 어떤 편익을 얻게 되는지 잘 알지 못하는 경우 이에 대한 정보제공을 하는 기업의 활동이다. 즉 왜 기존의 컴퓨터를 보유하고 있음에도 불구하고 새로 출시된 고성능 컴퓨터를 구입해야 하는지, 왜 기존 제품에 비해 이 제품이 더 좋은 혜택을 줄 것인지를 알려주는 것이다.

그러나 최근 스마트폰이나 통신사들이 많은 광고를 통해 정보제공 역할을 수행하고 있음에도 불구하고 연령이 높은 소비자들로부터 외면 받고 현재에도 이전 스마트폰 모델을 찾는 이유는 제공받는 정보들이 기술적으로 지나치게 어렵거나, 어떻게 편익을 얻게 되는지 모르거나, 때로는 자신이 그러한 내용들을 이용하지 않기 때문에 전혀 필요하지 않기 때문이다.

다시 말해서 정보제공 역할은 목표시장의 소비자 집단에게는 매우 필요한 구매욕구 자극일 수 있으나 반대로 목표시장의 고객이 아닌 경우에는 오히려 불편하고 혼란스럽게 만드는 정보일 수 있다는 점을 간과해서는 안 될 것이다. 따라서 이러한 목표고객에 집중하는 커뮤니케이션에 있어서 해당 목표고객이 주로 시청하는 시간대의 광고, 목표고객들이 주로 보는 신문 등 정보에 관심을 주는 사람들에게 초점이 맞추어진 활동으로 이루어져야 한다.

(2) 설득적 역할

설득적 역할은 구매 행동을 자극하여 실제 구매로 이어지게 만들이 위한 역할이다. 이러한 경우는 주로 기업이 경쟁상황 하에서 자사의 제품이나 서비스가 경쟁자에 비해 더 좋다는 것을 설득시킴으로써 자사를 선택하게 만들기 위해 활용된다. 따라서 경쟁상황 하에 놓여 있는 기업들 간에, 때로는 경쟁상황 하에 새롭게 등장하는 기업들이 주로 활용하는 역할이다.

이러한 설득적 역할은 이미 소비자들이 어떤 제품이나 서비스인지를 충분히 인지하고 있거나, 이에 대한 지식을 보유하고 있는 경우가 많아. 따라서 커뮤니케이션의 목표는 곧 자사에 대한 애착감, 자사의 상품에 대한 만족감 내지는 선택하고 싶은 충동 등의 유발에 초점을 맞춘다.

시장이 도입기를 거쳐 성숙기로 접어들면 소비자들은 이미 제품에 대한 정보를 인지하고 학습하여 구매한다. 또한 다양한 기업의 제품들을 비교하고 평가한다. 정보제공 커뮤니케이션만으로는 더 이상 소구가 불가능해지는 것이다. 이제 소비자들은 자신이 선호하는 브랜드의 애착감, 충성도, 타인으로부터의 인정, 구매로 인해 얻게 되는 감정적 만족감 등을 고려하게 된다. 따라서 설득적인 커뮤니케이션이란 기업들에게 있어 가장 빈번하게 진행되는 커뮤니케이션이지만 가장 어렵고 감성적인 자극을 통한 설득인 경우가 많다.

(3) 기억유도 역할

기억을 유도해내기 위한 역할의 커뮤니케이션은 회상 커뮤니케이션 또는 상기 커뮤니케이션이라고도 한다. 이러한 커뮤니케이션 활동은 이미 시장 내에서 산업이 성장기를 거쳐 성숙기에 정착되었을 때 주로 활용된다. 어떤 구매 목적이나 욕구가 발생하게 되었을 대 가장 먼저 떠올리는 브랜드의 상품이 되기를 기업들은 희망한다. 따라서 기업들은 커뮤니케이션을 통해 정기 또는 비정기적으로 자사의 브랜드나 제품을 기억해내도록 유도한다.

특히 기억을 상기시키는 목적 중에는 지속적인 구매를 사전에 이끌어내기 위한 경우도 포함된다. 또한 어디에서 구입해야 하고 언제 구입하는 것이 좋은지를 알려주거나 기억해 내도록 하는 것을 포함한다. 여름 장마철 습기가 많아지면 습기를 제거해주는 습기제거제가 필요해진다. 따라서 기업들은 여름 장마철이 오기 바로 전에 자사의 습기제거제를 광고하기 시작한다. 또한 습기 제거를 통해 얻게 되는 정보를 제공함과 동시에 어디서 구입해야 하는지, 어느 정도 구입해야 하는지, 어디어디에 놓아두어야 하는지 등을 광고에서 보여준다. 소비자들은 작년의 구매행동을 상기하고 구매행동에 들어가게 된다.

제 **2** 절 효과적인 커뮤니케이션 개발

1 표적청중식별 중요도 상중하

마케팅 커뮤니케이션은 출발점을 고객으로 잡고 있기 때문에 표적고객을 명확하게 하여야 한다. 표적 청중이 누구인가 하는 것은 어떠한 메시지를 전달하며, 어떻게 전달하고, 언제 어디서 누가 메시지를 전달할 것인지를 결정하는 데 큰 영향을 미친다.

마케팅 커뮤니케이션의 초기단계에서 고객과 가망고객들이 누구인가를 식별하고 그들이 얼마나 큰 가치를 가지고 있는가를 평가하는 것은 자산으로서 고객을 바라보고 투자로 커뮤니케이션을 바라보는 것에 해당한다.

2 커뮤니케이션 목표설정 중요도 상중하

표적고객에게 전달하려는 커뮤니케이션 목표를 설정하여야 한다. 브랜드자산 관점에서 다음과 같은 목표가 나타날 수 있다.

(1) 범주요구

현재의 동기상태와 바람직한 감정상태 간의 지각된 차이를 없애거나 만족시키는 데 필요한 제품이나 서비스 범주가 형성되도록 한다.

(2) 브랜드인지

브랜드 재인이나 브랜드 회상 능력을 높여준다.

(3) 브랜드 태도

브랜드에 대한 소비자들의 호의적인 태도를 형성하도록 한다. 부정적인 방향을 없애고 긍정적인 방향을 창출해간다.

(4) 브랜드 구매의도

브랜드를 구매하거나 구매 관련 행동을 하도록 한다.

이를 위해서 고객과 브랜드 사이의 관계강도를 높여가는 방향이 설정될 수 있다. 고객이 특정 브랜드에 깊고, 넓은 인지도를 가지기 시작하여 강하고 호의적인 연상을 가지게 되고, 긍정적 반응을 일으키면서 마지막으로 강한 충성심이 형성되도록 하는 것이 목표가 될 수 있다.

3 메시지 창출 〈중요도〉 상 중 하

표적고객의 식별과 가치평가, 그리고 목표가 설정되면, 그 목표에 따라 메시지를 만들어 전달해야 한다. 효과적인 메시지는 주의를 끌 수 있어야 하고, 흥미를 유발하고, 욕구를 자극하며 최종적으로 행동을 이끌어낼 수 있어야 한다. AIDA를 예를 들면 주의 → 관심 → 욕망 → 행동 반응으로 순서를 거친다. 이 단계에 따라 마케팅 커뮤니케이션 효과가 다르게 나타난다.

이 AIDA 모형에 따라 촉진의 네 가지 방법, 즉 광고, 홍보·PR, 판매촉진, 인적판매가 어떻게 다르게 반응하는가를 살펴보면 초기단계에는 광고가 유용하며, 후기단계에는 인적판매가 유용하다.

(1) 메시지 내용

원하는 반응을 얻어낼 수 있는 이른바 메시지의 소구방향이나 주제를 찾아내야 한다. 이때 주로 사용하는 소구방법에는 이성적, 감성적 그리고 도덕적 방법의 세 가지가 있다.

이성적 소구는 수신자가 많은 관심을 가지고 있는 내용을 전달하는 것으로서, 제품의 구매는 곧 수신자에게 얻고자 하는 편익을 제공한다는 내용의 메시지를 사용한다. 즉 이성적 메시지는 흔히 제품의 질, 경제성, 가치, 또는 성능에 대한 내용을 담고 있다.

감성적 소구는 구매를 유도할 수 있는 긍정적 감정들을 유발하려는 노력이다. 자동차 광고는 안전, 소프트드링크 광고는 생동감, 청바지 광고는 강하고 터프한 느낌을 전달한다.

도덕적 소구는 수신자들로 하여금 어떻게 하는 것이 옳은지를 생각하게 하는 방법이다. 사회지향적 마케팅 수행을 강조하고 사회적으로 요구되는 내용을 주로 다루어 수신자들로 하여금 이를 지지하도록 만든다.

(2) 메시지 구조

메시지 구조와 관련되어 있는 세가지 내용을 결정하여야 한다.

첫째,. 메시지의 결론을 제시할 것인가 아니면 그냥 수신자들에게 맡겨둘 것인가를 정해야 한다.

둘째, 제품의 장점만 이야기하는 일면적 주장과 제품의 장점뿐만 아니라 단점도 같이 이야기하는 양면적 주장 중 어느 것을 선택할 것인가를 고려해야 한다.

셋째, 메시지 제시순서에 대한 문제로서 강한 주장이 담기 광고 내용을 광고 처음에 제시할 것인가 아니면 마지막에 제시할 것인가에 대한 문제를 고려해야 한다.

(3) 메시지 형태

메시지 전달 시 소비자들의 주의를 끌 수 있는 강한 형태의 광고내용을 제작할 필요가 있다. 인쇄매체를 통한 광고에 있어서 의사전달자는 표제, 광고문안, 삽화 그리고 색상 등을 결정해야 한다. 소비자의 주의를 끌기 위해 광고주들은 눈에 띄는 그림과 표제를 사용하기도 하고, 특이한 구성의 광고를 제작하기도 하며, 다른 광고와 차별화되는 메시지의 크기나 위치를 선택하기도 한다. 또 색상, 모양 등을 차별적으로 사용하기도 한다.

메시지의 효과는 수신자가 어떻게 발신자를 생각하느냐에 따라 영향을 받게 된다. 메시지는 일반적으로 신뢰성이 높은 원천에 의하여 전달될 때 설득효과가 보다 높게 나타난다. 정보원천의 신뢰성은 전문성을 얼마나 가지고 있는가, 그 정보원천이 말하는 것이 얼마나 믿을 만한가, 얼마나 매력있는 정보원천인가 등의 세 가지 요인에 의하여 평가한다.

4 메시지 전달경로 선정 중요도 상중하

(1) 비인적 경로

비인적 의사전달경로는 개인적인 접촉이나 피드백이 없이 메시지를 전달할 수 있는 매체들을 말한다. 비인적 경로는 주로 기업이 돈을 지불하는 매체로서 신문, 잡지, 직접우편 등과 같은 인쇄매체, 라디오, TV와 같은 방송매체, 그리고 포스터, 옥외간판, 벽보 등과 같은 전시매체로 구성되어 있다.

분위기와 이벤트도 비인적 경로가 된다. 은행은 고객들의 신뢰감을 형성하기 위해 실내를 꾸밀 수 있고, 기업의 PR부서에서는 자사의 제품이나 기업과 관련된 기자회견을 하거나 대학생 소비자들을 위한 논문 공모 등을 실시하는 이벤트를 열기도 한다. 기업은 홈페이지를 이용하거나 SNS를 이용할 수 있다.

(2) 인적 경로

인적 경로는 두 명 이상의 사람들이 직접적으로 서로 의사소통을 하는 방법이다. 일대일 면접식의 방법으로 이루어질 수도 있고, 한 사람이 청중들에게 이야기할 수 있고, 전화나 우편을 이용할 수 있다. 인적 경로는 직접적인 반응을 얻을 수 있다는 점에서 매우 효과적인 의사전달방법이다.

5 마케팅 커뮤니케이션 예산결정 중요도 상중하

(1) 가용예산활용법

가용예산활용법은 다수의 기업들이 사용하는 방법으로서 이 방법을 사용하는 기업들은 회사에서 충당 가능한 수준에서 마케팅 커뮤니케이션 비용을 책정한다. 즉 회사자금 사정상 다른 긴급한 비용을 모두 예산에 책정한 다음 나머지를 마케팅 커뮤니케이션 비용으로 책정하는 방법이다. 이 방법은 마케팅 커뮤니케이션이 투자이며, 매출액에 즉각적으로 영향을 미칠 수 있다는 것을 무시하고 있다.

(2) 매출액비례법

매출액비례법은 현재 또는 예상되는 매출액에서 일정비율을 마케팅 커뮤니케이션의 예산으로 산정하는 방법이다. 자동차 회사의 경우 일반적으로 판매가격의 일정액을 마케팅 커뮤니케이션으로 책정하고 있다.

(3) 경쟁자기준법

경쟁자기준법은 자사의 마케팅 커뮤니케이션 예산을 경쟁사에 맞추는 방법이다. 이 방법은 경쟁자들의 상황이 자사가 처한 상황과 다를 경우에는 비합리적인 방법이 될 수 있다.

(4) 목표과업기준법

목표과업기준법은 가장 논리적인 방법으로 기업은 마케팅 커뮤니케이션을 통해 자사가 얻고자 하는 바가 무엇인지에 따라서 예산을 책정한다. 마케팅관리자는 특정한 목표를 정의한 후, 이 목표를 달성하기 위하여 어떠한 과업을 수행할 것인가를 결정하고 이 과업을 수행하기 위해 소요되는 비용을 산정하여 예산을 책정하는 과정을 거친다.

제 **3** 절 마케팅 커뮤니케이션믹스 결정

1 마케팅 커뮤니케이션의 영향요인 중요도 ⑳⑧⑨

(1) 제품의 특성

제품이 갖는 자체적인 특성인 기능, 품질, 스타일 및 디자인, 색상 등의 일반적 특징 이외에 해당 제품의 소비에 대한 특징 즉 어떤 산업분야에 속하고 있는가, 어떤 기술을 적용한 제품인가, 해당 제품의 사용되어지는 용도, 구매용도, 구매빈도, 구매하는 소비자, 구매시기 등은 어떠한지 등 다양한 제품의 특성에 따라 마케팅 커뮤니케이션은 영향을 받게 된다.

기술적으로 복잡하고 사용이 어려울수록 목표고객이 소수이거나 고가시장으로 표적화되기 쉽고, 인적 판매가 효과적일 수 있다. 그러나 저가격으로 쉽게 구매하기 용이한 상품일수록 광고를 촉진수단으로 활용하고 있다.

또한 산업재는 주로 전문 잡지나 인적판매에 의존하며, 선매품의 경우에는 주로 직접 상품을 본 후 구매하기를 요구한다. 이에 반해 편의품은 브랜드에 대한 신뢰나 브랜드 이미지가 높은 상품을 선호하여 기업들은 광고를 통해 브랜드 이미지 제고를 위해 노력한다.

(2) 제품수명주기의 단계

현재 제품이 속해 있는 제품수명주기에 따라서 적합한 커뮤니케이션 전략을 차별적으로 도입하고 있다. 신제품이나 산업 도입기 상에서는 광고를 증대시키고 PR에 초점을 맞춘다. 또한 판매커뮤니케이션을 통해 관심을 유도하고 정보를 제공한다.

그러나 성장기나 성숙기로 접어들면 정보제공형 광고는 설득형으로 변경되고, 시장점유율 확대에서 경쟁에 의한 시장점유율 유지로 판매 커뮤니케이션 전략이 변화된다. 또한 쇠퇴기에는 최소한의 촉진비용 투입 및 신제품에 대한 촉진으로 비용 구조를 변화시킨다.

(3) 목표시장의 특성

목표시장의 고객이 누구인지, 목표시장의 크기가 어느 정도 되는지 등에 따라서 마케팅 커뮤니케이션의 차이를 둘 수 있다. 시장이 좁고 소수의 구매자인 경우에는 인적판매를 강화하고 매체의 선택 역시 소수의 잠재고객으로 향하도록 변경시킨다. 이러한 성격을 가진 제품들의 경우 판촉매체로서 TV나 라디오보다는 전문적인 산업 부문에 대한 전문잡지나 신문을 선호한다.

그러나 시장이 넓거나 해외로 퍼져 있고 잠재고객이 많다면 광고를 증대시키게 된다. 또한 언제 어디서나 노출될 수 있도록 다양한 매체와 커뮤니케이션을 고려하게 된다.

(4) 구매의사결정과정 또는 관여도의 유형

일반적이고 일상적인 구매의사결정 과정을 거치는지, 복잡하고 난해한 의사결정 과정 속에 놓여 있는지에 따라 어떤 커뮤니케이션 수단을 활용할 것인지에 차이를 나타낸다. 일반적으로 이러한 구매의사결정 과정의 차이는 관여도에 따라 차이가 나타난다. 관여도가 높다면 보다 깊은 주의를 기울이고 브랜드나 제품의 평판 등에 초점을 맞추지만 반대로 관여도가 낮은 상황이나 저관여 제품들이라면 인지도가 높은 브랜드를 선호하거나 빈번하게 광고에 노출된 상품을 구매하고자 하거나, 때로는 과거 구매 경험이 있는 상품을 구매하고자 하기 때문에 이러한 특징을 고려하여 광고나 판매촉진 등을 단행하게 한다.

(5) 사용 가능한 예산의 범위

기업에게 있어서 마케팅 커뮤니케이션에 소요되는 비용에 대한 고려, 예산의 편성은 커뮤니케이션을 수행함으로 인해 수행하지 않았을 때와 비교하여 충분히 그 효과가 창출되는가에 따라 차이가 난다. 만약 더 많은 비용을 투자하여도 일정 수준 이상 커뮤니케이션 성과가 창출되지 않는다면 어느 정도의 향상 수준을 평가하여 그만큼의 예산만을 책정해도 충분할 것이다.

그러나 커뮤니케이션에 소요되는 비용이 증대될수록 더 높은 성과가 창출되어 소요되는 비용을 상쇄하고도 남는다고 하더라도 기업은 무조건적으로 이에 대한 예산을 증대시키기는 힘들다. 회사의 자금능력, 기타 소요되는 비용 등을 감안해야 하기 때문이다.

또한 한정된 커뮤니케이션 예산 내에서 어떤 커뮤니케이션 수단을 수행하고자 결정한다는 것은 다른 커뮤니케이션 수단의 활용 정도나 규모에 영향을 미치게 된다는 것을 의미한다. 즉 비용이 많이 필요한 TV광고를 진행한다면 판매촉진이나 인적판매 등에 소요되는 비용을 줄일 수밖에 없을 것이다. 따라서 자사가 어느 규모의 예산 편성이 가능한가, 자사의 상품이 어떤 촉진수단이 적합한가, 해당 제품이 어느 성장단계에 놓여 있는가, 시장의 크기는 어느 정도인가 등의 다른 기준들을 살펴봄으로써 사용 가능한 예산의 범위 내에서 적정한 커뮤니케이션 수단의 우선순위나 정도를 결정할 수 있을 것이다.

2 효과적인 커뮤니케이션 전략 결정 중요도 상 중 하

판매촉진, 즉 판매를 촉진시키기 위한 근본적인 이유는 기업에게 있어 제품을 판매하여 수익이 창출되도록 하기 위함이며, 나아가 단기적 수익 증대나 장기적 기업 생존에 영향을 미치도록 하기 위함이다. 이러한 이유에서 활용되는 대표적인 촉진 전략이 풀 전략과 푸쉬 전략이다.

(1) 풀 전략

풀 전략은 기업이 자사의 제품이나 서비스를 구입하여 그에 해당하는 대가를 비용으로 지불하는 최종사용자 집단인 목표시장 고객들에게 다양한 마케팅 커뮤니케이션 기법을 활용하여 광고, 홍보, 판매촉진, 인적판매 등을 수행하고, 이를 통해 수익창출과 이미지 제고 등을 이끌어내는 커뮤니케이션전략을 의미한다.

소비자들은 마케팅 커뮤니케이션 과정에 자신이 놓이게 됨으로써 구매 욕구를 느끼게 되며, 이로 인해 수요로 유발되게 된다. 유통구조에 놓여 있는 소매점들은 소비자들의 구매 요청에 따라 도매상에게 해당 제품의 유통을 요청하게 되며, 도매상은 제조업체에게 제품을 구입하여 소매상에게 전달하고 수익을 확보하게 되는 것이다.

(2) 푸쉬 전략

푸쉬 전략은 기업이 자사의 제품이나 서비스를 유통업체(도매상, 소매상)들에게 적극적으로 목표시장 고객들에게 전달토록 요청하여 그 결과로 소비자들이 존재하는 목표시장에 상품이 노출되고 구매로 이어지도록 진행되는 커뮤니케이션 전략이다.

푸쉬 전략의 성공을 위해서 기업들은 유통업체에게 이익이 되는 다양한 제안을 하게 되며, 마찬가지로 이러한 제안은 소비자들에게로 이어지게 된다. 즉 광고를 수행하는 대신에 그 비용으로 시장에 자사의 제품이 진출되도록 적극적인 푸시를 가하는 것이다.

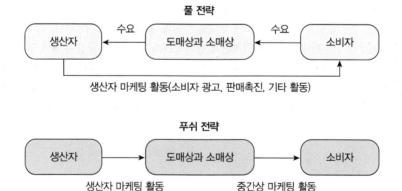

[풀 전략과 푸쉬 전략]

3 마케팅 커뮤니케이션믹스 결정 중요도 상중하

인적 커뮤니케이션 매체로는 판매원을 통한 인적판매가 있으며, 비인적 커뮤니케이션 수단은 대중매체를 통한 광고, 기사나 뉴스 형식으로 제공되는 홍보, 그리고 단기적인 판매를 자극하기 위해 이용되는 판매촉진 수단들이 있다. 이와 같이 고객과의 의사소통 수단인 광고, 홍보, 판매촉진, 그리고 인적판매를 마케팅 커뮤니케이션 믹스라고 부른다.

(1) 광고

광고주를 명확히 알 수 있으며 유료로 대중매체를 이용하여 제품, 서비스, 아이디어, 기업에 대한 메시지를 광범위한 잠재고객에게 일방적으로 전달하는 것을 말한다. 대중매체 외에도 인터넷, 사인보드, 포스터, 극장 등을 통해 이루어지기도 한다.

이러한 광고는 남녀노소를 불문하고 모든 계층의 소비자들에 대하여 동일한 메시지와 광고물이 노출된다는 단점과 제작기법에 따라 극적인 표현을 할 수 있다는 장점을 가지고 있다.

(2) 홍보

대중매체를 통해 기사나 뉴스 형식으로 이루어지는 마케팅 커뮤니케이션으로서 제 3자에 의해 객관적인 정보형태로 전달된다는 점에서 촉진믹스 중 가장 신뢰성이 높은 메시지 전달 방법이다. 신문이나 텔레비전에 회사나 상품에 대한 바람직한 내용이나 새로운 뉴스가 나가는 경우에 상품판매와 기업이미지에 좋은 영향을 미치게 된다. 신기술이나 신제품 개발에 대한 논문을 관련 업계지나 학회연구지에 싣거나, 텔레비전에 출연하여 대담을 하는 것도 홍보의 한 예이다.

(3) 판매촉진

잠재 구매자에 대해 상품에 대한 신속한 관심과 즉각적인 구매를 자극하기 위해 사용하는 단기적인 유인책을 말한다.

신제품의 경우는 시장에서의 단기적인 시장정착과 시험구매를 유도하기 위해 판매촉진을 사용하며, 기존제품의 경우는 재고처리, 자금의 신속한 회수, 경쟁에 대응 등과 같이 단기적인 목적으로 실시되는 것이 일반적이다. 그러나 일반 소비자에 대해 판매촉진을 너무 자주 사용하면 제품과 기업의 이미지 저하를 가져올 우려가 있으므로 장기적으로 시행하거나 너무 자주 실행하는 것은 바람직하지 못하다.

(4) 인적판매

판매원에 의해 이루어지는 양방향 커뮤니케이션 수단이다. 다른 촉진방법과는 달리 판매원이 직접 고객과 대면하여 의사소통을 하게 되므로 고객의 요구와 상황에 따라 메시지를 융통성있게 변화시켜 전달할 수 있다. 판매원에는 소매점에서 일반 소비자를 대상으로 판매를 하는 판매원, 제조업체의 유통기관 영업을 위한 판매원, 산업재 수요처에 대한 판매를 담당하는 판매원이 포함된다. 특히 인적판매는 유통기관을 포함한 산업재 판매에서 매우 중요한 촉진수단이다. 판매원은 잠재고객을 찾아내고, 고객의 요구를 정확히 파악하여 적합한 제품을 제시함으로써 구매에 대한 확신과 설득을 얻어내는데 주로 이용된다. 최종적으로 판매를 종결하고 고객의 구매만족을 극대화하기 위한 사후관리 기능도 수행한다.

○✕로 점검하자

※ 다음 지문의 내용이 맞으면 ○, 틀리면 ✕를 체크하시오. [1~10]

01 커뮤니케이션이란 '매체를 통한 발신자와 수신자 간 정보의 전달 과정'을 의미한다. (　　)

02 마케팅 커뮤니케이션의 역할은 소비자들이 자사의 제품을 사용하고 경쟁자를 멀리하도록 설득하는 것이며, 자사의 브랜드에 대해 긍정적인 이미지를 갖게 하는 것이다. (　　)

03 마케팅 커뮤니케이션의 설득적 역할이란 기업이 자사의 제품에 대한 관심을 유발하고 제품의 정보를 제공하기 위해 수행되는 활동이다. (　　)

04 상기 커뮤니케이션은 주로 신제품에 대한 시장진출 또는 해당 산업의 도입기에 활용된다. (　　)

05 효과적인 커뮤니케이션의 목표는 고객이 특정 브랜드에 깊고, 넓은 인지도를 가지기 시작하여 강하고 호의적인 연상을 가지게 되고, 긍정적 반응을 일으키면서 마지막으로 강한 충성심이 형성되도록 하는 것이다. (　　)

06 AIDA 모형은 관심 → 욕망 → 주의 → 행동 반응의 순서를 거친다. (　　)

07 이성적 소구는 수신자가 많은 관심을 가지고 있는 내용을 전달하는 것으로서, 구매를 유도할 수 있는 긍정적 감정들을 유발하려는 노력이다. (　　)

08 정보원천의 신뢰성은 전문성을 얼마나 가지고 있는가, 그 정보원천이 말하는 것이 얼마나 믿을 만한가, 얼마나 매력 있는 정보원천인가 등의 세 가지 요인에 의하여 평가한다. (　　)

09 메시지의 인적 경로는 기업이 돈을 지불하는 매체로서 신문, 잡지, 직접우편 등과 같은 인쇄매체, 라디오, TV와 같은 방송매체를 의미한다. (　　)

10 매출액비례법은 현재 또는 예상되는 매출액에서 일정비율을 마케팅 커뮤니케이션의 예산으로 산정하는 방법이다. (　　)

정답과 해설　01 ○　02 ○　03 ✕　04 ✕　05 ○　06 ✕　07 ✕　08 ○　09 ✕　10 ○

03　상기 내용은 정보제공 역할에 해당한다.
04　상기 커뮤니케이션 활동은 이미 시장 내에서 산업이 성장기를 거쳐 성숙기에 정착되었을 때 주로 활용된다.
06　AIDA 모형의 순서는 주의→ 관심→ 욕망→ 행동 반응으로 나타난다.
07　이성적 소구는 제품의 구매는 곧 수신자에게 얻고자 하는 편익을 제공한다는 내용의 메시지를 사용한다. 즉 이성적 메시지는 흔히 제품의 질, 경제성, 가치, 또는 성능에 대한 내용을 담고 있다.
09　상기 예시는 비인적 경로에 해당한다.

실전예상문제

해설 & 정답 checkpoint

01 풀 전략(pull strategy)과 푸쉬 전략(push strategy)에 대한 설명으로 옳지 <u>않은</u> 것은?

① 제조업자가 자신의 표적시장을 대상으로 직접 촉진하는 것은 풀 전략이다.
② 풀 전략은 제조업자 제품에 대한 소비자의 수요를 확보함으로써, 유통업자들이 자신의 이익을 위해 제조업자의 제품을 스스로 찾게 만드는 전략이다.
③ 푸쉬 전략은 제조업자가 유통업자들에게 직접 촉진하는 전략이다.
④ 일반적으로 푸쉬 전략의 경우 인적 판매보다 TV광고가 효과적이다.

01 푸쉬 전략은 일종의 인적 판매 중심의 마케팅 전략에 해당한다.

02 기업의 광고 커뮤니케이션이 기업이 의도한 바만큼 소비자들에게 전달되지 못하는 경우가 발생하는 이유는?

① 소비자들은 자의적으로 메시지를 변형하여 수용한다.
② 소비자들은 접하는 메시지의 의미를 전부 기억하려는 경향이 있다.
③ 소비자들은 노출된 정보 중에서 일부만을 상기한다.
④ 소비자들은 선택적으로 주의를 기울이므로 모든 자극에 민감하지 않다.

02 소비자들은 그들이 접하는 메시지의 일부만을 저장하고 정보 검색 역시 선택적으로 검색하는 경향이 있다.

정답 01 ④ 02 ②

03 목표과업기준법은 가장 논리적인 예산책정방법으로서 기업은 촉진활동을 통하여 자사가 얻고자 하는 목적이 무엇인지에 따라 예산을 책정한다.

04 인적판매는 판매원이 고객을 대면하여 자사의 제품에 대한 정보를 제공하고, 그들이 제품을 구매하도록 하는 활동이다.

05 가용예산활용법은 다수의 기업들이 사용하는 방법으로서 이 방법을 사용하는 기업들은 회사에서 충당 가능한 수준에서 마케팅 커뮤니케이션 비용을 책정한다.

03 다음 사례에 해당하는 커뮤니케이션 예산 수립방법은?

> 디즈니플러스는 넷플릭스나 웨이브 등 기존 한국에 진출한 OTT와 경쟁하기 위하여 브랜드 인지도 상승을 위한 촉진예산을 얼마나 할당하여야 하는지에 대하여 과거 다른 지역에 진출했을 때의 유사한 자료를 가지고 촉진 비용과 인지도 사이의 필요한 정보들을 찾고자 한다.

① 목표과업기준법
② 매출액비례법
③ 경쟁자기준법
④ 가용예산활용법

04 다음 사례는 어떤 마케팅 커뮤니케이션 수단에 해당하는가?

> 소비자의 선호를 높이고 확신을 가지게 하는 구매행동을 하는 단계에서 중요한 촉진방법으로서 산업재나 전문재와 같은 제품의 경우 많이 활용하는 촉진수단이다.

① PR
② 인적판매
③ 광고
④ 판매촉진

05 마케팅 커뮤니케이션의 예산설정 방법 중 매출액비례법과 관련된 내용으로 옳지 <u>않은</u> 것은?

① 충당가능한 수준의 촉진비용을 책정하는 것이 중요하다.
② 매출액이 감소하는 시점에서는 촉진비용을 삭감해야 한다.
③ 기업이 활용할 수 있는 금액을 바꿀 수 있는 장점이 있다.
④ 촉진비용, 판매가격, 한계수입 사이의 관계를 고려할 수 있다.

정답 03 ① 04 ② 05 ①

06 아래 글상자에서 풀 전략(pull strategy)에 대한 설명으로 옳은 것은?

> ㉠ 최종소비자를 상대로 촉진관리활동을 한다.
> ㉡ 중간상을 대상으로 촉진관리활동을 한다.
> ㉢ 소비자의 상표인지도와 충성도를 높이기 위한 방법이다.
> ㉣ 수량할인, 인적판매, 구매시점 디스플레이, 협동광고 등에 치중한다.

① ㉡, ㉢
② ㉡, ㉣
③ ㉢, ㉣
④ ㉠, ㉢

07 고객 커뮤니케이션의 예산수립에 대한 내용 중 가장 올바른 것은?

① 목표-업무 방법(Objective and Task)은 운영비용과 이익을 산출한 후에 사용 가능한 금액이 얼마인지에 따라 고객커뮤니케이션 예산을 설정하는 방법이다.
② 손대중방법(Rules of Thumb)은 커뮤니케이션 목표를 달성하기 위해 특별한 업무수행에 요구되는 예산을 결정짓는 방법이다.
③ 가용예산활용법(Affordable Budgeting)을 사용할 때는 고객 커뮤니케이션비용을 제외한 다른 매출과 비용을 먼저 예측한다.
④ 매출액비례법(Percentage of Sales)에서 고객 커뮤니케이션 예산은 소매업체의 고객 커뮤니케이션비용비율과 시장점유율이 같도록 결정된다.

08 소비재는 주로 풀 전략을 활용하는
경우가 많다.

08 마케팅 커뮤니케이션 전략 수립 시 고려해야 할 요인으로 볼 수
없는 것은?

① 광고는 구매의사결정 초기단계에 중요하다.

② 소비재는 주로 푸쉬 전략을 사용한다.

③ 소비재는 주로 광고를 활용한다.

④ 성숙기에는 새로운 수요를 창출하기 위해 광고를 활용하는 경
우가 많다.

주관식 문제

01
[정답] 상기(회상) 커뮤니케이션, 기억유도
역할

[해설] 기억을 유도해내기 위한 역할의 커
뮤니케이션은 회상 커뮤니케이션 또
는 상기 커뮤니케이션이라고도 한다.
소비자들은 작년의 구매행동을 상기
하고 구매행동에 들어가게 된다.

01 다음 사례에서 볼 수 있는 커뮤니케이션이 무엇인지 쓰고, 그 역
할이 무엇인지 순서대로 쓰시오.

> 옥시에서 만든 물먹는 하마는 여름 장마철이 오기 바로 전에
> 지속적 광고를 시작한다. 이때 습기 제거를 통해 얻게 되는 정
> 보를 제공함과 동시에 어디서 구입해야 하는지, 어느 정도 구
> 입해야 하는지, 어디어디에 놓아두어야 하는지 등을 광고에서
> 보여준다.

[정답] 08 ②

02 한 유제품 제조회사와 대리점 간의 '제품 밀어내기' 통화내용이 빈축을 산 사례가 있다. 이 문제와 관련된 마케팅 전략이 무엇인지 쓰고 이 전략이 가지고 있는 가장 큰 단점이 무엇인지 서술하시오.

03 전문품의 경우 표적시장이 좁기 때문에 일반적인 재화와는 다른 전략이 필요하다. 이 경우 마케팅 커뮤니케이션의 영향요인 측면에서 어떤 커뮤니케이션 전략을 써야 하는지 서술하시오.

04 제품수명주기 단계에서 도입기와 성숙기에 활용하기에 적합한 커뮤니케이션 전략을 순서대로 서술하시오.

checkpoint **해설 & 정답**

05

정답 감성적 소구, 이성적 소구
ㄱ 기술이나 제품의 물리적 속성 등

해설 이성적 소구는 수신자가 많은 관심을 가지고 있는 내용을 전달하는 것으로서, 제품의 구매는 곧 수신자에게 얻고자 하는 편익을 제공한다는 내용의 메시지를 사용한다. 감성적 소구는 구매를 유도할 수 있는 긍정적 감정들을 유발하려는 노력이다.

05 다음 빈칸에 들어갈 내용을 순서대로 쓰고, ㄱ이 무엇인지 서술하시오.

> (   )란 브랜드에 대한 긍정적인 느낌이나 호의적인 태도, 이미지 향상을 목적으로 하는 표현전략입니다. 특히 ㄱ <u>이성적인 근거</u>를 통해 제품을 차별화하기 어려운 경우에는 이러한 감성적 광고가 더욱 효과적입니다.
> (   )란 자사의 브랜드가 선택될 수밖에 없는 합리적인 이유를 설명하거나 객관적인 근거를 제시함으로써 표적소비자에게 제품에 대한 지식과 정보를 제공하는 광고전략을 말합니다.

고득점으로 대비하는 가장 똑똑한 수험서!

제 **18** 장

매스 커뮤니케이션 관리

잠깐!

혼자 공부하기 힘드시다면 방법이 있습니다.
시대에듀의 동영상강의를 이용하시면 됩니다.
www.sdedu.co.kr → 회원가입(로그인) → 강의 살펴보기

제18장 매스 커뮤니케이션 관리

제1절 광고 프로그램 구축 및 관리

1 광고의 개념 중요도 상 중 하

물, 불, 공기 이외에 광고와 함께 살아가고 있을 정도로 광고는 우리의 삶 속에 파고들어와 있다. 우리가 필요한 의식주와 생활에 필요한 제품을 필요로 하는 한, 우리는 수많은 제품과 브랜드를 광고하고 있는 속을 헤엄치면서 선택하고 소비하고 살아갈 수밖에 없다. 기업은 소비자들의 선택을 이끌어내기 위해서 창의성을 발휘한다. 애플의 광고는 효과적인 광고의 조건은 창의적이어야 한다는 것을 보여주고 있다. 광고의 창의성은 독창성과 적합성이 함께 있어야 한다.

이러한 광고의 포괄적 개념은 다양한 매체를 통하여 광고주의 제품이나 서비스, 아이디어 등을 부호화하여 원하는 매체에 메시지로 전달하는 비대면적 커뮤니케이션 활동으로 주로 설득적인 정보에 대해 조직적이고 체계적으로 전달하는 유료로서의 촉진방법이다.

2 광고 프로그램 구축 중요도 상 중 하

(1) 광고목표설정

광고는 특정 기간 동안 특정의 표적대상에게 메시지를 전달하는 것이므로 광고목표는 정보전달, 소비자 설득, 브랜드 상기 등의 목적을 가질 수 있다.

① 정보전달광고

신제품을 시장에 처음으로 소개할 때, 소비자들은 신제품에 대해서 잘 모르는 상태이기 때문에 새로운 제품군을 소개하면서 일차적 수요를 만들고자 한다. 이때 광고의 목표는 소비자들에게 신제품에 대한 정보를 잘 전달하여 시장에서 소비자들의 초기수용을 높이고자 한다.

② 설득광고

경쟁이 심화될수록 자사의 제품과 브랜드가 소비자들에게 주는 혜택이 크다는 것을 설득하여 선별적인 수요를 확보하려고 한다. 때로는 경쟁 브랜드와 직·간접으로 비교하는 비교광고를 수행하기도 한다. 버거킹은 맥도날드의 상징인 도날드가 사람들의 시선을 의식하면서 중절모와 바바리코트를 입고 버거킹을 구매하러 온 것으로 비교광고를 하고 있다.

③ 상기광고

성숙기에 있는 제품과 브랜드의 경우 상기광고가 가장 효과적이다. 상기광고에서는 소비자를 설득
하기보다는 소비자들의 기억 속에서 사라지지 않도록 하기 위한 메시지가 사용된다.

(2) 광고예산결정

광고의 목표는 수요를 창출하고자 하는 데 있기 때문에 기업은 판매 목표를 달성하는 데 필요한 만큼의
비용을 지출하고자 한다. 기업은 광고예산을 결정할 때 다음 요인들을 고려해야 한다.

① 제품수명주기단계

신제품의 경우에는 전혀 소비자들에게 인지되어 있지 않은 상태이므로 인지도를 높이기 위하여 상
대적으로 많은 광고예산을 투입하게 되고, 성숙기 제품의 경우에는 소비자들의 인지도가 높아져 있
기 때문에 매출액에 비하여 비교적 낮은 예산을 투입할 수 있다.

② 시장점유율

시장점유율이 높은 브랜드의 경우 낮은 것보다 시장점유율을 유지하기 위하여 매출액 대비 높은 예
산이 필요하다.

③ 경쟁

경쟁이 치열한 시장은 그렇지 않은 시장보다 더 많은 광고 예산이 든다. 대표적 시장이 맥주시장이
다. 이런 시장에서는 매출액 대비 광고비를 많이 책정한다.

④ 광고빈도

메시지를 전달하는 데 광고빈도가 많을수록 많은 예산이 든다.

⑤ 제품의 대체가능성

담배, 맥주, 소프트드링크와 같이 제품의 대체가능성이 높은 제품들의 경우 차별적인 이미지를 구
축하기 위하여 많은 예산을 투입하고 있다.

3 메시지 개발 중요도 상 중 하

(1) 메시지 개발전략

이는 전반적인 메시지가 소비자에게 의사소통되어야 하는가를 결정한다. 광고담당자는 메시지 창안을
위하여 소비자, 중간상인, 전문가 그리고 경쟁자들로부터도 얻는다. 신제품개발과정에서 나타나는 것
처럼 여러 아이디어 중에서 빅 아이디어, 즉 크리에이티브 개념을 얻는다. 2011년 한국에서만 10만명의
넘는 참여자를 끌어 들였던 맥도날드의 빅맥송 챌린지는 2020년에도 다시 활용되어 자사의 브랜드 인
지도 상승은 물론 쉽고, 간단하고, 재미있는 마케팅의 3요소를 다 갖춘 사례에 해당한다.

(2) 메시지 실행스타일 개발

광고주는 빅아이디어가 창안되면 표적고객의 주의와 흥미를 끌어내기 위해 메시지를 다음과 같은 다양
한 실행스타일로 표현할 수 있어야 한다.

① **생활의 단편 스타일**

정상적인 상황에서 제품을 사용하는 소비자들을 보여준다. 정수기 등 생활과 직접 관련된 제품들의 광고에서 볼 수 있다.

② **생활양식 스타일**

제품이 생활양식과 잘 조화를 이룬다는 것을 보여줄 수 있다. 우리나라 아파트 광고들에서 볼 수 있다.

③ **환상 스타일**

제품이나 그 사용과 관계된 환상을 창출한다. 이는 꿈을 주제로 하는 많은 광고에서 볼 수 있다.

④ **무드 또는 이미지 스타일**

제품과 서비스에 관련되어 아름다움, 사랑, 평온함 무드나 이미지를 보여준다. 대한항공이나 아시아나 항공의 광고에서 많이 나타난다.

⑤ **뮤지컬 스타일**

인기있는 스타들을 내세워 뮤지컬형태로 제품을 노래하는 것을 보여준다. 하이마트 광고나 아이들 학습지 중 빨간펜 광고에서 볼 수 있다.

⑥ **개성 심볼 스타일**

말보로맨처럼 제품을 대변하는 캐릭터를 내세우는 광고에서 볼 수 있다.

⑦ **기술적 전문성 스타일**

커피회사 광고, 보안회사 제품광고에서 볼 수 있듯이 기술적 전문성을 보여준다.

⑧ **과학적 증거 스타일**

자사 브랜드가 경쟁사보다 더 좋거나 선호된다는 설문조사결과나 증거를 제시한다.

⑨ **제품후원자에 의한 실연과 후원 스타일**

매우 믿을 만하거나 호감이 가는 제품후원자를 광고에서 보여준다. 노벨상을 받은 전문가를 내세우기도 한다.

(3) 사회적 매체와 메시지 개발

오늘날은 상호작용 기술이 뛰어나 소비자들을 참여시키면서 메시지를 만드는 경향이 나타난다. 트위터, 유튜브, 페이스북, 구글, 네이버, 인스타그램 등 사이트에 게재된 소비자가 만든 메시지를 받아들이려는 기업의 의지는 새로운 것들을 창안할 수 있게 한다.

기업은 소비자가 광고메시지 아이디어와 비디오를 응모하도록 초대하기 위해 콘테스트를 개최하기도 한다. 소비자가 만드는 광고는 기업으로 하여금 매우 적은 비용으로 신선한 소비자 관점에서 새로운 크리에이티브 아이디어를 얻을 수 있다. 그리고 기업은 소비자를 참여시킴으로써 자사 브랜드에 대한 관여수준을 높이고 브랜드와 공명을 높일 수 있다.

미디어 결정 및 광고효과 측정

1 **미디어 결정** 중요도 상 중 하

(1) 도달률, 노출빈도 및 영향도 결정

광고목표를 달성하기 위하여 얼마만큼의 도달률과 빈도가 필요한가를 결정하여야 한다. 도달률은 일정기간 동안 광고에 노출된 표적소비자의 비율로 측정된다. 노출빈도는 표적시장의 소비자들이 광고에 평균 몇 회 노출되었는가로 측정된다. 매체영향력은 특정 매체를 통한 메시지노출의 질적 가치를 말한다.

(2) 주요 매체유형의 선택

TV, 신문, 잡지, 라디오, SNS. 옥외, 인터넷 중에서 어느 것을 선택하는가는 그 매체 습관, 제품특성, 메시지의 성격, 비용이 고려되어야 한다. 결정은 소비자들의 몰입과 매체와 브랜드와의 관계성에 있다. 각 매체가 가지고 있는 장단점을 이해하고 접근하여야 한다. TV는 커버리지가 높고, 시각, 청각, 동작이 결합되어 감각에 호소할 수 있는 장점이 있으나 비용이 많이 든다. 정규 TV방송보다 케이블방송을 이용할 수 있다. 매체가 가지고 있는 장단점을 이해하면서 다음 4가지를 고려하여 접근해야 한다.

① 표적청중의 매체습관을 이해해야 한다. 예를 들어 SNS는 10대가 가장 많이 이용한다.
② 제품의 특성을 고려해야 한다. 여성들의 의상은 컬러잡지에 전달되는 것이 가장 유용하다.
③ 메시지 자체의 성격이 매체를 고려하는 데 영향을 미친다. 메시지가 고관여 정보를 담는 것일수록 신문, 잡지가 유효하고, 저관여 제품정보를 담는 것일수록 TV가 유효하다.
④ 비용이 고려되어야 한다. 도입사례에서 나타난 바와 같이 많은 비용이 들더라도 짧은 시일 내에 인지도를 얻는 데는 TV 광고가 효과적이다.

오늘날 특징은 한 번에 하나 이상의 매체를 사용하는 다매체 사용자들이 뚜렷하게 나타나고 있다는 것이다. TV부터 신문, 그리고 인터넷을 이용한다. 젊은이들의 이러한 행동은 매체 사용시간을 단축시킨다. 인터넷을 탐색하면서 자료파일을 열어놓은 채 채팅하고, 특정 내용을 보면서 휴대폰으로 친구들에게 카톡을 보내고, 멜론 같은 사이트에서 음악을 들으면서 공부를 하는 소비자들이 증가하고 있다.

(3) 특정 매체도구의 선택

매체도구 별로 1,000명에게 도달되는 비용을 계산해야 한다. 각 매체에 광고제작비용이 얼마나 많이 드는가를 고려해야 한다. 매체비용과 매체효과성에 관련된 요인을 비교하여 이들 간에 균형을 유지해야 한다. 각 매체도구의 청중수준을 평가하고, 청중의 몰입수준을 체크해야 한다. 그리고 매체도구의 편집수준을 체크해야 한다. 그리고 매체도구의 편집수준을 평가해야 한다.

(4) 매체 타이밍의 결정

일 년 동안 어느 시점에 광고를 집행할 것인가에 대한 결정을 해야 한다. 저녁 뉴스가 끝나고 어린아이들을 재워야 하는 시간에 어린이를 위한 감기약 광고를 내보내는 것은 효율적이다. 11월 입시철에 대학

광고가 치열하게 나타나고 있는 것도 많이 있는 사례이다.

광고를 일 년 내내 같은 수준으로 유지하면서 집행하는 지속전략을 택할 것인가, 2주 또는 한 달 정도를 단위로 하여 광고의 양을 늘렸다 줄이는 일을 반복하는 맥박전략을 택할 것인가를 고려할 수 있다.

2 광고효과 측정 중요도 상중하

메시지를 설계하고 매체를 결정하여 광고를 실행하고 난 뒤에 광고 효과를 측정하여야 한다. 여기에는 커뮤니케이션 효과와 판매효과가 있다.

(1) 커뮤니케이션 효과 측정

광고가 소비자들에게 얼마나 의사전달을 제대로 하고 있는가를 측정하는 것이다. 이러한 측정은 광고가 소비자들에게 전달되기 전과 후에 조사할 수 있다. 광고의 사전조사에는 다음 세 가지 방법이 사용된다.

① 직접평가

직접평가는 소비자 패널들에게 광고시안들을 보여주고 각각의 시안에 대하여 소비자가 직접 평가하게 하는 방법이다. 이를 통하여 광고가 소비자의 주의를 얼마나 끌고 있으며, 어떠한 영향을 미치는지를 파악한다.

② 포트폴리오 테스트

포트폴리오 테스트는 소비자들이 몇 개 광고로 구성된 광고포트폴리오를 원하는 시간만큼 보거나 들은 뒤 기억이 나는 내용을 응답하게 한다. 그 결과 나타난 회상의 정도와 광고의 주의를 끄는 정도, 메시지의 이해용이성과 기억용이성을 알아낸다.

③ 실험실 테스트

실험실 테스트는 심장박동수, 혈압, 동공의 확대 정도, 땀나는 정도 등과 같은 신체적 반응을 측정하는 도구를 사용하는 방법으로 광고를 본 후 이러한 변화를 측정하여 광고효과를 추정한다. 이들 방법은 광고가 어느 정도 주의를 끌고 있는가 하는 능력을 측정한다. 그러나 보다 깊은 소비자행동 단계인 신념, 태도, 구매의도 등에 미치는 영향력 정도는 알아내기가 어렵다.

이외 광고 사후조사에는 광고에 노출된 소비자들에게 광고를 본 후 광고주와 광고제품에 대해 기억해 낼 수 있는 모든 내용을 이야기하는 회상테스트나, 광고가 실린 신문, 잡지, 텔레비전 프로그램 등을 보여주고 전에 본 적이 있는 내용이 어떤 내용들인가를 물어보는 재인테스트가 있다.

(2) 판매효과 측정

과거의 광고비 지출과 매출의 관계를 회귀분석과 같은 통계모형을 통하여 알아낼 수 있다. 이러한 재무효과의 측정은 매출액, 시장점유율, 수익률 등에 광고가 기여한 정도를 측정해 보는 것이다. 판매효과 측면에서의 광고효과 측정은 차후 광고 집행을 위한 예산투입 결정에 중요한 변수로 작용하기 때문에 마케터는 광고 집행에 따른 매출액, 시장점유율, 수익률 지표 등의 변화에 민감하게 반응할 수밖에 없다. 특히 성수기와 비수기의 구별이 뚜렷한 에어컨, 온돌침대, 스키장 등의 상품이나 서비스는 집행되는 광고비에 대한 매출액의 탄력성이 상당히 높은 것으로 알려져 있다. 따라서 집행되는 광고에 대한 효과를 예의 주시하여 차후 광고비 지출을 항상적으로 유지할지 아니면 변화할 것인지 검토해야 한다.

제 3 절 판촉

1 판촉의 정의 중요도 상중하

판촉 또는 판매촉진은 제조업자나 서비스업자가 거래처나 소비자에게 자사 브랜드를 구입하도록, 그리고 판매원들이 적극적으로 그것을 판매하도록 독려하기 위해 제공하는 모든 인센티브를 말한다.
판촉은 거래처 혹은 최종소비자가 특정 브랜드를 빨리, 더욱 자주, 혹은 많은 양을 구입하도록 장려하거나 판촉을 제공하는 제조업자와 소매점에 이익이 되는 행동에 참여하도록 유도하는 인센티브를 포함한다. 이러한 인센티브는 특정 제품이나 서비스를 구매했을 때 일반적으로 얻어지는 기본혜택에 부가된다. 인센티브의 대상은 거래서, 소비자, 영업사원 또는 제3자가 된다. 인센티브는 단지 그 브랜드의 지각된 가격이나 가치를 변경하는 일시적인 것일 뿐이다. 즉 판촉 인센티브는 어떤 기간 중의 특정 브랜드 구매에 적용되는 것이지, 소비자가 그 기간을 넘어서 행하는 모든 구매에 적용되는 것은 아니다.

2 판촉의 목적 중요도 상중하

제품을 사용하는 사람들을 끌어들이기 위하여 인센티브 스타일 촉진을 사용하고, 드문드문 제품을 구매하는 소비자들의 재구매율을 증가시키고, 충성고객에게 보상을 준다.
판촉은 브랜드를 빈번하게 바꾸어 구매하는 소비자 집단에 중점을 두는 전략을 펼친다. 기업은 판촉을 통하여 브랜드 간의 차이가 크지 않은 시장에서 단기간에 높은 판매반응을 얻을 수 있지만, 장기간에 걸친 지속적 시장점유율의 증가 및 유지를 달성하기는 어렵다. 대부분의 기업들은 판촉은 경쟁사 제품에 대한 브랜드충성도를 떨어뜨리는 수단으로, 광고는 자사의 브랜드충성도를 높이는 도구로 생각한다. 따라서 판촉과 광고에 예산을 어떻게 할당할 것인가 하는 문제에 직면하게 된다.
판촉은 시장점유율이 낮은 기업들이 장기적으로 투입할 많은 예산을 가지고 있지 않은 상황에서 단기적인 판매효과를 낼 때 유용하다. 시장점유율이 낮은 기업들은 소비자들에게 사은품 제공, 가격할인 등의 촉진수단을 사용하지 않으면 소비자들을 끌기가 어렵다. 따라서 중소기업들이 단기적으로 시장점유율을 높이기 위하여 판촉을 많이 사용하고 있는 것을 볼 수 있다. 효과적인 판촉수단으로 광고 등을 통하여 어느 기간 동안 판촉이 어떠한 내용으로 수행되고 있는지를 소비자들에게 알리고 있다.

3 판촉의 유형 중요도 상 중 하

(1) 소비자 판매촉진

소비자를 대상으로 하는 판매촉진은 크게 소비자들이 매장을 방문하거나 구매하고자 하는 시점에 진행되는 판매촉진, 관심을 유발시키는 행위를 통해 진행되는 판매촉진, 혜택을 추가적으로 제공해주는 방식의 판매촉진, 부담을 줄여주는 방식으로 진행되는 판매촉진 등이 있다.

① 다구매자 우대쿠폰(Continuity)

다구매자 우대쿠폰은 구매의 누적에 따라 일정한 혜택을 주는 판촉이다. 다구매자 우대쿠폰은 일정 횟수의 반복구매를 유도하기 위한 것으로 주고 고가 제품에 활용된다. 예를 들어 주요소에서 주유시마다 쿠폰을 주고 쿠폰의 합이 일정금액 이상이 되면 사은품을 주는 것이다. 항공상에서 누적 여행거리가 일정거리를 넘어서면 무료 항공권을 증정하는 것이다.

② 경품

경품은 크게 소비자 경품, 소비자 현상경품, 공개현상경품, 사업자경품으로 분류할 수 있다.

첫째, 소비자경품(프리미엄)은 사업자가 상품이나 용역의 거래에 부수하여 일반 소비자에게 제공하는 경품을 말하며 프리미엄(Premium)과 같은 의미를 가지고 있다. 일반적으로 소비자 경품은 공정거래법상의 경품류 가액한도 제한을 받는다.

둘째, 소비자 현상 경품이 있다. 이는 사업자가 상품이나 용역의 거래에 부수하여 현상을 방법으로 일반소비자에게 제공하는 경품류를 말한다. 예를 들어 제품포장의 일부분을 오려 관제엽서에 응모하면 추첨하여 경품을 제공하는 것을 의미하며 소비자 현상경품은 제품을 구입해야 한다는 점에서 소비자경품과 같고 추첨에 의해서 당첨자에게만 경품을 제공한다는 점에서 공개현상경품과 같다고 볼 수 있다.

③ 쿠폰

쿠폰은 소비자가 특정제품을 구입할 때 쿠폰에 의해 할인혜택을 받는 것을 말한다. 쿠폰은 매장에서 주거나 우편을 이용하여 제공하기도 하고 다른 제품에 끼워 넣기도 한다. 또 잡지나 신문광고에 삽입하는 방법도 있다. 쿠폰은 가격할인과 같은 효과를 주어 가격차별에 활용하는 판촉수단으로 우리나라에서도 많이 사용되고 있는 추세이다.

④ 특매

일정기간 동안 정가의 가격을 할인하여 판매하는 방법을 의미한다. 일반적으로 백화점이나 쇼핑센터에서 많이 활용하고 있다.

⑤ 소비자 콘테스트

소비자 콘테스트는 불특정다수를 대상으로 한 응모자 가운데서 추첨이나 심사 또는 다른 방법에 의해 입상을 결정해서 상품이나 상금을 제공하는 방법으로서 고객의 호의를 획득, 영속적인 대량판매를 목적으로 한다. 예를 들어 상품용도 콘테스트나 상표·표어 콘테스트 등을 통하여 활용하고 있다.

⑥ 이벤트 판촉

화제성 있는 행사를 통하여 상품을 직접 또는 간접적으로 홍보하고 나아가서는 기업의 P.R이나 홍보의 효과를 높이고자 하는 대소비자 판촉 수단의 일종이다. 발표 이벤트(발표회, 시식회 등)나 교육 이벤트(강습회, 공장견학) 그리고 사회공공행사(자연보호, 질서유지) 등에서도 활용되고 있다.

⑦ Demonstration

데몬스트레이션은 상품의 사용방법이나 상품의 효용을 소비자에게 실증함으로써 소비자의 구매욕구를 자극하는 실연판촉방법에 해당한다. 소매점에서의 실연판매나 가정방문 시연 등이 이에 해당한다.

⑧ **샘플링**

샘플링은 상품 그 자체 또는 축소품을 소비자에게 증정하는 판촉으로서 상품을 실제로 사용케 함으로써 상품 가치의 인식을 통해 구매케 하는 데 그 목적이 있다. 샘플링은 직접 맛을 느껴봐야 하는 식료품 같은 제품에 많이 이용된다. 샘플링이 효과가 있기 위해서는 1개월 이상 광고가 나가고, 소비자가 어느 정도 인지하고 있을 때, 특히 점포에 제품이 어느 정도 깔렸을 때 실시해야 효과를 볼 수 있는 경향이 있다. 보통 점두배포나 광고에 의한 배포 그리고 가두배포 등이 있다.

⑨ D.M(Direct Mail)

직접우송광고라고 불리는데 특정 다수인을 대상으로 상대명을 명기해서 우편으로 직접 소구하게 되는 대 소비자 판촉수단에 해당한다.

⑩ **전단(Bill)**

DM과 더불어 대소비자 판촉수단으로 가장 많이 이용되고 있는 것으로 전단은 주로 일정 지역의 광범위한 개인을 대상으로 하고 있다. 과거에는 신문 삽입배포가 많았으나 최근에는 호별배달이나 점두배포가 더 많다.

⑪ **진열(Display)**

진열은 고객의 구매를 촉진시키는 판매활동의 시발점에 해당한다. 좋은 진열은 판매비를 절감시키고 판매량을 증가시키며 단위당 수익을 증대시킨다. 이러한 진열은 '보기 쉽게', '고르기 쉽게', '만지기 쉽게' 해야 하는 것이 원칙이다.

⑫ **소비자 교육**

메이커나 판매점의 일방적인 판촉수단에만 의존하게 되면, 소비자의 반발에 의한 구매저항율이 높아지기 쉽게 되며, 정책적인 면에서도 소비자 권익을 자칫 침해할 우려도 생길 수 있다. 따라서 오늘날의 소비자 판촉에서는 소비자 교육수단을 증대시켜 나가야 한다.

⑬ **카탈로그·팜플렛**

소비자는 카탈로그에서 상품의 내용뿐만 아니라 그 기업이 어떤 기업인지 판단할 수 있다. 이것은 판매원이 판매활동을 함에 있어서 없어서는 안 되는 것이어서 그 제작의 잘못은 판매성과에 큰 영향을 줄 수 있다.

(2) 거래촉진도구 선정

① **리베이트**

판매점에 대해 일정기간 동안 판매량이나 지불조건, 판매방법들의 여러 가지 조건을 약정하고 그 결과에 따라 판매 장려금, 판매수수료를 지급하는 것을 말한다. 예를 들어 판매수량 리베이트나 목표달성 리베이트 그리고 지불조건 리베이트 등이 있다.

② **판매점 콘테스트**

판매점 콘테스트란, 일정한 목적에 따라 판매점을 서로 경쟁시켜 우수한 판매점에 대해 여러 가지 형태로 시상하는 판촉방법이다. 진열 콘테스트, 판매량 콘테스트, 판매점 장식 콘테스트 등 다양한 수단들이 있다.

③ P.O.P 광고

P.O.P(Point-of-Purchase) 광고란, 구매시점광고라 불리며 이는 소비자가 구매하는 시점 및 장소에 상품의 구매를 유도할 목적으로 설치한 각종 형태의 광고물을 뜻한다. 간판, 윈도의 디스플레이, 현수막 그리고 포스터 등이 있다.

④ 현장판촉비 지원

판매점에서 실시하는 제반 광고판촉활동에 대한 비용을 메이커가 일부 부담, 지원하는 것을 말한다. 전파 및 인쇄광고를 지원하거나, 전단, 기념품 등 지원하는 것이 있다.

⑤ 무료제품

일정한 수량 이상의 제품을 구입한 중간상들에게 덤으로 무료제품을 제공한다.

(3) 판매원 촉진도구

① 전시회와 컨벤션

전자 쇼나 자동차 쇼 등에서 자사제품을 전시하여 정보를 알리거나 매매계약을 성사시킨다.

② 판매콘테스트

대리점을 대상으로 한 판매 콘테스트를 하기도 한다.

③ 전문광고

볼펜, 달력, 메모지 등에 자사의 이름, 주소, 간단한 광고메시지 등을 새겨서 주는 것을 말한다.

제 4 절 이벤트 및 경험

1 이벤트의 개념 중요도 상중하

이벤트란 사람들이 좋은 목적을 가지고 일상과는 다른 행사를 어느 특정한 시간, 같은 장소에서 가짐으로써 감동과 자극을 받는 커뮤니케이션 행위이다. 이 가운데에서도 특히 마케팅에서 이벤트가 판매 촉진의 한 부분으로 자리매김하고 있다. 그것은 이벤트를 통해 소비자의 구매의식을 높이고 주최자에 대한 이미지 및 상품에 대한 호의적인 태도가 형성될 수 있다는 판매촉진 효과 때문이다.

이벤트의 사전적 의미는 갑자기 발생하는 사건이나 사고 등이나 마케팅 개념으로는 판매촉진을 위한 행위로 인식되고 있다. 이벤트는 고객의 관심을 단시간에 끌 수 있는 장점을 지니고 있으며 이러한 이벤트의 지속적인 실시는 기업의 이미지를 고급화하고 기업의 이익을 고객에게 환원한다는 차원에서도 필요하다고 할 수 있다.

최근 들어 중요성이 점점 높아지고 있는 이벤트 마케팅은 행사를 통해 업체나 브랜드의 이미지를 높이는 목적으로 사용하는 기법으로 대중화된 사회에서 효과적으로 통용되는 마케팅 기법이다. 수많은 업체가 경쟁하고 상품이 범람하는 현재의 시장에서 신규고객을 확보하기까지는 엄청난 투자와 시간이 소요되며, 이러한 경우 각 업체의 가장 1차적인 과제는 바로 고객을 불러들이는 것이라 할 수 있다. 이러한 목적을 달성하기 위한 수단

으로 이벤트 전략을 통한 마케팅이 각광받고 있으며 아울러 고정고객에게 역시 보다 많은 만족을 줄 수 있다는
효과도 동시에 기대하고 있다.

2 이벤트의 분류 중요도 상중하

이벤트는 개최하는 주체에 따라 다양하게 전개되며 목적이나 그 형식에 의해서도 다양하게 분류할 수 있다.
이벤트에 대한 분류는 다음 표의 내용과 같다.

[이벤트의 분류]

분류	명칭	의미 또는 사례
목적과 성격	사회이벤트	기업의 이익과 무관한 순수한 공익, 사회 예술차원의 행사
	촉진이벤트	기업이나 단체의 직접적인 판촉활동
	PR이벤트	기업이익의 사회환원, 이해자 집단의 호감도 제공
주체	공공이벤트	정부공공기관이 주체
	기업이벤트	기업이 주체
	사회이벤트	개인, 또는 단체가 주체
형식	전시	각종 전시회 및 박람회
	공연	연극, 무용, 음악, 영화 등
	컨벤션	회의, 세미나, 워크숍, 컨벤션 등
	축제	페스티벌, 체육대회, 경영대회 등
	판촉수단	가두 캠페인, 쿠폰, 샘플 등

3 이벤트의 효과 중요도 상중하

(1) 직접효과

이벤트 행사장의 현장이 가지고 있는 효과로 입장료 수입, 행사장 내 매상, 관객 동원량 등과 같은 이벤
트의 직접적인 성과 및 행사에 노출된 소비자들의 이벤트에 대한 의식과 태도 변화에 기여하는 효과가
있다.

(2) 커뮤니케이션 효과

매스미디어에 의한 홍보와 이벤트가 연동되어 발생하는 제반 효과로서, 이벤트에 참가한 사람이 가지게
되는 개최자와 주최자로서의 지명도를 제고하고 이벤트 내용에 대한 이해와 공감대를 조성하는 등의
효과를 의미한다.

(3) 판촉 효과

판촉이벤트의 경우 소비자의 구매의욕을 자극하여 해당 기업의 매출을 신장시키는 효과를 기대할 수 있다. 판촉 효과로는 구입 및 사용빈도의 향상, 신규 구입, 브랜드 교체, 구입량의 증가, 구입 준비 행동의 조성 등으로 나타난다. 이것은 회사의 매출 상품, 브랜드 매출 시장 점유율의 확대로 나타난다.

(4) 전파 효과

전파 효과는 직접전파와 간접전파로 나눌 수 있다. 직접전파 효과는 이벤트 참가자나 그와 관련된 정보에 노출된 사람들에 의해 구전을 통해 직접 전파되는 것을 말한다. 간접전파 효과는 이벤트 기획, 개최에 대한 투자를 통해 경제 효과 이벤트의 신선한 발상 등으로 새로운 기술이나 문화의 보급을 가져올 수 있고, 공공 이벤트의 경우 사회 의식 개발 효과 등이 있다.

(5) 홍보 효과

이벤트의 주최자와 행사 내용 등이 매체를 통해 널리 전파됨으로써 이벤트 주최의 이미지 개선에 긍정적 기여를 할 수 있다.

(6) 보상 효과

기업 판촉 이벤트의 경우 판매점, 도매점 하청, 협력 기업, 금융 기업·감독 관청 등 관계 사업체의 인사들을 초대함으로써 생기는 관계 개선 효과가 있다. 예를 들어 사업활동의 협력도나 공헌도가 향상하거나, 거래 조건에 대한 협조 및 이해가 수반될 수 있고, 거래와 영업이 활성화될 수도 있다.

제 5 절   PR

1 PR의 개념 중요도 상 중 하

PR이란 공중과의 관계를 의미하며, '홍보'라고 정의내릴 수 있다. 홍보란 일반적으로 기업이 외부에 존재하는 다양한 공중들 간 우호적 관계를 구축하기 위한 노력을 일컫는다. 이는 광고와는 차별적으로 광고비를 소요하여 촉진하는 것이 아니라 기업과 관련된 잠재적 소비자 집단, 주주, 채권단, 지역주민, 언론, 정부, 시민단체 등과 호의적 관계를 유지하여 그 효과가 기업 이미지 제고나 제품의 판매촉진으로 이어지도록 하는 것이다. 일반적으로는 기업이나 제품 및 서비스에 대해 정보를 전달하고 메시지 제공을 위해 비용을 들이지 않고 커뮤니케이션 활동을 수행하는 것을 총칭한다. 그러나 PR이 진행되는 매체는 매체로서의 고유 특성을 지니고 있기 때문에 이로 인해 마치 광고효과와 동일한 성과를 나타내는 것이다.

PR은 광고에 비해 상대적으로 저렴하고 비상업적 활동으로서 메시지가 전달되기 때문에 거부감이 낮고 오래 지속된다는 특징을 지닌다. 그러나 홍보를 위해서도 홍보활동에 소요되는 비용은 필요하다. 예를 들어 여러 간행물을 제작 및 배포한다거나 세미나, 전시회, 기념회 등과 같이 행사 개최로 인한 비용 유발, 사회봉사 활동이나 사회 환원 등에 소요되는 비용 등이 그것이다.

2 PR의 특징 중요도 상중하

PR은 공중관계 구축에 있어 다음과 같은 특징을 지닌다.

(1) 매체에서 의사결정을 내린다.

홍보의 내용물이나 항목, 순서 등에 대해서 매체의 기사제작 담당자가 의사결정을 진행하기 때문에 기업이 원하는 내용과 순서, 시간대에 홍보가 진행되는 것이 아니라 그 의사결정을 매체에서 결정하게 된다. 또한 사전에 홍보에 활용되어질 정보나 메시지, 자료 등을 매체 담당자에게 있다.

(2) 후광효과를 가져온다.

홍보는 매체에서 진행한다는 점에서 객관적으로 인정받아 이른바 후광효과를 받게 된다. 이러한 후광효과는 기업에게 있어 광고보다 더 높은 성과를 창출할 수도 있다. 그러나 최근 매체에 광고비와 같이 지원금을 제공하여 홍보기사를 작성하거나, 광고를 수주하는 대가로 홍보기사를 매체에 싣는 등의 행태로 말미암아 PR의 신뢰성이 결여되고 있는 실정이다.

(3) 광고의 한계를 극복한다.

홍보는 광고로 접근하기 곤란한 목표고객에게 접근할 수 있는 기회를 제공한다. 중장년층을 대상으로 하는 시장은 텔레비전 광고 노출이나 기타 광고 노출에 무관심하거나 현저히 그 빈도가 떨어지는 경우가 발생한다. 또한 인적판매를 곧바로 수행하기에도 역부족인 경우가 많다. 그러나 신문이나 뉴스기사에서 다루어진 홍보성 기사들은 이들에게 기업이나 제품에 대한 인지도를 상승하게 하는 역할을 한다.

3 PR의 기능 중요도 상중하

첫째, PR은 목표고객에게 관심을 유발하고 집중시켜 주의를 환기시키는 역할을 수행한다. 홍보 내용은 마치 광고의 효과와 같고 기업이나 제품의 인지도 제고에 영향을 미친다.
둘째, 목표고객의 태도 변화를 유도할 수 있다. 중립적이거나 부정적 태도에서 호의적 태도나 반응으로 이전되는데 홍보는 큰 역할을 한다.
셋째, 기존 고객의 충성도 제고에 영향을 미친다. 다양한 기업의 사회적 활동은 기존 고객에게 자신이 구입한 제품을 생산하는 기업이 사회적으로 긍정적 역할을 한다고 믿게 하여 신뢰감과 충성도를 강화하게 한다.

4 PR의 유형 중요도 상중하

PR 활동의 유형은 매체 홍보, 후원 간행물 출판, 로비, 통일된 유형물 제시, CRM등을 들 수 있다. PR의 유형은 다음 표의 내용과 같다.

[PR의 유형]

PR의 유형구분		주요내용
매체 홍보		보도자료 배포
		기자간담회 개최
		언론 인터뷰
		고위관리자 강연
후원	이벤트성 후원	스포츠 후원
		문화예술 후원
		학술후원
	사회적 책임 후원	
	이벤트	
간행물출판		기업이 발행하는 기업 신문, 잡지, 달력 등
로비		합법적 기준에서 정부 및 공공기관 등에 정보 및 자료의 제공 등을 수행하는 것
통일된 형태 유형물		전 직원의 유니폼 통일, 건물 디자인 및 색상의 통일 등
고객관계관리		고객관계관리를 강화하면 긍정적 구전을 유발시켜 홍보효과 창출

5 PR의 프로세스 중요도 상중하

(1) PR의 목표 설정

PR을 수행하기 위해 기업은 어떤 부분에 PR을 진행할 것인가를 결정해야 한다. 기업의 이미지 개선 및 향상, 제품에 대한 인지도 제고, 매출액 증대, 유통경로 간의 우호성 증대, 소비자 충성도 제고 등이 이러한 목표가 된다. 중요한 것은 PR 역시 기업에게 있어서는 전략적 활용방안이기 때문에 도입 전 목표 수립을 통해 최초 계획한 목표와 실행 후 달성된 성과 분석을 통해 지속성, 축소 및 증대 등의 향후 전략적 활용이 필요하다.

(2) 메시지 전달 수단의 선택

홍보는 주로 방송이나 신문 등의 매체를 통해 진행된다. 그러나 기업이 자체적으로 발행하는 간행물에 의해 진행될 수도 있으며, 외부 기관이나 시장분석 전문 기업에게서 제작, 배포되는 발표 자료를 통해서도 가능하다. 따라서 어떤 메시지를 어떤 매체에 전달할 것인가를 고려해야만 한다.

(3) PR의 실행과 성과 평가

실제 실행된 PR은 목표 설정에서 계획한 바와 같이 진행되었고 예측한 성과가 달성되었는지 확인해보는 것이 필요하다. 특히 PR 활동이 진행되기 전과 후를 비교하는 것은 기업에게 있어 매우 가치 있는 결과를 제시해 줄 수 있다. 예를 들어, 고객충성도에 대해 PR 전에 미리 조사를 진행한 후 PR이 종료되면 동일한 사람에게 조사하여 고객충성도가 높아졌는지를 알아볼 수 있을 것이다. PR이 긍정적 성과를 창출했다면 광고와 더불어 PR을 하나의 촉진 전략적 도구로 받아들이고 지속적으로 활용할 수 있는 방안 마련이 필요한 것이다.

OX로 점검하자

※ 다음 지문의 내용이 맞으면 O, 틀리면 ×를 체크하시오. [1~10]

01 광고의 포괄적 개념은 다양한 매체를 통하여 광고주의 제품이나 서비스, 아이디어 등을 부호화하여 원하는 매체에 메시지로 전달하는 비대면적 커뮤니케이션 활동으로 주로 설득적인 정보에 대해 조직적이고 체계적으로 전달하는 유료로서의 촉진방법이다. (   )

02 쇠퇴기에 있는 제품과 브랜드의 경우 설득광고가 효과적이다. (   )

03 시장점유율이 높은 브랜드의 경우 낮은 것보다 시장점유율을 유지하고 있기 때문에 매출액 대비 광고예산의 수준이 낮아진다. (   )

04 담배, 맥주, 소프트드링크와 같이 제품의 대체가능성이 높은 제품들의 경우 제품의 품질적 차별성이 광고예산보다 더 중요하다. (   )

05 광고의 노출빈도는 일정기간 동안 광고에 노출된 표적소비자의 비율로 측정된다. (   )

06 매체영향력은 특정 매체를 통한 메시지노출의 질적 가치를 말한다. (   )

07 TV는 커버리지가 높고, 시각, 청각, 동작이 결합되어 감각에 호소할 수 있는 장점이 있으나 비용이 많이 든다. (   )

08 광고효과의 직접평가는 소비자 패널들에게 광고시안들을 보여주고 각각의 시안에 대하여 소비자가 직접 평가하게 하는 방법이다. (   )

09 인센티브는 그 브랜드의 지각된 가격이나 가치를 변경하는 데 지속적 영향을 미칠 수 있다. (   )

10 이벤트란 사람들이 좋은 목적을 가지고 일상과는 다른 행사를 어느 특정한 시간, 같은 장소에서 가짐으로써 감동과 자극을 받는 커뮤니케이션 행위이다. (   )

정답과 해설 01 O 02 × 03 × 04 × 05 × 06 O 07 O 08 O 09 × 10 O

02 설득광고는 경쟁이 심화될수록 자사의 제품과 브랜드가 소비자들에게 주는 혜택이 크다는 것을 설득하여 선별적인 수요를 확보하는 것이다.
03 시장점유율이 높은 브랜드의 경우 낮은 것보다 시장점유율을 유지하기 위하여 매출액 대비 높은 예산이 필요하다.
04 대체가능성이 높은 제품들의 경우 차별적인 이미지를 구축하기 위하여 많은 예산을 투입하고 있다.
05 광고의 도달률에 해당하는 내용이다.
09 판촉 인센티브는 어떤 기간 중의 특정 브랜드 구매에 적용되는 것이지, 소비자가 그 기간을 넘어서 행하는 모든 구매에 적용되는 것은 아니다.

실전예상문제

01 구매시점 판촉 또는 프리미엄과 같은 소매상 촉진관리는 장기적인 고객관계 향상을 위한 촉진관리가 아니라 단기적인 소비자의 구매유도가 목적이다.

01 촉진관리에 대한 설명으로 가장 올바르지 않은 것은?

① 단기적인 소비자의 구매유도가 아닌 장기적인 고객관계 향상을 위한 촉진관리의 경우 유통점에서의 구매시점 판촉 또는 프리미엄과 같은 소매상 촉진관리가 효과적이다.

② 주요 소비자 판촉도구에는 샘플, 쿠폰, 현금 환불, 가격할인, 프리미엄, 단골고객보상, 구매시점 진열과 시연, 콘테스트, 추첨 등이 있다.

③ 중간상 촉진관리의 목표는 소매상들이 제조사의 신규 품목 취급, 적정 재고의 유지, 소매환경에서의 제품광고 또는 더 넓은 공간을 할당하도록 유도하는 데 있다.

④ 영업사원 촉진관리의 목표는 기존 제품 및 신제품에 대한 영업사원의 노력 및 지원을 더 많이 확보하거나 영업사원으로 하여금 신규거래처를 개발하도록 유도하는 데 있다.

02 PPL(Product Placement)은 소비자에 대한 촉진관리 전략이다. PPL은 주로 영화나 드라마 속의 소품으로 등장하는 상품으로, 소비자에게 상품명, 이미지 등을 노출시켜 자연스럽게 구매욕을 자극하는 간접광고의 형태이다.

02 식품제조업체가 소매상의 구매증대를 위해 사용하는 촉진관리 전략으로 옳지 않은 것은?

① 가격할인
② PPL(Product Placement)
③ 리베이트
④ 판촉물 지원

정답 01 ① 02 ②

03 상품의 촉진관리를 위한 광고(Advertising)에 대한 설명으로 가장 올바른 것은?

① 메시지가 복잡한 경우에는 빈도(Frequency)보다는 도달률 (Reach)을 높이는 것이 바람직하다.

② 광고의 노출빈도가 어느 수준을 넘어서면 광고효과가 떨어지는데 이러한 현상을 광고의 이월효과(Carryover Effect)라고 한다.

③ 유머소구(Humor Appeal) 광고는 소비자의 주의를 끄는 데 효과적이며 제품 특성을 이해시키는 메시지를 전달하기에 적합하다.

④ 총접촉률(Gross Rating Points ; GRP)은 도달률(Reach)에 도달횟수(Frequency)를 곱한 것이다.

03 ① 메시지가 복잡한 경우에는 도달률 (Reach)보다는 빈도(Frequency) 를 높이는 것이 바람직하다.
② 광고의 노출빈도에 따라 광고효과가 떨어지는 현상을 광고의 소멸효과라 한다.
③ 유머소구(Humor Appeal) 광고는 소비자의 주의를 끄는 데 효과적이지만 제품 특성을 이해시키는 메시지를 전달하기에 부적합하다.

04 소매점의 광고효과를 측정하는 기준의 하나로서, 잠재고객(세대 혹은 개인) 가운데 적어도 1회 이상 광고에 접촉한 고객의 비율을 나타내는 용어는?

① 도달률(reach)
② 어프로치(approach)
③ 커버리지(coverage)
④ 효과(impact)

04 도달률(reach)이란 특정 기간에 적어도 한 번 이상 광고매체에 의해 노출된 사람들의 비율을 말한다. 참고로, 커버리지(coverage)는 매체도달범위, 즉 어떤 광고매체가 도달될 수 있는 수용자의 수 또는 광고매체가 도달되는 지리적 범위를 말하고, 빈도(frequency)는 이용자 한 사람이 동일한 광고에 노출되는 평균 횟수를 말한다.

05 광고에 대한 설명으로 가장 올바르지 않은 것은?

① 광고제품에 대한 소비자의 관여도가 낮으면 낮을수록 해당광고에 대한 소비자의 인지적 반응의 양은 많아진다.

② 광고모델이 매우 매력적일 경우에 모델 자체는 주의를 끌 수 있으나 메시지에 대한 주의가 상대적으로 흐트러질 수 있다.

③ 광고의 판매효과를 측정하기 힘든 이유의 하나로 광고의 이월효과를 들 수 있다.

④ 광고 목표설정 시 표적시장 및 비교기준을 명확하게 규정해야 한다.

05 광고제품에 대한 소비자의 관여도가 높으면 높을수록 해당광고에 대한 소비자의 인지적 반응의 양은 많아진다.

정답 03 ④ 04 ① 05 ①

해설 & 정답

06 대개 중간상 판촉은 소비자 판촉에 비해 많은 비용이 든다.

07 쿠폰은 상품을 구입하는 고객에게 제공하는 것으로 소비자에 대한 촉진관리수단에 해당한다.

08 TV 홈쇼핑은 상품에 대한 불신감 때문에 소비자의 충성도가 낮지만, 비교적 저렴한 가격의 상품들을 판매하므로 다른 유형의 소매점들에 비해 경쟁력이 강한 편이다.

06 촉진관리전략에 대한 설명으로 옳지 <u>않은</u> 것은?

① 촉진관리는 제품이나 서비스의 판매를 촉진하기 위한 단기적 활동을 말한다.
② 촉진관리는 기업이 설정하는 목표에 따라 소비자, 중간상, 판매원 등을 대상으로 실시한다.
③ 소비자 판촉에는 가격할인, 무료샘플, 쿠폰제공 등이 포함된다.
④ 대개 중간상 판촉은 소비자 판촉에 비해 비교적 적은 비용이 든다.

07 중간상의 협조를 얻기 위한 제조업자의 촉진수단에 해당하지 <u>않는</u> 것은?

① 거래할인
② 판촉지원금
③ 쿠폰
④ 기본계약할인

08 텔레비전 홈쇼핑(TV Homeshopping)에 대한 설명으로 옳지 <u>않은</u> 것은?

① 케이블방송을 통한 홈쇼핑, 정보형 광고(Informercials), 직접반응광고(Direct Response Advertising)를 모두 일컫는다.
② 일반적으로 가격이 저렴한 염가의 상품을 판매하며 홈쇼핑 채널에 대한 소비자의 충성도가 높아서 다른 유형의 소매점들에 비해 경쟁이 약한 편이다.
③ 소비자들이 소매점까지 방문하지 않고도 TV 화면을 통해 제품의 특징을 확인할 수 있어, 시간절약이 가능할 뿐만 아니라 구매하지 않더라도 상품에 대한 정보를 얻을 수 있다.
④ 우수 중소기업상품을 PB로 개발, 판매하는 등 중소기업의 판로개척에 도움을 주기도 한다.

정답 06 ④ 07 ③ 08 ②

09 PR(Public Relations)에 대한 설명으로 옳지 <u>않은</u> 것은?

① 소비자뿐만 아니라 기업과 관련된 이해관계자들을 대상으로 한다.

② 제품 및 서비스에 대한 호의적 태도와 기업에 대한 신뢰도 구축을 병행한다.

③ 기업을 알리는 보도나 캠페인을 통해 전반적인 여론의 지지를 얻고자 한다.

④ 제품과 서비스에 대한 정보제공 및 교육 등의 쌍방향 커뮤니케이션 활동이다.

09 제품과 서비스에 대한 정보제공 및 교육 등의 PR은 받는 측이 저항 없이 그대로 받아들이는 것이 보통이기 때문에 일방향 커뮤니케이션 활동이다.

10 다음에서 설명하고 있는 판매 촉진 수단은 무엇인가?

> 기아는 준대형 세단인 k8모델을 출시하면서 사전구매를 할 경우 12.3인치 내비게이션을 무료로 설치해주는 행사를 진행하였다.

① 리베이트
② 프리미엄
③ 샘플링
④ 콘테스트

10 소비자가 제품을 구매하는 것에 대하여 무료 또는 낮은 가격으로 구매한 것과 동일한 제품을 제공하는 것을 프리미엄이라고 한다.

 정답 09 ④ 10 ②

 안심Touch

checkpoint 해설&정답

주관식 문제

01

[정답] 상기광고, 성숙기

[해설] 상기광고에서는 소비자를 설득하기보다는 소비자들의 기억 속에서 사라지지 않도록 하기 위한 메시지가 사용되므로 성숙기에 주로 활용된다.

01 다음 사례에 해당하는 광고가 무엇인지 쓰고 이러한 광고가 주로 활용되는 제품수명주기를 쓰시오.

> 코카콜라의 광고는 다른 광고에 비하여 소비자들의 머릿속에 오랫동안 남게 만드는 데 주력한다.

02

[정답] 구매시점광고라 불리며 이는 소비자가 구매하는 시점 및 장소에 상품의 구매를 유도할 목적으로 설치한 각종 형태의 광고물을 뜻한다.

02 서브웨이나 버거킹은 항상 포스터나 리플릿 등으로 소비자가 제품을 선택하는 시점에 맞추어 상시로 진행되는 할인행사를 홍보한다. 이때 사용된 광고기법이 무엇인지 쓰고 그것에 대한 정의를 쓰시오.

03 이벤트를 목적 또는 성격에 따라 세가지로 분류하고 그 중 사익적 측면이 가장 강한 것이 무엇인지 쓰시오.

03
정답 이벤트는 목적과 성격에 따라 사회이벤트, 촉진이벤트, PR이벤트로 분류할 수 있으며 이중에서 촉진이벤트는 기업이나 단체의 직접적 판촉활동에 해당하므로 사익적 측면이 가장 강하다.

04 다음은 광고의 커뮤니케이션 효과측정과 관련된 사례이다. 빈칸에 들어갈 내용을 쓰고 밑줄 친 메시지의 속성이 무엇인지 서술하시오.

> (　　) 테스트는 소비자들이 몇 개 광고로 구성된 광고를 원하는 시간만큼 보거나 들은 뒤 기억이 나는 내용을 응답하게 한다. 그 결과 나타난 회상의 정도와 광고의 주의를 끄는 정도와 전달된 메시지의 속성을 알아낸다.

04
정답 포트폴리오, 메시지의 이해와 기억 용이성

05 브랜드 간 차이가 크지 않은 시장일 경우 판촉활동에 대한 효과를 단기와 장기 측면에서 서술하시오.

05
정답 단기간에 높은 판매반응을 얻을 수 있지만, 장기간에 걸친 지속적 시장 점유율의 증가 및 유지를 달성하기는 어렵다.

여기서 멈출 거예요? 고지가 바로 눈앞에 있어요.
마지막 한 걸음까지 시대에듀가 함께할게요!

고득점으로 대비하는 가장 똑똑한 수험서!

제19장

개별 커뮤니케이션 관리

제**19**장 개별 커뮤니케이션 관리

제 1 절 　다이렉트 마케팅

1 　다이렉트 마케팅의 의미 　중요도 상중하

다이렉트 마케팅이란 '소비자나 비즈니스 대상자들이 주문, 정보 요청 혹은 제품 구매를 위해 매장이나 사업장 방문과 같은 고객 반응을 이끌어내기 위한 모든 종류의 직접적인 커뮤니케이션'을 뜻한다. 미국에서도 직접 마케팅은 지속적으로 성장하고 있는데, 직접 마케팅과 디지털 광고 집행비는 2015년 전년 대비 8%가 증가하였으며, 이중에서도 직접 마케팅만 유일하게 성장세를 기록하였는데, 그 금액은 460억 달러에 이른다.

2 　다이렉트 마케팅의 유형 　중요도 상중하

(1) 우편주문

① **카탈로그**

카탈로그란 판매되는 제품 목록을 책형태로 묶어놓은 것으로 제품 설명과 사진이 함께 포함되어 있다. 초기 카탈로그는 지리적으로 멀리 떨어져 있는 고객을 목표로 했다.

최근 들어 온라인 쇼핑이 성장함에도 불구하고 카탈로그는 여전히 활발하다. 그 이유는 카탈로그는 여전히 바로 매출로 이어지기 때문이다. 일반적으로 카탈로그를 받은 미국인은 평균 850달러 가까이 구매를 한다고 한다.

② **직접 우편**

우편을 통해 다양한 제품을 제공하는 카탈로그와는 달리 직접 우편은 한 번에 한 가지의 제품이나 서비스를 소개하는 브로슈어나 팸플릿이다. 직접 우편 제공은 보다 구체적으로 개인화할 수 있기 때문에 장점을 가진다. 자선단체, 정치집단, 많은 비영리단체가 직접 우편을 많이 사용한다.

(2) 텔레마케팅

텔레마케팅이란 소비자 개개인의 행동을 포함해 시장의 움직임에 대해서도 면밀히 분석하는 점에서 무차별로 전화를 거는 스마트폰 마케팅과 구별된다. 텔레마케팅에서는 PC의 고객명부와 연동하면서 자동

안심Touch

발신하거나 걸려온 호출을 교환수에게 균등하게 분배하는 ACD(automatic call distribution)기능을 이용하는 등의 시스템적인 연구가 된 것이 많다. 또한 소비자가 마음 놓고 전화를 걸 수 있도록 프리다이얼(자동 착신 요금서비스)을 도입하는 기업이 늘고 있다.

텔레마케팅은 소비재 시장보다 산업재 시장에서 더 효율적이다. 그러나 단점은 일반적으로 사람들이 전화로 마케팅을 하는 것에 호의적이지 않으며 전화를 받고자 하는 욕구가 적다는 점이다.

(3) 직접 반응 광고

직접 반응 광고는 소비자가 기업에 즉시 접촉하여 메시지에 응답함으로써 질문을 요청하거나 제품을 주문할 수 있는 광고다. 많은 기업들에게 인터넷은 직접 마케팅을 위한 선택이 되었지만, 잡지나 신문 그리고 텔레비전을 통해서도 직접 마케팅은 가능하다.

직접 반응 TV는 2분 내의 짧은 광고와 30분 혹은 그 이상의 정보제공 광고, 홈쇼핑 방송 등이 있다. 직접 반응 TV 광고를 통해 가장 잘 팔리는 제품은 운동기구, 다이어트 및 건강제품, 주방기기 등이다.

(4) 무선 전자상거래

다이렉트 마케팅의 최종 형태는 무선 전자상거래이다. 무선 전자상거래는 모바일폰이나 스마트폰 그리고 태블릿 같은 모바일 디바이스와 같은 뭇건 도구로 전송되는 촉진 상거래를 말한다. 무선 전자 상거래는 단문 문자 서비스 시스템(SMS) 마케팅으로 간주된다. 이 역시 원하지 않은 '정크 메일'과 같이 무선 전자상거래 역시 원하지 않는 문자를 받기 쉽다.

제 2 절 **쌍방향 마케팅**

1 **쌍방향 마케팅의 미래** 중요도 상중하

개인용 컴퓨터, 무선전화, 인터넷, 광케이블, 와이파이 등은 이제 막 쌍방향 매체이며 이것들은 단순히 광고매체가 아니다. 많은 경우 완전히 새로운 형태의 생활방식과 사업방식을 뜻하는 것이다. 역사상 가장 빠르게 발전하고 있는 매체인 컴퓨터가 전자상거래로 향하는 문을 열었다. 개인용 컴퓨터에서 편안하게 온라인으로 은행 업무를 볼 수도 있고, 자동차나 미술품을 구입할 수도 있으며, 주식 거래도 할 수 있고, 비행기 예약도 할 수 있으며, 콘서트 티켓을 예매할 수도 있으며, 아니면 좋아하는 상점에서 최신형 정장을 구입할 수도 있다. 인터넷은 우편 전송방식을 바꾸어 놓았으며, 해외에 있는 친구에게 편지를 보낼 때에도 굳이 우표를 사용할 필요가 없게 만들었다. 이제 집에 편안히 앉아서 도서관 검색도 할 수 있게 되었고, 전 세계를 상대로 하는 비즈니스를 할 수 있게 되었다.

뉴미디어가 우리의 일상생활에 미친 영향력은 가히 혁명적이며, 이는 마케터에게도 마찬가지다. 뉴미디어는 진정한 쌍방향성을 제공함으로써 기업이나 다른 조직들이 과거에는 절대로 가능하지 않았던 방식으로, 그리고 매우 적은 비용을 가지고도 소비자와 다른 이해관계자들과의 관계를 발전시켜 나갈 수 있는 발판을 만들어 주었다.

쌍방향 디지털매체는 수용자들을 능동적이고 즉각적으로 참여할 수 있도록 한다. 이러한 매체들은 광고주와 대행사의 사업 방식을 변화시키고 있다. 일례로 인터넷이 등장하자 자원이 부족한 조그만 회사라도 다른 사이트들과 광고를 교환해서 싣는 방법으로 시장을 창출하여 전세계의 고객에게 즉각적으로 접근할 수 있게 되었다.

쌍방향매체로 인해 광고주와 대행사는 새로운 형태의 크리에이티브 능력을 길러야 하는 도전에 직면했다. 이 제는 달라진 새로운 광고 환경을 다루어야 한다. 새로운 환경이란 고객들이 30초가 아닌 20분 혹은 그 이상을 매체에서 시간을 보내는 환경이고, 광고가 독백이 아닌, 대화 형식을 띄는 환경이다. 그리고 인터넷에서 광고주는 자사의 광고를 싫어하는 사람으로부터 전자메일로 호된 비판을 받는 위험이 가중될 수도 있다.

기술과 시청자에 대한 경쟁으로 인해 수용자 세분화가 엄청나게 이루어졌다. 예전에는 네트워크 TV에 스팟광고 하나만 집행해도 시장의 대부분을 커버할 수 있었다. 이제는 매체가 너무 많아져 이 매체들을 다 수용하려면 광고예산이 더 많아져야 한다. 꼭꼭 숨어버려 아무리 찾기 어려운 고객이라도 뉴 미디어가 찾아 준다. 그러나 규모가 큰 대중시장 광고주의 경우 이렇게 되면 엄청난 재정 부담을 안게 된다.

2 인터넷 마케팅 (중요도 ⑨중하)

(1) 인터넷 광고의 유형

인터넷상에서의 광고는 여러 가지 형태로 이루어질 수 있으며, 인터넷이 성숙되면서 그 형태도 지속적으로 늘어나고 있다. 오늘날 인터넷 광고의 대표적 유형들에는 웹사이트, 배너, 버튼, 후원, 틈새형 광고, 안내광고가 있다.

① 웹사이트

어떤 회사는 자사의 웹사이트를 일종의 광고로 보고 있다. 어떤 면에서는 그런 측면도 있다. 하지만 사실 웹사이트는 광고 이상이다. 즉 웹사이트는 기존고객, 잠재고객, 그리고 기타 이해관계자들이 한 회사나 그 회사의 제품, 그리고 이 회사가 표방하고 있는 것들에 대해 더 많은 것을 알 수 있는 장소인 이른바 '스토어프론트'라고 할 수 있다.

어떤 회사에서는 웹사이트를 자사 제품과 서비스를 홍보할 수 있는 확대된 의미의 브로슈어처럼 사용하고 있다. 다른 곳에서는 정보나 오락 제공자 기능을 표방하며, 사람들이 자주 방문하고 싶도록 멋진 환경을 만들려고 노력하고 있다. 웹사이트를 온라인 상점으로 간주해 인터넷에서 직접 영업을 하는 회사들도 많다. 따라서 웹사이트가 브로슈어처럼 사용되고 있는 경우를 제외하고 웹사이트는 광고가 아니며, 단지 하나의 주소일 뿐이다.

웹사이트는 일반적으로 하나의 홈페이지와 사용자들이 더 많은 정보 획득을 위해 방문할 수 있는 부속 페이지들로 구성된다. 웹페이지는 결코 종이 한 페이지를 의미하는 것이 아니다. 웹페이지는 브라우저로 한 번에 열 수 있는 한 개의 HTML(HyperText Makeup Language) 문서이기 때문에, 많은 경우 여러 페이지의 분량이 될 수 있다. 규모가 큰 웹사이트의 경우, 정보가 담긴 페이지가 수백 개가 될 수도 있다. 이는 서로 다른 주제를 갖고 있는 다양한 길이의 서로 다른 문서가 수백 개나 포함되어 있다는 의미다.

② 배너

웹 광고의 가장 기본적인 형태는 배너다. 배너는 웹페이지의 맨 위나 바닥에 깔려 있는 소형 게시물 (또한 현수막)이라고 할 수 있다. 사용자가 배너에 마우스 포인터를 클릭하면 배너는 사용자를 광고 주의 사이트나 버터(준비) 페이지로 가게 해 준다.

배너 광고의 표준 크기는 너비가 468픽셀이고, 높이가 60픽셀이다. 이것이 종이에 인쇄되면, 너비 는 약 16.5cm, 높이는 약 2.1cm가 된다. 배너 광고비는 그 편차가 상당히 크다. 그 수치는 전적으로 그 사이트를 방문하는 사람들의 숫자나 유형에 따라 달라진다.

③ 버튼

배너와 유사한 것으로 버튼이 있다. **버튼은 아이콘과 유사한 형태로 배너의 작은 형태라고 할 수 있으며, 보통 광고주의 홈페이지로 연결해주는 역할을 한다.** 버튼은 배너에 비해 차지하는 공간이 적기 때문에 가격도 더 저렴하다.

현재 쇼크웨이브, 자바, 아크로뱃, 그리고 엔라이븐과 같은 새로운 소프트웨어들이 과거 정지화면 이었던 배너 및 버튼 광고의 기능을 크게 향상시켜, 이제는 풀 모션이나 애니메이션이 매우 일반적 인 것이 됐다. 검색 엔진인 익스플로러와 크롬은, 광고주들이 추가 비용을 지불할 경우, 사이트 방 문자가 배너를 클릭할 때 음성이나 음악을 들려주는 기능을 함께 제공한다. 실제로 워너 브라더스에 서는 사이트 내에 마련된 일부 오디오 컨텐츠의 시작 부분 3초 정도를 광고 시간으로 판매하고 있 다. 결국 주목할 점은 배너와 버튼의 쌍방향성이 더욱 강화되었다는 것이다.

④ 스폰서십

점차 인기를 더해가고 있는 인터넷의 광고 형태는 웹사이트 스폰서십이다. 기업들은 웹사이트의 모 든 섹션을 후원하거나, 아니면 일정 기간 동안 단일 이벤트를 후원하고 있다. 웹사이트를 후원하는 회사들은 그 사이트를 통해 자사의 인지도를 높일 수 있게 된다. 때론 후원사의 상품을 일종의 기사 형식으로 웹사이트의 본문에 포함시키거나 배너나 버튼의 형식으로 포함시키기도 한다.

IBM은 매년 약 100만 달러의 비용을 투자해 1996년부터 독점적으로 슈퍼볼 웹페이지를 후원해 왔 다. 리바이스의 다커스 브랜드는 핫와이어드의 드림잡스 사이트를 후원하며, 업무에 따라 적합한 복장을 추천해 주는 정보 서비스를 제공했다. 제안되는 복장은 대개 카키색 위주였는데, 이는 다커 스 상표가 언제 어디에서나 적합한 복장이 된다는 것을 보여주기 위함이었다. 높은 비용으로 인해, 후원은 대부분 방문객 수가 많은 곳에서 이루어진다. 그렇게 해야만 상품 노출의 효과가 커지기 때 문이다.

⑤ 틈새형 광고

인터넷 광고의 새로운 형태는 틈새형 광고다. 이것은 **사용자가 링크를 클릭하여 해당 웹사이트가 다운로드 되는 동안 화면에 튀어 올라오는 광고다.** 오락용 소프트웨어 제작업체인 버클리 시스템의 조사에서는 틈새형 광고가 일반 온라인 배너에 비해 2배나 효과적으로 브랜드 인지도를 향상시킬 수 있다는 사실이 밝혀졌다. 따라서 이 기법이 실질적으로 효과적이라는 사례가 나타난다면, 아마 도 그 인기가 급상승할 것으로 보여진다.

⑥ 분류 광고

인터넷 광고를 원하는 광고주들이 관심을 가질 만한 부분은 지역 광고주들에게도 아주 좋은 기회를 제공하는 수많은 분류광고 웹사이트들이다. 이 사이트 중의 다수가 무료로 분류 광고를 게재해 주고 있는데, 그 이유는 배너를 게재하는 다른 광고주들로부터 후원을 받고 있기 때문이다. 이런 유형의 인터넷 광고는 신문의 분류 광고와 아주 흡사하여, 부동산, 자동차, 직업, 컴퓨터 장비, 취업 기회 등의 분야들을 검색할 수 있다. 또한 자신이 살고 있는 도시 만으로 한정해서 검색할 수도 있고, 아니면 전국 규모로 넓혀 검색할 수도 있다. 이들 사이트들 중 다수는 검색엔진 또는 지방신문의 후원을 받고 있다.

대다수의 사이트들은 현재 제공하고 있는 것보다 더 많은 종류의 정보를 제공하겠다고 약속하고 있지만, 분야별로 제공하는 광고의 수는 아직 적은 편이다. 하지만 분류 광고는 아직은 새로운 영역이며, 가까운 미래에 상당한 성장이 기대된다.

(2) 광고 매체로서 인터넷의 문제점

다른 매체와 마찬가지로 인터넷도 단점들을 갖고 있다. 전통적인 개념으로 볼 때, 대중매체가 아니라는 것이 그 중 하나이다. 어떤 마케팅 업체는 인터넷이 너무 복잡하고, 귀찮고, 혼잡하다고 생각할 수도 있고, 아니면 투여되는 시간과 노력만큼의 가치가 없다고 생각할지도 모른다.

인터넷은 또한 어느 한 개체에 의해 통제되는 것이 아니기 때문에, 보안 문제가 여전히 우려 사항으로 남아 있다. 인터넷은 새롭고 시도되지 않은 매체가 갖는 모든 종류의 문제점을 가지고 있다. 아이러니하게도 인터넷의 가장 큰 매력이면서도 궁극적인 단점으로는 그것이 가장 민주적인 매체라는 점이다. 즉, 누구라도 인터넷에 들어올 수 있으며, 어떤 행동이나 말도 할 수 있다는 것이다.

(3) 인터넷의 세계적 영향력

미국은 인터넷 광고비의 규모 면에서 단연 압도적이라고 할 수 있다. 현재 미국은 전세계적으로 엄청난 웹트래픽을 보유하고 있는데 이는 여타 국가들이 미국만큼 확실한 전화망과 기타 기간설비들을 갖고 있지 못하기 때문이며, 그 때문에 개설 사이트의 수도 미국에 비해 현저하게 낮기 때문이다.

유럽에서는 웹사이트 역시, 철저하게 고객 지향적인 미국 경쟁업체에 비하면, 설계 및 기능 측면에서 원시적인 상태에 머물러 있었다. 게다가 코카콜라 및 디즈니와 같은 미국 브랜드에 대한 호응도가 매우 높았다.

그러나 인터넷이 점차 일상화되면서, 해외 각국의 웹사이트도 나름대로 성장을 계속할 것이다. 이미 검색 엔진 구글은 일본, 독일, 프랑스, 노르웨이, 스웨덴, 덴마크, 그리고 우리나라에서 현지어로 지원되고 있다. 그리고 오늘날 대다수의 국제적 웹 이용자들이 영어에 능숙한 이들이지만, 이 또한 변화될 것으로 예상된다. 각 국의 온라인 시장이 성장함에 따라 비영어권 사용자의 수도 증가하게 될 것이기 때문이다.

3 직접우편 중요도 상 중 하

회사가 상업적 매체를 이용하지 않고 잠재고객에게 우편으로 직접 광고를 발송할 때 이를 직접우편광고라고 부른다. 이는 간단한 판매 편지이거나 쿠폰, 소책자, 샘플, 혹은 반응을 자극하도록 고안된 그 밖의 장치들이 함께 담긴 복잡한 패키지일 수 있다.

직접우편은 노출당 비용으로 보면 가장 비싼 매체이긴 하지만, 마케터가 다른 광고주와 경쟁하지 않고 선별된 고객에게 직접 말할 수 있으므로 가장 효과적인 매체이기도 하다. 공영 또는 민간 운송 서비스를 통해 잠재고 객에게 직접 전달되는 모든 형태의 광고를 직접우편이라고 한다. 또한 대기업, 소기업 모두 직접우편을 사용한다. 일부 신생업체들은 직접우편을 제1순위 광고매체로 사용한다. 이유는 모든 매체 중에서도 직접우편이 원하는 고객에게 가장 확실히 전달되기 때문이다.

(1) 직접우편의 유형

직접우편은 자필 엽서에서부터 애즈테크의 경우와 같은 단계별 메일 발송에 이르기까지 다양한 형태로 이루어진다. 메시지는 단 한 줄일 수도 있고 수십 페이지에 이를 수도 있다. 그리고 자그마한 쿠폰에서 부터 두꺼운 카탈로그 또는 박스에 이르기까지 무한히 많은 독창적인 대안들이 있다. 직접우편 카테고 리에는 단계별 직접우편뿐만 아니라 그 외에도 다음과 같은 카테고리들이 있다.

판매편지는 가장 일반적인 직접우편 형식으로 종종 브로슈어, 가격목록, 그리고 회신 엽서 또는 회신용 봉투 등이 동봉된다. 회신엽서는 주로 염가판매 소개, 할인행사 고지, 또는 점포로 고객을 유인하기 위한 목적으로 사용된다. 국영 우편 서비스(우체국)는 엽서의 형식과 크기를 정해놓고 있다. 일부 광고주들은 전달한 메시지와 회신엽서, 두 가지 모두를 발송하기 위해 절단선으로 구분된 2배 엽서를 사용한다. 제품을 구매하려는 소비자는 절단선을 따라 회신엽서 부분을 절취하여 마케터에게 되돌려 보낸다. 일부 마케터들은 응답률을 높이기 위해 회신용 메일을 사용한다. 이는 소비자가 우편요금을 지불하지 않고도 응답할 수 있도록 한 것이다. 마케터는 직접우편 전용 제1종 우편을 사용해야 하고, 회신엽서 또는 봉투 겉면에 숫자를 새겨 놓아야 한다. 그래야만 수신된 엽서의 수를 알 수 있고, 그것을 기준으로 우체국에 우편요금과 약간의 수수료를 지불할 수 있다. 대개의 경우 "우편요금 수신자 부담"이란 인센티브는 응답률을 상당히 증가시킨다.

폴더와 브로슈어는 주로 양질의 종이에 사진 또는 기타 일러스트레이션 등을 인쇄하여 다채로운 색상으로 제작된다. 대판지 광고는 폴더보다 큰 것으로서, 매장의 창문이나 벽에 붙이는 포스터가 주류를 이룬다. 이 인쇄물은 대개 여러 번 접어야 우편함에 들어갈 수 있는 크기가 된다.

무봉투우편물은 봉투 없이 발송될 수 있는 직접우편의 한 형태이다. 보통 스테이플이나 봉인 테이프를 사용해 봉하는데, 겉면에는 수신자의 이름과 주소를 인쇄하거나 주소 라벨을 붙일 공란이 미리 마련되어 있다.

청구서동봉광고는 매월 은행, 백화점, 주유소 등이 소비자의 집으로 발송하는 고객 명세서에 동봉되는 광고다. 상품을 주문하고자 하면, 신용카드 번호를 기재하고 회신엽서에 서명하면 된다.

사보는 협회 또는 영리 조직이 발행하는 출판물로서 주주 보고서, 회보, 소비자 잡지 및 딜러용 간행물 등을 예로 들 수 있다.

카탈로그는 제조업체, 도매업체, 중개상 또는 소매업체가 판매하는 제품을 제시하고 설명할 목적으로 제작되는 단행본이다. 가정에서 물건을 구입하고자 하는 고소득층 소비자들이 점차 많아짐에 따라 전문 카탈로그 들은 빠른 속도로 대중화되고 있다. 일부 우편 주문 업체들은 야외용 의복 및 장비, 전자 기기, 미식가용 식품 등 취급품목의 전문화를 통해 호황을 누리고 있다. 카탈로그는 대규모 사업이다. 미국의 경우, 2015년에 카탈로그 업계는 6백억 달러 이상의 매출 규모를 기록했다. 주요 카탈로그 마케터인 제이씨 페니는 단독으로 35억 달러 이상의 매출을 기록했다. 카탈로그 업계의 성공은 미국에만 국한되는 것이 아니다.

(2) 매체믹스 구성요소로서의 직접우편

직접우편은 매출 및 비즈니스 전반의 프로모션에 매우 효율적이고, 효과적이며 경제적인 매체이다. 이 때문에 수많은 기업, 자선 및 서비스 조직, 개인들이 직접우편을 사용하고 있다. 직접우편은 광고 효과 면에서 기타 매체보다 탁월하다.

직접우편은 두 가지 부인할 수 없는 단점을 가지고 있는데, 바로 **고비용과 정크 메일(junk mail)**이라는 **이미지**가 그것이다. 대인판매 그리고 인터넷을 이용한 소비자 타게팅을 제외하고는 직접우편만큼 CPM 이 높은 매체는 없다.

일부 대규모 광고주들은 수신자가 요청하지 않은 우편물은 발송하지 않는다. 이들은 먼저 다른 직접반 응 매체를 사용해 잠재고객과 접촉한 후, 그들이 하는 질문 또는 요청에 응답하기 위한 수단으로 직접우 편을 이용한다. 이는 일정 조건을 갖춘 가망 고객에게만 양질의 자료를 발송함으로써, 비용을 절약할 뿐만 아니라 기업에 대한 우수한 이미지를 형성하여 보다 가치있는 관계를 수립하고자 하는 의도이다.

4 기타 쌍방향 마케팅 매체 중요도 상 중 하

(1) 키오스크

키오스크는 2004년 남아프리카 대선 기간 중 투표자 교육용으로 사용된 바 있다. 이 프로젝트는 19개의 정당이 내건 공약 비디오, 텍스트, 그래픽 및 11개 언어로 녹음된 음성 메시지를 사용하여 많은 문맹 유권자에게 투표 장소, 목적, 방법 등에 대한 정보를 설명하기 위한 것이었다. 이 키오스크를 통해 하루 24시간 지속적으로 정보가 제공될 수 있었다. 3개월 동안 전국 각지에 설치되었던 30개의 키오스크의 정보는 정기적으로 업데이트 되었고, 1백만 명 이상이 이를 사용했다. 이 실험은 대대적인 성공을 거뒀 고, 남아프리카 정보는 이를 역사에 보존하기 위해 2개의 키오스크를 박물관에 소장하도록 했다.

키오스크는 전 세계적으로 다양한 목적 하에 사용되고 있다. 싱가폴 우체국은 고객이 공과금을 납부하 고, 엽서, 우표 및 편지 봉투를 구매하며, 행정 정보를 얻을 수도 있는 자동 키오스크를 개발해 사용하 고 있다. 미국 캘리포니아 주 어바인 소재 건축업체인 자보 인터내셔널은 기업의 역량을 소개하기 위해 사무실에서 맞춤 제작된 키오스크를 사용하고 있다. 스자보 인터네셔널의 키오스크를 개발한 BVR 그 룹은 그 독창성을 인정받아 권위 있는 상을 수상하기도 했다.

(2) 쌍방향 TV

현재 거래하고 있는 자동차보험에 불만이 많은 한 사람이 TV 프로그램을 시청하던 중 마침 한 자동차보 험 회사가 언급되었다고 가정해보자. 그 회사에 대한 보다 자세한 정보를 얻기 위해 그 시청자는 갖고 있던 리모콘으로 화면 구석에 있는 박스를 클릭한다. 메뉴가 나타나고 "자동차 보험"을 클릭하면 프리 젠테이션이 시작된다. 리모콘으로 서너 번 더 클릭하면 앞서 언급되었던 그 자동차보험 회사에 대한 정보가 나온다. 시청자는 그 보험회사의 영업소를 검색해 가장 가까운 곳 하나를 선택한 후 인쇄버튼을 누른다. 그러면 TV에 연결된 프린터에 그 영업소의 위치가 인쇄된다. 인쇄를 확인하고, 그는 다시 보던 프로그램을 계속 시청한다.

또다른 쌍방향 TV 시범 운영은 규모가 약간 작은 것으로 AT&T의 지원을 얻어 시어스의 비아컴 케이블의 공동작업으로 진행되고 있다. 대부분의 전문가들은 수년 후 하나의 ITV시스템이 완료되어 널리 보급될 것으로 전망하고 있다. 캘리포니아 산호세의 인터랙티브 네트워크는 시청자들이 쌍방향 서비스를 통해 프로그램 진행에 실시간으로 참여하는 방송을 테스트 했다. 이 회사의 멀티채널 서비스는 TV 시청자로 하여금 생방송 스포츠, 게임, 쇼 및 기타 프로그램을 쌍방향으로 이용할 수 있도록 해주는 것인데, 현재 크라이슬러, 아메리칸 에어라인, 스프린트와 같은 광고주들이 이를 눈여겨 보고 있다. 인터랙티브 네트워크는 자신들의 시스템이 곧 케이블 및 통신 사업자 들에 의해 전국적으로 시작될 ITV 서비스와 통합될 것으로 전망하고 있다. 그러나 쌍방향 TV 전반적인 측면에서는 여전히 비용, 장비 및 기술이 문제가 되고 있다. 따라서, 대부분의 쌍방향 시스템은 당분간 PC를 중심으로 자리잡게 될 것이다.

제 3 절 구전 마케팅

1 구전 마케팅의 의미 〈중요도〉 상 중 **하**

오늘날 기업들은 소비자들의 긍정적인 입소문을 만들기 많은 돈을 지불하고 있다. 애플 같은 기업은 구전 마케팅 관리자를 전담으로 두고 있고 구전 마케팅협회 회원 명단에는 미국 굴지의 소비재 브랜드 기업들이 가입되어 있다. 소비자들이 기업 혹은 제품들에 관한 정보를 퍼뜨리도록 하는 마케팅을 구전 마케팅이라고 하며 이는 바이럴 마케팅, 입소문 마케팅 같은 방식으로 활용되고 있다.

다시 말해서 구전 마케팅이란 제품, 서비스, 기업이미지 등을 마케팅하는 데 소비자의 입소문을 활용하는 것으로서 대중매체 대신 소비자들의 입소문을 광고의 매체로 이용하는 것이다. 소비자들의 입소문을 통해 상품이 화젯거리로 자연스럽게 부상하게 되고, 전염성이 강한 입소문을 무기로 해서 사전에 특별한 홍보나 광고 없이도 상품의 경쟁력을 키울 수 있다. 구전 마케팅일 경우에도 광고와 미디어를 적절하게 활용하면 그 효과를 증대시킬 수 있다.

2 구전 마케팅의 유형 〈중요도〉 상 **중** 하

(1) 바이럴 마케팅

바이럴 마케팅은 네티즌들이 이메일이나 다른 전파 가능한 매체를 통해 자발적으로 어떤 기업이나 기업의 제품을 홍보할 수 있도록 제작하여 널리 퍼지는 마케팅 기법으로, 컴퓨터 바이러스처럼 확산된다고 해서 이러한 이름이 붙었다. 바이럴 마케팅은 2000년 말부터 확산되면서 새로운 인터넷 광고 기법으로 주목받기 시작하였다. 기업이 직접 홍보를 하지 않고, 소비자의 이메일을 통해 입에서 입으로 전해지는 광고라는 점에서 기존의 광고와 다르다. 입소문 마케팅과 일맥상통하지만 전파하는 방식이 다르다. 입소문 마케팅은 정보 제공자를 중심으로 메시지가 퍼져나가지만 바이럴 마케팅은 정보 수용자를 중심으로 퍼져나간다.

(2) 버즈 마케팅

버즈 마케팅이란 상품을 이용해 본 소비자가 자발적으로 그 상품에 대해 주위 사람들에게 긍정적인 메시지를 전달케 함으로써 긍정적인 입소문을 퍼트리도록 유도하는 마케팅이다. 'buzz'란 원래 벌이나 기계 등이 윙윙대는 소리를 뜻하는 단어인데 최근에는 고객이 특정 제품이나 서비스에 열광하는 과정을 나타내는 용어로도 사용된다. 버즈 마케팅은 대중매체를 통해 불특정 다수에게 무차별적으로 전달하는 기존 마케팅과는 달리 상품 이용자가 주위 사람들에게 직접 전파하도록 유도하기 때문에 광고비가 거의 들지 않지만 엄청난 효과를 내기도 한다. 영화, 음반, 유아용품, 자동차 등 다양한 제품에 적용된다.

3 구전 마케팅의 역기능 중요도 상중하

(1) 소비자를 속이기 위해 의도된 행동

입소문은 대가를 지불받지 않은 소비자들이 스스로 메시지를 만들었을 때 그 효과가 가장 크다. 실제로 미국에서는 구전 마케팅으로 만들어진 입소문을 만든 소비자들이 실제로 마케터와 어떤 관계인지 그리고 입소문을 만든 것에 대한 금전적 혹은 기타 다른 보상을 받았는지의 여부를 공개하도록 권고하고 있다.

(2) 어린이와 10대를 대상으로 한 입소문

몇몇 전문가들은 어린 세대들은 어른보다 충동적이고 속기 쉬우므로 입소문 마케팅을 절대 해서는 안 된다고 주장하고 있다.

(3) 재산에 손해를 입히는 입소문

한때 푸마는 소비자들에게 그들의 로고를 파리 전역에 새기도록 장려한 적이 있다. 이런 활동은 직접 피해로 이어질 뿐만 아니라 파괴적 문화를 조장하고, 결국 해당 기업이 이러한 대가를 치러야 한다. 또한 개별 소비자는 법과 관련된 문제에 엮일 수도 있기 때문에 회사 이미지가 훼손될 수 있다.

(4) 삭퍼핏팅(sock puppeting)

삭퍼핏팅이란 기업 임원 혹은 주요 관련 인물이 누군가에게 의도적으로 자사 제품을 소셜 미디어에 언급되도록 계획한 것을 의미한다. 이는 한국의 파워블로거들이 대가를 지불받고 온라인 상에서 브랜드에 대한 다양한 이야기를 마치 아무런 사심없이 구매한 것처럼 글을 올린 것을 의미한다. 하지만 블로거가 해당 제품을 촉진시킨 대가로 보상을 받았음을 밝히지 않는다면 이는 비윤리적인 행동으로 볼 수 있다.

제 4 절 영업조직 구축 및 관리

1 영업조직 구축 중요도 상중하

(1) 기업 영업 조직 혹은 아웃소싱 구성

영업 인력을 유지하는 것은 비싸며 기업은 항상 고객에게 도달할 수 있는 가장 실용적인 방법을 끊임없이 고려한다. 한 가지 방법은 회사의 직영 판매원 대신 독립적인 판매대리인을 고용하는 것이다. IBM같은 회사가 회사 직영 판매원과 독립 판매대리인을 동시에 사용하는 것은 이상한 일이 아니다. **독립적인 판매대리인을 이용하는 것을 영업 조직의 아웃소싱이라고 부른다.**

(2) 아웃소싱 사용결정을 위한 요소

① **경제적 요소**

인소싱을 유지하는 비용과 기대 수익을 분석하여 아웃소싱을 사용하는 것과 비교한다.

② **통제**

고위 관리직이 영업 기능에 있어서 필요한 통제의 정도 또한 중요한 요소이다. 회사의 직영 판매영업 인력은 모집하고 훈련하고 보상하는 중요한 부분에 있어서 완벽한 통제를 회사에 제공할 수 있다. 그러나 아웃소싱의 경우 직접적인 회사 경영층의 감독 없이 운영된다.

③ **거래비용**

실적이 저조한 아웃소싱의 적절한 대체 인력을 찾는 것은 매우 어렵다. 찾았다 하더라도 상품과 사용법을 충분히 배워 영업일에 있어 효과적으로 일을 하기까지는 보통 수개월이 걸린다. 거래비용분석은 제조사의 상품을 팔기 위해 상당한 거래특유자산이 필요할 때는 아웃소싱을 사용하고 관리하는 것이 인소싱보다 비용이 많이 들 가능성이 높다.

④ **전략적 유연성**

일반적으로 회사 영업 인력을 포함하는 수직 통합 유통 시스템은 아웃소싱보다 덜 유연하다. 독립 판매대리인은 예고 없이 추가로 배치하거나 해고할 수 있다. 특히 상품을 팔기 위하여 특화자산이 필요하지 않다면 더욱 그렇다. 게다가 아웃소싱 고용자와는 긴 계약을 할 필요가 없다. 제품수명주기가 짧거나 변화하는 기술을 특징으로 하는 불확실하고 빠르게 변화하는 경쟁적인 시장 환경과 산업에 종사하는 기업은 유통 경로에서 유연성을 유지하기 위하여 아웃소싱을 사용한다.

(3) 지리적 관점

회사의 영업 인력을 조직화하는 가장 간단하고 흔한 방법은 지리적 관점을 사용하는 것이다. 개별 영업 사원은 서로 다른 지리적 지역에 배치된다. 이러한 종류의 조직 구성에서 영업 사원은 주어진 지역 내에서 모든 영업 활동을 수행해야 할 책임이 주어진다. 지리적 관점으로 영업 인력을 배치할 시 여러 장점이 존재한다.

가장 중요하게는 비용이 낮은 경우가 많다. 왜냐하면 첫째, 한 지역에 한 판매원 밖에 없으며 둘째, 다른 조직 방법보다 담당 지역이 더 작은 경우가 많아 이동 시간과 비용이 최소화되며 셋째, 조정 관리에 필요한 간부 인력이 적어 행정 및 일반 경비 수준 또한 낮다. 그리고 지리적 성향으로 조직을 구성하면 각 고객에게 한 명의 영업 사원이 응대하기 때문에 고객의 혼란을 최소화할 수 있다.

가장 큰 단점은 그 여느 분야나 노동의 전문화를 격려하거나 지원하지 않는다는 점이다. 각 영업 사원은 많은 일(다양한 고객의 필요에 응대, 상품의 활용법과 사양 등)을 잘 알 것으로 기대된다.

(4) 상품 조직

몇몇 기업은 각 상품 또는 상품 카테고리별 전문화된 개별 영업 인력을 가지기도 한다. 상품 조직의 주된 장점은 특정한 한 상품에 대해서 기술적인 특성, 활용 방법, 가장 효과적인 영업 방법에 대해 친숙함을 기를 수 있다. 또 판매원이 한 상품이나 상품 카테고리에 주력할 때 영업과 엔지니어, 제품 개발, 제조와 긴밀한 관계가 형성되는 경향이 있다. 마지막으로 이 조직 방법은 여러 제품에 걸쳐 영업 인력을 배치하는 데 있어 더 많은 통제력을 가능하게 한다. 경영층은 각 상품의 필요에 근거해 여러 상품에 걸쳐 영업 자산을 조정할 수 있다. 가장 큰 단점은 같은 지리적 구역에 배치된 판매원의 노력이 중복적으로 발생할 수 있다는 점이다. 이는 일반적으로 더 많은 영업비용으로 이어질 수 있다.

(5) 고객 유형 혹은 시장 세분화

영업 인력을 고객 유형으로 조직화하는 방법이 기업에서 점점 인기가 높아지고 있다. IBM이 크고 작은 기업 고객에 응대하기 위하여 각각 별도의 영업팀을 꾸렸을 때와 비슷하다. 고객 유형으로 조직화하는 것은 고객을 위한 가치 창출의 자연스러운 연장선이며 시장 세분화 전략을 반영한다. 영업 사원이 특정한 고객 유형에 전문화하면 고객의 욕구와 필요에 대한 이해도가 올라간다. 다양한 시장을 위한 다양한 영업 접근 방법을 사용하고 특화된 마케팅과 프로모션 프로그램을 실행할 수 있도록 판매원을 훈련시킬 수 있다.

이 방식의 장점으로는 판매원이 고객의 특정한 필요에 대해 익숙해지면 그 고객들의 흥미를 끌 수 있는 신제품을 위한 새로운 아이디어와 마케팅 접근법을 떠올릴 가능성이 높아진다. 단점으로는 상품 조직과 마찬가지로 같은 지역에서 여러 판매원이 일하게 되기 때문에 영업 비용이 더 비싸다. 또한 고객이 다양한 산업의 다양한 부서를 운영한다면, 같은 회사에서 두 명 이상의 판매원이 한 고객에 응대하게 될 수 있다.

2 영업 인력 관리 중요도 상중하

영업과 마케팅은 고객에게 가치를 전달하고 기업 목표를 이루기 위해 협력한다. 영업 인력 관리 일은 우선적으로 영업 매니저의 책임이지만 마케팅과 영업 기능을 통합하고자 하면 마케팅 매니저와 협조하고 노력을 해야 한다. 마케팅 매니저가 영업 사원의 관리가 어떻게 이루어지는지 알아야 영업 기능을 더 잘 이해할 수 있으며 영업과 나머지 마케팅 부서와의 협업을 더 잘할 수 있다. 기업에서 영업 기능은 특별하며 효율과 효과를 극대화하기 위해서는 재치있는 관리가 필요하다. 영업 인력을 관리하는 것은 5개의 주된 책임과 관련이 있다. 이는 판매원 성과, 모집 및 선정, 훈련, 상여금 및 보상, 실적 평가이다.

(1) 성과 : 영업조직 동기부여하기

매니저로서 하는 거의 모든 일이 어떻게 해서든 판매 실적에 영향을 끼치기 때문에 판매원의 실적에 대한 이해는 영업 매니저에게 중요하다. 예를 들어, 매니저가 어떻게 직원을 선택하고 그 직원들이 어떤 종류의 훈련을 받는지는 그들의 적성과 역량에 영향을 미칠 것이다. 보상 프로그램과 이에 대한 관리 체계는 동기부여와 전체적인 판매성과에 영향을 끼친다.

① 역할 인식

판매원의 역할은 직업을 수행할 때 그 사람이 수행해야 할 일련의 활동 또는 행동을 의미한다. 이는 역할 파트너로부터 판매원에게 전달되는 기대치, 요구, 압박감에 의해 판매원의 역할이 크게 정의된다. 이 파트너는 회사 내부 또는 외부 사람일 수도 있으며 판매원이 일을 수행하는 방식에 대한 기득권을 가지고 있다. 여기에는 최고경영자, 판매원의 영업매니저, 고객, 가족이 포함된다. 판매원이 본인의 역할을 어떻게 인식하는지는 직업 만족도와 동기부여에 영향을 끼칠 수 있으며, 이는 다시 판매원의 이직률을 높이거나 실적을 저하시킬 가능성을 가질 수 있다.

② 영업 적성

훌륭한 판매원은 선천적인가 후천적인가? 판매능력은 첫째, 신체적 매력과 나이와 같은 요소, 둘째, 구술 능력과 영업 전문성과 같은 적성 요소, 셋째, 공감과 같은 성격적 특성의 기능이라고 여겨져 왔다. 하지만 이러한 기준이 단독을 판매 실적에 영향을 미친다는 증거는 없다. 따라서 대부분의 매니저는 기업이 판매원의 훈련과 성장을 위해 하는 일들이 성공의 결정적인 요인이라고 믿는다.

③ 영업 역량 수준

영업 역량 수준은 필요한 판매 업무를 수행하기 위한 개인이 배운 능숙도를 의미한다. 대인 관계 역량, 리더십, 기술적 지식, 제안 발표 기술과 같은 학습된 역량을 포함한다. 각 기술의 상대적인 중요도와 다른 기술의 필요성은 판매 상황에 따라 다르다.

④ 동기부여

동기부여는 판매원이 판매 업무와 관련된 활동이나 과제에 얼마만큼 노력을 기울이고 싶어하는지를 의미한다. 영업 매니저는 판매원이 판매 활동을 하도록 이끄는 최적의 동기부여 요소의 조합을 끊임없이 찾으려고 노력한다. 기업은 직원을 북돋우기 위해 원격 근무일이나 유연한 근무 일정과 같은 동기부여 요인을 사용한다.

그러나 한 직원에게 통하는 동기부여 요소는 다른 직원에게는 통하지 않을 수 있다. 예를 들어, 독재적으로 관리하는 스타일은 중간 정도 경력의 판매원과 일을 할 수 있지만, 오랜 경력의 판매원에게는 상당히 나쁜 영향을 끼칠 수도 있다. 더군다나 개인적인 가족 문제나 일반적인 경제적 상황과 같은 다른 동기부여 요소들은 영업 매니저의 직접적인 통제 하에 있지도 않다.

⑤ 조직적·환경적·개인적 요소

조직적 요소는 기업의 마케팅 예산, 기업 상품의 시장 점유율, 판매 관리 감독의 정도와 같은 요소들이다. 직업(직무) 경험, 매니저의 소통 스타일, 실적 피드백과 같은 개인적이고 조직적인 요소는 판매원이 인식하는 역할 갈등과 역할 모호성의 정도에 영향을 끼친다. 또한 직업에 관련된 보상(더 높은 급여나 승진과 같은)에 대한 희망 수준은 나이, 교육, 가족 규모, 경력 단계, 조직적 환경에 따라 다르다.

⑥ **보상**

기업은 어떤 수준의 성과에 대해 다양한 보상을 제공한다. 보상에는 두 가지 종류가 존재한다. 먼저 외재적 보상은 매니저와 고객과 같이 판매원을 제외한 다른 사람들에 의해 통제되고 주어지는 것을 말한다. 이 형태의 보상으로는 월급, 금전적 보상, 안정성, 인정, 승진이 있다. 다음으로 내재적 보상은 판매원이 자기 스스로 주체적으로 얻는 보상을 뜻하며 성취감, 개인 성장, 자존감이 포함된다.

⑦ **만족도**

판매원의 직무 만족도는 각 개인이 느끼는 보람, 성취, 만족 같은 직무상의 모든 특성을 의미한다. 동시에 실망스럽거나 불만스러운 감정도 있다. 만족도는 복잡한 직무 태도이며, 판매원은 그 직무의 다양한 측면에서 만족 또는 불만족을 느낄 수 있다.

(2) 영업 인력 모집과 선정

기업과 직무에 가장 적합한 사람을 고용하는 것은 장기적인 성공을 위해 중요하다. 그렇기 때문에 자격 있는 판매원을 모집하고 선택하는 데 있어 많은 관심을 기울인다. 모집 및 선정 과정에는 첫째, 직무를 분석하고 선정 기준을 정하기, 둘째, 이용 가능한 지원자를 찾고 끌어 모으기, 셋째, 지원자를 평가하기 위한 선정 절차를 개발하고 적용하기 등이 있다.

최고의 지원자를 놓고 기업은 다른 경쟁사나 다른 산업과 경쟁하기 십상이다. 따라서 기업은 잘 계획된 모집 전략을 개발하는데, 일반적인 생각과는 반대로, 지원자 수를 최대화하는 목표를 가지지는 않는다. 성공적인 모집 전략의 실질적인 목표는 몇 안 되는 우수한 자격 있는 지원자를 찾는 것이다.

(3) 훈련하기

영업 매니저는 마케팅 매니저와 협력하여 기업의 마케팅 목표와 판매원의 필요를 통합시키는 교육 훈련 목표를 정한다. 이 목표들은 일반적으로 **고객관계개선, 생산성 증가, 사기 개선, 이직률 낮추기, 영업 기술 개선 등이 있다.** 영업 매니저의 도전 과제는 영업 훈련의 효과를 측정하는 것이다.

영업 훈련은 제품에 대한 지식부터 소통 및 고객 관계 구축과 같은 아주 특화된 주제까지 포함한다. 영업 매니저 일의 핵심은 판매원 개인의 필요에 따라 영업 훈련 내용을 맞추는 것이다. 존슨 앤 존슨은 직원들을 훈련시키기 위하여 여러 온라인 수단을 사용한다. 이 회사의 '온라인 대학'은 직원들에게 다양한 학습 경험을 제공한다. 또한 개인별로 맞추어진 교육과 경력개발 프로그램은 직원 개인별 경력 목표에 따라 특별한 훈련 내용을 제공한다. 여기에 포함된 몇 가지 주제는 매니지먼트 기초, 협상기술, 멘토링 핵심 요약 등이다.

(4) 보상

판매원에게 지급하는 전체 금전적 보상은 각각 다른 목표를 달성하기 위하여 여러 개의 구성요소로 되어 있다.

① **급여**

정기적으로 지불되는 고정 금액이다. 급여를 주는 대부분의 기업은 인센티브 또는 인센티브 페이를 통하여 더 나은 실적을 장려한다.

② 인센티브

판매량과 수익성에 따른 수수료이며, 또는 특정한 성과목표를 달성하거나 초월하는 경우 주어지는 보너스이다. 이러한 인센티브는 판매원의 노력을 연간 특정한 전략적 목표에 향하도록 유도할 뿐만 아니라 최고 실적을 내는 직원들에게는 추가적인 보상을 제공하기도 한다.

③ 수수료

수수료는 단기 실적에 대한 금전적 지급이다. 주로 판매원의 판매량 또는 판매금액 실적과 연관된다. 판매량과 지급받는 수수료 사이에 직접적인 연관이 있기 때문에, 수수료 지급은 판매원의 영업 노력을 증가시키는 데 유용한다.

④ 비금전적 인센티브

대부분의 영업 매니저는 금전적 인센티브 다음으로 승진 기회를 효과적인 영업 인력의 동기부여 방안으로 여긴다. 이는 특별히 현재 자신의 판매원 위치를 고위 매니지먼트로 가는 디딤돌로 보는 젊고 학력이 높은 판매원에게 주로 해당된다.

(5) 영업 인력 성과 측정하기

영업 활동을 모니터링하고 영업 사원의 실적을 평가하는 것은 근본적인 작업이다. 판매원은 그들이 통제하는 영업 과정의 요소에 대해서만 평가를 받아야 한다. 이것을 실행하기 위해 회사는 통제할 수 있는 요소와 통제할 수 없는 요소를 구별하는 객관적이고 주관적인 척도를 개발한다.

예를 들어, 대부분의 경우 전반적인 경제적 환경은 판매원의 통제하에 있지 않다는 것을 회사는 알고 있다. 하지만 고객에의 직접 판매는 분명히 판매원의 통제하에 있다고 할 수 있다. 즉 만약에 경제가 좋지 않아 판매량이 떨어진다면 판매원에게 벌을 주면 안 된다. 하지만 만약에 판매원이 고객의 필요를 충족시키지 못해서 판매량이 떨어진다면 책임을 질 필요가 있다.

제 5 절 개별판매

1 개별판매의 의의 중요도 상중하

개별판매는 판매원과 구매자 간 쌍방의 커뮤니케이션 과정으로 수익성이 높은 고객을 장기적으로 확보, 구축, 유지하는 것을 목표로 한다. 이 과정에서 성공하려면 판매원은 계속해서 바뀌는 다양한 능력을 필요로 한다. 오늘날의 판매원은 그 어느 때보다 더 능력 있고, 고객과 언제든 만날 수 있어야 하며 소통을 더욱 잘해야 한다. 여러 개의 다양한 업무로 구성된 네 가지 기본적인 영업 활동이 판매원의 업무를 정의한다. 커뮤니케이션, 영업(판매), 고객과 관계 형성, 정보 관리가 그 영업 활동이다. 기업의 도전적 과제는 여러 영업 활동의 적합한 조합을 찾고 계속해서 바뀌는 영업 환경에 이 활동을 적용시키는 것이다.

2 개별판매의 주 활동 중요도 상중하

(1) 커뮤니케이션

효과적인 커뮤니케이션은 핵심적인 영업 활동이다. 기업과 고객의 접촉점으로서 판매원은 양쪽 모두와 효과적으로 소통해야 한다. 고객에게 영업 메시지를 전달하기 위해서 판매원은 의사소통 기술이 좋아야 한다. 마찬가지로 중요한 능력은 발표 기술과 판매 제안 발표에 사용되는 기술이다. 마지막으로 고객은 기업에 대한 거의 끊임없는 접근을 기대하기 때문에 판매원은 모바일 커뮤니케이션 기술이 필요하다. 기업과 소통하는 것 또한 중요하다. 판매원은 시장 정보에 대한 훌륭한 출처이다. 판매원은 고객들을 잘 알며 그들의 필요 또한 잘 알기 때문이다. 고객 피드백은 또 신제품에 있어 훌륭한 아이디어를 제공한다. 마지막으로 현장 판매원은 기업 내 그 누구보다 빨리 경쟁사 또는 시장 변화를 알아챈다. 이 모든 정보는 수집 분석을 거쳐 적합한 마케팅 매니저에게 전달해야 한다.

(2) 판매

고객이 상품 구매 동의에 이르게 하기 위해서는, 영업은 특정하고 복잡한 여러 역량을 필요로 한다. 영업 과정의 초기인 고객 조사부터, 판매 제안 발표 그리고 구매 이후 고객지원까지 영업 과정은 어렵다.

(3) 고객관계형성

고객은 공급자와 가깝고 전략적인 관계를 원한다. 그리고 기업의 주된 접촉자로서 판매원은 고객 관계를 구축하고 지원해야 한다. 다시 말하자면 고객과 시간을 보내고 훌륭한 고객관계관리 역량을 키워야 하며 궁극적으로 고객의 신뢰를 얻어야 한다.

(4) 정보관리

오늘날의 판매원은 정보 관리에 뛰어나야 한다. 여러 출처로부터 정보를 수집(본인 기업, 고객, 경쟁기업, 독립적인 정보 출처 등)해서 어떤 정보가 관련이 있는지 파악해 고객에게 그것을 제공해야 한다. 예를 들어, 기업 내에서 고객 정보의 흐름을 관리해서 적절한 사람들에게 적절한 정보를 적절한 시간에 전달하기 위해서는 많은 시간과 팔로우업이 필요하다. 일반적으로 정보는 고객이나 운송 회사와 같은 외부 출처로부터 수집해 기업 내 주문 결정을 용이하게 한다. 고객은 상품이 제시간에 도착하기 위해 운송 회사와 조정이 필요한 출하 시간을 선호할 것이다. 동시에 고객 보안 문제에 민감하다는 것은 정보의 접근성을 통제해야 함을 의미한다.

3 개별판매 관리 조직 중요도 상중하

(1) 지역별 조직

지역별 조직의 장점은 저비용구조이고 지리적 중복과 고객중복이 없으며 관리단계가 단순하다는 점 등이며, 지역별 조직의 단점은 전문화에 제약이 있고 제품별 관리 통제에 한계가 있다는 점 등이다.

(2) 제품별 조직

제품별 조직의 장점은 인적판매사원이 제품별 전문가가 될 수 있으며 제품별 커뮤니케이션 노력에 대한 밀접한 관리가 가능하다는 점 등이며, 제품별 조직의 단점은 고비용구조이고 지리적 중복과 고객중복이 불가피하다는 점이다.

(3) 시장별 조직

시장별 조직의 장점은 인적판매사원이 고객별 전문가가 될 수 있으며 시장별 커뮤니케이션 노력에 대한 밀접한 관리가 가능하다는 점 등이며, 시장별 조직의 단점은 고비용구조이고 지리적 중복이 불가피하다는 점 등이다.

(4) 기능별 조직

기능별 조직의 장점은 인적판매의 효율성 극대화가 용이하다는 점이며, 기능별 조직의 단점은 지리적 중복이 불가피하며 제품 및 시장별로 인적판매과정의 상호조정에 한계가 있다는 점 등이다.

O X 로 점검하자

※ 다음 지문의 내용이 맞으면 O, 틀리면 ×를 체크하시오. [1~10]

01 다이렉트 마케팅이란 '소비자나 비즈니스 대상자들이 주문, 정보 요청 혹은 제품 구매를 위해 매장이나 사업장 방문과 같은 고객 반응을 이끌어내기 위한 모든 종류의 직접적인 커뮤니케이션'을 뜻한다. (   )

02 텔레마케팅이란 소비자 개개인의 행동을 포함해 시장의 움직임에 대해서도 면밀히 분석하는 것이며 대표적 사례로는 스마트폰 마케팅이 있다. (   )

03 틈새형 광고의 사례로서 IBM은 매년 약 100만 달러의 비용을 투자해 1996년부터 독점적으로 슈퍼볼 웹페이지를 후원한 것을 들 수 있다. (   )

04 다나와는 컴퓨터제품은 물론 다양한 영역의 제품들의 최저가를 지역 또는 판매자 등에 따라 구분하여 정보를 제공함으로써 분류광고 중심의 웹사이트라고 볼 수 있다. (   )

05 직접우편의 두 가지 단점은 바로 고비용과 '정크 메일(junk mail)'이라는 이미지이다. (   )

06 버즈 마케팅은 대중매체를 통해 불특정 다수에게 무차별적으로 전달하는 마케팅에 해당한다. (   )

07 동기부여는 판매원이 판매 업무와 관련된 활동이나 과제에 얼마만큼 노력을 기울이고 싶어하는지를 의미한다. (   )

08 수수료는 단기 실적에 대한 금전적 지급이며, 인센티브는 정기적으로 지불되는 고정 금액에 해당한다. (   )

09 개별판매는 판매원과 구매자 간 쌍방의 커뮤니케이션 과정으로 수익성이 높은 고객을 장기적으로 확보, 구축, 유지하는 것을 목표로 한다. (   )

10 개별판매 관리 조직하에서 가장 낮은 비용으로 효과를 거둘 수 있는 조직은 시장별 조직이다.
(   )

정답과 해설   01 O   02 ×   03 ×   04 O   05 O   06 ×   07 O   08 ×   09 O   10 ×

02   스마트폰 마케팅은 무차별적 마케팅에 해당하며 텔레마케팅과는 차별성이 있다.
03   스폰서십에 대한 사례이다.
06   버즈 마케팅은 상품 이용자가 주위 사람들에게 직접 전파하도록 유도하기 때문에 광고비가 거의 들지 않지만 엄청난 효과를 내기도 한다.
08   인센티브는 판매량과 수익성에 따른 수수료이며, 또는 특정한 성과목표를 달성하거나 초월하는 경우 주어지는 보너스이다.
10   시장별 조직은 전문성 강화가 가능하지만 고비용이 필요하다.

01 경쟁적인 시장 환경과 산업에 종사하는 기업은 유통 경로에서 전략적 유연성을 유지하기 위하여 아웃소싱을 사용한다.

02 몇몇 전문가들은 어린 세대들은 어른보다 충동적이고 속기 쉬우므로 입소문 마케팅을 절대 해서는 안 된다고 주장하고 있다.

03 개별 판매는 판매원이 고객의 표정과 같은 반응에 맞추어서 즉석에서 대응할 수 있는 촉진수단이라는 장점이 있고, 소비자와의 인간적인 유대관계를 형성해 장기적인 고객과의 관계를 구축하는 데 효과적이다.

01 아웃소싱 사용결정을 위한 요소에 해당하지 <u>않는</u> 것은?

① 경제적 요소
② 영업인력 통제정도
③ 거래비용
④ 마케팅전략 지속성

02 구전마케팅의 역기능에 해당하지 <u>않는</u> 것은?

① 소비자를 속이기 위해 의도된 행동
② 50대 및 60대를 대상으로 한 입소문
③ 재산에 손해를 입히는 입소문
④ 삭퍼핏팅(sock puppeting)

03 다음 중 개별 판매에 대하여 바르게 설명한 것은?

① 개별 판매는 회사가 직접 제품에 관한 정보를 고객에게 우편물을 이용하여 발송한 후 고객이 직접 매장을 방문할 수 있도록 유도하는 판매방식이다.
② 개별 판매는 고객이 직접 매장에 방문해야 하므로 고객에게 다양한 인센티브를 줄 수 있는 전략이 필요하다.
③ 개별 판매가 유리한 이유는 판매원이 고객에게 상세하고 높은 수준의 정보를 제공함으로써 고객과 친밀감을 유지할 수 있기 때문이다.
④ 개별 판매는 판매자와 고객이 직접 접촉함으로써 판매비용이 절감되므로 다른 판매방식에 비해 낮은 가격을 유지할 수 있다.

정답 01④ 02② 03③

04 영업 적성과 관련된 요소로 볼 수 <u>없는</u> 것은?

① 신체적 매력과 나이와 같은 요소
② 높은 학력과 화려한 스펙
③ 구술 능력과 영업 전문성과 같은 적성
④ 공감과 같은 성격적 특성의 기능

04 높은 학력과 화려한 스펙은 판매원의 개인적 역량에 대한 기준이 될 수는 있지만 영업과 직결된다고 볼 수 없다.

05 촉진믹스의 구성요소 중 개별 판매의 단점으로 가장 적절한 것은?

① 촉진의 속도가 느리며 비용이 과다하게 소요된다.
② 전달할 수 있는 정보의 양이 제한적이다.
③ 고객별 전달정보의 차별화가 곤란하다.
④ 경쟁사의 모방이 용이하여 촉진효과가 짧다.

05 개별 판매는 판매원에 의해 이루어지는 양방향 커뮤니케이션 수단으로, 고객과의 개별접촉을 하여야 하므로 촉진의 속도가 느리고 비용도 상대적으로 많이 소요되는 단점이 있다.

06 영업인력 모집과 선정 과정과 관련이 <u>없는</u> 것은?

① 영업 훈련의 효과 측정하기
② 지원자를 평가하기 위한 선정 절차를 개발하고 적용하기
③ 직무를 분석하고 선정 기준을 정하기
④ 이용 가능한 지원자를 찾고 끌어 모으기

06 영업 훈련은 제품에 대한 지식부터 소통 및 고객 관계 구축과 같은 아주 특화된 주제까지 포함하며 인력모집이나 선정이 끝난 후에 진행된다.

정답 04 ② 05 ① 06 ①

07 기능별 조직의 장점은 인적판매의 효율성 극대화가 용이하다는 점이며, 기능별 조직의 단점은 지리적 중복이 불가피하며 제품 및 시장별로 인적판매과정의 상호조정에 한계가 있다는 점 등이다.

07 다음 중 인적판매의 효율성 극대화가 용이하지만 다른 조직과 인적판매과정의 상호조정에 한계가 나타나는 개별판매 관리 조직에 해당하는 것은?

① 지역별 조직
② 제품별 조직
③ 시장별 조직
④ 기능별 조직

08 판매원은 시장조사와 일상적인 정보수집은 행하나 전략수립이나 시장의 총체적 분석은 판매원의 역할이라고 볼 수 없다.

08 개별판매에서 판매원의 역할로 보기 힘든 것은?

① 판매원은 신규고객이나 예상고객을 발굴한다.
② 판매원은 자사의 제품이나 서비스에 관한 정보를 전달한다.
③ 판매원은 시장조사와 일상 정보업무를 수행한다.
④ 판매원은 시장분석과 판매전략 수립을 담당한다.

09 인터넷 마케팅은 다른 마케팅에 비하여 양질의 많은 콘텐츠 제공이 용이하다.

09 인터넷 마케팅의 한계라고 볼 수 없는 것은?

① 광고효과에 대한 측정이 불명확하다.
② 광고 수의 증대로 광고에 대한 혼재성이 강하다.
③ 웹사이트 별 트래픽으로 인한 콘텐츠 지원이 한정적이다.
④ 정보에 대한 신뢰도가 의심받기 쉽다.

정답 07 ④ 08 ④ 09 ③

주관식 문제

01 다음 빈칸에 들어갈 용어를 순서대로 쓰고 ㉠의 사례를 두 가지 이상 제시하시오.

> 기업은 어떤 수준의 성과에 대해 다양한 보상을 제공한다. 먼저 (　　　)은 매니저와 고객과 같이 판매원을 제외한 다른 사람들에 의해 통제되고 주어지는 것을 말한다. ㉠ <u>이 형태의 보상</u>은 일반적으로 타인에 의해 쉽게 관찰가능하다. 다음으로 (　　　)은 판매원이 자기 스스로 주체적으로 얻는 보상을 뜻한다.

01

정답 외재적보상, 내재적보상
　　　㉠ : 월급, 승진, 안정성, 인정 등

02 존슨 앤 존슨이 직원들을 훈련시키기 위하여 활용하고 있는 '온라인 대학'의 개인별로 맞추어진 교육과 경력개발 프로그램은 직원 개인별 경력 목표에 따라 특별한 훈련 내용을 제공한다. 이 프로그램에서 영업사원 입장에서의 목표를 세 가지 이상 제시하고, 영업 매니저의 역할은 무엇인지 쓰시오.

02

정답 고객관계개선, 생산성 증가, 사기 개선, 이직률 낮추기, 영업 기술 개선 등 / 영업 훈련의 효과를 측정하는 것

해설 영업 매니저는 마케팅 매니저와 협력하여 기업의 마케팅 목표와 판매원의 필요를 통합시키는 교육 훈련 목표를 정한다.

안심Touch

03

정답 영업 역량 수준은 필요한 판매 업무를 수행하기 위한 개인이 배운 능숙도를 의미한다. / 대인 관계 역량, 리더십, 기술적 지식, 제안 발표 기술과 같은 학습된 역량 등이 있다.

03 판매원의 영업 역량 수준이 무엇인지 설명하고 이를 평가하기 위한 요소를 세 가지 이상 제시하시오.

04

정답 직접 반응 광고 / 티비(홈쇼핑), 신문, 잡지 등

04 다이렉트 마케팅 중 운동기구, 다이어트 및 건강제품, 주방기기 등이 베스트셀러인 유형이 무엇인지 쓰고 이 마케팅 커뮤니케이션이 주로 이루어지는 매체를 두 가지 이상 제시하시오.

05

정답 사용자의 편의성(접근성) 부족, 보안 문제, 가장 민주적임(가격 및 시장에 대한 점유가 쉽지 않음)

05 광고 매체로서의 인터넷 마케팅의 문제점을 두 가지 이상 서술하시오.

부록

최종모의고사

제 1 회 최종모의고사

독학사 경영학과 4단계

제한시간: 50분 | 시작 ___시 ___분 - 종료 ___시 ___분

⊟ 정답 및 해설 583p

01 다음 중 재무관리의 의의에 관한 설명 중 옳은 것은?

① 재무관리에 있어 시장경제체제에 따라 경제 운용에 가장 중요한 문제로 대두되는 것이 자산이다.

② 재무의사결정을 함에 있어서 재무관리에서 연구되는 가장 중요한 변수가 시간과 이에 따른 불확실성이다.

③ 금융시장에서 기업 외부의 자금의 유동성과 연관된 모든 의사결정을 보다 효율적으로 관리하기 위한 이론과 기법으로 발전된 것이 재무관리이다.

④ 현대 재무관리는 시간과 확실성을 연구 및 분석을 바탕으로 합리적인 재무의사결정방법을 도출하는 데 중점을 두고 있다.

02 다음 중 주주들의 부의 극대화에 관한 설명 중 옳은 것은?

① 극대화의 목표가 되는 주가는 기업에 대한 소유지분의 가격으로서 모든 미래소득의 몫에 대한 권리를 포함하고 있다.

② 대부분의 기업의 채권자들은 기업의 주식을 소유함으로써 얻게 되는 금전적 보상 및 이익에 관심을 갖게 된다.

③ 주가는 각 기간에 걸쳐 벌어들이게 될 손실의 상대적 가치를 반영해 준다.

④ 주가 극대화의 목표는 어떠한 현금흐름을 극대화할 것인가를 정의해 줄 뿐 아니라 같은 기간들의 현금흐름과 비교하여 특정기간의 현금흐름이 어떻게 평가되고 정의되고 있는가를 말해 준다.

03 다음 중 재무관리 환경에 관한 설명 중 옳지 않은 것은?

① 개인은 소비의 시간선호를 충족시켜서 효용을 극대화하고자 하며, 그 과정에서 위험을 줄이고 부(wealth)를 극대화하기를 원한다.

② 금융시장은 금융자산이 거래되는 시장으로 자금 수요자와 공급자간의 거래를 통해 시장참가자들의 욕구를 충족시키는 기능을 한다.

③ 금융시스템 내의 경제주체는 개인과 기업, 정부로 나누어 볼 수 있다.

④ 기업은 효율적인 자금조달을 통해 손실을 최소화하기를 원하며 정부는 자금 조달 및 공급, 재정정책 및 금융정책을 수행하기 위한 각종 규제와 조세를 통해 사회경제를 증대시키길 원한다.

04 다음 중 재무상태표에 관한 설명 중 옳은 것은?

① 자산은 여러 기준에 따라서 분류가 가능하나 회계상으로는 유동자산만이 존재한다.

② 부채란 과거의 거래나 사건의 결과로 다른 실체에게 현재에 자산이나 용역을 제공해야 하는 특정 실체의 의무를 말하며 유동부채, 고정부채, 이연부채로 분류된다.

③ 재무상태표의 왼쪽(차변)은 자산의 구성상태를 나타내며, 오른쪽(대변)은 부채, 자본의 구성상태를 나타낸다.

④ 손익계산서는 일정시점에서 기업의 재무상태표를 나타내는 보고서이다.

05 다음 중 재무비율분석에 관한 설명 중 옳지 않은 것은?

① 총자산이익율(ROA) = 영업이익/총자산

② 자기자본이익률(ROE) = 순이익/자기자본

③ 부채비율 = 총부채/총자산이다.

④ 유동비율 = 유동자산/유동부채

06 다음 중 레버리지 비율에 관한 설명 중 옳지 않은 것은?

① 기업이 어느 정도 타인자본에 의존하고 있는가를 측정하기 위한 비율이다.

② 타인자본의 의존도와 이자의 지급능력을 판단하는 비율이다.

③ 유동성 비율은 장기채권자의 재무위험을, 레버리지 비율은 단기채권자의 재무위험을 측정하는 데 사용된다.

④ 기업의 재무위험을 측정하는 데는 레버리지 비율 외에 유동성비율도 함께 이용된다.

07 다음 중 화폐의 시간가치에 관한 설명 중 옳지 않은 것은?

① 현재가치 또는 현가는 현재에 발생하는 현금흐름을 미래시점의 가치로 환산한 금액을 말한다.

② 위험선호형 투자자들은 미래의 불확실성에 대한 위험부담을 요구하게 되는데 이를 위험프리미엄(risk premium)이라고 한다.

③ 할인율은 과거시점의 일정금액과 동일한 가치를 갖는 현재시점의 금액(현재가치)을 계산하기 위해 적용하는 비율을 의미한다.

④ 순현가법은 투자안의 순현가를 계산하여 양(+)일 경우 투자안을 채택하고, 음(-)일 경우에는 기각한다.

08 다음 중 만기수익률에 관한 설명 중 옳지 않은 것은?

① 내부수익률로 정의하는 경우에는 미래에 실현가능한 투자수익의 현재가치와 채권의 시장가치를 일치시켜 주는 할인율과 같은 개념이다.

② 만기수익률은 특정 주식의 유통금리, 시장이자율, 내부수익률 등으로 지칭되기도 한다.

③ 보유기간이 만료가 되는 경우의 채권수익률을 말한다.

④ 내부수익률은 순현가(NPV)를 0으로 만드는 할인율을 의미한다.

09 다음 중 듀레이션에 관한 설명 중 옳지 <u>않은</u> 것은?

① 듀레이션은 만기의 개념에 채권의 현금흐름까지 반영하고 있지만, 만기 이외에 다른 특성들을 종합하여 채권 간 비교가 불가능하다는 단점이 있다.

② 채권의 수익률이 높아 이자지급액이 많을수록 듀레이션은 짧아지는 특성이 있다.

③ 현재가치를 기준으로 채권에 투자한 원금을 회수하는 데 걸리는 시간을 의미하는 것으로, 채권의 실효만기를 의미한다.

④ 채권에서 발생하는 현금흐름을 현재가치로 환산하여 산출한 만기이기 때문에 채권 현금흐름의 가중평균만기로 볼 수 있다.

10 다음 A기업의 주식에 대한 자료를 근거로 내재가치를 일정성장모형으로 산출한 경우 그 값은 얼마인가?

> ROE : 18%
> 베타계수 : 1.8
> 내부보유율 : 40%
> 당기말의 예상주당배당 : 2,000원
> 무위험수익률 : 6%
> 시장포트폴리오의 기대수익률 : 12%

① 20,100원

② 20,420원

③ 20,833원

④ 21,320원

11 다음 자료의 근거하여 자본자산가격결정모형(CAPM)을 도출한 값으로 옳은 것은?

> 무위험수익률 : 4%
> 베타 : 0.7
> 시장수익률 : 9%

① 6.2%

② 6.9%

③ 7%

④ 7.5%

12 투자안의 경제성 평가방법에 관한 설명 중 옳지 <u>않은</u> 것은?

① 현금수익 흐름을 현재가치로 환산하여 합한 값이 투자지출과 같아지도록 할인하는 이자율을 말한다.

② 순현가법은 자본예산기법의 하나로 투자금액을 투자로부터 산출되는 순현금흐름의 현재가치로부터 차감한 것이 순현가이며 이 순현가가 1보다 크면 투자안을 선택하고 1보다 작으면 투자안을 기각하는 의사결정기준을 말한다.

③ 현금흐름으로부터 투자자금을 모두 회수하기까지 걸리는 기간을 말하며 그 기간이 짧을수록 비교 우위에 있는 투자안으로 평가한다.

④ 평균투자액 또는 총 투자액 대비 연평균 순이익의 비율로 평균회계이익률법, 평균이익률법이라고도 한다.

13 다음 새로운 기계의 구입가격은 2,000원이고, 내용연수는 3년이다. 세후현금수익증가분과 감가상각비효과를 고려한 명목현금흐름은 각각 1년 후 1,540만원, 2년 후 1,650만원, 3년 후 3,000만원이라고 한다. 동업종의 인플레이션은 5%이지만 시장 전체의 인플레이션은 6%이고, 실질이자율은 11%일 때, 기계구입의 NPV는 얼마인가?

① 1,690

② 2,120

③ 2,355

④ 3,154

14 다음 중 자본비용에 관한 설명 중 옳지 <u>않은</u> 것은?

① 기업이 주식이나 채권 등의 증권을 발행하는 경우 보통 이러한 증권들의 현재가격으로 발행하게 된다.

② 기업이 자본을 조달하는 방법에는 은행 등 금융기관의 돈을 차입하거나 채권을 발행하여 자금을 조달하는 등의 타인자본을 이용하는 방법과 우선주, 보통주, 발행과 유보이익을 통해 자본을 조달하는 등의 자기자본을 이용하는 방법으로 나뉜다.

③ 자본비용은 기업이 특정한 형태의 자본을 조달하는 대가로 부담하게 되는 비용이다.

④ 은행차입금 등의 경우에는 차입원금과 정해진 이자가 자본조달액이 된다.

15 다음 중 자본구조에 관한 설명 중 옳지 <u>않은</u> 것은?

① 기업에서의 자본은 그 조달원으로 보아 자기자본과 자산으로 구별되며 이 양자의 비율을 기업의 자본구성이라 한다.

② 기업이 생산을 확대하여 발전시키려면 아무래도 자기 자본을 조달하는 것만으로는 부족하여 타인자본에 대한 요청이 필요해진다.

③ 자본구성이란 기업이 자본조달의 원천인 자기자본과 부채의 구성비율의 조합을 의미한다.

④ 자기자본이란 자본금, 여러 종류의 준비금, 잉여금으로 이룩되는 소유자 자본이며 타인자본이란 사채·은행차입금 등의 장기 및 단기의 차입자본이다.

16 다음 중 MM의 자본구조에 관한 설명 중 옳지 <u>않은</u> 것은?

① 주주에게 유리한 최저수익률을 자본 코스트라 하면, 자본 코스트는 자본구성에는 의존하지 않는다.

② 1958년 F.모딜리아니와 M.H.밀러에 의하여 발표된 기업금융에 관한 이론이다.

③ 제1명제는 기업이 기업의 가치가 극대화되도록 한다면, 영업이익(이자 지불 이전의 이익)에 관한 예상이 전적으로 같은 기업의 가치는 자본구성 여하에 관계없이 항상 같다.

④ 제2명제는 영업이익이 같은 경우, 지기자본을 이용하는 기업의 주식수익률의 기대치는 자본의 전부를 타인자본으로 조달하고 있는 기업의 주식수익률의 기대치에 차입에 따라 부가되는 위험률을 더한 것과 같다.

17 다음 중 운전자본관리에 관한 설명 중 옳은 것은?

① 기업이 금융기관을 통한 단기자본조달은 크게 은행으로부터의 자금조달과 종합금융회사로부터의 자금조달로 나뉜다.

② 기업의 단기자본조달은 일반은행을 통해서도 이루어지는 데, 이들 중 대표적인 것으로는 어음대출만이 있다.

③ 기업이 매입채무를 이용하여 상품이나 원자재를 구입할 경우 일반적으로 일정한 지불유예기간을 정하는데 때로는 지불을 촉진하기 위해 현금할증 조건이 제시되기도 한다.

④ 매입채무에서의 지급어음은 거래처와의 사이에 발생한 어음상의 채무이며 미래에 아무 때나 지급할 것을 약속한 부채이다.

18 다음 중 배당에 관한 설명 중 옳지 않은 것은?

① 배당금은 정기 주주총회나 이사회에서 지급시기를 따로 정한 경우를 제외하고는 주주총회 승인 뒤 1개월 안에 지급하여야 한다.

② 주주총회 승인 뒤 1개월 안에 지급하여야 한다.

③ 기업, 즉 회사는 영업활동을 통해 이익이 일어나고 그 이익을 주주에게 배분하는 게 원칙이다. 이것을 이윤배당이라고 한다.

④ 배당금에 대한 지급청구권의 소멸시효는 3년으로 정해져 있다.

19 다음 중 배당에 관한 설명 중 옳은 것은?

① 청산배당은 기업이 청산할 시 주주들에게 주어지는 배당을 뜻한다.

② 상장법인은 자본시장 육성에 관한 법률에 의거하여 이익배당총액의 100%까지 주식배당이 가능하다.

③ 현금배당은 현금과 주식으로 배당이 이루어지는 것을 말한다.

④ 주식배당은 회사가 주주들에게 배당을 실시함에 있어서 현금과 주식을 동시에 나누어 주는 것을 말한다.

20 다음 중 배당의 특수형태에 관한 설명 중 옳지 않은 것은?

① 자사주매입은 회사가 자기 회사의 주식을 주식시장 등에서 사들이는 것을 뜻한다.

② 주식의 분할은 주주 평등의 원칙에서 주식 전부에 대하여 동일한 비율로 해야 한다.

③ 자사주 매입은 우호적 인수·합병(M&A)에 대비해 경영권을 보호하는 수단으로 쓰이기도 한다.

④ 주식분할은 자본의 증가 없이 발행 주식의 총수를 늘리고, 이를 주주들의 그 지주수에 따라 나누어주는 것을 말한다.

21 다음 중 주식공개매수에 관한 설명 중 옳지 <u>않</u>은 것은?

① 적대적 M&A의 방법의 하나로 많이 이용되고 있다.

② 주식을 공개매수하려는 상장법인이나 협회등록법인은 공개매수신고서를 작성하여 증권거래위원회에 신고하여야 한다.

③ 대주주 쪽에서 경영권 위협에 대항하거나 상장폐지를 하려고 역공개매수를 신청하는 경우도 있다.

④ 매수기간·가격·수량 등을 공개하고 증권회사 창구에서 청약을 받아 여러 주주들로부터 주식을 장내매수하는 것이다.

22 다음 합병에 관한 설명 중 옳지 <u>않</u>은 것은?

① 합병 당사회사 모두가 소멸하고 이들에 의해 신설된 회사가 소멸회사의 권리의무와 사원을 수용하는 신설합병이 있다.

② 회사의 합병이란 두 개 이상의 회사가 「상법」의 규정에 따라 청산절차를 반드시 거쳐 하나의 회사가 되는 것을 말한다.

③ 흡수합병이나 신설합병 어느 방법이든 소멸회사의 권리 의무와 사원의 수용이 포괄적으로 이루지는 점에서는 같다.

④ 합병 당사회사 가운데 하나의 회사가 나머지 회사를 청산하여 그 권리 의무와 사원을 수용하는 흡수합병이 있다.

23 다음 설명 중 옳은 것은?

① 차입매수는 M&A를 성사시키기 전 매수예정인 기업의 이익금이나 자산 매각 대금으로 차입금을 상환하는 방식이다.

② 경영자매수는 자금조달이 쉽고 성공 확률이 높으며, 정리해고를 완전히 피할 수는 없다 하더라도 다른 방법보다는 해고의 비율이 적다는 이점 때문에 한국에서도 국제통화기금(IMF) 체제 이후 많은 관심을 모았다.

③ 경영자매수는 해당 기업의 경영진이 기업의 전부 또는 일부 사업부나 계열사를 인수하는 기업 구조조정의 한 방법으로서, 영문 머리글자를 따서 'LBO'라고도 한다.

④ 황금낙하산은 인수하고자 하는 기업에 대한 통제권을 장악하는 데 쓰이는 기술이라 하며, 인수자는 자신에게 유리한 경영진 후보편을 들어 피인수기업의 주주들로 하여금 현재의 경영진들을 축출하라고 설득한다.

24 다음 취득에 관한 설명 중 옳지 <u>않</u>은 것은?

① 주식취득은 인수합병거래의 한 방법으로서 피인수기업이 인수기업의 주식을 취득하지만 흡수합병하지는 않고 인수기업을 지배하는 형태이다.

② 주식취득의 방법에는 대주주 주식지분의 취득, 주식시장에서의 취득 및 공개매수 등이 있다.

③ 취득은 한 기업이 다른 기업의 주식이나 자산을 매수하는 행위를 말한다.

④ 자산취득은 두 기업 간에 체결된 계약에 따라 한 기업이 다른 기업 자산의 전부 또는 일부를 매수하는 것을 말한다.

주관식 문제

01 레버리지 비율에 관해서 간략하게 서술하시오.

03 수익성지수에 관해서 간략하게 서술하시오.

02 듀레이션의 정의에 관해서 간략하게 서술하시오.

04 주식과 채권의 비교점 3가지를 간략하게 서술하시오.

제 1 회 최종모의고사

독학사 경영학과 4단계

제한시간: 50분 | 시작 ___시 ___분 - 종료 ___시 ___분

⊐ 정답 및 해설 586p

01 다음 중 마케팅에 대한 설명으로 옳지 <u>않은</u> 것은?

① 개인 및 조직체의 목표를 만족시키는 교환을 성립하게 하는 일련의 인간 활동이라 할 수 있다.

② 유형의 제품뿐만 아니라, 무형의 서비스까지도 마케팅 대상으로 볼 수 있다.

③ 사익을 추구하는 기업에서 적용되는 활동을 일컫는다.

④ 개인의 니즈충족 및 조직의 목표를 만족시켜야 한다.

02 단기적 관점의 거래중심 마케팅보다는 관계중심 마케팅의 성과 평가기준으로 가장 옳지 <u>않</u>은 것은?

① 고객자산

② 고객충성도

③ 고객점유율

④ 시장점유율

03 다음 설명에 해당하는 마케팅 전략은 무엇인가?

데이터베이스를 바탕으로 고객에게 필요한 상품과 서비스를 제공하는 마케팅을 뜻한다. 사용자들의 모든 취미나 활동 그리고 각종 데이터들을 바탕으로 사용자가 좋아할 만한 상품들을 광고로 띄워 주는 페이스북이 대표적인 예에 해당한다.

① PPL 마케팅

② 노이즈 마케팅

③ 원투원 마케팅

④ 니치 마케팅

04 다른 판촉 수단과 달리 고객과 직접적인 접촉을 통하여 상품과 서비스를 판매하는 인적판매의 장점으로 가장 옳지 <u>않은</u> 것은?

① 고객의 판단과 선택을 실시간으로 유도할 수 있다.

② 정해진 시간 내에 많은 사람들에게 접근할 수 있다.

③ 고객의 요구에 즉각적으로 대응할 수 있다.

④ 고객이 될 만한 사람에게만 초점을 맞추어 접근할 수 있다.

05 종속가격(captive pricing)결정에 적합한 제품의 묶음으로 옳지 <u>않은</u> 것은?

① 면도기와 면도날
② 프린터와 토너
③ 폴라로이드 카메라와 필름
④ 케이블TV와 인터넷

06 조사에서 해결해야 할 문제를 명확하게 정의하고 마케팅전략 및 믹스변수의 효과 등에 관한 가설을 설정하기 위해, 본 조사 전에 사전정보를 수집할 목적으로 실시하는 조사로서 가장 옳은 것은?

① 관찰적 조사(observational research)
② 실험적 조사(experimental research)
③ 기술적 조사(descriptive research)
④ 탐색적 조사(exploratory research)

07 기업이 활용할 수 있는 차별화전략의 유형별로 요구되는 역량에 대한 설명으로 가장 옳지 <u>않은</u> 것은?

① 기술위주 차별화 : 고객이 선호하는 유용한 기술을 개발할 수 있는 능력
② 규모위주 차별화 : 규모의 경제를 활용할 수 있는 사업규모를 가질 수 있는 능력
③ 유통위주 차별화 : 경쟁사보다 우월하게 좋은 제품을 다양하게 만들어 낼 수 있는 능력
④ 시장위주 차별화 : 고객들의 요구와 선호도를 파악하여 만족시킬 수 있는 능력

08 인터넷 마케팅에 관한 설명으로 적절하지 <u>않은</u> 것은?

① 인터넷을 이용하여 사이버 공간상에서 일어나는 모든 마케팅 활동이다.
② 판매자와 구매자 간의 쌍방향성과 개인화된 상호작용이 가능하다.
③ 소비자의 참여도를 높여주고, 시간이 절약되는 장점이 있다.
④ 소비자 간 거래 또는 소비자와 기업 간 거래에서 가격 변동을 최소화하여 기존의 유통망을 안정적으로 유지시킨다.

09 BCG 매트릭스의 유용성과 한계에 대한 설명으로 적절하지 <u>않은</u> 것은?

① 시간의 흐름에 따라 각 사업부는 환경의 영향과 전략실행 효과에 의해 매트릭스상에서 위치가 변화된다.
② 적절한 전략을 수립하기 위해서는 특수한 상황에 따른 포트폴리오를 작성, 변화를 파악해야 한다.
③ 마케팅 관리자는 BCG 매트릭스상에서 사업부의 현재 위치뿐 아니라 시간에 따른 위치변동까지 함께 고려해야 한다.
④ 두 개의 축인 구성요인이 지나치게 단순하여 포괄적이고 정확한 사업부 평가가 불가능하다는 단점이 있다.

10 다음은 산업재 마케팅 믹스와 소비재 마케팅 믹스를 비교한 표이다. 해당 표의 내용 중 잘못된 것은?

구분	소비자 마케팅 믹스	산업재 마케팅 믹스
① 상품	표준화	가변적이며 품질과 기술의 중요성이 큼
② 가격	표준정찰제	경쟁 입찰 및 협상
③ 촉진	인적판매가 큰 비중 차지	광고가 큰 비중 차지
④ 유통	다수의 중개상인 경유	짧고 직접적인 유통

11 다음 설명이 가리키는 것에 대한 내용으로 옳지 않은 것은?

> 나이나 성별, 소득, 직업 등 동일한 인구통계적 집단 내 속한 사람들도 서로 상이한 정신심리적 특성을 가지고 있을 수 있다는 정신심리적 특성을 기초로 시장을 나누는 것을 말한다.

① 라이프스타일은 흔히 활동, 관심, 의견을 기준으로 분류되는데, 이 때문에 AIO 분석이라고 한다.
② 소비자가 어떻게 시간을 보내고, 어떤 일을 중시하며, 어떤 견해를 갖고 있는가를 척도로 나타내어 수치화하는 것이다.
③ 시장에 대해 풍부한 정보를 주지는 못하지만, 세분화의 경계가 뚜렷하여 측정이 수월하다는 장점이 있다.
④ 많은 기업이 특정 사회계층을 위한 제품이나 서비스를 설계하는 데 있어 60년대 이후 가장 많이 쓰이는 변수 중 하나가 라이프스타일이다.

12 다음 소비자 구매의사결정에 영향을 미치는 요인들 중 개인적 요인에 속하는 사례로 가장 적절한 것은?

① 민희는 친구들과 잘 어울리기 위해서 요즘 친구들이 대부분 입고 있는 스포츠웨어 브랜드의 롱패딩이 꼭 필요했다.
② 활동적이면서 창조적인 여성을 등장시킨 화장품 광고를 보고, 지혜는 자신의 모습과 잘 맞아떨어진다고 느껴 구매를 결심했다.
③ 서태지의 노래를 좋아하는 사람들은 서태지의 헤어스타일과 의상에 따라 힙합바지를 입거나 헤어스타일을 바꾼다.
④ 낭비가 심한 부모의 자녀는 충동구매를 많이 하는 반면, 절약하는 부모의 자녀들은 합리적인 구매습관을 보이는 경우가 많다.

13 어떤 표준적 상품을 비교적 염가로 판매하여 고객들을 매장 안으로 유도하고, 그 고객들에게 다른 상품을 판매함으로서 이익을 얻으려는 가격정책으로 옳은 것은?

① 가격선도제(price leadership)
② 로스리더(loss leader)
③ 묶음가격(price bundling)
④ 특별할인가정책(special discount)

14 직접적인 대면 접촉에 의한 전통적인 구전(word of mouth)과 비교할 때, 인터넷을 매개로 하는 온라인 구전의 특성에 해당하는 것을 모두 고른 것은?

> ㄱ. 불특정 다수에게 정보의 전달이 가능
> ㄴ. 더 많은 대상에게 정보의 전달이 가능
> ㄷ. 직접적인 연관성이 낮은 대상에게도 정보의 전달이 가능

① ㄱ
② ㄱ, ㄴ
③ ㄱ, ㄷ
④ ㄱ, ㄴ, ㄷ

15 아래 글상자에서 설명하고 있는 유통마케팅조사의 표본추출 유형으로 옳은 것은?

> - 모집단이 상호 배타적인 집단으로 나누어진다.
> - 조사자는 나누어진 배타적인 집단들 중 면접할 몇 개 집단을 표본으로 추출한다.
> - 확률표본추출 중 한 유형이다.

① 단순 무작위표본
② 층화 확률표본
③ 판단표본
④ 군집표본

16 유통경로상에서 판촉(sales promotion)활동이 가지는 특성에 대한 설명으로 가장 옳지 않은 것은?

① 판촉활동은 경쟁기업에 의해 쉽게 모방되기에 지속적 경쟁우위를 가져오기는 어렵다.
② 판촉활동은 단기적으로 소비자에게는 편익을 가져다주지만, 기업에게는 시장유지비용을 증가시켜 이익을 감소시키기도 한다.

③ 판촉활동은 장기적으로 기업의 이미지를 개선하는 데 큰 도움이 된다.
④ 경쟁기업의 촉진활동을 유발하여 시장에서 소모적 가격경쟁이 발생할 수 있다.

17 아래 글상자의 서비스 마케팅 사례의 원인이 되는 서비스 특징으로 가장 옳은 것은?

> 호텔이나 리조트는 비수기 동안 고객을 유인하기 위해 저가격 상품 및 다양한 부가서비스를 제공한다.

① 서비스 무형성
② 서비스 이질성
③ 서비스 비분리성
④ 서비스 소멸성

18 아래 글상자는 최근의 마케팅구조에 변화를 일으키고 있는 현상에 대한 설명이다. (   ) 안에 들어갈 단어로 옳은 것은?

> (   ) 증가로 인해 대형마트의 방문횟수가 줄어들고 근거리에서 소량의 필요한 물품만 간단히 구입하는 경향이 늘어나고 있다. 그 결과 근처 편의점이나 기업형 슈퍼마켓 방문횟수를 증가시킬 수 있다.

① 웰빙(well-being) 추구
② 1인 가구
③ 소비 양극화
④ 소비자 파워(consumer power)

19 소매업체의 상품구색에 관한 설명으로 가장 옳지 <u>않은</u> 것은?

① 상품가용성은 다양성에 반비례하고 전문성에 비례한다.

② 다양성은 취급하는 상품 카테고리의 숫자가 많을수록 커진다.

③ 전문성은 상품구색의 깊이를 의미한다.

④ 전문성은 각 상품 카테고리에 포함된 품목의 숫자가 많을수록 커진다.

20 아래 글상자는 서비스의 어떤 특성 때문에 발생하는 문제를 해결하려는 마케팅 방안들을 기술하고 있다. 관련된 서비스의 특성으로 가장 옳은 것은?

> – 실체적 단서를 제공하라.
> – 구전활동을 적극 활용하라.
> – 기업이미지를 세심히 관리하라.
> – 구매 후 커뮤니케이션을 강화하라.

① 소멸성

② 이질성

③ 무형성

④ 비분리성

21 통합커뮤니케이션에 대한 설명으로 옳지 <u>않은</u> 것은?

① 다양한 커뮤니케이션 믹스들을 통합하여 커뮤니케이션 효과를 극대화하기 위해 수행한다.

② 전체 시장을 통합할 수 있는 커뮤니케이션을 통해 마케터들의 시장지배력을 강화하기 위해 수행한다.

③ 목표고객의 행동에 영향을 주거나 직접적인 행동을 유발하기 위해 수행한다.

④ 소비자 행동에 관한 정보와 데이터를 활용하여 커뮤니케이션 수단들을 통합한다.

22 상품믹스에 대한 설명으로 옳지 <u>않은</u> 것은?

① 상품품목(item)은 가격, 사이즈, 기타 속성에 따라 확실하게 구분되는 단위상품이다.

② 상품계열(line)은 소매점에서 취급하는 상품군의 다양성을 의미한다.

③ 상품믹스 폭(width)은 소매점에서 취급하는 상품계열의 다양성을 의미한다.

④ 재고유지단위(SKU)는 유통업체에서 판매되는 상품계열과 아이템 등 모든 상품의 집합을 의미한다.

23 가격에 관한 설명으로 가장 옳지 <u>않은</u> 것은?

① 마케팅 관점에서 가격은 특정제품이나 서비스의 소유 또는 사용을 위한 대가로 교환되는 돈이나 기타 보상을 의미한다.

② 대부분의 제품이나 서비스는 돈으로 교환되고, 지불가격은 항상 정가나 견적가치와 일치한다.

③ 기업관점에서 가격은 총수익을 변화시키므로 가격결정은 경영자가 직면한 중요하고 어려운 결정 중의 하나이다.

④ 소비자관점에서 가격은 품질, 내구성 등의 지각된 혜택과 비교되어 순가치를 평가하는 기준으로 사용된다.

24 상표확장전략에 대한 설명으로 옳지 <u>않은</u> 것은?

① 확장제품이 성공하면 기존 브랜드의 시장은 무조건 활성화된다.

② 소비자들이 기존의 상표명에 친숙하다면 신제품을 즉시 인지할 수 있다는 장점이 있다.

③ 개별 브랜드의 신제품 도입보다 신제품에 대한 마케팅 비용이 절감된다.

④ 신제품이 호의적인 평가를 받게 되면 기존의 상표명의 이미지를 강화시킬 수 있다.

01 다음 내용에서 제시된 판매촉진활동 ㉠, ㉡, ㉢을 순서대로 쓰시오.

> 한 화장품회사는 자사의 신제품을 ㉠ 고객의 눈 앞에서 실제로 상품의 사용법과 기존 제품의 차별점을 공개하였다. 이와 함께 미리 예약을 한 고객에게는 ㉡ 내용증명시 신제품을 무료로 분배해 주었으며, ㉢ 20만 원 이상 구매 고객에게는 화장품 파우치를 제공하였다.

02 다음 내용에서 빈칸에 들어갈 용어를 순서대로 나열하시오.

> (   )이/가 새로운 제조 공장, 근본적인 사업 과정에 영향을 미치는 다른 핵심 결정 등에 대한 중대한 전략적 결정을 하는 것이 일반적이다. 비용이 많이 드는 자본 설비 구입 과정에는 핵심 결정자가 될 가능성이 높은 (   )이/가 포함되는 경우가 많다.

03 다음 내용을 읽고 최근의 미국 호텔업계의 차별화 전략이 무엇인지 쓰고 이를 위해 강조되는 마케팅이 무엇인지 쓰시오.

> 현재 미국에서는 격식보다는 가족같이 편안한 서비스를 더 강조하고 있다. 호텔업계 역시 가족같이 친밀한 서비스를 요구하는 단계까지 이르렀고 호텔의 교육부서나 회사의 많은 리더들이 항상 고객들이 편안함을 느낄 수 있는 친근한 서비스를 강조하고 좋은 평가를 받는 직원들에게는 적절한 보상을 제공하고 있다.

04 아래 글상자 (㉠)과 (㉡)에 들어갈 용어를 순서대로 쓰시오.

> (㉠)은/는 개별 구성원들이 각각 독자적 목표를 지니고 있으나 전반적으로는 전체적인 관점에서의 마케팅 목표 달성을 위해 공식적으로 힘을 합친 경우를 말하며, (㉡)은/는 계약형과 같이 개별 유통경로 구성원들이 각각의 독자적 목표를 지니면서 비공식적으로는 전체적인 마케팅 목표 실현을 지원하는 시스템이다.

제 2 회 최종모의고사

독학사 경영학과 4단계

제한시간: 50분 | 시작 ___시 ___분 – 종료 ___시 ___분

⊟ 정답 및 해설 589p

01 다음 중 재무관리에 따라 기업이 목표로 하는 것 중 옳은 것은?

① 제품 판매의 극대화
② 기업가치(주주들의 부)의 극대화
③ 이익의 극대화
④ 기업 규모의 극대화

02 다음 재무관리 목표 중 이익의 극대화에 관한 설명으로 옳은 것은?

① 회계적 이익은 각각의 기간별로 보고되는 기간이익개념으로서, 이 중 어느 시점의 기간의 이익을 극대화할 것인가의 중요한 문제점이 발생한다.
② 기업이 회계적 이익만을 극대화한다는 것을 목표로 할 경우, 위험을 고려하여 결정한다.
③ 회계적 이익은 기업이 선택 가능한 하나의 회계원칙들을 적용시킨 결과에 불과하다.
④ 회계적 이익은 재무상태표상에 보고되는 이익이다.

03 다음 중 금융시장과 자본시장에 관한 설명 중 옳지 <u>않은</u> 것은?

① 금융시장은 자금공급자와 자금수요자간에 금융거래가 조직적으로 이루어지는 장소를 말한다.
② 금융거래가 이뤄지기 위해서는 이를 매개하는 수단이 필요한데 이러한 금융수단을 금융자산 또는 금융상품이라고 한다.
③ 금융시장은 화폐의 대차거래가 이루어지는 시장을 말하며 자본시장이라고도 한다.
④ 금융시장은 금융거래에 필요한 정보를 수집하는 데 드는 비용과 시간을 줄여준다.

04 다음 중 재무상태표에 관한 설명 중 옳지 <u>않은</u> 것은?

① 부채비율은 기업이 갖고 있는 자산 중 부채가 어느 정도 차지하고 있는지를 나타내는 비율로, 기업의 재무구조 특히 타인자본의 존도를 나타내는 대표적인 경영지표다.
② 유동비율은 (유동자산 ÷ 유동부채) × 100(%)의 계산식으로 산출된다.
③ 순운전자본은 유동자산에서 유동부채를 차감한 잔액으로 정의되는데 일상적인 영업활동에 필요한 자금으로서 단기부채를 지급하는 데 사용할 단기자산이다.
④ 부채비율은 부채총액을 자산으로 나눈 뒤 100을 곱해 산출한다.

05 다음 중 포괄손익계산서에 관한 설명 중 옳은 것은?

① 포괄손익계산서는 기업의 경영성과를 영업이익 관점에서 그치지 않고 총포괄손익 관점에서 보여준다.

② 손익계산서는 재무제표 이용자가 기타포괄손익 정보를 포함하여 기업의 경영성과를 평가 및 예측하는 것을 도와준다.

③ 손익계산서는 일정기간 동안 발생한 기업의 수익과 비용 정보를 제공하고, 수익에서 비용을 차감한 순손익을 통해 기업의 경영성과를 보여준다.

④ 손익계산서 또는 포괄손익계산서는 특정기간 동안의 기업의 경영성과를 나타내는 보고서이다.

06 다음 중 현금흐름표에 관한 설명 중 옳지 않은 것은?

① 간접법은 영업이익에서 감가상각비와 같은 현금을 수반하지 않는 거래 등을 조정하여 표시하는 방법이다.

② 직접법은 총 현금유입과 현금유출을 주요 항목별로 구분하여 표시하는 방법이다.

③ 현금흐름표는 일정한 기간 동안 기업의 현금이 어떻게 변동되었는가를 보여주는 보고서이다.

④ 현금흐름표는 기업의 현금창출 능력에 관한 정보를 제공함으로써 재무제표의 이용자로 하여금 미래 현금흐름의 추정이 가능하게 한다.

07 다음 중 채권의 가격결정에 관한 설명 중 옳지 않은 것은?

① 채권의 이자와 액면가를 마지막으로 지급하기로 한날을 만기일이라고 한다.

② 표면이자는 액면가에 표면이자율을 더해서 결정된다.

③ 채권은 발행자가 일정기간 후에 약속한 금액(이자 또는 액면가)을 지급할 것을 약속한 증서이다.

④ 만기일에 지급하기로 증서에 기재된 금액을 액면금액 또는 액면가라고 한다.

08 다음 주식 A, B의 기대수익률, 표준편차 및 공분산이 주어져 있다.

> 주식A = 기대수익률(0.05), 표준편차(0.3), 공분산(0)
> 주식B = 기대수익률(0.07), 표준편차(0.6), 공분산(0)

투자자가 주식A에 40%, B에 60% 투자하여 포트폴리오를 구성했을 시 기대수익률과 표준편차의 값으로 옳은 것은?

① 기대수익률 : 0.045, 표준편차 : 0.264
② 기대수익률 : 0.062, 표준편차 : 0.379
③ 기대수익률 : 0.073, 표준편차 : 0.412
④ 기대수익률 : 0.082, 표준편차 : 0.418

09 다음 포트폴리오 이론에 관한 설명 중 옳지 <u>않</u> <u>은</u> 것은?

① 미래수익의 평균과 분산(표준편차) 이 두 가지 통계함수를 이용하여 투자자의 기대효 용을 계산할 수 있는 모형을 평균-분산 모 형이라고 한다.

② 투자자의 선호도에 따라서 투자대상을 보유 하게 되고 이러한 투자대상의 집합을 포트 폴리오(portfolio)라고 한다.

③ 기대효용가설은 불확실한 상황에서 예상되 는 결과치에 대해서 각자의 기대효용이 다 르므로 합리적인 개인들은 기대효용을 극대 화하기 위한 선택을 한다는 가설이다.

④ 두 주식 간에 기대수익률이 같다면 위험이 큰 주식을, 위험이 같다면 기대수익률이 낮 은 주식을 선택하게 되는 데 이러한 투자안 의 선택기준을 지배원리라고 한다.

10 다음 중 현금흐름에 관한 설명 중 옳지 <u>않은</u> 것은?

① 감가상각비는 기계, 설비 등 고정자산의 노 후화를 연수에 따라 비용으로 처리하는 과 정이기 때문에 실제 현금유출이 나타나는 것은 아니다.

② 감가상각비와는 달리 타인자본에 대한 이자 비용은 실제 현금지출이 발생한다.

③ 법인세비용은 사업을 영위하는 데 있어서의 세금이기 때문에 현금유출이다.

④ 순현금흐름은 투자에 의하여 들어오는 현금 과 나가는 현금의 차이를 말하며, 현금유출 에서 현금유입을 뺀 금액을 순현금흐름이라 고 한다.

11 다음 중 위험과 자본예산에 관한 설명 중 옳은 것은?

① 수익률은 모든 수익을 투자금액으로 나누어 계산한 순수익률과 모든 수익에서 투자금액 을 뺀 값을 투자금액으로 나누어 계산한 조 수익률로 나누어진다.

② 투자자가 얻는 수익의 형태는 금융자산의 이자 및 배당, 주식의 차익 등이 있다.

③ 투자자가 투자로부터 얻는 성과를 수익이라 고 하며 여러 가지 요인 상 투자의 수익은 이익만이 가능하다.

④ 재무관리에서는 순수익률보다는 조수익률 을 수익률의 개념으로 이용한다.

12 다음 중 자본예산의 실제적용에 관한 설명 중 옳지 <u>않은</u> 것은?

① 매몰비용은 다시 되돌릴 수 있는 비용, 즉 의사결정을 하고 실행을 한 이후에 발생하 는 비용 중 회수할 수 있는 비용을 말하며 함몰비용이라고도 한다.

② 증분현금흐름이란 기업의 투자활동으로 인 하여 발생하는 현금의 유입 또는 유출의 순 흐름을 말한다. 즉, 투자안의 선택과 선택 하지 않는 차이를 말한다.

③ 부수효과란 어떤 투자안이 다른 투자안에 영향을 끼치는 것으로 투자안들 사이에서의 관계가 보완적이고 대체가 가능하다면 양 (+)의 효과를 나타낼 수도 있고, 반대인 경 우에는 음(-)의 효과를 나타낼 수도 있다.

④ 기회비용은 하나의 재화를 선택할 때, 그 선택으로 인해 포기한 다른 재화의 가치를 말한다.

13 다음 중 자본비용에 관한 설명 중 옳지 <u>않은</u> 것은?

① 부채의 이자는 정해진 기간에 따라 일정할 수도 있고 시장이자율의 변동에 따라 달라질 수도 있다.

② 타인자본비용은 자기자본과 비교할 때 자금조달의 원천이 다르고 변제기한이 있으며, 배당이 아닌 이자가 지급된다는 점에서 차이가 있다.

③ 자기자본비용은 기업의 자기자본, 즉 부채를 의미하는 것으로, 부채로 자본조달 시 정해진 기간에 따라 매년 이자를 지급하고 만기일에 원금을 지급하여야 한다.

④ 기업경영이 어려울 때도 원칙적으로 원리금 지급이 불가피해 기업의 안정성 면에서 타인자본은 될 수 있는 한 적은 것이 바람직하나 호황기에는 레버리지 효과가 크므로 이를 적절히 조절할 필요가 있다.

14 다음 중 자기자본비용의 관한 설명 중 옳은 것은?

① 자기자본비용을 계산하는 방식은 자본자산가격결정모형(CAPM)을 이용한 방법이 가장 널리 쓰이는 방식이다.

② 자기자본비용은 기업이 조달한 자기자본의 가치를 유지하기 위해 최대한 벌어들어야 하는 수익률이다.

③ 가중평균자본비용은 사채·차입금 등 타인자본 비용을 산정한 후 자본구조의 선택에 의해서 가중평균자본비용을 산정하여 투자결정의 기준으로 삼는다.

④ 배당평가모형은 주식의 내재 가치를 영속적인 현재의 배당 흐름을 요구수익률로 할인하여 미래가치로 나타낸 모형이다.

15 다음 중 배당의 지급절차 관한 설명 중 옳지 <u>않은</u> 것은?

① 주식을 구입한 후 해당 회사의 주주로 이름이 등재되는 데까지는 7일의 시간이 소요되기 때문에 배당을 받기 위해서는 영업일 기준으로 배당기준일 일주일 전에는 주식을 구입해야한다.

② 배당기준일은 결산기준일 혹은 중간배당(결산 전, 영업 중에 실시하는 배당) 실시 여부에 따라 상이하며, 일반적으로는 매년 말이다.

③ 이사회의 의결이 있는 경우 사업연도 도중에 중간배당 혹은 분기배당을 실시할 수 있다.

④ 우리나라 기업들의 배당 지급절차를 살펴보면 사업연도 결산 이후 주주총회의 의결을 거쳐 지급되는 것이 일반적이다.

16 다음 설명 중 옳지 <u>않은</u> 것은?

① 경영자매수는 해당 기업의 경영진이 기업의 전부 또는 일부 사업이나 계열사를 인수하는 기업 구조조정의 한 방법으로서, 영문 머리글자를 따서 'MBO'라고도 한다.

② 경영자매수는 자금조달이 어렵고 성공 확률이 낮으며, 정리해고를 완전히 피할 수는 없는 단점이 있다.

③ 백지위임장투쟁은 인수하고자 하는 기업에 대한 통제권을 장악하는 데 쓰이는 기술로 인수자는 자신에게 유리한 경영진 후보 편을 들어 피인수기업의 주주들로 하여금 현재의 경영진들을 축출하라고 설득한다.

④ 차입매수는 M&A를 성사시킨 후 매수한 기업의 이익금이나 자산 매각 대금으로 차입금을 상환하는 방식이다.

17 다음 CAPM을 이용한 자기자본비용 측정 중 옳지 <u>않은</u> 것은?

① 자기자본비용을 계산하는 방식은 자본자산 가격결정모형(CAPM)을 이용한 방법이 가장 널리 쓰이는 방식이다.

② 자본비용을 측정하기 위해서 CAPM을 사용하는 경우 현실적으로 타당하다는 전제조건 하에 이루어진다.

③ 베타와 증권시장선을 계산해서 현재의 증권시장선으로 사용하였는데 이는 과거와 비슷한 현상이 미래에도 발생할 수 있다는 가정하에서만 타당한 방법이다.

④ 시장의 기대수익률은 무위험자산의 수익률과 시장포트폴리오에 투자하여 발생하는 위험프리미엄의 합으로 계산된다.

18 다음 금융리스에 관한 설명 중 옳지 <u>않은</u> 것은?

① 자본리스라고도 하는 것으로 임차인이 임차자산에 대한 유지·보수에 관한 책임을 지는 리스계약이다.

② 중도 해약이 가능한 리스이다.

③ 성격상 해당자산의 내용연수와 거의 일치하는 장기계약의 성격을 띠므로 임대인이 자기 책임 하에 자산구입에 소요되는 자본을 출자하고 이를 임대료의 형식으로 분할회수하게 된다.

④ 임차료는 통상 선급되며, 계약기간 만료 시 해당자산의 반환여부 의사결정은 임차인이 하는 것이 보통이다.

19 다음 세일즈 앤 리스백에 관한 설명 중 옳지 <u>않은</u> 것은?

① 기업이 소유하던 자산을 리스회사에 매각하고 다시 리스계약을 맺어 이를 사용하는 형태를 말한다.

② 기업측에서는 자산의 소유권이 넘어가고 리스료를 계속 내야하는 대신 자산을 계속 사용하면서 목돈을 운용할 수 있다는 것이 장점이다.

③ 매수자 입장에서는 초기 투자비용을 줄일수 있지만 적정 수익률을 보장받을 수 없는 단점이 있다.

④ 매도자(기업) 입장에서는 매각한 물건을 계속 사용할 수 있을 뿐만 아니라 관리까지 할수 있고 후에 다시 매입할 수 있다는 장점이 있다.

20 다음 주식분할에 관한 설명 중 옳지 <u>않은</u> 것은?

① 자본의 증가 없이 발행 주식의 총수를 늘리고, 이를 주주들의 그 지주수에 따라 나누어주는 것을 말한다.

② 지나치게 오른 주가를 투자자가 매입하기 쉬운 수준으로까지 인상하여 개인 주주를 늘리는 것이 목적이다.

③ 주식의 분할은 주주 평등의 원칙에서 주식 전부에 대하여 동일한 비율로 해야 한다.

④ 그 비율은 정수배여야 하며, 단주가 발생하는 분할(2주를 3주로 분할)은 허용되지 않는다.

21 다음 배당기준일에 관한 설명 중 옳지 <u>않은</u> 것은?

① 기업에서 배당을 시행할 때 배당을 받는 주주들을 결정하기 위해 기준이 되는 날을 말한다.

② 기업들은 배당기준일에 자신들의 주식을 보유하고 있는 사람들을 대상으로 배당을 실시한다.

③ 배당기준일은 결산기준일 혹은 중간배당(결산 전, 영업 중에 실시하는 배당) 실시 여부에 따라 상이하며, 일반적으로는 매년 초이다.

④ 주식을 구입한 후 해당 회사의 주주로 이름이 등재되는 데까지는 2일의 시간이 소요되기 때문에 배당을 받기 위해서는 영업일 기준으로 배당기준일 이틀 전에는 주식을 구입해야한다.

22 다음 기업의 지배권시장에 관한 설명 중 옳지 <u>않은</u> 것은?

① M&A과정에서 필연적으로 나타나는 문제는 기업의 지배권문제이다.

② 소유와 경영이 분리된 기업이 증가하고 있는 오늘날의 자본주의체제 하에서는 M&A에 의해 기업의 지배권을 갖는 새로운 주주나 경영자가 나타날 수 있다.

③ 기업의 지배권이 다른 기업으로 이전되는 것을 기업의 인수라고 부른다.

④ 어떤 한 기업이 다른 기업을 인수하게 되면 인수되는 회사의 지배권은 피인수기업에 넘어가게 된다.

23 다음 취득에 관한 설명 중 옳지 <u>않은</u> 것은?

① 한 기업이 다른 기업의 주식이나 자산을 매수하는 행위를 말한다.

② 취득과 단순한 재산의 부분적 매수와의 차이점은 취득의 목적이 다른 기업의 경영권을 획득하는데 있다는 것이다.

③ 합병과 다른 점은 취득 후에도 취득되는 기업이 개별기업으로 계속 존재한다는 점이다.

④ 취득은 자산취득만이 존재한다.

24 다음 독약조항에 관한 설명 중 옳지 <u>않은</u> 것은?

① 적대적 M&A나 경영권 침해 시도 등 특정 사건이 발생하였을 때 경영권을 방어할 수 있도록 하는 것이다.

② 기존 주주들에게 회사 신주를 시가보다 훨씬 싼 가격으로 매입할 수 있는 풋옵션을 부여함으로써 적대적 M&A 시도자로 하여금 지분확보를 어렵게 한다.

③ 미국과 일본, 프랑스 등지에서 시행하고 있다.

④ 미국과 일본에서는 이사회 의결만으로 도입할 수 있도록 허용하고 있다.

주관식 문제

01 직접금융시장에 관해서 간단히 서술하시오.

02 유동성지표에 관해서 간단히 서술하시오.

03 체계적 위험(베타)에 관해서 간단히 서술하시오.

04 순현가법에 관해서 간단히 서술하시오.

독학사 경영학과 4단계

제 2 회 최종모의고사

제한시간: 50분 | 시작 ___시 ___분 - 종료 ___시 ___분

정답 및 해설 591p

01 "100만 원대"라고 광고한 컴퓨터를 199만원에 판매하는 가격정책으로서 가장 옳은 것은?

① 가격라인 결정
② 다중가격 결정
③ 단수가격 결정
④ 리베이트 결정

02 다음 중 마케팅 정보 시스템(MIS ; Marketing Information System)에 대한 설명으로 적절하지 <u>않은</u> 것은?

① MIS는 마케팅 환경을 분석하고 기업 내부 시스템과 일련의 절차를 거쳐 마케터에게 전달하는 것이다.
② 마케팅 조사 시스템 단계에서는 다른 시스템과 달리 실제로 직접 소비자를 대상으로 조사하기 때문에 항상 체계적이기 어렵고 주관적인 기준으로 수집이 이루어진다.
③ 마케팅 인텔리전스 시스템 단계에서는 내부 정보 시스템에 비해 기업의 경영 의사결정에 영향을 미칠 만한 것들에 대한 모든 주변 정보를 수집하는 단계이다.
④ 내부 정보 시스템 단계에서는 내부의 상품이나 지역별 매출이나 재고 수준 등에 대한 정보를 포함하며, 이러한 내용을 통해 최적의 마케팅 의사결정을 위한 정보를 지원하는 역할을 하는 단계이다.

03 다음 사례가 해당하는 표적시장 선택 전략은 무엇인가?

> 치약의 경우 값이 싼 치약, 충치예방용 치약, 하얀 치아를 위한 치약을 따로 만들기보다는 그중 하나를 선택하여 전문화하는 정책이다.

① 집중적 마케팅 전략
② 비차별화 마케팅 전략
③ 차별화 마케팅 전략
④ 이미지 포지셔닝 전략

04 다음 중 시장세분화(Segmentation)에 대한 설명으로 가장 적절한 것은?

① 소비자의 다양성에 근거하여 이질성과 동질성에 따라 시장을 분류, 유사한 특성끼리 묶는 과정을 말한다.
② 욕구의 다양성에 따라 각각의 독립되어 있는 시장을 하나의 기준으로 통합시킨다.
③ 시장세분화의 기준에는 인구통계적 변수, 지리적 변수, 심리적 기준, 집단적 기준 등이 있다.
④ 경쟁업체와 자사와의 적합성 등을 고려하여 시장을 세분화한다.

05 포지셔닝 맵에 관한 설명으로 적절하지 <u>않은</u> 것은?

① 소비자의 마음속에 자리 잡고 있는 자사의 제품과 경쟁 제품들의 위치를 2차원 또는 3차원의 도면으로 작성해 놓은 도표를 말한다.
② 여러 가지로 평가할 수 있는 차원에 따라 제품 및 상표의 위치를 나타낸 것이다.
③ 지각도상 표시된 제품들 사이의 거리로 미루어 각 제품들 간의 유사성 정도의 판단이 가능하다.
④ 지각도상의 각 대상들의 위치는 고려되는 외부적 환경요인에 관한 정보들을 나타낸다.

06 소비자 행동에 영향을 미치는 요인들 중 인구통계적 특성을 포함하는 요인으로 적절한 것은?

① 문화적 요인
② 사회적 요인
③ 개인적 요인
④ 심리적 요인

07 소매점이 사용하는 원가지향 가격설정정책(cost-oriented pricing)의 장점으로 가장 옳은 것은?

① 마케팅콘셉트에 가장 잘 부합한다.
② 이익을 극대화하는 가격을 설정한다.
③ 가격책정이 단순하고 소요시간이 짧다.
④ 시장 상황을 확인할 수 있는 근거자료를 활용한다.

08 고객관계관리(CRM) 프로그램에서 사용하는 고객유지방법에 대한 설명으로 가장 옳지 <u>않은</u> 것은?

① 다빈도 구매자 프로그램 : 마일리지 카드 등을 활용하여 반복구매행위를 자극하고 소매업체에 대한 충성도를 제고할 목적으로 사용하는 방법
② 특별 고객서비스 : 수익성과 충성도가 높은 고객을 개발하고 유지하기 위해서 높은 품질의 고객서비스를 제공하는 방법
③ 개인화 : 개별 고객 수준의 정보 확보와 분석을 통해 맞춤형 편익을 제공하는 방법
④ 쿠폰제공 이벤트 : 신제품을 소개하거나 기존제품에 대한 새로운 자극을 만들기 위해 시험적으로 사용할 수 있는 양만큼의 제품을 제공하는 방법

09 제조업체의 촉진 전략 중 푸쉬(push)전략에 대한 설명으로 옳지 <u>않은</u> 것은?

① 최종소비자 대신 중간상들을 대상으로 하여 판매촉진활동을 하는 것이다.
② 소비자를 대상으로 촉진할 만큼 충분한 자원이 없는 소규모 제조업체들이 활용할 수 있는 촉진전략이다.
③ 제조업체가 중간상들의 자발적인 주문을 받기 위해 수행하는 촉진 전략을 말한다.
④ 가격할인, 수량할인, 협동광고, 점포판매원 훈련프로그램 등을 활용한다.

10 아래 글상자에서 설명하는 촉진수단에 해당하는 것으로 옳은 것은?

> • 뉴스기사, 스폰서십, 이벤트 등을 활용한다.
> • 다른 촉진수단보다 현실감이 있고 믿을 수 있다는 특징이 있다.
> • 판매지향적인 커뮤니케이션이 아니기 때문에 판매원을 기피하는 가망고객에게도 메시지 전달이 용이하다.

① 광고
② 판매촉진
③ 인적판매
④ PR(Public Relations)

11 아래 글상자에서 홍보에 대한 옳은 설명을 모두 고르면?

> ㉠ 기업이 주도적으로 기획, 조정, 실행, 통제하기 어려움
> ㉡ 신뢰성 있는 기사를 통해 기업이나 상품에 대한 긍정적인 이미지를 전달
> ㉢ TV, 라디오, 신문, 잡지 등과 같은 다양한 매체를 통해 기사화
> ㉣ 문화, 사회, 환경 등 긍정적인 이미지를 줄 수 있는 행사를 지원

① ㉠, ㉡, ㉢
② ㉠, ㉡, ㉣
③ ㉠, ㉢, ㉣
④ ㉡, ㉢, ㉣

12 High/Low 가격전략과 비교할 때 EDLP 가격전략의 장점으로 옳지 <u>않은</u> 것은?

① 소매포지셔닝전략의 수립이 용이하다.
② 동일 상품을 다양한 고객에게 판매할 수 있다.
③ 품절을 감소시키고 재고관리를 개선시키는 효과가 있다.
④ 광고비를 절감하고 재고회전율을 높일 수 있다.

13 소셜커머스에 대한 설명으로 가장 옳지 <u>않은</u> 것은?

① 오프라인 채널에 비해 낮은 가격으로 상품을 공급한다.
② 주 수입원은 판매금액의 일정비율을 수취하는 판매 수수료이다.
③ 판매한 상품의 배송 및 반품처리 등에 대해 책임을 지지 않는다.
④ 오픈마켓이나 종합몰에 비해 상품의 구색이 적은 편이다.

14 아래 글상자에서 설명하는 브랜드 전략으로 옳은 것은?

> 상품 전면에 중소 제조업체 브랜드를 소매상 브랜드와 함께 표시한다. 힘이 약한 중소 제조업체를 보호한다는 측면에서 상생경영의 한 방안이 될 수 있다.

① 하위브랜드 전략(SB)
② 독립브랜드 전략(IB)
③ 협력브랜드 전략(MPB)
④ 제조업체브랜드 전략(NB)

15 서비스의 수요조절 전략 사례로 가장 옳지 <u>않</u>은 것은?

① 한국전력은 한여름의 전력 수요를 감소시키기 위해 대중매체를 통해 에너지 절약의 방법을 홍보한다.

② 레스토랑은 대기시스템을 이용해서 일정 수요를 고정시킨다.

③ 도심의 중심시장 상가에 인접한 은행들은 시장 거래를 마감하는 새벽에 시장 상인들을 대상으로 하는 금융 서비스를 제공한다.

④ 항공사는 피크 시에 고가격 정책으로 수익성을 확보하고, 피크 타임이 아닌 경우에는 저가격 정책으로 수요를 증대시킨다.

16 고객관리에 대한 설명으로 옳지 <u>않은</u> 것은?

① 일반적으로 새로운 고객을 획득하는 것보다 기존 고객을 유지하는 데 드는 비용이 더 높다.

② 고객과 지속적으로 좋은 관계를 유지하는 것은 기업경영의 중요 성공요소 중 하나이다.

③ 경쟁자보다 더 큰 가치를 제공하여야 고객 획득률을 향상시킬 수 있다.

④ 효과적인 애호도 증진 프로그램 등을 통해 고객 유지율을 향상시킬 수 있다.

17 상시저가전략(EDLP ; EveryDay Low Price)과 비교했을 때 고저가격전략(High–Low Pricing)이 가진 장점으로 옳지 <u>않은</u> 것은?

① 고객의 지각가치를 높이는 효과가 있다.

② 일부 품목을 저가 미끼 상품으로 활용할 수 있어 고객을 매장으로 유인할 수 있다.

③ 광고 및 운영비를 절감하는 효과가 있다.

④ 고객의 가격민감도 차이를 이용하여 차별가격을 통한 수익증대를 추구할 수 있다.

18 가격탄력성은 가격 변화에 따른 수요 변화의 탄력적인 정도를 나타낸다. 가격탄력성에 대한 설명으로 가장 옳지 <u>않은</u> 것은?

① 고려할 수 있는 대안의 수가 많을수록 가격탄력성이 높다.

② 대체재의 이용이 쉬울수록 가격탄력성이 높다.

③ 더 많은 보완적인 재화, 서비스가 존재할수록 가격탄력성이 높다.

④ 가격변화에 적응하는 데 시간이 적게 드는 재화가 가격탄력성이 높다.

19 브랜드 자산에 대한 내용으로 가장 옳지 <u>않은</u> 것은?

① 브랜드 지식은 브랜드 인지도와 브랜드 이미지로 구성되어 있다.

② 브랜드 이미지는 호의적이고, 독특하고, 강력해야 한다.

③ 인지도가 높다는 것은 강력한 브랜드가 되기 위한 필요조건이지만 충분조건은 아니다.

④ 브랜드 자산이 강력한 경우 브랜드 보호를 위해 상표확장을 지양한다.

20 다음 내용은 무엇을 설명한 것인가?

> • 자원이 부족한 기업들이 효과적인 마케팅 활동을 수행하기 위하여 같은 경로 단계에 있는 다른 기업과 결합하는 것을 말한다.
> • 이러한 통합을 통해 각각의 기업은 서로의 목표를 달성해 나가기 위한 시너지 효과를 얻게 되는데 이러한 시스템을 공생적 마케팅이라고도 한다.
> • 이 시스템은 경쟁자이든 비경쟁자이든 상관없이 서로의 목표를 위해 힘을 결속할 수 있다는 장점이 있다.

① 수직적 마케팅 시스템(vertical marketing system)
② 수평적 마케팅 시스템(horizontal marketing system)
③ 몰입형 마케팅 시스템(commitment marketing system)
④ 사회적 마케팅 시스템(social marketing system)

21 성장기에 속한 소매업체가 선택할 수 있는 대안으로 가장 적절한 것은?

① 이 시기에는 비용절감이 최우선 과제이다.
② 경쟁우위 전략을 개발하여 적극적인 시장점유율을 확대하도록 한다.
③ 제공되는 서비스의 수를 감소시키고, 이윤이 창출되는 서비스에 집중한다.
④ 경쟁자의 수가 가장 많은 시기이므로 신규 출점을 축소한다.

22 고객관계관리 프로그램의 목적에 대한 설명으로 거리가 먼 것은?

① 기존 고객의 가치증대
② 신규고객확보
③ 고객관리비용 감소
④ 단기적 관계유지

23 고객 커뮤니케이션의 예산수립에 대한 내용 중 가장 올바른 것은?

① 목표-업무 방법은 운영비용과 이익을 산출한 후에 사용 가능한 금액이 얼마인지에 따라 고객 커뮤니케이션 예산을 설정한다.
② 손대중 방법은 커뮤니케이션 목표를 달성하기 위해 특별한 업무수행에 요구되는 예산을 결정짓는 방법이다.
③ 가용 예산 방법을 사용할 때는 고객 커뮤니케이션 비용을 제외한 다른 매출과 비용을 먼저 예측한다.
④ 판매비율 방법에서 고객 커뮤니케이션 예산은 소매업체의 고객 커뮤니케이션 비용 비율과 시장점유율이 같도록 결정된다.

24 다음 상품의 분류기준을 가장 올바르게 차례대로 나열한 것은?

> (1) 내구재, 비내구재, 서비스
> (2) 소비재, 생산재
> (3) 편의품, 선매품, 전문품

① 물리적 특성 - 사용목적 - 구매활동
② 사용목적 - 구매활동 - 물리적 특성
③ 물리적 특성 - 구매활동 - 사용목적
④ 사용목적 - 물리적 특성 - 구매활동

주관식 문제

01 부서 단위의 전략 계획에서 SWOT 분석 중 WT전략에서 고려할 수 있는 전략 대안을 두 가지 이상 제시하고 SWOT 분석이 가지고 있는 한계점에 대하여 순서대로 서술하시오.

02 다음 마케팅 전략은 제품 수명주기단계 중 어느 시기에 해당하는지 쓰고 이 시기의 시장세분화전략을 쓰시오.

> 농심의 '새우깡', 오리온의 '초코파이', 롯데제과의 '목캔디' 등은 이미 구매자들에게 브랜드 인지도가 뚜렷이 인식되고 그들의 취향에 맞추어 제품개선을 지속적으로 해 옴으로써 시장을 확장하고, 제품수정을 한다.

03 다음 빈칸에 들어갈 용어를 순서대로 쓰시오.

> (   )은/는 기업의 마케팅 환경에서 발생하는 일상의 정보를 수집하기 위해 사용하는 절차와 정보원들의 집합을 말한다. 어떠한 일상정보가 필요한지를 결정하여 환경을 조사하고, 그 정보를 수집하여 이를 필요로 하는 (   )(에)게 전달하는 역할을 한다.

04 1차 자료와 2차 자료의 차이를 자료의 적시성과 신뢰성 측면에서 서술하시오.

최종 모의고사

정답 및 해설

잠깐!

혼자 공부하기 힘드시다면 방법이 있습니다.
시대에듀의 동영상강의를 이용하시면 됩니다.
www.sdedu.co.kr → 회원가입(로그인) → 강의 살펴보기

제1회 정답 및 해설

재무관리

◆ 제1회

01	02	03	04	05	06	07	08	09	10	11	12
②	①	④	③	①	③	④	②	①	③	④	②
13	14	15	16	17	18	19	20	21	22	23	24
③	④	①	④	①	④	②	③	④	②	②	①

*주관식 문제는 정답 별도 표시

01 정답 ②
① 재무관리에 있어 시장경제체제에 따라 경제운용에 가장 중요한 문제로 대두되는 것이 자본이다.
③ 금융시장에서 기업 내부의 자금의 유동성과 연관된 모든 의사결정을 보다 효율적으로 관리하기 위한 이론과 기법으로 발전된 것이 재무관리이다.
④ 현대 재무관리는 시간과 불확실성을 연구 및 분석을 바탕으로 합리적인 재무의사 결정방법을 도출하는 데 중점을 두고 있다.

02 정답 ①
② 대부분의 기업의 주주들은 기업의 주식을 소유함으로써 얻게 되는 금전적 보상 및 이익에 관심을 갖게 된다.
③ 주가는 각 기간에 걸쳐 벌어들이게 될 이익의 상대적 가치를 반영해 준다.
④ 주가 극대화의 목표는 어떠한 현금흐름을 극대화할 것인가를 정의해 줄 뿐 아니라 다른 기간들의 현금흐름과 비교하여 특정기간의 현금흐름이 어떻게 평가되고 정의되고 있는가를 말해 준다.

03 정답 ④
기업은 효율적인 자금조달을 통해 이익을 극대화하기를 원하며 정부는 자금 조달 및 공급, 재정정책 및 금융정책을 수행하기 위한 각종 규제와 조세를 통해 사회경제를 증대시키길 원한다.

04 정답 ③
① 자산은 여러 기준에 따라서 분류가 가능하나 회계상으로는 유동자산·고정자산·이연자산으로 나누어진다.
② 부채란 과거의 거래나 사건의 결과로 다른 실체에게 미래에 자산이나 용역을 제공해야 하는 특정 실체의 의무를 말하며 유동부채, 고정부채, 이연부채로 분류된다.
④ 재무상태표 또는 대차대조표는 일정시점에서 기업의 재무상태표를 나타내는 보고서이다.

05 정답 ①
총자산이익율(ROA) = 순이익/총자산

06 정답 ③
유동성 비율은 단기채권자의 재무위험을, 레버리지 비율은 장기채권자의 재무위험을 측정하는 데 사용된다.

07 정답 ④
① 현재가치 또는 현가는 미래에 발생하는 현금흐름을 현재시점의 가치로 환산한 금액을 말한다.
② 위험회피형투자자들은 미래의 불확실성에 대한 위험부담을 요구하게 되는데 이를 위험프리미엄(risk premium)이라고 한다.
③ 할인율은 미래시점의 일정금액과 동일한 가치를 갖는 현재시점의 금액(현재가치)을 계산하기 위해 적용하는 비율을 의미한다.

08 정답 ②

만기수익률은 특정 채권의 유통금리, 시장이자율, 내부수익률 등으로 지칭되기도 한다.

09 정답 ①

듀레이션은 만기의 개념에 채권의 현금흐름까지 반영하고 있기 때문에 만기 이외에 다른 특성들을 종합하여 채권 간비교가 가능하다는 장점이 있다.

10 정답 ③

요구수익률(k) = 0.06 + (0.12 − 0.06)(1.8) = 0.168
배당성장률(g) = 0.18 * 0.4 = 0.072
내재가치(V0) = 2,000 / (0.168 − 0.072) = 20,833원

11 정답 ④

E(Ri) = Rf + {E(Rm) − Rf}βi
E(Ri) = 0.04 + (0.09 − 0.04)0.7 = 0.075
즉, 7.5%

12 정답 ②

순현가법은 자본예산기법의 하나로 투자금액을 투자로부터 산출되는 순현금흐름의 현재가치로부터 차감한 것이 순현가이며 이 순현가가 0보다 크면 투자안을 선택하고 0보다 작으면 투자안을 기각하는 의사결정기준을 말한다.

13 정답 ③

명목이자율은 1.11 * 1.06 − 1 = 0.176
− 2,000 + (1,540 / 1.176) + (1,650 / 1.1762) + (3,000 / 1.1763)
= 2,355

14 정답 ④

은행차입금 등의 경우에는 물론 차입원금 자체가 자본조달액이 된다.

15 정답 ①

기업에서의 자본은 그 조달원으로 보아 자기자본과 타인자본으로 구별되며 이 양자의 비율을 기업의 자본구성이라 한다.

16 정답 ④

제2명제는 영업이익이 같은 경우, 타인자본을 이용하는 기업의 주식수익률 기대치는 자본의 전부를 자기자본으로 조달하고 있는 기업의 주식수익률의 기대치에 차입에 따라 부가되는 위험률을 더한 것과 같다.

17 정답 ①

② 기업의 단기자본조달은 일반은행을 통해서도 이루어지는 데, 이들 중 대표적인 것으로는 어음대출, 상업어음할인, 당좌대월, 지급보증, 무역금융, 적금관련대출 등이 있다.
③ 기업이 매입채무를 이용하여 상품이나 원자재를 구입할 경우 일반적으로 일정한 지불유예기간을 정하는데 때로는 지불을 촉진하기 위해 현금할인 조건이 제시되기도 한다.
④ 매입채무에서의 지급어음은 거래처와의 사이에 발생한 어음상의 채무이며 미리 정한 기일까지 지급할 것을 약속한 부채이다.

18 정답 ④

배당금에 대한 지급청구권의 소멸시효는 5년으로 정해져 있다.

19 정답 ②

① 청산배당은 이익잉여금(손익거래 또는 이익의 사내유보에서 발생하는 잉여금)을 초과한 배당을 뜻한다.
③ 현금배당은 현금으로 배당이 이루어지는 것을 말한다.
④ 주식배당은 회사가 주주들에게 배당을 실시함에 있어서 현금 대신 주식을 나누어주는 것을 말한다.

20 **정답** ③

자사주 매입은 적대적 인수·합병(M&A)에 대비해 경영권을 보호하는 수단으로 쓰이기도 한다.

21 **정답** ④

매수기간·가격·수량 등을 공개하고 증권회사 창구에서 청약을 받아 여러 주주들로부터 주식을 장외매수하는 것이다.

22 **정답** ②

회사의 합병이란 두 개 이상의 회사가 「상법」의 규정에 따라 청산절차를 거치지 않고 하나의 회사가 되는 것을 말한다.

23 **정답** ②

① 차입매수는 M&A를 성사시킨 후 매수한 기업의 이익금이나 자산 매각 대금으로 차입금을 상환하는 방식이다.
③ LBO가 아닌 MBO에 관한 설명이다.
④ 황금낙하산이 아닌 백지장위임장투쟁의 관한 설명이다.

24 **정답** ①

주식취득은 인수합병거래의 한 방법으로서 인수기업이 피인수기업의 주식을 취득하지만 흡수합병하지는 않고 피인수기업을 지배하는 형태이다.

주관식 문제

01 **정답** 레버리지 비율은 기업이 어느 정도 타인자본에 의존하고 있는가를 측정하기 위한 비율이며 일명 부채성 비율이라고도 한다. 일반적으로 레버리지는 기업의 부채의존도를 의미한다. 레버리지 비율은 타인자본의 의존도와 이자의 지급능력을 판단하는 비율이다.

02 **정답** 듀레이션은 현재가치를 기준으로 채권에 투자한 원금을 회수하는데 걸리는 시간을 의미하는 것으로, 채권의 실효만기를 의미한다. 채권에서 발생하는 현금흐름을 현재가치로 환산하여 산출한 만기이기 때문에 채권 현금흐름의 가중평균만기로 볼 수 있다.

03 **정답** 수익성지수는 투자한 금액 1원당 회수하는 금액이 얼마인지를 나타내는 지수이며, 다음과 같이 계산한다.
수익성 지수(PI) = 미래에 회수할 수 있는 금액의 현재가치/초기 투자금액의 현재가치
수익성 지수는 여러 투자안이 있을 때 어느 투자안이 경제성이 있는지 판단하기 위해 쓰인다. 지수가 1보다 크면 경제성이 있으므로 투자할 가치가 있다고 보며, 1보다 작으면 경제성이 없어 투자할 가치가 없다고 본다.

04 **정답** ① 채권은 기업의 소유권과는 무관하다. 채권은 단순히 기업이 갚아야 할 부채일 뿐으로 채권자는 투표권행사 등 경영에 참여할 수 있는 권리가 없다. 기존의 주주들은 채권발행으로 전혀 기득권을 잃지 않지만 신주발행으로 자본조달을 하는 경우 '물타는 효과'로 인해 기존 주주들의 기업지배권은 약해진다.
② 채권발행기업은 지급이자에 대해 법인세 공제의 혜택을 받는다. 즉 법인세 공제효과로 인한 저렴한 자본조달비용은 채권발행의 최대장점이라고 할 수 있다.
③ 채권발행은 기업도산의 큰 요인으로 작용한다. 채권발행기업이 채무불이행하는 경우 곧 기업부실화로 이어지게 된다. 이것은 채권발행의 가장 큰 단점으로 지적된다.

마케팅관리

❖ 제1회

01	02	03	04	05	06	07	08	09	10	11	12
③	④	③	②	④	④	③	④	②	③	③	②
13	14	15	16	17	18	19	20	21	22	23	24
②	④	④	③	④	②	①	③	②	④	②	①

*주관식 문제는 정답 별도 표시

01 정답 ③

마케팅은 단순히 영리를 목적으로 하는 기업뿐만 아니라 비영리조직까지도 적용되고 있다.

02 정답 ④

시장점유율은 단기적 관점의 거래중심 마케팅의 성과 평가기준으로, 관계마케팅에서는 고객유지를 위한 고객점유율에 초점을 맞춘다.

03 정답 ③

• PPL 마케팅 : 일정한 대가를 받고 제품이나 기업을 드라마나 영화에 노출시켜 주는 마케팅을 말한다.
• 노이즈 마케팅 : 고의적으로 구설수 또는 논란이 될 만한 이슈를 만들어서 소비자들의 주목을 끌어내는 마케팅을 말한다.
• 니치 마케팅 : 틈새시장을 공략하여 노리는 마케팅을 말한다.

04 정답 ②

인적판매는 고객과의 개별접촉을 하여야 하므로 촉진의 속도가 느려 정해진 시간 내에 많은 사람들에게 접근할 수 없다.

05 정답 ④

종속가격결정은 주요한 제품과 함께 사용하여야 하는 종속제품에 대한 가격을 결정하는 방법으로 주 제품에 대한 생산업체는 종종 주제품의 가격을 낮게 정하고, 종속제품은 높은 마진을 보장하게 하는 가격책정전략을 활용한다. 대표적인 예로서 질레트 면도기의 경우 면도기는 낮은 가격으로 판매하고, 대체용 면도날 카트리지의 판매에서 큰 이익을 본다.

06 정답 ④

탐색적 조사는 조사문제를 찾거나 분석대상에 대한 아이디어 또는 가설을 도출하기 위한 조사로, 문헌조사, 전문가 의견조사, 사례조사 등이 해당된다.
③ 조사문제와 관련된 마케팅의 현황 및 시장상황을 파악하려는 목적으로 실시하는 조사로, 대부분의 마케팅 조사가 여기에 해당한다.

07 정답 ③

유통위주 차별화는 유통력의 강화 혹은 강력한 유통력을 기반으로 새로운 사업기회를 창출하는 능력이다.

08 정답 ④

인터넷 마케팅은 비용이 절감되고, 새로운 형태의 광고가 등장하는 등 기존의 유통망을 위협하고 있는 실정이다.

09 정답 ②

마케팅 관리자는 일정한 간격으로 동태적인 포트폴리오를 작성하고 사업부나 제품의 시간흐름에 따른 변화를 파악해야 한다.

10 정답 ③

산업재의 경우 인적판매가 큰 비중을 차지하며 소비자 마케팅의 경우 광고가 촉진전략으로 주로 활용된다.

11 정답 ③

정신 심리적 특성 세분화의 경우 시장에 대해 풍부한 정보를 주는 반면, 세분화의 경계가 모호하여 측정이 어렵다는 단점이 있다.

12 정답 ②

소비자가 자신과 해당 제품의 특성 간에 일체감을 느끼도록 해 구매를 유도하는 것은 개인적 요인 중 개성과 관련이 있다. 개성은 한 개인의 비교적 지속적이면서 독특한 심리적 특성을 가진 것으로, 특정 제품 또는 상표를 선택하는 소비자 행동을 분석하는 데 유용한 지표로 쓰인다. 또한, 마케팅 관리자들은 제품의 개념을 소비자의 성격과 관련지어 규정짓기도 한다.

13 정답 ②

로스리더는 유인가격결정 또는 손실유도가격결정이라고도 하며, 중간상인이 고객의 내점을 유도하기 위하여 일부 품목의 가격을 한시적으로 인하(필요하다면 원가 이하로도 인하)하는 것으로, 이를 통해 다른 정상적인 가격을 부과하고 있는 제품들의 판매량을 올리기 위한 전략(선도가격전략)이다.

③ 소매점, 백화점 등에서 대량 구매를 촉진하기 위해서 제품을 몇 개씩 묶어 하나로 상품화한 다음 이 묶음에 별도로 지정한 가격으로, 개별 제품의 합보다 싸다.

④ 특정 계절이나 기간에 한하여 판매업자가 임의로 부여한 촉진적 가격이다.

14 정답 ④

구전은 입에서 입으로 전해지는 정보의 흐름과 비공식성과 비상업성 등의 특징으로 인해 수신자에게 강한 영향력을 주게 된다. 구전에 대한 의존은 소비자들이 전문 지식을 얻기 위해서 또는 확신을 갖기 위해서 의지하는 경향을 보인다. 온라인 구전은 알지 못하는 수많은 익명의 정보전달자들이 제품 정보를 올리고 이를 많은 네티즌들이 수용하고 있다.

15 정답 ④

① 가장 기본적인 표본추출방법으로 각 표본들이 동일하게 선택될 확률을 가지도록 선정된 표본프레임 안에서 각 표본단위들에 일련번호를 부여한 다음, 난수표를 이용

해서 선정된 번호에 따라 무작위로 추출하는 방법

② 모집단을 구성하고 있는 집단에서 집단의 구성요소의 수에 비례해서 표본의 수를 할당하여 각 집단에서 단순 무작위 추출방법으로 추출하는 방법

③ 조사하고자 하는 모집단을 전형적으로 대표하는 것으로 판단되는 사례를 표본으로 선정하는 방법

16 정답 ③

판촉활동으로 인한 잦은 가격할인은 제품 원가에 대해 의심을 하는 소비자가 늘어나 불신이 확산될 수 있고, 해당 기업에 대해 부정적인 이미지가 형성될 수 있다.

17 정답 ④

판매되지 않은 제품은 재고로 보관할 수 있지만 판매되지 않은 서비스는 소멸한다는 것이 서비스의 소멸성이다. 서비스는 재고로 보관할 수 없고, 서비스의 생산에는 재고와 저장이 불가능하여 재고조절이 곤란하기 때문에 호텔이나 리조트는 비수기에 고객을 유인하기 위한 다양한 서비스를 제공한다.

18 정답 ②

싱글족의 증가로 소용량 포장 및 제품, 미니가전제품 등 1인 가구를 위한 서비스가 등장하여 대형마트보다 근거리 편의점이나 기업형 슈퍼마켓의 방문 횟수가 증가할 수 있다.

19 정답 ①

상품가용성은 다양성에 비례하고 전문성에 반비례한다.

20 정답 ③

무형성(intangibility)이란 형태가 없으므로 만질 수도 맛을 볼 수도 없다는 것이다. 형태가 없고, 만질 수도 없으므로 제품처럼 표준화하기도 어렵다는 것이다. 서비스의 무형성이란 특징 때문에 서비스를 진열할 수도 없으며, 또한 고객과의 커뮤니케이션도 어렵다.

21 정답 ②

통합커뮤니케이션이란 소비자들이 상품에 대한 행동 반응을 일으킬 수 있도록 소비자들과의 '대화'를 꾀하는 방식으로서 시장지배력 강화와 같은 통제적 기능을 가지고 있지 않다.

22 정답 ④

SKU는 유닛 컨트롤을 전제로 한 상품단위이자 재고품이 선반에 진열될 때의 단위란 데에서 나온 호칭으로 모든 상품의 집합은 아니다.

23 정답 ②

대부분의 제품이나 서비스는 돈으로 교환되지만, 지불가격은 상황에 따라 상이한 가격전략이 시행될 수 있기 때문에 항상 정가나 견적가치와 일치하지 않는다.

24 정답 ①

브랜드 확장전략이란 브랜드 자산을 활용한 대표적인 마케팅 전략의 한 방법으로, 기존의 브랜드에 대해 소비자가 가지고 있는 브랜드 인지도, 충성도, 연상, 이미지 등의 브랜드 지식을 활용하여 신제품에 대한 성공을 높이기 위하여 사용한다. 확장제품이 성공하였더라도 기존제품의 고객들이 확장제품으로 전환되어 기존 브랜드의 시장을 잠식하는 결과를 가져올 수 있다.

주관식 문제

01 정답 ㉠ 시연회, ㉡ 견본품, ㉢ 프리미엄

해설
- 시연회(Demonstration) : 시연회는 고객의 눈앞에서 실제로 상품을 보여주면서 실현을 통하여 상품의 사용법과 차별화된 우위성을 납득시키는 방법이다.
- 견본품(product sampling) : 신제품을 무료로 나눠줌으로써 신제품의 브랜드를 인지하도록 촉진하는 것을 말한다.
- 프리미엄(premium) : 백화점의 화장품 매장에서 화장품을 일정 금액 이상 구입하면 화장품 가방 또는 여행용 가방이나 머플러 등을 함께 지급한다고 진열된 것을 말한다.

02 정답 CEO/CFO

해설 비용이 크고 전략적인 구매일수록 최종 권한을 가진 결정자의 지위는 높아진다. 따라서 일반적인 경우 최고경영자(CEO)의 결정이 지배적이나 비용이 주가 되는 설비에서는 최고재무경영자(CFO)가 구매결정에 지대한 영향을 미칠 수 있다.

03 정답 인적자원차별화, 내부마케팅

해설 미국 호텔업계는 인적자원차별화를 진행하여 종업원의 기술, 능력, 예절, 신뢰성, 반응성, 커뮤니케이션 능력 등을 높이고자 하였다. 그래서 훌륭한 서비스를 제공하도록 동기를 유발시키는 내부마케팅이 적극 활용되고 있다.

04 정답 ㉠ 계약형 유통경로 마케팅 시스템 (Contractual VMS)
㉡ 관리형 유통경로 마케팅 시스템 (Administrative VMS)

재무관리

01	02	03	04	05	06	07	08	09	10	11	12
②	①	③	④	③	①	②	②	④	④	②	①
13	14	15	16	17	18	19	20	21	22	23	24
③	①	①	②	③	②	③	②	③	④	④	②

*주관식 문제는 정답 별도 표시

01 정답 ②

나머지는 기업이 목표로 하는 부분이 아니다.

02 정답 ①

② 회계적 이익만을 극대화한다는 것을 목표로 할 경우, 위험을 전혀 고려하지 않게 된다.

③ 회계적 이익은 기업이 선택 가능한 다수의 회계원칙들을 적용시킨 결과에 불과하다.

④ 회계적 이익은 손익계산서상에 보고되는 이익이다.

03 정답 ③

금융시장은 화폐의 대차거래가 이루어지는 시장을 말하며 화폐시장이라고도 한다.

04 정답 ④

부채비율은 부채총액을 자기자본으로 나눈 뒤 100을 곱해 산출한다.

05 정답 ③

① 포괄손익계산서는 기업의 경영성과를 당기손익 관점에서 그치지 않고 총 포괄손익 관점에서 보여준다.

② 포괄손익계산서는 재무제표 이용자가 기타포괄손익 정보를 포함하여 기업의 경영성과를 평가 및 예측하는 것을 도와준다.

④ 손익계산서 또는 포괄손익계산서는 일정기간 동안의 기업의 경영성과를 나타내는 보고서이다.

06 정답 ①

간접법은 당기순손익에서 감가상각비와 같은 현금을 수반하지 않는 거래 등을 조정하여 표시하는 방법이다.

07 정답 ②

표면이자는 액면가에 표면이자율을 곱해서 결정된다.

08 정답 ②

기대수익률 = (0.4)(0.05) + (0.6)(0.07) = 0.062

표준편차 = [(0.4)2(0.3)2 + (0.6)2(0.6)2 + 2(0.4)(0.6)(0)]1/2 = 0.379

09 정답 ④

두 주식 간에 기대수익률이 같다면 위험이 작은 주식을, 위험이 같다면 기대수익률이 큰 주식을 선택하게 되는데 이러한 투자안의 선택기준을 지배원리라고 한다.

안심Touch

10 정답 ④

현금유입에서 현금유출을 뺀 금액을 순현금흐름이라고 한다.

11 정답 ②

① 수익률은 모든 수익을 투자금액으로 나누어 계산한 조수익률과 모든 수익에서 투자금액을 뺀 값을 투자금액으로 나누어 계산한 순수익률로 나누어진다.

③ 수익은 이익이 될 수도 있고 손실이 될 수도 있다.

④ 재무관리에서는 조수익률보다는 순수익률을 수익률의 개념으로 이용한다.

12 정답 ①

매몰비용은 다시 되돌릴 수 없는 비용, 즉 의사결정을 하고 실행을 한 이후에 발생하는 비용 중 회수할 수 없는 비용을 말하며 함몰비용이라고도 한다.

13 정답 ③

자기자본이 아닌 타인자본에 관한 설명이다.

14 정답 ①

② 자기자본비용은 기업이 조달한 자기자본의 가치를 유지하기 위해 최소한 벌어들어야 하는 수익률이다.

③ 가중평균자본비용은 사채·차입금 등 타인자본비용과 자기자본비용을 산정한 후 자본구조의 선택에 의해서 가중평균자본비용을 산정하여 투자결정의 기준으로 삼는다.

④ 배당평가모형은 주식의 내재 가치를 영속적인 미래의 배당 흐름을 요구수익률로 할인하여 현재가치로 나타낸 모형이다.

15 정답 ①

주식을 구입한 후 해당 회사의 주주로 이름이 등재되는 데까지는 2일의 시간이 소요되기 때문에 배당을 받기 위해서는 영업일 기준으로 배당기준일 이틀 전에는 주식을 구입해야한다.

16 정답 ②

경영자매수는 자금조달이 쉽고 성공 확률이 높으며, 정리해고를 완전히 피할 수는 없다 하더라도 다른 방법보다는 해고의 비율이 적다는 이점 때문에 한국에서도 국제통화기금(IMF) 체제 이후 많은 관심을 모았다.

17 정답 ③

베타와 증권시장선을 계산해서 미래의 증권시장선으로 사용하였는데 이는 과거와 비슷한 현상이 미래에도 발생할 수 있다는 가정 하에서만 타당한 방법이다.

18 정답 ②

중도 해약이 불가능한 리스이다.

19 정답 ③

매수자 입장에서는 초기 투자비용을 줄이고 적정 수익률을 보장받을 수 있는 장점이 있다.

20 정답 ②

지나치게 오른 주가를 투자자가 매입하기 쉬운 수준으로까지 인하하여 개인 주주를 늘리는 것이 목적이다.

21 정답 ③

배당기준일은 결산기준일 혹은 중간배당(결산 전, 영업 중에 실시하는 배당) 실시 여부에 따라 상이하며, 일반적으로는 매년 말이다.

22 정답 ④

어떤 한 기업이 다른 기업을 인수하게 되면 인수되는 회사의 지배권은 인수기업에 넘어가게 된다.

23 정답 ④

취득은 크게 자산취득과 주식취득으로 구분된다.

24 정답 ②

기존 주주들에게 회사 신주(新株)를 시가보다 훨씬 싼 가격으로 매입할 수 있는 콜옵션을 부여함으로써 적대적 M&A 시도자로 하여금 지분확보를 어렵게 한다.

주관식 문제

01 정답 직접금융시장이란 자금의 공급자와 최종수요자 간에 주식, 채권, 등의 직접증권의 거래를 통해 자금의 수급이 이루어지는 시장이다. 이에는 단기자금을 다루는 화폐시장과 장기자금을 다루는 자본시장이 있다.

02 정답 유동성지표는 기업이 부담하고 있는 단기부채를 충분하게 상환할 수 있는 능력을 살펴보는 지표로서 1년 이내에 만기가 돌아오는 유동부채대비 현금성이 있는 유동자산의 비율로 측정한다.

03 정답 투자이론에서는 베타계수라고 하는데 증권시장 또는 증권가격 전반에 영향을 미치는 요인에 의하여 발생하는 투자위험을 말한다. 증권시장에 영향을 미치는 경제적, 정치적, 사회적 조건 등이 체계적 위험의 원천이 된다. 체계적 위험(베타계수)이 큰 종목은 시장의 움직임에 민감하게 움직인다. 체계적 위험은 증권시장 전반에 관한 위험이기 때문에 분산투자에 의해서도 감소시킬 수 없다하여 분산불능위험이라고도 한다.

04 정답 자본예산기법의 하나로 투자금액을 투자로부터 산출되는 순현금흐름의 현재가치로부터 차감한 것이 순현가이며 이 순현가가 0보다 크면 투자안을 선택하고 0보다 작으면 투자안을 기각하는 의사결정기준을 말한다.

마케팅관리

❖ 제2회

01	02	03	04	05	06	07	08	09	10	11	12
③	②	①	①	④	③	③	④	③	④	①	②

13	14	15	16	17	18	19	20	21	22	23	24
③	③	②	①	③	③	④	②	②	④	③	①

*주관식 문제는 정답 별도 표시

01 정답 ③

단수가격 결정은 가격이 가능한 최하의 선에서 결정되었다는 인상을 구매자에게 주기 위하여 고의로 단수를 붙여 가격을 결정하는 방법이다. 예 제품가격에 천원, 만원보다는 980원, 9,900원 등과 같은 제품가격을 사용한다.

02 정답 ②

마케팅 조사 시스템은 다른 시스템과 달리 실제로 직접 소비자를 대상으로 조사한다. 마케팅 조사는 항상 체계적이며, 객관적으로 수집하도록 하는 것이 관건이다.

03 정답 ①

집중적 마케팅 전략이란 전체 세분시장 중에서 특정 세분시장을 목표시장으로 삼아 집중 공략하는 전략이다.

04 정답 ①

시장세분화(Segmentation)

• 욕구의 다양성에 근거하여 특정 요구에 집단화시켜 각각의 독립된 시장으로 구분하는 과정이다.

• 시장세분화 기준에는 인구통계적 변수, 지리적 변수, 심리적 기준, 행동적 기준이 있다.

• 경쟁업체와 자사와의 적합성, 세분시장요인 등을 고려하여 선정하는 것은 표적시장 선정(targeting)이다.

05 정답 ④

포지셔닝 맵에서 각 대상들의 위치는 고려되는 속성차원에서 해당 대상들이 얼마나 강점 및 약점 등을 지니는지를 나타낸다.

06 정답 ③

소비자 행동에 영향을 미치는 요인
- 문화적 요인 : 문화와 하위문화, 사회계층
- 사회적 요인 : 사회계층, 준거집단, 가족
- 개인적 요인 : 인구통계적 특성, 라이프스타일, 개성
- 심리적 요인 : 동기, 지각, 학습, 신념과 태도

07 정답 ③

① 원가지향 가격설정정책은 제조원가를 기준으로 가격을 결정하는 가장 고전적인 방법이므로 마케팅콘셉트에 가장 잘 부합하는 가격정책은 아니며, 재고유지단위(SKU)마다 별도의 가격설정정책을 마련하지 않는다.
② 현재 사업규모를 근간으로 하여 일정한 수익률을 유지할 수 있도록 가격을 설정하는 방법이다.
④ 제품을 생산하는 데 들어가는 원가와 비용 그리고 기업의 기본적인 이윤을 근거자료로 하여 가격을 산정한다.

08 정답 ④

신제품을 소개하거나 기존제품에 대한 새로운 자극을 만들기 위해 시험적으로 사용할 수 있는 양만큼의 제품을 제공하는 방법은 견본품이나 시제품을 제공하는 이벤트로 CRM의 고객유지에는 잘 쓰이지 않는다.

09 정답 ③

푸쉬전략은 제조업자가 유통업자들을 대상으로 하여 촉진예산을 인적 판매와 거래점 촉진에 집중 투입하여 유통경로상 다음 단계의 구성원들에게 영향을 주고자 하는 전략이다.

10 정답 ④

② 제품이나 서비스의 판매를 촉진하기 위한 비교적 단기적인 동기부여 수단을 총칭한다.
③ 판매원이 고객과 직접 대면하여 대화를 통해 자사의 제품이나 서비스의 구매를 설득하는 촉진활동이다.

11 정답 ①

목적은 각 조직체에 관한 소비자나, 지역주민 또는 일반의 인식이나 이해 또는 신뢰감을 높이고 합리적이고 민주적인 기초 위에 양자의 관계를 원활히 하려는 데 있다. 그것은 사실에 관한 정보의 정확한 전달과 불만·요망 등을 수집하는 것에서부터 시작된다. 행사지원은 스폰서십에 해당한다.

12 정답 ②

EDLP 전략의 경우 다양한 고객층을 대상으로 하지 않는다.

13 정답 ③

소셜커머스는 SNS(소셜네트워크서비스)를 활용한 전자상거래를 말한다. 상품을 구입하는 사람이 일정 수 이상 모이지 않으면 거래가 성사되지 않기 때문에 소비자들은 SNS를 통해 자발적으로 주변 사람들에게 상품을 홍보하게 된다. 요식업, 공연, 미용, 여행 등 지역밀착형 서비스가 주요 상품이다. 판매한 상품의 배송 및 반품처리는 소셜커머스 본사가 책임진다.

14 정답 ③

공동브랜드 전략이라고도 한다. 전략적 제휴를 통해 신제품에 두 개의 브랜드를 공동으로 표기하거나, 시장지위가 확고하지 못한 중소업체들이 공동으로 개발하여 사용하는 브랜드를 말한다. 또한 지역기반이 같은 업체들이 지역경제의 활성화 및 해외시장의 판로개척을 위해 개발한 경우도 있다.

15 정답 ②

레스토랑의 대기시스템은 공급 조절 전략 사례에 해당한다.

16 정답 ①

일반적으로 기존 고객을 유지하는 데 드는 비용보다 새로운 고객을 획득하는 데 드는 비용이 더 높다.

17 정답 ③

광고 및 운영비를 절감하는 효과가 있는 것은 상시저가전략이다. 상시저가전략을 통해 효율적인 물류시스템의 구축, 규모의 경제, 경영 개선 등을 통한 저비용의 결과물을 얻을 수 있다.

18 정답 ③

더 많은 보완적인 재화, 서비스가 존재할수록 가격탄력성이 낮다.

19 정답 ④

브랜드 자산이 강력할 경우 활용할 수 있는 것이 상표확장 전략이다. 이는 가장 인기 있는 상표를 이용하여 새로운 제품을 추가하거나, 제품을 개선하는 전략에 해당한다.

20 정답 ②

새로운 마케팅 기회를 개발하기 위하여 동일한 경로단계에 있는 두개 이상의 개별적인 자원과 프로그램을 결합하는 것을 수평적 통합(horizontal integration)이라고 한다. 이러한 수평적 마케팅 시스템은 각 기업이 단독으로 효과적인 마케팅 활동을 수행하는데 필요한 자본, 노하우, 마케팅 자원 등을 보유하고 있지 않을 때 수평적 통합을 통해 시너지 효과를 얻을 수 있게 한다. 수평적 통합은 공생적 마케팅(symbiotic marketing)이라고 한다.

21 정답 ②

성장기 시장은 수요와 매출이 빠르게 증가하고, 경쟁사가 시장에 다수 진입하고, 시장규모도 확대되는 시기이므로 경쟁사에 대한 차별적 경쟁우위를 확보하고, 시장 점유율을 강화하고, 시장을 세분화하여 제품 수요층의 확대를 통한 매출창출 전략이 필요한 시기이다.

22 정답 ④

기업이 고객과 관련된 내외부 자료를 분석·통합해 고객 중심 자원을 극대화하고 이를 토대로 고객특성에 맞게 마케팅 활동을 계획·지원·평가하는 과정이다. CRM은 최근에 등장한 데이터베이스 마케팅(DB marketing)의 일대일 마케팅(One-to-One marketing), 관계마케팅(Relationship marketing)에서 진화한 요소들을 기반으로 등장하게 되었다. 고객데이터의 세분화를 실시하여 신규고객획득, 우수고객 유지, 고객가치증진, 잠재고객 활성화, 평생고객화와 같은 사이클을 통하여 고객을 적극적으로 관리하고 유도하며 단기적인 관계를 지양한다.

23 정답 ③

가용예산방법이란 다수의 기업들이 사용하는 방법으로서 이 방법을 사용하는 기업들은 회사에서 충당가능한 수준의 촉진비용을 책정한다. 즉 회사 자금사정상 다른 긴급한 비용을 모두 예산에 책정한 다음 나머지 촉진비용으로 책정하는 방법에 해당한다.

24 정답 ①

물리적 특성은 내구성으로도 구분이 가능하다. 사용목적의 경우 고객의 유형기준과 유사하게 분류된다.

주관식 문제

01 정답 철수 전략과 집중화 전략이 있다. / 기업능력 검토에 있어 강·약점에 대한 뚜렷한 인식이 쉽지 않다. 판단은 상황에 대해 실질적으로 느껴져야만 알 수 있다.

해설 SWOT 분석은 외부활동환경 분석을 통하여 기회와 위협 분석을 하고, 내부자원과 능력분석을 통하여 강점과 약점 분석을 수행하는 것을 말한다.

02 정답 성숙기에 해당한다. 이 시기의 시장세분화전략은 자사제품의 용도 변경, 기능 보강 등을 통해 시장을 더욱 세분화하여 틈새시장을 개발하고, 매출을 창출하기 위한 다양한 프로모션 등의 마케팅 활동을 전개해야 한다.

해설 성숙기 시장은 제품 구매의 잠재고객들이 제품을 거의 구매한 상태로 판매량이 떨어지고, 이익이 감소하는 경향을 보이고 성장률 저하로 인해 기업간 경쟁은 심화하고, 경쟁력이 약한 기업은 시장에서 도태된다.

03 **정답** 마케팅 인텔리전스 시스템, 마케팅의사결정자

해설 마케팅 인텔리전스 시스템은 기업의 마케팅 환경에서 발생하는 일상의 정보를 수집하기 위해 사용하는 절차와 정보원들의 집합을 말한다. 어떠한 일상정보가 필요한지를 결정하여 환경을 조사하고, 그 정보를 수집하여 이를 필요로 하는 마케팅의사결정자에게 전달하는 역할을 한다.

04 **정답** 1차 자료는 현재 조사하고자 하는 내용을 직접 조사한 자료이므로 적시성이 높으며 2차 자료는 다른 목적으로 이미 수집된 자료이므로 적시성이 떨어진다. 신뢰성 측면에서는 1차의 경우 직접 조사주제에 대한 자료를 수집한다는 점에서 신뢰성이 높으나, 2차 자료는 자료에 대한 출처나 가치 개입의 우려가 있어서 신뢰성이 낮다.

해설 2차 자료는 다른 목적을 위해 수집된 것으로서, 이미 어느 곳인가에 존재하는 정보이다. 1차 자료는 현재의 특수한 목적을 위해서 수집된 정보를 의미한다. 통상 2차 자료는 1차 자료보다 신속하게 저렴한 비용으로 얻을 수 있다.

년도 학위취득과정인정시험 답안지(객관식)

★ 수험생은 수험번호와 응시과목 코드번호를 표기(마킹)한 후 일치여부를 반드시 확인할 것.

전공분야

성 명

수 험 번 호

(1) 4 — — — — —

(2) ①②③

※ 감독관 확인란

(인)

관 리 번 호

(연번)

(응시자수)

과목코드

응시과목

교시코드		

1 ① ② ③ ④   14 ① ② ③ ④
2 ① ② ③ ④   15 ① ② ③ ④
3 ① ② ③ ④   16 ① ② ③ ④
4 ① ② ③ ④   17 ① ② ③ ④
5 ① ② ③ ④   18 ① ② ③ ④
6 ① ② ③ ④   19 ① ② ③ ④
7 ① ② ③ ④   20 ① ② ③ ④
8 ① ② ③ ④   21 ① ② ③ ④
9 ① ② ③ ④   22 ① ② ③ ④
10 ① ② ③ ④   23 ① ② ③ ④
11 ① ② ③ ④   24 ① ② ③ ④
12 ① ② ③ ④
13 ① ② ③ ④

과목코드

응시과목

1 ① ② ③ ④   14 ① ② ③ ④
2 ① ② ③ ④   15 ① ② ③ ④
3 ① ② ③ ④   16 ① ② ③ ④
4 ① ② ③ ④   17 ① ② ③ ④
5 ① ② ③ ④   18 ① ② ③ ④
6 ① ② ③ ④   19 ① ② ③ ④
7 ① ② ③ ④   20 ① ② ③ ④
8 ① ② ③ ④   21 ① ② ③ ④
9 ① ② ③ ④   22 ① ② ③ ④
10 ① ② ③ ④   23 ① ② ③ ④
11 ① ② ③ ④   24 ① ② ③ ④
12 ① ② ③ ④
13 ① ② ③ ④

답안지 작성시 유의사항

1. 답안지는 반드시 컴퓨터용 사인펜을 사용하여 다음 보기와 같이 표기할 것.
   보기 잘된 표기: ●
   잘못된 표기: ⊗ ⊙ ○ ◑ ◐
2. 수험번호 (1)에는 아라비아 숫자로 쓰고, (2)에는 "●"와 같이 표기할 것.
3. 과목코드는 뒷면 "과목코드번호"를 보고 해당과목의 코드번호를 찾아 표기하고,
   응시과목란에는 응시과목명을 한글로 기재할 것.
4. 교시코드는 문제지 전면 의 교시를 해당란에 "●"와 같이 표기할 것.
5. 한번 표기한 답은 긁거나 수정액 및 스티커 등 어떠한 방법으로도 고쳐서는
   아니되고, 고친 문항은 "0"점 처리함.

［이 답안지는 마킹여습용 무의답안지입니다 ］

★ 수험생은 수험번호와 응시과목 코드번호를 표기(마킹)한 후 일치여부를 반드시 확인할 것.

년도 학위취득과정
인정시험 답안지(주관식)

전공분야

성명

과목코드		

교시코드
① ② ③ ④

① ② ③ ④

수험번호

(1)				4	-		
(2)							

답안지 작성시 유의사항

1. ※란은 표기하지 말 것.
2. 수험번호 (2)란, 과목코드, 교시코드 표기는 반드시 컴퓨터용 싸인펜으로 표기할 것
3. 교시코드는 문제지 전면 의 교시를 해당란에 컴퓨터용 싸인펜으로 표기할 것.
4. 답안은 반드시 흑·청색 볼펜 또는 만년필을 사용할 것.
   (연필 또는 적색 필기구 사용불가)
5. 답안을 수정할 때에는 두줄(=)을 긋고 수정할 것.
6. 답안이 부족하면 해당답란에 "뒷면기재"라고 쓰고
   뒷면 '추가답란'에 문제번호를 기재한 후 답안을 작성할 것.
7. 기타 유의사항은 객관식 답안지의 유의사항과 동일함.

※ 감독관 확인란	
	㊞

※1차확인

※2차확인

번호	※1차 점수	※1차 채점	응 시 과 목	※2차 채점	※2차 점수
1	⓪①②③④⑤⑥⑦⑧⑨⑩				⓪①②③④⑤⑥⑦⑧⑨⑩
2	⓪①②③④⑤⑥⑦⑧⑨⑩				⓪①②③④⑤⑥⑦⑧⑨⑩
3	⓪①②③④⑤⑥⑦⑧⑨⑩				⓪①②③④⑤⑥⑦⑧⑨⑩
4	⓪①②③④⑤⑥⑦⑧⑨⑩				⓪①②③④⑤⑥⑦⑧⑨⑩
5	⓪①②③④⑤⑥⑦⑧⑨⑩				⓪①②③④⑤⑥⑦⑧⑨⑩

남도 학위취득과정인정시험 답안지(객관식)

전공분야

성 명

	수	험	번	호	
4					
—	—	—		—	
①	① ② ③ ④ ⑤ ⑥ ⑦ ⑧ ⑨ ⓪	① ② ③ ④ ⑤ ⑥ ⑦ ⑧ ⑨ ⓪	① ② ③ ④ ⑤ ⑥ ⑦ ⑧ ⑨ ⓪	① ② ③ ④ ⑤ ⑥ ⑦ ⑧ ⑨ ⓪	① ② ③ ④ ⑤ ⑥ ⑦ ⑧ ⑨ ⓪
②					
③					
●					

(1)
(2)

※ 감독관 확인란

(인)

관 리 번 호

(연번)

(응시자수)

과목코드 / 응시과목

과목코드	응시과목		
	1 ① ② ③ ④	14 ① ② ③ ④	
① ① ① ①	2 ① ② ③ ④	15 ① ② ③ ④	
② ② ② ②	3 ① ② ③ ④	16 ① ② ③ ④	
③ ③ ③ ③	4 ① ② ③ ④	17 ① ② ③ ④	
④ ④ ④ ④	5 ① ② ③ ④	18 ① ② ③ ④	
⑤ ⑤ ⑤ ⑤	6 ① ② ③ ④	19 ① ② ③ ④	
⑥ ⑥ ⑥ ⑥	7 ① ② ③ ④	20 ① ② ③ ④	
⑦ ⑦ ⑦ ⑦	8 ① ② ③ ④	21 ① ② ③ ④	
⑧ ⑧ ⑧ ⑧	9 ① ② ③ ④	22 ① ② ③ ④	
⑨ ⑨ ⑨ ⑨	10 ① ② ③ ④	23 ① ② ③ ④	
⓪ ⓪ ⓪ ⓪	11 ① ② ③ ④	24 ① ② ③ ④	
교시코드 ① ② ③ ④	12 ① ② ③ ④		
	13 ① ② ③ ④		

과목코드 / 응시과목

과목코드	응시과목		
	1 ① ② ③ ④	14 ① ② ③ ④	
① ① ① ① ①	2 ① ② ③ ④	15 ① ② ③ ④	
② ② ② ② ②	3 ① ② ③ ④	16 ① ② ③ ④	
③ ③ ③ ③ ③	4 ① ② ③ ④	17 ① ② ③ ④	
④ ④ ④ ④ ④	5 ① ② ③ ④	18 ① ② ③ ④	
⑤ ⑤ ⑤ ⑤ ⑤	6 ① ② ③ ④	19 ① ② ③ ④	
⑥ ⑥ ⑥ ⑥ ⑥	7 ① ② ③ ④	20 ① ② ③ ④	
⑦ ⑦ ⑦ ⑦ ⑦	8 ① ② ③ ④	21 ① ② ③ ④	
⑧ ⑧ ⑧ ⑧ ⑧	9 ① ② ③ ④	22 ① ② ③ ④	
⑨ ⑨ ⑨ ⑨ ⑨	10 ① ② ③ ④	23 ① ② ③ ④	
⓪ ⓪ ⓪ ⓪ ⓪	11 ① ② ③ ④	24 ① ② ③ ④	
	12 ① ② ③ ④		
	13 ① ② ③ ④		

답안지 작성시 유의사항

1. 답안지는 반드시 컴퓨터용 사인펜을 사용하여 다음 보기와 같이 표기할 것.
   보기 잘된표기: ●
   잘못된 표기: ⊘ ⊗ ◑ ⊙ ◒ ○ ◓

2. 수험번호 (1)에는 아라비아 숫자로 쓰고, (2)에는 "●"와 같이 표기할 것.

3. 과목코드는 뒷면 "과목코드번호"를 보고 해당과목의 코드번호를 찾아 표기하고,
   응시과목란에는 응시과목명을 한글로 기재할 것.

4. 교시코드는 문제지 전면 의 교시를 해당란에 "●"와 같이 표기할 것.

5. 한번 표기한 답은 긁거나 수정액 및 스티커 등 어떠한 방법으로도 고쳐서는
   아니되고, 고친 문항은 "0"점 처리함.

년도 학위취득과정
인정시험 답안지(주관식)

★ 수험생은 수험번호와 응시과목 코드번호를 표기(마킹)한 후 일치여부를 반드시 확인할 것.

전공분야

성명

과목코드

① ② ③ ④ ⑤ ⑥ ⑦ ⑧ ⑨	
① ② ③ ④ ⑤ ⑥ ⑦ ⑧ ⑨ ⓪	
① ② ③ ④ ⑤ ⑥ ⑦ ⑧ ⑨ ⓪	
① ② ③ ④ ⑤ ⑥ ⑦ ⑧ ⑨ ⓪	
① ② ③ ④ ⑤ ⑥ ⑦ ⑧ ⑨ ⓪	

교시코드

① ② ③ ④

수험번호

		–		–	

① ① ① ① ① ①
② ② ② ② ② ②
③ ③ ③ ③ ③ ③
④ ④ ④ ④ ④ ④
⑤ ⑤ ⑤ ⑤ ⑤
⑥ ⑥ ⑥ ⑥ ⑥
⑦ ⑦ ⑦ ⑦ ⑦
⑧ ⑧ ⑧ ⑧ ⑧
⑨ ⑨ ⑨ ⑨ ⑨
⓪ ⓪ ⓪ ⓪ ⓪

(1) 4
(2) ① ② ③ ●

답안지 작성시 유의사항

1. ※란은 표기하지 말 것.
2. 수험번호 (2)란, 과목코드, 교시코드 표기는 반드시 컴퓨터용 싸인펜으로 표기할 것
3. 교시코드는 문제지 전면 의 교시를 해당란에 컴퓨터용 싸인펜으로 표기할 것.
4. 답안은 반드시 흑·청색 볼펜 또는 만년필을 사용할 것.
   (연필 또는 적색 필기구 사용불가)
5. 답안을 수정할 때에는 두줄(=)을 긋고 수정할 것.
6. 답란이 부족하면 해당답란에 "뒷면기재"라고 쓰고 뒷면 '추가답란'에 문제번호를 기재한 후 답안을 작성할 것.
7. 기타 유의사항은 객관식 답안지의 유의사항과 동일함.

※ 감독관 확인란

㉑

번호	※ 1차 점수	※ 1차 채점	※1차확인	응 시 과 목	※2차확인	※ 2차 채점	※ 2차 점수
1	⓪ ① ② ③ ④ ⑤ ⑥ ⑦ ⑧ ⑨ ⑩						⓪ ① ② ③ ④ ⑤ ⑥ ⑦ ⑧ ⑨ ⑩
2	⓪ ① ② ③ ④ ⑤ ⑥ ⑦ ⑧ ⑨ ⑩						⓪ ① ② ③ ④ ⑤ ⑥ ⑦ ⑧ ⑨ ⑩
3	⓪ ① ② ③ ④ ⑤ ⑥ ⑦ ⑧ ⑨ ⑩						⓪ ① ② ③ ④ ⑤ ⑥ ⑦ ⑧ ⑨ ⑩
4	⓪ ① ② ③ ④ ⑤ ⑥ ⑦ ⑧ ⑨ ⑩						⓪ ① ② ③ ④ ⑤ ⑥ ⑦ ⑧ ⑨ ⑩
5	⓪ ① ② ③ ④ ⑤ ⑥ ⑦ ⑧ ⑨ ⑩						⓪ ① ② ③ ④ ⑤ ⑥ ⑦ ⑧ ⑨ ⑩

★ 수험생은 수험번호와 응시과목 코드번호를 표기(마킹)한 후 일치여부를 반드시 확인할 것.

[이 답안지는 마킹연습용 모의답안지입니다]

좋은 책을 만드는 길
독자님과 함께하겠습니다.

도서나 동영상에 궁금한 점, 아쉬운 점, 만족스러운 점이
있으시다면 어떤 의견이라도 말씀해 주세요.
시대고시기획은 독자님의 의견을 모아 더 좋은 책으로 보답하겠습니다.

www.sidaegosi.com

시대에듀 독학사 경영학과 4단계 통합본 Ⅰ (재무관리/마케팅관리)

초 판 발 행	2021년 09월 24일 (인쇄 2021년 05월 28일)
발 행 인	박영일
책 임 편 집	이해욱
저 자	강덕원·조영산
편 집 진 행	송영진·최지우·양희정
표 지 디 자 인	박종우
편 집 디 자 인	차성미·김경원·박서희
발 행 처	(주)시대고시기획
출 판 등 록	제10-1521호
주 소	서울시 마포구 큰우물로 75 [도화동 538 성지 B/D] 9F
전 화	1600-3600
팩 스	02-701-8823
홈 페 이 지	www.sidaegosi.com
I S B N	979-11-254-8910-8 (13320)
정 가	29,000원
